Migration nach SAP S/4HANA®

SAP PRESS ist eine gemeinschaftliche Initiative von SAP SE und der Rheinwerk Verlag GmbH. Ziel ist es, Anwendern qualifiziertes SAP-Wissen zur Verfügung zu stellen. SAP PRESS vereint das fachliche Know-how der SAP und die verlegerische Kompetenz von Rheinwerk. Die Bücher bieten Expertenwissen zu technischen wie auch zu betriebswirtschaftlichen SAP-Themen.

Alexander Brocke, Jessika Kringel, Christian Micus
Upgrade von SAP-Systemen
551 Seiten, 2018, gebunden
ISBN 978-3-8362-6088-6

Ulf Koglin
SAP S/4HANA
Voraussetzungen – Nutzen – Erfolgsfaktoren
411 Seiten, 2., aktualisierte und erweiterte Auflage 2018, gebunden
ISBN 978-3-8362-6038-1

Michael Englbrecht, Michael Wegelin
SAP Fiori
Implementierung und Entwicklung
714 Seiten, 2., aktualisierte und erweiterte Auflage 2017, gebunden
ISBN 978-3-8362-4586-9

Salmon, Kunze, Reimelt, Giera
SAP S/4HANA Finance
Funktionen, Neuerungen, Migration
620 Seiten, gebunden, verfügbar ab November 2018
ISBN 978-3-8362-6533-1

Aktuelle Angaben zum gesamten SAP PRESS-Programm finden Sie unter
www.sap-press.de.

Frank Densborn, Frank Finkbohner,
Jochen Freudenberg, Kim Mathäß, Frank Wagner

Migration nach SAP S/4HANA®

Liebe Leserin, lieber Leser,

vielen Dank, dass Sie sich für ein Buch von SAP PRESS entschieden haben.

Die Uhr tickt – Ende 2025 läuft der Support für die aktuelle Business Suite von SAP aus. Unternehmen tun daher gut daran, den Umstieg auf SAP S/4HANA nicht mehr auf die lange Bank zu schieben. Denn der Übergang zum neuen Echtzeit-ERP-System ist ein umfänglicher Technologiewechsel, der SAP-Kunden mit bestehenden Systemlandschaften vor einige Herausforderungen stellt.

Doch so kompliziert muss die Umstellung gar nicht werden. Wie so oft ist ein sorgfältig geplantes Projekt die halbe Miete, vor allem, wenn Sie dabei mit Blick auf Ihre individuellen Voraussetzungen bereits die notwendigen Vorbereitungen in Ihrem Altsystem treffen und eine klare Strategie erarbeiten.

Wie das funktioniert, vermittelt Ihnen dieser bewährte Leitfaden in einer aktualisierten und erweiterten Neuauflage. Sie erhalten zum einen notwendige Informationen zu den verschiedenen Migrationsszenarien (Cloud, on premise und Hybrid) sowie zu den Tools und Hilfsmitteln, die SAP für den Übergang bereitstellt. Sie profitieren von zahlreichen wertvollen Empfehlungen, die sich in Umstiegsprojekten bereits bewährt haben. Auf diese Weise helfen Ihnen die Autoren dabei, die erforderlichen Maßnahmen zu identifizieren, den passenden Ansatz für Ihr Projekt zu finden und die Migration schließlich durchzuführen.

Wir freuen uns stets über Lob, aber auch über kritische Anmerkungen, die uns helfen, unsere Bücher zu verbessern. Scheuen Sie nicht, mich zu kontaktieren. Ihre Fragen und Anmerkungen sind jederzeit willkommen.

Ihr Stefan Thißen
Lektorat SAP PRESS

stefan.thissen@rheinwerk-verlag.de
www.rheinwerk-verlag.de
Rheinwerk Verlag · Rheinwerkallee 4 · 53227 Bonn

Auf einen Blick

TEIL I SAP S/4HANA – die Grundlagen

1	SAP S/4HANA – Anforderungen und Leistungen	25
2	Was unterscheidet SAP S/4HANA von der klassischen SAP Business Suite?	71
3	Cloud, on premise und hybride Szenarien	95
4	Den Umstieg auf SAP S/4HANA vorbereiten	127
5	SAP Activate	151
6	Testsysteme und Modellfirma	171

TEIL II Umstieg auf SAP S/4HANA in der Cloud

7	Migration in die Public Cloud	185
8	SAP S/4HANA Cloud in die Systemlandschaft integrieren	265

TEIL III Umstieg auf SAP S/4HANA in der On-Premise-Version

9	Installation und Konfiguration von SAP S/4HANA in der On-Premise-Version oder in der Private Cloud	311
10	Systemkonvertierung eines Einzelsystems	327
11	Neuimplementierung eines Einzelsystems	377
12	Transformation einer Systemlandschaft	495
13	SAP S/4HANA, On-Premise-Version in die Systemlandschaft integrieren	539

TEIL IV Beurteilung der Umstiegsszenarien

14	Auswahl Ihres Übergangsszenarios	561

Wir hoffen, dass Sie Freude an diesem Buch haben und sich Ihre Erwartungen erfüllen. Ihre Anregungen und Kommentare sind uns jederzeit willkommen. Bitte bewerten Sie doch das Buch auf unserer Website unter **www.rheinwerk-verlag.de/feedback**.

An diesem Buch haben viele mitgewirkt, insbesondere:

Lektorat Stefan Thißen
Korrektorat Annette Lennartz, Bonn
Herstellung August Werner
Typografie und Layout Vera Brauner
Einbandgestaltung Bastian Illerhaus
Titelbild Shutterstock: 64087615©Alan Uster
Satz III-Satz, Husby
Druck Beltz Bad Langensalza GmbH, Bad Langensalza

Dieses Buch wurde gesetzt aus der TheAntiquaB (9,35/13,7 pt) in FrameMaker. Gedruckt wurde es auf chlorfrei gebleichtem Offsetpapier (90 g/m²). Hergestellt in Deutschland.

Das vorliegende Werk ist in all seinen Teilen urheberrechtlich geschützt. Alle Rechte vorbehalten, insbesondere das Recht der Übersetzung, des Vortrags, der Reproduktion, der Vervielfältigung auf fotomechanischen oder anderen Wegen und der Speicherung in elektronischen Medien.

Ungeachtet der Sorgfalt, die auf die Erstellung von Text, Abbildungen und Programmen verwendet wurde, können weder Verlag noch Autor, Herausgeber oder Übersetzer für mögliche Fehler und deren Folgen eine juristische Verantwortung oder irgendeine Haftung übernehmen.

Die in diesem Werk wiedergegebenen Gebrauchsnamen, Handelsnamen, Warenbezeichnungen usw. können auch ohne besondere Kennzeichnung Marken sein und als solche den gesetzlichen Bestimmungen unterliegen.

Sämtliche in diesem Werk abgedruckten Bildschirmabzüge unterliegen dem Urheberrecht © der SAP SE, Dietmar-Hopp-Allee 16, 69190 Walldorf.

ABAP, ASAP, Concur, Concur ExpenseIt, Concur TripIt, Duet, SAP, SAP Adaptive Server Enterprise, SAP Advantage Database Server, SAP Afaria, SAP ArchiveLink, SAP Ariba, SAP Business ByDesign, SAP Business Explorer, (SAP BEx), SAP BusinessObjects, SAP BusinessObjects Explorer, SAP BusinessObjects Web Intelligence, SAP Business One, SAP Business Workflow, SAP Crystal Reports, SAP EarlyWatch, SAP Exchange Media (SAP XM), SAP Fieldglass, SAP Fiori, SAP Global Trade Services (SAP GTS), SAP GoingLive, SAP HANA, SAP Vora, SAP Hybris, SAP Jam, SAP Lumira, SAP MaxAttention, SAP MaxDB, SAP NetWeaver, SAP PartnerEdge, SAPPHIRE NOW, SAP PowerBuilder, SAP PowerDesigner, SAP R/2, SAP R/3, SAP Replication Server, SAP Roambi, SAP S/4HANA, SAP SQL Anywhere, SAP Strategic Enterprise Management (SAP SEM), SAP SuccessFactors, The Best-Run Businesses Run SAP, TwoGo sind Marken oder eingetragene Marken der SAP SE, Walldorf.

Bibliografische Information der Deutschen Nationalbibliothek:
Die Deutsche Nationalbibliothek verzeichnet diese Publikation in der Deutschen Nationalbibliografie; detaillierte bibliografische Daten sind im Internet über *http://dnb.d-nb.de* abrufbar.

ISBN 978-3-8362-6316-0

2., aktualisierte und erweiterte Auflage 2018
© Rheinwerk Verlag, Bonn 2018

Informationen zu unserem Verlag und Kontaktmöglichkeiten finden Sie auf unserer Verlagswebsite **www.rheinwerk-verlag.de**. Dort können Sie sich auch umfassend über unser aktuelles Programm informieren und unsere Bücher und E-Books bestellen.

Inhalt

Vorwort 15

TEIL I SAP S/4HANA – die Grundlagen

1 SAP S/4HANA – Anforderungen und Leistungen   25

1.1 Herausforderungen an die Unternehmenswelt der Zukunft 27
  1.1.1 Digitalisierung von Geschäftsprozessen 27
  1.1.2 Trends der digitalen Transformation 31
1.2 Das Versprechen von SAP S/4HANA 37
  1.2.1 Vereinfachung der Funktionalität 38
  1.2.2 Vereinfachung der Datenstruktur 42
  1.2.3 Vereinfachte Benutzeroberflächen 44
  1.2.4 Vereinfachung von Analysen 46
1.3 Betriebswirtschaftliche Funktionen in SAP S/4HANA 48
  1.3.1 Rechnungswesen 49
  1.3.2 Logistik 54
  1.3.3 Personalwesen 60
  1.3.4 Beschaffung 66

2 Was unterscheidet SAP S/4HANA von der klassischen SAP Business Suite?   71

2.1 Die Schwerpunkte und Zielsetzungen der Lösungen im Vergleich: SAP S/4HANA und der digitale Kern 71
2.2 Simplifizierung 75
2.3 Das neue Datenmodell und die Datenbank SAP HANA 77
  2.3.1 SAP HANA 79
  2.3.2 Das Datenmodell 80

2.3.3	Umgang mit Bestandsdaten	83
2.3.4	Sizing	84
2.4	**Die SAP-Fiori-Benutzeroberflächen**	**85**
2.4.1	Technologische Änderungen	86
2.4.2	Bedienkonzept	88
2.5	**Schnittstellen**	**91**
2.6	**SAP S/4HANA Embedded Analytics**	**92**

3 Cloud, on premise und hybride Szenarien 95

3.1	**Die Betriebsmodelle im Überblick**	**96**
3.1.1	Das On-Premise-Betriebsmodell	96
3.1.2	Das Cloud-Betriebsmodell	97
3.1.3	Das hybride Betriebsmodell	99
3.2	**Die SAP-S/4HANA-Produktfamilie**	**100**
3.2.1	On-Premise-Editionen von SAP S/4HANA	102
3.2.2	SAP S/4HANA Cloud	106
3.2.3	SAP HANA Enterprise Cloud	107
3.3	**Die Betriebsmodelle im Vergleich**	**109**
3.3.1	Hardware, Software, Betrieb und Wartung	109
3.3.2	Benutzeroberflächen	111
3.3.3	Funktionsumfang und unterstützte Länderversionen	112
3.3.4	Erweiterungsmöglichkeiten	113
3.3.5	Bezahlmodell und Laufzeit	114
3.3.6	Modell für den Umstieg auf SAP S/4HANA	115
3.4	**Erweiterbarkeit von SAP S/4HANA**	**115**
3.4.1	Beigestellte Erweiterungen (Side-by-Side-Erweiterungen)	118
3.4.2	Anwendungsinterne Erweiterbarkeit (In-App-Erweiterungen)	119
3.4.3	Prüfung kundeneigener Erweiterungen beim Umstieg auf SAP S/4HANA	126

4 Den Umstieg auf SAP S/4HANA vorbereiten — 127

4.1	Grundsätzliche Vorüberlegungen	127
4.2	Die drei Szenarien für den Umstieg	133
4.2.1	Neuimplementierung von SAP S/4HANA	134
4.2.2	Systemkonvertierung nach SAP S/4HANA	139
4.2.3	Landschaftstransformation mit SAP S/4HANA	148

5 SAP Activate — 151

5.1	Die Inhalte von SAP Activate	151
5.1.1	SAP Best Practices	154
5.1.2	Werkzeuge für eine Guided Configuration	159
5.1.3	Die Methodik von SAP Activate	165
5.2	Die Phasen von SAP Activate	166

6 Testsysteme und Modellfirma — 171

6.1	Das SAP-S/4HANA-Trial-System	171
6.2	SAP S/4HANA Fully-Activated Appliance	174
6.3	Lösungsumfang der Fully-Activated Appliance	178
6.4	Die Unternehmensstruktur der Modellfirma	181

TEIL II Umstieg auf SAP S/4HANA in der Cloud

7 Migration in die Public Cloud — 185

7.1	SAP S/4HANA Cloud einrichten	185
7.1.1	Phase »Discover«: Das Trial-System der SAP S/4HANA Cloud einrichten	186

	7.1.2	Phase »Analysieren und Vorbereiten«: Das SAP-S/4HANA-Cloud-System einrichten	187
	7.1.3	Phase »Realisieren«: Das Qualitätssicherungssystem der SAP S/4HANA Cloud einrichten	196
	7.1.4	Phase »Bereitstellung«: Die Produktivsysteme der SAP S/4HANA Cloud einrichten	199
7.2	**SAP S/4HANA Cloud konfigurieren**		**201**
	7.2.1	Scoping	202
	7.2.2	Fine-Tuning	202
7.3	**Datenmigration in die SAP S/4HANA Cloud**		**209**
	7.3.1	Verfügbare Migrationsobjekte	210
	7.3.2	Datenmigration mit dem SAP S/4HANA Migration Cockpit	216
	7.3.3	Status der Datenmigration prüfen mit der SAP-Fiori-App »Datenmigration Status«	248
	7.3.4	Die neue Übertragungsoption Staging-Tabellen	255

8 SAP S/4HANA Cloud in die Systemlandschaft integrieren 265

8.1	**Integration mit SAP-Ariba-Lösungen**		**265**
	8.1.1	Integrationsszenarien in Beschaffung und Geschäftspartnerbuchhaltung	266
	8.1.2	Lizenzvoraussetzungen und Beschaffung der SAP-Ariba-Systemzugänge	275
	8.1.3	Integrationsprojekt mit SAP Activate durchführen	275
	8.1.4	Integrationseinstellungen in SAP S/4HANA Cloud	277
	8.1.5	Konfiguration in SAP Ariba	290
	8.1.6	Testen und Liveschalten der integrierten Geschäftsprozesse	296
	8.1.7	Ausblick	297
8.2	**Integration mit SAP SuccessFactors**		**298**
	8.2.1	Konfiguration in SAP S/4HANA Cloud	303
	8.2.2	Konfiguration in SAP Cloud Platform Integration	305
	8.2.3	Konfiguration in SAP SuccessFactors Employee Central	306

TEIL III Umstieg auf SAP S/4HANA in der On-Premise-Version

9 Installation und Konfiguration von SAP S/4HANA in der On-Premise-Version oder in der Private Cloud — 311

9.1	Installation	313
9.2	Systemkonfiguration	318
9.3	Den Frontendserver für die SAP-Fiori-Benutzeroberfläche einrichten	322
	9.3.1 On-Premise-Installation des Frontendservers	324
	9.3.2 SAP Fiori Cloud	325

10 Systemkonvertierung eines Einzelsystems — 327

10.1	Das Systemkonvertierungsprojekt im Überblick	328
	10.1.1 Ablauf der Systemkonvertierung	331
	10.1.2 Konvertierung im Systemverbund	333
10.2	Konvertierung eines Einzelsystems durchführen	336
	10.2.1 Systemvoraussetzungen	337
	10.2.2 Simplification List	340
	10.2.3 Maintenance Planner	343
	10.2.4 Simplification Item Checks (SI-Checks)	345
	10.2.5 Anpassung von Eigenentwicklungen	350
	10.2.6 Datenbank-Sizing für SAP S/4HANA	363
	10.2.7 Den Software Update Manager verwenden	363
	10.2.8 Umstieg auf die SAP-Fiori-Benutzeroberflächen	370
	10.2.9 Erkenntnisse aus bisherigen Kundenprojekten	375

11 Neuimplementierung eines Einzelsystems — 377

11.1 Die Phasen der Datenmigration — 378
- 11.1.1 Datenanalyse — 381
- 11.1.2 Datenbereinigung — 383
- 11.1.3 Mapping — 384
- 11.1.4 Implementierung — 386
- 11.1.5 Tests — 387
- 11.1.6 Datenvalidierung — 389
- 11.1.7 Produktives Laden und Support — 391

11.2 Unterstützte Migrationsobjekte — 392

11.3 Rapid Data Migration — 398
- 11.3.1 Werkzeuge — 399
- 11.3.2 Architektur — 400
- 11.3.3 Migrations-Content — 404
- 11.3.4 Anbindung der Quellsysteme — 413
- 11.3.5 Profiling der Daten — 416
- 11.3.6 Feld-Mapping — 419
- 11.3.7 Werte-Mapping und Umschlüsselungstabellen — 426
- 11.3.8 Validierung der Daten — 433
- 11.3.9 Daten importieren — 437
- 11.3.10 Monitoring — 439
- 11.3.11 IDoc-Performanceoptimierung — 441

11.4 SAP S/4HANA Migration Cockpit — 445
- 11.4.1 Übertragungsoption: Daten aus Datei übertragen — 446
- 11.4.2 Übertragungsoption: Daten aus Staging-Tabellen übertragen — 448

11.5 SAP S/4HANA Migration Object Modeler — 452
- 11.5.1 Die verwendeten Migrations-APIs — 453
- 11.5.2 Bearbeitungsfunktionen des Migration Object Modelers — 453
- 11.5.3 Der Aufbau des Migration Object Modelers — 459
- 11.5.4 Vorhandene Migrationsobjekte erweitern — 467
- 11.5.5 Eigene Migrationsobjekte anlegen — 477

11.6 Vergleich der Migrationswerkzeuge — 492

12 Transformation einer Systemlandschaft — 495

12.1	Die drei Transformationsszenarien	496
12.2	Ein Transformationsprojekt durchführen	497
	12.2.1 Voranalyse und Planung	499
	12.2.2 Blueprint und Projektteam	500
	12.2.3 Testläufe	502
	12.2.4 Produktivmigration	503
	12.2.5 Support nach dem Go-live	504
12.3	Systemkonsolidierung	505
12.4	Buchungskreistransfer	514
12.5	Transformation nach SAP S/4HANA for Central Finance Foundation	519
	12.5.1 Implementierung von SAP S/4HANA Central Finance	521
	12.5.2 Globale Parameter	525
	12.5.3 Stammdaten	530
	12.5.4 Mapping, Fehlerbehandlung und das initiale Datenladen	535

13 SAP S/4HANA, On-Premise-Version in die Systemlandschaft integrieren — 539

13.1	Integration mit SAP Ariba	539
	13.1.1 Integrierte Geschäftsprozesse mit SAP-Ariba-Lösungen und SAP S/4HANA	539
	13.1.2 Technische Integration von SAP S/4HANA mit SAP Ariba	541
13.2	Integration mit SAP ERP HCM und SAP SuccessFactors	544
	13.2.1 ALE-Integration mit SAP ERP HCM	544
	13.2.2 Integration von SAP ERP HCM innerhalb der SAP-S/4HANA-Instanz	546
	13.2.3 Integration mit SAP SuccessFactors Employee Central	548
	13.2.4 Synchronisation der Mitarbeiterdaten mit dem Geschäftspartner	553
13.3	Integration mit vorhandenen SAP-Systemen	555

TEIL IV Beurteilung der Umstiegsszenarien

14 Auswahl Ihres Übergangsszenarios   561

14.1 Die Verfahren und die Auswahlhilfen im Überblick 561
- 14.1.1 SAP Innovation and Optimization Pathfinder 563
- 14.1.2 SAP Transformation Navigator 565
- 14.1.3 SAP Readiness Check 567

14.2 Ihre eigene Roadmap erstellen 569
- 14.2.1 Ausgangsszenario: Ein Einzelsystem 574
- 14.2.2 Ausgangsszenario: Eine dezentrale Systemlandschaft 578
- 14.2.3 Beispiele für eine Roadmap 582

14.3 Die wichtigsten Kriterien für Ihre Entscheidung 586

14.4 Schlusswort 590

Anhang   591

A Anwendungsrollen für das SAP S/4HANA Migration Cockpit ...   593

B Im Migration Cockpit zur Migration verwendete APIs   597

C Die Autoren   605

Index   609

Vorwort

Die Digitalisierung ist in den Unternehmen angekommen. In zunehmender Frequenz erleben wir technologische Innovationen, die unser tägliches Leben drastisch beeinflussen. Das Internet und die damit verbundene Vernetzung von Personen, Produkten und Services haben einen massiven Einfluss auf Unternehmen und ihre Geschäftsprozesse. Diese Vernetzung führt dazu, dass traditionelle Geschäftsmodelle überdacht werden müssen und Geschäftsprozesse bei Bedarf immer schneller angepasst werden. Das darunterliegende exponentielle Datenwachstum benötigt innovative Ansätze in der Datenspeicherung und -verarbeitung. Der Wunsch, Geschäftsprozesse in die Cloud auszulagern, stellt geänderte Anforderungen an die Systemlandschaften. Der Zugang über mobile Geräte ist der abrundende Schritt in Richtung Zukunftssicherheit. Als Marktführer für Unternehmenssoftware sehen wir uns in der Pflicht, unsere Kunden dort abzuholen, wo sie mit ihren existierenden Systemlandschaften stehen, und sie bei den Herausforderungen dieses digitalen Wandels zu unterstützen.

Mit SAP S/4HANA stellt SAP eine moderne ERP-Suite zur Verfügung, die basierend auf der In-Memory-Technologie von SAP HANA die technischen Limitierungen klassischer Datenbanken überwindet. SAP S/4HANA wird damit zum digitalen Kern der zentralen, unternehmenskritischen Geschäftsprozesse, wie beispielsweise Rechnungswesen, Logistik, Beschaffung und Verkauf. Das Design von SAP S/4HANA orientiert sich an folgenden Kernaspekten: Simplifizierung der Applikation, insbesondere Simplifizierung der Datenstrukturen, vereinfachte Bedienung über rollenbasierte Benutzeroberflächen, die auf SAP Fiori basieren, integrierte Analysefunktionen (*Embedded Analytics*), maschinelles Lernen (*Machine Learning*) und der *Cloud-First-Ansatz* bei der Entwicklung neuer Funktionen und Geschäftsprozesse.

Mit SAP S/4HANA haben Sie als Kunde die Wahl, wie Sie Ihre Geschäftsprozesse betreiben wollen: Ob Sie Ihre Geschäftsprozesse firmenintern betreiben, komplett in die Cloud verlagern oder nur ausgewählte Teile von Geschäftsprozessen in die Cloud auslagern und andere Teile on premise betreiben – SAP S/4HANA gibt Ihnen die Flexibilität. Seit der Einführung von SAP S/4HANA im Jahr 2015 haben sich mittlerweile mehr als 8.300 Kunden für dieses Produkt entschieden. Im Laufe des Jahres 2018 lautete die zentrale Frage unserer Kunden nicht mehr, *ob* sie zu SAP S/4HANA wechseln, sondern *wie* sie den Übergang am effizientesten gestalten und wie sie maximale Wettbewerbsvorteile erzielen können.

In dem hier vorliegenden Buch werden die unterschiedlichen Betriebsmodelle und die jeweiligen Übergangsszenarien nach SAP S/4HANA im Detail dargestellt. Als Leser werden Sie in die Lage versetzt, die jeweiligen Szenarien zu bewerten und damit den Übergang nach SAP S/4HANA besser zu planen. Innerhalb der SAP-S/4HANA-Übergangsszenarien zeigen die Autoren Ihnen verschiedene Möglichkeiten, die Geschwindigkeit des Umstiegs selbst zu gestalten und damit getätigte Investitionen in Ihre aktuelle Systemlandschaft abzusichern.

Sven Denecken

Senior Vice President und Chief Product Owner für SAP S/4HANA Cloud

Rudolf Hois

Vice President und Chief Product Owner für SAP S/4HANA on premise

Einleitung

SAP S/4HANA, kurz für *SAP Business Suite 4 SAP HANA*, ist die SAP-Anwendungssuite der nächsten Generation. SAP S/4HANA spricht Bestandskunden an, die heute SAP ERP bzw. die klassische SAP Business Suite nutzen, aber auch Neukunden, die bisher noch keine SAP-Lösung eingesetzt haben.

Unabhängig davon, woher Sie kommen – wenn es Ihr Ziel ist, SAP S/4HANA einzusetzen, möchten wir Ihnen mit diesem Buch einen Leitfaden für den Umstieg auf SAP S/4HANA an die Hand geben. Wir werden Sie mit allen wichtigen Bereichen des neuen SAP-S/4HANA-Systems vertraut machen und Ihnen dabei zugleich zeigen, wie Sie mithilfe der einzelnen Migrationsszenarien auf SAP S/4HANA umsteigen können.

On premise oder Cloud? Dazu möchten wir Ihnen nicht nur die grundsätzlichen Möglichkeiten der Werkzeuge vorstellen, die SAP für diesen Zweck bereitstellt, sondern Sie auch bei der Durchführung der Migration begleiten, indem wir typische Einsatzbeispiele erläutern. Es ist unser Ziel, Sie optimal dabei zu unterstützen, den für Sie besten Weg nach SAP S/4HANA zu finden – egal, ob Sie SAP S/4HANA in der Cloud oder on premise nutzen möchten, und unabhängig von Ihrem aktuellen ERP-System. Lernen Sie auf den folgenden Seiten die verschiedenen Betriebsmodelle für SAP S/4HANA kennen, und erfahren Sie, wie sich die Migration bei den verschiedenen Modellen unterscheidet.

Szenarien Wir zeigen Ihnen sowohl, wie Sie ein bestehendes SAP-System nach SAP S/4HANA konvertieren, als auch, wie Sie ein neues SAP-S/4HANA-System implementieren und Ihre Daten in dieses System übertragen und wie Sie eine bestehende Landschaft in eine SAP-S/4HANA-Landschaft transformieren können. SAP hat drei Wege nach SAP S/4HANA definiert:

- Neuimplementierung von SAP S/4HANA
- Systemkonvertierung nach SAP S/4HANA
- Landschaftstransformation mit SAP S/4HANA

Sie erfahren, wie Sie dieses neue System in Ihre bestehende IT-Landschaft einbinden können und welche Anpassungen dazu nötig sind. Ein wichtiger Ansatz dieses Buches ist es, Ihnen die Abläufe vorzustellen und im Detail zu erklären. Nach einem grundlegenden Überblick über SAP S/4HANA stellen wir Ihnen alle Aspekte der Übergangsszenarien und der Integration für SAP S/4HANA Cloud und die On-Premise-Version vor. Sie erfahren Schritt für Schritt, wie Sie bei den verschiedenen Migrationsszenarien am besten vorgehen. Wir vergleichen unterschiedliche Anforderungen und ihre Umsetzung anhand von praxisnahen Beispielen. Wir liefern Ihnen in diesem Buch also die Entscheidungskriterien und das nötige Know-how. Am Ende entscheiden Sie selbst, welche Methode die geeignete für Ihren Umstieg auf SAP S/4HANA ist.

Integration

An wen richtet sich dieses Buch?

Da dieses Buch einen kompletten Überblick über die Migration nach SAP S/4HANA gibt, ist es durchaus für zahlreiche Lesergruppen geeignet. Zur Entscheidungsfindung und Wahl des passenden Szenarios für den Umstieg richtet es sich gleichermaßen an *IT-Manager* und *Administratoren*, die SAP S/4HANA (demnächst) einführen. Es geht jedoch noch weiter ins Detail und spricht dadurch sowohl *SAP-Berater* an, die mit der Realisierung der SAP-S/4HANA-Migration beim Kunden oder innerhalb der eigenen Organisation betraut werden, als auch *Projektleiter*, die sich einen Überblick über die einzelnen Methoden und Werkzeuge verschaffen möchten. Sie alle können sich an den Anleitungen orientieren, um Ihre eigenen Migrationsprojekte umzusetzen.

Da es sich bei SAP S/4HANA um eine komplett neue Business Suite handelt, haben wir das Buch so aufgebaut, dass keine SAP-ERP-Vorkenntnisse für die Lektüre notwendig sind. Wenn Sie die einzelnen Migrationsszenarien anhand des Buches nachvollziehen wollen, ist ein gewisses Grundverständnis für SAP NetWeaver jedoch hilfreich. Weitergehende Informationen zu SAP NetWeaver, SAP HANA, zur Datenmigration in SAP oder einen detaillierteren betriebswirtschaftlichen Überblick über SAP S/4HANA finden Sie

Vorkenntnisse

natürlich auch in spezialisierten Büchern der Reihe SAP PRESS des Rheinwerk Verlags.

Releasestand — Dieses Buch beschreibt alle Vorgehensweisen und Verfahren für die zur Drucklegung aktuellen Releases *SAP S/4HANA 1709* (On-Premise-Version) und *SAP S/4HANA Cloud 1805*. Bei höheren Releases kann es an einigen Stellen zu Abweichungen und anderen Bildschirmansichten im Vergleich zu den Screenshots kommen, die wir in diesem Buch zeigen. Wir gehen jedoch davon aus, dass die generellen Schritte zur Durchführung der Migration nach SAP S/4HANA auch in höheren Releases die gleichen bleiben.

> **[»] Hinweis zum Sprachgebrauch**
>
> Der Begriff *SAP-S/4HANA-Migration* steht in diesem Buch als Oberbegriff für die unterschiedlichen Szenarien für den Übergang hin zu SAP S/4HANA. Damit steht der Begriff nicht nur für die Datenmigration und Datenübernahme von IT-Altsystemen oder produktiv genutzten SAP-Systemen, sondern auch für die Systemkonvertierung eines Einzelsystems oder die Transformation einer Systemlandschaft.

Der Aufbau dieses Buches

Dieses Buch ist in vier Teile gegliedert, deren Inhalt wir im Folgenden zur besseren Orientierung kurz vorstellen.

Teil I: SAP S/4HANA – die Grundlagen

Im ersten einführenden Teil des Buches vermitteln wir das Grundlagenwissen, das erforderlich ist, um sich für ein Installations- oder Migrationsszenario entscheiden zu können. Dieser Teil ist auch für IT-Manager und IT-Mitarbeiter in Unternehmen interessant, die noch kein konkretes Migrationsprojekt geplant haben und sich erst einmal über die verschiedenen Möglichkeiten informieren möchten. Wir erläutern Ihnen die unterschiedlichen Bereitstellungsoptionen für SAP S/4HANA in der Public Cloud, on premise und als hybrides Modell. Schließlich erfahren Sie, wie Sie den Übergang nach SAP S/4HANA vorbereiten können und wie Sie dabei von einer neuen Implementierungsmethodik unterstützt werden.

Anforderungen und Leistungen — In Kapitel 1, »SAP S/4HANA – Anforderungen und Leistungen«, vermitteln wir Ihnen einen grundlegenden Überblick über SAP S/4HANA und zeigen Ihnen den Mehrwert dieser neuen Lösung auf. Wir gehen in diesem Kontext auch auf die Veränderung der traditionellen Geschäftsmodelle ein, die ein Ergebnis des digitalen Wandels ist; und wir zeigen auf, mit welchen Herausforderungen der Digitalisierung Unternehmen heute und in Zukunft konfrontiert sind. Sie erfahren, welche technologischen und betriebswirtschaftlichen Antworten SAP S/4HANA auf diese Herausforderungen gibt.

In Kapitel 2, »Was unterscheidet SAP S/4HANA von der klassischen SAP Business Suite?«, stellen wir Ihnen die grundsätzlichen Unterschiede zwischen SAP S/4HANA und der SAP Business Suite vor und ordnen die neue Lösung in das SAP-Produktangebot ein. Wir erklären den Sinn und Zweck dieser Unterschiede und gehen darauf ein, welche Chancen sich dadurch für die IT-Abteilungen und für Ihre Geschäftsprozesse ergeben und welche Bedeutung diese Änderungen für Ihre Planung des Umstiegs auf SAP S/4HANA haben.

Unterschied zur klassischen Business Suite

SAP S/4HANA ist in verschiedenen Betriebsmodellen verfügbar. Die Möglichkeiten umfassen die Implementierung in der Private oder Public Cloud, vor Ort in Ihrem Rechenzentrum sowie einen hybriden Ansatz. In Kapitel 3, »Cloud, on premise und hybride Szenarien«, vermitteln wir Ihnen ein grundsätzliches Verständnis dieser Betriebsmodelle und erklären, welche Bereitstellungsoptionen im Rahmen der SAP-S/4HANA-Produktfamilie existieren. Die Unterschiede zwischen den einzelnen Modellen erläutern wir im Detail.

Cloud, on premise und hybrid

Nachdem das Grundverständnis für SAP S/4HANA geschaffen wurde, stellen wir in Kapitel 4, »Den Umstieg auf SAP S/4HANA vorbereiten«, die Vorgehensweisen für den Umstieg auf SAP S/4HANA vor und erläutern, welche konkreten Schritte bei der Projektplanung berücksichtigt werden sollten. Im letzten Teil des Buches werden wir rückblickend dann noch einmal auf die Vor- und Nachteile der unterschiedlichen Szenarien bei verschiedenen Voraussetzungen eingehen.

Umstieg vorbereiten

SAP Activate ist eine mit SAP S/4HANA neu eingeführte Art und Weise, SAP-Software zu implementieren. Sie soll Kunden beim Umstieg auf SAP S/4HANA unterstützen. Wir stellen Ihnen diesen Nachfolger der Implementierungsmodelle ASAP und SAP Launch in Kapitel 5, »SAP Activate«, vor.

Implementierungsmethodik

Kapitel 6, »Testsysteme und Modellfirma«, schließt den ersten Teil des Buches ab. Es behandelt die verfügbaren Trial-Systeme und eine Modellfirma, die darin für SAP S/4HANA bereitgestellt wird. Bei der Modellfirma handelt es sich um ein vorkonfiguriertes System, das Customizing (wie etwa vordefinierte Buchungskreise und Organisationsstrukturen) sowie Beispieldaten beinhaltet. Die Modellfirma unterstützt Sie dabei, die Anforderungen und Voraussetzungen für die Migration zu identifizieren.

Modellfirma

Teil II: Umstieg auf SAP S/4HANA in der Cloud

Public Cloud — Im zweiten Teil des Buches erläutern wir Ihnen Schritt für Schritt die verschiedenen Migrationsszenarien für SAP S/4HANA Cloud, die Public Cloud bzw. die SaaS-Version (Software as a Service) von SAP S/4HANA. Wir stellen die Werkzeuge und die Vorgehensweise für die Datenmigration und die Integration mit anderen Systemen dar.

Migration — Der Einsatz einer Cloud-Lösung bietet grundsätzlich neue Möglichkeiten, IT im Unternehmen zu organisieren und zu finanzieren. In Kapitel 7, »Migration in die Public Cloud«, zeigen wir Ihnen, wie Sie die Möglichkeit eines Deployments in der Public Cloud für SAP S/4HANA umsetzen können. Wir erläutern, was Sie bei der Einrichtung der Cloud-Lösung beachten sollten, welche Werkzeuge und Datenübertragungsmethoden es für die Datenmigration in die SAP S/4HANA Cloud gibt, wie die Migration Schritt für Schritt durchgeführt werden kann und wie Sie den Status Ihrer Migration überprüfen können.

Integration in die Systemlandschaft — Kapitel 8, »SAP S/4HANA Cloud in die Systemlandschaft integrieren«, beschreibt, wie Sie ein SAP-S/4HANA-Cloud-System mit anderen SAP-Cloud-Lösungen, wie SAP Ariba oder SAP SuccessFactors, integrieren. Wir erklären, wie die Systeme angebunden werden und welche Schnittstellen dafür zum Einsatz kommen.

Teil III: Umstieg auf SAP S/4HANA in der On-Premise-Version

On premise oder Private Cloud — Nachdem im zweiten Teil die eigenständige Lösung SAP S/4HANA Cloud im Fokus stand, geht es im dritten Teil dieses Buches um die On-Premise-Version, die auch gehostet in einer Private Cloud betrieben werden kann. Für diese Version ergeben sich zusätzliche Migrationsszenarien, die in diesem Teil des Buches im Detail und mit ihren Anwendungsszenarien vorgestellt werden. Wir zeigen auch den Unterschied zum Betrieb in der Public Cloud auf und erörtern die Integrationsmöglichkeiten der On-Premise-Version von SAP S/4HANA.

Installation und Konfiguration — Beim Umstieg auf die On-Premise-Version von SAP S/4HANA wird entweder ein neues SAP-S/4HANA-System aufgesetzt oder ein bestehendes SAP-System transformiert. In Kapitel 9, »Installation und Konfiguration von SAP S/4HANA in der On-Premise-Version oder in der Private Cloud«, erläutern wir die notwendigen Schritte für die Installation des Backend- und Frontendservers sowie die Konfiguration des Systems.

Systemkonvertierung — In Kapitel 10, »Systemkonvertierung eines Einzelsystems«, stellen wir Ihnen das erste Szenario für den Umstieg auf die On-Premise-Version von SAP S/4HANA vor: die Systemkonvertierung. Die Konvertierung eines bestehenden SAP-Business-Suite-Systems ermöglicht es, zu SAP S/4HANA zu wechseln, ohne ein neues System aufzusetzen. Wir beschreiben, wie der grundsätzliche Ablauf von der Planung bis zur Ausführung der Systemkonvertierung aussieht, welche Einzelschritte erforderlich sind und welche technischen Werkzeuge dazu benötigt werden.

Anschließend gehen wir in Kapitel 11, »Neuimplementierung eines Einzelsystems«, detailliert auf die verschiedenen Migrationswerkzeuge für eine Neuimplementierung (Greenfield-Ansatz) eines SAP-S/4HANA-On-Premise-Systems ein. Wir stellen Ihnen die Werkzeuge SAP S/4HANA Migration Cockpit, SAP S/4HANA Migration Object Modeler und SAP Data Services mit dem SAP Best Practices Content der Rapid Data Migration anhand von Anwendungsbeispielen vor. Außerdem erläutern wir die generelle Vorgehensweise bei einer Datenmigration nach SAP S/4HANA als Projekt.

Neuimplementierung

In Kapitel 12, »Transformation einer Systemlandschaft«, beschreiben wir das dritte Übergangsszenario, die Landschaftstransformation, und wie sie durchgeführt wird. Außerdem stellen wir mit Central Finance einen wichtigen Anwendungsfall für SAP S/4HANA umfassend vor.

Landschaftstransformation

Abschließend gehen wir in Kapitel 13, »SAP S/4HANA, On-Premise-Version in die Systemlandschaft integrieren«, auf die Integrationsmöglichkeiten der On-Premise-Version von SAP S/4HANA ein. Dabei werden speziell SAP Ariba, SAP SuccessFactors und die Integration mit bestehenden SAP-Systemen erörtert.

Integration

Teil IV: Beurteilung der Umstiegsszenarien

Im letzten Teil des Buches erörtern wir, welches das richtige Szenario für *Sie* ist. Die richtige Strategie für den Wechsel hin zu SAP S/4HANA hängt von Ihrer Ausgangssituation ab. Wir geben Ihnen dafür Entscheidungskriterien an die Hand und führen Beispiele für die einzelnen Übergangsszenarien an.

Kapitel 14, »Auswahl Ihres Übergangsszenarios«, beschreibt dazu die Vor- und Nachteile der einzelnen Migrationsszenarien, fasst sie zusammen und stellt sie einander gegenüber. Wir erörtern die Kernentscheidung zwischen einer kompletten Neuimplementierung oder einer Systemkonvertierung. Die Landschaftstransformation nimmt insofern eine Sonderrolle ein, als sie mit den beiden anderen Szenarien kombiniert werden kann. In jedem Fall sollte die Entscheidung für ein Szenario die für das Unternehmen wirtschaftlich sinnvollste sein und von betriebswirtschaftlichen Fragestellungen geleitet werden.

Auswahl des Übergangsszenarios

Informationskästen In hervorgehobenen Informationskästen finden Sie in diesem Buch Inhalte, die wissenswert und hilfreich sind, aber etwas außerhalb der eigentlichen Erläuterung stehen. Damit Sie die Informationen in den Kästen sofort einordnen können, haben wir die Kästen mit Symbolen gekennzeichnet:

[»]
- In Kästen, die mit diesem Symbol gekennzeichnet sind, finden Sie Informationen zu *weiterführenden Themen* oder wichtigen Inhalten, die Sie sich merken sollten.

[!]
- Dieses Symbol weist Sie auf *Besonderheiten* hin, die Sie beachten sollten. Es *warnt Sie* außerdem vor häufig gemachten Fehlern oder Problemen, die auftreten können.

[zB]
- *Beispiele*, durch dieses Symbol kenntlich gemacht, weisen auf Szenarien aus der Praxis hin und veranschaulichen die dargestellten Funktionen.

[o]
- Mit diesem Symbol markierte Textstellen fassen wichtige thematische Zusammenhänge für Sie noch einmal *auf einen Blick* zusammen.

Wir hoffen, dass Ihnen dieses Buch als Nachschlagewerk und Leitfaden für Ihre Reise nach SAP S/4HANA gute Dienste erweist. Wir wünschen Ihnen viel Vergnügen beim Lesen und beim Verarbeiten der hier gewonnenen Erkenntnisse.

Frank Densborn, Frank Finkbohner, Jochen Freudenberg, Kim Mathäß, Frank Wagner

und unsere Integrationsexperten **Andreas Muno** und **Markus Trapp**

TEIL I
SAP S/4HANA – die Grundlagen

Im ersten Teil des Buches gehen wir zum einen auf die Anforderungen des digitalen Wandels ein, mit denen heute große Teile der Wirtschaft konfrontiert werden, zum anderen erläutern wir, wie SAP S/4HANA auf diese Herausforderungen eingeht. Dazu stellen wir Ihnen die grundsätzlichen Unterschiede zwischen SAP S/4HANA und der klassischen SAP Business Suite vor und zeigen die unterschiedlichen Bereitstellungsoptionen in der Public Cloud, on premise und als hybrides Modell. Schließlich erfahren Sie, wie Sie den Übergang nach SAP S/4HANA vorbereiten können und wie SAP Activate Sie dabei unterstützt.

Kapitel 1
SAP S/4HANA – Anforderungen und Leistungen

Durch die zunehmende Digitalisierung und Vernetzung der Wirtschaft verändert sich nicht nur die industrielle Produktion. In diesem Kapitel erfahren Sie, wie SAP mit SAP S/4HANA auf die Anforderungen dieses digitalen Wandels reagiert.

Unternehmen mussten sich schon immer mit technologischen Veränderungen und Innovationen auseinandersetzen. Seit den 1970er Jahren (mit der sogenannten dritten industriellen Revolution) hält die Automation Einzug in die Produktion. Seit dem Einzug von Computern und dem Einsatz von Elektronik und Informationstechnologie in der Fertigung werden ehemals manuelle Arbeitsschritte durch Maschinen übernommen.

Durch die Vernetzung von Produkten, Prozessen und Infrastrukturen in Echtzeit erfolgt eine weitere umfassende Veränderung der industriellen Produktion, die eine vierte Stufe der industriellen Revolution einleitet. Alle Teile der Wertschöpfungskette – wie Zulieferung, Produktion, Auslieferung, Kundenservice und Instandhaltung – werden durch das Internet miteinander verknüpft, und die Informationen über die einzelnen Schritte sind in Echtzeit verfügbar. Durch das Internet der Dinge (*Internet of Things*, IoT) sowie durch Daten und Dienste findet eine vollumfängliche Digitalisierung der klassischen Industrien statt, was unter dem Begriff *Industrie 4.0* zusammengefasst wird.

Die vierte industrielle Revolution – Industrie 4.0

Wie Sie in Abbildung 1.1 sehen, konnten sich die Menschen und die Unternehmen in der Vergangenheit jeweils rund 100 Jahre für die Umstellung auf die nächste Industrialisierungsstufe Zeit nehmen. Nach Industrialisierung, Massenproduktion und Automatisierung kommen nun mit der Industrie 4.0 weltweite und weitreichende Umwälzungen auf die Produktionsprozesse, Geschäftsmodelle, Technologien, die Arbeitswelt und auf den Alltag der Menschen zu.

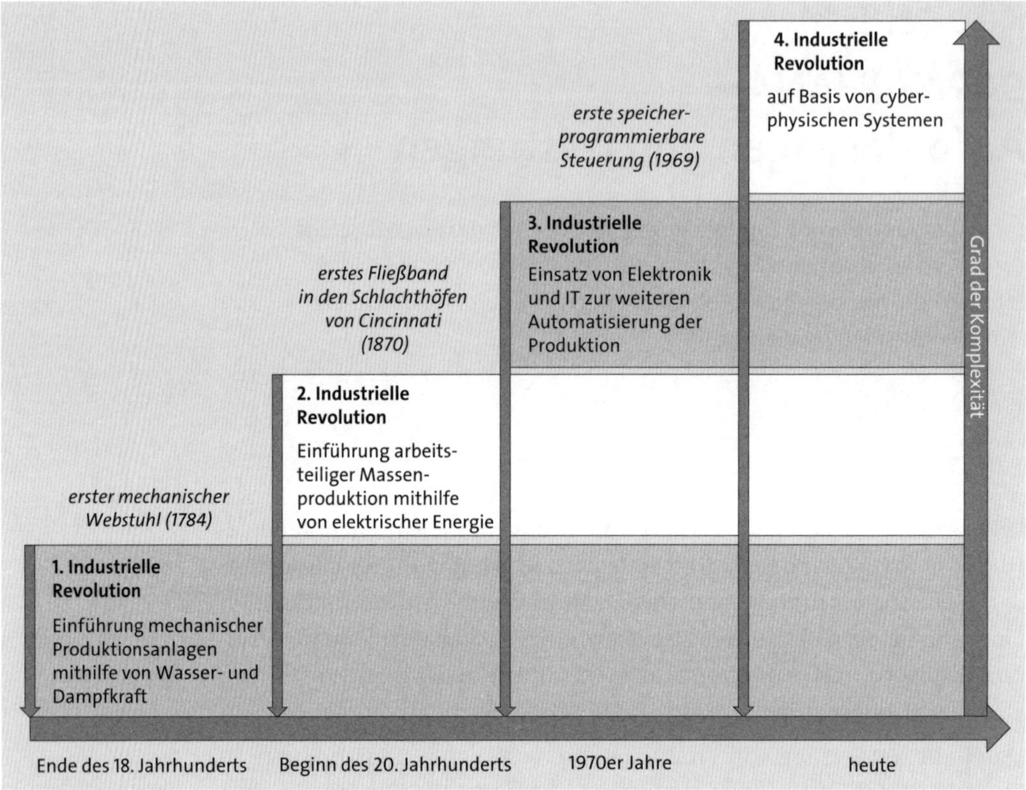

1 SAP S/4HANA – Anforderungen und Leistungen

Abbildung 1.1 Die Stufen der industriellen Revolution

Chancen und Risiken

Dieser als *digitaler Wandel* bezeichnete Paradigmenwechsel bietet Chancen und Risiken für neue Geschäftsmodelle und bestehende Wertschöpfungsketten. Für etablierte Unternehmen und ihre Geschäftsmodelle besteht die Chance auf Effizienzsteigerung oder auch Entwicklung neuer Geschäftsmodelle. Andererseits laufen Unternehmen, die sich diesem Wandel verschließen, Gefahr, dass traditionelle Geschäftsprozesse nicht fortgesetzt werden können und sie durch innovativere Unternehmen aus dem Markt gedrängt werden.

In diesem Kapitel schauen wir uns zunächst diese Chancen und Risiken genauer an. In Abschnitt 1.2 zeigen wir Ihnen dann, welche Lösungsversprechen SAP S/4HANA dafür bereithält. In Abschnitt 1.3, »Betriebswirtschaftliche Funktionen in SAP S/4HANA«, stellen wir Ihnen die einzelnen Komponenten für Marketing, Beschaffung, Logistik, Finanzen und Personalwesen von SAP S/4HANA vor.

1.1 Herausforderungen an die Unternehmenswelt der Zukunft

Auch in den 2000er Jahren gab es Veränderungen, an die Unternehmen ihre Geschäftsmodelle angepasst haben. Speziell und neu im Vergleich zu den früheren industriellen Revolutionen sind die Radikalität und das Tempo des digitalen Wandels. Während früher Änderungen von Geschäftsmodellen häufig dazu geführt haben, dass die großen Unternehmen die kleinen übernahmen, übernehmen heute in der digitalen Ökonomie die schnell agierenden Unternehmen die langsamen, abwartenden Unternehmen. Bisher unbekannte Produktanbieter können innerhalb kürzester Zeit zu Marktführern werden und damit etablierte Branchen komplett verändern.

1.1.1 Digitalisierung von Geschäftsprozessen

Geschäftsprozesse in der heutigen Welt werden von der steigenden Durchdringung durch die Informationstechnologie beeinflusst. Dadurch werden Unternehmen mit traditionellen Geschäftsprozessen dazu gedrängt, ihre Geschäftsprozesse zu überdenken und an den digitalen Wandel anzupassen. In Tabelle 1.1 finden Sie einige Beispiele dafür, wie sich traditionelle Geschäftsprozesse in den letzten Jahren geändert haben.

Beispiele für den digitalen Wandel

Unternehmen	Traditionelle Geschäftsprozesse	Digitale Geschäftsprozesse
Fluggesellschaften	Auftragsabwicklung über Reiseagenturen	Online-Auftragsabwicklung
	hochwertiger Service	keine Services
	Abflug/Ankunft an Hauptflughäfen	Abflug/Ankunft an Randflughäfen
Modeunternehmen	ausgelagerte Produktion in Asien	Rückverlagerung der Produktion nach Südeuropa
	mehrmonatige Designzyklen	wöchentlich wechselnde Kollektionen
	Mode-Einzelhandel in Fachgeschäften	Absatz über Online-Kanal

Tabelle 1.1 Vergleich traditioneller und digitaler Geschäftsprozesse verschiedener Branchen

Unternehmen	Traditionelle Geschäftsprozesse	Digitale Geschäftsprozesse
Unternehmen für Heizungstechnik	Thermostate für Heizungssysteme in privaten Haushalten und Unternehmen	Thermostate mit Integration in smarte Haussteuerung
	hohe Qualität und hohes Serviceangebot	proaktive Wartungstermine
		Angebot von zusätzlichen Produkten im Rahmen intelligenter Haustechnik
Taxiunternehmen	Vermittlung von Taxifahrten über Telefon	Taxibestellung über Smartphone
	Barzahlung	automatische Bezahlung per Kreditkarte
Werkzeughersteller	Geräte für Bauunternehmen	Baustellenmanagement mit Mietgeräten zu monatlichen Fixpreisen (einschließlich Reparatur- und Wartungsservice)
	hohe Qualität und hohes Serviceangebot	24/7-Direktlieferservice von Werkzeugen an die Baustelle
	Vor-Ort-Händler	Online-Auftragsabwicklung
Gitarrenhersteller	Standardproduktlinien	zusätzlicher Custom Shop als Vertriebskanal für kundenindividuelle Gitarren
	Verlagerung der Produktion in Billiglohnländer	Hochpreissegment mit Fertigung im Stammland

Tabelle 1.1 Vergleich traditioneller und digitaler Geschäftsprozesse verschiedener Branchen (Forts.)

Digitalisierungsgrad

Wie weit dieser Druck zur Veränderung der traditionellen Geschäftsprozesse geht, hängt von dem Bereich ab, in dem ein Unternehmen tätig ist. In der Veröffentlichung »Monitoring-Report Wirtschaft DIGITAL 2016« des Bundesministeriums für Wirtschaft und Energie (BMWi, *www.bmwi.de*) werden die Branchen in Deutschland gemäß ihrem Grad der Digitalisierung und ihrem Digitalisierungstempo eingeteilt. Tabelle 1.2 zeigt die Einteilung der Branchen in die folgenden drei Gruppen:

- Hoch digitalisierte Unternehmen
  Unternehmen in Branchen mit hoch digitalisierungsfreundlichen Rahmenbedingungen bezogen auf Prozesse, Wertschöpfungsketten, Investitionen in Digitalisierung sowie ihre Einbindung in die Unternehmensstrategie
- Durchschnittlich digitalisierte Unternehmen
  Unternehmen in Branchen mit durchschnittlich digitalisierungsfreundlichen Rahmenbedingungen
- Gering digitalisierte Unternehmen
  Unternehmen in Branchen, bei denen digitale Geschäftsprozesse nur eine untergeordnete Rolle spielen

Hoch digitalisiert	Durchschnittlich digitalisiert	Gering digitalisiert
- Unternehmen in der Informations- und Kommunikationstechnologiebranche (IKT) - wissensintensive Dienstleister	- Finanz- und Versicherungswirtschaft - Handel - Energie- und Wasserversorgung - Maschinenbau - chemisch-pharmazeutische Industrie - Verkehr und Logistik - Fahrzeugbau	- Gesundheitswesen - sonstiges verarbeitendes Gewerbe

Tabelle 1.2 Bewertung von Branchen anhand ihres Digitalisierungsgrads

Unternehmen, die sich nicht auf die Veränderungen einstellen, die der digitale Wandel mit sich bringt, werden massive Einbußen bei traditionellen Geschäftsprozessen erleiden. In der heutigen Zeit möchte ein Kunde Produkte kaufen, wann und wo er will. Unternehmen, deren Prozesse nicht in dieser Weise ausgerichtet sind, werden vom Markt verschwinden, wenn sie ihre Prozesse nicht auf diese Marktgegebenheit ausrichten.

Grundsätzlich ergeben sich durch den fortschreitenden digitalen Wandel drei Arten von Änderungen an den Geschäftsmodellen: *Arten des Wandels*

- Bestehende traditionelle Geschäftsmodelle werden durch den digitalen Wandel ergänzt.

- Bestehende traditionelle Geschäftsmodelle werden durch den digitalen Wandel verdrängt und durch digitale Geschäftsprozesse abgelöst.
- Durch den digitalen Wandel werden Geschäftsmodelle möglich, die ohne den digitalen Wandel nicht oder so nicht vorstellbar waren.

Ergänzung von Geschäftsprozessen

Wenn das bestehende traditionelle Geschäftsmodell durch die Digitalisierung ergänzt wird, sind es zumeist die bestehenden Unternehmen, die ihre Marktposition auf diese Art erhalten oder vielleicht sogar ausbauen können. Ein Beispiel ist die Optimierung der Instandhaltungsprozesse bei Werkzeugmaschinen und Produktionsanlagen. So ist es durch die Verbilligung der Sensortechnologie möglich, den Instandhaltungsbedarf einer Produktionsmaschine zu messen und die Instandhaltung erst bei Bedarf durchzuführen. Hier sichert und unterstützt der digitale Wandel bestehende traditionelle Geschäftsmodelle. Das bestehende Produkt- und Serviceportfolio wird erweitert, um zukünftiges Umsatzwachstum zu gewährleisten.

Verdrängung von Geschäftsprozessen

In manchen Bereichen mag es dazu kommen, dass traditionelle Geschäftsmodelle durch den digitalen Wandel verdrängt und durch digitale Geschäftsprozesse abgelöst werden. Durch die Digitalisierung werden die Regeln des Marktes an dieser Stelle radikal verändert. Man spricht dann von *disruptivem Wandel* oder *disruptiver Innovation*.

Mit der radikalen Änderung drängen auch neue Unternehmen auf traditionelle Absatzmärkte. Wer hätte gedacht, dass ein Hersteller von WLAN-Routern sein Produktangebot um Heizkörperthermostate und schaltbare Outdoor-Steckdosen erweitert? Mithilfe des korrespondierenden Online-Angebots des Router-Herstellers kann der Kunde dann über das Internet Einfluss auf die Temperatur in seiner Wohnung nehmen oder die Bewässerungsanlage im Garten steuern. Klassische Anbieter von Heizkörperthermostaten reagieren auf diesen digitalen Wandel sowie auf die neu in den Markt drängende Konkurrenz und bieten ebenso internetbasierte Smarthome-Produkte an. Einige Anbieter gehen noch einen Schritt weiter und binden, basierend auf der vernetzten Heiztechnik, auch den Wartungstechniker ein und errechnen proaktiv Wartungstermine.

Neue Geschäftsprozesse

Als Beispiel für ein Geschäftsmodell, das erst durch den digitalen Wandel möglich geworden ist, kann das *Crowdsourcing* oder *Crowdfunding* genannt werden. Beim Crowdsourcing werden Projektaufgaben über Internetplattformen an Internetnutzer verteilt. Beim Crowdfunding werden Investoren gesucht, die eine (Teil-)Finanzierung von Projekten übernehmen wollen. Erst durch das Internet wird hier die Interaktion der Akteure möglich und so kostengünstig und effizient, dass es die notwendige Grundlage für diese Geschäftsmodelle darstellt.

Damit eröffnet der digitale Wandel eine Fülle von Möglichkeiten für kreatives unternehmerisches Handeln. In den Vordergrund rücken Aspekte wie etwa die Kundennähe und die Qualität der Infrastruktur. Das vom Endverbraucher und seinem Nutzen ausgehende Denken wird immer mehr zum Schlüsselelement des Erfolgs.

1.1.2 Trends der digitalen Transformation

Im Rahmen des digitalen Wandels spielen die in Abbildung 1.2 dargestellten betriebswirtschaftlichen und technischen Trends eine wichtige Rolle. Auf diese Trends gehen wir in den folgenden Abschnitten kurz ein.

Betriebswirtschaftliche und technische Trends

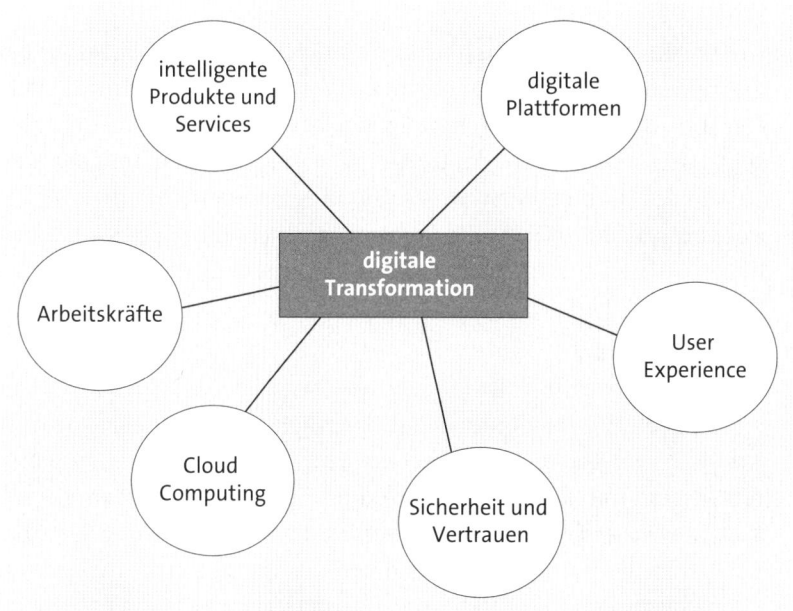

Abbildung 1.2 Trends bei der digitalen Transformation

Intelligente Produkte und Services

Die zunehmende Vernetzung und die rasanten Entwicklungen im Rahmen der Sensortechnik führen dazu, dass jedes Gerät und jede Maschine zu einem Informationsknotenpunkt werden kann. Dieser Aspekt, auch als *Internet der Dinge* (Internet of Things, IoT) bezeichnet, wird bisher etablierte Wertschöpfungsketten und die industrielle Produktion verändern. Standen bisher Qualität, Preis und Lieferzeiten von Produkten im Vordergrund der Geschäftsmodelle, treten in der digitalen Welt personalisierte Produkte und Dienstleistungen mit Zusatznutzen (*Smart Products* und *Smart Services*) in den Vordergrund.

Internet der Dinge

Intelligente Produkte und Services

An drei Beispielen wollen wir verdeutlichen, wie der digitale Wandel etablierte Wertschöpfungsketten und Produktionsprozesse verändern kann:

- **Intelligente Instandhaltung**

    Im Rahmen von intelligenten Serviceprozessen werden Sensordaten genutzt, um den Wartungszustand von Maschinen vorherzusagen. Ziel ist es, Instandhaltungsprozesse zu optimieren, indem Wartungsmaßnahmen nur dann ausgeführt werden, wenn der Zustand der Maschine dies auch erfordert. Durch die Unterstützung der Informationstechnologie kann nicht nur der aktuelle Zustand der Maschine gemessen werden, sondern auch eine Vorhersage auf Basis historischer Daten (Stichwort *Predictive Analytics*) erstellt werden, wann ein Ausfall der Maschine zu erwarten ist.

    Um intelligente Automation handelt es sich dann, wenn der Sensor der Maschine oder die Vorhersage zeitnah die Ersatzteilbeschaffung im ERP-System anstößt. Diese Erweiterung von klassischen Geschäftsmodellen zeigt auch, wie zukünftig Produktionssteuerungsanlagen und das ERP-System des Unternehmens stärker zusammenwachsen werden. Für die Kunden bedeuten diese intelligenten Instandhaltungsprozesse einen hohen Mehrwert, weil die Maschinen dadurch eine wesentlich höhere Verfügbarkeit besitzen.

- **Digital Farming**

    Auch in ganz traditionellen Industriebereichen wie der Landwirtschaft sind digitale Produktionsprozesse längst angekommen. Der Traktor wird zu einem Knotenpunkt von Daten, der, mit entsprechenden Sensoren ausgestattet, z. B. bestimmen kann, wie viel Dünger oder wie viel Saatgut welches Feld braucht. So werden die Erntemaschinen Sammler von Daten, die von den Landmaschinenherstellern genutzt werden, um die traditionellen Geschäftsmodelle um zusätzliche Services zu ergänzen. Umgekehrt können die mobilen Erntemaschinen auch in die beschriebenen intelligenten Instandhaltungsprozesse integriert werden. Die Landmaschinen werden zentral überwacht, und es werden intelligente Wartungsintervalle errechnet, sodass die Ernte störungsfrei eingefahren werden kann.

- **Losgröße eins**

    Die Verkaufszahlen der E-Gitarrenbauer sind in den letzten zehn Jahren rückläufig. Eine Gegenmaßnahme der großen amerikanischen Gitarrenhersteller ist es, verstärkt kundenindividuelle Gitarren anzubieten. Bei ausgewählten hochpreisigen Gitarren hat der Kunde die Möglichkeit, seine Gitarre individuell zusammenzustellen (Auswahl der verwendeten Holzarten, Form des Gitarrenhalses, verbaute Tonabnehmer, individuelle gewollte künstliche Alterung der Gitarre etc.). Das Anbieten dieser Einzelstücke verlangt eine hochflexible Ausgestaltung der Produktionsprozesse bei der Auftragsabwicklung. Im Rahmen der Digitalisierung spricht man auch von der Fertigung individualisierter Produkte bis hin zur Losgröße eins (*Unit of One*).

Ein interessanter Aspekt ist, dass bei diesen hochemotionalen Produkten auch der Bezug zum Gitarrenbauer hergestellt wird. Auf den Internetseiten eines großen amerikanischen Gitarrenherstellers werden sogar die Gitarrenbauer vorgestellt, die diesen individuellen Fertigungsprozess gestalten. Möglich geworden sind solche individuellen Prozesse vor allem durch die leichtere Kundenkommunikation über das Internet. Allgemein gesprochen sind sinkende Losgrößen bei immer stärker wechselnden Aufträgen und dadurch steigende Rüstzeiten der Produktionsmaschinen ein Trend der Digitalisierung. Darauf müssen sich die Unternehmen heute einstellen.

Diese Beispiele sollen zeigen, wie Vernetzung dazu führt, dass automatisierte softwaregestützte Wertschöpfungen zunehmen und traditionelle Geschäftsprozesse durch ein sinnvoll korrespondierendes Servicegeschäft ergänzt und unterstützt werden. Zukünftig wird man auch stärker unternehmensübergreifend Wertschöpfungselemente miteinander vernetzen. Die einzelnen Schritte innerhalb eines End-to-End-Geschäftsprozesses werden in zunehmenden Maße in Echtzeit (*Realtime*) miteinander kommunizieren. Entsprechend wird auch der Bedarf an Standards im Rahmen von Industrie 4.0 zunehmen. Letzteres fand etwa in der Veröffentlichung der DIN SPEC 91345 als Standard für das »Referenzarchitekturmodell Industrie 4.0 (RAMI4.0)« im April 2016 seinen Ausdruck.

Plattformen

Im Vergleich zu den neuen und geänderten Wertschöpfungsketten stellen digitale Plattformen ein grundsätzlich anderes Geschäftsmodell dar. Einige Beispiele für solche digitalen Plattformen sind:

Beispiele für digitale Plattformen

- der iTunes-App-Store von Apple, auf dem eigenständige Anbieter Apps für iPhone und iPad anbieten
- der Amazon Marketplace, auf dem neben dem Produktangebot von Amazon selbstständige Händler integriert sind und ihre Produkte anbieten
- Airbnb, eine Plattform für die Vermietung bzw. Anmietung von Übernachtungsmöglichkeiten in Privathäusern
- Uber als Online-Vermittlungsdienst für Fahrdienstleistungen

- branchenspezifische Plattformen, wie beispielsweise First4Farming, eine Technologieplattform, die beteiligte Unternehmen des Agrarsektors miteinander verbindet

Kennzeichen digitaler Plattformen

Digitale Plattformen sind untrennbar mit dem Internet und der Cloud verbunden. Such- und Kaufvorgänge erfolgen online; der Kunde kann Produkte zu jedem Zeitpunkt über jedes mobile Endgerät bestellen. Digitale Plattformen erlauben es externen Anbietern, auch ohne eigene spezifische Technologieinfrastruktur an der Wertschöpfungskette teilzuhaben. Der Betrieb und die Wartung der Infrastruktur werden von dem Plattformbetreiber übernommen, der im Gegenzug die Regeln und die Gebühren für die Nutzung der Plattform bestimmt.

Services im Zentrum

Digitale Plattformen verfolgen einen radikal anderen Ansatz verglichen mit klassischen Wertschöpfungsketten. Während in der traditionellen Wirtschaft das Produkt im Vordergrund steht, ist es hier die Plattform mit ihren Infrastrukturservices. So besteht die Leistung von Airbnb und Uber (nur) darin, die Nutzer und Anbieter privater Übernachtungen bzw. Taxifahrten miteinander zu verbinden. Digitale Plattformen ermöglichen den Anbietern der Serviceleistungen einen vereinfachten Einstieg in den digitalen Echtzeitmarkt und in Cloud-Technologien. Das führt dazu, dass die Plattformanbieter eine strategisch herausragende Bedeutung gegenüber den eigentlichen Serviceanbietern haben. Auf der anderen Seite könnten viele Serviceanbieter ihre Leistungen ohne dieses Plattformangebot überhaupt nicht oder nur ungleich schwieriger anbieten.

Arbeitskräfte

Flexible Mitarbeiter sind gefragt

Der Umstieg auf digitale Geschäftsprozesse erfordert entsprechend gut ausgebildete Arbeitskräfte. Wenn man hochflexible und kundenindividuelle Fertigungsprozesse unterstützen will, braucht man entsprechend hochflexible Arbeitskräfte, die jeweils durch geeignete Informationen und Daten unterstützt werden müssen. Menschliche Arbeit und die mit dem Menschen und seinen spezifischen Fähigkeiten verbundene Flexibilität wird zu einem Schlüsselelement des digitalen Wandels. Die Unternehmen sind entsprechend gefordert, ihre Mitarbeiter bei diesem flexibleren Arbeiten, auch von zu Hause aus, mit entsprechender Infrastruktur und flexiblen Arbeitszeitkonten zu unterstützen.

E-Learning

Die steigenden Anforderungen an die Flexibilität und an komplexere Geschäftsmodelle erfordern darüber hinaus zusätzliche Qualifikationen von den Mitarbeitern. Um eine sinnvolle berufsbegleitende Weiterbildung zu ermöglichen, müssen die Unternehmen im digitalen Wandel auch moderne, auf digitaler Technologie basierende Qualifizierungsansätze einbinden. So vermitteln z. B. spezielle E-Learning-Kurse (sogenannte *Massive Open Online Courses*, MOOCs) Wissen über Videos und Foren, in denen Lehrende und Lernende miteinander kommunizieren und Gemeinschaften bilden können. Die Bedeutung der Mitarbeiterqualifizierung muss auch vor dem Hintergrund des Fachkräftemangels gesehen werden, den viele Großunternehmen in Deutschland als Hemmschuh für die Digitalisierung ansehen.

Benutzererfahrung (User Experience)

Die flächendeckende Verbreitung von Smartphones, Tablets, Smart-TV und die Nutzung von Internet, Messenger-Diensten und E-Mails beeinflussen grundsätzlich die Erwartungen von Kunden an Benutzeroberflächen. Ein Kunde, der heute Produkte und Services im Internet bestellt, hat an die Benutzeroberflächen die gleichen Erwartungen wie an die Oberflächen seiner privat genutzten Anwendungen.

Mit der Vermittlung von Taxifahrten über Smartphone-Apps ist ein neues Geschäftsmodell entstanden, das klassische Taxi-Unternehmen mit ihrer Vermittlung über eine Funkzentrale immer mehr verdrängt. In beiden Fällen bestellt der Kunde ein Taxi. Aber was macht dieses (zugegeben häufig zitierte) Beispiel der Digitalisierung von Geschäftsmodellen so erfolgreich und interessant? Es ist vor allem die herausragende Benutzererfahrung, die der Kunde auf seinem Smartphone mit der Taxi-App hat. Kernaspekt dieser Erfahrung ist es, dass man den attraktiven Bestellprozess (über einen interaktiven Stadtplan, der Taxis in der Nähe anzeigt) auch mit einem attraktiven Bezahlprozess verbindet. Der ist so simpel, dass man nach der Taxifahrt einfach aussteigen kann und nichts mehr machen muss, weil die Taxirechnung über die hinterlegte Kreditkarte beglichen wird. Dieses Beispiel soll zeigen, dass sich digitale Geschäftsprozesse eben auch über die User Experience differenzieren. Digitale Geschäftsprozesse werden nur dann erfolgreich sein, wenn sie auch eine herausragende User Experience bieten. *User Experience im Zentrum des Geschäftsmodells*

Bei der digitalen Transformation eines Unternehmens muss daher der Konsument und Nutzer im Vordergrund stehen. Nicht die Technologie ist entscheidend, sondern der Mehrwert, den der Kunde durch den digitalen Geschäftsprozess hat. Hier spielt die angebotene Benutzeroberfläche eine entscheidende Rolle bei der Akzeptanz oder Ablehnung eines Geschäftsprozesses. *Konsumenten im Fokus*

Cloud-Computing

Ein weiterer Trend im Rahmen der Digitalisierung ist die Verlagerung von IT-Dienstleistungen und Geschäftsprozessen in die Cloud. Mit der zuneh- *Flexible IT und Kostenaspekte* menden Zahl von Cloud-Angeboten besteht die Möglichkeit, Aufgaben der unternehmenseigenen IT-Abteilungen neu zu überdenken. So können bestimmte Services und Dienste an Cloud-Dienstleister ausgelagert werden, die mit der unternehmenseigenen IT nicht in gleichem Maße wirtschaftlich abgedeckt werden können. Auch auf Auslastungsschwankungen, die eine flexible Anpassung von Rechnerleistung und Speicherkapazitäten verlangen, kann das Rechenzentrum eines Cloud-Anbieters im Regelfall effizienter und flexibler reagieren. In jedem Fall sind die Kosten dieser flexiblen Anpassungen an Schwankungen besser zu kalkulieren. Auch die im Abschnitt »Arbeitskräfte« angesprochenen, durch den digitalen Wandel erforderlichen neuen Kompetenzen der Mitarbeiter müssen beim Einbinden von externen Cloud-Anbietern nicht unbedingt unternehmensintern aufgebaut werden.

Auswirkungen auf die Geschäftsprozesse

Bei den Auswirkungen von Cloud-Computing auf die Geschäftsprozesse spielen Geschwindigkeit und Flexibilität eine Rolle. So kann ein Unternehmen mit der Verlagerung der neuen Geschäftsprozesse in die Cloud, verbunden mit kürzeren Implementierungszeiten, schnell und flexibel auf geänderte Marktbedingungen reagieren. Cloud-Computing bietet den Unternehmen aber auch die Möglichkeit, Geschäftsprozesse neu zu definieren. Mit dem wachsenden Angebot in der Cloud können Geschäftsprozesse, bei denen man sich nicht von der Konkurrenz differenzieren muss, standardisiert und in die Cloud verlagert werden. Der Onlineshop eines Unternehmens muss vielleicht nicht unbedingt selbst betrieben werden, und man kann sich hier unter Umständen an den üblichen Standards des Internethandels orientieren. Im Gegensatz dazu können sich Kerngeschäftsprozesse herauskristallisieren, bei denen man sich von seinen Marktkonkurrenten unterscheiden will und muss. Hier will ein Unternehmen dann vielleicht hochspezialisierte und individuelle Geschäftsprozesse implementieren, die mit den standardisierten Prozessen in der Cloud nicht vereinbar sind. Diese Geschäftsprozesse will man in der Regel lieber selbst und unternehmensintern betreiben.

Sicherheit und Vertrauen

Die zunehmende Vernetzung der Wertschöpfungsketten und das Sammeln von riesigen Datenmengen über immer billiger werdende Sensoren ermöglichen auf der einen Seite ergänzende und neue Geschäftsmodelle. Auf der anderen Seite bergen diese Entwicklungen auch Sicherheitsrisiken, auf die Wirtschaftsunternehmen eine Antwort finden müssen.

Sicherheit in der Cloud

Eines der größten Hemmnisse bei der Nutzung von Cloud-Lösungen ist das Thema Sicherheit. Der Sicherheitsaspekt muss bereits beim Design der

Applikationen berücksichtigt werden. War das Monitoring von Produktionsanlagen bis dato eher ein unternehmensinternes Thema, öffnen sich diese Systeme im Rahmen intelligenter Wartungsprozesse dem Netzzugriff. Dieser Prozess muss mit korrespondierenden Sicherheitsmaßnahmen einhergehen.

Die digitalen Geschäftsprozesse stellen auch strengere Anforderungen an die Sicherheit und Vertraulichkeit der erhobenen Daten. Es muss gewährleistet werden, dass in den jeweiligen Geschäftsprozessen nur mit autorisierten und authentifizierten Partnern kommuniziert wird. Moderne IT-Sicherheits- und Verschlüsselungssysteme können diese Kommunikationssicherheit sicherstellen, müssen aber auch vorgesehen werden.

Auch beim Thema Datensicherheit spielt der Aspekt der Mitarbeiterqualifikation wieder eine wichtige Rolle. Um die Innovations- und Wettbewerbsfähigkeit eines Unternehmens zu gewährleisten, müssen die Mitarbeiter im Bereich Cyber-Sicherheit auch entsprechend qualifiziert werden. Bei allen Mitarbeitern muss die digitale Kompetenz im Umgang mit Daten und bei der Weitergabe von Daten gestärkt werden. Was nützt das modernste Konzept zur Cyber-Sicherheit, wenn Mitarbeiter für alle Systeme das gleiche, unsichere Passwort verwenden? | Mitarbeiterqualifikation

Die Verlagerung von Geschäftsprozessen in die Cloud kann für Unternehmen in diesem Rahmen eine Überlegung wert sein, da seriöse Cloud-Anbieter in der Regel höhere Sicherheitsstandards haben, als die unternehmensinterne IT in vielen Unternehmen gewährleisten kann. Auch bezogen auf Backup- und Recovery-Prozesse können zentral administrierte Cloud-Umgebungen Vorteile haben. | Höhere Sicherheitsstandards

Der Erfolg eines Unternehmens im digitalen Wandel hängt auch vom Vertrauen der Anwender ab. Kunden werden sich von Unternehmen abwenden, wenn diese den Schutz ihrer personenbezogenen Daten nicht gewährleisten können. Das muss sich nicht nur auf die Datensicherheit beziehen; der Kunde mag auch ethische Aspekte in seine Bewertung eines Geschäftsmodells einfließen lassen. Würden Kunden einer Taxi-App den Vorzug geben, bei der sie wissen, dass die Taxifahrer gerechter behandelt werden und dass vom Fahrtentgelt mehr für die Inspektion des Autos übrig bleibt? Es ist zumindest nicht auszuschließen. | Vertrauen der Anwender

1.2 Das Versprechen von SAP S/4HANA

SAP S/4HANA ist eine Echtzeit-ERP-Suite, die den *digitalen Kern* eines Unternehmens bildet. SAP S/4HANA basiert vollständig auf der In-

Memory-Plattform SAP HANA und bietet mit SAP Fiori eine einfach zu bedienende, rollenbasierte Benutzeroberfläche, die nach modernsten Designprinzipien gestaltet ist. SAP S/4HANA wird in zwei Bereitstellungsoptionen angeboten: einmal in der On-Premise-Version für die Installation vor Ort und einmal als SAP S/4HANA Cloud für den Einsatz in der Cloud.

Die betriebswirtschaftlichen Geschäftsprozesse, die mit SAP S/4HANA abgedeckt werden, beschreiben wir in Abschnitt 1.3, »Betriebswirtschaftliche Funktionen in SAP S/4HANA«. Dort arbeiten wir heraus, wie SAP S/4HANA die verschiedenen Fachbereiche dabei unterstützt, die digitalen Herausforderungen zu meistern, die im vorangegangenen Abschnitt beschrieben wurden.

Unterstützung im digitalen Wandel

In diesem Abschnitt fassen wir zusammen, inwieweit das Grunddesign von SAP S/4HANA auf die Anforderungen der digitalen Transformation zugeschnitten ist. Das Ziel von SAP S/4HANA ist es, Unternehmen bei der Bewältigung der Herausforderungen zu unterstützen, die durch den digitalen Wandel entstehen. Der Kunde soll in die Lage versetzt werden, neben traditionellen Geschäftsmodellen auch neue digitale Geschäftsmodelle mit SAP S/4HANA abbilden zu können. Mit SAP S/4HANA reagiert SAP auf die gestiegene Komplexität in der digitalen Welt. SAP S/4HANA bietet Vereinfachungen der Funktionalität, der Datenstruktur, der User Experience und der Analysen, um den Anforderungen gerecht zu werden, die sich durch Themen wie Vernetzung, Internet der Dinge oder Big Data ergeben.

1.2.1 Vereinfachung der Funktionalität

Ein Charakteristikum von ERP-Software ist es, dass deren Funktionalität über die Jahre hinweg immer reichhaltiger wird. Neue betriebswirtschaftliche Trends finden Eingang in die jeweils neueste Version der ERP-Software. Die initial bereitgestellten Abbildungen der betriebswirtschaftlichen Anforderungen werden ergänzt und erweitert, und es werden neue Anwendungen bereitgestellt.

Dieses natürliche und sinnvolle Wachstum der Software führt in der Praxis jedoch häufig dazu, dass es in einer Software mehrere Abbildungen für gleiche bzw. gleichartige Anforderungen gibt. Auch technologische Trends und unterschiedliche Programmiersprachen finden über die Jahre hinweg ihren Weg in die Versionen der ERP-Software.

Diese betriebswirtschaftliche und technische Vielfalt führt aber auch zu Komplexität. So stellen unterschiedliche Technologien unterschiedliche Anforderungen an die jeweiligen Wartungsprozesse. Mehrfach redundant abgebildete betriebswirtschaftliche Anforderungen erschweren das Bereitstellen von Innovation. Gibt es analoge Funktionen an mehreren Stellen, muss ein betriebswirtschaftlich neuer Trend dann auch an mehreren Stellen eingebaut werden. Letztlich ist diese funktionale Redundanz für die Gesamtheit aller Kunden der Software nicht hilfreich, weil die Entwicklungsressourcen beim Softwareanbieter damit auch an mehreren Stellen gebunden werden, was die Innovationsgeschwindigkeit der bereitgestellten Funktion sicher nicht erhöht.

Mit SAP S/4HANA hat sich SAP dem *Principle of One* verschrieben. Dies bedeutet, dass es in SAP S/4HANA nur eine Zielarchitektur zur Abbildung einer betriebswirtschaftlichen Anforderung gibt.

Ein Beispiel für die Umsetzung des Principle of One in SAP S/4HANA ist die Funktion des Kreditmanagements. In SAP ERP haben sich über die Jahre zwei Arten des Kreditmanagements entwickelt: Zum einen gibt es das Kreditmanagement/Risikomanagement (SD-BF-CM), daneben aber auch eine modernere Variante, das SAP Credit Management (FIN-FSCM-CR), das in SAP ERP später hinzugekommen ist. Das funktional reichhaltigere, modernere SAP Credit Management bietet z. B. die Möglichkeit, externe Anbieter von Kreditinformationen anzubinden. Da SAP Credit Management für SAP die Zielarchitektur der Wahl für das Thema Kreditmanagement darstellt, wurde auch nur SAP Credit Management als Funktion in SAP S/4HANA übernommen. Zukünftige Innovationen werden nur in diese Funktion einfließen.

Eine Abbildung pro Anforderung

Ein zweites Beispiel für das Principle of One ist die Vereinfachung der existierenden Systemlandschaften. In den 2000er Jahren war *Best of Breed* ein Trend der Softwareentwicklung. Es sollte also für jeden Anwendungsbereich eine dezidierte, jeweils bestmögliche Lösung bereitgestellt werden. Dieser Trend hat dazu geführt, dass bestimmte Anwendungsbereiche in separate Lösungen gewandert sind und in separaten Systemen betrieben wurden, die dann mit dem ERP-System des Unternehmens integriert werden mussten. Auch SAP hat diesem Trend mit separaten Planungs-, Verkaufs- und Einkaufssystemen Rechnung getragen. Nicht alle Funktionen, die in diesen separaten Lösungen bereitstehen, sind in SAP ERP verfügbar.

Vereinfachung der Systemlandschaft

In SAP S/4HANA werden Teile dieser ehemals ausgelagerten Anwendungsbereiche verfügbar gemacht. Damit bietet der Übergang nach SAP S/4HANA die Möglichkeit, die damit verbundenen Geschäftsprozesse wieder in einem System zu konsolidieren und damit die Systemlandschaft zu vereinfachen und IT-Kosten einzusparen.

Ehemals ausgelagerte Bereiche nun verfügbar in SAP S/4HANA

Ein Beispiel ist die Produktions- und Feinplanung (PP/DS). Bei dieser Funktion geht es darum, Vorschläge für eine Eigenfertigung oder Fremdbeschaffung zu erzeugen, um Produktbedarfe zu decken. Sie wird heute im Rahmen von SAP Advanced Planning and Optimization (SAP APO) angeboten. SAP APO ist eine separate Lösung, die mit SAP ERP betrieben werden kann. Ab SAP S/4HANA 1610 können Kunden die Produktions- und Feinplanung integriert in SAP S/4HANA nutzen.

Ein weiteres Beispiel in diesem Zusammenhang ist die Abbildung von Einkaufsfunktionen aus SAP Supplier Relationship Management (SAP SRM) in SAP S/4HANA oder in der Cloud-basierten Lösung SAP Ariba. Integrierte Warehouse-Management-Funktionen in SAP S/4HANA erlauben es, bis dato parallel betriebene Lagerverwaltungssysteme abzulösen.

Mit SAP S/4HANA 1709 werden Funktionen aus dem Bereich Customer Relationship Management (CRM) in SAP S/4HANA verfügbar gemacht. Mit *SAP S/4HANA für Kundenmanagement* steht ein Add-on für SAP S/4HANA bereit, mit dem Sie Ihre Kundenbeziehungen verwalten sowie Funktionen und Prozesse für Bereiche, wie z. B. Serviceauftragsbearbeitung und Kundeninteraktion, einrichten und ausführen können. Detaillierte Informationen zu SAP S/4HANA für Kundenmanagement finden Sie unter: *http://s-prs.de/v631601*

Beim Übergang nach SAP S/4HANA sollten Sie also entsprechend überprüfen, welche Möglichkeiten der Vereinfachung der Systemlandschaft für Sie bestehen. So eine Landschaftsoptimierung kann auch nach dem Umstieg auf SAP S/4HANA erfolgen, da im Regelfall die bestehenden Integrationsszenarien mit anderen On-Premise-Lösungen zunächst unverändert fortbestehen können. Lesen Sie hierzu auch SAP-Hinweis 2376061 (»SAP S/4HANA: Process Integration with SAP On-Premise Solutions«) oder auch SAP-Hinweis 2238445 (»Integration von Supply-Chain-Management-Anwendungen in SAP S/4HANA«).

Zusammenführung branchenspezifischer Funktionen

Ein drittes Beispiel für die Umsetzung des Principle of One ist die Zusammenführung von bisher disjunkt betriebenen branchenspezifischen Funktionen in SAP S/4HANA. So sind mit SAP S/4HANA, On-Premise-Version beispielsweise Funktionen aus SAP for Retail und aus den SAP Discrete Industries and Mill Products (DIMP) nun gemeinsam verfügbar und nutzbar. Abbildung 1.3 gibt einen Überblick darüber, wie Branchenlösungen in SAP S/4HANA abgebildet sind.

1.2 Das Versprechen von SAP S/4HANA

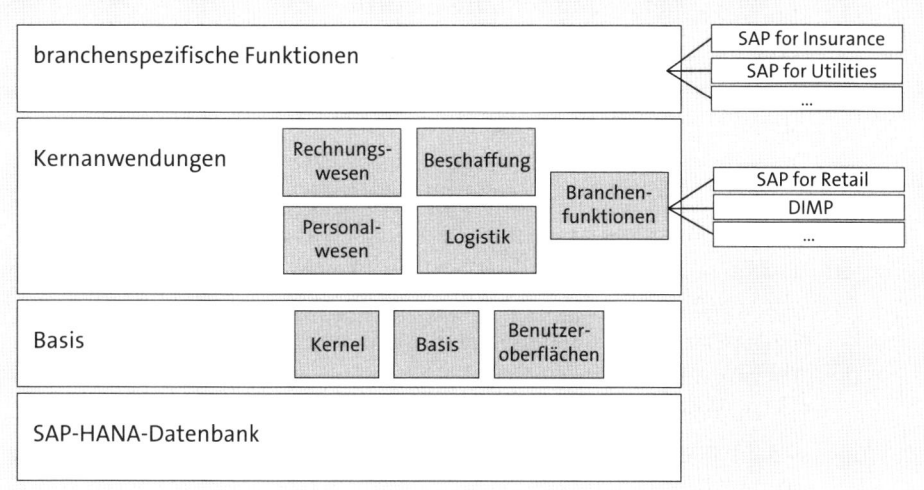

Abbildung 1.3 SAP S/4HANA – gemeinsam nutzbare Industrielösungen

Über die genannten Beispiele hinaus ist für zukünftige SAP-S/4HANA-Releases geplant, weitere Branchenlösungen, die momentan nur separat betrieben werden können, gemeinsam verfügbar zu machen. Aktuelle Informationen darüber, welche Industrien in SAP S/4HANA zusammen betrieben werden können, können Sie im zentralen Restriktionshinweis zur On-Premise-Version von SAP S/4HANA einsehen. Für das aktuelle Release (SAP S/4HANA 1709) ist dies SAP-Hinweis 2491467.

Die beschriebenen Vorteile durch die Vereinfachung der Funktionalität und das Principle of One haben aber auch Auswirkungen, über die sich der Kunde beim Wechsel zu SAP S/4HANA im Klaren sein sollte. Ein Kunde, der das Kreditmanagement/Risikomanagement (SD-BF-CM) nutzt, muss sich etwa der Tatsache bewusst sein, dass diese Funktion in SAP S/4HANA nicht vorhanden ist und dass ein Übergang zu der neuen Funktion SAP Credit Management (FIN-FSCM-CR) eingeplant werden muss.

Verfügbarkeit von Lösungen prüfen

Prüfen Sie vor dem Umstieg auf SAP S/4HANA, ob alle von Ihnen genutzten Lösungen in SAP S/4HANA weiter angeboten werden oder ob gegebenenfalls ein Umstieg auf neuere Lösungen erforderlich ist.

Mehr Details zur Anpassung von Funktionen im Rahmen des Übergangs nach SAP S/4HANA und dazu, wie Sie hierbei unterstützt werden, finden Sie in Kapitel 10, »Systemkonvertierung eines Einzelsystems«.

1.2.2 Vereinfachung der Datenstruktur

Mit der SAP-HANA-Datenbank hat SAP im Jahr 2011 eine neue In-Memory-Datenbank eingeführt, die die technischen Rahmenbedingungen von klassischen Datenbanken erweitert. Wurden früher Daten aufgrund der eingeschränkten Verfügbarkeit von Arbeitsspeicher primär auf der Festplatte gespeichert, kann nach Wegfall dieser Limitierung eine Applikation, die auf einer In-Memory-Datenbank agiert, anders programmiert werden. Mit SAP S/4HANA werden diese neuen Möglichkeiten genutzt und die betriebswirtschaftlichen Anwendungen so optimiert, dass das Potenzial der SAP-HANA-Datenbank voll ausgenutzt wird. So wird unter anderem die Tabellenstruktur zur Ablage von Daten optimiert. Wie in Abbildung 1.4 zu sehen ist, wurden in den verschiedenen Applikationsbereichen von SAP S/4HANA die Tabellen so angepasst, dass z. B. auf Aggregate in Tabellen verzichtet werden kann.

Durch die gestiegene Zugriffsgeschwindigkeit bei einer In-Memory-Datenbank kann auf die redundante Datenablage verzichtet werden, die früher aus Performancegründen notwendig war. Weitere technische Details dazu, wie die SAP-HANA-Datenbank diese Optimierungen der Datenmodelle ermöglicht, finden Sie in Abschnitt 2.3, »Das neue Datenmodell und die Datenbank SAP HANA«.

An dieser Stelle mag man sich die Frage stellen, was die Vereinfachung einer (technischen) Datenstruktur dem Kunden an Nutzen bringt. Dies wollen wir zwei Beispielen verdeutlichen: einem Beispiel aus der Bestandsführung und einem aus dem Rechnungswesen.

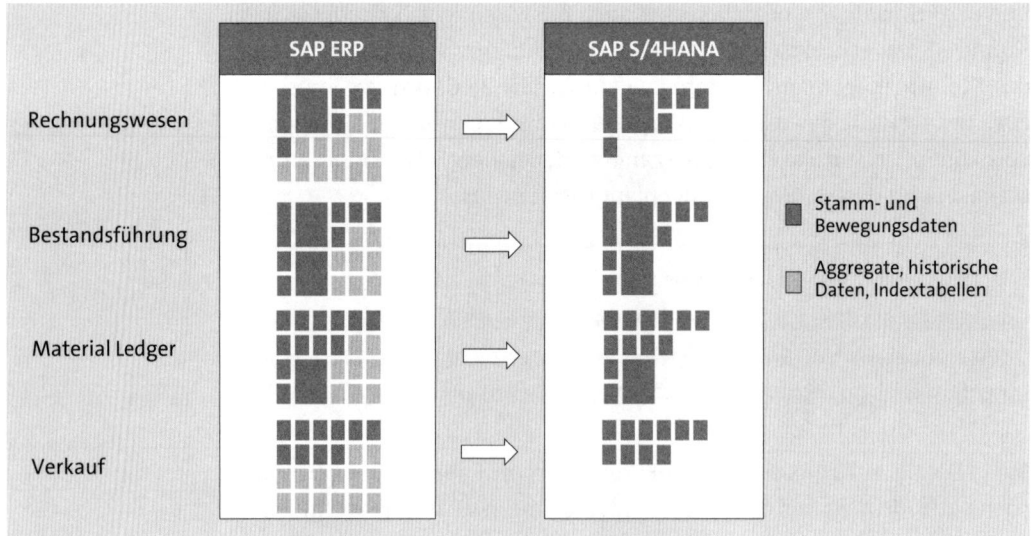

Abbildung 1.4 Vereinfachung der Datenstruktur

Die Ermittlung des aktuellen Bestands eines Materials ist betriebswirtschaftlich und in der Folge auch technisch ein nicht ganz einfaches Thema. Neben dem physischen Bestand müssen dabei auch die zum aktuellen Zeitpunkt geplanten Zu- und Abgänge beachtet werden. Dies hat bei der Softwarearchitektur in SAP ERP, die auf klassischen Datenbanken beruht, dazu geführt, dass in den Tabellen der Bestandsführung Aggregate gehalten werden, um die Performance bei der Ermittlung des aktuellen Materialbestands zu optimieren. Um Datenschiefstände zu vermeiden, muss jeweils bei der Verbuchung eines neuen Zu- oder Abgangs der Materialbestand exklusiv gesperrt werden. Parallel erfolgende Zu- und Abgänge müssen warten, bis der jeweils andere Vorgang abgeschlossen ist. Mit der In-Memory-Datenbank SAP HANA können in der SAP-S/4HANA-Bestandsführung die Zu- und Abgänge eines Materials direkt, ohne zusätzliche Aggregatsbildung in eine große Materialbestandstabelle (Tabelle MATDOC – Material Documents) geschrieben werden. Da Zu- und Abgänge nun jeweils ein reines Update der Bestandsinformationen sind, wird auch der Zeitverlust minimiert, der sich durch die notwendigen Sperren ergibt. Entsprechend unterstützt die Vereinfachung der Datenstruktur in der Bestandsführung einen erhöhten Datendurchsatz.

Vereinfachungen in der Bestandsführung

Die technischen Rahmenbedingungen einer klassischen Datenbank haben in SAP ERP zu einer Softwarearchitektur geführt, die die Daten in verschiedenen Tabellen und Strukturen verteilt und damit auch Teile der Daten redundant ablegt. Dies stellt die Programme zur Erstellung der Finanzabschlüsse vor das Problem, die Inhalte dieser Datenablagen konsolidieren zu müssen. Es ergeben sich Abstimmaufgaben, die eine Darstellung der Einzelposten zu einer Herausforderung werden lassen. Zumindest ist sie mit Zeitaufwand verbunden.

Vereinfachungen im Rechnungswesen

Mit SAP HANA können diese vorher verteilten Informationen in SAP S/4HANA im sogenannten *Universal Journal* zentralisiert und damit vereinfacht werden. In SAP S/4HANA gibt es eine zentrale Tabelle (Tabelle ACDOCA – Universal Journal Entry Line Items), die alle Details der Einzelposten zusammenführt. Externes und internes Rechnungswesen sind dadurch stets abgestimmt, sodass Abstimmungen bzw. eine Echtzeitintegration zwischen SAP-Finanzwesen (FI) und -Controlling (CO) sowie zwischen Hauptbuchhaltung (FI-GL) und Anlagenbuchhaltung (FI-AA) nicht mehr nötig sind. Die Berichte in allen Komponenten beruhen auf Daten aus denselben Belegen. Diese Zentralisierung der Daten in einer Datenquelle ermöglicht es, die Abschlusszeiten zu verkürzen. Berichte und Analysen können jetzt zu jeder Zeit in der Buchungsperiode erstellt werden.

Auch hier soll nicht unerwähnt bleiben, dass die beschriebenen Vorteile der Vereinfachung der Datenstruktur auch Auswirkungen haben, derer Sie sich beim Wechsel zu SAP S/4HANA bewusst sein sollten. Kunden, die ihr SAP-ERP-System nach SAP S/4HANA, On-Premise-Version konvertieren, müssen ihren vorhandenen kundenspezifischen Programmcode überprüfen. Wird in kundeneigenem Code auf Datenstrukturen und SAP-Entitäten verwiesen, die sich in SAP S/4HANA ändern, kann es beim Übergang notwendig sein, Anpassungen vorzunehmen. Im Regelfall wurden sogenannte Kompatibilitäts-Views bereitgestellt, mit denen Lesezugriffe auf alte SAP-ERP-Datenstrukturen unverändert beibehalten werden können. Wird aber beispielsweise schreibend auf Datenstrukturen zugegriffen, die es in SAP S/4HANA so nicht mehr gibt, müssen Anpassungen vorgenommen werden.

Verweise auf SAP-ERP-Datenstrukturen prüfen
Prüfen Sie vor dem Umstieg auf SAP S/4HANA, ob sich Ihre kundeneigenen Entwicklungen auf SAP-ERP-Datenstrukturen beziehen, die für SAP S/4HANA geändert wurden.

1.2.3 Vereinfachte Benutzeroberflächen

Mit der Neugestaltung der User Experience (UX) durch SAP Fiori erfüllt SAP die Anforderungen, die der digitale Wandel an moderne Benutzeroberflächen stellt. SAP Fiori bietet eine einfach zu bedienende Benutzeroberfläche, die nach modernsten Designprinzipien entwickelt wurde. Sie steht auf allen Endgeräten (mobile Geräte, Desktop, Tablet) zur Verfügung und ermöglicht eine rollenbasierte, mit Consumer-Apps vergleichbare Benutzererfahrung. Auf diese technischen Unterschiede zum SAP GUI und das Bedienkonzept der neuen Oberflächen gehen wir in Abschnitt 2.4, »Die SAP-Fiori-Benutzeroberflächen«, ein.

Red Dot Award Mit dem neuen Denkansatz für das Design von Benutzeroberflächen kann SAP mittlerweile sogar Designpreise gewinnen. Wer hätte dies vor Jahren gedacht, wenn man sich die klassischen Benutzeroberflächen von SAP ERP vor Augen führt? Das Design von SAP Fiori 2.0, das SAP S/4HANA zugrunde liegt, hat den Red Dot Award 2015 gewonnen. Die Begründung des Komitees lautete:

»*The SAP Fiori 2.0 – Next Generation Business Software concept takes the personalized, responsive, and simple user experience to the next level.*«

Ein ebenso herausragendes Beispiel für die UX-Strategie, die SAP verfolgt, ist die App *SAP Consumer Insight 365*, die mit dem Red Dot Award 2016 und dem User Experience Award 2014 ausgezeichnet wurde. Abbildung 1.5 zeigt, wie moderne SAP-Benutzeroberflächen heute aussehen können.

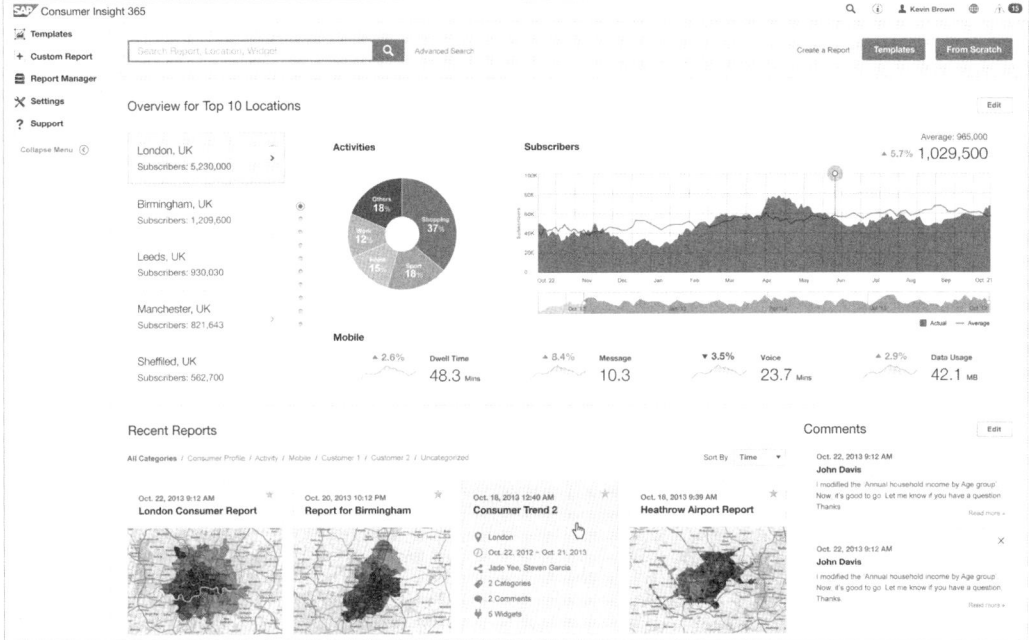

Abbildung 1.5 SAP Consumer Insight 365

SAP Consumer Insight 365 ist ein Datenservice, der seinen Anwendern einen umfassenden und präzisen Einblick in das Verhalten der Verbraucher an physischen Standorten bietet. So kann man feststellen, welche demografischen Eigenschaften die Besucher eines Geschäfts oder eines interessanten Ortes haben. Die Informationen basieren auf echtzeitnahen mobilen Daten und geben Aufschluss darüber, woher Verbraucher kommen, welcher Altersgruppe und welchem Geschlecht sie angehören und welche mobilen Geräte sie benutzen.

Ein weiteres Beispiel herausragenden Designs zeigt *SAP Cloud for Real Estate*, eine Lösung zur professionellen Verwaltung von Unternehmensimmobilien, der im Jahr 2017 der Red Dot Award zugesprochen wurde. In Abbildung 1.6 sehen Sie die angebotene Benutzeroberfläche. Mehr Informationen zu SAP Cloud for Real Estate können Sie hier erhalten: *http://s-prs.de/v631602*

Eine Liste der verfügbaren SAP-Fiori-Apps können Sie in der Referenzbibliothek für SAP-Fiori-Apps (*SAP Fiori Apps Reference Library*) einsehen. Über die Auswahl **SAP S/4HANA** oder **SAP S/4HANA Cloud** können Sie sich die für SAP S/4HANA angebotenen SAP-Fiori-Apps anzeigen lassen.

Referenzbibliothek für SAP-Fiori-Apps

1 SAP S/4HANA – Anforderungen und Leistungen

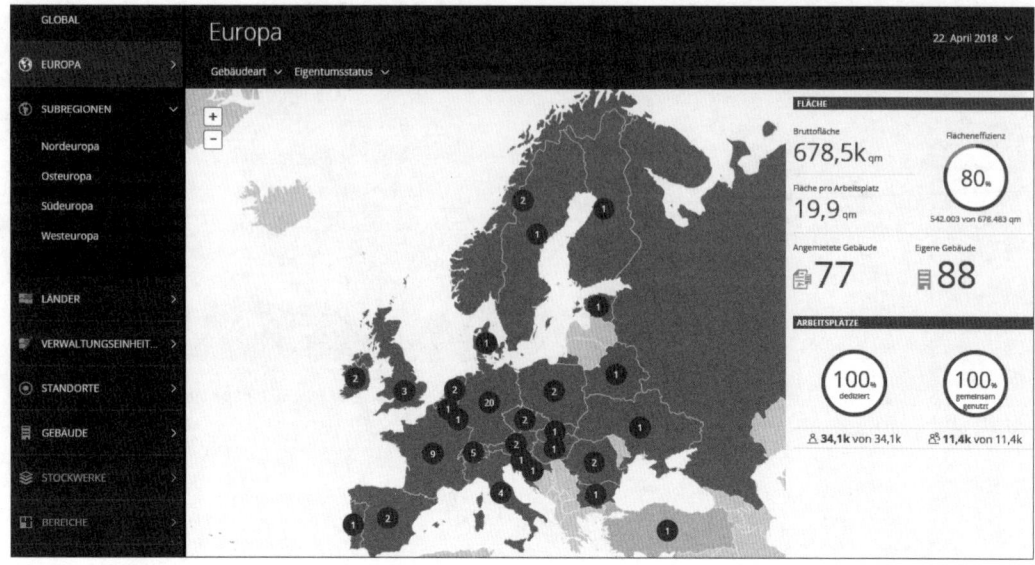

Abbildung 1.6 SAP Cloud for Real Estate

Eigene SAP-Fiori-Anwendungen

Über die offiziell ausgelieferten SAP-Fiori-Apps hinaus ist es für ein Unternehmen oder einen SAP-Partner möglich, eigene SAP-Fiori-Anwendungen, die auf SAPUI5 basieren, mit der *SAP Web IDE* zu entwickeln.

Das browserbasierte Toolkit ist auf der SAP Cloud Platform verfügbar und beinhaltet eine integrierte Entwicklungsumgebung. Diese Möglichkeit, eigene Benutzeroberflächen erstellen zu können, ist für SAP-Kunden besonders wichtig. In der heutigen SAP Business Suite sind rund 50 % der Oberflächen, die von SAP-Kunden genutzt werden, Eigenentwicklungen.

> **Weitere Informationen**
>
> - Weitere Informationen zur Neugestaltung der SAP-UX mit SAP Fiori finden Sie unter: *http://s-prs.de/v429700*
> - Weitere Details zu SAP Fiori 2.0 finden Sie hier: *http://s-prs.de/v429701*
> - Auf die SAP Fiori Apps Reference Library können Sie über folgenden Link zugreifen: *http://s-prs.de/v429702*

1.2.4 Vereinfachung von Analysen

Bedeutung und Nutzerkreis analytischer Daten

In einer immer komplexer werdenden Welt benötigt man in immer stärkerem Maße detaillierte Informationen als Grundlage für die alltäglichen Entscheidungen. Gute analytische Daten waren auch in der Vergangenheit schon immer eine Anforderung, die in den letzten zwei Jahren noch einmal an Bedeutung gewonnen hat. So nannten 85 % der Befragten der Harvard-Business-Review-Studie »Analytics That Work: Deploying Self-Service and Data Visualization for Faster Decisions« (*https://hbr.org*, Studie März 2016) die steigende Bedeutung von analytischen Daten als Entscheidungsgrundlage in den letzten zwei Jahren. 93 % der Befragten glauben, dass deren Bedeutung in den kommenden zwei Jahren noch einmal zunehmen wird. Darüber hinaus ändert sich auch der Nutzerkreis von analytischen Daten. Waren es früher strategische Abteilungen, stehen heute auch immer mehr operative Abteilungen in der Pflicht, ihre Entscheidungen auf Basis analytischer Daten begründen zu müssen.

Damit steigt die Anzahl der Nutzer analytischer Daten, was wiederum Auswirkungen auf die Art und Weise der Beschaffung und Bereitstellung dieser Daten hat. Traditionell war das Beschaffen von Daten eine Frage, die an die IT-Abteilung des Unternehmens gerichtet wurde. Meist wurden die Daten dann mithilfe selbst geschriebener Reports bereitgestellt. Waren solche Reports nicht vorhanden, wurden sie auf Anfrage erstellt. Hier bot gerade die SAP Business Suite mit den ABAP-basierten Reports gute Möglichkeiten.

Art der Bereitstellung analytischer Daten

Besonders schnell, in besonderem Maße benutzerfreundlich und allen Benutzergruppen zugänglich sind diese Reports jedoch zugegebenermaßen nicht. Um den steigenden Anforderungen gerecht zu werden, müssen moderne analytische Tools die Erstellung neuer Auswertungen auch Endanwendern ermöglichen, die über keine spezifischen IT-Vorkenntnisse verfügen. Es muss eine visuell herausragende Darstellung geboten werden, die komplexe Daten und Datenstrukturen in einem einfachen und verständlichen Format aufbereitet.

Ein weiterer Aspekt ist die Verteilung der zu analysierenden Daten über mehrere Quellen hinweg. Heute beruhen Berichte häufig auf Daten, die in ABAP-Reports, Excel-Dateien oder einem Embedded Business Warehouse (BW) verteilt vorliegen. Dies macht die Erstellung von Analysen zeitaufwendig und eine einheitliche Visualisierung der Ergebnisse schwierig.

Verteilung der Daten

Die analytische Funktionalität, die im Rahmen von SAP S/4HANA bereitsteht, wird unter dem Begriff *SAP S/4HANA Embedded Analytics* zusammengefasst. Damit kann der Anwender (und damit ist nicht nur der Fachexperte für analytische Datenauswertungen gemeint, sondern jeglicher Anwender) Echtzeitanalysen auf Basis der SAP-S/4HANA-Applikationsdaten eigenständig erstellen und ausführen. Standard-Reports und analytische SAP-Fiori-Apps werden zusätzlich mit SAP S/4HANA ausgeliefert und können genutzt werden. Die Darstellung der analytischen Daten

SAP S/4HANA Embedded Analytics

erfolgt mithilfe der SAP-Fiori-Technologie über das neue SAP Fiori Launchpad. Auf technische Details dieses Ansatzes gehen wir in Abschnitt 2.6, »SAP S/4HANA Embedded Analytics«, ein.

> **Weitere Informationen**
>
> Weitere Informationen und Beispiele für analytische Anwendungen finden Sie unter *http://s-prs.de/v429703* oder in der SAP Fiori Apps Reference Library unter *http://s-prs.de/v429704*

1.3 Betriebswirtschaftliche Funktionen in SAP S/4HANA

Als moderne digitale ERP-Suite bildet SAP S/4HANA die Grundlage der zentralen Geschäftsprozesse in den Bereichen Rechnungswesen, Logistik, Personalwesen, Beschaffung und Marketing. Der Kunde kann entscheiden, ob er SAP S/4HANA in der On-Premise-Version oder als SAP S/4HANA Cloud nutzt. Abbildung 1.7 zeigt die zentralen Geschäftsprozesse, die wir in diesem Abschnitt kurz vorstellen.

Abbildung 1.7 Zentrale Geschäftsprozesse in SAP S/4HANA

Zentrale Geschäftsprozesse

Die in den folgenden Abschnitten dargestellten betriebswirtschaftlichen Funktionen von SAP S/4HANA bilden nur einen Ausschnitt der unterstützten Funktionen von SAP S/4HANA ab. Sie sollen an dieser Stelle nur beispielhaft darstellen, wie der Kunde durch SAP S/4HANA dabei unterstützt wird, die Anforderungen des digitalen Wandels zu meistern. Eine umfängliche funktionale Beschreibung von SAP S/4HANA finden Sie in der SAP-Dokumentation zu SAP S/4HANA (*http://help.sap.com/s4hana*). Beachten Sie, dass diese Funktionen unterschiedliche SAP-S/4HANA-Lizenzen erfordern.

> **Weitere Informationen**
>
> - Weitere Informationen zu SAP SuccessFactors finden Sie hier: www.successfactors.com
> - Weitere Informationen zu SAP Ariba finden Sie hier: www.ariba.com
> - Weitere Informationen zu SAP Concur finden Sie hier: www.concur.com
> - Weitere Informationen zu SAP Fieldglass finden Sie hier: www.fieldglass.com

1.3.1 Rechnungswesen

Die Digitalisierung bewirkt im Rechnungswesen, dass die Anzahl und die Komplexität von Buchungen im System rapide zunehmen. Der Übergang von standardisierten Massenprozessen über personalisierte Produkte und Dienstleistungen bis hin zur Auftragsfertigung für Einzelkunden löst jeweils eine Kette von Belegen aus, die dann auch in den Kostenstellen, der Anlagenbuchhaltung oder in der Gewinn-und-Verlust-Rechnung ihren Ausdruck finden. Klassische ERP-Systeme geraten allein durch die enorm steigende Anzahl von Prozessen unter Druck, die über das ERP-System verarbeitet werden müssen. *(Anforderungen des digitalen Wandels)*

Allgemein gesprochen können mit SAP S/4HANA alle Geschäftsprozesse abgebildet werden, die man von einem modernen Rechnungswesen erwartet. Durch die Vereinfachung der Datenstrukturen im Rechnungswesen, ergänzt durch intuitive SAP-Fiori-basierte Benutzeroberflächen, ist ein anderes Arbeiten möglich. Abbildung 1.8 zeigt die Kernfunktionen des Rechnungswesens, die mit SAP S/4HANA abgebildet werden. *(Funktionen)*

Da an dieser Stelle nicht alle Funktionen des Rechnungswesens in SAP S/4HANA vorgestellt werden können, gehen wir in den folgenden Abschnitten lediglich auf einige besondere Funktionen ein.

Rechnungswesen und Finanzabschlüsse

Die Funktionen des allgemeinen Finanzwesens in SAP S/4HANA unterstützen alle buchhaltungsrelevanten Vorgänge in den Komponenten Logistik und Personalwesen von SAP S/4HANA. Sie werden in Echtzeit über eine automatische Kontenfindung in der Finanzbuchhaltung verbucht. Damit ist immer der gleiche Stand bei den logistischen Mengenbewegungen (Wareneingänge, Lagerentnahmen etc.) und der wertmäßigen Fortschreibung des Rechnungswesens gewährleistet. *(Allgemeines Finanzwesen)*

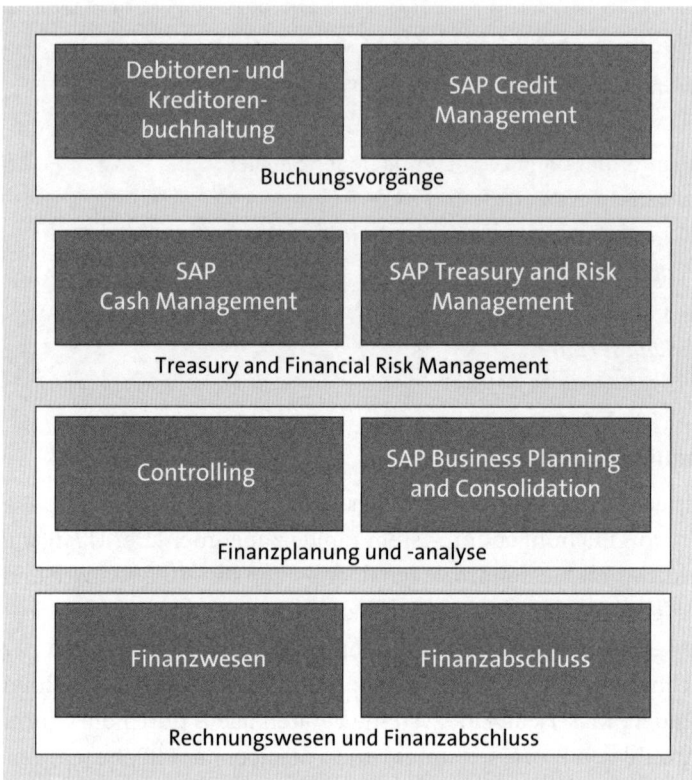

Abbildung 1.8 Rechnungswesen in SAP S/4HANA

Universal Journal | Wie in Abschnitt 1.2.2, »Vereinfachung der Datenstruktur«, dargestellt, wurde die Datenablage in SAP S/4HANA für das Rechnungswesen grundsätzlich optimiert und angepasst. Im Universal Journal werden vormals verteilte Informationen zentralisiert. Externes und internes Rechnungswesen sind damit stets abgestimmt, wodurch Abschlusszeiten verkürzt werden können. Berichte und Analysen können zu jeder Zeit in der Buchungsperiode erstellt werden. Natürlich werden übliche Rechnungslegungsstandards wie IFRS (International Financial Reporting Standards) oder US-GAAP (United States Generally Accepted Accounting Principles) unterstützt. Sie können aber in SAP S/4HANA deutlich effizienter ausgeführt werden und damit auch problemlos mehrfach in der Periode. Damit können Sie von einem Monats- auf einen Wochen- oder Tagesabschluss mit dynamischer Simulation umsteigen.

Parallele Rechnungslegung | Über die legalen Anforderungen an die Buchhaltung hinaus erfüllt das Rechnungswesen von SAP S/4HANA moderne Anforderungen, wie beispielsweise die Abbildung einer parallelen Rechnungslegung in der Hauptbuchhaltung. Damit sind Abschlussarbeiten eines Buchungskreises nach mehreren Rechnungslegungsvorschriften möglich. So kann beispielsweise ein deutsches Tochterunternehmen eines amerikanischen Konzerns den Periodenabschluss sowohl nach der Rechnungslegungsvorschrift des amerikanischen Mutterkonzerns (US-GAAP) erstellen als auch nach deutschem Handelsrecht (HGB).

Mit SAP S/4HANA Central Finance steht eine Bereitstellungsvariante zur Verfügung, mit der Sie Ihre verteilte Systemlandschaft mit einem zentralisierten SAP-S/4HANA-Finance-System verknüpfen können. In diesem Szenario wird der aktuell bestehenden Systemlandschaft ein zusätzliches Central-Finance-System hinzugefügt. Dies ermöglicht dem Kunden eine allgemeine, systemübergreifende Berichtsstruktur. Mit Central Finance kann man zu SAP S/4HANA wechseln, ohne dass es zu Störungen in der aktuellen Systemlandschaft kommt, die ja aus einer Kombination aus SAP-Systemen unterschiedlicher Releases und Nicht-SAP-Systemen bestehen kann. Weitere Details zu SAP S/4HANA Central Finance finden Sie in Abschnitt 3.2.1, »On-Premise-Editionen von SAP S/4HANA«.

Central Finance

Finanzplanung und -analyse

Die optimierte Datenstruktur in SAP S/4HANA bietet die Grundlage für flexible Echtzeitanalysen und Auswertungen, die die tägliche Arbeit unterstützen. In Kombination mit dem Rollenkonzept von SAP S/4HANA kann der Endanwender für die spezifischen Aufgaben jeweils von einer Überblicksauswertung zum Einzelbeleg navigieren und sich so einen detaillierten Überblick verschaffen, um operative oder strategische Entscheidungen treffen zu können. Für die unterschiedlichen Anforderungen stehen die notwendigen Berichte und Analysen und auch Simulationstools bereit.

Mit SAP Business Planning and Consolidation (SAP BPC) für SAP S/4HANA steht eine flexible und benutzerfreundliche Finanzplanungslösung für die Unternehmensplanung zur Verfügung. Inhaltlich decken die Planungsfunktionen im Finanzbereich die Planungen im Bereich der Gewinn-und-Verlust-Rechnung und die Liquiditätsplanung ab. Sie können z. B. die strategischen Erlösziele eines Konzerns auf Profitcenter herunterbrechen oder umgekehrt sowie die Kosten, die auf Kostenstellenebene geplant werden, auf Unternehmensebene zusammengefasst betrachten. Im Gegensatz zu bisherigen Planungslösungen im Bereich des Rechnungswesens erfolgt die Planung hier in Echtzeit ohne Replikation von Stamm- und Bewegungsarten in ein zusätzliches Planungstool. Damit und dank der integrierten Planungspersistenz sind sehr schnelle und häufige Planungszyklen möglich. Simulationen können schnell und über mehrere Planungsschritte hinweg ausgeführt werden.

SAP Business Planning and Consolidation

SAP Business Planning and Consolidation für SAP S/4HANA ist in SAP S/4HANA integriert. Eine separate Installation als Add-in ist nicht notwendig. Es werden vordefinierte Templates und Planungsfunktionen bereitgestellt, die über ein benutzerfreundliches Microsoft-Excel-Add-in eine optimale Bedienbarkeit ermöglichen. Mit der integrierten Planungsfunktion werden beispielsweise folgende Szenarien mit korrespondierendem Planungs-Content unterstützt:

- Bilanzplanung
- Planung der Gewinn-und-Verlust-Rechnung
- Marktsegmentplanung
- Profitcenter-Planung

Es ist zu empfehlen, zunächst mit dem bereitgestellten Content zu arbeiten, um die bereitgestellten Funktionen kennenzulernen. Es stehen entsprechende Funktionen zur Verfügung, um den Content gemäß Ihren kundenindividuellen Anforderungen anzupassen.

Controlling Mit den Controlling-Funktionen von SAP S/4HANA können die anfallenden Kosten innerhalb der Organisationen aufgezeigt werden (Ist-Daten), aber auch Kostenplanungen erstellt werden (Plan-Daten). Mit entsprechenden SAP-Fiori-Apps zum Vergleich von Ist-Daten mit den Plan-Daten können Abweichungen ermittelt werden, und Sie können entsprechend steuernd in die betrieblichen Abläufe eingreifen. In Abbildung 1.9 ist dies beispielhaft an der Gewinn-und-Verlust-Rechnung dargestellt.

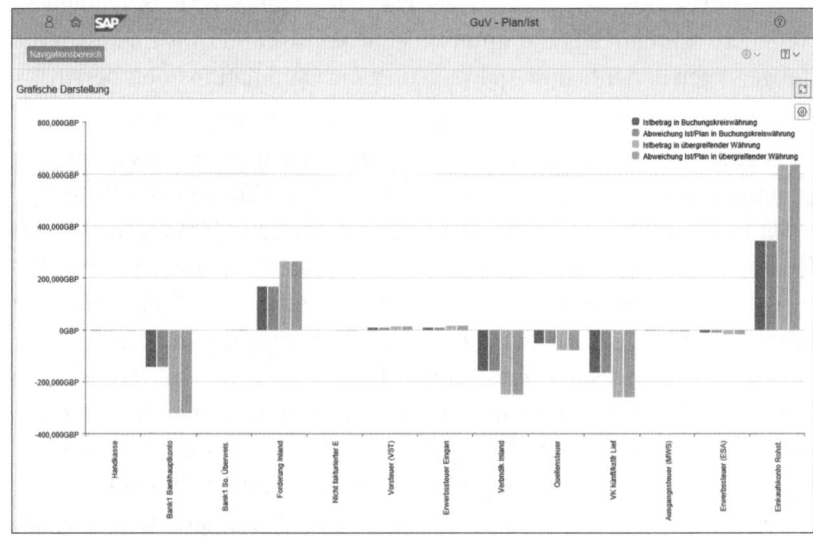

Abbildung 1.9 Analytische Apps im Controlling von SAP S/4HANA

Treasury and Financial Risk Management

Mit SAP Cash Management steht der Treasury-Abteilung bzw. der Liquiditätsmanagement-Abteilung in SAP S/4HANA eine Funktion zur Verfügung, mit der sie das Management von Barmitteln und Liquidität zentral verwalten kann. Echtzeitanalysen geben dem Cash Manager einen Überblick über Liquidität, Kreditlinien, Risiko- und Cashflow-Analysen oder Fremdwährungsrisiken. Liquiditätsanalysen können stichtagsbezogen mit bereits buchhalterisch erfassten bzw. vorerfassten oder geplanten Finanzdaten ausgewertet werden. Ergänzt werden die Cash-Management-Funktionen durch ein zentrales Bankenmanagement, mit dem Bankkonten verwaltet werden können und Genehmigungs-Workflows für die Einrichtung neuer oder das Ändern bestehender Bankkonten möglich sind. Für SAP Cash Management benötigen Sie eine separate Lizenz.

SAP Cash Management

Mit SAP Treasury and Risk Management stehen in SAP S/4HANA verschiedene Lösungen zur Verfügung, deren Hauptaufgabe die Analyse und Optimierung von Geschäftsprozessen im Finanzbereich eines Unternehmens ist. In diesem Rahmen sind hier zu nennen:

SAP Treasury and Risk Management

- **Transaction Manager**
  Bei den im Transaction Manager abgebildeten Finanzgeschäften handelt es sich um B2B-Geschäfte zwischen Ihrem Unternehmen und Banken, Finanzinstitutionen, Brokern oder ähnlichen Institutionen.
- **Market Risk Analyzer**
  Die Komponente Market Risk Analyzer (TRM-MR) des SAP Treasury and Risk Managements dient dem globalen Risikomanagement von Versicherungen und Unternehmen.
- **Credit Risk Analyzer**
  Diese Komponente des SAP Treasury and Risk Managements ermöglicht die Messung, die Analyse und die Steuerung von Ausfallrisiken.
- **Portfolio Analyzer**
  Die Komponente Portfolio Analyzer (FIN-FSCM-TRM-PA) unterstützt Sie bei der Berechnung und Überwachung der Renditen Ihrer Finanzanlagen.

Buchungsvorgänge

Mit SAP S/4HANA können Sie die buchhalterischen Daten Ihrer Kreditoren und Debitoren verwalten. Die entsprechenden Buchhaltungsbelege werden automatisiert aus den entsprechenden Geschäftstransaktionen im Verkauf und im Einkauf in der neuen vereinfachten Datenstruktur des Rechnungswesens verbucht. Dabei werden alle gängigen Zahlungswege in Formularform und natürlich elektronisch und damit automatisierbar unterstützt. Moderne Kollaborationsszenarien, wie sie beispielsweise mit

Kreditoren-/ Debitorenbuchhaltung

SAP Credit Management

der cloudbasierten Lösung Ariba Network unterstützt werden, finden durchgängig ihre Abbildung – auch in den Prozessen der Rechnungsabwicklung und im Rechnungswesen in SAP S/4HANA.

Mit SAP Credit Management stehen in SAP S/4HANA Funktionen zur Bonitäts- und Kreditlimitprüfung von Geschäftspartnern zur Verfügung, um die Risiken von Zahlungsausfällen zu minimieren. Für Bestandskunden können Regeln zur Bonitätsprüfung hinterlegt und damit Auftragsprozesse automatisiert werden. Für Neukunden können externe Anbieter von Kreditinformationen über eine Schnittstelle eingebunden werden. Das SAP Credit Management unterstützt speziell auch eine heterogene Systemlandschaft und bietet Möglichkeiten, um Kreditentscheidungen in der Systemlandschaft zu konsolidieren.

> **Weitere Informationen**
>
> Weitere allgemeine Informationen zu SAP S/4HANA Finance finden Sie unter *http://s-prs.de/v631603* sowie unter *http://s-prs.de/v631604*
>
> Weitere Informationen zu SAP S/4HANA Central Finance finden Sie in den zentralen SAP-Hinweisen 2148893 (»Central Finance: Implementierung und Konfiguration«) und 2154420 (»SAP Landscape Transformation Replication Server für Central Finance«). Informationen zum Einrichten von SAP Business Planning and Consolidation (BPC) für SAP S/4HANA finden Sie in SAP-Hinweis 1972819.

1.3.2 Logistik

Anforderungen des digitalen Wandels

Wie in Abschnitt 1.1, »Herausforderungen an die Unternehmenswelt der Zukunft«, geschildert, stellt der digitale Wandel insbesondere neue Anforderungen an die Logistik und die Produktionsprozesse. Hochindividualisierte Produkte, digitale Lieferketten und neue serviceorientierte Geschäftsmodelle im Bereich der Ersatzteil- und Reparaturabwicklung (sogenannte *Aftermarket-Geschäftsmodelle*) sind Ergebnisse des digitalen Wandels. Die in diese digitalen Geschäftsprozesse eingebundenen ERP-Systeme müssen diese Prozesse unterstützen.

Funktionen

Abbildung 1.10 zeigt die Kernfunktionen der Logistik von SAP S/4HANA. Auch an dieser Stelle können wir nicht alle Funktionen der Logistik in SAP S/4HANA vorstellen. Grundsätzlich können in SAP S/4HANA alle üblichen Geschäftsprozesse abgebildet werden, die im Rahmen der Logistikabwicklung von Unternehmen anfallen. In den folgenden Abschnitten gehen wir lediglich auf einige besondere Funktionen ein.

Supply Chain Management

Auch in SAP S/4HANA gilt im Rahmen der Bestandsführung weiterhin der Grundsatz der Buchführung »Keine Buchung ohne Beleg«. Um den steigenden Buchungsanforderungen von Unternehmen in der digitalen Welt gerecht zu werden, wurde auch im Rahmen der Bestandsführung die Datenhaltung mit SAP S/4HANA vereinfacht, wie in Abschnitt 1.2.2, »Vereinfachung der Datenstruktur«, bereits beschrieben wurde. Verschiedene SAP-Fiori-Apps unterstützen die Disponenten bei der Analyse der Bestandsmengen und warnen vor bevorstehenden Materialengpässen.

Bestandsführung

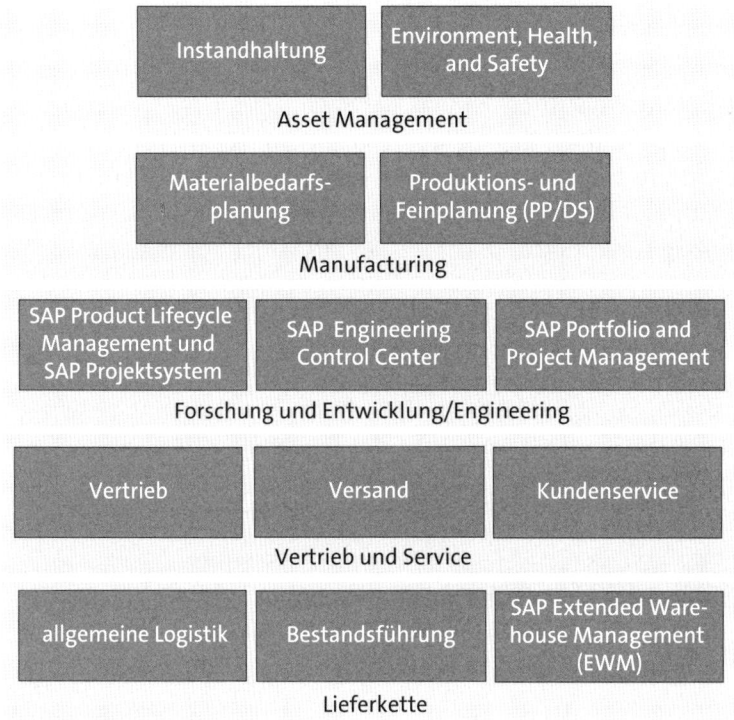

Abbildung 1.10 Logistik in SAP S/4HANA

Sie ermöglichen eine Überwachung von Artikeln mit geringer Umschlagshäufigkeit und der Haltbarkeit von Produkten in Echtzeit. Damit tragen die neuen Benutzeroberflächen zu einer höheren Produktivität der Anwender bei.

Mit der globalen Verfügbarkeitsprüfung (*Advanced Available to Promise*, aATP) in SAP S/4HANA stehen moderne Funktionen zur Verfügbarkeitsprüfung bereit. Verwaltung von Lieferkontingenten über mehrere Ebenen hinweg und neue Methoden im Rahmen der Rückstandsbearbeitung und interaktiven Neuplanung sorgen außerdem dafür, dass bei Engpässen zunächst Kunden mit hoher Priorität beliefert werden.

Globale Verfügbarkeitsprüfung

SAP Extended Warehouse Management

Mit SAP Extended Warehouse Management (SAP EWM) stehen moderne Lagerfunktionen zur Verfügung, die mit SAP S/4HANA 1610 nun auch integriert in SAP S/4HANA genutzt werden können. Als Funktionen stehen die Automatisierung mithilfe von Fördertechnik, die Aufgaben- und Arbeitsoptimierung und der Einsatz von mobilen Endgeräten ohne Integration eines separaten Systems zur Verfügung. Im Zuge eines Umstiegs auf SAP S/4HANA bietet sich auch eine Möglichkeit, die Systemlandschaft zu optimieren. Die Option, SAP EWM alternativ separat zu betreiben, haben Kunden allerdings auch weiterhin.

Vertrieb und Service

Optimierte Prozesse

Im Rahmen digitaler Geschäftsprozesse muss es das Ziel sein, die Standardabwicklung von Kunden- und Serviceaufträgen weitestgehend zu automatisieren und die Behandlung von Ausnahmesituationen zu optimieren. Entsprechend liegt neben der Bereitstellung der Standardfunktionen zur Auftrags- und Lieferabwicklung bei SAP S/4HANA der Fokus auf der Verbesserung der Prozesse zur Lösung der Ausnahmesituationen.

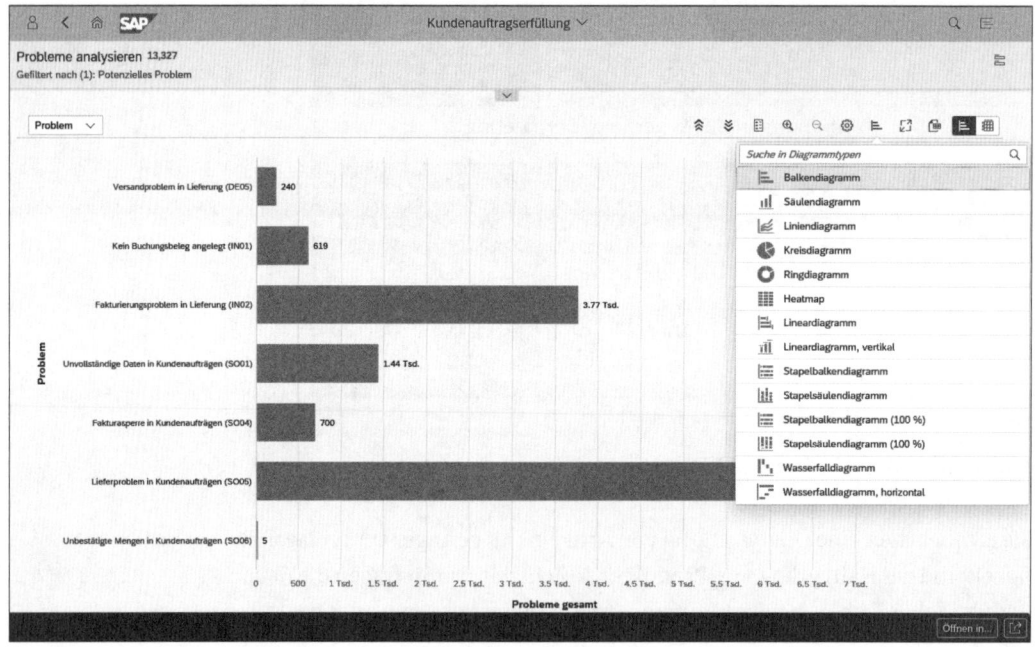

Abbildung 1.11 Analyse von Ausnahmesituationen der Auftragsabwicklung in SAP S/4HANA

Mit einer entsprechend optimierten SAP-Fiori-Benutzeroberfläche wird der Vertriebsmitarbeiter in die Lage versetzt, sich einen Überblick über die Engpasssituationen zu verschaffen, die Gründe zu analysieren und Lösungen anzustoßen. So zeigt Abbildung 1.11 die SAP-Fiori-App zur Kundenauftragserfüllung, die verschiedene Ausnahmesituationen im Rahmen der Auftragsabwicklung zeigt.

Wie weiter oben bereits erwähnt, steht mit dem Release SAP S/4HANA 1709 das Add-on *SAP S/4HANA für Kundenmanagement* bereit. Damit können Sie Ihre Kundenbeziehungen verwalten sowie Funktionen und Prozesse für Bereiche, wie z. B. Serviceauftragsbearbeitung und Kundeninteraktion, einrichten und ausführen. Weitere Funktionen des Kundenmanagements sind für kommende SAP-S/4HANA-Releases geplant. Die geplanten Funktionen hierzu können Sie in der SAP-S/4HANA-Roadmap (siehe *http://s-prs.de/v631605*) einsehen.

SAP S/4HANA für Kundenmanagement

Fertigung und Materialbedarfsplanung

Mit SAP S/4HANA stehen dezidierte Funktionen für die Produktions- und Feinplanung zu Verfügung. Diese Funktionen dienen speziell der Planung kritischer Produkte, z. B. solcher mit langer Wiederbeschaffungszeit oder solcher, die auf Engpassressourcen gefertigt werden. Sie wurden vorher nur in separaten Planungssystemen wie SAP Advanced Planning and Optimization (SAP APO) angeboten. Damit besteht hier auch die Möglichkeit, mit dem Übergang nach SAP S/4HANA die Systemlandschaft zu vereinfachen.

Produktions- und Feinplanung

Um den Ist-Zustand der Produktion in der Produktionsplanung von SAP S/4HANA zu berücksichtigen, können Sie SAP S/4HANA mit SAP Manufacturing Execution oder anderen Fertigungsmanagementsystemen (Manufacturing-Execution-Systemen, MES) integrieren. Über diese Integration können Rückmeldungen aus den Produktionsprozessen in das SAP-S/4HANA-System erfolgen, und es können hier entsprechende Fertigungs-, Plan- und Instandhaltungsaufträge angelegt werden.

Manufacturing-Execution-Systeme

Forschung, Entwicklung und Engineering

Auf den Bereich Forschung und Entwicklung (Research & Development, R&D) und Engineering wirken sich zwei Aspekte des digitalen Wandels aus: zum einen der Trend zu stärker individualisierten Produkten und zum anderen die Anforderung, eine große Zahl von Änderungsprojekten ausführen und diese Projekte effizient verwalten zu müssen.

SAP S/4HANA bietet zur Unterstützung dieser Anforderungen zum einen die Standardfunktionalitäten im Rahmen von SAP Product Lifecycle Management (SAP PLM) und SAP Projektsystem, aber auch ergänzende spezialisierte Funktionen wie das SAP Engineering Control Center und SAP

SAP PLM und SAP Projektsystem

Portfolio and Project Management. Wir gehen kurz auf die beiden spezialisierten Lösungen ein.

SAP Engineering Control Center
Mit dem Trend zu individualisierten Produkten bis hin zur Losgröße eins nimmt die Produktvielfalt und -komplexität zu. Entsprechend steigen die Anforderungen, Produktinformationen über den gesamten Produktlebenszyklus hinweg bereitzustellen und sämtliche involvierten Fachbereiche mit vollständigen Produktdaten bei ihren Entscheidungen zu unterstützen. Hier bietet das zu SAP S/4HANA verfügbare Add-on SAP Engineering Control Center Funktionen, um die Prozesse von der Produktentstehung bis zur Produktfertigung zu unterstützen. Mit dem SAP Engineering Control Center können Sie Daten aus CAD-Lösungen (Computer-aided Design, CAD, d. h. rechnergestützte Konstruktion) in eine zentrale Datenquelle integrieren. Komplexe Geräte setzen sich heute häufig aus Mechanik-, Elektronik- und Softwarekomponenten zusammen. Mit dem SAP Engineering Control Center ist eine Zusammenführung der jeweiligen fachspezifischen Autorenwerkzeuge und damit ein ganzheitlicher 360-Grad-Blick auf die Produktdaten möglich.

SAP Portfolio and Project Management
Der digitale Wandel führt auch dazu, dass die Anzahl von Änderungsprojekten in Unternehmen steigen wird. Entsprechend steigen auch die Anforderungen an die Software, diese Projekte, bezogen auf Planung, Steuerung und Integration, der internen und externen Mitarbeiter besser und effizienter zu unterstützen. Neben den klassischen Standardfunktionen der Projektabwicklung in SAP S/4HANA steht hier mit SAP Portfolio and Project Management 1.0 für SAP S/4HANA eine maßgeschneiderte Lösung für Projekt- und Portfoliomanager und Projektmitglieder zur Verfügung. Aufwendige Datenaggregationen und Batchprozesse zum Projektmonitoring und -controlling werden mit SAP Portfolio and Project Management durch einen Echtzeitdatenzugriff auf relevante Daten im Rechnungs- oder Personalwesen abgelöst. SAP-Fiori-basierte Benutzeroberflächen ermöglichen das Projekt-Monitoring und geben einen Überblick über anstehende Projektmeilensteine, -aufgaben und aufkommende Problemsituationen. Mit dem rollenbasierten Ansatz der SAP-Fiori-Apps wird das Problem gelöst, dass ein Anwender, der häufig mit Projektfunktionen arbeitet, andere Benutzeroberflächen benötigt als ein Anwender, der nur gelegentlich projektbezogene Aufgaben zu erledigen hat.

Anlagenverwaltung und Gesundheitswesen

SAP S/4HANA Asset Management
Mit SAP S/4HANA Asset Management können Sie Daten zu Ihren Anlagen, die beispielsweise auf Maschinen- und Sensordaten basieren, in Echtzeit

analysieren und auswerten. Damit können Sie Entscheidungen zeitnah treffen und Prognosen erstellen, um Ausfallzeiten zu minimieren.

Mit Environment, Health, and Safety (EHS) stehen Ihnen in SAP S/4HANA Funktionen zur Verfügung, die Ihr Unternehmen bei der Verwaltung von Geschäftsprozessen in den Bereichen Umwelt, Gesundheit und Sicherheit unterstützen. Auf Basis von Echtzeitdaten werden die EHS-Experten eines Unternehmens bei folgenden Aufgaben unterstützt:

Environment, Health, and Safety (EHS)

- Steuerung von Betriebsrisiken
- Arbeitssicherheit
- Konformität mit integrierten Lösungen für das Unfallmanagement oder die Verwaltung von Chemikaliendaten
- Beurteilung von Betriebsrisiken
- Arbeitsschutz und Überwachung von Belastungen
- Einhaltung gesetzlicher Vorschriften
- Emissionsmanagement

Weitere Informationen

- Weitere allgemeine Informationen zu Logistikfunktionen von SAP S/4HANA finden Sie hier: *http://s-prs.de/v631606*
- Weitere Informationen zur globalen Verfügbarkeitsprüfung im Supply Chain Management finden Sie hier: *http://s-prs.de/v429705*
- Weitere Informationen zu SAP Extended Warehouse Management (SAP EWM) finden Sie hier: *https://help.sap.com/ewm*
- Unter dem folgenden Link finden Sie ein Video, in dem gezeigt wird, wie die Abwicklung von Ausnahmesituationen bei der Auftragsabwicklung in SAP S/4HANA beschleunigt wird: *http://s-prs.de/v429706*
- Detaillierte Informationen zu SAP S/4HANA für Kundenmanagement finden Sie unter: *http://s-prs.de/v631607*
- Details zur Nutzung und Implementierung der Produktions- und Feinplanung sind in den SAP-Hinweisen 2381624 und 2382787 beschrieben. Informationen zu SAP Manufacturing Execution können Sie hier finden: *http://s-prs.de/v429707*
- Weitere Informationen zu den Bereichen Forschung, Entwicklung und Engineering finden Sie hier: *http://s-prs.de/v429708*

1.3.3 Personalwesen

Anforderungen des digitalen Wandels

Der digitale Wandel hat nicht nur Auswirkungen auf die Produktionsprozesse. Folgende Anforderungen kommen auf ein modernes Personalwesen zu:

- Die zunehmende Flexibilisierung der Geschäftsprozesse muss einhergehen mit flexibleren Arbeitszeiten und Arbeitszeitmodellen.
- Mit steigender Änderungsgeschwindigkeit von Geschäftsmodellen müssen sich auch die Ziele der einzelnen Mitarbeiter schneller an die neuen strategischen Geschäftsziele anpassen.
- Auf einem globalen Markt für qualifizierte Bewerber kann ein Unternehmen heute nicht mehr auf digitale Medien zur Personalbeschaffung verzichten.
- Ein Unternehmen muss bemüht sein, geeignete Mitarbeiter zu binden und zu halten. Ein Unternehmen muss wissen, welche Kompetenzen ein einzelner Mitarbeiter hat und welche Kompetenzen im Unternehmen fehlen, um im digitalen Wandel konkurrenzfähig zu bleiben.
- Moderne Vergütungssysteme müssen den steigenden Anforderungen an die Mitarbeiter Rechnung tragen.
- Unternehmen wollen Mitarbeitern und Managern ein zukunftsfähiges und innovatives Umfeld bereitstellen. Dazu muss auch die Software für die Personalprozesse möglichst intuitiv bedienbar sein und eine angenehme Benutzererfahrung bieten.

Der Trend, Geschäftsprozesse in die Cloud zu verlagern, spiegelt sich insbesondere im Personalwesen wider. Steigender Kostendruck und die Möglichkeiten von digitalen Lernplattformen oder online durchgeführten Leistungsbewertungen führen dazu, dass gerade im Bereich des Personalwesens Unternehmen verstärkt Geschäftsprozesse in die Cloud verlagern.

SAP SuccessFactors

Im Rahmen von SAP S/4HANA stellen die Funktionen der cloudbasierten Lösung SAP SuccessFactors die Zielarchitektur im Rahmen des Personalwesens (Human Resources, HR) dar. In SAP S/4HANA werden HR-Kernfunktionen abgebildet und umfassende Talentmanagement-Funktionen wie Recruiting, Bewerberverwaltung, Onboarding, ein Lernmanagement-System, Leistungsmanagement oder Nachfolgeplanung in der Cloud abgebildet. Standardisierte Integrationsszenarien und eine einheitliche Benutzeroberfläche, die auf SAP Fiori basiert, sorgen für eine technische und funktionale Integration der Funktionen im Personalwesen.

Abbildung 1.12 gibt einen Überblick über die Funktionen, die im Rahmen von SAP S/4HANA und SAP SuccessFactors angeboten werden.

1.3 Betriebswirtschaftliche Funktionen in SAP S/4HANA

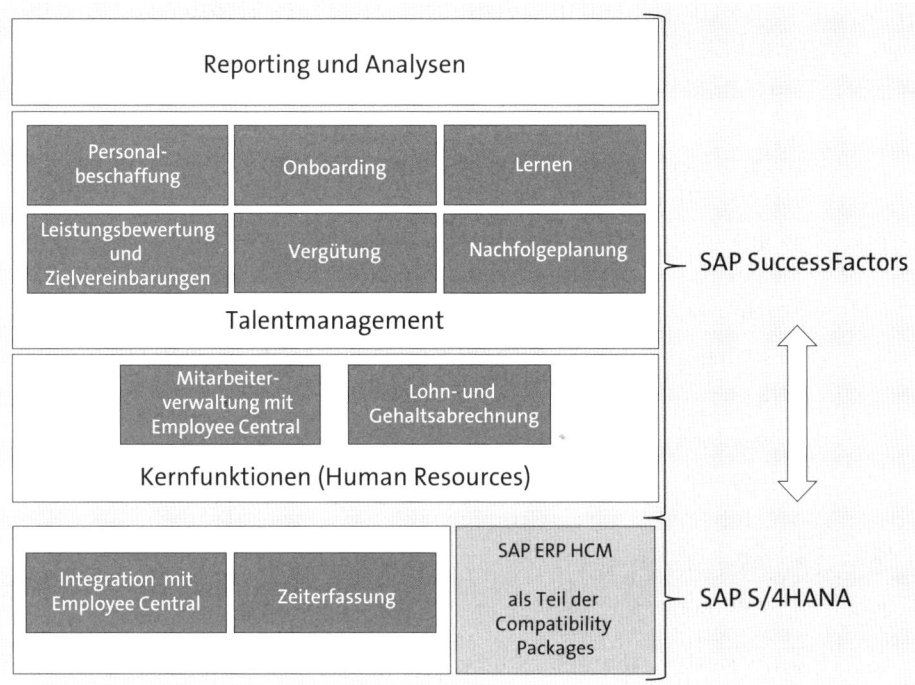

Abbildung 1.12 Personalwesen in SAP S/4HANA

Funktionen des Personalwesens mit SAP S/4HANA

In der On-Premise-Edition von SAP S/4HANA können die klassischen SAP-ERP-HCM-Funktionen (HCM = Human Capital Management) genutzt werden, wie man sie aus SAP ERP kennt. Daneben stehen als neue Funktionen die Zeiterfassung, speziell auch für die Abrechnung von Projekten, und die Mitarbeiteranbindung durch die Integration mit SAP SuccessFactors Employee Central zur Verfügung.

Mithilfe der SAP-Fiori-App zur Zeiterfassung können Sie die Zeit für bestimmte Aktivitäten erfassen, um Projekte abzurechnen und zu fakturieren. Außerdem können Sie auch Zeiten für Aufgaben erfassen, die nicht projektbezogen sind, z. B. für Verwaltungsaufgaben, Training oder Fahrzeiten. Manager können Arbeitszeitblätter genehmigen oder ablehnen, die Mitarbeiter zur Genehmigung abgeschickt haben.

Zeiterfassung

Durch die Integration mit *SAP SuccessFactors Employee Central* stehen in SAP S/4HANA die dort verwalteten Mitarbeiterstammsätze zur Verfügung. Damit können die für die Ausführung von Prozessen wie der Projektplanung und der Projektzeiterfassung notwendigen Mitarbeiterdaten für die Kundenfakturierung oder die Fakturierung und Erstattung von Reisekos-

Mitarbeiteranbindung

ten genutzt werden. Die Replikation von Mitarbeiterdaten von Employee Central nach SAP S/4HANA basiert auf standardisierten Service-APIs.

Klassische HCM-Funktionen

Im Rahmen der *SAP S/4HANA Compatibility Packages* werden in SAP S/4HANA Funktionen klassischer Ausprägung bereitgestellt, wie man sie von SAP ERP her kennt. Diese Funktionen stehen nach dem Wechsel zu SAP S/4HANA in der On-Premise-Variante in unveränderter Form zur Verfügung, sind aber aus technologischer Sicht nicht die Zielarchitektur. Weitere Informationen zu den SAP S/4HANA Compatibility Packages finden Sie in Abschnitt 3.2.1, »On-Premise-Editionen von SAP S/4HANA«.

So stehen im Rahmen des Personalwesens in SAP S/4HANA, On-Premise-Version folgende Funktionen aus SAP ERP HCM zur Verfügung:

- Kernfunktionen des Personalwesens (Funktionen wie Personalverwaltung und Organisationsmanagement)
- Lohn- und Gehaltsabrechnung
- Talentmanagement
- Zeiterfassung

Grundsätzlich kann ein Kunde, der die Funktionen von SAP ERP HCM bereits auf seinem SAP-ERP-System nutzt (entweder zusammen installiert oder als separates HCM-System, integriert mit SAP ERP) diese auch nach dem Umstieg auf SAP S/4HANA, On-Premise-Version unverändert weiternutzen. Beachten Sie hierbei die in der SAP S/4HANA Simplification List genannten Einträge zu SAP ERP HCM. Grundsätzlich sieht SAP die Zukunft der Geschäftsprozesse im Personalwesen jedoch in der Cloud. Entsprechend sieht die Zielarchitektur für das Personalwesen die Funktionen von SAP SuccessFactors vor.

Stufenweiser Übergang durch Compability Packages
Die im Rahmen der Compatibility Packages angebotenen Funktionen und so auch SAP ERP HCM ermöglichen Kunden einen stufenweisen Übergang hin zur Zielarchitektur.

Die Kernfunktionen von SAP SuccessFactors Employee Central

Als Kernfunktionen stehen in SAP SuccessFactors unter anderem folgende zur Verfügung:

- **Mitarbeiterverwaltung mit Employee Central**
  Mit SAP SuccessFactors Employee Central wird eine einheitliche Sicht auf alle Personaldaten über Regionen, Kostenstellen und Mitarbeiter

hinweg ermöglicht. Employee Central bietet Funktionen für die Personaladministration und das Organisationsmanagement. Funktionen für Personalmaßnahmen wie Einstellungen, Positionswechsel und Wiedereinstellungen werden ebenfalls bereitgestellt. Darüber hinaus werden Employee-Self-Services und Manager-Self-Services wie die Änderung persönlicher Daten, die Anzeige von Gehaltsinfos, das Anstoßen administrativer Maßnahmen oder von Gehaltserhöhungen unterstützt. Mit Employee Central können die Kernprozesse im Personalwesen effizienter gestaltet werden, und die Mitarbeiter profitieren von seinem hohen Bedienkomfort.

- **Lohn- und Gehaltsabrechnung mit Employee Central**
  Die Lohn- und Gehaltsabrechnung anhand der Mitarbeiterstammsätze aus Employee Central kann mit der als Hosting-Angebot betriebenen SAP Payroll durchgeführt werden. Das Payroll-System bezieht Kostenstellendaten aus dem Rechnungswesen von SAP S/4HANA und die Mitarbeiterstammdaten aus SAP SuccessFactors Employee Central. Damit steht die Funktionalität für die SAP-Gehaltsabrechnung zur Verfügung, z. B. die Unterstützung der Abrechnungsabläufe, der gesetzlichen Berichte, der Banküberweisungen, der Buchung der Abrechnungsergebnisse sowie der Konfigurierung der Lohnarten.

Talentmanagement mit SAP SuccessFactors Recruiting

Mit *SAP SuccessFactors Recruiting* steht eine Funktion zur effizienten Personalbeschaffung – von der Auswahl der Bewerber bis hin zu ihrer Einstellung – zur Verfügung, sodass Ihr Unternehmen die richtigen Mitarbeiter für die richtigen Positionen gewinnen kann. SAP SuccessFactors Recruiting bietet diverse Kommunikationstools, über die sich die Personalabteilung und der einstellende Fachbereich miteinander austauschen können. Beispielsweise können so interaktiv Checklisten mit den benötigten Fähigkeiten zwischen Personalabteilung und Fachabteilung ausgetauscht werden, was die Auswahlprozesse verkürzt. | Personalbeschaffung

Mit der Funktion *Career Site Builder* als Teil von SAP SuccessFactors Recruiting können Führungskräfte im Personalwesen auf einfache Weise Karriereportale im Stil von Verbraucher-Apps entwerfen, umsetzen und verwalten. | Career Site Builder

Mit seinen Onboarding-Funktionen unterstützt SAP SuccessFactors Recruiting die Einarbeitungsprozesse für neue Mitarbeiter. Neu eingestellte Mitarbeiter erhalten die für den Arbeitsbeginn notwendigen Formulare online. Andere Fachbereiche können zentral über neue Mitarbeiter informiert werden, sodass beispielsweise IT- und Sicherheitsabteilung zeitnah eingebunden werden. | Onboarding-Funktionen

Leistungsbewertung und Zielvereinbarungen

Performance-&-Goal-Funktionen

Mit den Performance-&-Goal-Funktionen von SAP SuccessFactors können Führungskräfte die individuellen Zielvereinbarungen ihrer Mitarbeiter an neue strategische Geschäftsziele anpassen. Der Teamleiter kann mithilfe dieser Funktionen übergreifende Ziele festlegen und auf seine Mitarbeiter verteilen.

Die Benutzeroberflächen unterstützen die Führungskräfte dabei, die Leistung der Mitarbeiter objektiv zu beurteilen. Sie sehen alle zugeordneten Mitarbeiter auf einen Blick und können ihre Bewertungen jederzeit einsehen und anpassen. Ein kontinuierliches Performancemanagement gibt dem Mitarbeiter regelmäßiges Feedback und stellt das Coaching in den Mittelpunkt. Geschäftsführer können die Mitarbeiter vergleichen und bewerten, um sowohl die High Performer als auch die potenziellen Führungskräfte zu ermitteln.

Vergütung

SAP SuccessFactors Compensation Management

SAP SuccessFactors Compensation Management unterstützt Führungskräfte und Mitarbeiter der Personalabteilung bei der Planung und Verteilung von Budgets, bei der Anpassung der Vergütungen an die Geschäftsergebnisse und bei einer transparenten Lohngestaltung. Mit den Compensation-Management-Funktionen kann sichergestellt werden, dass die Gehaltszahlungen mit den Budgets vereinbar sind. Die integrierten Berichte helfen dabei, Compliance-Richtlinien zu erfüllen. Mit leistungsbasierten Vergleichen der Mitarbeiter über das gesamte Unternehmen hinweg kann sichergestellt werden, dass die Mitarbeiter fair und gemäß ihrer Leistung entlohnt werden. Auch Boni-Zahlungen können über diese Funktion verwaltet werden. Intuitive Benutzeroberflächen erleichtern es, die einzelnen Lohnbestandteile wie Grundgehalt und variable Gehaltsbestandteile zu bearbeiten und zu verwalten.

Nachfolge- und Entwicklungsplanung

SAP SuccessFactors Succession & Development

Die Funktionen von SAP SuccessFactors Succession & Development unterstützen Personalverantwortliche dabei, Talente zu finden, zu fördern und Nachfolger für alle wichtigen Positionen aufzubauen. Sie sehen sofort, über welche Talente ihre Firma verfügt, können freie Positionen und mögliche Besetzungslücken schnell identifizieren und geeignete Nachfolger mithilfe der integrierten Werkzeuge, Berichte und Suchfunktionen ermitteln. Auch externe Bewerber können so als Nachfolger berücksichtigt werden.

Weiterbildung

Moderne Unternehmen brauchen Mitarbeiter, die sich kontinuierlich fortbilden, um den Anforderungen des digitalen Wandels gerecht zu werden. SAP SuccessFactors Learning unterstützt Personalmanager bei der Aus- und Weiterbildung der Angestellten und der Fortbildung von Führungskräften. Mitarbeiter können vom Arbeitsplatz aus über ein Tablet oder ein Smartphone auf die Schulungsangebote zugreifen. Die Kursinhalte können verwaltet und aktualisiert werden, und Mitarbeitern können Weiterbildungen vorgeschlagen werden. Die Lernerfolge werden in Analysen und Berichten erfasst.

SAP SuccessFactors Learning

Personalanalysen und Personalplanung

Mit *SAP SuccessFactors Workforce Analytics* werden die Personaldaten und -kennzahlen eines Unternehmens visualisiert. *SAP SuccessFactors Workforce Planning* stellt Analysen und Berichte für die Personalplanung bereit. Mit ihrer Hilfe kann ermittelt werden, über welche Kompetenzen ein Team bereits verfügt und welche es für zukünftige Projekte benötigt.

HR-Reporting

Bereitstellungsvarianten

Abbildung 1.13 zeigt die verschiedenen Möglichkeiten, wie die Funktionen des Personalwesens in SAP S/4HANA betrieben werden können:

Cloud, on premise oder hybrid

❶ **Cloud-Szenario**
Eine Variante ist es, alles in der Cloud zu betreiben. Die Integration von SAP S/4HANA Cloud und SAP SuccessFactors ermöglicht es, die Finanz- und Logistikprozesse zusammen mit den Personalmanagement-Funktionen in der Cloud zu betreiben.

❷ **Hybrides Szenario**
Die zweite Variante ist ein hybrides Szenario, in dem die Finanz- und Logistikprozesse in SAP S/4HANA on premise betrieben und mit den Funktionen von SAP SucessFactors in der Cloud integriert werden.

❸ **On-Premise-Szenario**
Die dritte Variante ist ein reines On-Premise-Szenario. Der Kunde kann nach dem Umstieg auf SAP S/4HANA die klassischen HCM-Funktionen weiternutzen – entweder, indem SAP S/4HANA zusammen mit SAP HCM installiert wird ❸a, oder alternativ mit einem separat angebundenen SAP-ERP-HCM-System ❸b.

Für die Kunden, die ihr Personalwesen auch weiterhin on premise betreiben wollen, hat SAP Anfang 2018 eine weitere Option angekündigt. So ist ab 2023 geplant, eine neue On-Premise-Lösung für das Personalmanagement

Neue On-Premise-Lösung für das Personalmanagement für SAP S/4HANA

anzubieten. Die Lösung basiert auf SAP ERP HCM und bietet einen vergleichbaren Funktionsumfang (mit Ausnahme der Anwendungen SAP E-Recruiting und SAP Learning Solution). Sie soll auf einer separaten Instanz implementiert werden und eng mit SAP S/4HANA integriert sein. Die Verfügbarkeit der Lösung ist für 2023 geplant, die Wartung soll mindestens bis 2030 laufen.

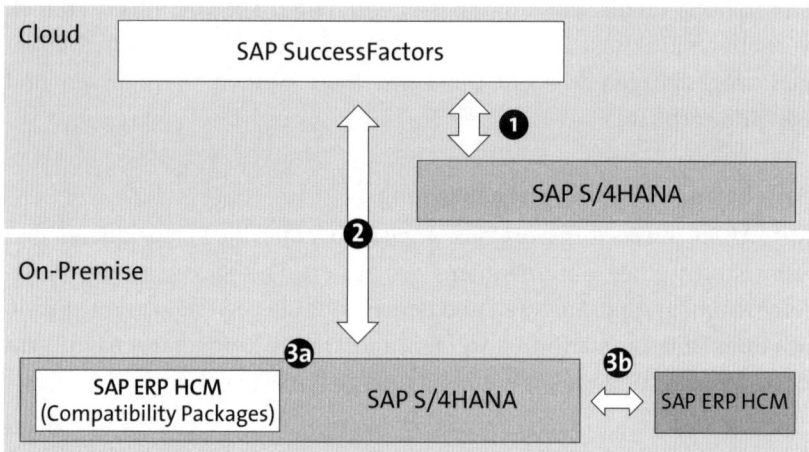

Abbildung 1.13 Bereitstellungsvarianten für das Personalwesen mit SAP S/4HANA

> **Weitere Informationen**
> - Weitere allgemeine Informationen zu den Funktionen des Personalwesens von SAP S/4HANA finden Sie hier:
>   http://s-prs.de/v631608
> - Weitere Informationen zu SAP SuccessFactors finden Sie unter:
>   https://www.successfactors.com/de_de.html
> - Weitere Informationen zur neuen On-Premise-Lösung für das Personalmanagement für SAP S/4HANA finden Sie hier:
>   http://s-prs.de/v631609

1.3.4 Beschaffung

Anforderungen des digitalen Wandels

Im Rahmen des digitalen Wandels werden immer mehr Geräte und Maschinen zu vernetzten Informationsknoten. Moderne Maschinen und Geräte melden ihren Wartungsbedarf über Sensoren an das ERP-System des Unternehmens und erhöhen dadurch den Automatisierungsbedarf im Einkauf, wo ein Großteil der Kosten eines Unternehmens entsteht. Als logische Konsequenz daraus ergibt sich die Anforderung einer automatisierten Materialdisposition. Die Digitalisierung wird dazu führen, dass alle Abläufe, die durch Algorithmen abbildbar sind, auch automatisiert werden. Der Einkäufer wird sich vermehrt auf strategische Aufgaben konzentrieren und nur noch die Abweichungen des vorgedachten Geschäftsprozesses bearbeiten. Um strategische oder Ausnahmeentscheidungen effizient treffen zu können, muss der Einkäufer durch qualifizierte Daten und Informationen unterstützt werden.

Die Beschaffung in SAP S/4HANA bildet alle üblichen Prozesse im Einkauf ab – von den strategischen und bis hin zu den operativen Prozessen: Bestellabwicklung für direkte und indirekte Materialien und Services, Warenbewegungen, Rechnungen (mit den Übergängen ins Rechnungswesen) etc. Durch die vorkonfigurierte Integration mit den cloudbasierten Lösungen Ariba Network und SAP Fieldglass werden elektronische und interaktive Prozesse mit Lieferanten sowie Prozesse im Rahmen des Managements von externen Mitarbeitern optimiert. Abbildung 1.14 zeigt die Beschaffungsfunktionen im Überblick, die mit SAP S/4HANA angeboten werden.

Funktionen

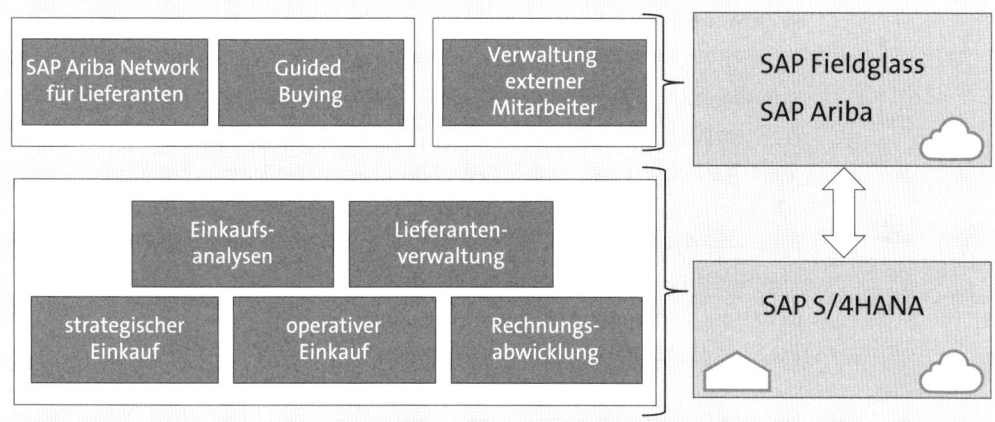

Abbildung 1.14 Beschaffung mit SAP S/4HANA

Operativer Einkauf

SAP S/4HANA ermöglicht es, den operativen Einkäufer zu entlasten und Standardprozesse weitestgehend zu automatisieren. Die Funktionen umfassen z. B.:

Automatisierte Funktionen

- automatisiertes Anlegen von Bestellungen, basierend auf den Bestellbedarfen
- Bestellabwicklung für direkte und indirekte Materialien sowie Servicebeschaffung einschließlich der korrespondierenden Bestätigungsprozesse

- katalogbasierte Materialbeschaffung, basierend auf Self-Service-Prozessen
- Möglichkeit der vollständig elektronischen Kommunikation mit Lieferanten
- Integration mit Ariba Network zur Optimierung der Zusammenarbeit mit den Lieferanten des Unternehmens

Strategischer Einkauf

Grundlage für die Automatisierung

Damit die Automatisierung im operativen Einkauf weiter fortschreiten kann, müssen die Grundlagen im strategischen Einkauf gelegt werden. So können mit SAP S/4HANA die Bezugsquellen der notwendigen Produkte und Services mit korrespondierenden Einkaufskontrakten festgelegt werden. Dadurch wird sichergestellt, dass die richtigen Produkte mit dem richtigen Preis beim richtigen Lieferanten automatisiert aus der Materialbedarfsplanung bestellt werden. Das Monitoring der Einkaufskontrakte sorgt dafür, dass die jeweiligen Abruf- und Zielmengen jederzeit vorliegen und dass gegebenenfalls eingegriffen werden kann.

Rechnungsabwicklung

Mit SAP S/4HANA können Sie auch die Abwicklung aller eingehenden Rechnungen abbilden. Das schließt neben den Rechnungen zu Bestellungen aus dem SAP-S/4HANA-System auch die eingehenden Rechnungen ein, die über das Ariba Network oder SAP Fieldglass erstellt wurden. Auch hier liegt ein Fokus darauf, dass die Rechnungsprüfung für Standardrechnungen immer stärker automatisiert abgewickelt werden kann, sodass sich der Mitarbeiter im Einkauf nur noch auf die Rechnungen konzentriert, die Abweichungen von den zugrunde liegenden Bestellungen aufweisen (z. B. in Positionen, Menge oder Preis).

Lieferantenverwaltung

SAP S/4HANA bietet Funktionen, um Lieferanten basierend auf Attributen und Stammdaten zu klassifizieren. Lieferanten können gemäß verschiedenen Faktoren (Einhalten der verhandelten Preise oder Scorecard) bewertet werden.

Analysen im Einkauf

Embedded Analytics

Mit SAP S/4HANA kann der Einkäufer Daten in Echtzeit analysieren. Dafür ist kein getrenntes Data Warehouse mehr notwendig. Basierend auf SAP Fiori stehen beispielsweise folgende Analysen zur Verfügung:

1.3 Betriebswirtschaftliche Funktionen in SAP S/4HANA

- **Lieferantenanalysen**
  Liefertermintreue, Preisabweichung und Mengenabweichung
- **Analysen von Einkaufsverträgen**
  nicht verwendete Verträge, auslaufende Vereinbarungen
- **Ausgabenanalysen**
  Bestellausgabenvergleich, kontraktunabhängige Ausgaben

Damit kann der Einkäufer operative und strategische Entscheidungen auf der Basis aktueller Daten treffen. Abbildung 1.15 zeigt die SAP-Fiori-App für die Beschaffungsübersicht im Einkauf.

Beschaffungsübersicht

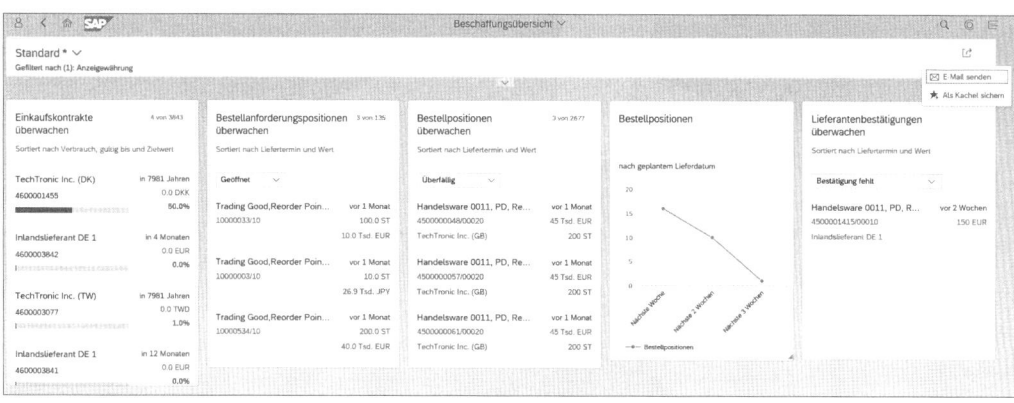

Abbildung 1.15 Beschaffungsübersicht als SAP-Fiori-App

Guided Buying

Mithilfe des sogenannten *Guided Buyings* wird der Einkäufer durch das System geführt, damit er in effizienter Weise die richtige Einkaufsentscheidung gemäß den Unternehmensvorgaben treffen kann. Letztlich dient dieser geführte Einkauf dazu, den Einkäufer von nicht wertschöpfenden Tätigkeiten zu entlasten. Er nutzt vorhandene SAP-Ariba-Kataloge und basiert auf einfach zu pflegenden Regeln (*Policys*), in denen das Unternehmen die jeweiligen Vorgaben hinterlegt. Hier können dann auch Budgetregeln für Warengruppen oder die Logik der Genehmigungs-Workflows hinterlegt werden.

Effizienter Workflow

Ariba Network für Lieferanten

Das Ariba Network für Lieferanten ist eine cloudbasierte Plattform, die die Zusammenarbeit mit Lieferanten für Material oder Dienstleistungen unterstützt. Abbildung 1.16 zeigt, welche Prozesse zwischen Einkäufer und Lieferant elektronisch und integriert mit Ariba Network abgewickelt werden können.

Kommunikation mit Lieferantensystemen

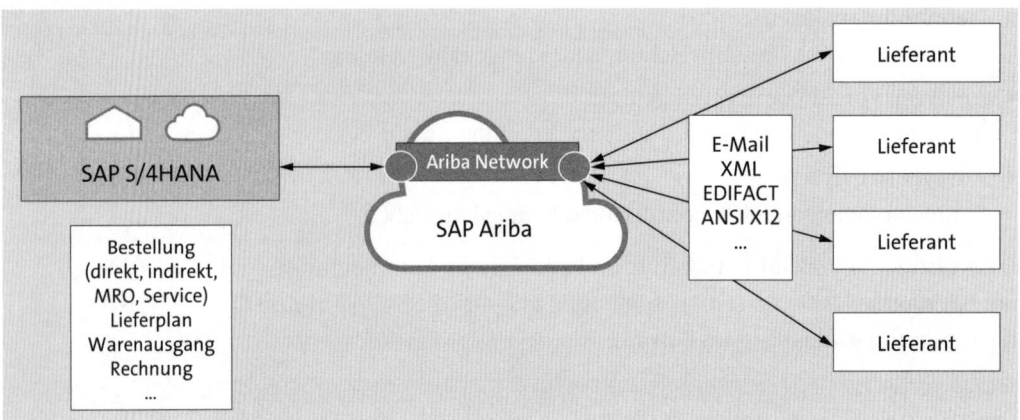

Abbildung 1.16 Kollaborationsprozesse mit Ariba Network

In SAP S/4HANA ist die Integration mit dem Ariba Network bereits vorkonfiguriert. Auch in technischer Hinsicht ist das Ariba Network die zentrale Schnittstelle zu den Lieferanten und übernimmt die Konvertierung in die Datenformate, die der einzelne Lieferant jeweils unterstützt. Das können ausfüllbare PDF-Formulare sein, die per E-Mail ausgetauscht werden, oder spezifische Datenformate wie EDIFACT (Electronic Data Interchange for Administration) oder ANSI X12 (American National Standards Institute Accredited Standards Committee X12).

Verwaltung externer Mitarbeiter

SAP Fieldglass

Da sich Geschäftsprozesse immer schneller ändern, sind Unternehmen in zunehmendem Maße auch auf externe Mitarbeiter angewiesen. Durch die Einbindung externer Mitarbeiter können temporäre Qualifikationslücken geschlossen und Auslastungsspitzen ausgeglichen werden. Mit der cloudbasierten Lösung SAP Fieldglass stehen Funktionen für die Dienstleistungsbeschaffung und zum Management dieser externen Mitarbeiter zur Verfügung. Basierend auf der bereits vorkonfigurierten Integration mit SAP S/4HANA werden Stammdaten wie Kostenstellen, Innenaufträge oder Organisationsdaten ausgetauscht, und die Rechnungsabwicklung kann automatisiert werden, einschließlich der Rechnungen der externen Mitarbeiter.

> **Weitere Informationen**
>
> Weitere allgemeine Informationen zu den Beschaffungsfunktionen von SAP S/4HANA finden Sie hier: *http://s-prs.de/v631610*

Kapitel 2
Was unterscheidet SAP S/4HANA von der klassischen SAP Business Suite?

In welchem Verhältnis steht SAP S/4HANA zu SAP ERP? Was bedeutet es, wenn SAP von einem »neuen digitalen Kern« spricht? Solche und ähnliche Fragen haben Sie sich vermutlich bereits gestellt. In diesem Kapitel erläutern wir, wie SAP S/4HANA innerhalb des Produktangebots von SAP einzuordnen ist.

SAP bietet unterschiedliche ERP-Produkte (Enterprise Resource Planning) an. Die wichtigsten sind SAP ERP mit den SAP ERP Enhancement Packages (EHPs), die SAP Business Suite auf SAP HANA und seit kurzer Zeit SAP S/4HANA. Dieses Kapitel beleuchtet, wo die Ähnlichkeiten und die Unterschiede zwischen den »klassischen« Produkten und dem neuen Produkt liegen. Dazu gehen wir zunächst auf die jeweiligen Schwerpunkte und Zielsetzungen der Produkte ein und erläutern im Anschluss wichtige Konzepte der neuen Lösung: das Konzept der Simplifizierung, das neue Datenmodell und die zugrunde liegende Datenbank SAP HANA sowie die neue Benutzeroberfläche SAP Fiori. Schließlich gehen wir auf die Integration von SAP S/4HANA in die Systemlandschaft ein und auf die Änderungen, die sich dabei im Bereich der Schnittstellen ergeben. Mithilfe dieser Informationen können Sie die Umstellung auf SAP S/4HANA differenziert bewerten und planen.

2.1 Die Schwerpunkte und Zielsetzungen der Lösungen im Vergleich: SAP S/4HANA und der digitale Kern

Seit mehreren Dekaden ist der Walldorfer Softwarekonzern SAP der Marktführer im Bereich von Unternehmenssoftware. Besonders bekannt ist er für seine Anwendungen für den Kernbereich betrieblicher Abläufe, vor allem für seine ERP-Produkte. Die am stärksten verbreiteten ERP-Produkte von SAP sind SAP R/3, SAP R/3 Enterprise und SAP ERP (einschließlich SAP

EHP). Wie passt SAP S/4HANA in diese Reihe? Um dies zu beantworten, betrachten wir das Spannungsfeld genauer, in dem sich eine Softwarelösung befindet: die betriebswirtschaftlichen Kernprozesse.

Betriebswirtschaftliche Kernprozesse

Die betriebswirtschaftlichen Kernprozesse bilden das Rückgrat eines Unternehmens. Auf ihnen setzen meist Erweiterungen auf, mit deren Hilfe die einzelnen Spezialanforderungen erfüllt werden. Das können der Aufbau neuer, weiterführender Geschäftsprozesse sein, die Vertiefung von Kundenbeziehungen, die Optimierung des Warenverkehrs oder andere Themen.

Die Kernprozesse zeichnen sich dadurch aus, dass sie aus der Distanz betrachtet zunächst einmal ein hohes Maß an Stabilität aufweisen. Schaut man feingranularer auf diese Prozesse, erkennt man aber, dass ihre Interpretation sich ändernden Anforderungen und Erwartungen unterliegt. Die unterstützende Softwarelösung muss daher in der Lage sein, sich neu ergebende Blickwinkel und Fragestellungen zu berücksichtigen. Ist sie dies nicht, wandelt sich die Softwarelösung von einer Unterstützung in eine Blockade.

Änderungsdruck

Neben diesem prozessgetriebenen Änderungsdruck ergibt sich ein weiterer Änderungsdruck, diesmal mit technischem Antrieb: Wie bei anderen technischen Produkten auch, ermöglichen technologische Durchbrüche neue Konstruktionsansätze für ERP-Systeme. Ein solcher technologischer Durchbruch hat es SAP erlaubt, nach dem erfolgreichen SAP R/2 das Nachfolgesystem SAP R/3 zu entwickeln. Dieses nutzte erstmals die Client-Server-Architektur und erlaubte dadurch neue Nutzungsmuster für das System.

In-Memory-Technologie SAP HANA

Mit der neuartigen In-Memory-Datenbank von SAP, SAP HANA, erfolgte erneut ein technologischer Durchbruch: In der Vergangenheit mussten die Softwarelösungen die Zugriffszeiten physischer Speichermedien kompensieren, um den Anwendern die Arbeit mit großen Datenmengen zu ermöglichen. Dank der In-Memory-Datenbank kann man nun auf diese Kompensation durch die Softwarelösung verzichten und gewinnt damit neue Freiheiten in der Architektur der Datenmodelle und bei deren Bearbeitung.

Zukünftige Herausforderungen

Die Frage, die man sich als Nutzer einer ERP-Lösung stellen sollte, lautet daher: Inwiefern glaube ich, von einer modernisierten Softwarelösung profitieren zu können? Die Beantwortung dieser Frage muss unbedingt die zeitliche Dimension einschließen: Wie, glaube ich, entwickeln sich die Anforderungen an meine betrieblichen Prozesse in der Zukunft? SAP hat sich genau diese Fragen gestellt. Das Ergebnis dieser Bewertung des Spannungsfeldes war, dass die Herausforderungen der Zukunft nur mit einem strukturell überarbeiteten Anwendungskern gemeistert werden können.

2.1 Die Schwerpunkte und Zielsetzungen der Lösungen im Vergleich: SAP S/4HANA und der digitale Kern

Selbst wenn aktuell die Prozesse im Unternehmen noch mit einer klassischen ERP-Architektur abgedeckt werden können, wird diese in wenigen Jahren nicht mehr ausreichen. Zu diesem Schluss kommt man leicht, wenn man die zukünftige Entwicklung des Datenaufkommens betrachtet. Zahlreiche Untersuchungen sagen ein erhebliches Wachstum der weltweit erzeugten Daten voraus. Bis 2020 soll das weltweit generierte Datenvolumen auf ungefähr 50 Zetabyte anwachsen. Dies wäre etwa das Fünfzehnfache von heute. Dabei werden die von Menschen in ihrem Sozialleben erzeugten und genutzten Daten die reinen geschäftlichen Daten bei Weitem übertreffen. Beispiele sind hochgeladene Videos, Tweets, Unterhaltungen, genutzte Streamingdienste und mehr. Hier handelt es sich vorwiegend um unstrukturierte Daten. Ebenfalls wird die Zahl der im Internet der Dinge erzeugten Daten dramatisch anwachsen (siehe Abbildung 2.1).

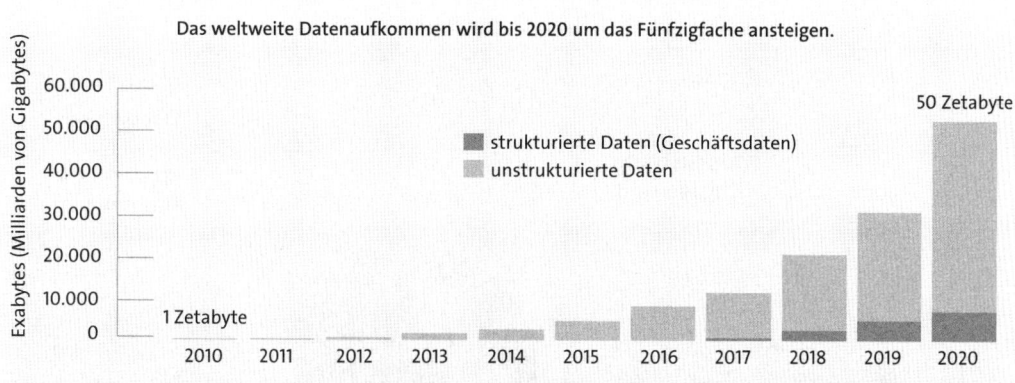

Abbildung 2.1 Dramatische Zunahme des weltweiten Datenaufkommens bis zum Jahre 2020

Die Herausforderung für Unternehmen ist nun, im digitalen Kern ihrer Datenverarbeitung aus dieser Menge an Daten schnell (am besten ohne zeitliche Verzögerung), automatisiert und zielorientiert für die eigene Tätigkeit relevante Informationen herauszufiltern und zu verarbeiten. So kann das Unternehmen wichtige Geschäftsentscheidungen auf Basis aller relevanten Informationen treffen.

Diese Datenvolumina können auf einer Anwendungsarchitektur der 1990er Jahre nicht mehr mit der nötigen Performance verarbeitet werden. SAP böte seinen Kunden also eine suboptimale Lösung, wenn auf diese grundlegende Änderung der Architektur verzichtet würde.

Wachsende Datenvolumen

Umfassendere Wertschöpfungsketten

Daneben steigen die Erwartungen an den Umfang der durchgängigen Prozesse (*End-to-End-Prozesse*): Die Prozessketten in Unternehmen werden immer länger. Diese Ausweitung der Prozessketten zeigt sich daran, dass die direkte Interaktion zwischen dem Hersteller eines Produkts und dem Endkunden zunehmend wichtiger wird und dass unterschiedliche Vertriebswege immer stärker verschmelzen (Stichwort *Omnichannel Retail*).

Aus diesem Grund hat SAP die Funktionalitäten seiner Anwendungen neu verteilt. Die klassische Business Suite von SAP bestand außer aus SAP ERP für betriebliche Kernprozesse aus weiteren eigenständigen Lösungen, wie SAP Customer Relationship Management (SAP CRM), SAP Supplier Relationship Management (SAP SRM) oder SAP Supply Chain Management (SAP SCM). Da diese Produkte jeweils auch eigenständig positioniert waren, ergaben sich teilweise funktionale Überlappungen. SAP S/4HANA enthält nun von Haus aus Prozesse, die in der klassischen SAP Business Suite in diesen eigenständigen Produkten abgebildet waren.

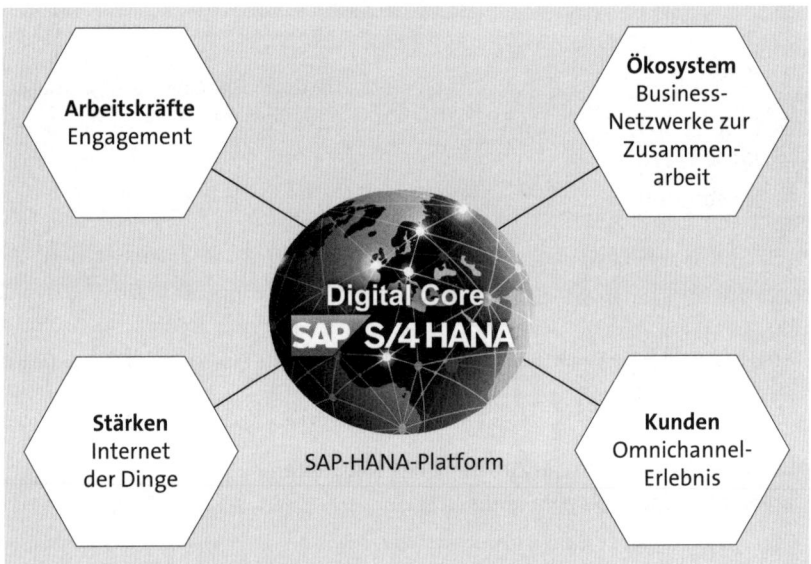

Abbildung 2.2 Die Rolle des digitalen Kerns in den durchgängigen Prozessketten

Neuer digitaler Kern

SAPs neuer digitaler Kern (*Digital Core*) SAP S/4HANA soll von Haus ergänzende Prozesse in die Kernprozesse integrieren (siehe Abbildung 2.2). Damit bietet SAP S/4HANA einen erheblichen Vorteil gegenüber der klassischen SAP Business Suite, in der die Integration zwischen SAP ERP und anderen Anwendungen in der Regel individuell gelöst werden musste.

Viele Unternehmen wollen sich für diese Herausforderungen rüsten. SAP S/4HANA bietet die Möglichkeit, die technische Basis zur Bewältigung dieser Herausforderungen zu legen. Das Roll-out, also die Einführung der einzelnen Lösungskomponenten, kann dabei schrittweise vorgenommen werden – nämlich dann, wenn die Geschäftsprozesse es erfordern. Dies wird durch die Kompatibilität von SAP S/4HANA mit SAP ERP ermöglicht. Wir werden auf diesen Aspekt in Kapitel 4, »Den Umstieg auf SAP S/4HANA vorbereiten«, noch genauer eingehen.

2.2 Simplifizierung

Es ist eine Tatsache, dass der Anteil der sogenannten *Digital Natives* – also derjenigen Generation, die mit den modernen digitalen Technologien aufgewachsen ist – an den Arbeitnehmern wächst. Damit verändert sich der Umgang mit betriebswirtschaftlichen IT-Systemen grundlegend: Immer größere Teile der Beschäftigten im Unternehmen bringen eine veränderte Erwartungshaltung in Bezug auf die IT-Systeme mit. Sie erwarten, dass der Zugang jederzeit stattfinden kann (*anytime*), unabhängig vom Ort, an dem sie sich gerade befinden (*anywhere*) und unabhängig vom verwendeten Gerät (*any device*). Zusätzlich soll die Anwendung intuitiv bedienbar sein und den Benutzer führen – wenn möglich mit eigener künstlicher Intelligenz – und ihm so die Fokussierung auf die Lösung seiner inhaltlichen Fragestellungen ermöglichen.

Erwartungshaltung der Digital Natives

SAP S/4HANA erfüllt diese Erwartungen durch eine neue Architektur der Benutzerschnittstelle (*User Interface*, UI) und durch angepasste Entwicklungsrichtlinien für diese UI: Der Standardzugriff erfolgt über browserbasierte Apps auf einem Frontendserver. SAP nennt dieses neue UI-Konzept *SAP Fiori*. Wir betrachten es in Abschnitt 2.4, »Die SAP-Fiori-Benutzeroberflächen«, genauer.

Neues SAP-Fiori-UI-Konzept

Diese neu gestalteten Benutzeroberflächen sind allerdings nur ein Teilaspekt der *Simplifizierung*, die SAP mit SAP S/4HANA umsetzen will, wenngleich auch ein auf den ersten Blick sichtbarer. Die Simplifizierung geht in SAP S/4HANA aber noch tiefer. Das Fundament bilden Vereinfachungen und Optimierungen in den Datenmodellen. Auf dieser Basis wird der Zugriff auf diese Daten gegenüber der klassischen Suite verbessert. Insbesondere finden sich verstärkt eingebettete Datenanalysemöglichkeiten, auf die wir in Abschnitt 2.6, »SAP S/4HANA Embedded Analytics«, eingehen. Auf diesen technischen Vereinfachungen bauen dann die betriebswirtschaftlichen Anwendungen auf. SAP hat für diese Anwendungen Funktionalität aus verschiedenen Bereichen der klassischen SAP Business Suite in SAP S/4HANA zusammengetragen.

Der Forderung nach einer eingebauten Intelligenz kommt SAP durch die Integration von »smarten« Applikationen nach. Diese Applikationen verarbeiten die Daten in diesen neuen Datenmodellen mit Machine-Learning-gestützten Algorithmen.

Reduktion alternativer Implementierungen

Während im Laufe der Zeit alternative Lösungsimplementierungen für ähnliche betriebswirtschaftliche Prozesse entstanden sind, konzentriert sich SAP heute auf diejenigen Anwendungen, die die höchste Akzeptanz beim Kunden erfahren haben. Manche Anwendungen der klassischen SAP Business Suite wurden oder werden daher durch andere abgelöst, wie wir es in Abschnitt 2.2, »Simplifizierung«, dargestellt haben.

In den allermeisten Fällen sind die Umstellungen auf SAP S/4HANA primär technischer Natur und erfordern keine aufwendigen Änderungsprojekte auf Kundenseite. Dennoch können – abhängig von der individuellen Ausprägung des Systems – weitere Aktivitäten für die Umstellung notwendig sein. Diese Aktivitäten können meist auch zeitlich flexibel geplant werden, da für eine Übergangszeit die klassische Funktionalität noch verfügbar bleibt.

SAP stellt eine vollständige Liste der Vereinfachungen auf funktionaler Ebene mit dem *Simplification Item Catalog for SAP S/4HANA* zur Verfügung (*http://s-prs.de/v631611*). Diese Liste sollten Sie bei Ihrer individuellen Planung des Umstiegs auf SAP S/4HANA auf jeden Fall berücksichtigen.

Neues Produkt

Aus den Vereinfachungsmaßnahmen ergibt sich: SAP S/4HANA ist ein neues Produkt, keine neue Version von SAP ERP. SAP S/4HANA deckt zwar ebenfalls die betriebswirtschaftlichen Kernprozesse ab, folgt dabei aber einer geänderten Philosophie und einer anderen technischen Architektur.

Für die betriebswirtschaftlichen Kernprozesse bietet SAP also derzeit zwei Produktlinien an:

- *Die klassische Produktlinie* aus den Kernapplikationen SAP ERP und den SAP EHCs sowie SAP CRM, SAP SCM und SAP SRM wird bis mindestens 2025 in Wartung bleiben und ist kompatibel mit allen gängigen Datenbanken.
- *Eine neue Produktlinie* SAP S/4HANA mit grundlegend überarbeiteter Architektur bildet die Basis für die Anforderungen der nahen Zukunft. Diese Produktlinie ist ausschließlich auf der In-Memory-Datenbank SAP HANA verfügbar.

SAP S/4HANA und SAP ERP

SAP S/4HANA bezeichnet eine separate Produktlinie, die parallel zur Produktlinie der klassischen Business Suite im SAP-Portfolio steht. SAP

> S/4HANA ist damit eine alternative Implementierung der betriebswirtschaftlichen Funktionalität.

Ein Wechsel zu SAP S/4HANA ist also ein Wechsel in eine andere Produktfamilie. Die Mitglieder dieser neuen Produktfamilie stellen wir Ihnen in Abschnitt 3.2, »Die SAP-S/4HANA-Produktfamilie«, vor. Während man innerhalb einer Produktfamilie durch Upgrades zu höheren Versionen gelangt, ist für den Wechsel der Produktfamilie üblicherweise eine Neuimplementierung nötig (siehe Abbildung 2.3). Im Fall von SAP S/4HANA bietet SAP zusätzlich auch noch die Möglichkeit, ein bestehendes SAP-ERP-System in ein SAP-S/4HANA-System zu konvertieren. Wir werden die verschiedenen technischen Wege zur neuen Produktfamilie in Kapitel 4, »Den Umstieg auf SAP S/4HANA vorbereiten«, genauer abgrenzen.

Wechsel der Produktfamilie

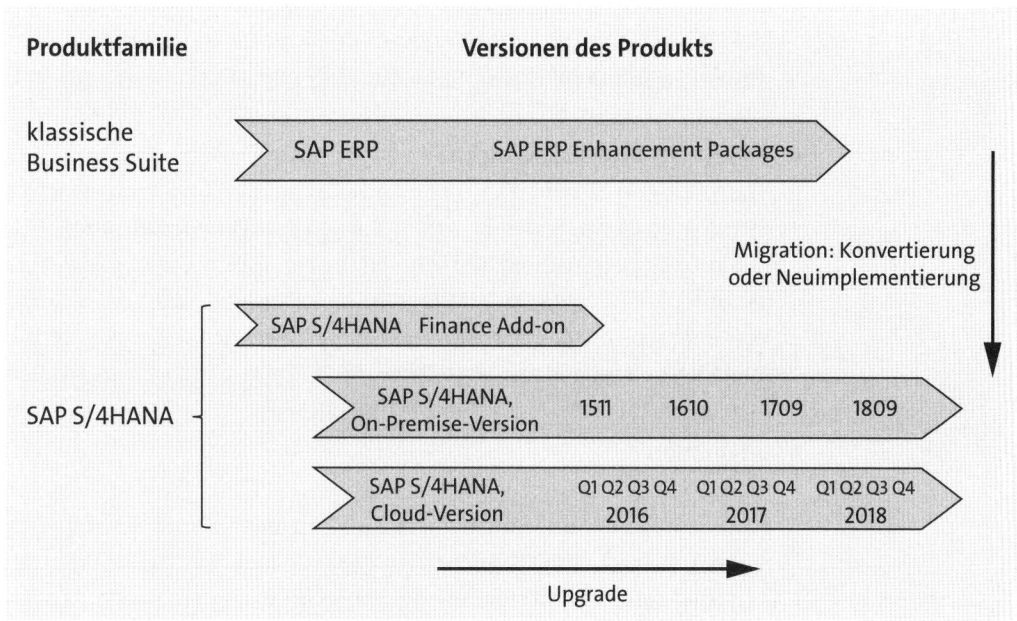

Abbildung 2.3 Wege zwischen den Versionen der klassischen SAP Business Suite und der SAP-S/4HANA-Produktfamilie

2.3 Das neue Datenmodell und die Datenbank SAP HANA

Klassische Datenbanken beruhen auf Designs, die bereits vor Jahrzehnten entwickelt wurden. Damals unterschieden sich sowohl die technischen Rahmenbedingungen als auch die Nutzungsanforderungen teilweise grundsätzlich von der heutigen Erwartungshaltung. Diese klassischen

Datenbanken wurden zwar weiterentwickelt, aus Kompatibilitätsgründen kann ihre Anpassung an die aktuellen Herausforderungen jedoch nur in begrenztem Maße erfolgen.

Grenzen klassischer Datenbanken

Aus der Sicht der betriebswirtschaftlichen Anwendungssoftware stellen die klassischen Datenbanken aktuell grundsätzliche Limitierungen dar. Sie erschweren oder verhindern sowohl die Simplifizierung als auch die Beschleunigung und Integration von Geschäftsprozessen. Folgende Eigenschaften klassischer Datenbanken können z. B. bei der Erneuerung Ihrer Geschäftsprozesse hinderlich sein:

- **Online Transaction Processing (OLTP) versus Online Analytical Processing (OLAP)**
  Bisher muss man als Nutzer einer Datenbanklösung zuerst entscheiden, ob man Daten analysieren (OLAP) oder verbuchen (OLTP) möchte. In vielen Situationen ist aber eine Kombination beider Sichtweisen sinnvoll, beispielsweise um Prognosen oder Simulationen durchzuführen oder um Verbuchungsentscheidungen auf Basis einer Datenanalyse zu treffen.

- **Technische Einschränkungen**
  Klassische betriebswirtschaftliche Anwendungen kämpfen mit verschiedenen Restriktionen, die die Arbeit für den Anwender erschweren. Beispiele sind Sperren, die die Arbeit verlangsamen. Ein anderer Faktor ist die durch die interne Datenaufbereitung verursachte Zeitverzögerung. Von anderen Anwendern und sogar vom Anwender selbst vorgenommene Verbuchungen werden teilweise erst mit Zeitverzögerung in allen relevanten Tabellen des Systems festgeschrieben.

- **Integration**
  Im klassischen Design werden die Rohdaten üblicherweise zunächst intern aufbereitet und konsolidiert. Dies geschieht in sogenannten *Aggregaten*. Diese Aggregate gehorchen der individuellen Logik der einzelnen Anwendung. Eine Nutzung der Daten durch andere Anwendungen unterliegt damit einerseits, wie bereits angesprochen, einer zeitlichen Verzögerung, andererseits ist dazu semantisches Wissen über das jeweilige Anwendungsaggregat nötig. Eine Nutzung durch andere Anwendungen erfordert damit zunächst eine »Übersetzung« in das Datenmodell der anderen Anwendung. Dies erfordert die Verfügbarkeit oder Entwicklung von Schnittstellen.

  Eine Integration auf Basis einer solchen Architektur hat daher Nachteile sowohl in Bezug auf die Kosten (Entwicklung und Wartung der Schnittstellen) als auch in Bezug auf den fehlenden Echtzeitzugriff.

In den letzten Jahren wurden grundlegend neue Datenbankarchitekturen entwickelt, insbesondere sogenannte *In-Memory-Datenbanken*. SAP S/4HANA setzt voll auf eine solche Datenbank, nämlich SAP HANA. Was SAP HANA auszeichnet und warum derzeit keine andere In-Memory-Datenbank mit SAP S/4HANA kompatibel ist, erklären wir im Folgenden.

In-Memory-Datenbank

2.3.1 SAP HANA

Betrachtet man die Entwicklung der Hardware in den letzten Jahren, beobachtet man, dass etwa um die Jahrtausendwende zwei wesentliche Änderungen aufkamen: Einerseits entstanden Multi-Core-Prozessorarchitekturen, mit denen die Möglichkeit erheblicher Parallelisierung entstand. Andererseits entwickelte sich der Arbeitsspeicher von einem verhältnismäßig teuren und stark begrenzten Medium hin zu einem umfassend verfügbaren Medium.

Die ursprünglichen Einschränkungen in Bezug auf die Verfügbarkeit (d. h. den Preis und die Adressierbarkeit) des Arbeitsspeichers führten dazu, dass die Daten in Softwarearchitekturen primär auf der Festplatte gespeichert und lediglich Teile der Daten im Arbeitsspeicher vorgehalten wurden. Klassische Datenbanken sind durch eben diese Festplattenzugriffe grundsätzlich in ihrer Verarbeitungsgeschwindigkeit limitiert. In einer In-Memory-Datenbank wird die Festplatte lediglich für die Sicherung, Archivierung und Wiederherstellung der Daten benötigt. Die Daten selbst befinden sich aber permanent im Hauptspeicher.

Daten permanent im Hauptspeicher

Im Unterschied zu anderen In-Memory-Datenbanken verfügt SAP HANA allerdings noch über weitere Alleinstellungsmerkmale: SAP HANA ist nicht nur als generische Datenbank geeignet, sondern konnte dank der Erfahrung von SAP mit betriebswirtschaftlichen Anwendungen auch gleichzeitig für diese Art Anwendungen optimiert werden.

Optimierung für Unternehmenssoftware

Als eine wesentliche Konsequenz daraus liegen in SAP HANA die Daten in einem spaltenorientierten Format vor, während in anderen Datenbanken die Daten zeilenorientiert abgelegt werden (siehe Abbildung 2.4). Wieso ist dies relevant?

Spaltenorientierte Datenbank

Im Rahmen von betriebswirtschaftlichen Anwendungen erfolgt die überwiegende Mehrzahl der Zugriffe auf die Daten spaltenorientiert: In der Regel werden die Werte eines Feldes oder einer Auswahl von Feldern selektiert und bearbeitet. Es ist höchst selten, dass das komplette Zeilen-Tupel benötigt wird. Erfolgen die SELECT-Anweisungen nun unter Ausnutzung der Spaltenindizes, müssen nur deutlich kleinere Datenmengen verarbeitet werden. Darüber hinaus können – insbesondere unter den Rahmenbedingungen für betriebswirtschaftliche Anwendungen – die Werte in den Spalten in der Regel sehr gut komprimiert werden.

Zeilenorientierung			
Lieferanten-Nr.	Name	Adresse	Stadt
002736	ABC	Gasse 3	Nordstadt
001313	HG H	Südstr. 1	Kleindorf
019011	Ag XZ	Hohlweg	Flecken
018281	DF GmbH	Gewerbestr. 2	Großstadt

Spaltenorientierung			
Lieferanten-Nr.	Name	Adresse	Stadt
002736	ABC	Gasse 3	Nordstadt
001313	HG H	Südstr. 1	Kleindorf
019011	Ag XZ	Hohlweg	Flecken
018281	DF GmbH	Gewerbestr. 2	Großstadt

Abbildung 2.4 Gegenüberstellung von zeilen- und spaltenorientierter Datenablage

Parallelisierung Ein weiterer Vorteil der SAP-HANA-Datenbank ist ihre Optimierung der überwiegend vorkommenden betriebswirtschaftlichen Datenoperationen, damit diese performant durchgeführt werden können. Dazu nutzt SAP HANA die Möglichkeiten, die die Multi-Core-CPUs (Central Processing Units) für die Parallelisierung bieten. Außerdem sind die Algorithmen auf Basis von Annahmen darüber optimiert, welche Art von Aktualisierungs-, Einfüge- und Löschoperationen besonders häufig durchgeführt werden müssen und daher besonders performant sein sollten.

2.3.2 Das Datenmodell

Optimierung der Datenmodelle für die Datenbank SAP S/4HANA ist so konzipiert, dass es die im vorangegangenen Abschnitt beschriebenen Vorteile von SAP HANA möglichst gut ausnutzt. Aus dieser Fokussierung auf SAP HANA ergeben sich für die Datenmodelle in SAP S/4HANA die folgenden wesentlichen Konsequenzen:

- Verzicht auf Aggregate
- Überarbeitung bestehender ABAP-Dictionary-Tabellen
- Code Pushdown

Auf diese Maßnahmen gehen wir in den folgenden Abschnitten ein.

Verzicht auf Aggregate

Nachteile von Aggregaten Um das Geschwindigkeitsdefizit klassischer Datenbanken zu kompensieren, konsolidierte man die Daten vorab in *Aggregatstabellen*. Die Anwendungen griffen dann auf diese Aggregatstabellen zu, um die Daten aus ihnen zu lesen. Mit diesen Aggregaten gingen jedoch auch Nachteile einher: Durch die Konsolidierungsoperationen »hinken« die Einträge in den Aggregatstabellen den Originaltabellen immer ein wenig hinterher. Dies wird umso gewichtiger, je umfangreicher die Datenmengen werden, die pro Zeiteinheit verarbeitet werden müssen.

Ein weiterer Nachteil ist, dass die Aggregation definierte Annahmen für die Konsolidierung voraussetzt. Es ist daher nicht ohne Weiteres möglich, diese Daten unter einem geänderten Blickwinkel zu verarbeiten. Dafür muss man auf die Originaldaten zugreifen, was wiederum Nachteile in Bezug auf die Geschwindigkeit mit sich bringt.

Abbildung 2.5 veranschaulicht als Beispiel die Zielarchitektur für die Simplifizierung des Datenmodells für Vertriebsbelege beim Übergang von SAP ERP nach SAP S/4HANA.

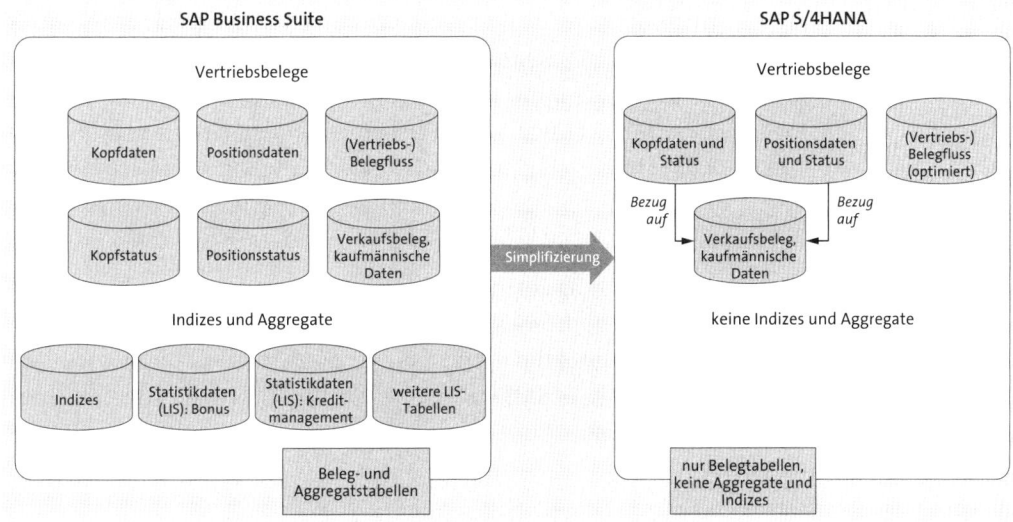

Abbildung 2.5 Simplifizierung des Datenmodells für Vertriebsbelege (Zielarchitektur)

Die klassischen Aggregattabellen wurden hier gestrichen. Alle neuen, SAP-HANA-optimierten Anwendungen greifen direkt auf die Originaldaten zu.

Wichtig zu wissen ist allerdings, dass die Aggregate auch im neuen Datenmodell noch »versteckt« weiterexistieren: Die Tabellen können in Echtzeit von der Datenbank emuliert werden. Zu diesem Zweck gibt es in SAP S/4HANA vordefinierte *Datenbank-Views*. Mit diesen Views werden die Aggregate in Echtzeit simuliert, sodass bestehende Anwendungen, die noch nicht für SAP HANA optimiert wurden, weiter fehlerfrei arbeiten können.

Datenbank-Views

Zugriff auf das klassische Datenmodell

In SAP S/4HANA sind kompatible Datenbank-Views eingebaut, die den Zugriff auf das Datenmodell der klassischen SAP Business Suite ermöglichen.

Insbesondere bedeutet dies, dass Lesezugriffe aus gegebenenfalls existierenden kundeneigenen Erweiterungen (wie z. B. Reports) in der Regel auch ohne eine Anpassung an das neue Datenmodell nutzbar bleiben. Wie Sie eigenes Coding auf seine Kompatibilität mit SAP S/4HANA hin überprüfen, beschreiben wir in Abschnitt 10.2.5, »Anpassung von Eigenentwicklungen«.

Überarbeitung bestehender ABAP-Dictionary-Tabellen

Optimierung der Datenarchitektur

Neben dem Verzicht auf Aggregate erkennt man in dem Beispiel aus Abbildung 2.5 auch, dass die Architektur der Originaldatenablage teilweise ebenfalls optimiert wird. Dazu muss man beachten, dass sich die Datenmodelle in SAP ERP über Jahrzehnte entwickelt haben. Dabei mussten diese Datenmodelle einerseits kompatibel mit beliebigen Datenbanken sein und bleiben, andererseits hätten rigide Änderungen zu Problemen beispielsweise mit den versprochenen und von den Kunden erwarteten einfachen Upgrades mithilfe der SAP ERP EHPs geführt.

Durch die Fokussierung auf die SAP-HANA-Datenbank und die klare Abgrenzung von den Bestandsprodukten ist es mit SAP S/4HANA nun auch möglich, die Datenarchitektur umfassend zu überarbeiten. Hierbei wird die Datenablage weiter auf SAP HANA optimiert, um beispielsweise die Komprimierungsrate weiter zu verbessern oder die allgemeine Performance zu optimieren.

Code Pushdown

Eine weitere Neuerung in SAP S/4HANA ist, dass Prozeduren direkt in die Datenbank verlagert werden. In der klassischen SAP Business Suite entkoppelte der ABAP-Kernel die Anwendung von der Datenbank, um eine Kompatibilität zu beliebigen Datenbanken zu erhalten. In der Folge mussten die Rohdaten zunächst aus der Datenbank geladen und dann in der Anwendung verkettet werden, um komplexe, datenintensive Selektionen und Berechnungen durchzuführen.

Anwendungscoding optimieren

In SAP S/4HANA werden nun Teile der Verarbeitung der Daten in die Datenbank selbst verlagert, wo sie schneller prozessiert werden können. Dies bezeichnet man als *Code Pushdown*. Der Code Pushdown kann wahlweise in ABAP mit Open SQL oder über SAP-HANA-Content erfolgen, der in SAP HANA Studio erstellt wird.

Welche Auswirkungen ergeben sich daraus für bestehende eigene Codeerweiterungen? Da bestehende Open-SQL-Datenzugriffe weiterhin funktionieren, können existierende Erweiterungen auch weiterhin benutzt werden. Sie müssen nur in Ausnahmefällen angepasst werden. Allerdings nutzen diese Codestrecken dann nicht das volle Potenzial von SAP S/4HANA aus. Bei der Planung eines Umstiegs sollte daher untersucht werden, für welches kundeneigene Coding eine Überarbeitung und Optimierung sinnvoll sein könnte. Da diese Anpassungen auch erst in einem zweiten Schritt nach dem Umstieg auf SAP S/4HANA erfolgen können, ergibt sich eine große Flexibilität in der Planung.

> **Neues Datenmodell und Sidecar-Szenarien**
>
> Bitte beachten Sie, dass aufgrund der Umstellungen in den Datenmodellen bestehende Sidecar-Szenarien mit hoher Wahrscheinlichkeit überarbeitet werden müssen: In diesen Szenarien werden Daten von (mehreren) separaten Systemen in ein zentrales System repliziert. Diese Replizierung schreibt in der Regel direkt in die Datenbanktabellen. Da sich letztere in SAP S/4HANA geändert haben, müssen die Replizierungsregeln entsprechend angepasst und neue Mappings erstellt werden.

2.3.3 Umgang mit Bestandsdaten

Was bedeuten diese Änderungen des Datenmodells für die Planung des Umstiegs? Die gute Nachricht ist, dass Sie die wenigsten dieser Änderungen an den Datenmodellen aktiv berücksichtigen müssen, zumal SAP S/4HANA ja dank der mitgelieferten Views bereits die erforderliche Kompatibilität mitbringt (siehe den Abschnitt »Verzicht auf Aggregate« in Abschnitt 2.3.2). Sie sollten allerdings bei der Planung Ihres Projekts beachten, dass ein Teil der existierenden Daten in die neuen Datenmodelle übertragen werden muss. Je nachdem, welches technische Umzugsszenario Sie wählen (die einzelnen Szenarien stellen wir ab Kapitel 4, »Den Umstieg auf SAP S/4HANA vorbereiten«, vor), werden für diese *Datenumsetzung* unterschiedliche technische Verfahren benutzt. In der Regel sind dies die Verfahren *Execution of Program After Import* (XPRA) oder *Execution of Class After Import* (XCLA). Das XCLA-Verfahren wurde mit SAP S/4HANA 1709 neu eingeführt, um Datenumsetzungen in SAP S/4HANA zu optimieren und Downtimes zu minimieren. Beide Verfahren finden nach der Anpassung des Datenbankschemas statt. In besonderen Situationen finden in Einzelfällen bestimmte

Datenumsetzung in die neuen Datenmodelle

Umstellungen in speziellen Phasen des *SAP Software Update Managers (SUM)* statt. Allen gemeinsam ist, dass für die technische Datenumsetzung eine gewisse Laufzeit einkalkuliert werden muss.

Diese Laufzeit hängt primär von der Menge der umzusetzenden Daten ab. Aus diesem Grund raten wir dazu, vor dem Umstieg auf SAP S/4HANA zu überprüfen, welcher Anteil der Bestandsdaten archiviert werden kann. Dies führt zu einer Reduktion der aktiv umzusetzenden Daten und damit zu einer Minimierung der Laufzeit für die Umsetzung. Im Kompatibilitätsmodus von SAP S/4HANA enthalten die Anwendungen Lesebausteine, mit denen diese archivierten Daten weiterhin gelesen werden können.

2.3.4 Sizing

Sizing von der Datenbankgröße abhängig

Wenn Sie planen, ein neues SAP-S/4HANA-System aufzusetzen oder ein bestehendes SAP-ERP-System in SAP S/4HANA zu konvertieren, müssen Sie Folgendes beachten:

- **Bei der Abschätzung der Hardwareanforderungen gelten für SAP-S/4HANA-Systeme andere Regeln als für SAP-ERP-Systeme**
  Bei der Planung der Hardwareanforderungen (*Sizing*) gelten andere Rahmenbedingungen und Regeln als für Systeme, die auf klassischen Datenbanken basieren. Der Hauptgrund dafür ist, dass bei SAP HANA die Daten im Hauptspeicher (Random-Access Memory, RAM) gehalten werden. Damit ist einerseits ein anderes RAM-Sizing erforderlich. Andererseits führen die geänderten Datenarchitekturen und die eingebauten Datenkomprimierungsalgorithmen von SAP HANA zu einer Komprimierung der Daten um einen Faktor von durchschnittlich 3 bis 5.

- **Hauptspeicher = doppelter Wert des komprimierten Datenvolumens**
  Als Faustregel empfiehlt SAP, den doppelten Wert des komprimierten Datenvolumens als Volumen für den Hauptspeicher zu veranschlagen. Da das Sizing stark von den individuellen Gegebenheiten (wie z. B. der erreichbaren Komprimierung) abhängt, empfiehlt SAP, einen Sizing-Report in den bestehenden SAP-ERP-Systemen laufen zu lassen. Detaillierte Informationen zum Thema Sizing bietet SAP unter dem Link: *http://service.sap.com/sizing*

Zusammengefasst lässt sich sagen, dass die SAP-eigene Datenbank SAP HANA mit der Implementierung der Anwendungsfunktionalitäten sehr viel stärker verschränkt ist, als dies früher der Fall war. Nur auf diese Weise können die Anwendungen in ausreichendem Umfang von den Vorteilen der Datenbank profitieren. Diese Verschränkung dürfte auch der Grund sein, warum SAP S/4HANA derzeit ausschließlich für SAP HANA verfügbar ist. In-Memory-Datenbanken von Drittanbietern folgen teilweise anderen Konzepten und erfordern alternative Implementierungen.

2.4 Die SAP-Fiori-Benutzeroberflächen

Die klassischen Business-Suite-Anwendungen entwickelte SAP weitgehend auf Basis der Annahme, dass der Anwender über einen ihm zugeordneten Frontend-PC auf das ERP-System zugreift. Die für den Zugriff verwendete Frontendkomponente ist das *SAP GUI*. Es musste in der Regel aufwendig auf allen Arbeitsplätzen im Unternehmen eingerichtet werden, da die Anwendungen nur mit einer geeigneten und aktuellen SAP-GUI-Version auf dem eigenen PC genutzt werden konnten.

Im Verlauf der 2000er Jahre entstand der Wunsch, dem Anwender einen rollenbasierten Zugriff auf die komplexer werdenden Geschäftsprozesse zu ermöglichen. Zu diesem Zweck wurden erfolgreich zentrale Portale implementiert, auf die der Nutzer über den Browser zugreifen konnte. Die Verbindung zu einem SAP-ERP-System erfolgte dabei über speziell zu diesem Zweck gebaute Frontendapplikationen, die auf dem zentralen Portal angeboten wurden.

Rollenbasierte Portale

Trotz dieser Fortschritte erscheint die Bedienung der SAP-ERP-Systeme – besonders im Vergleich zu den allgegenwärtigen Oberflächen auf Smartphones, Tablet-Computern und modernen PCs – heute oft nicht mehr zeitgemäß. SAP S/4HANA setzt daher voll auf ein neues UI-Konzept namens *SAP Fiori*. Es kombiniert technologische Änderungen mit neu gestalteten Bedienkonzepten.

Neues UI-Konzept

SAP Fiori umfasst drei verschiedene Typen von Apps, die sich durch ihren Fokus und die Anforderungen an die Infrastruktur voneinander unterscheiden:

- **Transaktionale Apps**
  Mithilfe dieser Apps können transaktionale Aufgaben ausgeführt werden, z. B. das Anlegen eines Abwesenheitsantrags für einen Mitarbeiter. Transaktionale Apps stellen fokussierte Sichten auf Geschäftsprozesse und Lösungen dar und interagieren mit diesen.

- **Infoblätter (Fact Sheets)**
  Mithilfe von Infoblättern werden Kontextinformationen und die wichtigsten Aspekte zentraler Objekte angezeigt. Ausgehend von einem Infoblatt kann ein Drilldown zu den Detailinformationen zu diesem Objekt erfolgen.

- **Analytische Apps**
  Mithilfe von analytischen Apps können relevante Kennzahlen in Echtzeit überwacht werden. Sie bilden damit eine Grundlage für die Entscheidungen der Anwender.

Referenzbibliothek für SAP-Fiori-Apps

Eine Liste der verfügbaren SAP-Fiori-Apps können Sie in der Referenzbibliothek für SAP-Fiori-Apps (*SAP Fiori Apps Reference Library*) einsehen. Über die Auswahl **Fiori apps for SAP S/4HANA** können Sie sich die für SAP S/4HANA angebotenen SAP-Fiori-Apps anzeigen lassen.

Beim Umstieg auf SAP S/4HANA sollte daher die Implementierung von SAP Fiori mit eingeplant werden. Um diesen Umstieg zu erleichtern, hat SAP das neue Produkt kompatibel gestaltet: Ein Zugriff über das SAP GUI ist weiterhin möglich. Allerdings kann ein Anwender damit nur auf klassische SAP-ERP-Applikationen zugreifen, nicht aber auf die neu entwickelten SAP-S/4HANA-Funktionalitäten.

> **Flexibler Benutzerzugriff**
> SAP S/4HANA als On-Premise-Implementierung lässt für die klassischen Transaktionen auch den Zugriff über das SAP GUI zu.

Durch diese Kompatibilität ist also ein phasenweiser Umstieg vorstellbar: In Kapitel 4, »Den Umstieg auf SAP S/4HANA vorbereiten«, werden wir diesen Aspekt noch einmal aufgreifen.

2.4.1 Technologische Änderungen

Die grundlegendste Änderung, die mit SAP Fiori einhergeht, ist der Verzicht auf eine lokal installierte GUI-Komponente. Der Zugriff auf das SAP-S/4HANA-System erfolgt über einen Webbrowser. Damit entfällt die aufwendige Einrichtung der lokalen SAP-GUI-Installationen.

Geräteunabhängiger Zugriff

In der Folge kann der Anwender prinzipiell mit jedem internetfähigen Gerät auf die SAP-Applikation zugreifen. Er ist also nicht an seinen Arbeitsplatz gebunden, sondern kann beispielsweise per Smartphone oder Tablet auf das SAP-System zugreifen. Um dies zu ermöglichen, werden die SAP-S/4HANA-Anwendungsinstanzen durch einen zentralen *Frontendserver* ergänzt, wie in Abbildung 2.6 dargestellt.

Die Verbindung zu diesem Frontendserver wird vom *SAP Web Dispatcher* übernommen. Auf dem Frontendserver selbst befinden sich das SAP Fiori Launchpad und die SAP-Fiori-Applikationen. Ergänzt werden diese Hauptbestandteile des Frontendservers durch eine eingebaute Suchfunktionalität sowie *SAP GUI for HTML*, das aus Kompatibilitätsgründen verfügbar bleibt. Nur in diesen Ausnahmefällen greift der Frontendserver direkt auf das Backendsystem zu.

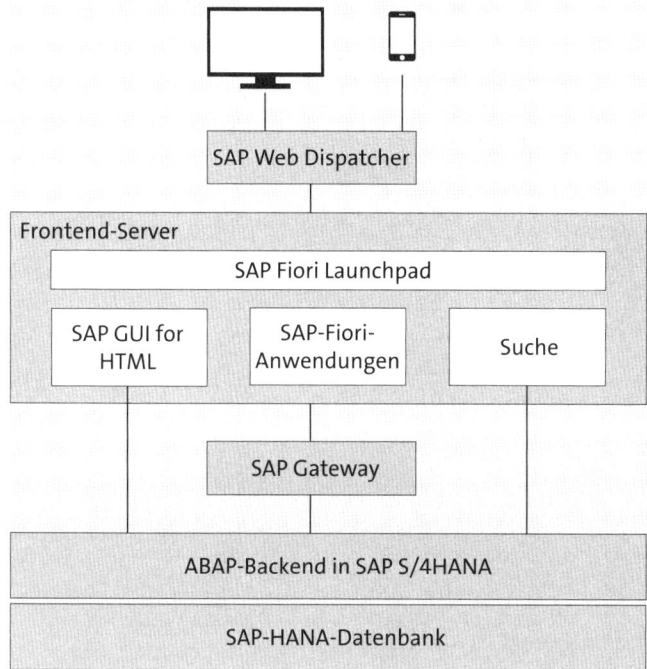

Abbildung 2.6 Architektur von SAP S/4HANA

Um die Verteilung der Browseranfragen des Frontendservers an die unterschiedlichen im Unternehmen vorhandenen Anwendungssysteme (Backendsysteme) kümmert sich das *SAP-Gateway-System*. SAP Gateway kann separat oder als Teil des Frontendservers implementiert werden.

Obwohl der Frontendserver auf der zentralen Instanz installiert werden kann (*Embedded*), kann in ausgewählten Fällen eine separate Installation als zentraler Frontend-Hub interessant sein. Auf diese Weise können mehrere SAP-S/4HANA-Systeme über den gleichen Frontendserver angesprochen werden. Beachten Sie dabei aber SAP-Hinweis 2590653: Die Version des Backends und die Version des Frontendservers müssen aufeinander abgestimmt sein. In Abbildung 2.7 ist die grundsätzliche Verteilung der erforderlichen Systeminstanzen dargestellt.

In dem Fall, dass Sie den oder die Frontendserver für SAP S/4HANA nicht selbst betreiben möchten, stellt SAP mit der *SAP Fiori Cloud Edition* ein alternatives Angebot zur Verfügung. Hier können Sie also die Vorteile der Cloud (der Provider kümmert sich um die Softwarewartung, z. B. Updates und die

SAP Fiori Cloud Edition

Bereitstellung der technischen Infrastruktur) und die von on premise (Sie behalten weiterhin die Kontrolle über Ihr Backendsystem) kombinieren.

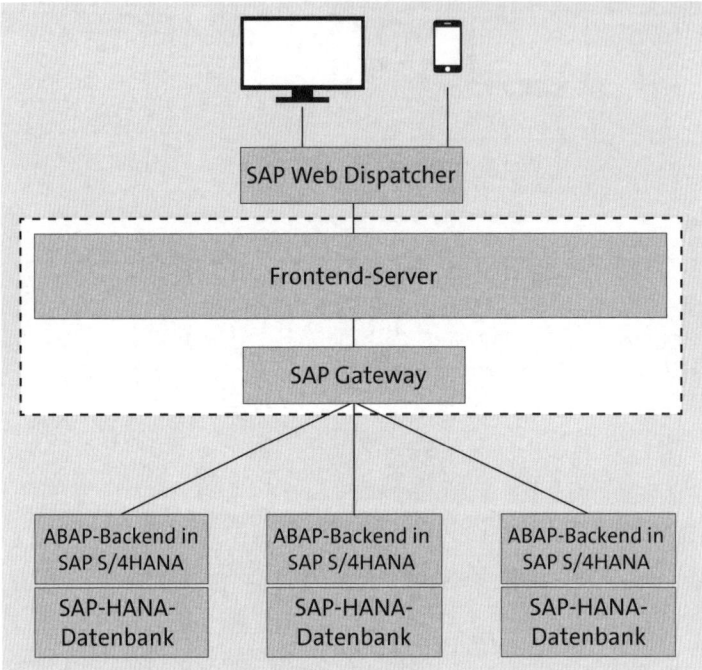

Abbildung 2.7 Anschluss eines SAP-Fiori-Frontendservers an eine SAP-Systemlandschaft

2.4.2 Bedienkonzept

Das Bedienkonzept von SAP Fiori lässt sich in einem Wort zusammenfassen: Einfachheit. SAP will den Nutzern seiner Anwendung in allen Bereichen einen deutlich vereinfachten Zugang ermöglichen. Ein Element dieses vereinfachten Zugangs haben Sie bereits kennengelernt: den Zugang von beliebigen Endgeräten aus.

SAP Fiori Launchpad — Darüber hinaus werden die Anwendungen einfacher strukturiert: An die Stelle des SAP-Easy-Access-Menüs der klassischen SAP Business Suite tritt das *SAP Fiori Launchpad* (siehe Abbildung 2.8). Hier findet der Anwender Kacheln, über die er die Anwendungen aufrufen kann.

Live-Kacheln mit relevanten KPIs — Teilweise handelt es sich dabei um sogenannte *Live-Kacheln*, die bereits relevante Informationen aus den dahinterliegenden Anwendungen, wie beispielsweise aggregierte Key Performance Indicators (KPIs), anzeigen. Der Anwender kann also bereits im Launchpad sehen, bei welchen Anwendungen ein Eingreifen dringlich ist und wo nicht.

2.4 Die SAP-Fiori-Benutzeroberflächen

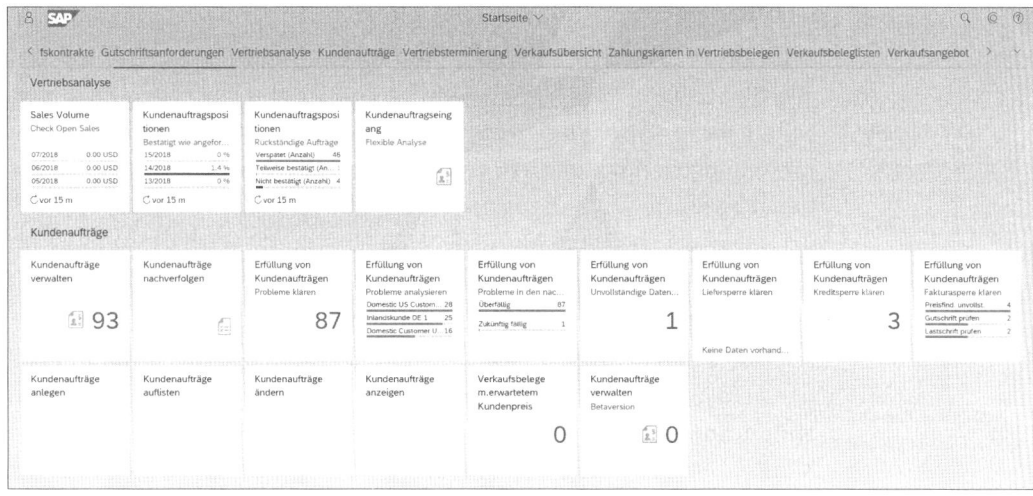

Abbildung 2.8 Beispiel für ein SAP Fiori Launchpad

Die Kacheln sind in sogenannte *Launchpad-Gruppen* eingeteilt. Damit werden die Kacheln einerseits strukturiert angeordnet, andererseits kann der Anwender auf eine solche Gruppe auch direkt zugreifen. Dieser Direktzugriff erfolgt über ein Dropdown-Menü (▼) im rechten oberen Bereich des Bildschirms.

Welche Kacheln auf dem Launchpad verfügbar sind, hängt von den Rollen ab, die dem Anwender zentral zugeordnet wurden. Dabei handelt es sich um spezielle *SAP-Fiori-Rollen*, die nicht mit den Rollen des Berechtigungskonzepts der klassischen SAP Business Suite verwechselt werden dürfen. Beim Umstieg auf SAP S/4HANA sollte also daher ausreichend Zeit für die Planung bzw. Anpassung des betriebseigenen Rollenmodells mit einkalkuliert werden. Die Applikationen selbst orientieren sich stärker als in der Vergangenheit am tatsächlichen Arbeitsprozess und führen den Anwender durch diesen Ablauf. Die vorgegebene Gestaltung kann in erheblichem Umfang personalisiert werden. Dies findet auch dynamisch statt: Einstellungen, wie beispielsweise Filter, haben in Echtzeit Auswirkungen auf die dargestellten Ergebnisse und die verfügbaren Prozessoptionen.

SAP-Fiori-Anwendungsrollen steuern den Zugriff

Neben der modernen Gestaltung der Applikationen mit einer vollständig überarbeiteten Anordnung und Abfolge der Bildschirmelemente wurde als ein weiterer elementarer Bestandteil eine Suchfunktion implementiert. Hier kann der Anwender nach beliebigen Schlagwörtern suchen. Dies können Langtexte, Fragmente von Schlüsselnummern, Namen und vieles mehr sein. Die Suche bringt als Ergebnis alle Treffer, die Bezug zu der Vorgabe haben. Sie erfolgt über unterschiedliche Business-Objekte und sogar

Umfangreiche Suchfunktion

über Systemgrenzen hinweg. Mit dieser mächtigen Suchfunktionalität wird ein Nachteil der früheren SAP-Oberfläche behoben, die meist nur Suchen zu einzelnen Feldwerten über die [F4]-Hilfe zuließ.

Hilfe-Funktion Sollten beim Anwender trotzdem noch Fragen zum Umgang mit den Anwendungen offen bleiben, ermöglicht eine neu gestaltete Dokumentation die Selbsthilfe: Beim sogenannten *X-Ray-Dokumentationsansatz* kann der Anwender nach dem Aufruf der Hilfefunktion direkt in der Applikation auf die Bereiche klicken, zu denen er Fragen hat. Anschließend wird er zur passenden Dokumentation weitergeleitet.

Erweiterungen Selbstverständlich können die SAP-Fiori-Benutzeroberflächen auch erweitert werden. Hierfür muss im Gegensatz zu Erweiterungen der klassischen SAP Business Suite oft kein Code geschrieben werden: Dank der beiden Möglichkeiten *End User Extensibility* und *Key User Extensibility* können Anwender selbst beispielsweise Kundenfelder hinzufügen, Objekte ein- oder ausblenden, die Anordnung ändern oder Ergänzungen zur Berechnungslogik vornehmen. Erst für Erweiterungen, die über diese Ansätze nicht realisiert werden können, sind Codeentwicklungen erforderlich. Wir werden in Abschnitt 3.4, »Erweiterbarkeit von SAP S/4HANA«, noch ausführlicher auf die Erweiterbarkeit eingehen.

Über die offiziell ausgelieferten SAP-Fiori-Apps hinaus ist es für ein Unternehmen oder SAP-Partner möglich, eigene SAP-Fiori-Anwendungen, die auf SAPUI5 basieren, mit der *SAP Web IDE* zu entwickeln. Das browserbasierte Toolkit ist auf der SAP Cloud Platform verfügbar und beinhaltet eine integrierte Entwicklungsumgebung. Diese Möglichkeit, eigene Benutzeroberflächen erstellen zu können, ist für SAP-Kunden besonders wichtig. In der heutigen SAP Business Suite sind rund 50 % der Oberflächen, die von SAP-Kunden genutzt werden, Eigenentwicklungen.

Zu guter Letzt kann die gesamte Erscheinung der Benutzeroberfläche einem kundenindividuellen *Theming* unterworfen werden, um das eigene Corperate Design auch auf dem Bildschirm zum Ausdruck zu bringen.

Weitere Informationen

- Weitere Informationen zur Neugestaltung der SAP-UX mit SAP Fiori finden Sie unter: *http://s-prs.de/v429713*
- Weitere Details zu SAP Fiori 2.0 finden Sie hier: *http://s-prs.de/v429714*
- SAP-Hinweis 2590653 (»Fiori Frontend Server Deployment«)
- Ein Video zum Design finden Sie unter: *http://s-prs.de/v429715*
- Auf die SAP Fiori Apps Reference Library können Sie über folgenden Link zugreifen: *http://s-prs.de/v429716*

- Weitere Informationen zum Thema SAP Web IDE können Sie hier finden: *http://s-prs.de/v429717*
- Informationen zu den Entwicklungsrichtlinien für SAP Fiori 2.0 finden Sie hier: *http://s-prs.de/v429718*

Zu beachten ist, dass all die genannten Elemente nur bei den neu überarbeiteten Funktionen von SAP S/4HANA ausgeprägt sind. Der Zugriff auf klassische SAP-ERP-Anwendungen folgt weiter der gewohnten Philosophie. Die klassischen Transaktionen können dem Anwender jedoch ebenfalls im SAP Fiori Launchpad angeboten werden. Dazu kann das Easy-Access-Menü in das SAP Fiori Launchpad eingebunden werden.

Zugriff auf klassische Transaktionen

Zusammengefasst kann man sagen: SAP S/4HANA kann bei einem Umstieg von einem SAP-ERP-System eingeführt werden, ohne SAP Fiori sofort flächendeckend mit einzuführen. Allerdings kann man in diesem Fall nicht von den erheblichen Vereinfachungen in den Anwendungen profitieren, sondern kann nur die klassischen SAP-Business-Suite-Anwendungen nutzen. Aus diesem Grund sollte ein SAP-S/4HANA-Einführungsprojekt mindestens eine schrittweise Einführung des SAP-Fiori-UI-Konzepts mit einplanen. Da SAP Fiori rollenbasiert arbeitet, können sehr leicht einzelne Unternehmensbereiche und Mitarbeitergruppen für die Umstellung ausgewählt werden. Aufgrund der genannten Vorteile von SAP Fiori hat sich SAP entschieden, bei der SAP S/4HANA Cloud Edition ausschließlich SAP Fiori als Benutzeroberfläche anzubieten.

Schrittweise Einführung

Schrittweise Einführung
Das neue SAP-Fiori-UI-Konzept wird über neue Rollenzuordnungen kontrolliert und kann daher schrittweise eingeführt werden.

2.5 Schnittstellen

Bisher haben wir uns in diesem Kapitel auf diejenigen Neuerungen durch SAP S/4HANA konzentriert, die das einzelne System betreffen. Steigt man von einem existierenden SAP-ERP-System auf SAP S/4HANA um, ist dieses ERP-System jedoch üblicherweise in eine Systemlandschaft eingebettet oder wurde durch eigene oder von Drittanbietern bereitgestellte Anwendungen erweitert. Was sollte in einer solchen Situation beachtet werden?

In einem ersten Schritt sollte festgestellt werden, wie die Einbettung bzw. Erweiterung realisiert wurde:

Bestandsaufnahme

- **Integration über SAP Process Integration (PI) bzw. SAP Process Orchestration (PO)**
  Vorhandene Integrationsflüsse über die Middleware von SAP PI/PO können weiterhin bestehen bleiben. SAP S/4HANA ist mit SAP PI/PO kompatibel. Um neue bzw. signifikant geänderte SAP-S/4HANA-Anwendungen zu integrieren, kann es erforderlich sein, zusätzlichen Integrations-Content zu implementieren.

- **Integration über freigegebene Schnittstellen**
  Freigegebene Schnittstellen wie Business Application Programming Interfaces (BAPIs) können weiterhin verwendet werden. In SAP S/4HANA wurden die Implementierungen der Schnittstellen an das neue Datenmodell angepasst, falls erforderlich. Auch hier gilt, dass sich diese Kompatibilität auf die klassischen Anwendungsszenarien bezieht.

- **Proprietäre Integration**
  Wurden eigene Zugriffe oder Schnittstellen implementiert, muss individuell analysiert werden, ob diese in SAP S/4HANA weiterhin verwendet werden können. Zwar hat SAP bei der Implementierung des neuen Datenmodells auf Kompatibilität geachtet, jedoch kann nicht ausgeschlossen werden, dass einzelne Anpassungen notwendig sind. Wir beschreiben in Kapitel 4, »Den Umstieg auf SAP S/4HANA vorbereiten«, wie eine solche Analyse erfolgen kann.

- **Drittanbieter-Anwendungen**
  Falls Sie Drittanbieter-Anwendungen nutzen, sollten Sie sich beim Anbieter der Software erkundigen, inwieweit diese für SAP S/4HANA freigegeben sind.

Abhängig vom Ergebnis dieser Analyse ergeben sich Folgeaktivitäten, die bei der Planung des Umstiegsprojekts berücksichtigt werden sollten. Zusammengefasst kann man festhalten, dass sich umso weniger Folgeaktivitäten ergeben, je stärker die Implementierung die Empfehlungen von SAP berücksichtigt hat und modifikationsfreie Erweiterungen bzw. die Integration über Standardschnittstellen nutzt. Wie Sie im Detail vorgehen, um SAP S/4HANA in eine Landschaft zu integrieren, erläutern wir in Kapitel 8, »SAP S/4HANA Cloud in die Systemlandschaft integrieren«, und in Kapitel 13, »SAP S/4HANA, On-Premise-Version in die Systemlandschaft integrieren«.

2.6 SAP S/4HANA Embedded Analytics

Die im Rahmen von SAP S/4HANA bereitgestellte analytische Funktionalität wird unter dem Begriff *SAP S/4HANA Embedded Analytics* zusammengefasst. Damit kann der Anwender (und hier ist nicht nur der Fachexperte für analytische Datenauswertungen gemeint, sondern jeglicher Anwender) Echtzeitanalysen auf Basis der SAP-S/4HANA-Applikationsdaten eigenständig erstellen und ausführen. Standard-Reports und analytische SAP-Fiori-Apps werden zusätzlich mit SAP S/4HANA ausgeliefert und können genutzt werden. Die Darstellung der analytischen Daten erfolgt mithilfe der SAP-Fiori-Technologie über das neue SAP Fiori Launchpad.

Technisch basieren die Funktionen von SAP S/4HANA Embedded Analytics auf den sogenannten CDS Views (Core Data Services) der ABAP-Schicht in SAP S/4HANA. Diese CDS Views sind Datenbanksichten, die strukturiert in einem virtuellen Datenmodell (*Virtual Data Model*, VDM) verwaltet werden. Auf Basis dieser CDS Views führt der Anwender Abfragen in Echtzeit auf die transaktionalen Daten aus. Dies kann mit vorhandenen, vorausgelieferten Views erfolgen, oder ein Anwender kann vorhandene Views erweitern oder neue auf Basis der jeweiligen Applikationstabellen erstellen.

CDS Views

Neben den technischen Funktionen zur schnellen und individuellen Gestaltung von analytischen Abfragen unterstützen vor allem auch die vereinfachten Datenstrukturen von SAP S/4HANA das Erstellen solcher Abfragen in Echtzeit. Dadurch, dass auf Aggregate und damit Datenredundanz verzichtet werden kann, muss der Anwender diese Aggregatslogik nicht mehr kennen und kann seine Abfragen auf den Daten der nativen Tabellen basieren lassen.

Die Darstellung von analytischen Daten erfolgt grundsätzlich auf Basis von SAP-Fiori-Oberflächen. Für die unterschiedlichen Nutzergruppen (Endanwender, Key-User und Entwickler) und Anwendungsfälle werden jeweils passende Benutzeroberflächen bereitgestellt. Wie in Abbildung 2.9 dargestellt, gibt es für den Endanwender jeweils auf die Rolle und den Use Case angepasste analytische Auswertungen, aber auch Tools und Funktionen für den Analytics-Key-User, um eigene Abfragen zu erstellen.

Analytische Daten in SAP Fiori

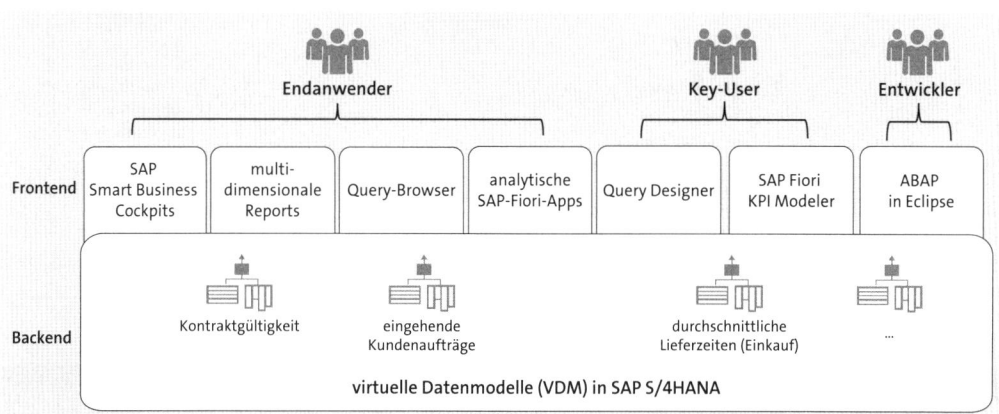

Abbildung 2.9 SAP Embedded Analytics – unterschiedliche Benutzerrollen

2 Was unterscheidet SAP S/4HANA von der klassischen SAP Business Suite?

Beispiel: kritische Kundenaufträge

Am Beispiel der Benutzerrolle eines internen Vertriebssachbearbeiters wollen wir Ihnen zeigen, wie die Integration von analytischen Daten die Bearbeitung kritischer Kundenaufträge unterstützt. Mit der SAP-Fiori-App zur Kundenauftragserfüllung steht dem Sachbearbeiter eine App zur Verfügung, mit deren Hilfe er Sondersituationen bei der Abwicklung von Kundenaufträgen bearbeiten und lösen kann. Kritische Aufträge (z. B. Aufträge, bei denen sich das versprochene Auslieferungsdatum verzögert) werden hier auf einer Überblicksseite dargestellt (siehe Abbildung 2.10). Von hier aus kann der Endanwender zu den verschiedenen Detaildarstellungen navigieren und die Ursachen von Verzögerungen für jeden kritischen Auftrag analysieren.

[»] **Weitere Informationen**

Weitere Informationen und Beispiele für analytische Anwendungen finden Sie unter *http://s-prs.de/v429719* oder in der SAP Fiori Apps Reference Library unter *http://s-prs.de/v631612*.

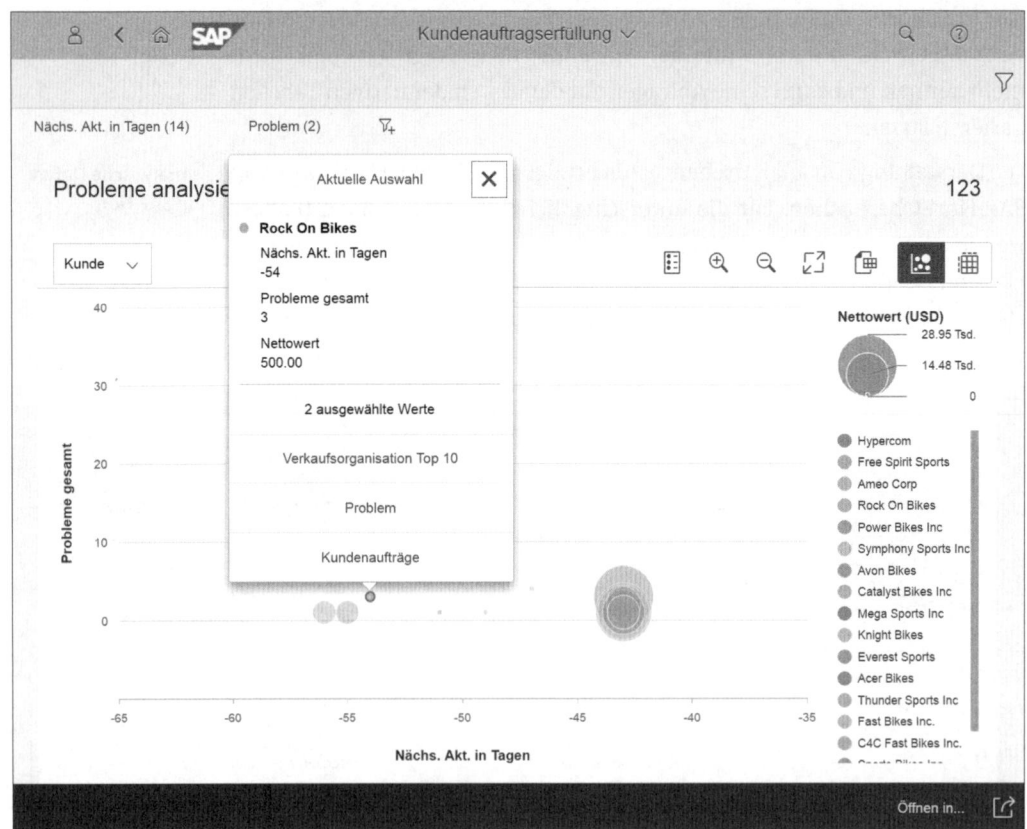

Abbildung 2.10 Übersichtsseite für kritische Kundenaufträge

Kapitel 3
Cloud, on premise und hybride Szenarien

SAP S/4HANA kann in verschiedenen Cloud- und On-Premise-Editionen genutzt werden. Aber wo liegen die Unterschiede zwischen den Betriebsmodellen? Und worin unterscheiden sich die einzelnen SAP-S/4HANA-Editionen?

Beim Umstieg auf SAP S/4HANA sind grundsätzliche Entscheidungen zu treffen. Zum einen muss die Art der Systemlandschaft gewählt werden, zum anderen muss entschieden werden, welche Funktionen von SAP S/4HANA eingesetzt werden sollen und wie diese genutzt werden (siehe Abbildung 3.1). Unternehmen müssen sich zunächst entscheiden, ob SAP S/4HANA *on premise* (d. h., die Software wird mit der eigener Hardware betrieben), in der *Cloud* (d. h., die Software wird gemietet und durch einen Anbieter betrieben) oder als *hybrides Szenario* (d. h., Teile der Geschäftsszenarien werden in die Cloud verlagert, andere Teile verbleiben on premise) betrieben werden soll. Des Weiteren muss sich der Kunde überlegen, ob er den Übergang nach SAP S/4HANA nutzt, um Geschäftsprozesse grundsätzlich neu zu gestalten (*Greenfield-Ansatz*) oder ob bestehende Geschäftsprozesse grundsätzlich fortgesetzt und übernommen werden sollen (*Brownfield-Ansatz*).

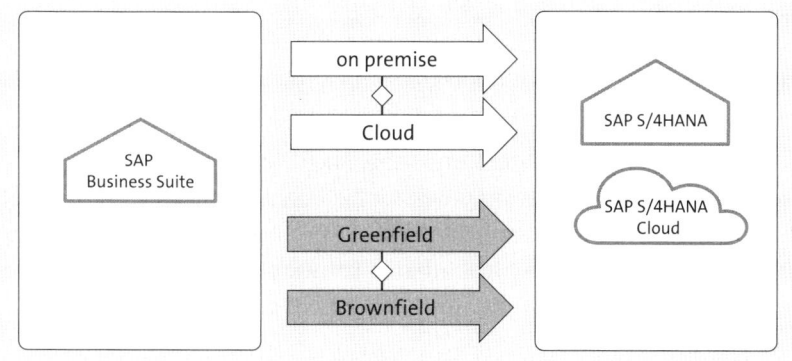

Abbildung 3.1 Strategische Entscheidungen beim Umstieg auf SAP S/4HANA

Mit den grundsätzlichen Möglichkeiten und Unterschieden der verschiedenen Betriebsmodelle beschäftigen wir uns in diesem Kapitel. Es soll Ihnen das für eine Entscheidung notwendige Grundlagenwissen vermitteln. Zunächst geben wir Ihnen einen Überblick über die Betriebsmodelle und definieren in diesem Zusammenhang wichtige Begriffe. Im Anschluss stellen wir die einzelnen Editionen der SAP-S/4HANA-Produktfamilie vor und vergleichen diese Editionen miteinander.

Im Regelfall haben Unternehmen das Bedürfnis, ihre Geschäftsprozesse zu individualisieren. Neben den Einstellungen im Rahmen der betriebswirtschaftlichen Konfiguration ist die Nutzung individueller Erweiterungsmöglichkeiten ein notwendiges Mittel zur Differenzierung eines Unternehmens. Im letzten Abschnitt dieses Kapitels gehen wir daher ausführlich auf die Erweiterungskonzepte für SAP S/4HANA ein.

3.1 Die Betriebsmodelle im Überblick

Damit Sie sich für ein SAP-S/4HANA-Betriebsmodell entscheiden können, stellen wir im Folgenden zunächst die grundsätzlichen Charakteristika der einzelnen Betriebsmodelle vor. In Abschnitt 3.3, »Die Betriebsmodelle im Vergleich«, werden dann die verschiedenen Betriebsmodelle miteinander verglichen.

3.1.1 Das On-Premise-Betriebsmodell

Vollständige Kontrolle über Hard- und Software

Unter dem On-Premise-Betriebsmodell versteht man im Regelfall die Nutzung von Software, die ein Kunde käuflich erworben hat und anschließend auf entsprechender Hardware selbst betreibt und administriert. Damit hat der Kunde vollständige Kontrolle über Hard- und Software, geschäftskritische Anwendungsdaten und die Zeitpunkte der Softwarewartung. Auch bezogen auf individuelle Erweiterungen und die Möglichkeit der Integration mit anderen Systemen (eigenen In-House-Lösungen oder externen Systemen) hat der Kunde die maximale Flexibilität.

Auf der anderen Seite hat der Kunde aber auch die volle Verantwortung für die Verfügbarkeit der Software sowie für die Zugriffs- und Ausfallsicherheit. Bei leistungsstarken und dann häufig auch komplexen ERP-Systemen kommen damit zu den Kosten für Hard- und Software auch Kosten für entsprechendes IT-Fachpersonal zur Einführung, zum Betrieb und zur Wartung der Software hinzu.

3.1.2 Das Cloud-Betriebsmodell

Von einem Cloud-Betriebsmodell spricht man, wenn ein Kunde die genutzte Software nicht eigenständig betreibt und administriert, sondern als Serviceleistung eines Dienstleisters in Anspruch nimmt. Im Cloud-Betriebsmodell werden die Software und korrespondierende Serviceleistungen auf Zeit gemietet. Eigene Hardware und Betriebssystemsoftware wird für die Cloud-Software nicht benötigt. Das eigene IT-Personal kann sich damit auf andere Aufgaben konzentrieren.

Mieten von Software und Services

Für den Zugang wird im Regelfall nur ein Internetzugang benötigt. Damit kann der Kunde auf die Cloud-Software unabhängig vom Standort und bei den meisten Anbietern auch mit mobilen Endgeräten zugreifen. Die damit verbundene Kostentransparenz ist sicherlich einer der Hauptvorteile des Cloud-Betriebsmodells. Bei der Nutzung von Cloud-Software teilt sich der Kunde die Softwareinfrastruktur mit vielen anderen Kunden.

Um einen effizienten Betrieb der Cloud-Software sicherstellen zu können, kann der einzelne Kunde jedoch nur in eingeschränktem Maße auf die Wartungszyklen und Zeitpläne Einfluss nehmen. Im Regelfall muss davon ausgegangen werden, dass die Möglichkeiten zur individuellen Anpassung im Cloud-Betriebsmodell begrenzter sind als beim On-Premise-Betriebsmodell. Ein individuell zu bewertendes Thema bleibt sicherlich weiterhin das Thema Datensicherheit (*Cloud Security*). Bei seriösen Cloud-Anbietern werden die Standards und Prozesse zur Datensicherheit – verglichen mit den Sicherheitsinfrastrukturen eines durchschnittlichen Unternehmens – in der Regel höher bzw. umfangreicher sein.

Begrenzte Eingriffsmöglichkeiten

Die Bewertung dieser Aspekte des Cloud-Betriebsmodells hängt allerdings auch entscheidend von den jeweils genutzten Service- und Bereitstellungsmodellen ab. Im Überblick sind diese in Abbildung 3.2 dargestellt. Sie orientieren sich an den Definitionen der US-amerikanischen Standardisierungsbehörde *National Institute of Standards and Technology* (NIST, *https://www.nist.gov*).

Service- und Bereitstellungsmodelle

Bei den Servicemodellen unterscheidet man folgende drei Kategorien:

Servicemodelle

- **Software as a Service (SaaS)**
  Beim Modell Software as a Service (SaaS) nutzt der Kunde Anwendungen eines Anbieters (Providers), die auf einer Cloud-Infrastruktur ausgeführt werden. Typischerweise greift der Kunde über das Internet mit einem Webbrowser auf diese Anwendungen zu. Im SaaS-Modell ist der Provider für die Verwaltung und Kontrolle der Cloud-Infrastruktur verantwortlich. Der Kunde hat über benutzerspezifische Konfigurationseinstellungen hinaus keine Verwaltungs- oder Kontrollmöglichkeiten.

In diese Kategorie fallen neben den Public-Cloud-Editionen von SAP S/4HANA auch folgende SAP-Lösungen: SAP SuccessFactors, SAP Hybris Cloud, SAP Ariba, SAP Concur und SAP Fieldglass.

- **Platform as a Service (PaaS)**
  Bei dem Modell Platform as a Service (PaaS) werden Anwendungsentwicklern Programmiersprachen und Tools als Service zur Verfügung gestellt. Auch in diesem Modell liegt die Kontrolle und Verwaltung der zugrunde liegenden Cloud-Infrastruktur in den Händen des Providers. Der Kunde verwaltet seine Applikationen, die er auf Basis der bereitgestellten Entwicklungsumgebung erstellt hat. Ein Vertreter dieses Modells ist die SAP Cloud Platform (früher SAP HCP).

- **Infrastructure as a Service (IaaS)**
  Infrastructure as a Service (IaaS) bezeichnet einen Service, bei dem Anwender Zugriff auf Rechenleistung, Datenspeicher und Netzwerkkapazitäten erhalten. In diesem Modell hat der Kunde Kontrolle über die genutzten Anwendungen und Betriebssysteme, die er im Regelfall auch selbst installiert. Die Kontrolle und Verwaltung der Cloud-Infrastruktur verbleibt auch hier beim Provider. In diese Kategorie fällt die SAP HANA Enterprise Cloud (siehe Abschnitt 3.2.3).

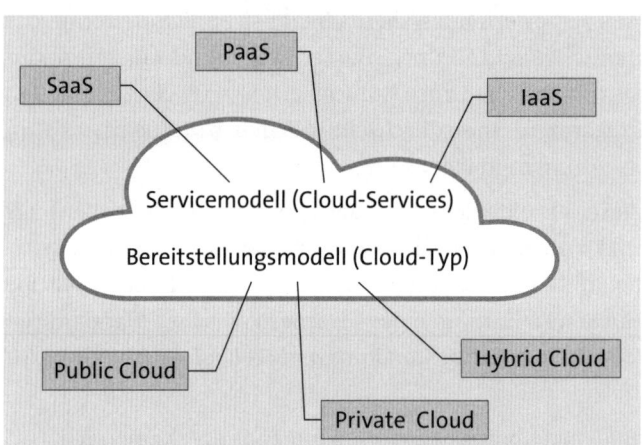

Abbildung 3.2 Service- und Bereitstellungsmodelle in der Cloud

Bereitstellungsmodelle

Bei den *Cloud-Bereitstellungsmodellen* unterscheidet man ebenfalls wieder zwischen drei Typen:

- **Public Cloud**
  Von einer Public Cloud spricht man, wenn die angebotenen Services und Anwendungen frei zugänglich sind und grundsätzlich von jedermann genutzt werden können. Bei Public-Cloud-Lösungen teilen sich die Nut-

zer im Regelfall die Ressourcen der Cloud-Infrastruktur, die von einem externen Anbieter bereitgestellt werden.

- **Private Cloud**
  In einer Private Cloud wird die Cloud-Infrastruktur für bestimmte Kunden oder für genau einen Kunden bereitgestellt. Das Bereitstellen der Cloud-Infrastruktur und der Betrieb einer Private Cloud kann firmenintern oder durch externe Anbieter erfolgen. Der Übergang zu dem On-Premise-Betriebsmodell bei einem firmeninternen Betrieb ist fließend und hängt davon ab, wie flexibel skalierbar die IT-Infrastruktur sein soll, wie der Zugriff auf die betriebenen Anwendungen über das Internet erfolgen soll oder in welchem Rhythmus automatische Programm-Updates geschehen sollen.

- **Hybrid Cloud**
  Eine Kombination aus Public und Private Cloud wird als Hybrid Cloud bezeichnet. Hier wird ein Teil der IT-Infrastruktur unternehmensintern betrieben, andere Services werden von einem externen Public-Cloud-Provider zur Verfügung gestellt.

3.1.3 Das hybride Betriebsmodell

Von dem hybriden Betriebsmodell spricht man, wenn Teile eines Geschäftsszenarios on premise und andere in der Cloud betrieben werden. Hybride Betriebsmodelle bieten die Möglichkeit, die Charakteristika des On-Premise- und des Cloud-Betriebsmodells miteinander zu kombinieren. So können Kernbereiche des Unternehmens, bei denen die größtmögliche Kontrolle und Flexibilität gewünscht wird, on premise betrieben werden, während in anderen Unternehmensbereichen vielleicht die Industriestandards ausreichend sind und in der Cloud betrieben werden können.

> **Hybride Strukturen im Personalwesen**
>
> Ein Unternehmensbereich, in dem die Auslagerung von Geschäftsprozessen in die Cloud weit vorangeschritten ist, ist der Bereich Personalwesen. Wie bereits in Kapitel 1, »SAP S/4HANA – Anforderungen und Leistungen«, beschrieben wurde, sieht SAP die Zielarchitektur der Geschäftsprozesse im Personalwesen in der Cloud. Mit dem Lösungsportfolio von SAP Success-Factors bietet SAP HR-Abteilungen (Human Resources) die Möglichkeit, Funktionen wie Personaladministration, Bewerberverwaltung, Leistungsmanagement oder Talentmanagement in die Cloud auszulagern.

Hybride Szenarien können auch aufgrund der Organisationsstruktur eines Unternehmens sinnvoll sein. So mag man die globalen Geschäftsprozesse im Firmenhauptsitz on premise betreiben wollen, während in den jeweiligen Länderniederlassungen die regionalen Geschäftsprozesse in die Cloud verlagert und standardisiert werden können.

Integrationsanforderungen Technisch und inhaltlich stellt ein Mix aus On-Premise- und Cloud-Prozessteilen Anforderungen an die Integration der eingesetzten Lösungen. Dies ist in Abbildung 3.3 angedeutet.

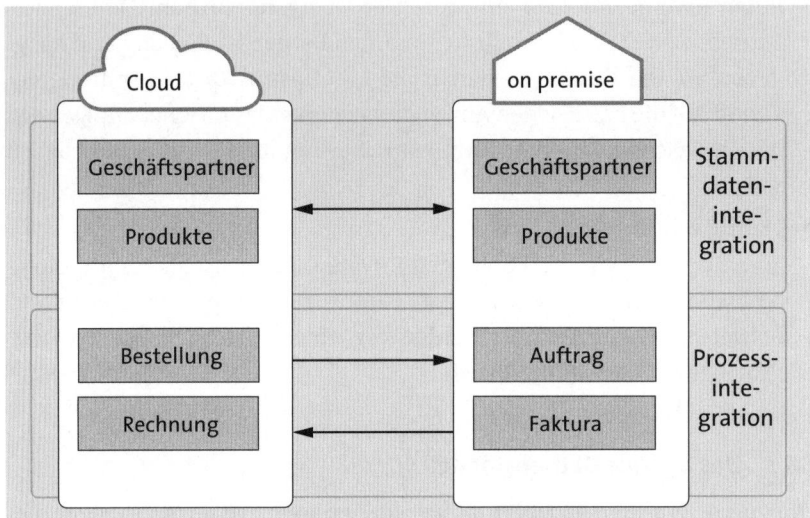

Abbildung 3.3 Integrationsaspekt bei hybriden Szenarien

Daher sollten die konkreten Anforderungen der Stammdaten- und Prozessintegration mit in die Entscheidung über das Betriebsmodell einfließen. Weitere Details zu den Integrationsszenarien zwischen den verschiedenen SAP-Cloud-Lösungen finden Sie in Kapitel 8, »SAP S/4HANA Cloud in die Systemlandschaft integrieren«.

3.2 Die SAP-S/4HANA-Produktfamilie

Als Kunde haben Sie die Möglichkeit, zwischen verschiedenen Editionen der SAP-S/4HANA-Produktfamilie zu wählen. In Abbildung 3.4 sehen Sie die zurzeit verfügbaren Mitglieder der SAP-S/4HANA-Produktfamilie.

On-Premise- und Cloud-Edition Grundsätzlich wird zwischen der On-Premise- und der Cloud-Edition von SAP S/4HANA unterschieden. Allen Mitgliedern der SAP-S/4HANA-Produktfamilie ist gemeinsam, dass sie auf dem gleichen Programmcode basieren. Für den Endanwender ergeben sich zwischen den Editionen jedoch Unterschiede, beispielsweise aufgrund des unterschiedlichen Ansatzes bei den Benutzeroberflächen. In der SAP S/4HANA Cloud werden ausschließlich SAP-Fiori-basierte Benutzeroberflächen angeboten, während in der On-Premise-

Edition von SAP S/4HANA zusätzlich auch weiterhin klassische Oberflächen verwendet werden können, die auf SAP GUI for Windows basieren. Die SAP S/4HANA Enterprise Management Cloud (Private Option) wird als sogenannte *Private-Managed-Cloud-Lösung,* also als gehosteter Service, in der SAP HANA Enterprise Cloud (HEC) bereitgestellt und stellt von ihren Charakteristika her eine Mischung aus On-Premise- und Cloud-Bereitstellungsmodell dar.

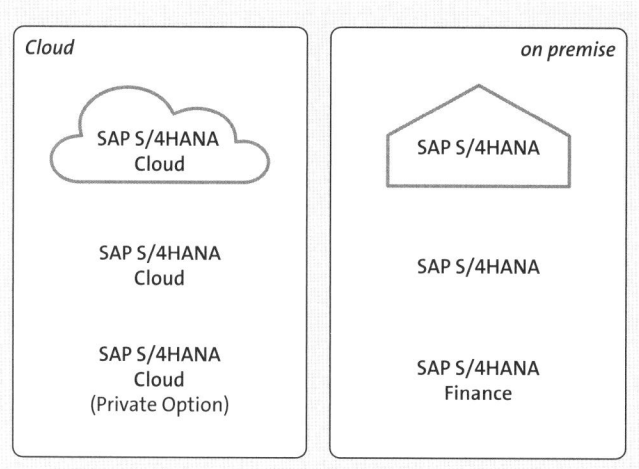

Abbildung 3.4 Die SAP-S/4HANA-Produktfamilie

Abbildung 3.5 zeigt im Überblick die gesamte SAP-ERP-Produktfamilie als On-Premise- und Cloud-Version für die jeweiligen Marktsegmente.

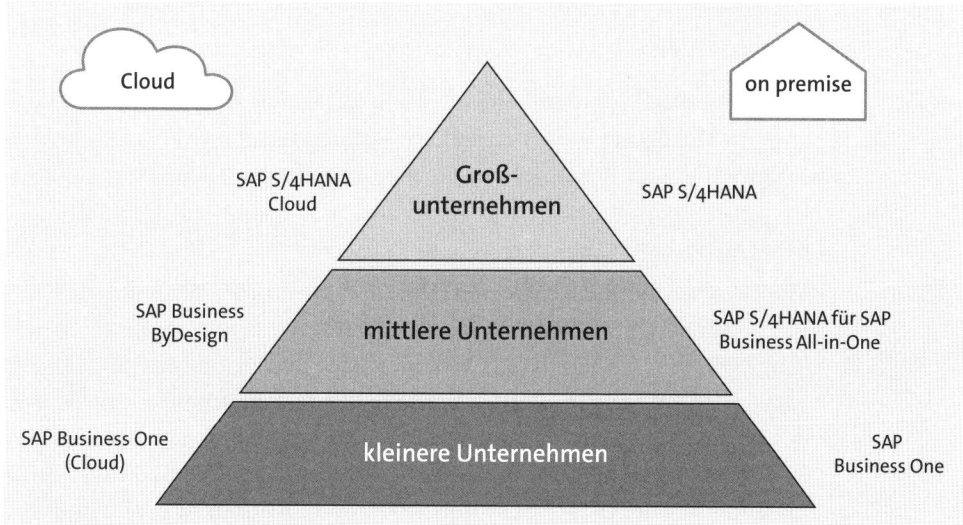

Abbildung 3.5 Die gesamte SAP-ERP-Produktfamilie

Neben den SAP-S/4HANA-Produkten gibt es mit SAP Business ByDesign und SAP Business One Produkte für mittlere und kleinere Unternehmen. SAP S/4HANA für SAP Business All-in-One ist eine branchenspezifische ERP-Lösung für mittelständische Unternehmen, die von SAP-Partnern entwickelt wurde. Die Übergänge zwischen diesen SAP-ERP-Suite-Produkten sind fließend. In diesem Buch gehen wir im Detail nur auf die unterschiedlichen Editionen von SAP S/4HANA ein.

> **Weitere Informationen zu den SAP-ERP-Produkten**
> - Informationen zu den einzelnen SAP-Produkten finden Sie grundsätzlich auf der SAP-Produktseite: *http://s-prs.de/v631613*
> - Informationen zu SAP Business ByDesign finden Sie hier: *http://s-prs.de/v631614*
> - Informationen zu SAP Business One finden Sie hier: *http://s-prs.de/v631615*

3.2.1 On-Premise-Editionen von SAP S/4HANA

In der On-Premise-Variante von SAP S/4HANA betreibt der Kunde die Software in seiner eigenen Systemlandschaft. Hier ist der Kunde eigenständig verantwortlich für den Kauf der Hardware, für die Installation und Administration der Software und für die Wartung des Systems (z. B. für das Einspielen von Softwareänderungen). Aktuell ist SAP S/4HANA in zwei On-Premise-Versionen verfügbar:

- SAP S/4HANA Finance
- SAP S/4HANA

Mit SAP S/4HANA Central Finance steht zusätzlich eine On-Premise-Variante zur Verfügung, die als zusätzliche Instanz zu den operativen Systemen in der Systemlandschaft globale Finanzprozesse ermöglicht.

SAP S/4HANA Finance

Erstes Produkt der SAP-S/4HANA-Produktfamilie

Mit SAP S/4HANA Finance wurde 2014 das erste Produkt der SAP-S/4HANA-Produktfamilie veröffentlicht (zu dem Zeitpunkt unter dem Namen *SAP Simple Finance Add-on for SAP Business Suite powered by SAP HANA*). Mit SAP S/4HANA Finance wurden erstmals die Datenstrukturen im Bereich des Rechnungswesens so angepasst, dass die In-Memory-Technologie der SAP-HANA-Datenbank in optimaler Weise genutzt werden konnte. Durch die Änderung der Datenstrukturen im Rechnungswesen ist es nun möglich, die Prozesse in der Finanzbuchhaltung (FI) und im Controlling (CO) in einem Schritt zu verarbeiten, was bis dato in SAP ERP aufgrund des Ressourcenverbrauchs nicht möglich war. Weitere Informationen zu einzelnen Produktinnovationen finden Sie in Abschnitt 1.3.1, »Rechnungswesen«.

Die aktuelle Version ist SAP S/4HANA Finance 1605. Derzeit plant SAP nicht, eine weitere Version von SAP S/4HANA Finance anzubieten. Ein Kunde kann, falls gewünscht, von SAP S/4HANA Finance zu einer neueren Version von SAP S/4HANA wechseln.

Aktuell verfügbare Version

SAP S/4HANA

Mit SAP S/4HANA wurde im November 2015 das zweite Produkt innerhalb der On-Premise-Edition veröffentlicht. Die Produktbezeichnung hierfür war *SAP S/4HANA, On-Premise-Edition 1511*. In dieser Version (in einigen Dokumenten wurde sie auch *SAP S/4HANA Enterprise Management* genannt) kamen neben den genannten Innovationen im Finanzbereich weitere hinzu. Die aktuelle Version zum Zeitpunkt der zweiten Auflage dieses Buches ist SAP S/4HANA 1709. Der Zusatz On-Premise-Edition ist mittlerweile weggefallen. Mit einem jährlichen Innovationszyklus ist in der zweiten Jahreshälfte 2018 mit der nächsten On-Premise-Version von SAP S/4HANA zu rechnen. SAP spricht davon, mit SAP S/4HANA einen neuen digitalen Kern (*Digital Core*) für seine Unternehmenssoftware zu liefern. Abbildung 3.6 zeigt diesen digitalen Kern mit den Innovationen, die sich über verschiedene Unternehmensbereiche (*Lines of Business*, LOB) erstrecken.

Der digitale Kern

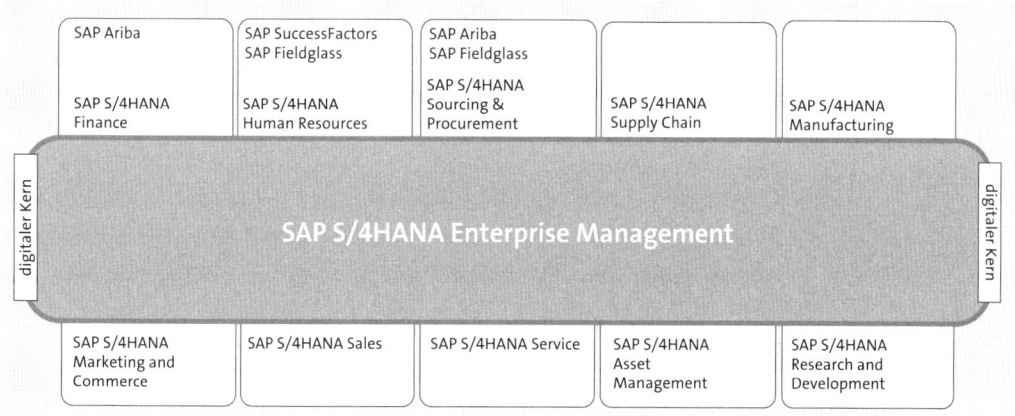

Abbildung 3.6 Die verschiedenen Unternehmensbereiche in SAP S/4HANA

Informationen zu den Produktinnovationen in den einzelnen Unternehmensbereichen finden Sie in Abschnitt 1.3, »Betriebswirtschaftliche Funktionen in SAP S/4HANA«.

Compatibility Packages
SAP S/4HANA wird durch Funktionen aus den sogenannten *Compatibility Packages* vervollständigt, wie in Abbildung 3.7 veranschaulicht.

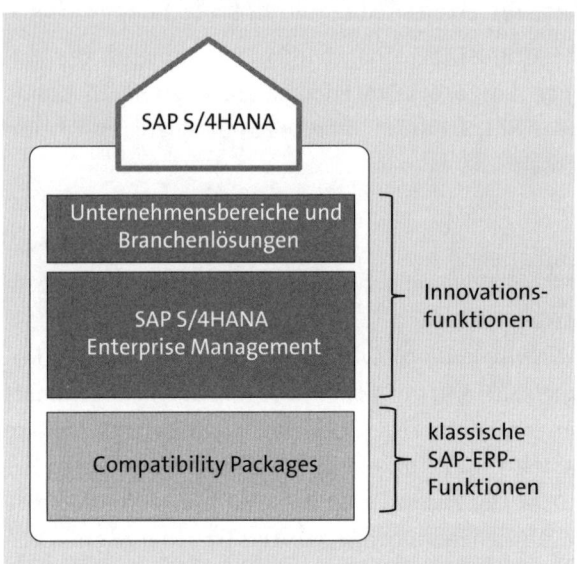

Abbildung 3.7 SAP S/4HANA Compatibility Packages

Darin werden Funktionen in der klassischen Ausprägung bereitgestellt, wie man sie von SAP ERP her kennt, z. B. die Personalwirtschaft (SAP ERP HCM, Human Capital Management), die Lagerverwaltung (SAP ERP WM, Warehouse Management) oder die Transportabwicklung (LE-TRA). Diese Funktionen stehen nach dem Wechsel zu SAP S/4HANA in unveränderter Form zur Verfügung (z. B. erfolgt keine Anpassung des Datenmodells, und es gibt keine neuen Benutzeroberflächen). Sie sind aber aus technologischer Sicht nicht die Zielarchitektur. Die Zielarchitektur für das Personalwesen ist beispielsweise SAP SuccessFactors, für die Lagerverwaltung ist es SAP Extended Warehouse Management (SAP EWM) und für die Transportabwicklung ist es SAP Transportation Management (SAP TM). Die Funktionen der Compatibility Packages stellen damit für den Kunden eine Möglichkeit dar, nach dem Wechsel zu SAP S/4HANA diesen Teil der betriebswirtschaftlichen Anforderungen unverändert mit den klassischen Funktionen abbilden zu können.

Schrittweiser Übergang zur Zielarchitektur
Damit können Sie wählen, ob Sie in diesen Teilbereichen direkt zur Zielarchitektur wechseln wollen oder ob Sie zunächst die klassischen Funktionen unverändert weiternutzen.

Der Nutzungszeitraum der über die Compatibility Packages abgedeckten Funktionen ist begrenzt. Bis Ende 2025 besteht die Möglichkeit, diese Funktionen unverändert weiterzunutzen. Nach 2025 erlischt im Rahmen von SAP S/4HANA die Lizenz zu ihrer Nutzung.

Nutzungszeitraum

SAP S/4HANA Central Finance

Eine Variante von SAP S/4HANA wird mit SAP S/4HANA Central Finance bereitgestellt. In dieser Variante kann der Kunde seine verteilte Systemlandschaft mit einem zentralisierten SAP-S/4HANA-Finance-System verknüpfen. Abbildung 3.8 zeigt exemplarisch eine Kombination aus SAP- und Nicht-SAP-Systemen, in der Finanzbelege in SAP S/4HANA Central Finance repliziert werden.

Für verteilte Systemlandschaften

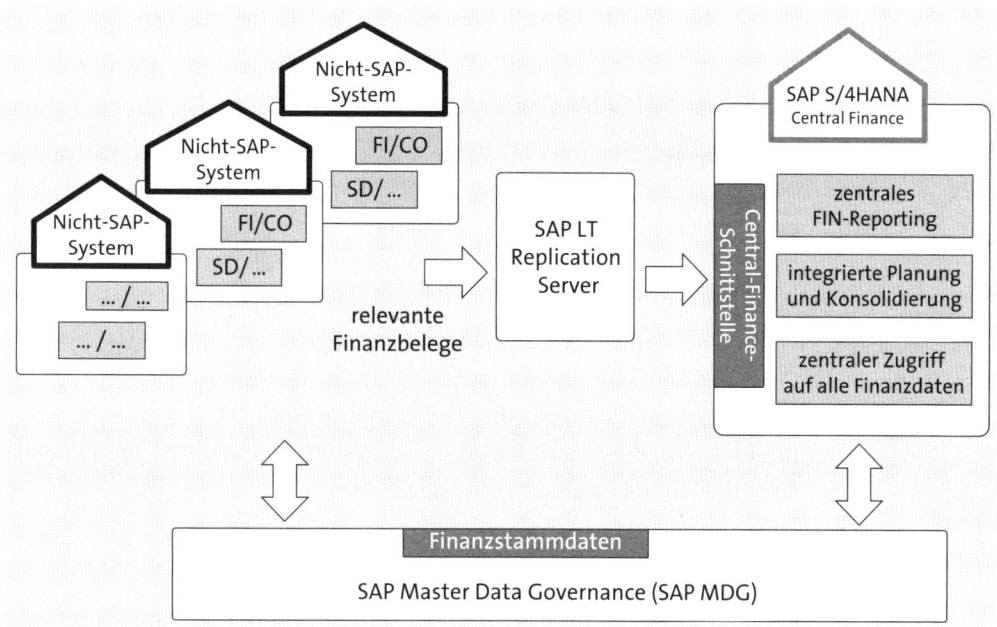

Abbildung 3.8 SAP S/4HANA Central Finance

Weitere Informationen zu den On-Premise-Editionen

- Weitere Informationen zu SAP S/4HANA Finance finden Sie in der SAP-Hilfe unter *https://help.sap.com/sfin*
- Eine Auflistung der Funktionen, die im Rahmen der Compatibility Packages abgebildet sind, finden Sie in der »SAP S/4HANA Compatibility Scope Matrix« im Anhang von SAP-Hinweis 2269324.

> - Weitere Details zu SAP S/4HANA Central Finance finden Sie in den zentralen SAP-Hinweisen 2148893 (Central Finance: Implementierung und Konfiguration) und 2154420 (SAP Landscape Transformation Replication Server für Central Finance).

Buchungen aus Finanzwesen und Controlling werden von den bestehenden operativen Quellsystemen an das zusätzliche Central-Finance-System gesendet. Der *SAP Landscape Transformation Replication Server* (SAP LT Replication Server) übernimmt die Aufgabe, die aktuellen Daten aus den dezentralen Quellsystemen in das Central-Finance-System zu replizieren, nachdem ein initialer Datenaustausch erfolgt ist. Optional kann ein zentrales Stammdatensystem (z. B. SAP Master Data Governance, SAP MDG) die Verteilung der relevanten Finanzstammdaten sicherstellen.

3.2.2 SAP S/4HANA Cloud

In der Cloud-Variante von SAP S/4HANA erfolgen Betrieb und Wartung der Software durch SAP. Der Kunde greift mit einem Browser aus jedem beliebigen Netzwerk mit Internetzugang über eine eindeutige kundenspezifische URL auf sein SAP-S/4HANA-Cloud-System zu (unterschiedliche Endgeräte werden unterstützt).

Sicherheit Die Kommunikation zwischen dem Kunden und dem SAP-S/4HANA-Cloud-System wird durch moderne Sicherheitsverfahren, wie z. B. das Verschlüsselungsverfahren *Transport Layer Security* (TLS), gesichert. Neben diesem technischen Verfahren gelten für die SAP S/4HANA Cloud folgende Sicherheits- und Qualitätsgrundsätze:

- Die Geschäftsdaten werden in Rechenzentren mit den höchsten Sicherheitsstandards gespeichert.
- Die Kunden können sich physische Hardware teilen, aber ihre Daten werden immer getrennt voneinander in logischen Tenants gespeichert.
- Benutzer, die Zugang zu den Geschäftsdaten benötigen, müssen sich authentifizieren, und ihre Identität muss von der Benutzer- und Zugriffsverwaltung verifiziert werden.
- Kundendaten gehören immer dem Kunden.

Implementierung Nach der Bereitstellung des SAP-S/4HANA-Cloud-Systems implementiert der Kunde die erforderlichen betriebswirtschaftlichen Geschäftsprozesse auf Basis der *SAP S/4HANA Guided Configuration*, die eine geführte Implementierung ermöglicht. Anschließend werden auf Basis des SAP S/4HANA

Migration Cockpits die notwendigen Daten aus den Altsystemen in das SAP-S/4HANA-Cloud-System migriert.

SAP S/4HANA Cloud ist ein Software-as-a-Service-Angebot (SaaS). Die monatliche Abonnementgebühr richtet sich grundsätzlich nach Anzahl und Typ der Benutzer.

Die aktuelle Public-Cloud-Version zum Zeitpunkt der Erstellung der zweiten Auflage dieses Buches ist SAP S/4HANA Cloud 1805. Aufgrund des vierteljährigen Innovationszyklus kann man in 2018 entsprechend noch mit weiteren Releases für SAP S/4HANA Cloud rechnen. Die in der ersten Auflage dieses Buches erwähnten Public-Cloud-Editionen (SAP S/4HANA Professional Services Cloud, SAP S/4HANA Finance Cloud, SAP S/4HANA Enterprise Management Cloud) werden nicht mehr als separate Editionen angeboten. Alle Funktionen dieser ehemaligen Editionen sind in SAP S/4HANA Cloud 1805 verfügbar.

Aktuell verfügbare Version

Weitere Informationen

Weitere Informationen zu SAP S/4HANA Cloud finden Sie unter: *http://s-prs.de/v631616*

3.2.3 SAP HANA Enterprise Cloud

Eine weitere Betriebsvariante besteht darin, SAP S/4HANA als *Managed-Cloud-Lösung*, also als gehosteten Service, in der SAP HANA Enterprise Cloud (häufig mit HEC abgekürzt) bereitzustellen. In dieser Bereitstellungsvariante kann der Kunde sehr individualisiert zwischen Infrastruktur- und Applikationsmanagementservices auswählen. Die Managed-Cloud-Variante steht je nach Umfang des gewählten Service näher an einem On-Premise- oder näher an einem Cloud-Betriebsmodell und ist ein *IaaS*-Servicemodell.

Managed Cloud

Die SAP HANA Enterprise Cloud ist in diesem Sinne ein ergänzendes Angebot zu den SAP-S/4HANA-Editionen, das Infrastruktur- und Applikationsservices miteinander verbindet. Der Kunde kann flexibel z. B. nur die Cloud-Infrastruktur nutzen oder zusätzlich auch den Betrieb und die Wartung der SAP-S/4HANA-Software auslagern. Vom funktionalen Umfang her können alle Funktionen der On-Premise-Edition von SAP S/4HANA in dieser Betriebsvariante genutzt werden.

Die Applikationsmanagementservices, die im Rahmen der SAP HANA Enterprise Cloud angeboten werden, können von den Kunden ebenfalls flexibel ausgewählt werden. So können beispielsweise ein 24 Stunden erreich-

Applikationsmanagementservices

barer Service Desk, die interne Meldungsbearbeitung, Aufgaben im Transportwesen (z. B. auch das Einspielen von SAP-Hinweisen), die Jobverwaltung, die Berechtigungsverwaltung, das Druckmanagement oder die Schnittstellenadministration an den Servicedienstleister ausgelagert werden. Die SAP HANA Enterprise Cloud wird nicht nur von SAP, sondern auch von ausgewählten Servicepartnern, wie beispielsweise IBM oder Hewlett Packard Enterprise, angeboten.

SAP S/4HANA Cloud (Private Option)

Private-Cloud-Angebot

Mit der Private Option der SAP S/4HANA Cloud steht eine Variante zur Verfügung, die in der Lage ist, spezifische Erweiterungs- und Sicherheitsbedürfnisse über ein Private-Cloud-Angebot zu erfüllen. So stehen dem Kunden mit der Private Option Erweiterungsmöglichkeiten zur Verfügung, die über die Möglichkeiten der Public-Cloud-Edition hinausgehen. Der Kunde hat hier sein eigenes System und teilt sich Systemressourcen nicht mit anderen Kunden. In dieser Cloud-Edition kann der Kunde auch in stärkerem Maße Einfluss auf die Frequenz der Software- und Content-Updates nehmen und diese beispielsweise nur einmal im Jahr einspielen lassen. Vom funktionalen Umfang und den unterstützten Länderversionen her entspricht die Private Option der On-Premise-Version von SAP S/4HANA.

Abbildung 3.9 zeigt die unterschiedlichen SAP-S/4HANA-Deployment-Optionen im Überblick.

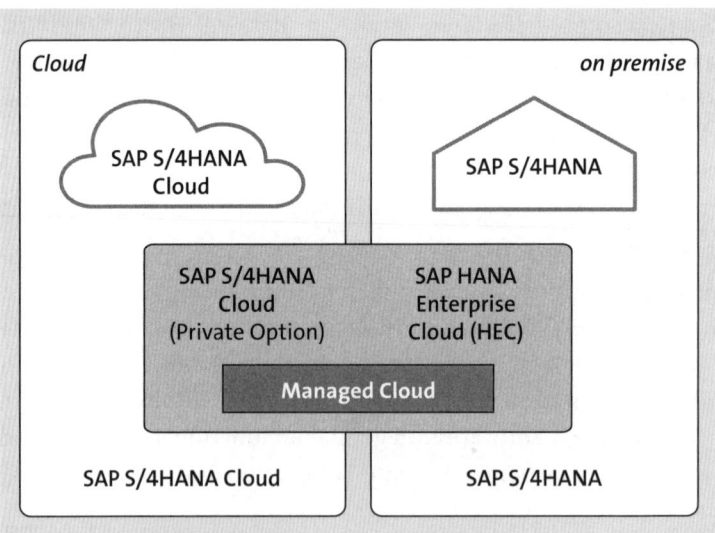

Abbildung 3.9 SAP-S/4HANA-Deployment-Optionen

SAP HANA Enterprise Cloud kann in diesem Sinne als Brücke hin zur SAP S/4HANA Cloud verstanden werden. Von der Namensgebung her steht SAP S/4HANA Cloud für die Public-Cloud-Version, die in höherem Maße standardisierte Services anbietet. Mit SAP S/4HANA Cloud (Private Option) steht eine Option bereit, die beispielsweise die Option einer individualisierten Systemlandschaft bietet.

Weitere Informationen

- Weitere Informationen zur SAP HANA Enterprise Cloud finden Sie unter *http://s-prs.de/v429720*. An dieser Stelle finden Sie auch eine Liste externer Servicepartner, die die SAP HANA Enterprise Cloud betreiben.
- Weitere Informationen zu den Applikationsmanagementservices finden Sie hier: *http://s-prs.de/v429721*

3.3 Die Betriebsmodelle im Vergleich

In diesem Abschnitt gehen wir detaillierter auf die einzelnen Charakteristika der jeweiligen Betriebsmodelle ein und vergleichen, wie die einzelnen Editionen der SAP-S/4HANA-Produktfamilie diese Kriterien erfüllen.

3.3.1 Hardware, Software, Betrieb und Wartung

Der offensichtlichste Unterschied zwischen den On-Premise- und den Cloud-Editionen ist der Umstand, dass der Kunde die On-Premise-Editionen von SAP S/4HANA selbst betreibt, wartet und administriert, während dies in der Public-Cloud-Edition durch SAP erfolgt. Die Public-Cloud-Edition ist also als SaaS-Betriebsmodell erhältlich. Betrieben werden alle SAP-S/4HANA-Cloud-Editionen in unterschiedlichen Rechenzentren, die weltweit verteilt in unterschiedlichen Ländern und Regionen angesiedelt sind.

Betrieb

Die Unterschiede werden in Tabelle 3.1 im Einzelnen gegenübergestellt.

Die Hardware kann pro Public-Cloud-Edition in unterschiedlichen Paketen bezogen werden, die sich nach der Anzahl der Nutzer und der erforderlichen Größe des SAP-HANA-Datenbankspeichers richten. So kann der Kunde beim SAP-HANA-Datenbankspeicher zwischen vier Paketen wählen: von 512 Gigabyte bis hin zu 2.048 Gigabyte. Die Applikationen sind bei der Übergabe des Cloud-Systems vollständig installiert. Der Betrieb, die Überwachung des Systems (Monitoring) und die Wartung des Systems (Einspielen von Korrekturen und Upgrades) werden in den Public-Cloud-Editionen von SAP übernommen.

Hardware in der Public Cloud

SAP S/4HANA, On-Premise-Version	SAP S/4HANA Cloud	
• kundeneigene Hardware • Installation der Applikationen, Betrieb, Wartung und Administration liegen in der Verantwortung des Kunden.	• Hardware und Infrastruktur werden durch SAP oder ausgewählte Servicepartner gestellt. • Die Installation der Applikationen erfolgt (je nach Servicevertrag) durch den Kunden und SAP oder ausgewählte Servicepartner. • Betrieb und Wartung erfolgen durch den Kunden und SAP oder ausgewählte Servicepartner (je nach Servicevertrag).	SAP S/4HANA Cloud (Private Option)
	• Hardware und Infrastruktur befinden sich bei SAP. • Applikationen sind bei der Übergabe des Systems vollständig installiert. • Betrieb, Wartung und Administration erfolgen durch SAP.	Public Cloud: SAP S/4HANA Cloud

Tabelle 3.1 Hardware, Software, Betrieb und Wartung der SAP-S/4HANA-Editionen im Überblick

Die Wartungszyklen sind wie folgt festgelegt:

- **Hotfix Collection**
  Eine Sammlung von Korrekturen wird alle 14 Tage eingespielt.
- **Release-Upgrade**
  Das Upgrade auf das nächste Release der SAP S/4HANA Cloud erfolgt quartalsweise. Ein Upgrade enthält neue Funktionen und eine Sammlung von Korrekturen.
- **Emergency Patch**
  Kritische Korrekturen für ein konkretes Kundensystem werden bei Bedarf schnellstmöglich eingespielt.

In der Managed Private Cloud kann der Kunde den Umfang der benötigten Hardware und die unterstützenden Services sehr individuell festlegen. Bei der Hardware kann er zwischen einer zwei- oder dreistufigen Landschaft wählen (die Public-Cloud-Editionen haben eine zweistufige Systemlandschaft). Aus den zur Verfügung stehenden Services können Implementierungsservices (Bedarfsanalyse, Implementierung, Datenmigration, Übergabe an den Betrieb) und Betriebsservices (Incident-, Problem- und Change-Management, Monitoring der Applikationen) individuell gewählt werden. Außerdem kann der Kunde bei der SAP S/4HANA Enterprise Management Cloud (Private Option) ebenso wie bei der HEC über die Wartungstermine mitentscheiden.

Unterschiede in der Managed Private Cloud

Weitere Informationen

Weitere Details hierzu finden Sie in den SAP Agreements unter:
http://s-prs.de/v631617

3.3.2 Benutzeroberflächen

In allen SAP-S/4HANA-Editionen ist der rollenbasierte Ansatz von SAP Fiori die grundsätzliche Ziel-UI-Technologie (User Interface). Die Public-Cloud-Editionen sind konsequent auf diese Zielarchitektur ausgerichtet. Im Einzelfall kommen in der Public Cloud neben SAP Fiori auch andere webbasierte SAP-Technologien wie Web Dynpro zum Einsatz. In der On-Premise- und in der Private-Cloud-Edition kann neben den webbasierten UI-Technologien auch SAP GUI for Windows genutzt werden (siehe Tabelle 3.2). SAP-GUI-basierte Transaktionen, die in SAP S/4HANA, On-Premise-Version nicht mehr genutzt werden können, werden in der Simplification List for SAP S/4HANA aufgeführt (siehe auch Abschnitt 10.2.2«). Es wird empfohlen, in allen SAP-S/4HANA-Editionen das SAP Fiori Launchpad als zentrale Einstiegsplattform für den Endanwender zu verwenden.

UI-Technologie

SAP S/4HANA, On-Premise-Version	SAP S/4HANA Cloud	
▪ Webtechnologien ▪ SAP GUI for Windows	▪ Web ▪ SAP GUI for Windows	SAP S/4HANA Cloud (Private Option)
	▪ Web	Public Cloud: SAP S/4HANA Cloud

Tabelle 3.2 UI-Technologien der SAP-S/4HANA-Editionen im Überblick

Stufenweiser Übergang zur SAP-Fiori-Zielarchitektur
Weil die klassischen Benutzeroberflächen weiterhin unterstützt werden, ist ein stufenweiser Übergang zu SAP S/4HANA möglich.

3.3.3 Funktionsumfang und unterstützte Länderversionen

Die On-Premise- und die Public-Cloud-Editionen von SAP S/4HANA basieren auf der gleichen Programmcodelinie. Damit stehen grundsätzlich die gleichen Datenmodelle und Produktinnovationen zur Verfügung. In ihrem funktionalen Umfang, den unterstützten Länderversionen und den Möglichkeiten, die Geschäftsprozesse im Detail auszuprägen, unterscheiden sich die Editionen allerdings (siehe Tabelle 3.3).

SAP S/4HANA, On-Premise-Version	SAP S/4HANA Cloud	
• Lösungsumfang von SAP S/4HANA 1709 • 64 Länder mit SAP-Standardlokalisierung • Prozessflexibilität gemäß den On-Premise-Konfigurationsmöglichkeiten	• Lösungsumfang von SAP S/4HANA 1709 • 64 Länder mit SAP-Standardlokalisierung • Prozessflexibilität gemäß den On-Premise-Konfigurationsmöglichkeiten	SAP S/4HANA Cloud (Private Option)
	• Lösungsumfang der SAP S/4HANA Cloud 1805 • 33 Länder mit SAP-Standardlokalisierung • Prozessflexibilität gemäß den Cloud-Szenarien und dem Guided-Configuration-Ansatz der Public Cloud	Public Cloud: SAP S/4HANA Cloud

Tabelle 3.3 Funktionsumfang und unterstützte Länderversionen der SAP-S/4HANA-Editionen im Überblick

3.3 Die Betriebsmodelle im Vergleich

Die On-Premise-Versionen und die Private-Cloud-Edition haben den gleichen betriebswirtschaftlichen Funktionsumfang und unterstützen die gleichen Länderversionen. Es wird ein vollständiger ERP-Funktionsumfang in 64 Ländern mit SAP-Standardlokalisierung unterstützt. Um diese SAP-S/4HANA-Editionen an die individuellen Anforderungen eines Unternehmens anzupassen, stehen die klassischen Möglichkeiten der Konfiguration über den Einführungsleitfaden (Implementation Guide, IMG) zur Verfügung.

On-Premise-Version und Private Cloud

Der in den Public-Cloud-Editionen angebotene ERP-Funktionsumfang ist kleiner als der Funktionsumfang der On-Premise-Edition. So stehen beispielsweise die Funktionen der Compatibility Packages (siehe Abschnitt 3.2.1, »On-Premise-Editionen von SAP S/4HANA«) in der Public-Cloud-Edition nicht zur Verfügung. Der unterstützte Funktionsumfang basiert auf dem als Vorkonfiguration bereitgestellten Best-Practises-Content der Public-Cloud-Edition. SAP S/4HANA Cloud unterstützt 33 Länder mit entsprechender Lokalisierung und 18 Sprachen.

Public Cloud

> **Weitere Informationen**
>
> Weitere Details zum Funktionsumfang und zu den unterstützten Länderversionen finden Sie in der **Feature Scope Description** in der SAP-Online-Hilfe unter *http://help.sap.com/s4hana* und im Globalisierungsbereich unter *http://s-prs.de/v631618*

3.3.4 Erweiterungsmöglichkeiten

Grundsätzlich können in allen Editionen der SAP-S/4HANA-Produktfamilie die Key-User-Erweiterungstools und die Erweiterungsmöglichkeiten, basierend auf der SAP Cloud Platform genutzt werden (siehe Tabelle 3.4). In der SAP S/4HANA Enterprise Management Cloud (Private Option) können auch weitergehende Anpassungen durch ABAP-Programmierung vorgenommen werden. Hier sind modifikationsfreie Erweiterungsoptionen möglich, für die Business Add-ins (BAdIs) und User-Exits genutzt werden können.

Cloud-Editionen

In den On-Premise-Editionen ist es darüber hinaus auch möglich, SAP-Objekte zu modifizieren, auch wenn dies mit Blick auf steigende Kosten bei zukünftigen Releasewechseln allgemein nicht empfohlen werden kann. Eine ausführliche Darstellung der Erweiterungsmöglichkeiten von SAP S/4HANA finden Sie in Abschnitt 3.4, »Erweiterbarkeit von SAP S/4HANA«.

On-Premise-Editionen

SAP S/4HANA, On-Premise-Version	SAP S/4HANA Cloud	
• klassische Erweiterungsmöglichkeiten durch ABAP-Programmierung • Nutzung der Key-User-Erweiterungstools für SAP S/4HANA • Erweiterungen basierend auf der SAP Cloud Platform	• ausgewählte Erweiterungsmöglichkeiten durch ABAP-Programmierung • Nutzung der Key-User-Erweiterungstools für SAP S/4HANA • Erweiterungen basierend auf der SAP Cloud Platform	SAP S/4HANA Cloud (Private Option)
	• Nutzung der Key-User-Erweiterungstools für SAP S/4HANA • Erweiterungen basierend auf der SAP Cloud Platform	Public Cloud: SAP S/4HANA Cloud

Tabelle 3.4 Erweiterungsmöglichkeiten der SAP-S/4HANA-Editionen im Überblick

3.3.5 Bezahlmodell und Laufzeit

In den On-Premise-Varianten von SAP S/4HANA besteht weiterhin das klassische Lizenz- und Wartungsmodell, während für die Public-Cloud-Editionen ein Cloud-Subskriptionsmodell (auch Abo-Modell genannt) mit variablen Laufzeiten angeboten wird (siehe Tabelle 3.5). Die konkreten Kosten für das Subskriptionsmodell hängen von der Anzahl der Benutzer, dem genutzten Applikationsumfang und den gewählten Hardwarepaketen ab.

SAP S/4HANA, On-Premise-Version	SAP S/4HANA Cloud	
Lizenz- und Wartungsgebühr	Variables Modell (Lizenz- und Wartungsgebühr oder Subskription). Der Kunde kann auch bestehende SAP-Lizenzen mit einbringen.	SAP S/4HANA Cloud (Private Option)
	Subskription mit variablen Laufzeiten	Public Cloud: SAP S/4HANA Cloud

Tabelle 3.5 Bezahlmodelle und Laufzeiten der SAP-S/4HANA-Editionen im Überblick

3.3.6 Modell für den Umstieg auf SAP S/4HANA

Bei den On-Premise-Editionen von SAP S/4HANA haben Sie als Kunde die Wahl zwischen einem Brownfield- oder einem Greenfield-Ansatz. Es ist also entweder möglich, ein bestehendes SAP-ERP-System in ein SAP-S/4HANA-System zu konvertieren oder ein komplett neues SAP-S/4HANA-System aufzubauen.

Brownfield- oder Greenfield-Ansatz

Der Umstieg auf die SAP S/4HANA Cloud ist immer eine Neuinstallation eines Systems. Basierend auf dem bereitgestellten Best-Practises-Content werden dabei die in der SAP S/4HANA Cloud unterstützten Geschäftsprozesse implementiert und die notwendigen Stamm- und Belegdaten in das Cloud-System übertragen (siehe Tabelle 3.6).

SAP S/4HANA, On-Premise-Version	SAP S/4HANA Cloud	
Brownfield- oder Greenfield-Ansatz	Neuinstallation mit anschließender Datenmigration	SAP S/4HANA Cloud (Private Option)
		Public Cloud: SAP S/4HANA Cloud

Tabelle 3.6 Umstiegsszenarien für die SAP-S/4HANA-Editionen im Überblick

Ausführliche Informationen zur Neuimplementierung oder zur Konvertierung eines Einzelsystems finden Sie in Teil II, »Umstieg auf SAP S/4HANA in der Cloud«, und Teil III, »Umstieg auf SAP S/4HANA in der On-Premise-Version«, dieses Buches.

3.4 Erweiterbarkeit von SAP S/4HANA

Jedes Unternehmen ist einzigartig. Dies betrifft die Ausprägung seiner Produkte oder Dienstleistungen, seine Belegschaft, seine Ziele – und damit auch, wie die Geschäftsprozesse im Unternehmen im Detail ausgeprägt sind. Eine betriebswirtschaftliche Software sollte idealerweise diese Unterschiede unterstützen. Denn die Feinheiten in den Unternehmensprozessen unterscheiden das Unternehmen von seinen Mitbewerbern.

SAP unterstützte die Abgrenzungen mit seiner Software bisher im größtmöglichen Maße: SAP lieferte freigegebene Schnittstellen und legte den Quellcode der gesamten Applikation offen. Zusätzlich stellte SAP mit dem SAP NetWeaver Application Sever (AS) ABAP auch eine Entwicklungsumgebung im Anwendungssystem zur Verfügung. Darüber hinaus bot SAP

Bisherige Erweiterungsangebote von SAP

verschiedene Möglichkeiten für die Integration mit anderen Applikationen an, beispielsweise über SAP Process Orchestration. Mit diesem Angebot schuf SAP eine ausgezeichnet individualisierbare Lösung mit skalierbaren Erweiterungsmöglichkeiten. Auch Drittanbieter schätzen diese Erweiterungsfähigkeit und bieten ergänzende Funktionalität zu den SAP-Standardlösungen an. Das Thema Erweiterbarkeit sollte daher auch bei der Planung des Umstiegs auf SAP S/4HANA beachtet werden.

Erweiterbarkeit auf dem Prüfstand

Für SAP S/4HANA hat SAP diese Erweiterbarkeit überprüft. Entsprechend der SAP-Produktphilosophie der Simplifizierung wurde die Erweiterbarkeit angepasst. Besonderes Augenmerk lag dabei einerseits auf dem Ansatz, eine Individualisierung auch ohne umfangreiche Programmierkenntnisse zu ermöglichen, andererseits darauf, auch die notwendige Flexibilität für umfangreiche Erweiterungen zu bieten. Allerdings sollten diese Ansätze so weit verbessert werden, dass die möglichen Nachteile einer Individualisierung minimiert werden. Mit dem hohen Grad an Flexibilität konnten in der Vergangenheit in einzelnen Fällen Risiken einhergehen, die individuell abgewogen werden mussten: Umfangreiche Erweiterungen waren Projekte mit verschiedenen beteiligten Parteien im eigenen Unternehmen und möglicherweise mit Implementierungspartnern. Entsprechend konnte die Dauer bis zur Nutzung der Erweiterung eine längere Zeitspanne betragen. Waren die Erweiterungen implementiert, entstand das nächste Risiko im Betrieb der Software: Im Verlauf des Lebenszyklus werden üblicherweise Korrekturen und geplante Updates der Standardsoftware eingespielt. Dies erzeugt kontinuierlich Testaufwände für die Anpassungen und Eigenentwicklungen.

Neue Ansätze für die Erweiterbarkeit

In SAP S/4HANA wird die Erweiterbarkeit daher angepasst. Das Ziel ist dabei, eine höhere Geschwindigkeit bei der Implementierung von Erweiterungen zuzulassen und gleichzeitig die laufenden Kosten für solche Erweiterungen zu reduzieren. Insbesondere können Modifikationen des Standard-SAP-Codes in den meisten Fällen vermieden werden. SAP S/4HANA bietet dafür einerseits toolbasierte Erweiterungsmöglichkeiten in der Anwendung selbst, andererseits eine plattformbasierte Erweiterungsmöglichkeit außerhalb des Softwareprodukts. Dadurch sollen die folgenden Eigenschaften unterstützt werden:

- **Gestaffelte Erweiterbarkeit**
  Die Standardsoftware kann in verschiedenen Schichten individualisiert werden. Der Endanwender kann beispielsweise seine Benutzeroberflächen personalisieren und eigene (begrenzte) Erweiterungen durchführen. Ausgewählte Experten erhalten die Berechtigung, umfassendere Erweiterungen vorzunehmen, die sich auf die Prozesse mehrerer Anwender aus-

wirken. In einer dritten Stufe kann die gesamte Anwendung in einem Implementierungsprojekt individualisiert werden.

- **Gestaffelter Lebenszyklus**
Die Erweiterungen können lose gekoppelt werden. Sie tauschen zwar Daten mit SAP S/4HANA aus und sind auf der Benutzeroberfläche zusammengeführt, erlauben aber unabhängige Softwarewartungszyklen.

- **Offenheit**
SAP S/4HANA enthält eine Vielzahl an offenen Schnittstellen. Partner können daher Erweiterungen implementieren oder eigene Erweiterungen anbieten.

Erweiterbarkeit von SAP S/4HANA
SAP S/4HANA kann durch verschiedene Erweiterungsverfahren individualisiert werden.

Für die Umsetzung dieser Erweiterbarkeit verfolgt SAP zwei Ansätze:

- beigestellte Erweiterungen (*Side-by-Side-Erweiterungen*)
- anwendungsinterne Erweiterungen (*In-App-Erweiterungen*)

Beide Ansätze ergänzen sich und können kombiniert genutzt werden. Abbildung 3.10 stellt die Erweiterungsansätze gegenüber. Wir werden diese Ansätze im Folgenden detailliert betrachten.

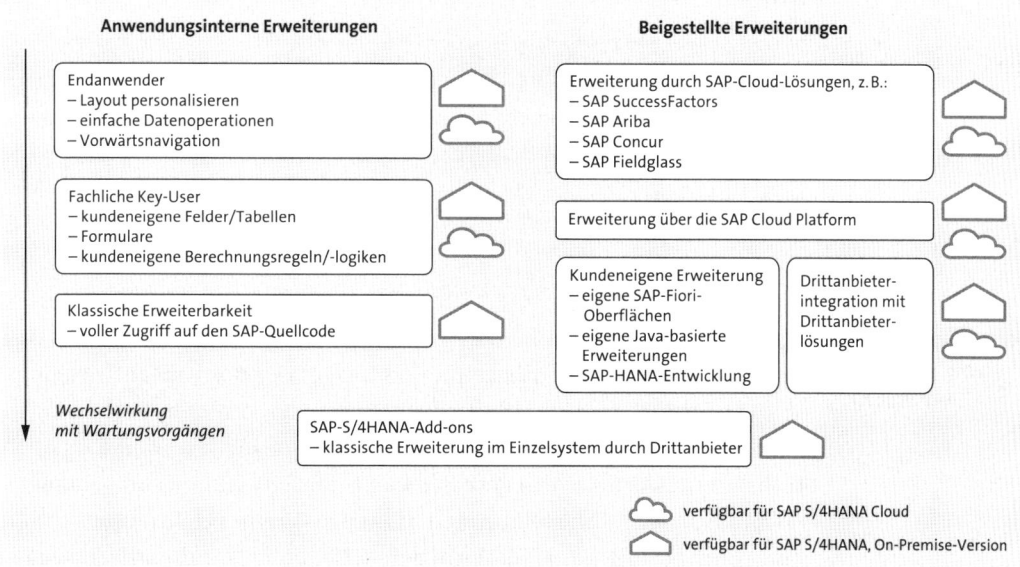

Abbildung 3.10 Die Erweiterungsmöglichkeiten in SAP S/4HANA

In den zwei Ansätzen, den anwendungsinternen und den beigestellten Erweiterungen, gibt es unterschiedliche Schichten. Je tiefer die Schicht ist, desto stärker sind die Auswirkungen auf den Softwarelebenszyklus. Nicht alle Möglichkeiten stehen in allen Deployment-Optionen zur Verfügung (siehe Abschnitt 3.3.4, »Erweiterungsmöglichkeiten«).

3.4.1 Beigestellte Erweiterungen (Side-by-Side-Erweiterungen)

SAP Cloud Platform

Das Kennzeichen der beigestellten Erweiterungen ist, dass sie die *SAP Cloud Platform* nutzen (früher SAP HANA Cloud Platform, SAP HCP). SAP stellt mit der SAP Cloud Platform ein PaaS-Angebot zur Verfügung. In diesem Angebot sind neben der SAP-HANA-Datenbank auch umfangreiche Werkzeuge für die Entwicklung, das Testen, die Integration und den Betrieb der Software enthalten. Durch das PaaS-Angebot ist der technische Betrieb der SAP Cloud Platform durch SAP sichergestellt, und die eigene IT-Abteilung wird entlastet. Jede moderne SAP-Software ist von Haus aus für die Integration mit der SAP Cloud Platform vorbereitet.

Erweiterungen auf dieser Plattform können mit verschiedenen Implementierungsansätzen vorgenommen werden. Dazu gehören Java-Code, HTML5-Kommandos und SAP-HANA-Datenbankabfragen. Die SAP Cloud Platform enthält keine ABAP-Entwicklungsumgebung. Damit empfiehlt sich dieser Erweiterungsansatz insbesondere für die Erstellung eigener Benutzeroberflächen und für die Einbindung zusätzlicher Schritte in die SAP-Standardgeschäftsprozesse.

> **Beigestellte Erweiterungen**
>
> Die Erweiterungsmöglichkeiten auf Basis der SAP Cloud Platform eignen sich für eigene Benutzerschnittstellen oder zusätzliche Geschäftsprozessschritte.

Benutzeroberflächen

Entwicklungsumgebung für SAPUI5: SAP Web IDE

Die SAP-Fiori-Benutzeroberflächen sind in HTML5 entwickelt. Sie setzen auf zentralen SAP-Bibliotheken auf (SAPUI5). Der Softwareentwicklungsprozess für HTML5-Anwendungen unterscheidet sich vom Entwicklungsprozess in ABAP, der Sprache, mit der die SAP-S/4HANA-Anwendungslogik realisiert ist. SAP S/4HANA enthält daher keine Entwicklungsumgebung für HTML5, sondern SAP stellt diese Werkzeuge in einer optimierten Umgebung über die SAP Cloud Platform bereit. Neben Entwicklungswerkzeugen wie einem Editor gehören dazu auch Werkzeuge für die Paketierung und das Deployment der entwickelten Benutzeroberflächen. Diese Umgebung ist die SAP Web IDE (siehe *http://s-prs.de/v631619*).

Geschäftsprozesse

SAP S/4HANA bietet die Möglichkeit, eigene betriebswirtschaftliche Logik und eigene Daten in bestehenden Geschäftsprozessen zu ergänzen. Dies reicht in vielen Fällen bereits aus, um die SAP-Standardprozesse an den eigenen Betriebsablauf anzupassen. In manchen Fällen weichen allerdings die eigenen Prozesse so stark von denen der Mitbewerber ab, dass diese Unterscheidung nicht mehr mit der anwendungsinternen Erweiterbarkeit abgebildet werden kann. Für solche Fälle bietet sich die Erweiterung über die SAP Cloud Platform an: Hier können komplexe eigene Anwendungen mit Java gebaut und mit SAP S/4HANA integriert werden. Die Kommunikation erfolgt über Webservices.

Zusätzliche Java-Anwendungen

Für beide Fälle enthält das PaaS-Angebot bereits die benötigte Integrationsinfrastruktur: eine zentrale Integrations-Middleware mit dem SAP Cloud Platform Cloud Connector sowie SAP Gateway für die SAP-Fiori-Integration. Damit bietet sich die SAP Cloud Platform als Basis für die Erweiterung nicht nur von SAP S/4HANA, sondern auch von anderen Anwendungen in der Landschaft an.

Integrationsinfrastruktur

Die Erweiterung über die SAP Cloud Platform nutzt von SAP freigegebene Schnittstellen (Application Programming Interfaces, APIs). Dazu gehören:

Freigegebene Schnittstellen

- neue SAP-S/4HANA-Schnittstellen:
  - REST-Webservices (Representational State Transfer)
  - SOAP-Webservices (Simple Object Access Protocol)
  - OData-Webservices (Open Data Protocol)
- klassische SAP-Schnittstellen
  - Business Application Programming Interfaces (BAPIs)
  - Intermediate Documents (IDocs)

Die klassischen Schnittstellen sind aus Kompatibilitätsgründen enthalten und nur für die Erweiterung von SAP S/4HANA, On-Premise-Version freigegeben. Die Zahl der freigegebenen Schnittstellen erhöht sich kontinuierlich.

3.4.2 Anwendungsinterne Erweiterbarkeit (In-App-Erweiterungen)

Interne Erweiterungen bieten sich durch ihre Einfachheit an: Die Erweiterungen finden im gleichen System statt, es werden keine Verbindungen zu anderen Systemen benötigt, und Latenzzeiten werden reduziert. Weiterhin kann auf die vorhandene Anwendung aufgesetzt und insbesondere das mächtige ABAP Dictionary benutzt werden, das beispielsweise die Core Data Services (CDS) für die Erstellung von Tabellen-Views enthält.

Erweiterungen ohne Entwicklerkenntnisse

Zur Erweiterung wird nicht zwingend Entwicklerwissen vorausgesetzt, sondern es bestehen auch die folgenden Erweiterungsmöglichkeiten für Anwender (in aufsteigender Mächtigkeit):

- Endanwender-Erweiterungen (*End User Extensibility*)
- Erweiterungen durch ausgewählte Experten (*Key User Extensibility*)

Insbesondere die Erweiterbarkeit durch Experten eröffnet viele Möglichkeiten, wie in Abbildung 3.11 dargestellt.

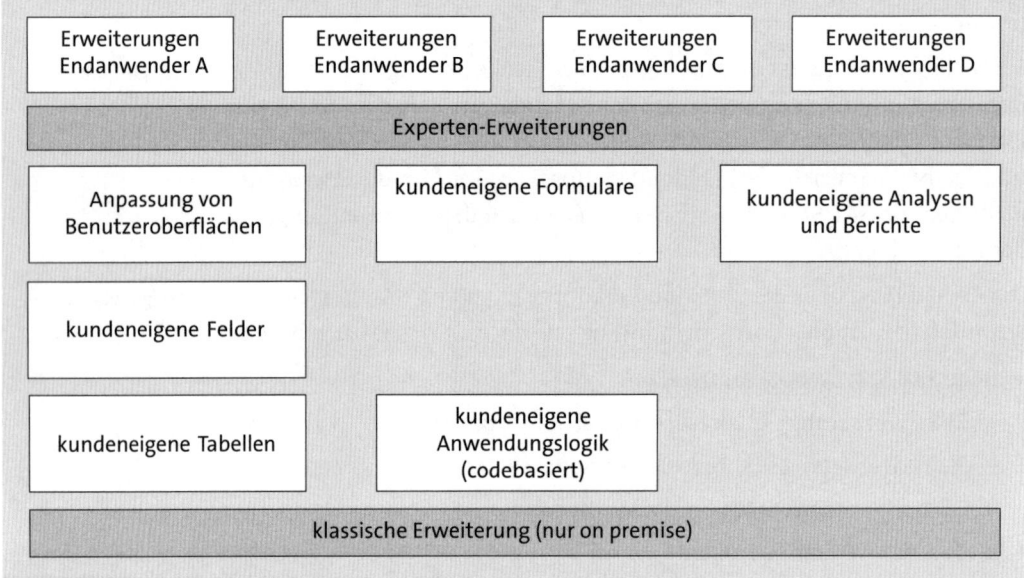

Abbildung 3.11 Anwendungsinterne Erweiterbarkeit

Die Erweiterungen durch zentrale Experten betreffen alle Benutzer des Systems, die ihrerseits individuelle Anpassungen vornehmen können. Die klassische Erweiterbarkeit des ABAP-Kerns steht nur on premise zur Verfügung und ist primär aus Kompatibilitätsgründen enthalten.

Endanwender-Erweiterungen

Benutzerbezogene Individualisierung

Erweiterungen durch die Endanwender sind direkt in den SAP-Fiori-Applikationen möglich. Diese Erweiterungen sind benutzerbezogen und haben keine Auswirkung auf andere Benutzer des SAP-S/4HANA-Systems. Es handelt sich hierbei um einfache Erweiterungen wie die Personalisierung des Bildschirmlayouts oder der Selektionsfelder, um einfache Spaltenoperationen und um grundlegende Einstellungen zur objektbasierten Navigation. Diese Erweiterungen sind nur in dafür vorbereiteten Applikationen möglich. Der Aufruf erfolgt durch das Zahnradsymbol in der Anwendung (siehe Abbildung 3.12). Eine benutzerspezifische Anpassung über dieses Zahnradsymbol kann in den meisten SAP-Fiori-Masken vorgenommen werden.

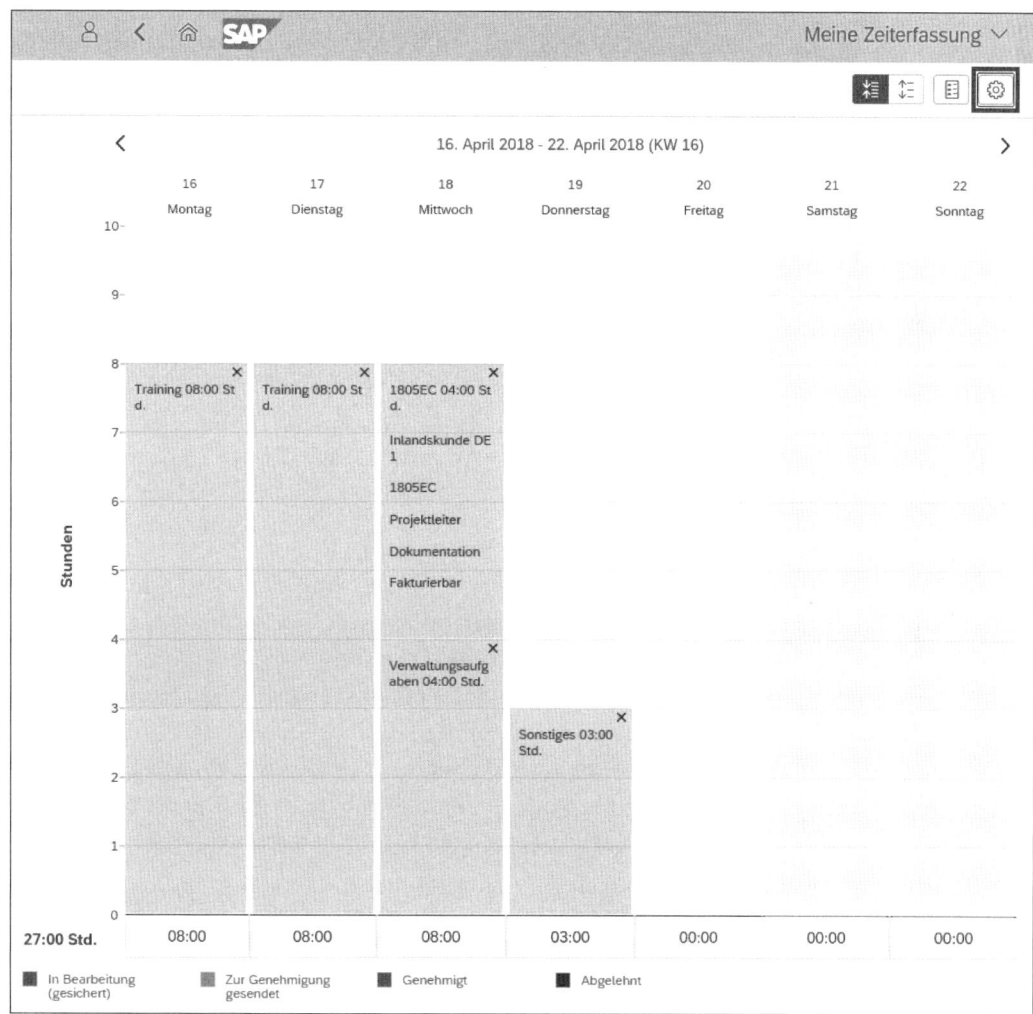

Abbildung 3.12 Endanwender-Erweiterungen an den Benutzeroberflächen

Experten-Erweiterungen

SAP bietet außerdem Erweiterungsmöglichkeiten an, die teilweise mithilfe von Modellierungsverfahren vorgenommen werden können. Dies betrifft

Modellierung

insbesondere die Anpassung der Benutzerschnittstellen oder das Ergänzen von kundeneigenen Feldern oder Tabellen. Mit einfachen Entwicklerkenntnissen können in einem neuen Erweiterungsmodus zudem Anpassungen an der Berechnungslogik vorgenommen werden, ohne den Anwendungscode direkt zu ändern. Ein Vorteil dieser Methode ist, dass Wartungsvorgänge an der SAP-Software keine manuelle Nacharbeit an den Erweiterungen zur Folge haben. Dadurch können die Betriebskosten gegenüber einer klassischen, codebasierten Erweiterung verringert werden. Im Gegensatz zu Endanwender-Erweiterungen sind die Experten-Erweiterungen für alle Systembenutzer wirksam. Beachten Sie bitte, dass für diese Erweiterungsmöglichkeiten eine spezielle Berechtigung vergeben werden muss, die im Anwendungskatalog SAP_CORE_BC_EXT ausgeprägt ist und entsprechend der Anwendungsrolle zugeordnet sein muss.

Vorteile der Experten-Erweiterungen

Experten-Erweiterungen nutzen Modellierungsregeln und erfordern keine Nacharbeiten bei Wartungsvorgängen.

Erweiterungsoptionen

Diese Experten-Erweiterungsoptionen werden über SAP-Fiori-Kacheln ausgewählt, die SAP vordefiniert hat. Unter anderem sind folgende Möglichkeiten vorgesehen:

- **Anpassung der Benutzerschnittstellen**
  Ähnlich wie in der Endanwender-Anpassung kann das Layout der SAP-Fiori-Anwendungen verändert werden. Beispiele sind das Ausblenden von Feldern, das Umbenennen von Bezeichnern, das Re-Arrangieren von Blöcken und das Erstellen von Selektionsvarianten. Dies kann ohne Entwicklerkenntnisse vorgenommen werden. Dazu wählen Sie in der entsprechenden Anwendung, die geändert werden soll, zunächst das Benutzersymbol im linken oberen Bildschirmbereich (). Danach können Sie über die Schaltfläche **UI anpassen** () die Benutzerschnittstelle ändern.

- **Felderweiterbarkeit**
  Sie können in dafür vorbereiteten Geschäftskontexten zusätzliche Felder definieren, die von der Anwendung verwendet werden sollen (siehe Abbildung 3.13). Dafür nutzen Sie die Kachel **Benutzerdefinierte Felder und Logik** in der Gruppe **Erweiterbarkeit** auf dem SAP Fiori Launchpad. Diese Felder können nicht nur auf der Benutzeroberfläche angezeigt werden, sondern werden auch im SAP-Datenmodell gespeichert und stehen demnach in den Datenbank-Views, bei Suchen und sonstigen Operationen zur Verfügung.

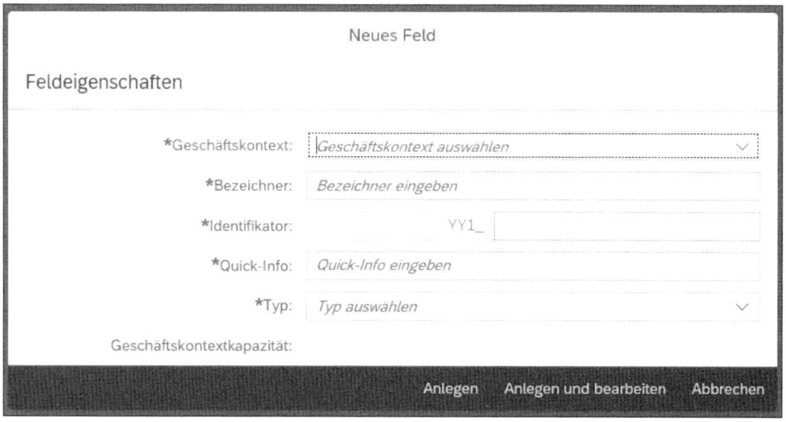

Abbildung 3.13 Felderweiterbarkeit

- **Tabellenerweiterbarkeit**
  Neben Feldern können Sie auch eigene Tabellen definieren und in SAP S/4HANA verwenden. Die Tabellen werden ähnlich wie die kundeneigenen Felder innerhalb von SAP S/4HANA angelegt und in die Benutzerschnittstellen eingebunden. Die Anwendung übernimmt den Datenaustausch mit den Tabellen. Dies ist ein Spezialfall der benutzerdefinierten Business-Objekte.

- **Business-Objekte**
  Sie können für Ihre Erweiterungen eigene Business-Objekte definieren. Dabei handelt es sich um einen Satz an Tabellen, zwischen denen Beziehungen definiert werden. Zusätzlich legen Sie eine Schnittstelle für den Zugriff auf dieses neu erstellte Business-Objekt fest. Über diese Schnittstelle können Sie beispielsweise bei der Festlegung der Berechnungslogiken auf diese Business-Objekte zugreifen. Der Zugriff erfolgt über die Kachel **Benutzerdefinierte Business-Objekte** in der Gruppe **Erweiterbarkeit**.

- **Anpassung der Berechnungslogik**
  Oft ist es notwendig, den Sinn eingegebener oder angezeigter Daten zu prüfen, Vorschlagswerte vorzugeben oder eine Ausnahmebehandlung einzuleiten. Ein anderes Beispiel für die Anpassung von Berechnungslogik sind spezielle Berechnungsverfahren, die vom SAP-Standard nicht vorgesehen sind. In diesem Fall wird die zusätzliche Logik in entsprechend vorbereiteten Anwendungen eingefügt.

  Die Logik wird über einen Web-Editor in einer codebasierten Implementierung definiert (siehe Abbildung 3.14).

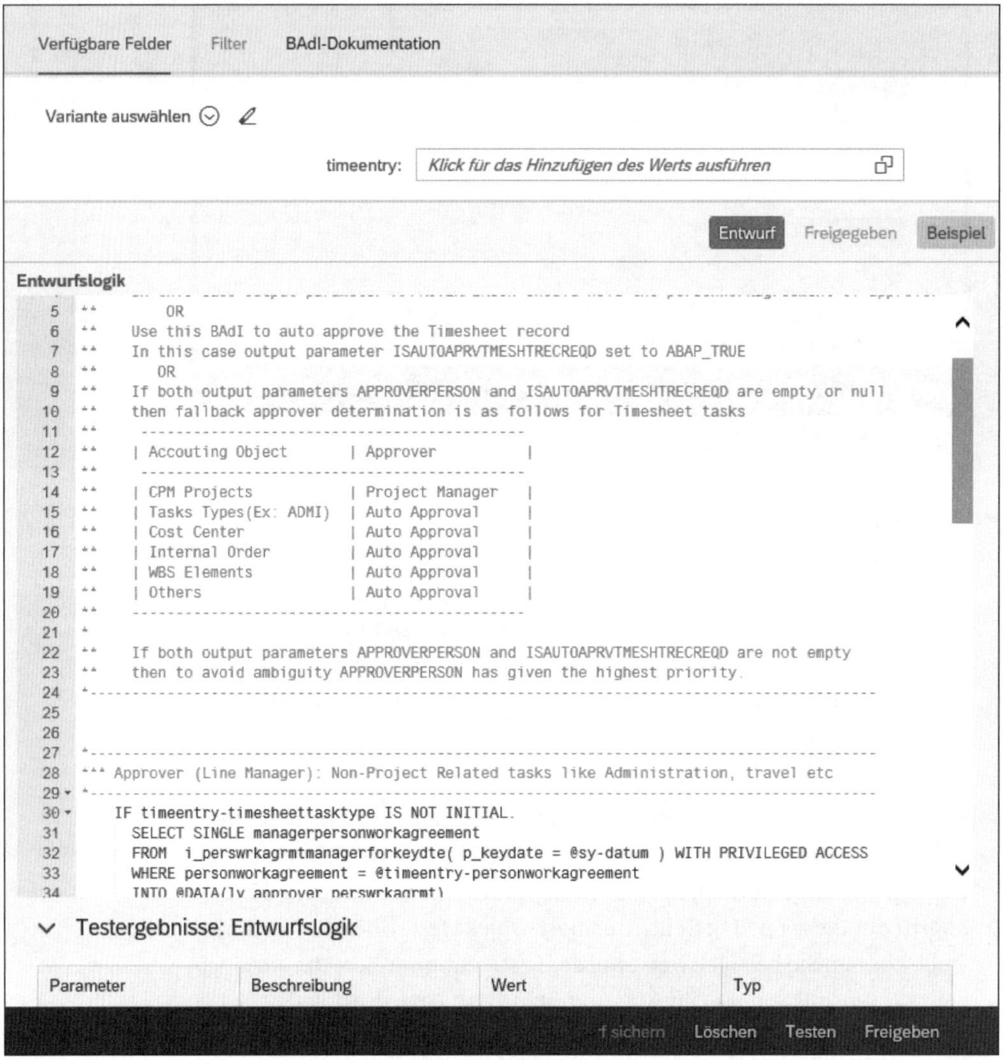

Abbildung 3.14 Benutzerdefinierte Felder und Logik

Die Syntax ist dabei weitgehend abstrahiert, sodass kein umfangreiches ABAP-Wissen vorausgesetzt wird. Für diese Anpassung nutzen Sie die Kachel **Benutzerdefinierte Felder und Logik** im Bereich **Erweiterbarkeit**. Hierfür sind allerdings Entwicklerkenntnisse notwendig. Im Vergleich zu klassischen Erweiterungsmöglichkeiten steht in diesem Fall eine Auswahl von Befehlen und Instruktionen zur Verfügung. Es ist auch möglich, diese Erweiterungen zu sichern oder sogar in andere Systeme zu exportieren.

Transport der Erweiterungen

Die Experten-Erweiterungen sollten grundsätzlich zunächst im Qualitätssicherungssystem vorgenommen und getestet werden. Für die Übertragung einer geprüften Erweiterung in das Produktivsystem steht ein Export- und Importverfahren zur Verfügung: Nachdem Sie Ihre Erweiterung entwickelt haben, wählen Sie die Kachel **Software-Kollektionen verwalten** in der Gruppe **Erweiterbarkeit**. Hier ordnen Sie Ihre Erweiterung einer Softwarekollektion zu. Diese kann dann exportiert werden.

Im Zielsystem wählen Sie ebenfalls in der Gruppe **Erweiterbarkeit** die Kachel **Software-Kollektion importieren**. Dort können Sie die zuvor exportierte Erweiterung importieren. Beachten Sie, dass Export und Import üblicherweise von einem Softwarelogistikadministrator durchgeführt werden. Daher benötigt diese Aktivität spezielle Rollen, die die Anwendungskataloge SAP_CORE_BC_SL_EXP (für Export) und SAP_CORE_BC_SL_IMP (für Import) enthalten.

Weitere Erweiterungsmöglichkeiten

Über die in dieser Zusammenstellung beschriebenen Erweiterungsmöglichkeiten hinaus existieren noch andere Optionen. Ziehen Sie für weitere Details die Produktdokumentation zum Thema Erweiterbarkeit zurate (*http://s-prs.de/v429723*).

Klassische Erweiterbarkeit

In der On-Premise-Version von SAP S/4HANA ist es weiterhin möglich, den ABAP-Quellcode zu erweitern oder sogar zu modifizieren. Dazu können weiterhin die aus der klassischen SAP Business Suite bekannten Werkzeuge wie die ABAP Workbench eingesetzt werden. Während dieser Ansatz maximale Freiheit für die Ausprägung der eigenen Erweiterungen bietet, entstehen dadurch in der Regel auch Wechselwirkungen mit den Wartungsvorgängen im System: Beim Einspielen von SAP-Korrekturen müssen die eigenen Erweiterungen stets mit den Korrekturen abgeglichen werden. Korrekturen müssen daher in enger Abstimmung mit der Entwicklungsabteilung eingespielt werden. Im Rahmen des Umstiegs auf SAP S/4HANA sollte daher auch überlegt werden, inwiefern kundeneigene Erweiterungen mithilfe der neuen Möglichkeiten implementiert werden können. Dies muss nicht für alle bestehenden Erweiterungen durchgeführt werden, sondern wird einer individuellen Abwägung unterliegen.

ABAP-Erweiterungen

Neben den genannten Erweiterungsmöglichkeiten im engeren Sinne stehen in SAP S/4HANA umfangreiche Applikationen zur Verfügung, die die Definition eigener Datenanalysen erlauben oder die Erstellung eigener Formulare betreffen.

3.4.3 Prüfung kundeneigener Erweiterungen beim Umstieg auf SAP S/4HANA

Bestehende Anpassungen analysieren

Bei der Planung des Umstiegs auf SAP S/4HANA sollten bestehende Anpassungen des aktuellen Systems analysiert werden:

- **Endanwender-Anpassungen**
  Die individuellen Anpassungen durch Endanwender gehen bei einem Umstieg auf SAP S/4HANA verloren. Die Anwender können aber in dem neuen Produkt eigene Individualisierungen vornehmen, wie im vorangegangenen Abschnitt beschrieben.

- **Generische Erweiterungen für alle Benutzer**
  Generische Erweiterungen, die für alle Systembenutzer wirksam sind, können beim Umstieg auf das neue Produkt ebenfalls implementiert werden. Welche Verfahren für diese Implementierung möglich sind, hängt von dem gewählten Betriebsmodell ab, mit dem SAP S/4HANA genutzt werden soll. Grundsätzlich ist es empfehlenswert, dass die Erweiterungen primär über die Experten-Erweiterungsoption realisiert werden. Mit diesem Verfahren sind langfristig geringere Folgekosten und eine einfachere Wartung der Erweiterungen zu erwarten.

  Ist das Quellsystem ein SAP-Quellsystem, sollte zu Beginn der von SAP angebotene *Custom Code Check* durchgeführt werden. Er identifiziert im bestehenden System das vorhandene kundeneigene Coding und generiert eine Arbeitsliste. Wir kommen in Abschnitt 4.2.3, »Landschaftstransformation mit SAP S/4HANA«, sowie in Abschnitt 10.2, »Konvertierung eines Einzelsystems durchführen«, auf diese Prüfung zurück.

Kapitel 4
Den Umstieg auf SAP S/4HANA vorbereiten

In diesem Kapitel stellen wir detailliert die drei Umstiegsszenarien vor, die wir in diesem Buch behandeln.

Welche konkreten Schritte sollten Sie bei der Projektplanung für den Umstieg auf SAP S/4HANA berücksichtigen? Welche Unterstützung gibt es seitens SAP? Ist der Umstieg vergleichbar mit einem Upgrade innerhalb der SAP-ERP-Produktlinie? In diesem Kapitel wollen wir Antworten auf diese Fragen erarbeiten. Außerdem lernen Sie die drei möglichen Szenarien für den Umstieg kennen: Neuimplementierung, Systemkonvertierung und Landschaftstransformation. Im letzten Kapitel des Buches (Kapitel 14, »Auswahl Ihres Übergangsszenarios«) werden wir dann rückblickend noch einmal auf die Vor- und Nachteile der verschiedenen Szenarien unter verschiedenen Voraussetzungen eingehen.

4.1 Grundsätzliche Vorüberlegungen

Für einen Umstieg auf SAP S/4HANA kann es viele Gründe geben. Um ein möglichst reibungsloses Umstiegsprojekt durchzuführen, ist es erforderlich, sich dieser Gründe bewusst zu werden. Wir raten Ihnen daher: Planen Sie den Umstieg auf SAP S/4HANA nicht wie ein Update oder Upgrade einer implementierten Lösung. Mit SAP S/4HANA möchten Sie einen zukunftssicheren digitalen Kern für Ihr Unternehmen einführen. Dies wird dann optimal gelingen, wenn Sie neben technischen Fragestellungen auch die inhaltliche Ausprägung der betriebswirtschaftlichen Prozesse anpassen.

Upgrade oder Produkteinführung?

Um dies zu erreichen, sollten Sie (mindestens) die folgenden Fragen betrachten, auf die wir in diesem Abschnitt im Einzelnen eingehen werden:

Was muss beachtet werden?

- **Welchen Zielzustand streben Sie an?**
  Welchen Platz soll SAP S/4HANA in Ihrer Systemlandschaft einnehmen? Möchten Sie zunächst einen Proof-of-Concept durchführen oder SAP S/4HANA umgehend produktiv einsetzen? Können Sie die Gelegenheit

des Umstiegs nutzen, um die Abbildung Ihrer Prozesse in der Unternehmenssoftware zu optimieren?

- **Welches Betriebsmodell passt zu Ihnen?**
  Soll SAP S/4HANA in Ihrem eigenen Rechenzentrum laufen oder als Hosting-Service betrieben werden? Oder möchten Sie SAP S/4HANA als Software as a Service (SaaS) konsumieren?

- **Was ist der Ausgangszustand?**
  Auf welchem Produktversionsstand befindet sich Ihr Quellsystem? Wie ist die Datenqualität Ihres Quellsystems zu beurteilen? Wie eng haben Sie sich an den SAP-Standard gehalten, oder wie viele individuelle Anpassungen existieren? Besteht bereits ein System, das als Vorlage dienen soll?

- **Welche Anwender gibt es?**
  Wie viele Nutzer gibt es bei Ihnen, und wie ist die Verteilung? Welche Nutzergruppen sollen zu welchem Zeitpunkt von der Einführung von SAP S/4HANA profitieren?

- **Wie soll die Nutzung aussehen?**
  Was sind die betriebswirtschaftlichen Szenarien und Transaktionen, die genutzt werden sollen? Wie verteilt sich die Nutzung über die Anwender?

- **Welchen Zeitrahmen stecken Sie sich?**
  Innerhalb welchen Zeitrahmens soll das Projekt durchgeführt werden? Welche Zwischenstufen sollen wann erreicht werden?

- **Brauchen Sie Unterstützung?**
  Welche Form der Unterstützung benötigen Sie? Wie viel Budget steht Ihnen zur Verfügung? Welche Services sollen eingekauft werden und welche können selbst durchgeführt werden?

Vorbereitung auf die nächsten Dekaden

Ein Umstieg auf SAP S/4HANA kann in der Regel umso mehr Mehrwert generieren, je stärker man sich der Bedeutung des digitalen Kerns bewusst wird, den SAP propagiert: Der Grundgedanke von SAP S/4HANA ist das Versprechen, Unternehmen auf die Herausforderungen der nächsten Dekade(n) vorzubereiten. Dieses »Fitmachen« auf eine rein technische Aktualisierung bestehender Systeme und Landschaften zu beschränken, wäre eine unzureichende Vereinfachung. Empfehlenswert ist, die gewachsene Prozess- und Systemlandschaft daraufhin zu überprüfen, inwieweit sie zukünftig noch tragfähig ist oder inwieweit sie strukturell veraltet ist und daher angepasst werden sollte.

Technischer und prozessorientierter Anteil

Bei einem Umstiegsprojekt auf SAP S/4HANA muss man daher mindestens zwei Anteile berücksichtigen: die rein technische und die prozessorientierte Implementierung (siehe Abbildung 4.1).

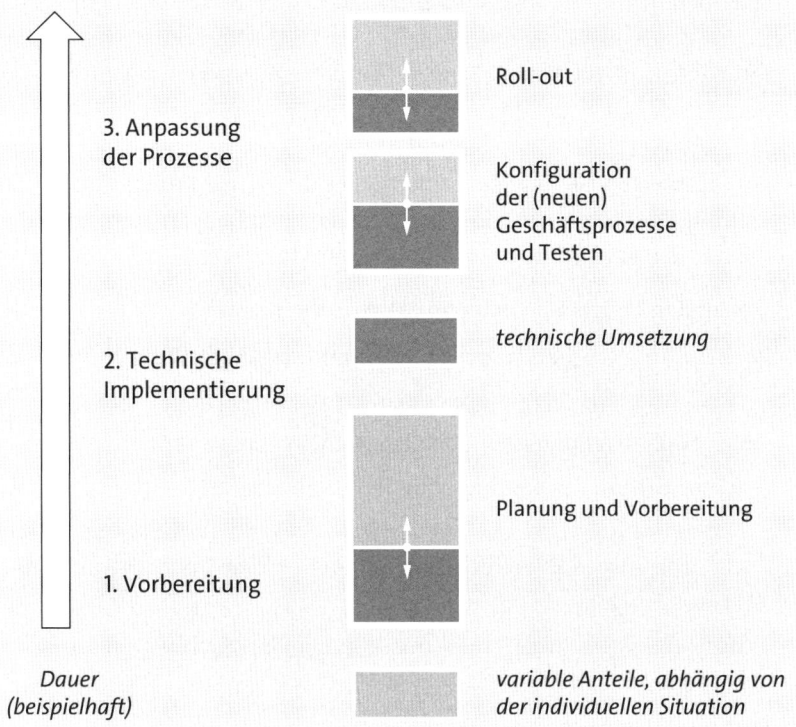

Abbildung 4.1 Hauptabschnitte des Übergangs nach SAP S/4HANA

- **Technische Implementierung**
  Zur technischen Implementierung bei einem Umstieg zählen im Wesentlichen: die Migration der Datenbank nach SAP HANA, der Austausch des Programmcodings, die Umsetzung der Datenmodelle auf das SAP-S/4HANA-Datenmodell und das Aufsetzen der Frontendserver für die SAP-Fiori-Oberflächen. Möglicherweise sind zusätzlich technische Anpassungen an vorhandenem kundeneigenem Code notwendig.

  Diese Aktivitäten sind größtenteils unabhängig vom Umfang der anschließenden betrieblichen Nutzung. Sie lassen sich recht gut durch Tools erfassen und können damit auch technisch kontrolliert und unterstützt werden. Aus diesem Grund kann SAP für die Planung und Umsetzung dieser technischen Implementierung einen umfangreichen Werkzeugkasten bereitstellen.

- **Prozessorientierte Implementierung**
  Die prozessorientierte Implementierung betrifft die Anpassung der Abbildung bestehender Geschäftsprozesse im System und die Einfüh-

rung neuer Anwendungen. Solche Änderungen an Geschäftsprozessen finden nur teilweise im System selbst statt. Meist lassen sich nur Indikatoren erfassen, wie beispielsweise geänderte Konfigurationsinformationen. Hinsichtlich der Planung sind aber viel umfassendere Change-Management-Schritte zu berücksichtigen. Diese reichen vom Entwurf des geänderten Geschäftsprozesses über die nötige Konfiguration, das Training der Nutzer, die Zuordnung von Rollen und Berechtigungen, den Pilotbetrieb bis hin zur Umstellung des Produktivbetriebs.

Tägigkeiten in den einzelnen Phasen

Die folgenden Tätigkeiten fallen in diese Grobphasen:

1. **Vorbereitung (vorbereitende Schritte im Ausgangssystem):**
   - Analyse der bestehenden Geschäftsprozessimplementierung
   - Gegenüberstellung mit den SAP-S/4HANA-Innovationen
   - Identifikation der benötigten Integrationsszenarien
   - Vorabprüfungen im Quellsystem, z. B. verwendete Funktionen, branchenspezifische Erweiterungen, kundeneigener Code, Drittanbieter-Erweiterungen
   - notwendige vorbereitende Umstellungen im Quellsystem durchführen

2. **Technische Umsetzung:**
   - Installation von SAP S/4HANA, SAP-HANA-Datenbank, SAP-S/4HANA-Anwendungen
   - Anpassung der technischen Infrastruktur
   - Customizing

3. **Prozessanpassung:**
   - Anpassungen kundeneigener Programme in SAP S/4HANA
   - Ausprägung neuer bzw. erweiterter Geschäftsprozesse für SAP S/4HANA, um die Innovationen zu nutzen
   - Anpassung der Integrationsszenarien
   - Einrichten der SAP-Fiori-Oberflächen

Die Dauer und die Aufwände der prozessorientierten Implementierung können – je nach Ausgangslage und Zielzustand – sehr gering sein oder den überwiegenden Anteil am Gesamtprozess ausmachen. Unsere Empfehlung lautet daher, die Planung des Umstiegsprojekts unbedingt in die beiden Anteile aufzuteilen, da die prozessorientierte Implementierung und insbesondere die Implementierung neuer Geschäftsprozesse nicht zeitgleich mit dem technischen Umstieg erfolgen muss.

Prozessumstellung und technische Umstellung separat betrachten

Die Einführung bzw. Umstellung der Geschäftsprozesse kann in Teilen unabhängig von der technischen Umstellung geplant werden.

Abbildung 4.2 zeigt einen möglichen Ansatz zur Einführung von SAP S/4HANA: Im Projekt kann zeitlich gestaffelt neue Funktionalität vorbereitet und eingeführt werden, während die Anwender gleichzeitig noch mit den Bestandsfunktionen arbeiten.

Parallel laufende Projektphasen

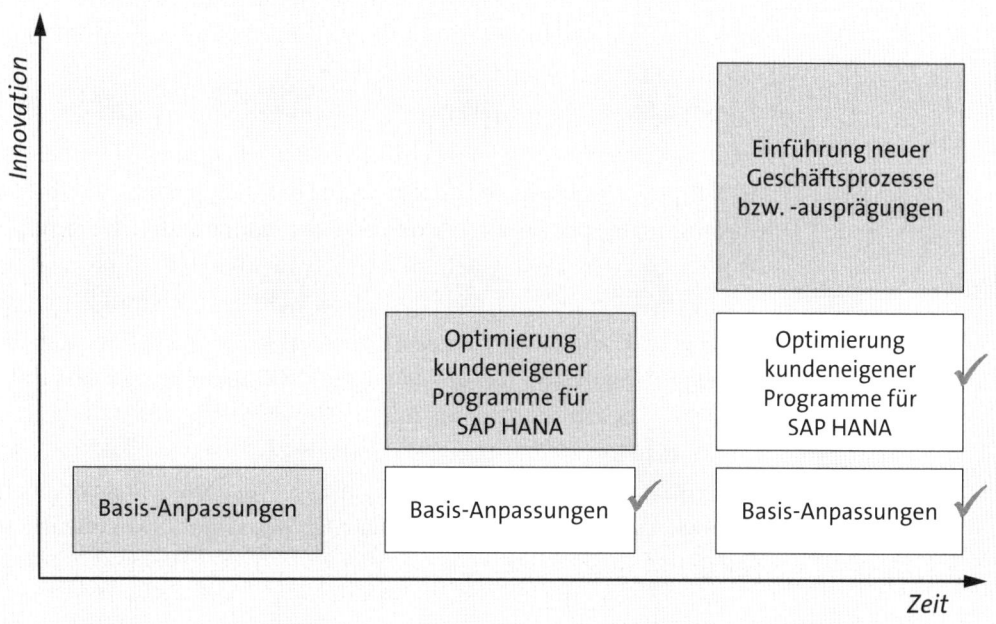

Abbildung 4.2 Parallele Vorbereitung und Einführung neuer Funktionen

Voraussetzung für eine optimale Projektplanung ist die Kenntnis des angestrebten Zielzustands. Diese Aussage klingt zunächst möglicherweise trivial. Bei der Betrachtung eines Umstiegs auf SAP S/4HANA ist es aber oft so, dass das Ziel nur unscharf beschrieben wird, beispielsweise durch den Auftrag, »SAP S/4HANA zu implementieren«.

Bei dem Übergang nach SAP S/4HANA ergibt sich ein grundsätzlicher Zielkonflikt, dessen Sie sich bewusst sein sollten, insbesondere wenn der Ausgangszustand ein SAP-ERP-System oder eine SAP-Landschaft ist: Das Umstiegsprojekt ist prinzipiell einfacher, je mehr Eigenschaften des Quellsystems erhalten bleiben können (beispielsweise Konfiguration, kundenei-

Zielkonflikt frühzeitig analysieren

genes Coding oder Anwendungen). Der Nutzen, den Sie in diesem Fall aus SAP S/4HANA ziehen können, wird aber gleichzeitig kleiner, denn dieser Nutzen besteht ja vor allem in den neuen Geschäftsprozessen, den vereinfachten Benutzeroberflächen und der höheren Flexibilität für zukünftige Anforderungen.

Aus diesem Grund raten wir dringend dazu, diesen Zielkonflikt bewusst zu analysieren. Mögliche Bewertungskriterien sind folgende:

- **Art der Nutzung**
  Wird das Zielsystem produktiv genutzt, oder soll zunächst ein Proof-of-Concept durchgeführt werden? Im letzteren Fall bietet es sich oft an, eine Greenfield-Implementierung mit selektiver Datenübernahme durchzuführen und somit einen Fokus zu definieren.

- **Total Cost of Ownership (TCO)**
  SAP S/4HANA bietet die Möglichkeit, die Betriebskosten zu reduzieren. Als Beispiel wird oft ein reduzierter *Data Footprint* genannt, also die Reduzierung des Speicherplatzes, den die Anwendungsdaten in der Datenbank einnehmen (siehe Abschnitt 4.2.2, »Systemkonvertierung nach SAP S/4HANA«). Ein anderer Aspekt sind geringere Anforderungen an die hauseigene IT durch den Wegfall lokaler SAP-GUI-Installationen an den Arbeitsplätzen der Mitarbeiter. Wenn eine TCO-Reduktion ein explizites Ziel Ihres Umstiegs ist, dann sollten Sie allerdings ebenfalls prüfen, wo kundeneigene Erweiterungen entfallen oder durch SAP-S/4HANA-Anwendungen ersetzt werden können. Des Weiteren sollten Sie analysieren, inwieweit mehrere vorhandene ERP-Systeme zu einem einzigen SAP-S/4HANA-System zusammengefasst werden können. Neben den geringeren Betriebskosten können sich daraus auch Vorteile für die Anwender ergeben, die auf Echtzeitdaten aller vorher getrennten Systeme zugreifen können.

- **Betriebsmodell**
  Soll SAP S/4HANA in der Cloud oder on premise betrieben werden? Beide Betriebsmodelle haben unterschiedliche Eigenschaften, die bewertet werden müssen. Vereinfacht gesagt ist die Auslagerung der Systemadministration in die Cloud vor allem für nichtdifferenzierende Geschäftsprozesse attraktiv.

- **Ziellandschaft**
  Wie soll sich die gesamte Landschaft ändern? Sollen Systeme konsolidiert werden? Sollen Systeme getrennt werden (z. B. Finanzbuchhaltung und Materialwirtschaft)? Wie soll die bestehende Archivierung ange-

passt werden? Welche Daten müssen aus dem Altsystem übernommen werden und welche können zurückbleiben?

Sie sollten außerdem beachten, dass Sie die für die neuen Funktionen von SAP S/4HANA benötigten Frontendserver für SAP Fiori in der Regel noch zusätzlich aufbauen und konfigurieren müssen.

SAP selbst empfiehlt für die Projektplanung und -durchführung eine Sechs-Stufen-Methodik. Diese besteht aus den Phasen *Discover*, *Vorbereitung*, *Analyse*, *Realisierung*, *Bereitstellung* und *Betrieb*. Diese *SAP Activate* genannte Methodik beschreiben wir in Kapitel 5 ausführlich.

SAP-Einführungsmethodik

Bei der Beschreibung der Migrationsaktivitäten in diesem Buch gehen wir davon aus, dass die Entscheidung für SAP S/4HANA bereits getroffen ist. Das heißt, dass die Discover-Phase schon erfolgreich abgeschlossen wurde, in der die Unternehmensprioritäten identifiziert werden, die Zielarchitektur festgelegt wird, der Business Case abgerundet und ein Readiness Check durchgeführt wird. Unser Fokus in diesem Buch liegt auf der technischen Umsetzung des Umstiegs und weniger auf den prozessgetriebenen Anteilen. Wir gehen davon aus, dass Sie die Auswahl und die Ausprägung der betriebswirtschaftlichen Inhalte in einem eigenen betriebswirtschaftlichen Einführungsprojekt erarbeitet und festgelegt haben.

Vorbereitung mit Testzugang

Haben Sie die Discover-Phase noch nicht abgeschlossen, empfehlen wir Ihnen, ein SAP-S/4HANA-System testweise auszuprobieren. Zu diesem Zweck bietet SAP zeitlich begrenzte Testzugänge für eine Cloud-Instanz von SAP S/4HANA an. Weitere Informationen zu diesen Trial-Systemen finden Sie in Kapitel 6, »Testsysteme und Modellfirma«.

4.2 Die drei Szenarien für den Umstieg

SAP hat für die Einführung von SAP S/4HANA verschiedene technische Szenarien definiert und stellt dafür jeweils angepasste Werkzeuge zur Verfügung. Während Sie den Umstieg planen, sollten Sie entscheiden, welches dieser Szenarien am ehesten zu Ihrem individuellen Fall passt. Bei der Vorstellung der Szenarien in den folgenden Abschnitten gehen wir auch auf die Vor- und Nachteile des jeweiligen Ansatzes ein, bevor wir die Szenarien in Teil III, »Umstieg auf SAP S/4HANA in der On-Premise-Version«, jeweils im Detail besprechen.

Grundsätzlich lassen sich drei Szenarien beim Umstieg auf SAP S/4HANA unterscheiden (siehe Abbildung 4.3):

- die Neuimplementierung von SAP S/4HANA
- die Systemkonvertierung nach SAP S/4HANA
- eine Landschaftstransformation mit SAP S/4HANA

Dabei greift die Landschaftstransformation auf die Schritte der beiden zuerst genannten Szenarien zurück und ergänzt sie, um weitere Vorteile von SAP S/4HANA zu nutzen.

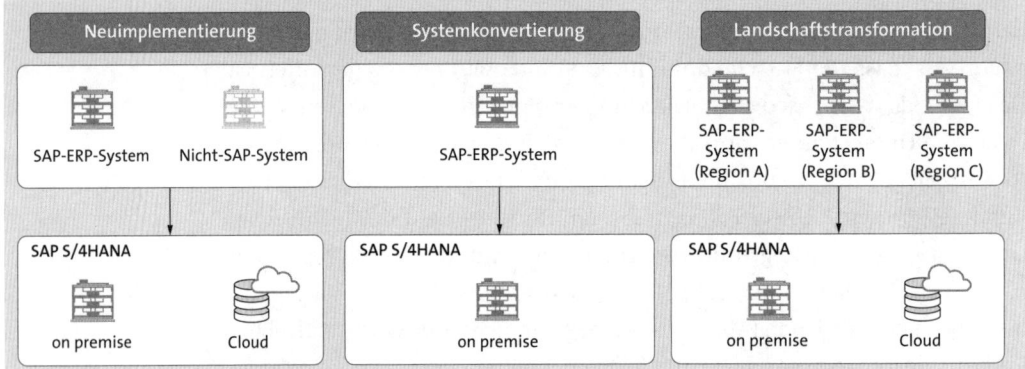

Abbildung 4.3 Die drei Szenarien für den Umstieg auf SAP S/4HANA

Bis auf die Systemkonvertierung lassen Ihnen alle drei Szenarien die Wahl, ob Sie SAP S/4HANA als SaaS-Cloud-Implementierung oder als On-Premise-Modell umsetzen möchten (siehe Abschnitt 3.1, »Die Betriebsmodelle im Überblick«).

4.2.1 Neuimplementierung von SAP S/4HANA

Neues System installieren

Dieses Szenario beruht technisch gesehen auf einer sauberen Neuinstallation von SAP S/4HANA. Dazu wird mithilfe des *Software Provisioning Managers* (SWPM) ein SAP-S/4HANA-System von den verfügbaren SAP-Installationsmedien geladen und neu aufgesetzt. Es entsteht also ein neues System mit einer neuen Systemidentifikation (SID). Zusätzlich zu dieser ABAP-Instanz wird ein Frontendserver aufgebaut. Dieser Frontendserver ist zentraler Knotenpunkt für den Betrieb der SAP-Fiori-Benutzerschnittstelle.

Customizing

Das entstehende System enthält zunächst das von SAP ausgelieferte Customizing. Die Konfiguration muss im Rahmen der prozessorientierten Implementierungsphase noch an die spezifischen betriebswirtschaftlichen Anforderungen Ihrer Geschäftsprozesse angepasst werden.

Dieses neue System kann mit Daten aus dem Quellsystem versorgt werden. Nach erfolgter Datenübernahme kann das Quellsystem dann durch das SAP-S/4HANA-System ersetzt werden (siehe Abbildung 4.4). Die Übernahme der Daten erfolgt mithilfe eines für SAP S/4HANA neu entwickelten Werkzeugs, des sogenannten *SAP S/4HANA Migration Cockpits*. Dabei ist es unerheblich, ob die Daten aus einem SAP-System oder aus einem Nicht-SAP-System stammen.

Datenmigration

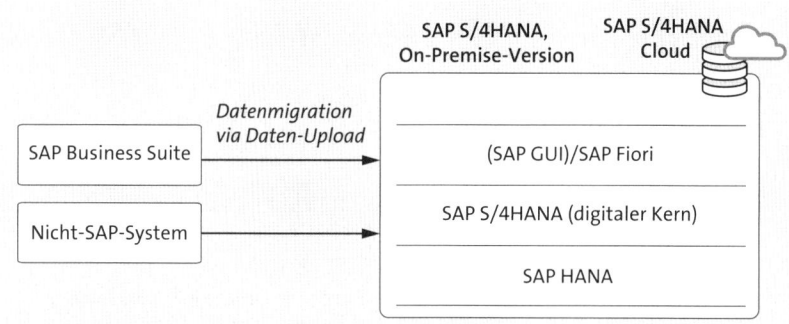

Abbildung 4.4 Neuimplementierung von SAP S/4HANA

Für die Datenübernahme liefert SAP vordefinierte Modelle aus, sogenannte *Migrationsobjekte*. Diese werden von SAP stufenweise erweitert. Welche Migrationsobjekte zu dem Zeitpunkt unterstützt wurden, als dieses Buch entstand (Cloud-Release 1805 und On-Premise-Release 1711), erläutern wir in Abschnitt 7.3.1, »Verfügbare Migrationsobjekte« (für die Cloud-Editionen), und in Abschnitt 11.2, »Unterstützte Migrationsobjekte« (für die On-Premise-Editionen). In Abbildung 4.5 finden Sie eine beispielhafte Darstellung der Migrationsobjekte im SAP S/4HANA Migration Cockpit.

Unterstützte Migrationsobjekte

In diesem Migrations-Content sind für jedes der betriebswirtschaftlichen Objekte jeweils die Standarddatenfelder hinterlegt sowie das Format und gegebenenfalls vorhandene Abhängigkeiten von anderen betriebswirtschaftlichen Objekten oder Bezüge auf diese.

Dem Gedanken der Simplifizierung folgend, sind in diesem vordefinierten Content für die Datenmigration zunächst nur die wichtigsten Datenfelder des betreffenden Objekts vorausgeprägt. Sollten diese nicht ausreichen, können optional zusätzliche Felder eingeblendet werden, sofern diese Teil des SAP-Standards sind. Kundeneigene Felder (im kundeneigenen Namensraum) können ebenfalls hinzugefügt werden. Bei der Migration solcher Felder müssen Sie Folgendes beachten:

- Bei einer **On-Premise-Implementierung** können Felder, die in der Standard-API vorhanden, aber nicht gemappt sind, über die Transaktion

LTMOM (SAP S/4HANA Migration Object Modeler) ergänzt werden. Kundeneigene Felder können hinzugefügt werden, sofern der verwendete Funktionsbaustein zur Datenmigration dies unterstützt.

- In der **Cloud-Lösung** sind die Migrationsobjekte bereits so abgestimmt, dass alle Felder und Strukturen für die in der Cloud implementierten Geschäftsprozesse vorhanden sind. Felder, die den Standardumfang der Cloud erweitert haben, können über einen Service nachträglich kundenindividuell gemappt werden. Dies kann beispielsweise nach einer Expert Configuration notwendig werden. Nehmen Sie in diesem Fall Kontakt mit dem SAP Service Center auf.

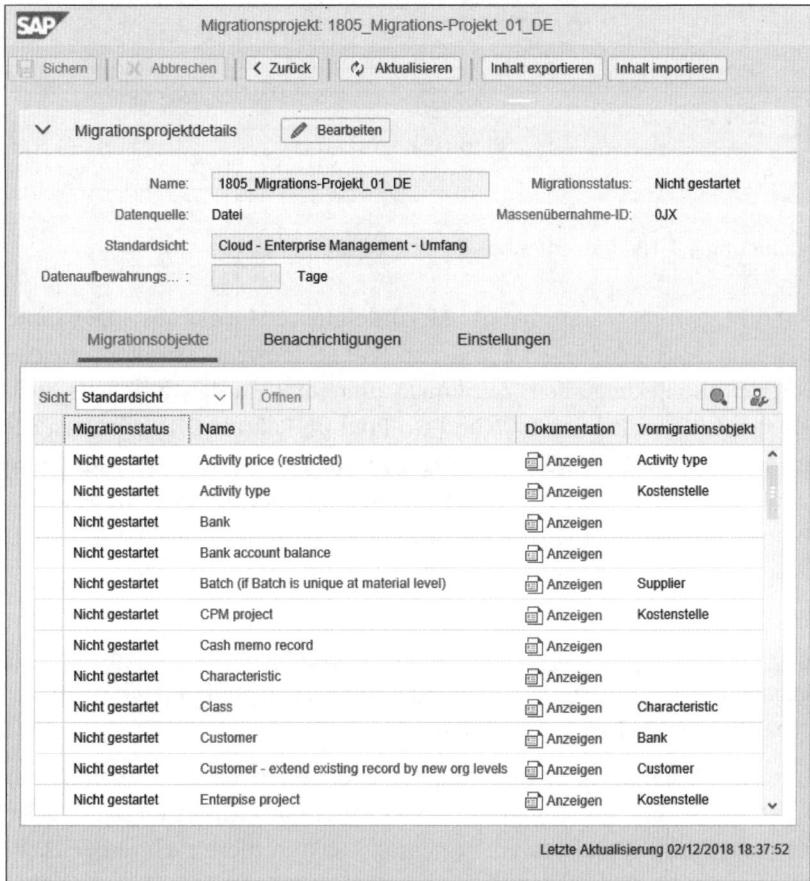

Abbildung 4.5 Darstellung der verfügbaren Migrationsobjekte im SAP S/4HANA Migration Cockpit der Cloud-Edition

Migrationsprojektübersicht

Die ausgewählten Migrationsobjekte werden in die Projektdarstellung des SAP S/4HANA Migration Cockpits übernommen. Dadurch können Sie im Verlauf der Datenübertragung stets nachvollziehen, für welche Objekte Sie noch Daten laden müssen und für welche Objekte die Migration abgeschlossen ist.

Eine eventuell nötige Datenbereinigung (z. B. die Identifikation und das Entfernen von Dubletten) sollten Sie ebenfalls im Vorfeld durchführen. Die bereinigten Daten aus dem Quellsystem werden in einer Datei gespeichert, die dem von SAP vorgegebenen Format entspricht. Zu diesem Zweck werden entsprechende Vorlagen mitgeliefert.

Im nächsten Schritt wird diese Datei dann per Datei-Upload eingelesen. Grundlegende vorhandene Inkonsistenzen mit vorausgesetzten Daten, die schon in das Zielsystem geladen wurden, oder Konflikte mit der Konfiguration werden mithilfe von Tools identifiziert und können beseitigt werden. Damit sind die Daten des Quellsystems übertragen. Die Abfolge dieser Schritte ist in Abbildung 4.6 skizziert.

Upload in SAP S/4HANA

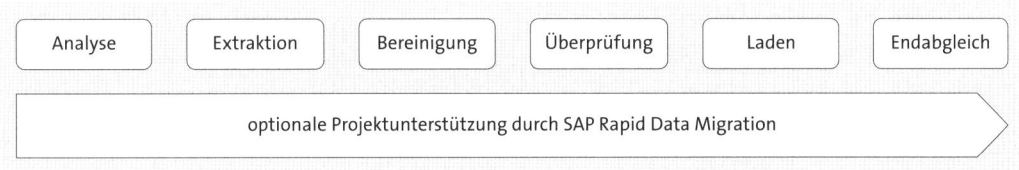

Abbildung 4.6 Schritte für die Datenübertragung nach SAP S/4HANA bei einer Neuimplementierung

Als Ergebnis erhalten Sie ein System, das möglichst dicht am SAP-Standard liegt und nahezu keine »Altlasten« enthält. Dabei liegt in diesem Verfahren der Fokus auf Stammdaten, und nur wenige Bewegungsdaten werden übernommen.

Das SAP S/4HANA Migration Cockpit ersetzt die von den SAP-R/3- oder ERP-Systemen bekannte *Legacy System Migration Workbench* (LSMW). Diese wird für SAP S/4HANA nicht mehr unterstützt. Sie ist (in SAP S/4HANA, On-Premise-Version) zwar noch vorhanden, ihre Nutzung ist jedoch nur in Einzelfällen sinnvoll und erfolgt auf eigene Gefahr.

Für das geplante Neuimplementierungsprojekt ist also entscheidend, welche Daten übertragen werden sollen: Gehören Datenobjekte zu den Anforderungen, die nicht Teil des mitgelieferten Contents sind, können diese nicht mit dem SAP S/4HANA Migration Cockpit übertragen werden.

Das empfohlene Werkzeug, um eine individuellere Datenübertragung durchzuführen, ist *SAP Data Services*. Dieses Tool steht mit einem Basisfunktionsumfang für die Extraktion und das Laden von Daten allen SAP-HANA-Kunden im Rahmen der SAP-HANA-Lizenz zur Verfügung. Es besteht aus einem zentralen Data-Services-Server sowie einem lokalen Front-

SAP Data Services

end für die Modellierung. Auch hier wird Migrations-Content mitgeliefert, der jedoch umfangreicher ist als im Fall des SAP S/4HANA Migration Cockpits (Details finden Sie in Abschnitt 11.2, »Unterstützte Migrationsobjekte«). Allerdings ist der technische Aufwand höher, und es ist mehr Expertenwissen gefragt als im Fall des SAP S/4HANA Migration Cockpits. Optional bietet SAP eine Lizenzerweiterung für SAP Data Services an, die die Bearbeitung und Verbesserung der Datenqualität und die Datenbereinigung umfassend unterstützt.

Beachten Sie, dass mit dem beschriebenen Verfahren ein neues System mit einer neuen SID aufgebaut wird, das (ausgewählte) Daten des Quellsystems enthält. Dieses neue System bzw. die so entstehende mehrstufige Systemlandschaft (Entwicklungs-, Test- und Produktivsystem) muss in den meisten Fällen noch in die Gesamtlandschaft integriert werden.

Das Thema Integration behandeln wir in Kapitel 8, »SAP S/4HANA Cloud in die Systemlandschaft integrieren«, und Kapitel 13, »SAP S/4HANA, On-Premise-Version in die Systemlandschaft integrieren«. Die Neuimplementierung und die einzelnen Werkzeuge betrachten wir ausführlich in Kapitel 7, »Migration in die Public Cloud«, und in Kapitel 11, »Neuimplementierung eines Einzelsystems«.

Checkliste für Neuimplementierung

Die einzelnen Schritte bei der Neuimplementierung fassen wir hier noch einmal zusammen:

1. Zielzustand festlegen: Betriebsmodell und Verteilung der Instanzen. Die Neuimplementierung kann für On-Premise-Implementierungen, die SAP HANA Enterprise Cloud und für die SaaS-Cloud erfolgen.
2. Identifikation der gewünschten neuen betriebswirtschaftlichen Funktionen
3. Abgleich der aktuell genutzten Funktionen mit dem Simplification Item Catalog Ihrer jeweiligen SAP-S/4HANA-Version (für Version 1709 FPS02 z. B. unter *http://s-prs.de/v631620*). Beachten Sie jeweils die Anzahl der Benutzer für die einzelnen Funktionen.
4. Bei bestehendem SAP-ERP-Quellsystem: Simplification Item Check im Simulationsmodus durchführen (siehe SAP-Hinweis 2182725 bis SAP S/4HANA 1610 bzw. SAP-Hinweis 2502552 ab SAP S/4HANA Cloud 1711)
5. Analyse kundeneigener Erweiterungen mithilfe der Custom Code Migration Worklist (*http://s-prs.de/v429724*). Bestehende eigene Programme müssen in der SAP S/4HANA Cloud in der Regel neu implementiert werden (zu den neuen Erweiterungen für die SAP S/4HANA Cloud siehe Abschnitt 3.4, »Erweiterbarkeit von SAP S/4HANA«).

6. Nur für On-Premise-Version: Sizing durchführen (https://service.sap.com/sizing)
7. Wenn möglich Datenbereinigung und -archivierung im Ausgangssystem durchführen
8. Anpassung der Aufwandsplanung, Überprüfung des Umstiegsszenarios
9. Zielsystem aufbauen
10. SAP S/4HANA Migration Cockpit starten und Datenübernahme durchführen
11. Überprüfung des Ergebnisses
12. Nur für On-Premise-Version: Aufbau der Frontendserver für SAP Fiori
13. Delta-Konfiguration durchführen
14. Abschlusstests
15. Roll-out der neuen Prozesse an die Anwender

SAP stellt als Unterstützung den umfangreichen *SAP S/4HANA Readiness Check* zur Verfügung, über den Sie eine elektronische Checkliste und detaillierte, regelmäßig aktualisierte Informationen zur Umstiegsvorbereitung erhalten: *http://s-prs.de/v631621*

4.2.2 Systemkonvertierung nach SAP S/4HANA

In diesem Szenario ist ein existierendes SAP-ERP-System die Ausgangsbasis. Dieses System wird in mehreren Schritten in ein SAP-S/4HANA-System umgewandelt (siehe Abbildung 4.7). Bei diesem Verfahren bleiben die SID des Quellsystems, das Customizing und die bestehenden Daten erhalten. Bei der Wahl dieses Szenarios sollte eine Datenbereinigung *vor* der Konvertierung vorgenommen werden. Wichtig ist außerdem, dass es sich bei diesem Szenario *nicht* um ein Upgrade handelt, denn das entstehende System gehört einer anderen Produktfamilie an.

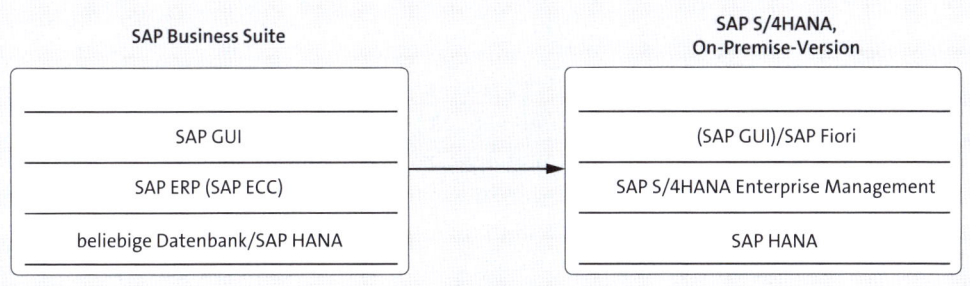

Abbildung 4.7 Systemkonvertierung nach SAP S/4HANA

Data Footprint und Archivierung

SAP wirbt für SAP S/4HANA mit einem deutlich reduzierten Data Footprint. Das heißt, die Daten in der SAP-HANA-Datenbank verbrauchen weniger Speicherplatz als im herkömmlichen SAP-ERP-System auf klassischen Datenbanken. Der Grund dafür sind die besseren Komprimierungsalgorithmen in SAP HANA. Die offiziellen Sizing-Empfehlungen von SAP berücksichtigen diese Komprimierung bereits. Bei der Systemkonvertierung wird das Zielsystem allerdings in der Regel nicht durch diese Sizing-Regeln erfasst. Der Speicherbedarf ist zunächst höher als in einem neu aufgesetzten System. Das liegt daran, dass SAP die kundeneigenen Daten zunächst erhält, um Datenverlust zu vermeiden. Zeitweise liegen im Zielsystem also Daten doppelt vor: einmal in den neuen Datenmodellen von SAP S/4HANA und ein weiteres Mal in den obsoleten Tabellen des SAP-ERP-Systems.

Entsprechend muss das Zielsystem zunächst größer dimensioniert werden. Die »doppelten« Daten können nach Abschluss des Konvertierungsprojekts manuell gelöscht werden. Zuvor sollte allerdings geprüft worden sein, ob die Daten erfolgreich konvertiert wurden. Wir empfehlen daher, diese »doppelten« Daten für einige Wochen im System zu behalten.

Um die Überdimensionierung des Zielsystems zu minimieren, sollten Sie prüfen, welche Daten des Quellsystems archiviert werden können. Auf diese Archive können Sie auch von SAP S/4HANA aus zugreifen. Ein Nebeneffekt ist, dass die Laufzeit der Umsetzungsroutinen ebenfalls reduziert wird. Allerdings sollten Sie keine aktiven Daten archivieren. Berücksichtigen Sie bei der Planung, dass Sie die Archivierungsroutinen im SAP-S/4HANA-Zielsystem noch an die neuen Datenmodelle anpassen müssen, um auch die künftigen Daten archivieren zu können. Zusätzlich haben Sie dort die Möglichkeit, das in SAP HANA eingebaute *Data Aging* zu nutzen. Diese Methode verdrängt nicht aktiv genutzte Daten aus dem Arbeitsspeicher von SAP HANA und bildet damit gewissermaßen eine Vorstufe zu einer Archivierung: »Heiße« Daten befinden sich im Arbeitsspeicher von SAP HANA, »kalte« und »historische« Daten im Archiv.

Simplification List

Vor der Durchführung einer Systemkonvertierung ist eine umfassende Analyse des Quellsystems notwendig. In der von SAP angebotenen *Simplification Item Catalog* sind alle relevanten Änderungen enthalten, die bestehende SAP-ERP-Funktionalität betreffen: Funktionen, die entfallen, signifikant veränderte Anwendungen (oder Anwendungsarchitekturen) sowie »nicht strategische« Funktionen (siehe Abbildung 4.8). Letztere sind Funktionen, die zwar in SAP S/4HANA enthalten sind, aber von SAP nicht mehr empfohlen werden. Da man davon ausgehen kann, dass SAP für diese Funktionen weder eine Weiterentwicklung noch eine Wartung anbietet, sollten sie nur für eine begrenzte Übergangszeit genutzt werden. Details finden Sie in Kapitel 10, »Systemkonvertierung eines Einzelsystems«.

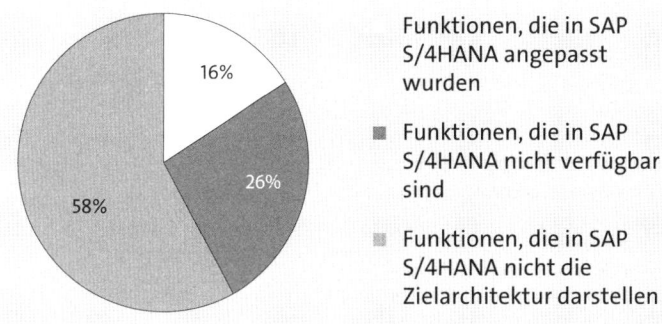

Abbildung 4.8 Der größte Teil der Funktionen im Simplification Item Catalog sollte nur noch für eine kurze Übergangszeit genutzt werden.

Zur Vereinfachung bietet SAP eine Reihe von automatisierten Vorabprüfungen an, die oft auch als Pre-Checks oder Readiness Checks bezeichnet werden. Sie überprüfen das eigene System vor allem in Bezug auf die folgenden Punkte:

- Werden die technischen Systemanforderungen erfüllt?
- Werden Funktionen genutzt, die im Zielsystem in dieser Form nicht mehr verfügbar sind?
- Wird inkompatible Software genutzt, wie beispielsweise Add-ons, die (noch) nicht für SAP S/4HANA freigegeben sind? Diese Software müsste im Quellsystem deinstalliert werden, oder es muss eine kompatible Version für SAP S/4HANA zur Verfügung stehen. Dazu sollten Sie beim Hersteller des jeweiligen Add-ons Informationen einholen.
- Sind Ihre kundeneigenen Erweiterungen mit SAP S/4HANA kompatibel?

Die Ergebnisse dieser Prüfungen können in manchen Fällen erheblichen Einfluss auf die Einschätzung des Projektumfangs haben. Unsere Empfehlung lautet daher, diese Prüfungen bereits zu Beginn des Transformationsprojekts durchzuführen, um eine präzise Schätzung des Gesamtumfangs des Projekts zu erreichen. Wir empfehlen Ihnen, zunächst die Simplification Item Checks in einem Simulationsmodus (Simulation Mode) auszuführen (siehe Abbildung 4.9). Sie starten den Check über den Report /SDF/RC_START_CHECK aus SAP-Hinweis 2399707.

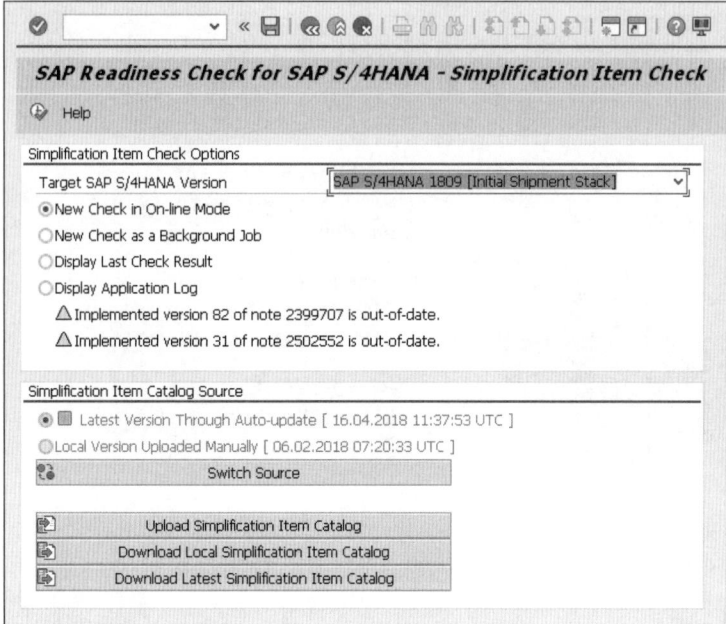

Abbildung 4.9 Startbildschirm der Simplification Item Checks zur Vorbereitung einer SAP-S/4HANA-Konvertierung

Prüfungsergebnisse

Achten Sie hierbei darauf, das korrekte Zielrelease auszuwählen. Die Prüfung erfolgt dann in zwei Schritten: Zunächst wird eine *Relevanzprüfung* durchgeführt. Dabei wird ermittelt, welche Bereiche des vorhandenen Systems aktiv genutzt werden. Die Prüfung gleicht diese Bereiche des Systems dann aktiv mit der neuesten Version der Simplification Item List von SAP ab.

Die Prüfergebnisse der Relevanzprüfung werden in zwei Kategorien unterteilt (siehe Spalte **Relevance** in Abbildung 4.10):

- Anwendungsbereiche, die mit hoher Wahrscheinlichkeit betroffen sind (gelb markiert)
- Anwendungsbereiche, die nicht betroffen sind (grün markiert)

Im zweiten Schritt müssen dann nur die Systembereiche, die aktiv genutzt wurden und für die gleichzeitig ein Listeneintrag besteht, mit Detailprüfungen untersucht werden, den *Consistency Checks*. Das heißt mit Blick auf Abbildung 4.10, dass Sie für die gelb markierten Einträge die Konsistenzprüfung durchführen sollten. Dazu wählen Sie in der Symbolleiste die Schaltfläche **Check Consistency for All**. Sie erhalten im Anschluss wieder eine Darstellung in Listenform. Bei den Prüfungen, die auf Fehler gelaufen sind, wird eine Beschreibung der Situation und ein Verweis auf weiterführende Informationen angezeigt (siehe Abbildung 4.11).

4.2 Die drei Szenarien für den Umstieg

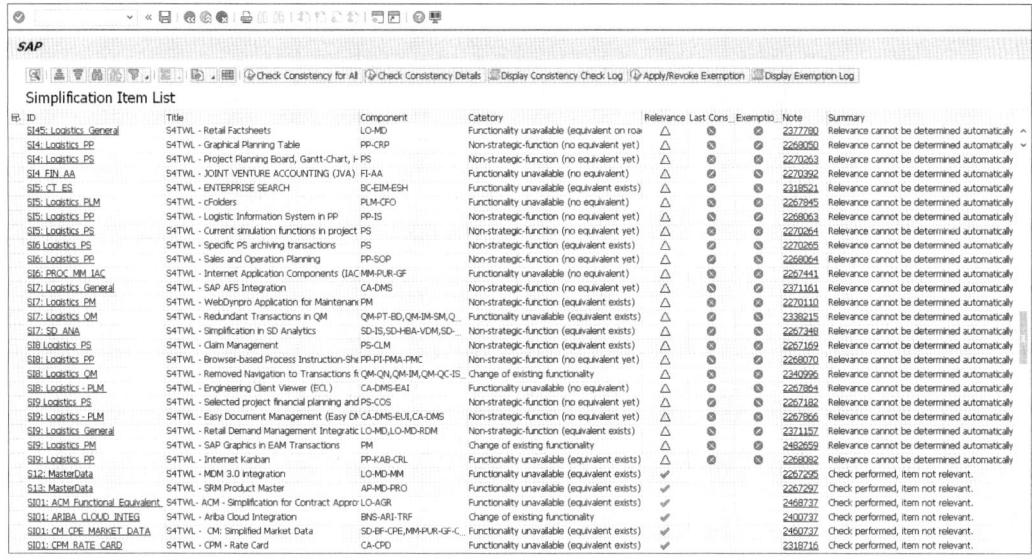

Abbildung 4.10 Ergebnisliste der Relevanzprüfung (als »relevant« markierte Bereiche müssen genauer geprüft werden)

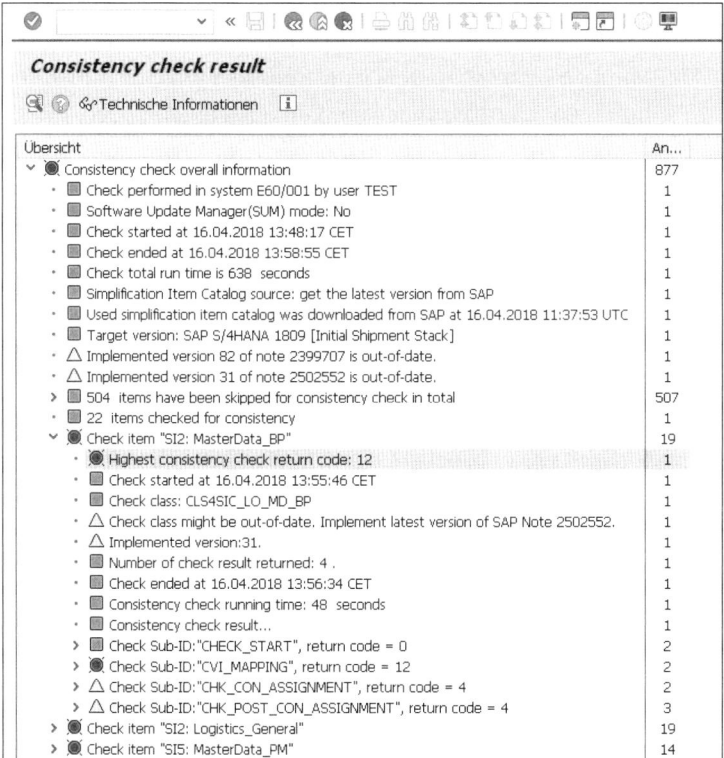

Abbildung 4.11 Ergebnisse der Konsistenzprüfung

Die Prüfungsergebnisse werden in drei Kategorien unterteilt:

- positive Prüfungsergebnisse (grün markiert)
- Warnungen (gelb markiert)
- Fehler, die die Konvertierung verhindern (rot markiert)

Die Warnungen verhindern die technische Durchführung der Konvertierung nicht. Da sich in einzelnen Fällen aber Datenverluste ergeben können, sollte auch eine Warnung sorgfältig analysiert werden. SAP liefert die Simplification Item Checks über SAP-Hinweise aus (siehe SAP-Hinweis 2502552). Sie werden in das Quellsystem eingespielt, und die Überprüfung kann beginnen. Damit können Sie die Prüfung unabhängig von der technischen Konvertierung durchführen. Zur Sicherheit fordert die Konvertierungsroutine selbst allerdings auch noch einmal die Durchführung der Simplification Item Checks. Damit wird ausgeschlossen, dass ein System einer Konvertierung unterzogen wird, das nicht geprüft wurde.

Prüfungen für kundeneigenes Coding

Eine Ausnahme vom gerade dargestellten Mechanismus bilden die *Custom Code Checks*. Dafür wird ein SAP-NetWeaver-System an das Quellsystem angeschlossen, und der kundeneigene Code wird dann in diesem SAP-NetWeaver-System analysiert. Damit wird eine unnötige Belastung des Quellsystems vermieden. Als Ergebnis dieser Prüfungen erhalten Sie die sogenannte *Custom Code Migration Worklist*. Hierbei handelt es sich um eine Auflistung der von SAP empfohlenen Anpassungen am kundeneigenen Code.

Um den Überblick über die zahlreichen empfohlenen Vorabprüfungen zu erleichtern, hat SAP für den SAP Solution Manager einen Readiness Check für SAP S/4HANA erstellt. Neben den oben genannten Prüfungen werden mithilfe des Solution Managers noch weitere Informationen teilautomatisiert ausgewertet, beispielsweise Sizing, Add-on-Nutzung oder Empfehlungen zur Nutzung von SAP-Fiori-Apps. Sie finden Links zu diesem Readiness Check in unserer Checkliste weiter unten und in SAP-Hinweis 2290622.

Anpassung des Quellsystems

Nach erfolgter Überprüfung empfiehlt es sich, die gefundenen Auffälligkeiten schon im Quellsystem zu beheben. Andernfalls kann eine reibungslose Durchführung der Konvertierung nicht garantiert werden. Nachdem die Korrekturen vorgenommen wurden, kann eine erneute Prüfung des Systems zusätzliche Sicherheit bringen.

Konvertierung durchführen

Falls die Vorabprüfungen keine Auffälligkeiten zeigen, kann die nächste Phase der Konvertierung gestartet werden. Zu diesem Zweck wird mithilfe des *Maintenance Planners* der gewünschte Zielzustand eingegeben – in unserem Fall die gewünschte Version von SAP S/4HANA. Der Maintenance Planner kann über das SAP Support Portal aufgerufen werden (*http://s-prs.de/v631622*). Mit einer für SAP S/4HANA optimierten Version des *Soft-*

ware Update Managers (SUM) wird dann die eigentliche technische Systemkonvertierung durchgeführt.

Sie können entscheiden, wie diese technische Konvertierung durchgeführt werden soll. SAP stellt zwei Verfahren zur Verfügung:

- Mit dem voreingestellten Standardverfahren versucht SAP, den Ressourcenverbrauch, die Downtime und die Gesamtlaufzeit in ein ausgewogenes Verhältnis zu bringen.
- Ein Verfahren mit optimierter Downtime führt größere Teile der Datenkonvertierungen in das SAP-S/4HANA-Datenformat durch, während das System in Betrieb ist. Damit wird die Downtime reduziert. Der Preis dafür sind ein höherer Ressourcenverbrauch und teilweise eine längere Gesamtdauer der technischen Konvertierung.

Standard oder downtime-optimiert

Die Konvertierung mit optimierter Ausfallzeit ist derzeit allerdings nur für Quellsysteme verfügbar, die nicht auf SAP HANA laufen. Noch weitergehende Anforderungen können in einem individuellen Projekt optimiert werden. Falls eine *Near-Zero Downtime* angestrebt wird, empfiehlt SAP, das Projekt gemeinsam mit SAP-Beratern durchzuführen.

In der technischen Konvertierung laufen im Wesentlichen die folgenden drei Schritte ab:

Schritte der Konvertierung

1. **Umsetzung der Datenbank auf SAP HANA**
   Die Datenbank des Quellsystems muss *nicht* SAP HANA sein. In diesem Fall bietet der SUM die Option an, die Datenbank mit zu konvertieren. SAP nennt dies *Database Migration Option* (DMO).

2. **Einspielen der neuen Repository-Objekte**
   Ein Update der Software auf die neuen SAP-S/4HANA-Versionen wird durchgeführt.

3. **Datenkonvertierung**
   Die Daten des Quellsystems werden in die geänderten Ablagen des Zielsystems überführt.

Nachdem die technische Konvertierung fehlerfrei durchlaufen wurde, müssen in wenigen Fällen noch applikationsspezifische Aktivitäten durchgeführt werden.

Das System ist nun wieder für die Nutzung bereit – allerdings nur im funktionalen Rahmen des Altsystems. Die neuen Funktionen von SAP S/4HANA sind natürlich im System vorhanden, allerdings muss hier in der Regel noch die gewünschte Konfiguration vorgenommen werden. Um diese Konfiguration zu vereinfachen, bietet SAP vordefinierten Content an: die SAP Best Practices.

Konfiguration der neuen Funktionen

> **Vom Einzelsystem zu einer Landschaft**
>
> Die beschriebenen Schritte für die Konvertierung müssen in *allen* Systemen der Landschaft durchgeführt werden, also mindestens im Entwicklungs-, Test- und Produktivsystem. Um die dadurch entstehende Zeitspanne zu überbrücken, kann temporär eine Kopie der Landschaft erzeugt werden. Beachten Sie, dass es dann in der Regel nicht mehr möglich ist, zwischen den Systemen, die sich auf dem alten Stand befinden, und denen auf dem Stand von SAP S/4HANA Änderungen am Code oder an den Konfigurationen per Transport auszutauschen. Dies gilt auch für SAP-Korrekturen. Der Grund ist, dass sich sowohl der Code (kundeneigener Code und SAP-Code) als auch die Konfigurationstabellen unterscheiden. Wir empfehlen in einem solchen Fall ausschließlich einen manuellen Abgleich zwischen den Landschaften.
>
> Wir empfehlen ebenfalls, das Projekt in zwei Phasen zu unterteilen und sich zunächst auf die technische Umstellung des Systems zu konzentrieren. Die Einführung neuer bzw. geänderter Prozesse kann dann auf Basis des konvertierten Systems in einem zweiten Schritt durchgeführt werden.

Voraussetzungen

Ausgehend von verschiedenen Startversionen des SAP-ERP-Systems sind jeweils unterschiedliche SAP-S/4HANA-Zielversionen möglich. Es ist weder erforderlich, bereits SAP HANA implementiert zu haben, noch müssen die verschiedenen Versionen sequenziell implementiert werden. Im Grunde reicht es aus, dass das Quellsystem auf dem Stand von SAP ERP 6.0 oder höher ist. Beachten Sie dazu Abbildung 4.12. Details zu den Konvertierungspfaden finden Sie in Kapitel 10, »Systemkonvertierung eines Einzelsystems«.

> **Checkliste für die Konvertierung**
>
> In der folgenden Liste fassen wir die einzelnen Schritte bei der Systemkonvertierung noch einmal zusammen:
>
> 1. Zielzustand festlegen: Betriebsmodell und Verteilung der Instanzen. Die Systemkonvertierung kann nur für On-Premise-Implementierungen oder für SAP HANA Enterprise Cloud erfolgen.
> 2. Identifikation der gewünschten neuen betriebswirtschaftlichen Funktionen.
> 3. Abgleich der aktuell genutzten Funktionen mit dem Simplification Item Catalog Ihrer jeweiligen SAP-S/4HANA-Version (für 1709 FPS02 z. B. unter *http://s-prs.de/v631623*). Beachten Sie jeweils die Anzahl der Benutzer für die einzelnen Funktionen.

4. Bei bestehendem SAP-ERP-Quellsystem: Simplification Item Check im Simulationsmodus durchführen (siehe SAP-Hinweis 2182725 bis SAP S/4HANA 1610 bzw. 2502552 ab SAP S/4HANA Cloud 1711)
5. Analyse kundeneigener Erweiterungen mithilfe der Custom Code Migration Worklist (*http://s-prs.de/v429724*). Bestehende eigene Programme müssen in der SAP S/4HANA Cloud in der Regel neu implementiert werden (zu den neuen Erweiterungen für die SAP S/4HANA Cloud siehe Abschnitt 3.4, »Erweiterbarkeit von SAP S/4HANA«).
6. Sizing durchführen (*https://service.sap.com/sizing*)
7. Wenn möglich Datenbereinigung und -archivierung im Ausgangssystem
8. Anpassung der Aufwandsplanung, Überprüfung des Umstiegsszenarios
9. Wartungsvorgang im Maintenance Planner (*http://s-prs.de/v631624*) modellieren
10. Standard- oder Konvertierung mit optimierter Verfügbarkeit im SUM wählen, gegebenenfalls Sizing anpassen
11. Wartungsvorgang durchführen
12. Überprüfung des Ergebnisses
13. Aufbau der Frontendserver für SAP Fiori
14. Delta-Konfiguration
15. Abschlusstests
16. Roll-out der neuen Prozesse an die Anwender

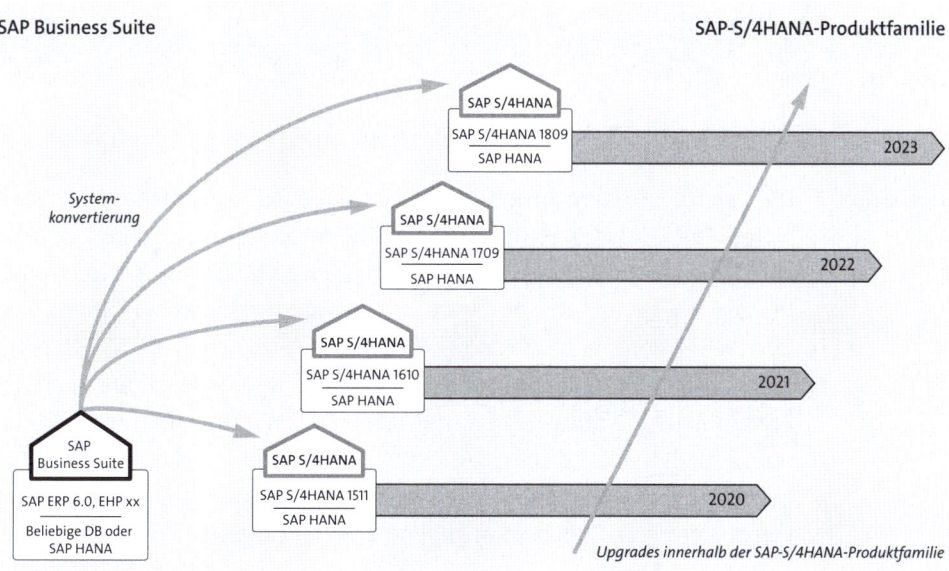

Abbildung 4.12 Unterschiedliche Konvertierungspfade nach SAP S/4HANA

SAP stellt als Unterstützung den umfangreichen SAP Readiness Check für SAP S/4HANA zur Verfügung, über den Sie eine elektronische Checkliste und detaillierte, regelmäßig aktualisierte Informationen zur Umstiegsvorbereitung erhalten: *http://s-prs.de/v631625* oder SAP-Hinweis 2290622.

4.2.3 Landschaftstransformation mit SAP S/4HANA

Daten in eine gemeinsame Datenbank

Unter *Landschaftstransformation* verstehen wir ein Umstiegsszenario, bei dem mehrere unterschiedliche SAP-ERP-Systeme in ein gemeinsames SAP-S/4HANA-System überführt werden (siehe Abbildung 4.13). Auslöser für ein solches Projekt ist üblicherweise der Wunsch, den größtmöglichen Vorteil aus der Echtzeitverarbeitung von Daten in SAP S/4HANA zu ziehen: Nur, wenn alle Daten in der gemeinsamen Datenbank liegen, kann das System diese Daten auch nutzen. Ein Nebeneffekt ist die Vermeidung von Datenreplikation. Die effizienten Komprimierungsalgorithmen und die hohe Geschwindigkeit von SAP S/4HANA lassen es zu, die Datenmengen mehrerer klassischer Systeme in einem gemeinsamen System zu verarbeiten.

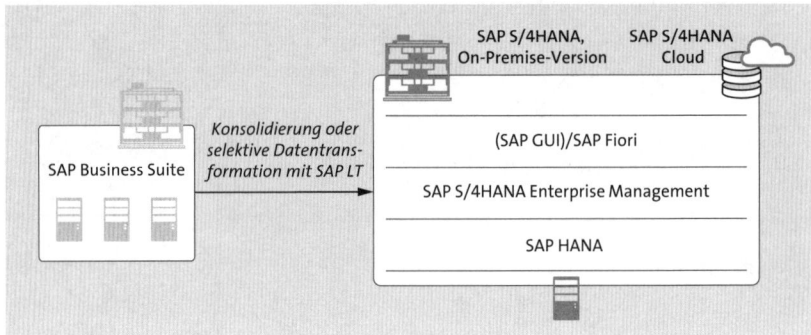

Abbildung 4.13 Landschaftstransformation

Zwei Teilprojekte

Die Landschaftstransformation besteht aus zwei Teilprojekten. In einem ersten Teil wird das Hauptsystem bzw. Mastersystem vorbereitet. Dazu wird eines der zuvor beschriebenen Szenarien genutzt: eine Neuimplementierung eines SAP-S/4HANA-Systems oder eine Systemkonvertierung. Der letztere Fall empfiehlt sich häufig, wenn in der Landschaft ein SAP-ERP-System vorhanden ist, das als Vorlage für die anderen dienen kann. In diesem System sollten Konfiguration und Prozessausprägungen auf dem besten und aktuellsten Stand sein. Berücksichtigen Sie bei der Planung dieses ersten Schritts unsere Ausführungen zu Neuimplementierungen und Systemkonvertierungen in den vorangehenden Abschnitten.

Wurde im ersten Schritt ein Master-SAP-S/4HANA-System erzeugt, müssen in einem zweiten Schritt nun die Daten aus den übrigen Systemen der Landschaft in dieses System überführt werden. Dazu sollten Sie zunächst herausfinden, welche Art der Datenextraktion erforderlich ist. Übliche Fälle sind in Abbildung 4.14 dargestellt:

Wahl der Datenextraktionsmethode

- Konsolidierung mehrerer Komplettsysteme
- Übertragung ausgewählter Buchungskreise
- Übertragung ausgewählter Geschäftsprozesse

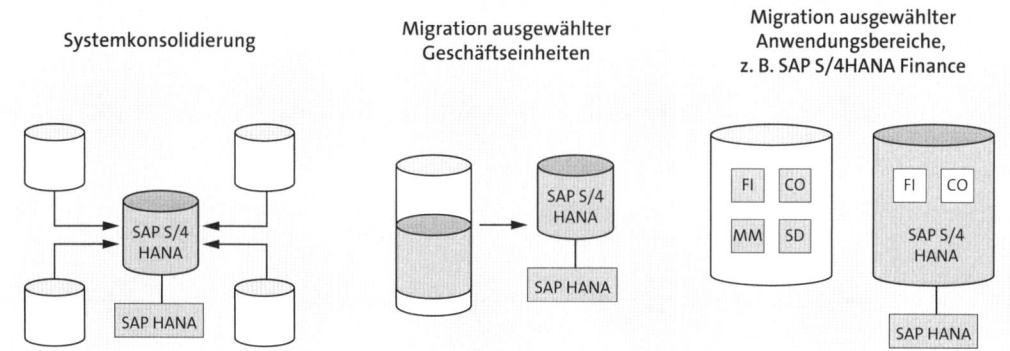

Abbildung 4.14 Beispiele für Landschaftstransformationsszenarien

In jedem Fall werden Daten aus (verschiedenen) SAP-ERP-Versionen gelesen und in das SAP-S/4HANA-System geschrieben. Diese Daten müssen dabei in das neue Datenmodell von SAP S/4HANA übersetzt werden. Technisch werden Sie dabei von *SAP Landscape Transformation* (SLT) unterstützt. SLT wird in diesem Szenario allerdings nicht für eine kontinuierliche Replikation, sondern für eine einmalige Datenübertragung genutzt. SAP hat SLT zu diesem Zweck mit Umsetzungslogiken für das neue SAP-S/4HANA-Datenmodell ausgerüstet.

SAP Landscape Transformation (SLT)

Mit Einschränkungen ist eine solche Landschaftstransformation natürlich auch für Nicht-SAP-Quellsysteme möglich. Dann bietet es sich allerdings an, alternativ über den Einsatz von SAP Data Services nachzudenken, wie auch im Fall der Neuimplementierung. Die Entscheidung für eines der beiden Werkzeuge hängt vom Einzelfall ab und kann an dieser Stelle nicht pauschal getroffen werden. Die einzelnen Spielarten der Landschaftstransformation sind hochgradig individualisierte Projekte. Neben der technischen Unterstützung bieten SAP und andere Dienstleister daher spezialisierte Beratungs- und Implementierungsservices für diese Szenarien an. Wir beschreiben die Details einer Landschaftstransformation in Kapitel 12.

Nicht-SAP-Quellsysteme

Kapitel 5
SAP Activate

SAP Activate bildet das Gerüst für eine erfolgreiche Einführung von SAP S/4HANA und SAP S/4HANA Cloud. Es ersetzt alle bisherigen Implementierungsmodelle und beinhaltet Best Practices, Konfiguration und Methodik.

SAP Activate ist eine neue Art und Weise, SAP-Software einzuführen. Sie wird unter anderem für SAP S/4HANA angewandt – und zwar sowohl für neue Implementierungen (*Greenfield*), für Konvertierungen bestehender SAP-Business-Suite-Systeme (*Lift & Shift*) sowie für Transformationen einer ERP-Systemlandschaft (siehe Abschnitt 4.2, »Die drei Szenarien für den Umstieg«). Des Weiteren kann das mit SAP S/4HANA eingeführte Modell ebenfalls für das Update von SAP-S/4HANA-Systemen angewendet werden. Der SAP-Activate-Ansatz beinhaltet Best Practices für Geschäftsprozesse (*Ready-to-use Business Processes*), Werkzeuge für eine geführte Konfiguration und die Implementierungsmethodik.

Im Einzelnen liefert SAP Activate Antworten auf die folgenden Fragestellungen und ist damit ein wertvoller Bestandteil jeder SAP-S/4HANA-Einführung:

- Wie kann ich SAP S/4HANA erfolgreich einführen?
- Wo kann ich eine Anleitung zur Implementierung von SAP S/4HANA finden?
- Wie kann ich SAP S/4HANA am effektivsten einführen?
- Wie kann ich Best Practices in der Einführung von SAP S/4HANA nutzen?

Die Antworten auf diese Fragen geben wir in den folgenden Abschnitten, in denen wir ausführlich sowohl auf das Konzept als auch auf die Phasen von SAP Activate eingehen.

Fragestellungen

5.1 Die Inhalte von SAP Activate

SAP Activate kann als Nachfolger der erfolgreichen ASAP-Implementierungsmethode angesehen werden. Das *ASAP*-Vorgehensmodell (*AcceleratedSAP*) wurde ursprünglich für SAP R/3 in den 1990er Jahren entwickelt

Nachfolger von ASAP

und eingesetzt, um traditionelle Vorgehensweisen bei der Softwareimplementierung abzulösen und zu vereinheitlichen. Die Idee war (damals wie heute), allen Kunden die Erfahrungen aus vorangegangenen Projekten über eine standardisierte Methodik zur Verfügung zu stellen. ASAP beinhaltete daher sowohl erfolgreich eingesetzte Business-Best-Practices als auch die Methodik zum Projektmanagement. Der damals neue Ansatz legte eine Vorgehensweise fest, die schneller als bisher umgesetzt werden konnte. Allerdings bedeutet sie – durch die Standardisierung – unter Umständen auch weniger Flexibilität. Über die Zeit wurde ASAP stets weiterentwickelt (die neueste, im Jahr 2013 eingeführte Version ist ASAP 8) und konnte sowohl für Neuimplementierungen, für die Erweiterung der Software (z. B. durch neue Komponenten) als auch bei Upgrades eingesetzt werden. Seit der Ablösung von ASAP durch SAP Activate wird ASAP nicht mehr weiterentwickelt.

Nachfolger von SAP Launch

Eine nochmalige Weiterentwicklung in diesem Sinne ist SAP Activate. Da SAP Activate nicht nur für On-Premise-Implementierungen, sondern auch für Cloud-Lösungen entwickelt wurde, ist SAP Activate nicht nur Nachfolger von ASAP, sondern auch von *SAP Launch*, dem für SAP-Cloud-Lösungen (z. B. SAP SuccessFactors oder SAP Ariba) bisher verwendeten Ansatz.

Neben den Best Practices und der Methodik beinhaltet SAP Activate auch die Konfiguration und geht damit noch einen Schritt weiter im Sinne der Vereinfachung (Simplifizierung) und Standardisierung. Dazu stellt SAP Activate zum einen den generellen Ablauf und zum anderen die Werkzeuge zur Verfügung. In einem Projekt kann jedoch hier und da leicht vom Standardablauf abgewichen werden, ohne die Vorteile einer Standardmethodologie aufgeben zu müssen.

SAP Activate kann für alle Cloud- und On-Premise-Implementierungen genutzt werden. Für die Implementierung von SAP S/4HANA und SAP S/4HANA Cloud stehen lösungsspezifische Best Practices und Methodologien zur Verfügung.

Ziele von SAP Activate

Der angestrebte Mehrwert für Unternehmen (*Business Value*) ist eine schnellere, weniger beratungsintensive Implementierung der Software, sowohl on premise als auch in der Cloud, sowie die schnellere Verfügbarkeit von Innovationen während des gesamten Produktlebenszyklus. Darüber hinaus ist das Modell so angelegt, dass es von SAP-Partnern verwendet und auch erweitert werden kann.

Abbildung 5.1 zeigt die drei Komponenten *SAP Best Practices*, Methodik (*Methodology*) und geführte Konfiguration (*Guided Configuration*) im Überblick.

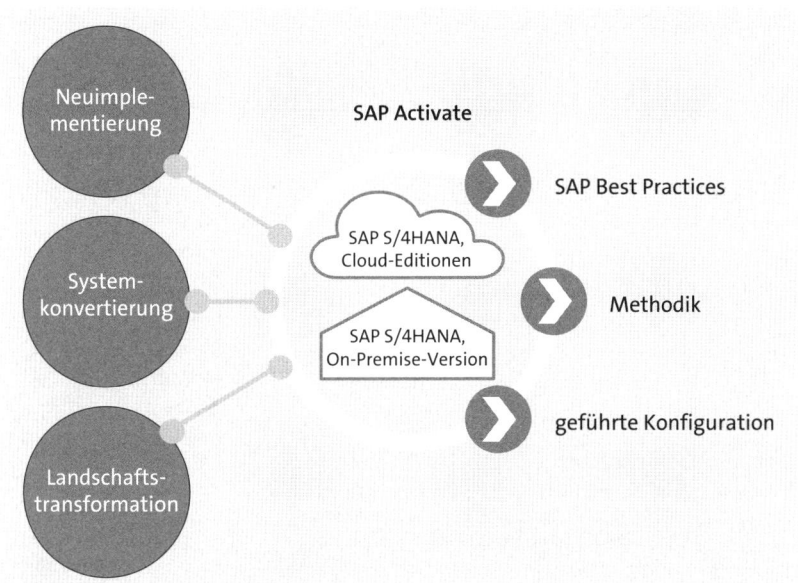

Abbildung 5.1 SAP Activate im Überblick

Die Ziele von SAP Activate

Zusammengefasst sind die Ziele von SAP Activate:

- Vereinfachung der Einführung von SAP S/4HANA durch die Kombination von SAP Best Practices, Methodik und geführter Konfiguration
- Lieferung vordefinierter Ready-to-run-Geschäftsprozesse, die für SAP S/4HANA optimiert sind
- Bereitstellung von Best Practices für Transformation, Migration, Integration und Konfiguration von SAP S/4HANA

Damit geht die schnelle, weniger serviceintensive initiale Implementierung und anschließende Wartung von SAP S/4HANA für alle SAP-S/4HANA-Kunden einher, unabhängig von deren Weg (siehe Abschnitt 4.2, »Die drei Szenarien für den Umstieg«). Dies alles soll zu einer kürzeren Amortisierungszeit (*Time-to-Value*) und zu geringeren Gesamtbetriebskosten (*Total Cost of Ownership*) führen.

In den folgenden Abschnitten stellen wir die einzelnen Bausteine von SAP Activate vor, die Sie in Abbildung 5.2 sehen: die Business-Best-Practices als Teil von SAP S/4HANA (*SAP Best Practices*), die Werkzeuge für die geführte Konfiguration und die mit SAP Activate neu eingeführte Methodik.

Bausteine

5   SAP Activate

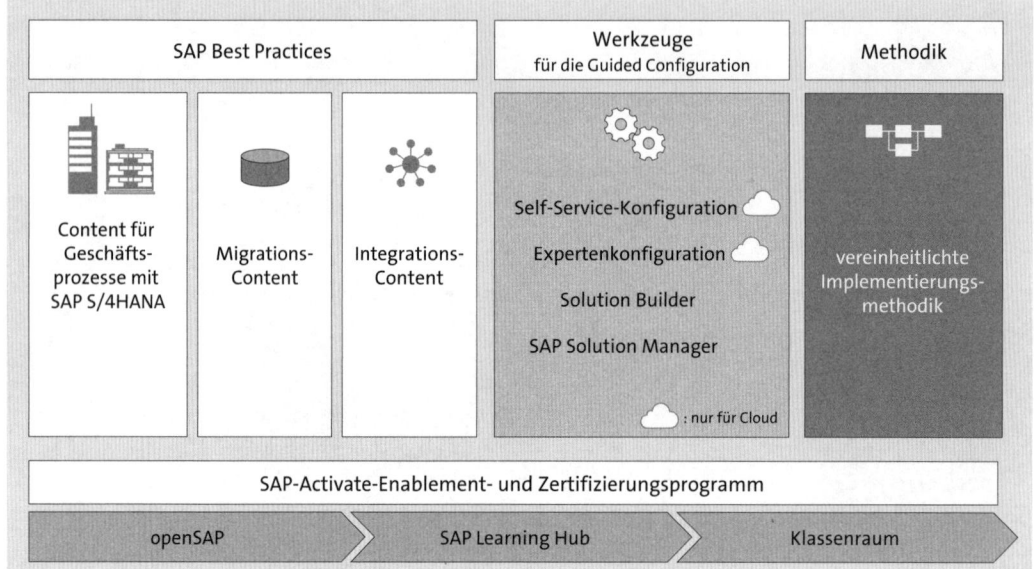

Abbildung 5.2 Die Bausteine von SAP Activate

5.1.1   SAP Best Practices

Best Practices

Bei den SAP Best Practices handelt es sich um eingebaute, sofort verfügbare Geschäftsprozesse, die für SAP S/4HANA optimiert wurden und für SAP S/4HANA Cloud ein Teil des Softwareprodukts sind. Des Weiteren beinhalten die Best Practices eine für jeden sofort verfügbare Referenzlösung in der Cloud (ein sogenanntes *Trial-System*) und Content für die Migration sowie die Integration.

> **Trial-System**
>
> Sie können sich ganz einfach selbst einen Eindruck von den mitausgelieferten Best Practices verschaffen, indem Sie den kostenfreien Zugang zu einem SAP-S/4HANA-System als Testsystem nutzen. Dabei haben Sie die Wahl zwischen einem eigenen, von einem Cloud-Anbieter gehosteten On-Premise-System und einem mit anderen Benutzern geteilten SAP-S/4HANA-Cloud-System (siehe Kapitel 6, »Testsysteme und Modellfirma«). Für den Testzeitraum fallen keinerlei Lizenzkosten an, und nur im Fall des On-Premise-Systems entstehen Hosting-Kosten. Den Zugang erhalten Sie unter folgendem Link: *http://www.sap.com/s4hana-trial*
>
> Mithilfe dieses Testzugangs können Sie sich einen ersten Eindruck von den neuen Funktionen und der neuen SAP-Fiori-Benutzeroberfläche verschaffen. Dabei helfen Ihnen geführte Touren durch die vorgefertigten

Best-Practices-Szenarien. Mehr Informationen zu den Trial-Systemen erhalten Sie in Kapitel 6.

SAP Best Practices wurden erstmals vor über zehn Jahren mit dem Produkt *SAP Business All-in-One* (*BAiO*, damals *MySAP All-in-One*) eingeführt. Das war eine vorkonfigurierte SAP-Lösung, die auf dem Standard-SAP-ERP-System basierte (oder auf dem Standard-SAP-CRM-System im Fall der SAP-CRM-Best-Practices).

BAiO

Der Unterschied zwischen einem BAiO- und einem SAP-ERP-System bestand darin, dass im Fall von BAiO speziell für den Mittelstand vorkonfiguriertes Customizing Teil des Produkts war. Somit konnten Systeme, die sich eng am Standard orientierten, auch für kleinere Kunden (Small- and Medium-sized Enterprises, SME) erfolgreich und schneller implementiert sowie einfacher betrieben werden. Die einzelnen Best Practices wurden dabei über Pakete im SAP Service Marketplace ohne weitere Kosten zum Download bereitgestellt. Jeder Kunde konnte diese mit einem S-User herunterladen, und des Weiteren waren die Best Practices Ausgangspunkt für spezifische Branchenlösungen von SAP-Partnern.

Der nächste Schritt war die Weiterentwicklung dieses Konzepts für Großkunden (Large Enterprises, LE), was in Form von *Rapid Deployment Solutions* (RDS) erfolgte. Im Unterschied zu früheren SAP Best Practices und Rapid Deployment Solutions sind bei SAP Activate sämtliche Best Practices Teil des Produkts SAP S/4HANA, auch in SAP S/4HANA Cloud.

RDS

Abbildung 5.3 gibt einen Überblick über die vorhandenen SAP Best Practices für die folgenden Bereiche:

Vorhandene SAP Best Practices

- User Experience (z. B. SAP Fiori Overview Pages, OVP)
- Analysen (z. B. vorgefertigte Reports und Dashboards)
- Geschäftsprozesse (z. B. vordefinierte Geschäftsprozesse in den verschiedenen Komponenten und für verschiedene Branchen)
- Migration (z. B. für die Migration von SAP- oder Nicht-SAP-Systemen nach SAP S/4HANA)
- Integration (z. B. für die Integration von SAP SuccessFactors, SAP Hybris Cloud for Customer, SAP Ariba und SAP Hybris)

Die Anwendung der Best Practices für die Migration behandeln wir in Abschnitt 7.3, »Datenmigration in die SAP S/4HANA Cloud«, detailliert für die SAP S/4HANA Cloud und in Kapitel 11, »Neuimplementierung eines Einzelsystems«, detailliert für die klassische On-Premise- oder Private-Cloud-Version von SAP S/4HANA. Für die Integrations-Best-Practices finden Sie ausführliche Beispiele in Kapitel 8, »SAP S/4HANA Cloud in die Systemlandschaft integrieren«, und Kapitel 13, »SAP S/4HANA, On-Premise-Version in die Systemlandschaft integrieren« (für die On-Premise- und die Private-Cloud-Version).

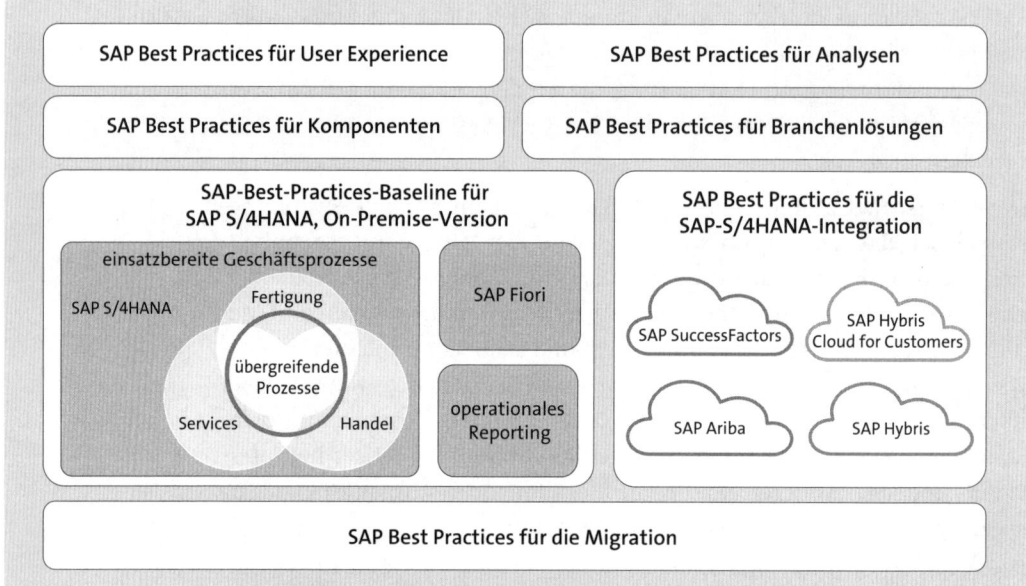

Abbildung 5.3 Überblick über die verschiedenen Best Practices als Teil von SAP S/4HANA

Mit den SAP Best Practices können Sie jedes SAP-S/4HANA-System bereits zu Beginn mit Leben füllen. Die Konfiguration und das Customizing können ausgehend von einer Modellfirma statt von einem leeren System aus durchgeführt werden (siehe Kapitel 6, »Testsysteme und Modellfirma«). Sämtliche SAP Best Practices in SAP Activate wurden speziell für SAP S/4HANA erstellt und optimiert und haben somit nur noch den Namen mit den historischen Best Practices gemeinsam. Zum Beispiel nutzen die Best-Practices-Prozesse, wenn möglich, standardmäßig die SAP-Fiori-Benutzeroberfläche. Darüber hinaus gibt es als Erweiterung sogar Best Practices, um eigene SAP-Fiori-Anwendungen zu bauen.

Baseline Der zentrale Bestandteil der SAP Best Practices für SAP S/4HANA ist die sogenannte *Baseline*, die sofort verfügbare Geschäftsabläufe für die grundlegenden SAP-Komponenten (z. B. die Buchhaltung in FI) jedes Unternehmens beinhaltet. Die Lokalisierung dieser Baseline geht weit über die Anmeldesprache und die Übersetzung der Dokumentation hinaus. Es werden vielmehr SAP Best Practices für einzelne Länder angeboten, z. B. für Finanzabschlüsse nach International Financial Reporting Standards (IFRS) und Handelsgesetzbuch (HGB) in Deutschland und Abschlüsse nach den

United States Generally Accepted Accounting Principles (US-GAAP) in den USA. Im FI-Bereich sind z. B. SAP Best Practices für folgende Geschäftsprozesse verfügbar:

- Accounting and Financial Close (Buchhaltung und Finanzabschluss)
- Asset Accounting (Anlagenbuchhaltung)
- Accounts Payable (Kreditorenbuchhaltung)
- Accounts Receivable (Debitorenbuchhaltung)
- Internal Order (Innenaufträge)
- Profitability and Cost Analysis (Ergebnis- und Kostenanalyse)
- Period-End Closing (Periodenabschluss)

Beispiele für SAP Best Practices

Ein wesentlicher Bestandteil der SAP Best Practices sind die *Test Scripts* (früher Business Process Documents, BPD) sowie die *Prozessdiagramme*. Abbildung 5.4 zeigt ein Prozessdiagramm für einen Bestellprozess in SAP S/4HANA Cloud und SAP Ariba Network. Mehr zur Integration dieser beiden Systeme erfahren Sie in Abschnitt 8.1, »Integration mit SAP-Ariba-Lösungen«.

Prozessdiagramme

SAP Best Practices Explorer

Mehr Informationen über die Best Practices erhalten Sie im SAP Best Practices Explorer unter *http://rapid.sap.com/bp*. Direkten Zugang zu den Best Practices für die einzelnen Editionen erhalten Sie über die folgenden Links:

- SAP S/4HANA, On-Premise-Version: *http://s-prs.de/v631627*
- SAP S/4HANA Cloud: *http://s-prs.de/v631628*

Wählen Sie in den einzelnen Paketen die Version (Lokalisierung), die für Sie infrage kommt, über die Dropdown-Liste. Sie finden dort den gesamten SAP-S/4HANA-Content für Ihre Lösung, indem Sie in die entsprechende SAP-S/4HANA-Unterkategorie navigieren. Dazu zählen Überblicksdokumente und Präsentationen, allgemeine Dokumente wie die Dokumentation und SAP-Hinweise, Informationen zu den sogenannten *Scope Items* (auf diese gehen wir in Abschnitt 5.1.2, »Werkzeuge für eine Guided Configuration«, näher ein) sowie eine Content Library mit den entsprechenden Inhalten. Dadurch erhalten Sie ebenfalls Zugriff auf Klick-Demos, mit denen Sie nicht nur Details der einzelnen Best-Practices-Prozesse kennenlernen, sondern auch ein gutes Gefühl für die neuen Benutzeroberflächen in SAP S/4HANA insgesamt bekommen.

Während sich jeder mithilfe des SAP Best Practices Explorer über die SAP Best Practices informieren kann, müssen Sie sich mit einem von SAP bereitgestellten Benutzerzugang (S- oder C-User) anmelden, um die SAP Best Practices herunterladen zu können und Zugang zu ausführlicheren Informationen zu erhalten.

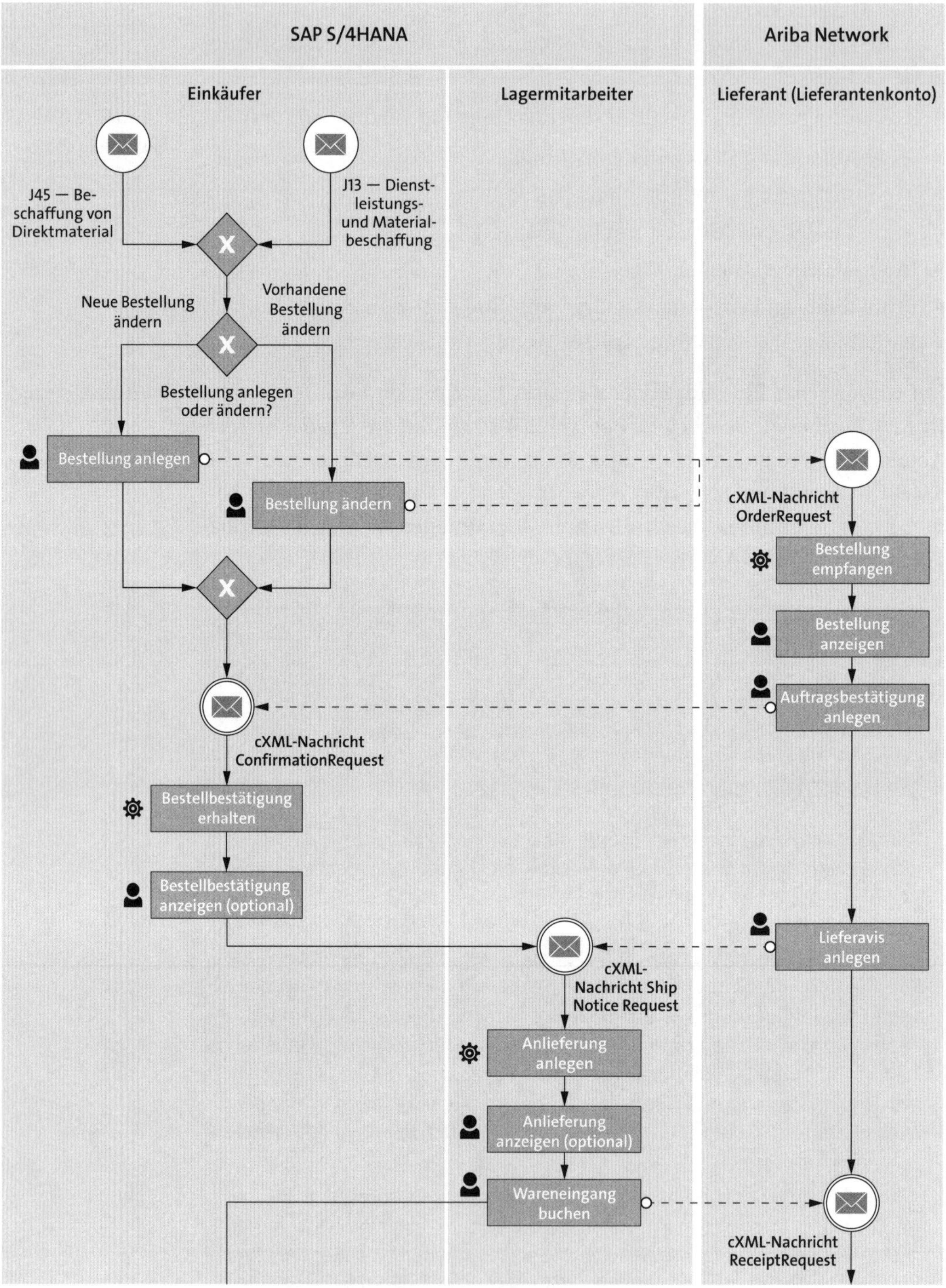

Abbildung 5.4 Ein Beschaffungsprozess als Beispiel für ein Prozessdiagramm aus den SAP Best Practices

5.1.2 Werkzeuge für eine Guided Configuration

Die mit SAP Activate bereitgestellte *Guided Configuration* enthält Werkzeuge für eine geführte Neuimplementierung und die laufenden Erweiterungen nach dem Go-live. Dafür wird mittels SAP Fiori ein neues Benutzerkonzept angeboten, das sowohl technische als auch fachliche Benutzer anspricht. Mit diesem neuen Konzept wird die Einführung von SAP S/4HANA erheblich beschleunigt, was vor allem für SAP-S/4HANA-Cloud-Lösungen relevant ist.

Werkzeuge für Implementierung und Erweiterung

Bei der Vorstellung der einzelnen Komponenten erörtern wir sämtliche Werkzeuge, sowohl für die Cloud als auch für die On-Premise-Editionen. Sofern eine einzelne Funktionalität derzeit (d. h. mit dem Stand des On-Premise-Releases SAP S/4HANA 1709) nur für SAP S/4HANA Cloud zur Verfügung steht, weisen wir darauf hin.

Die Vorgehensweise ist geschäftsprozessorientiert und führt den Benutzer Schritt für Schritt durch alle notwendigen Aufgaben. Es können damit Geschäftsprozesse eingerichtet und verändert werden. Gleichzeitig können, falls notwendig, weitere Anpassungen im IMG eines On-Premise-Systems vorgenommen werden. Sämtliche Einstellungen werden im *SAP Solution Manager* aufgezeichnet, um eine Konfigurationshistorie erstellen zu können. Somit ist sichergestellt, dass zu jeder Zeit alle Änderungen nachvollzogen und auch wieder rückgängig gemacht werden können. Außerdem werden diese Änderungsdatensätze auch für zukünftige Konfigurationen und Delta-Aktivitäten bei Erweiterungen und Upgrades des Systems genutzt.

Vorgehensweise

Der SAP Solution Manager kann für die Überwachung (*Monitoring*), den Support und die Durchführung (*Operation*) genutzt werden und enthält die von SAP bereitgestellte Konfigurationsdokumentation, die Prozessmodelle der SAP Best Practices und die Implementierungs-Guidelines. Alle in Abschnitt 5.1.1, »SAP Best Practices«, aufgeführten SAP Best Practices sind als sogenannte *Scope Items* modelliert. Scope Items sind Instanzen der SAP Best Practices. Ein Beispiel aus der Finanzbuchhaltung (*Accounting*) sind die Scope Items für Forderungen aus der Debitorenbuchhaltung (*Accounts Receivable*) und Verbindlichkeiten aus der Kreditorenbuchhaltung (*Accounts Payable*).

Scope Items

SAP baut diese Scope Items aus sogenannten *Building Blocks*, die neben den Scope Items einzeln im Solution Builder angezeigt werden. In einem SAP-S/4HANA-On-Premise-System können Sie eigene Geschäftsprozesse anlegen oder die vorgegebenen SAP-Prozesse anpassen – mithilfe des SAP-Ein-

Building Blocks

führungsleitfadens sogar ohne eigenes Coding. An dieser Stelle besteht auch für SAP-Partner die Möglichkeit, eigene Best Practices oder branchenspezifische Best Practices zu entwickeln und bei Kunden zu implementieren.

App »Lösung verwalten«

Sehen wir uns jedoch zunächst den Standardfall ohne solche Erweiterungen an. Abbildung 5.5 zeigt den Einstiegsbildschirm der SAP-Fiori-App **Lösung verwalten**, die die Schritte zur Konfiguration eines SAP-S/4HANA-Cloud-Systems beinhaltet, das sich aktuell in der Realize-Phase befindet (siehe Abschnitt 5.2, »Die Phasen von SAP Activate«). Im Folgenden stellen wir die einzelnen Funktionen dieser App vor.

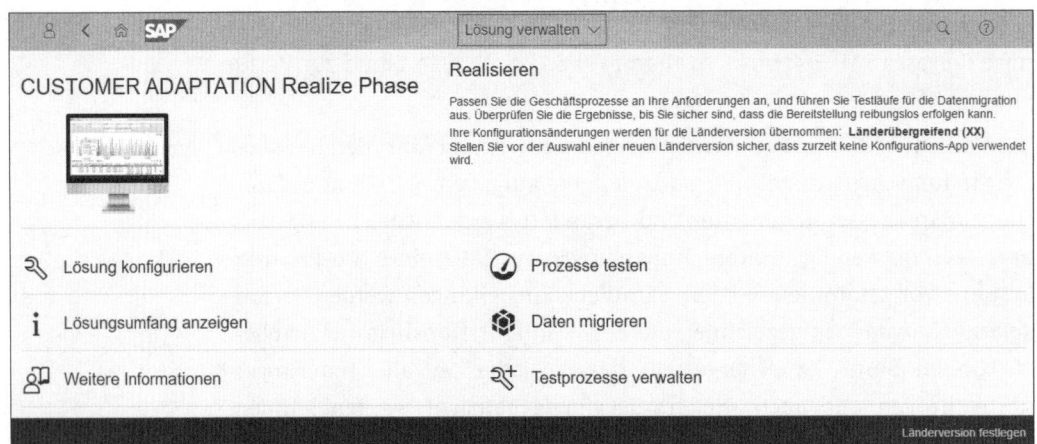

Abbildung 5.5 SAP S/4HANA Guided Configuration

Umfang der Lösung

Lösungsumfang anzeigen

Mit der Funktion **Lösungsumfang anzeigen** kann man sich die in dem SAP-S/4HANA-System bereits aktivierten Geschäftsprozesse anzeigen lassen. Auf diese Weise erhalten Sie auf eine sehr schnelle und elegante Weise einen vollständigen Überblick über das gesamte System. Außerdem können Sie hier mögliche Prozesse sehen, die zu Ihrer Lösung passen. Dies können weitere Integrationsszenarien oder neu ausgelieferte Prozesse sein. Abbildung 5.6 zeigt den Umfang einer beispielhaften SAP-S/4HANA-Cloud-Lösung.

Über die Funktion **Lösungsumfang anzeigen** können Sie in die Dokumentation und die Details der einzelnen Scope Items abspringen. Anschließend können Sie entsprechend dem gewählten Umfang auf sehr einfache Weise Konfigurationseinstellungen vornehmen. Dies schauen wir uns nun genauer an.

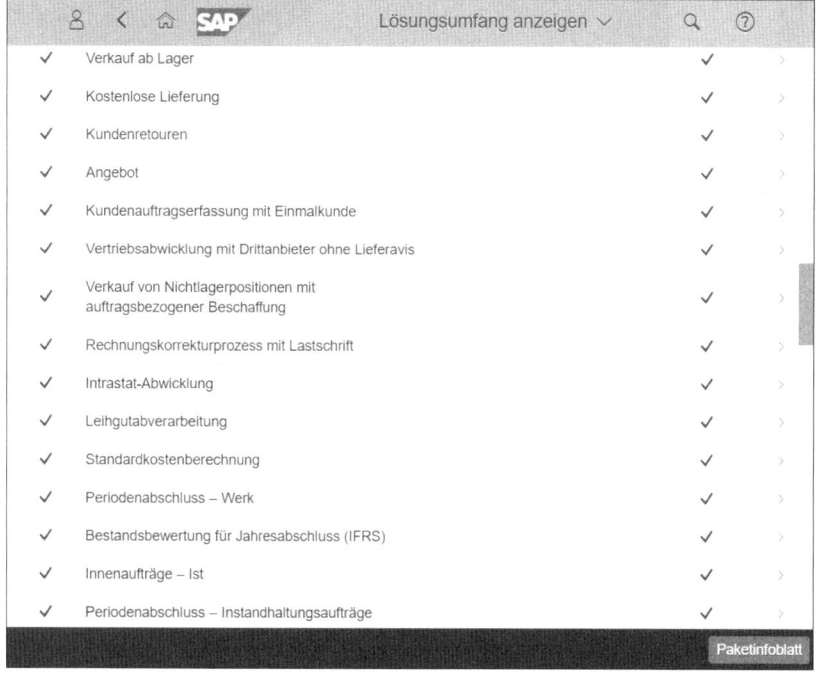

Abbildung 5.6 Umfang der Lösung

Self-Service-Konfiguration (nur für SAP S/4HANA Cloud)

Als Anwender kann man über die Funktion **Lösung konfigurieren** in die sogenannte *Self-Service-Konfiguration* abspringen. Self-Service-Konfigurationen sind so angelegt, dass der Kunde ohne Implementierungspartner Änderungen selbst vornehmen kann. Bei der Self-Service-Konfiguration werden nur Einstellungen angeboten, die der jeweiligen Phase (siehe Abschnitt 5.2, »Die Phasen von SAP Activate«) und dem ausgewählten Lösungsumfang entsprechen. Die Applikation kann von Fachanwendern genutzt werden, um Grundeinstellungen vorzunehmen, wie Änderungen an Organisationsstrukturen oder Stammdaten.

Lösung konfigurieren

Dieses Werkzeug eignet sich nicht, um Geschäftsprozesse ganz einzurichten oder zu verändern. Dafür gibt es für SAP S/4HANA Cloud die vom SAP Service Center durchgeführte Expertenkonfiguration für einzelne verfügbare Szenarien. Wie sich die Änderungen in der Self-Service-Konfiguration im SAP-S/4HANA-System auswirken, kann mit automatisierten Tests überprüft werden.

Automatisierter Test (nur für SAP S/4HANA Cloud)

Über die Funktionalität **Prozesse testen** kann ein Fachanwender genau wie ein IT-Experte die Auswirkungen der geänderten Konfiguration überprü-

Prozesse testen

fen. Das Werkzeug ermöglicht es, Tests automatisiert durchzuführen. Basis für das automatisierte Testen sind Testskripte, die SAP im Rahmen der SAP Best Practices ausliefert und die mit Testdaten befüllt werden können. Der automatisierte Test beinhaltet die Dokumentation der Testaktivitäten und unterstützt das Anlegen, Ändern, Ausführen und Verwalten von Testplänen (siehe Abbildung 5.7).

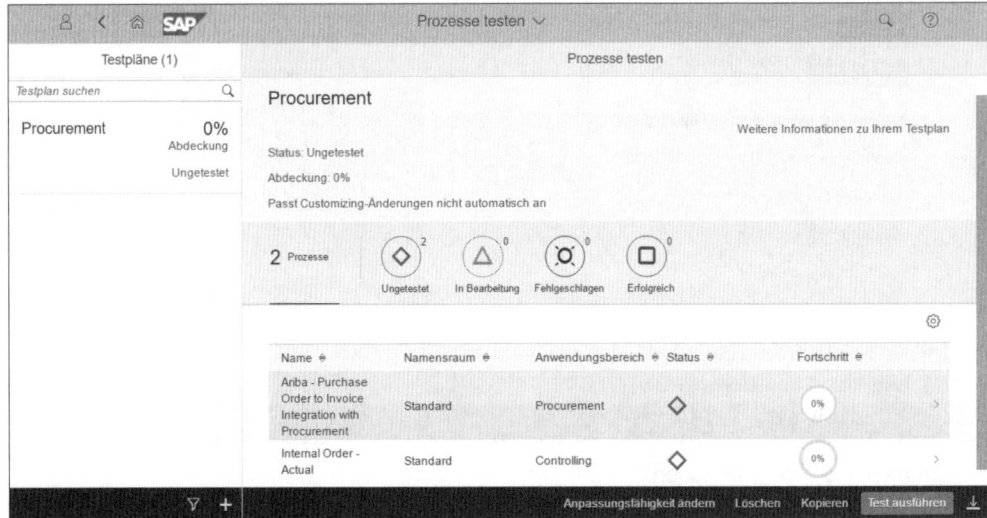

Abbildung 5.7 Automatisierter Test

Testprozesse verwalten
Die Administration der Testprozesse findet in der Anwendung **Testprozesse verwalten** statt (siehe Abbildung 5.8).

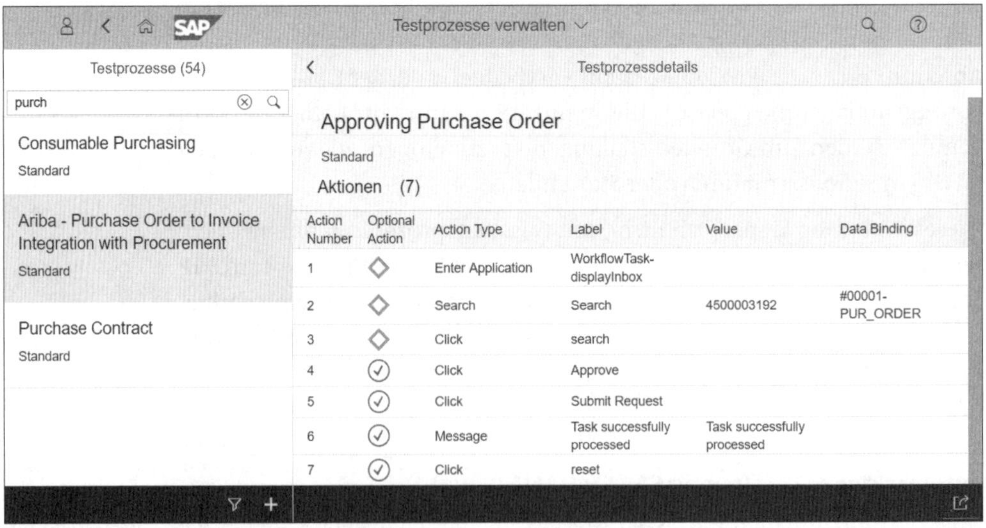

Abbildung 5.8 Testprozesse verwalten

Hier kann man entscheiden, welche Prozesse für Tests verfügbar sein sollen, alte Testfälle ändern und neue anlegen. Neue Prozessschritte können entweder manuell oder über eine Systemaufzeichnung angelegt werden.

SAP S/4HANA Migration Cockpit

Die Funktion **Daten migrieren** ruft das Werkzeug SAP S/4HANA Migration Cockpit für SAP-S/4HANA-Neuimplementierungen auf. Dieses Werkzeug wird in Abschnitt 7.3, »Datenmigration in die SAP S/4HANA Cloud«, für SAP S/4HANA Cloud sowie in Kapitel 11, »Neuimplementierung eines Einzelsystems«, für SAP S/4HANA, On-Premise-Version ausführlich vorgestellt.

Daten migrieren

> **Planung der Datenmigration früh starten**
>
> Die Erfahrung aus Kundenprojekten zur Einführung von SAP S/4HANA zeigt, dass es sehr sinnvoll ist, sich so früh wie möglich mit den Datenmigrationswerkzeugen wie dem SAP S/4HANA Migration Cockpit und den Migrationsvorlagen zu beschäftigen und sich in die Thematik einzuarbeiten. Je früher dies geschieht und je eher Fragen geklärt werden (am besten schon während der Vorbereitungsphase), desto reibungsloser verläuft die spätere Datenmigration und desto genauer werden die Zeitpläne eingehalten.

Eingebautes Trainingsmaterial

Um eine klassische Vor-Ort-Schulung einzusparen, enthält SAP S/4HANA bereits Online-Lerninhalte, die über den SAP Learning Hub direkt in der App **Lösung verwalten** in der Funktion **Weitere Informationen** eingebunden sind. Abhängig von der Benutzerrolle und der Phase werden die Lerninhalte dynamisch zur Verfügung gestellt. Darüber hinaus gibt es auf sämtlichen SAP-Fiori-Oberflächen eine kontextsensitive [F1]-Hilfe, die weit über die alte [F1]-Hilfe in SAP ERP hinausgeht. Abbildung 5.9 zeigt diese Hilfe für verschiedene Schaltflächen und Bildschirmelemente.

Zugriff auf weitere Informationen

> **openSAP-Kurse**
>
> openSAP ist eine Lernplattform, die von SAP entwickelt wurde und in Zusammenarbeit mit dem Hasso-Plattner-Institut angeboten wird. Sie orientiert sich am Prinzip der *Massive Open Online Courses* (MOOC). Diese unterscheiden sich von anderen Arten des E-Learnings im Wesentlichen darin, wie sie von den Teilnehmern Engagement einfordern, da in klassischen Präsenzschulungen erprobte und bewährte Konzepte auf das Onlinepräsentationsformat übertragen werden. Diese Kurse werden kom-

plett online abgehalten und können über Computer und mobile Geräte abgerufen werden.

Den wichtigsten Anteil nehmen dabei die in Units aufgeteilten wöchentlichen und per Video abspielbaren Lerneinheiten ein. Das Ganze wird von Selbsttests abgerundet, um den Lernfortschritt zu überprüfen, sowie von Benutzerforen, die den Informationsaustausch unter den Teilnehmern ermöglichen. Am Ende eines Kurses steht ein Test, und es besteht die Möglichkeit, ein Zertifikat zu erhalten. Das Wichtigste ist aber, dass die openSAP-Kurse völlig kostenfrei sind.

Es gibt solche Online-Kurse derzeit nur auf Englisch. In ihnen werden in verschiedenen Lektionen SAP S/4HANA und SAP Activate mithilfe von Videos und Demos vorgestellt. Die beiden zurzeit verfügbaren Kurse finden Sie unter den folgenden Links:

- Find Your Path to SAP S/4HANA: *http://s-prs.de/v631629*
- How to Best Leverage SAP S/4HANA Cloud for Your Company: *http://s-prs.de/v631630*
- Extending SAP S/4HANA Cloud and SAP S/4HANA: *http://s-prs.de/v631631*
- Data Migration to SAP S/4HANA: *http://s-prs.de/v631632*

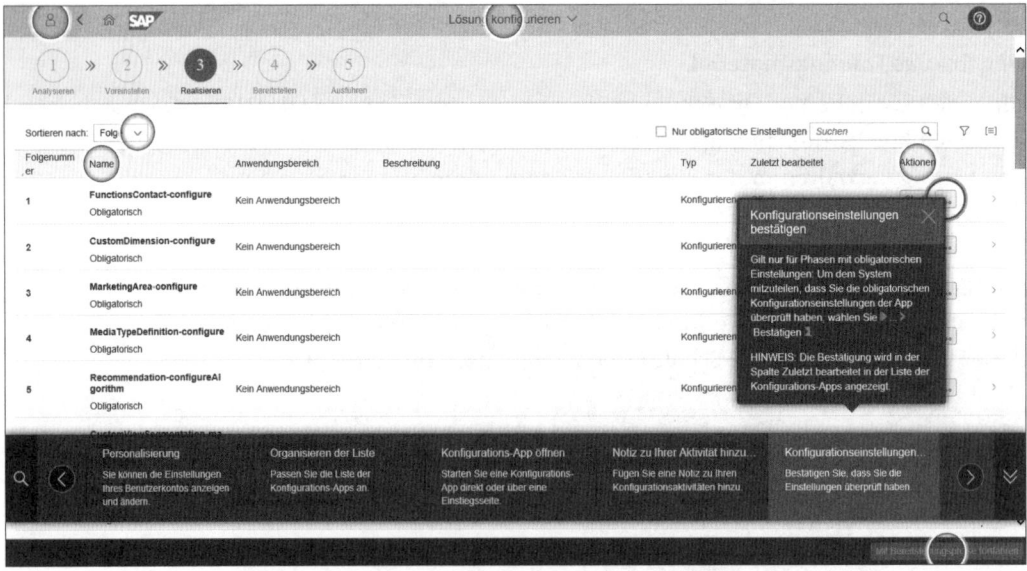

Abbildung 5.9 Weiterführende F1-Hilfe in SAP S/4HANA

SAP Learning Hub Die Funktion **Weitere Informationen** ist der zentrale Einstiegspunkt für sämtliche SAP-S/4HANA-Lerninhalte. Diese beinhalten auch das rollenbasierte Onboarding von neuen Anwendern, inklusive interaktiver Demos. Über sie erreicht man auch den bereits erwähnten SAP Learning Hub, eine kostenpflichtige E-Learning-Plattform.

5.1.3 Die Methodik von SAP Activate

Die Methodik hinter SAP Activate basiert auf den in Abschnitt 5.1.1, »SAP Best Practices«, vorgestellten Best Practices, da sowohl bei On-Premise- als auch bei Cloud-Implementierungen von SAP S/4HANA mit den Best Practices begonnen werden kann. In diesem Zusammenhang möchten wir nochmals herausstellen, dass es mit SAP Activate nun erstmals eine einzige gemeinsame Methodik für die Implementierung von Cloud-, Hybrid- und On-Premise-Systemen gibt. Außerdem kann die SAP-Activate-Methodik sowohl von SAP-Partnern als auch von Kunden selbst angewendet werden und ist nicht notwendigerweise an SAP-Beratungsleistungen geknüpft.

Welche Komponenten oder Tools sind Teil der Methodik?

Die SAP-Activate-Methodik beinhaltet sogenannte Beschleuniger (*Accelerators*) für jede Phase des Implementierungsprojekts (siehe Abschnitt 5.2, »Die Phasen von SAP Activate«) und für jeden Arbeitsbereich. Zu diesen Accelerators gehören Templates, Fragebögen, Checklisten, Anleitungen und Werkzeuge, die die schnelle und standardmäßige SAP-Implementierung oder ein Upgrade unterstützen. Mit den Templates können z. B. Deltas gefunden, die Architektur aufgesetzt oder die für den Go-live erforderlichen Aktivitäten identifiziert werden.

Für welche Situation ist die Methodik am besten geeignet?

Grundsätzlich bietet die SAP-Activate-Methodik einen einheitlichen Ansatz, unabhängig vom Deployment-Modell (Cloud, hybrid oder on premise) und dem Szenario (Neuimplementierung, Systemkonvertierung oder Landschaftstransformation, siehe Abschnitt 4.2, »Die drei Szenarien für den Umstieg«). Außerdem ist die Methodik skalierbar, sodass sie in kleineren Projekten oder für kleinere Kunden ebenso angewendet werden kann wie für große Unternehmen.

Wer kann die Methodik einsetzen?

SAP Activate Methodology ist eine rollenspezifische Methodik. Aufgaben lassen sich vom Kunden oder von einem Implementierungspartner ausführen. Die Methodik ist frei verfügbar und kann vom Kunden und vom Implementierungspartner kostenfrei angewendet werden. SAP Consulting nutzt sie als Standardvorgehen.

5.2 Die Phasen von SAP Activate

Am Beispiel des Szenarios für eine Neuimplementierung stellen wir Ihnen nun die einzelnen Phasen der SAP-Activate-Methodik vor. Dazu sehen wir uns die Phasen eines typischen SAP-S/4HANA-Projekts im Detail an. Mithilfe der einzelnen SAP-Activate-Phasen kann die Einfachheit einer Cloud-Implementierung genauso gut abgedeckt werden wie die komplexe Installation eines On-Premise-Systems.

Sechs Phasen

1. **Discover (Entdecken)**
   In dieser Phase wird das Produkt ausgewählt. Der Kunde kann sich mittels Transformation Navigator und Trial-System über Optionen und Produktdetails informieren.

2. **Prepare (Vorbereiten)**
   Das SAP-S/4HANA-Projekt wird initiiert, geplant und aufgesetzt, inklusive der Quality Gates und eines Risikoplans. Des Weiteren werden die Systemlandschaft und die Best Practices für die vordefinierten Geschäftsprozesse aufgesetzt.

3. **Explore (Analysieren)**
   In Workshops pro Geschäftsbereich bzw. Prozess werden notwendige Konfigurationen, Erweiterungen und Integrationen ermittelt. Hier wird ein Standardsystem mit Best Practices als Ausgangspunkt genommen. In allen Bereichen, z. B. Endanwendertraining, werden detaillierte Pläne zur Ausführung in der Realize-Phase erstellt.

4. **Realize (Realisieren)**
   Das SAP-S/4HANA-System wird gemäß den Plänen aus der Explore-Phase konfiguriert erweitert und mit anderen Produkten verbunden. Die Konfiguration und die Einstellungen erfolgen in kurzen Zyklen, um regelmäßige Validierungen zu ermöglichen und Feedback von den Fachabteilungen einholen zu können. Strukturierte Tests des Systems und Migrationsaktivitäten sind ebenfalls Bestandteil dieser Phase. Am Ende dieser Phase sind alle Bereiche des Projekts vorbereitet für den Cutover in der Deploy-Phase.

5. **Deploy (Bereitstellen)**
   Das neue SAP-S/4HANA-System steht kurz vor dem Go-live und die finalen Vorbereitungen für den Cut-over werden durchgeführt, sodass das System, die Anwender und die Daten bereit für den produktiven Einsatz sind. Daraufhin wird das neue System live geschaltet und das Altsystem abgelöst.

6. **Run (laufendes System)**
   Das Implementierungsprojekt ist mit dem Ende der Deploy-Phase beendet. In der Run-Phase werden Erfahrungen für eine Erweiterung der Nutzung gesammelt und Updates/Upgrades durchgeführt.

Diese sechs Phasen werden für SAP-S/4HANA-Projekte jeweils noch in unterschiedliche Aktivitäten untergliedert. Diese Aktivitäten hängen davon ab, ob die Cloud (Software as a Service, SaaS) oder on premise (gilt auch für die Private Cloud oder hybride Szenarien) als Deployment-Modell gewählt wurde.

SAP Roadmap Viewer

Mit dem Roadmap Viewer bietet SAP ein extern zugängliches Portal für SAP Activate und damit einen Startpunkt für die Implementierung von SAP S/4HANA an, egal, ob on premise oder in der Cloud. Unter folgendem Link können Sie nicht nur einen ersten Vorgeschmack auf die SAP-Fiori-Oberfläche bekommen, sondern auch die vorgestellten Phasen und ihre einzelnen Schritte abrufen: *http://s-prs.de/v631626*

Die Roadmaps werden kontinuierlich mit dem Produkt aktualisiert, sodass sie stets die aktuellen Informationen enthalten, die man für eine erfolgreiche Implementierung benötigt, unabhängig von dem gewählten Szenario (siehe Abschnitt 4.2, »Die drei Szenarien für den Umstieg«).

Idealerweise wird SAP Activate mit dem SAP Solution Manager kombiniert, da SAP Activate komplett in SAP Solution Manager 7.2 integriert ist: SAP Activate bringt die SAP Best Practices direkt in den SAP Solution Manager, und dieser bietet sich unter anderem als Plattform zum Durchführen der Fit-Gap-Analyse an, um Anforderungen und Änderungen zu protokollieren.

SAP Solution Manager

Abbildung 5.10 zeigt die einzelnen Phasen und notwendigen Schritte für eine Systemkonvertierung (oben) und für die Neuimplementierung (unten) im Detail.

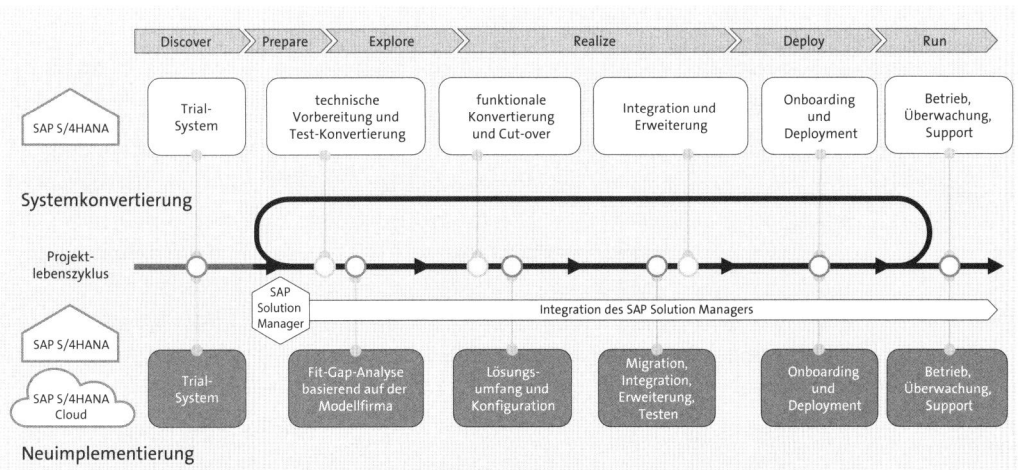

Abbildung 5.10 Phasen in SAP Activate

Beispielhafter Ablauf

Ein Ablauf der Phasen mit den einzelnen Arbeitsschritten kann für ein Neuimplementierungsszenario von SAP S/4HANA, On-Premise-Version wie folgt aussehen:

1. **Vorbereiten der Systemlandschaft**
   - Vorbereiten des Testsystems für die SAP Best Practices
   - Vorbereiten der dreistufigen Systemlandschaft aus Entwicklungs-, Test- und Produktivsystem
   - Vorbereiten des SAP Solution Managers 7.2

2. **Fit-Gap-Analyse auf Basis der Best-Practices-Referenzprozesse mit dem SAP Solution Manager 7.2**
   - Workshops zur Prüfung des Zielumfangs anhand der Bill of Material (BOM) der SAP Best Practices
   - Zusammentragen der Anforderungen mithilfe der SAP-Activate-Werkzeuge

3. **Auswahl des Lösungsumfangs und Content-Aktivierung im Entwicklungsmandanten**
   - Importieren des Referenz-Contents
   - Auswählen des Lösungsumfangs
   - Aktivieren des selektierten Lösungsumfangs mit dem Solution Builder

4. **Konfiguration und Transportmanagement**
   - Delta-Konfiguration nach initialer Aktivierung mithilfe des Implementation Guides
   - zusätzliches Customizing im Mandanten 000 (über die SAP Best Practices hinausgehend)

> **Aktualisierte Informationen**
>
> Um mehr und aktuelle Informationen zu der SAP-Activate-Methodik und den einzelnen Phasen bereitzustellen, hat SAP zu diesem Thema eine interaktive Seite in der Plattform *SAP Jam* angelegt. SAP Jam ermöglicht den Austausch zwischen SAP-Kunden, SAP-Partnern und SAP-Mitarbeitern über Foren und gemeinsame Arbeitsbereiche sowie die Bereitstellung von weiterführendem Material. Zugang zu der offenen SAP-Jam-Gruppe können Sie erhalten, wenn Sie sich mit Ihrer E-Mail-Adresse auf der Webseite *http://bit.ly/SAPActivate* registrieren (beachten Sie bitte die Groß- und Kleinschreibung beim Verwenden dieser URL). Daraufhin erhalten Sie eine Einladung in den englischsprachigen SAP-Jam-Raum und Zugriff auf den

Methodik-Content, die Diskussionsforen und den gemeinsamen Arbeitsbereich (*Social Collaboration*).

Wie alle neuen Konzepte und wegen der laufenden Produktaktualisierungen von SAP S/4HANA ist auch SAP Activate Updates und Verbesserungen ausgesetzt. Daher nennen wir Ihnen zum Abschluss noch zwei weitere Internetquellen, die ständig aktualisiert werden:

- Als Einstiegspunkt in SAP Activate dient die offizielle SAP-Landingpage im Internet, die Sie unter dem folgenden Link erreichen können: *http://www.sap.com/activate*
- Mehr Details finden Sie im »SAP Best Practices Reference Guide« für SAP Activate, den Sie unter folgendem Link aufrufen können (bitte beachten Sie auch hier die Groß- und Kleinschreibung): *http://bit.ly/S4BPRefguide*

Kapitel 6
Testsysteme und Modellfirma

Die SAP-Activate-Methodik beinhaltet auch eine Modellfirma mit vorgefertigtem Customizing, das auf den SAP Best Practices basiert. Sie dient Ihnen als Starthilfe und ist ideal für erste Tests und zur Ermittlung der richtigen Migrationsstrategie geeignet.

Im vorangegangenen Kapitel haben Sie SAP Activate als Framework für die Implementierung von SAP S/4HANA kennengelernt, und wir haben Ihnen in Abschnitt 5.1.1, »SAP Best Practices«, auch bereits einen Ausblick auf das Referenzsystem von SAP S/4HANA, die sogenannte *Modellfirma*, als Trial-System in der Cloud gegeben. In diesem Kapitel stellen wir Ihnen nun diese Modellfirma als Trial-System zum Ausprobieren und ihre Anwendungsmöglichkeiten vor, die weit über die Möglichkeiten eines einfachen Testsystems hinausgehen. Das vorkonfigurierte System beinhaltet Customizing, wie etwa vordefinierte Buchungskreise und Organisationsstrukturen, sowie Beispieldaten. Es basiert auf SAP Activate und den SAP Best Practices und unterstützt Sie dabei, Ihre Anforderungen an die Migration nach SAP S/4HANA und Ihre Voraussetzungen dafür zu identifizieren. Die Modellfirma in SAP S/4HANA gibt es für verschiedene Industrien, und sie ersetzt somit das bisherige sogenannte *World Template* der SAP Business Suite.

6.1 Das SAP-S/4HANA-Trial-System

Die SAP-S/4HANA-Referenzlösung (ein sogenanntes *Trial-System*) ist für jeden – SAP-Kunden wie SAP-Partner – zugänglich. Es beinhaltet die Modellfirma und die entsprechenden Beispieldaten und Szenarien.

Trial-System

Zugang zum Trial-System
Das SAP-S/4HANA-Trial-System können Sie über den folgenden Link einrichten: *http://www.sap.com/s4hana-trial*

Cloud Appliance Library

Das Trial-System für die On-Premise-Version von SAP S/4HANA wird in der *SAP Cloud Appliance Library* (SAP CAL), also somit auch in der Cloud, bereitgestellt. Die SAP CAL stellt vorkonfigurierte Softwaresysteme in einer cloudbasierten Lösung on demand zur Verfügung. Diese können Sie in Ihrem eigenen Cloud-Bereich der SAP CAL starten und nutzen.

IaaS-Konzept

Diese Art des Cloud-Computings ermöglicht es, Rechnerinfrastruktur zu mieten, anstatt eigene Hardware zu kaufen. Das zugrunde liegende skalierbare Konzept wird *Infrastructure as a Service* (IaaS) genannt. Die SAP CAL stellt dabei eine Online-Plattform zum Verwalten von SAP-Systemen dar, die dann von einem IaaS-Cloud-Anbieter (z. B. Amazon, Google oder Microsoft) gehostet werden können.

Verfügbare Versionen

Es gibt zwei Möglichkeiten, mit dem SAP-S/4HANA-Trial-System die Welt von SAP S/4HANA zu erkunden:

- **SAP S/4HANA Cloud Trial**
  Bei dieser Variante haben Sie die Möglichkeit, sich einen Benutzer mit einem 14-tägigen Testzugang für ein bereits existierendes Demosystem der SAP S/4HANA Cloud zu erstellen. Daher handelt es sich hierbei um das Angebot einer Public Cloud bzw. um eine SaaS-Cloud (*Software as a Service*), ebenso wie bei einem »echten« SAP-S/4HANA-Cloud-System. Diese Art von SAP-S/4HANA-Systemen behandeln wir in Teil II dieses Buches, »Umstieg auf SAP S/4HANA in der Cloud«.

  Das System wird von allen Benutzern geteilt und ist sofort verfügbar. Es beinhaltet Demoszenarien, die einfach mithilfe eines Wizards durchgespielt werden können. Es bietet sich an, das System zu nutzen, um die Funktionalität und die SAP-Fiori-Benutzeroberfläche von SAP S/4HANA kennenzulernen. Allerdings können Sie in diesem System nicht in die Konfiguration eingreifen und auch keine Migrationsszenarien durchspielen, da solche administrativen Funktionen eingeschränkt sind. Dafür ist es vollkommen kostenlos, da hier keine Hosting-Gebühren anfallen.

- **SAP S/4HANA Trial**
  Bei dieser Variante können Sie sich mit einer Testlizenz für 30 Tage ein komplettes On-Premise-System von SAP S/4HANA in der Private Cloud erstellen (die von einem Cloud-Anbieter gehostet wird). Korrekterweise spricht man hier von »instanziieren« statt von »erstellen«. Bei dem System handelt es sich um die sogenannte *SAP S/4HANA Fully-Activated Appliance*, auf der die Modellfirma basiert. Wir werden es im Folgenden noch im Detail behandeln. Die Testlizenz ist völlig kostenfrei, Sie zahlen lediglich die Hosting-Gebühren bei dem Cloud-Anbieter Ihrer Wahl. Da

dies Ihr eigenes System ist, können Sie alle Funktionen im Detail (inklusive des Customizings) einsehen und verändern. Außerdem haben Sie hier zusätzlich auch über das SAP GUI Zugriff auf das System.

Richten Sie Ihren Zugang zu den Trial-Systemen ein!
Wir empfehlen Ihnen, für die Arbeit mit Teil II, »Umstieg auf SAP S/4HANA in der Cloud«, und Teil III, »Umstieg auf SAP S/4HANA in der On-Premise-Version«, jeweils das entsprechende Trial-System zu aktivieren, damit Sie den Ausführungen besser folgen und das ein oder andere Szenario direkt mit der Modellfirma im SAP-S/4HANA-System durchspielen können.

Die SAP S/4HANA Fully-Activated Appliance ermöglicht es, eine komplette SAP-S/4HANA-On-Premise-Landschaft als Trial-System entweder in den *Amazon Web Services* (AWS), in *Microsoft Azure* oder in der *Google Cloud Platform* laufen zu lassen. Alles, was Sie dafür benötigen, ist ein Account bei einem dieser Cloud-Anbieter. Abbildung 6.1 zeigt die SAP S/4HANA Fully-Activated Appliance in der SAP CAL.

AWS, Azure und Cloud Platform

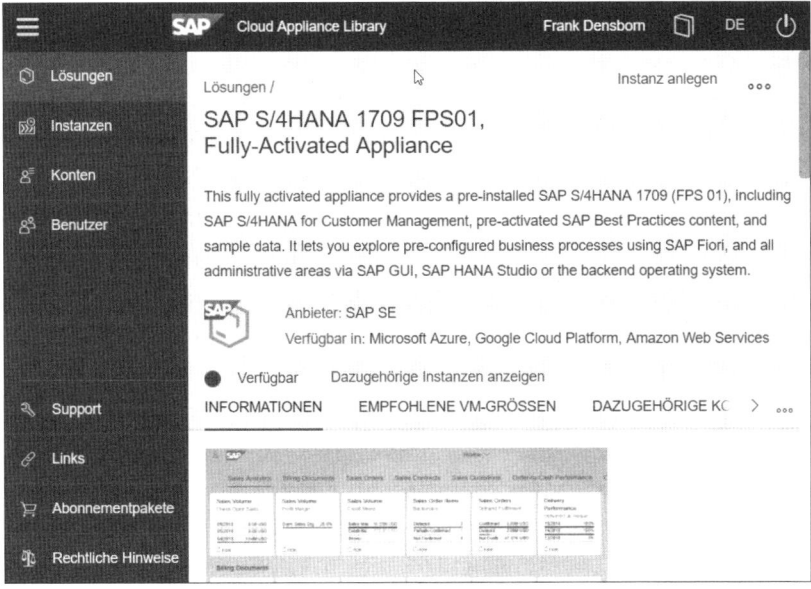

Abbildung 6.1 SAP S/4HANA 1709, Fully-Activated Appliance in der SAP Cloud Appliance Library

Die Vorteile einer solchen SAP-CAL-Landschaft bestehen einerseits in der Flexibilität und andererseits in der Verfügbarkeit: Sie können unterschied-

Vorteile

liche Größen für die virtuellen Systeme (d. h. einen unterschiedlich großen Arbeitsspeicher und die Plattengröße) definieren und die Landschaft somit einfach Ihren Bedürfnissen anpassen. Des Weiteren können Sie Ihr System stoppen und starten, ganz so, wie Sie es benötigen, und damit arbeiten. Tatsächliche Kosten fallen bei dem Cloud-Provider (neben den niedrigen Grundkosten pro Instanz) nur stundenweise bei aktivierten Systemen an. Wenn Sie das System gerade nicht benutzen, deaktivieren Sie es einfach, und (re-)aktivieren Sie es später erneut.

Während Ihnen der Cloud-Ansatz ein solches System bereits innerhalb von wenigen Stunden bereitstellt, kann diese Appliance auch komplett on-premise innerhalb von zwei bis drei Tagen in Ihrem Datencenter implementiert werden. Und das nicht nur als Testsystem zum Ausprobieren, sondern auch als Sandbox-System für einen Proof-of-Concept (PoC) oder als Entwicklungssystem in Ihrer zukünftigen SAP-S/4HANA-Landschaft. Dies erläutern wir im folgenden Abschnitt genauer.

6.2 SAP S/4HANA Fully-Activated Appliance

Appliance

Eine *Software-Appliance* ist ein komprimiertes System, ähnlich einer großen ZIP-Datei, das schnell und einfach in ein reguläres System extrahiert werden kann. Es enthält alle Einstellungen und Eigenschaften, die aktiviert oder hinzugefügt wurden, als das Originalsystem aufgesetzt wurde.

Das Ganze verhält sich wie eine Systemkopie von einem SAP-S/4HANA-System, inklusive ABAP-Coding, SAP-HANA-Datenbank, SAP Best Practices und technischer SAP-Fiori-Konfiguration. Die SAP-HANA-Datenbank ist dabei mit der SAP-S/4HANA-Software gebündelt. (Dazu gehört auch der Frontendserver für SAP Fiori und SAP Gateway.)

Des Weiteren ist die Appliance bereits mit Demoszenarien und den Beispieldaten der Modellfirma ausgestattet. Dadurch kann sie einfach für Sandbox-Systeme, PoCs und die von SAP Activate vorgesehene Fit-Gap- oder Fit-Standard-Analyse eingesetzt werden (siehe Abschnitt 5.2, »Die Phasen von SAP Activate«). Abbildung 6.2 zeigt das Konzept der SAP S/4HANA Fully-Activated Appliance.

Ausgangsbasis für das Produktivsystem

Die vorgefertigte Appliance kann von Kunden und SAP-Partnern gleichermaßen als Startpunkt eingesetzt werden. Es besteht auch die Möglichkeit, die Appliance über den Testzeitraum von 30 Tagen hinaus zu verwenden, wenn man die Lizenzen für SAP S/4HANA und für die SAP-HANA-Datenbank erwirbt.

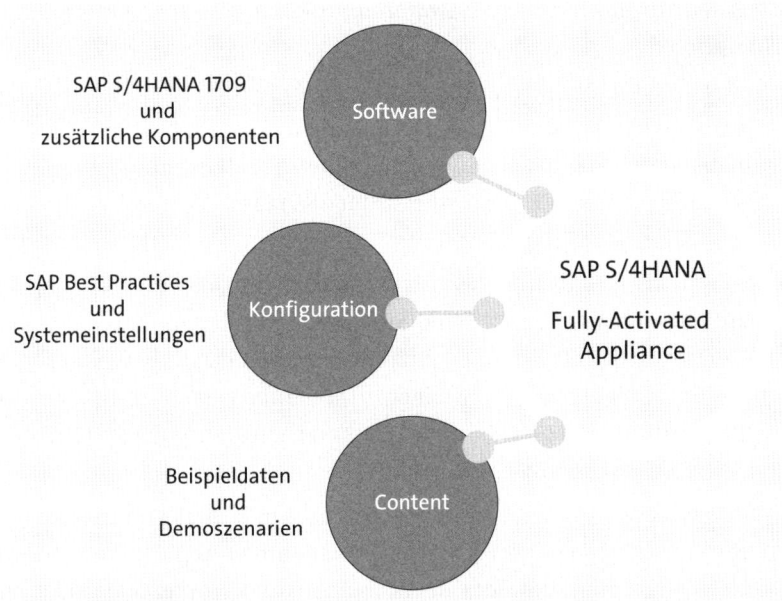

Abbildung 6.2 Das Konzept der SAP S/4HANA Fully-Activated Appliance

> **CAL Subscription**
> Um die Appliance nach dem Testzeitraum weiterhin in der Cloud Appliance Library zu nutzen, ist ein aktives SAP-CAL-Abonnement erforderlich, dass im SAP Store als Subskription erworben werden kann:
> *http://s-prs.de/v631633*
> Diese sogenannte *CAL Subscription* ist nicht erforderlich, wenn Sie das Trial-System in Ihrem eigenen Datencenter auf eigener Hardware installieren.

Es gibt zwei Möglichkeiten, die SAP S/4HANA Fully-Activated Appliance zu verwenden:

- **SAP Cloud Appliance Library**
 Die SAP CAL ermöglicht es Ihnen, die Appliance als gehostete Cloud-Lösung (IaaS) einzusetzen. Vom Anlegen Ihrer Instanz der SAP S/4HANA Fully-Activated Appliance bis zum ersten Anmelden am System dauert es nur ein bis zwei Stunden. Die Kosten für das Hosting belaufen sich auf wenige Euro pro Stunde, während das System aktiv ist. Die Cloud-Anbieter bieten möglicherweise ein Startguthaben für die Erstellung eines Accounts an. Eine 30-Tage-Testlizenz sowohl für das SAP-S/4HANA-System als auch für die SAP CAL sind inklusive. Danach muss in diesem Fall neben SAP S/4HANA, On-Premise-Version auch die SAP CAL lizenziert

werden (in Form eines Softwaremietmodells, der sogenannten *Subskription*).

In der SAP CAL finden Sie eine detaillierte Anleitung zum Aufsetzen der Lösung sowie Blogs und Foren, in denen Sie Support erhalten. Darüber hinaus finden Sie dort auch Informationen zur Verwendung der Appliance über die kostenlosen ersten 30 Tage hinaus.

- **On-Premise-Installation**
  Sie können die SAP S/4HANA Fully-Activated Appliance auch auf eigener Hardware installieren. Sie benötigen dafür nur die von der Appliance unterstützte Hardware mit Linux-Betriebssystem. Alles Weitere wird mit der Appliance selbst installiert. (Die Linux-Version muss den von SAP spezifizierten Anforderungen entsprechen, damit die Systemkopie erfolgreich installiert werden kann.)

  Dank des Konzepts der Appliance können Sie innerhalb von zwei bis drei Tagen mit Ihrem vorkonfigurierten System arbeiten. Sie können die Installationsdateien entweder über das Internet herunterladen oder auf Blu-ray Disc bestellen. Die Appliance an sich ist kostenfrei, auch bei Bestellung. Benötigt werden jedoch die entsprechenden SAP-Voll- oder Testlizenzen.

> **Weitere Informationen zur Appliance in der SAP CAL und on premise**
> - Mehr Informationen (auch eine Schnellanleitung zur Verwendung der SAP CAL) finden Sie unter folgendem Link: *http://s-prs.de/v429725*
> - SAP-Hinweis 2041140 enthält mehr Informationen zu den Systemanforderungen für die On-Premise-Installation und zum Bestellprozess.

Einsatzszenarien

Für die SAP S/4HANA Fully-Activated Appliance gibt es die folgenden Einsatzszenarien:

- **Sandbox-System**
  Für ein Sandbox-System ist es manchmal notwendig, mehr als 30 Tage Zeit zum Testen zu haben, weshalb die Trial-Periode nicht immer ausreicht. Außerdem möchten Sie die Ergebnisse in dem Sandbox-System vielleicht behalten, wofür eine eigene Lizenz für das Produkt notwendig wird. Mit dem Referenzsystem können Sie den initialen Aufwand des Systemaufsetzens erheblich reduzieren, daher bietet es sich auch über die 30 Tage hinaus als Startpunkt für ein Sandbox-System an. Sie starten

mit der Appliance und personalisieren die Lösung dann auf Basis der SAP Best Practices mit Ihren eigenen Stammdaten und Organisationsstrukturen etc. Dafür eignet sich eine Hosting-Subskription bei einem der Cloud-Anbieter in der SAP CAL, da Sie dann keine eigene Hardware bereitstellen müssen. Ferner ist für die Nutzung von mehr als 30 Tagen auch die bereits erwähnte CAL Subscription erforderlich, die Sie über den SAP Store beziehen können.

- **Proof of Concept**
Die Appliance bietet sich als PoC-System (Proof of Concept) an, da sie bereits vorkonfiguriert ist und sehr schnell implementiert werden kann. Da Sie mit Ihrer eigenen Kopie des SAP-S/4HANA-Systems arbeiten, steht es Ihnen frei, Personalisierungen vorzunehmen sowie den Lösungsumfang zu erweitern und somit Ihren PoC zu beschleunigen.

- **Entwicklungssystem**
Technisch ist es ebenfalls möglich, die Appliance als Entwicklungssystem in der späteren Produktivlandschaft zu betreiben. Allerdings entspricht dieses System nicht den SAP-Empfehlungen für eine SAP-S/4HANA-Landschaft. Problematisch ist dabei Folgendes:
  - Alle Sprachen in dem System sind installiert und aktiv. (Das entspräche nicht Ihrem Produktivsystem.)
  - Je nachdem, welche Lizenzen Sie besitzen, würden zusätzliche Lizenzkosten fällig werden (z. B. für SAP Integrated Business Planning und SAP Master Data Governance, die Teil der Appliance sind), vor allem wenn das Entwicklungssystem später in ein Qualitätssicherungssystem oder Produktivsystem kopiert wird.
  - SAP Gateway als Frontendserver für SAP Fiori ist entgegen der SAP-Empfehlung für produktive Systemlandschaften mit in dem gleichen System installiert. (SAP empfiehlt eigentlich, den Frontendserver vom Backend zu trennen, weil sich die Systeme so besser warten lassen und es möglich ist, Patches getrennt einzuspielen.)

> **Kostenübersicht**
> Eine Aufstellung der anfallenden Kosten und eventuell notwendiger Lizenzen für die SAP S/4HANA Fully-Activated Appliance finden Sie unter dem folgenden Link in der Abbildung »SAP S/4HANA 1709 Appliance – License & Cost Drivers«: *http://s-prs.de/v631634*

Appliance als erster Schritt hin zu SAP S/4HANA

Sie können die Trial-System- und Appliance-Angebote von SAP nutzen, um Ihre ersten Schritte in SAP S/4HANA zu machen. Entscheiden Sie sich dann für den Umstieg, können Sie die Einstellungen, die Sie schon vorgenommen haben, auch in der Produktivlandschaft weiterhin nutzen.

Außerdem werden in der SAP CAL und basierend auf der Appliance auch Modellfirmen für spezifische Industrien angeboten, wie bereits eingangs erwähnt. Es lohnt sich also durchaus, sich nach SAP-Model-Company-Lösungen umzuschauen unter *https://cal.sap.com/catalog*

6.3 Lösungsumfang der Fully-Activated Appliance

Komponenten Die SAP S/4HANA 1709 Fully-Activated Appliance besteht aus vier virtuellen Maschinen, die zu einer einzelnen Instanz gebündelt sind. Die Appliance beinhaltet:

- SAP S/4HANA 1709, On-Premise-Version (ABAP-Backend inklusive SAP-HANA-Datenbank und SAP Gateway als Frontendserver für SAP Fiori)
- SAP NetWeaver Application Server (AS) Java (mit Adobe Document Services, ADS)
- SAP Best Practices (Alle in SAP S/4HANA 1709 verfügbaren SAP Best Practices sind je nach Mandant bereits aktiviert.)
- Erweiterbarkeit von SAP Fiori (um SAP-Fiori-Oberflächen, um zusätzliche Felder zu erweitern)
- SAP Screen Personas
- SAP Extended Warehouse Management (SAP EWM)
- Content für mehrere Szenarien in Form von Klickdemos

Die folgenden Komponenten sind optional und nur in der SAP CAL verfügbar, nicht jedoch für eine On-Premise-Installation der SAP S/4HANA Fully-Activated Appliance:

- SAP-BusinessObjects-BI-Plattform (mit vorgefertigten Reports)
- Microsoft Remote Desktop (für einen einfacheren Zugang zu Frontendtools und SAP Fiori)
- alle Lokalisierungen in den Referenzmandanten

Abbildung 6.3 gibt eine Übersicht über die Softwarekomponenten der SAP S/4HANA Fully-Activated Appliance.

6.3 Lösungsumfang der Fully-Activated Appliance

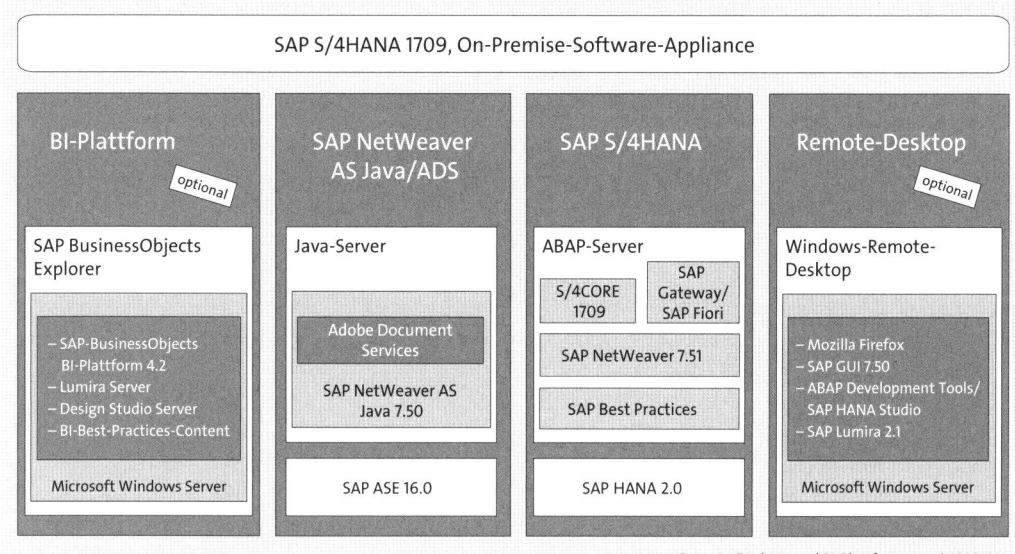

Abbildung 6.3 Die Softwarekomponenten der SAP S/4HANA Fully-Activated Appliance

Die SAP S/4HANA Fully-Activated Appliance enthält fünf bereits eingerichtete Mandanten mit unterschiedlichem Umfang des SAP-Best-Practices-Contents:

- **Mandant 000**
  Der *Nuller-Mandant* ist der Default-Mandant aller SAP-S/4HANA-Systeme und wird in der Appliance unverändert mitausgeliefert. Mandant 000 können Sie als Startpunkt für Ihre Aktivitäten verwenden, wenn Sie SAP S/4HANA ohne SAP Best Practices aufsetzen möchten, und Sie können ihn zum Vergleich mit dem Auslieferungs-Customizing des leeren Produkts heranziehen.

- **Mandant 100**
  Dies ist der Trial-Mandant. Er beinhaltet die bereits aktivierten SAP Best Practices für SAP S/4HANA sowie Beispieldaten, Prozesse und Szenarien für Deutschland und die USA. Darüber hinaus sind hier bereits komplette Geschäftsprozesse der Modellfirma abgebildet.

  Dieser Mandant ist der Startpunkt, wenn Sie SAP S/4HANA erkunden möchten. Das System ist komplett aufgesetzt und bereits mit Daten (Stamm- und Bewegungsdaten) versorgt. Sie können somit gleich loslegen und die Modellfirma im Buchungskreis 1010 für Deutschland und 1710 für die USA verwenden.

Vorkonfigurierte Mandanten

- **Mandant 200**

  In diesem Mandanten sind alle technischen Aktivitäten für eine Aktivierung der SAP Best Practices bereits ausgeführt, aber die SAP Best Practices selbst sind noch nicht aktiviert. Sie können somit einen Aktivierungslauf für die SAP Best Practices mit dem für Sie relevanten und eventuell eingeschränkten Umfang durchführen und die Aktivierung selbst testen.

  Mandant 200 ist ein Vor-Aktivierungsmandant, der allerdings bereits die Konfiguration des SAP Fiori Launchpads beinhaltet. (Er eignet sich daher auch gut zum Vergleichen, falls Sie das SAP Fiori Launchpad aktivieren möchten.)

- **Mandant 300**

  Dieser Mandant ist der Standardreferenzmandant für die SAP Best Practices. Dabei handelt es sich um eine Kopie des Nuller-Mandanten mit Aktivierung der Standard-SAP-Best-Practices für Deutschland und die USA (ab Releasestand FPS01 alle 25 Länder). Sie können hier sehen, wie das System aussieht, wenn Sie die Best Practices gerade eingespielt haben.

  Der Mandant 300 kann als Referenz genutzt werden, da hier noch keine weitere Konfiguration vorgenommen wurde. Allerdings sind auch keine Demodaten enthalten. Es handelt sich hier um eine sogenannte *White List Copy* des Mandanten 000, d. h., alle Konfigurationstabellen aus dem Mandanten 000 sind leer, sofern sie nicht für die Best Practices gebraucht werden.

- **Mandant 400**

  Der Mandant 400 ist ähnlich wie der Mandant 300 ein Referenzsystem für die SAP Best Practices. Der Unterschied besteht darin, dass hier einerseits alle 25 Lokalisierungen in SAP S/4HANA 1709, On-Premise-Version aktiviert sind sowie andererseits sämtliche Konfigurationen (also auch Konfigurationen, die nicht für die SAP Best Practices relevant sind) aus dem Nuller-Mandanten mitkopiert wurden.

  Dieser Mandant kann für Fit-Gap- oder Fit-Standard-Workshops verwendet werden, da hier nicht nur mit dem Standard-Content der SAP Best Practices verglichen werden kann, sondern darüber hinaus auch mit dem Customizing des kompletten Mandanten 000.

Integration   Die SAP S/4HANA Fully-Activated Appliance ist standardmäßig noch nicht mit SAP Ariba, SAP Financial Services Network und dem Vertex-System integriert. Diese Integrationsszenarien können Sie jedoch selbst einrichten. Sie benötigen dazu die entsprechenden Lizenzen und Anmeldedaten für die externen Systeme. Mehr Informationen dazu erhalten Sie in Kapitel 13, »SAP S/4HANA, On-Premise-Version in die Systemlandschaft integrieren«.

6.4 Die Unternehmensstruktur der Modellfirma

Abbildung 6.4 zeigt die Unternehmensstruktur der Modellfirma in SAP S/4HANA, On-Premise-Version. Die Platzhalter xx stehen dabei für unterschiedliche Ländercodes. Beispiele für Ländercodes sind:

Werke und Bereiche

- 10 = Deutschland (DE)
- 11 = Großbritannien (UK)
- 17 = USA (US)
- 29 = Kanada (CA)
- 30 = Australien (AU)

Das in der Abbildung mit einem Sternchen markierte Standardwerk (Plant) xx10 kann kopiert (z. B. auf xx20) und dann für Umlagerungsprozesse verwendet werden.

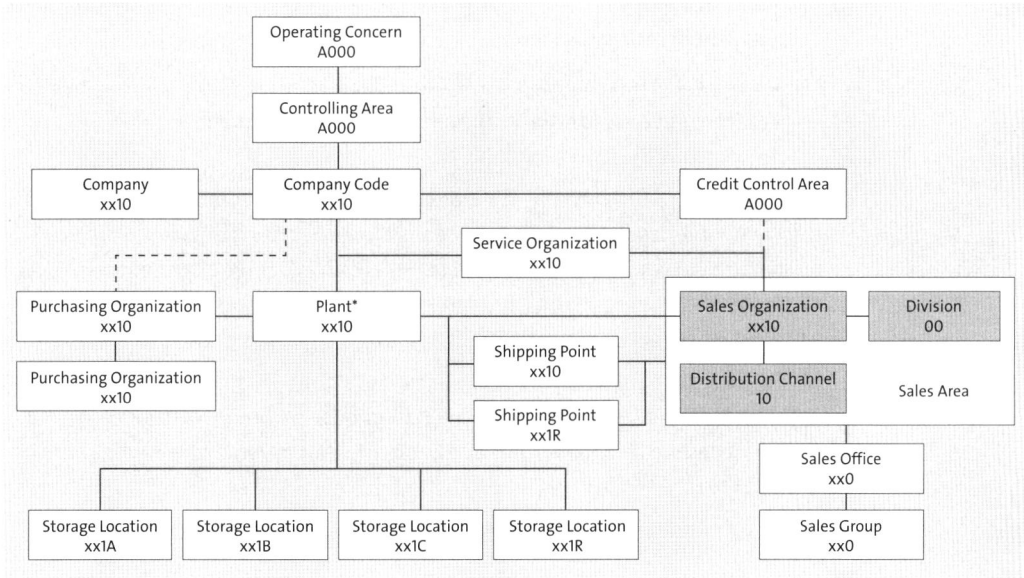

Abbildung 6.4 Unternehmensstruktur der Modellfirma

Indem Sie die Modellfirma verwenden, können Sie sofort mit den Prozessen Ihres Implementierungsszenarios für SAP S/4HANA loslegen. Sie müssen nicht mit der vollaktivierten Lösung starten, sondern können nach und nach genau die Geschäftsprozesse aktivieren, die Sie auch tatsächlich ein-

Flexible Prozessaktivierung

setzen möchten. Dies können sogar Prozesse aus unterschiedlichen Branchen sein, die Sie hier gemeinsam aktivieren und laufen lassen können.

Fit-Gap-Analyse

It-to

Mit der so eingerichteten Modellfirma führen Sie dann die Fit-Gap- bzw. Fit-Standard-Analyse innerhalb des SAP-S/4HANA-Workshops durch. Alle am SAP-S/4HANA-Projekt Beteiligten können sich so in einem sehr frühen Stadium ein Bild davon machen, wie die Implementierung aussehen wird, und gemeinsam eine Strategie für die Migration entwickeln. Die Idee ist, nur dort Anpassungen an der Standardmodellfirma vorzunehmen, wo Sie damit tatsächlich ein Alleinstellungsmerkmal für Ihr Unternehmen verwirklichen können. Ansonsten sollten Sie versuchen, nah am Standard zu bleiben oder zum Standard zurückzukehren, anstatt einfach nur das Altsystem zu replizieren. Meist sind die Entscheidungen, im SAP-Altsystem vom Standard abzuweichen, getroffen worden, als es die entsprechende Funktionalität im SAP-System noch nicht gab. Das Ziel des Fit-Gap-Workshops ist es, die Funktion(en) des SAP-S/4HANA-Systems zu verstehen, die Lösung zu validieren und mithilfe der verschiedenen SAP Best Practices genau für die Kundenanforderungen maßzuschneidern – innerhalb der Grenzen des SAP-S/4HANA-Systems. Die Lücken (Gaps) sollen dabei identifiziert und geschlossen werden. Das ist ein komplett anderer Ansatz als beim klassischen Blueprinting.

Referenzsystem für die Vorbereitung auf die Migration mit diesem Buch

Das in diesem Kapitel beschriebene Referenzsystem mit der Modellfirma kann Ihnen auch im weiteren Verlauf dieses Buches dienlich sein. In Teil II behandeln wir den Umstieg auf SAP S/4HANA in der (Public) Cloud, also das SaaS-Modell, und in Teil III den Umstieg auf SAP S/4HANA, On-Premise-Version oder in der Private Cloud (Hosting).

An dieser Stelle gabelt sich also der Weg. Wenn Sie sich noch nicht sicher sind, welches Deployment-Modell (Cloud oder on premise) das richtige für Sie ist, lesen Sie zunächst einfach Kapitel 7, »Migration in die Public Cloud«.

TEIL II

Umstieg auf SAP S/4HANA in der Cloud

Nachdem Sie in den bisherigen Kapiteln dieses Buches die Grundlagen zu SAP S/4HANA kennengelernt haben, beschäftigt sich dieser Teil mit der Implementierung und Migration auf ein SAP-S/4HANA-System in der Public Cloud (d. h. als Software as a Service, SaaS). In Kapitel 7 zeigen wir Ihnen, wie man eine SAP-S/4HANA-Cloud-Lösung einrichtet und die Migration durchführt, bevor wir dann in Kapitel 8 auf die Integration dieser Lösung mit anderen Cloud- und On-Premise-Systemen eingehen.

Kapitel 7
Migration in die Public Cloud

Der Einsatz einer Cloud-Lösung bietet grundsätzlich neue Möglichkeiten, IT im Unternehmen zu organisieren und zu finanzieren. In diesem Kapitel stellen wir Ihnen die SAP S/4HANA Cloud vor und beschreiben die einzelnen Szenarien einer Migration in die SAP S/4HANA Cloud.

Wie erhalten Sie Zugang zu einer Cloud-Instanz von SAP S/4HANA? Was müssen Sie bei der Einrichtung beachten? Wie übertragen Sie bestehende Daten in die Public Cloud bzw. in ein SaaS-System (Software as a Service)?

Im ersten Abschnitt dieses Kapitels werden diese und ähnliche Fragestellungen näher beleuchtet. Der zweite Abschnitt gibt einen Überblick über die Konfiguration eines SAP-S/4HANA-Cloud-Systems. Im dritten Abschnitt beschreiben wir die Migration in ein solches Cloud-System. Die Migration in Private-Cloud-Lösungen wird dagegen unter anderem in Kapitel 11, »Neuimplementierung eines Einzelsystems«, besprochen.

7.1 SAP S/4HANA Cloud einrichten

Wählt man ein Betriebsmodell in der Cloud, darf man durchaus eine rasche produktive Nutzung der Software erwarten. Damit dies gelingt, lohnt sich ein genauerer Blick auf die Merkmale der SAP S/4HANA Cloud. Die grundlegenden Merkmale einer SaaS-Lösung, die Unterschiede zum On-Premise-Betriebsmodell und die verfügbaren Editionen von SAP S/4HANA in der Public Cloud haben wir in Abschnitt 3.1.2, »Das Cloud-Betriebsmodell«, und in Abschnitt 3.2.2, »SAP S/4HANA Cloud«, vorgestellt.

Wenn Sie sich für die SAP S/4HANA Cloud entscheiden, erfolgt der Systemzugang über eine zentrale URL. Diese erhalten Sie üblicherweise per E-Mail, zusammen mit weiteren Zugangsinformationen. Über diese URL können sich Benutzer am System anmelden und die Anwendungen nutzen.

Ein Wechsel in die SAP S/4HANA Cloud ist eine Neuimplementierung. Schon aus technischen Gründen kann keine Konvertierung des vorhandenen On-Premise-Systems in eine SaaS-Lösung durchgeführt werden. Die Kompatibilitätsfunktionen, die in den On-Premise-Editionen angeboten

Neuimplementierung

7 Migration in die Public Cloud

werden, dienen hauptsächlich diesem Systemkonvertierungsfall. Bei der Migration in die SaaS-Lösung arbeiten Sie daher mit Datenübernahmeszenarien, die in Abschnitt 7.3, »Datenmigration in die SAP S/4HANA Cloud«, im Detail erklärt werden.

Ein SAP-S/4HANA-Cloud-Implementierungsprojekt gliedert sich in die fünf Phasen der Implementierungsmethode SAP Activate, die wir in Abschnitt 5.2 vorgestellt haben. Ihnen voran geht eine Analysephase, in der Sie das Trial-System nutzen können. In Abbildung 7.1 sind die Projektphasen für den Weg in die SAP S/4HANA Cloud dargestellt.

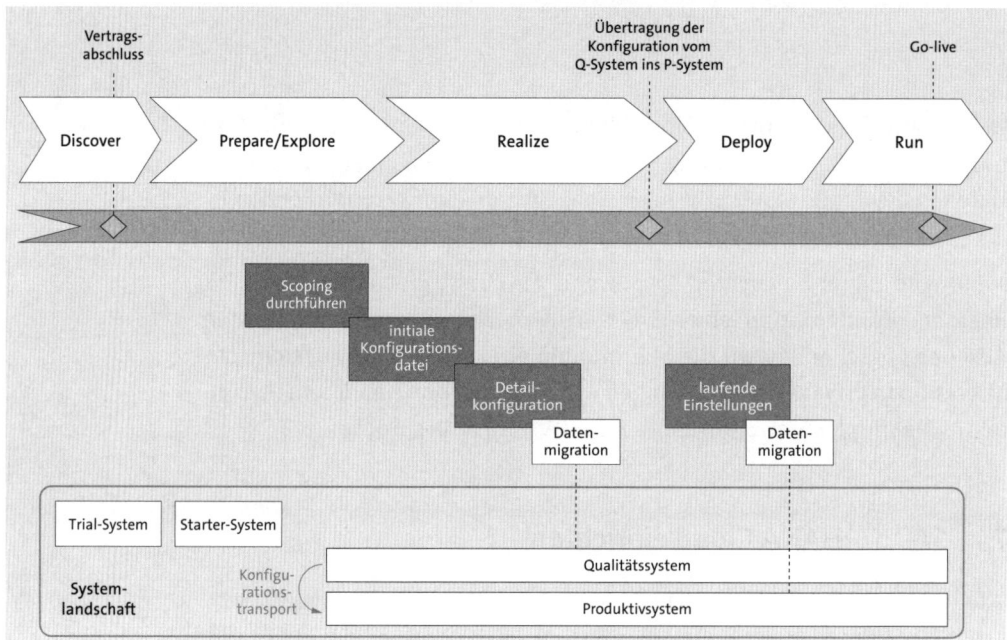

Abbildung 7.1 Projektphasen für den Weg in die SAP S/4HANA Cloud

> **Weiterführende Informationen**
>
> Eine detaillierte Beschreibung der Implementierungsphasen mit weiterführenden Dokumenten finden Sie im SAP Roadmap Viewer: *http://s-prs.de/v631668*

7.1.1 Phase »Discover«: Das Trial-System der SAP S/4HANA Cloud einrichten

Trial-Stufe SAP bietet verschiedene Stufen der SAP S/4HANA Cloud an. Am direktesten zu erreichen ist die sogenannte *Trial-Stufe*, die wir in Abschnitt 6.1, »Das

SAP-S/4HANA-Trial-System«, bereits vorgestellt haben. Abbildung 7.2 zeigt den Begrüßungsbildschirm dieses Trial-Systems. Nach einem Klick auf die Schaltfläche **Kostenlose Demoversion Starten** werden Sie zur Eingabe einiger Informationen aufgefordert. Im Anschluss erhalten Sie einen Benutzer im System und die Zugangsdaten.

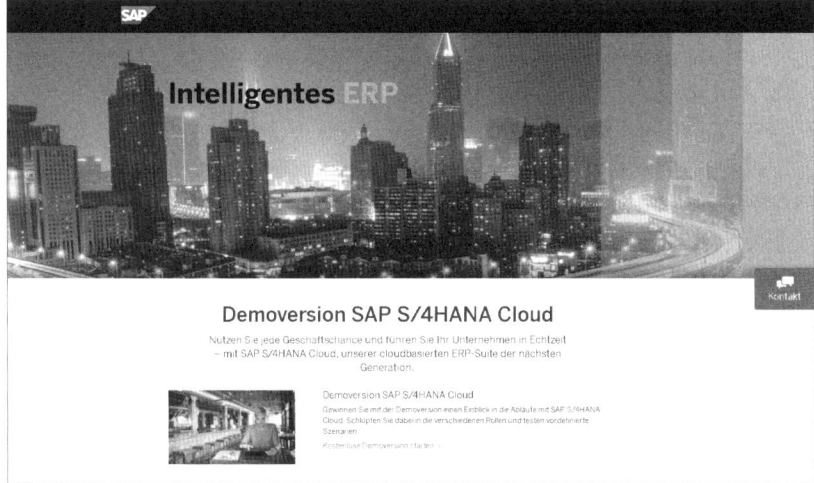

Abbildung 7.2 Begrüßungsbildschirm der SAP S/4HANA Cloud, Trial-Version

Dieses Trial-System ist bereits voreingestellt. Sie teilen sich das System mit anderen Kunden. Es enthält vordefinierte betriebswirtschaftliche Rollen, die Sie auswählen können. Damit dient dieses System vor allem dazu, ein erstes Gefühl für die Navigation, die Benutzeroberfläche und das Erscheinungsbild der SAP S/4HANA Cloud zu bekommen. Das Trial-System soll nicht dazu dienen, das eigene SAP-S/4HANA-Cloud-System einzurichten. Dessen Einrichtung erfolgt in einer eigenen Instanz. Die Nutzung des Trial-Systems ist ein unverbindliches Zusatzangebot von SAP, dessen Nutzung Sie nicht dazu verpflichtet, SAP S/4HANA Cloud zu kaufen oder zu nutzen.

Weiterführende Informationen

Zugang zu einem individuellen SAP-Trial-System erhalten Sie hier: *http://s-prs.de/v631669*. Das Trial-System kann 14 Tage kostenlos genutzt werden.

7.1.2 Phase »Analysieren und Vorbereiten«: Das SAP-S/4HANA-Cloud-System einrichten

Der Kauf der SAP S/4HANA Cloud erfolgt bei einem SAP-Vertriebsmitarbeiter. Wenn Sie für den zuvor beschriebenen Trial-Zugang Ihre Daten angegeben haben, sollte ein SAP-Vertriebsmitarbeiter Sie nach einiger Zeit kontaktieren. Alternativ können Sie jederzeit direkt mit dem Vertriebsteam Kontakt aufnehmen, z. B. über die Kontaktschaltflächen auf der Internetseite oder im System selbst.

Starter-System

Wenn Sie SAP S/4HANA Cloud kaufen, stellt SAP Ihnen zunächst ein sogenanntes *Starter-System* zur Verfügung, das zwei Aufgaben hat:

- Es erlaubt eine intensivere Erprobung der SAP S/4HANA Cloud, als der Trial-Zugang ermöglicht. Sie sollten die Gelegenheit nutzen und die tatsächlich für Ihre Zwecke zu nutzenden betriebswirtschaftlichen Funktionen im Detail testen. Aus diesem Grund wird hier von einer *Analysephase* (Explore-Phase) gesprochen.
- Es erlaubt die Ausprägung der eigenen Umgebung: In dem Starter-System richten Sie Rollen, Konfiguration, Benutzer sowie die Integration mit anderen Systemen ein.

Diese Einrichtung des Starter-Systems beschreiben wir in den folgenden Abschnitten. Da Sie zunächst nur einen technischen Benutzer erhalten, ist die generelle Vorgehensweise stets wie folgt:

1. Rollen aus den Vorlagen modellieren
2. Administrator erstellen
3. ausloggen und als Administrator einloggen
4. Mitarbeiter pflegen und Rollen zuweisen
5. mit den angelegten persönlichen Usern einloggen
6. System einrichten und nutzen

Benutzer für den Administrator und den Key-User einrichten

Administratorbenutzer erstellen

In einem ersten Schritt sollten Sie von SAP mehrere E-Mails erhalten, mindestens jedoch zwei. Eine E-Mail enthält einen technischen Benutzer, die andere das dazugehörige Passwort. Im ersten Schritt sollten Sie sich einen Administratorzugang erstellen. Mit diesem Administrator werden später alle notwendigen technischen Einstellungen vorgenommen. Insbesondere müssen natürlich zunächst die Benutzer für die Mitarbeiter des Einführungsprojekts angelegt werden, die die Ausprägung der betriebswirtschaftlichen Prozesse festlegen (die fachlichen Key-User).

Als Erstes müssen Sie sicherstellen, dass die Mitarbeiterstammdaten für Sie bzw. Ihr Projektteam gepflegt sind. Wählen Sie daher die Kachel **Mitarbeiter pflegen** in der Gruppe **Mitarbeiter – Stammdaten** (siehe Abbildung 7.3).

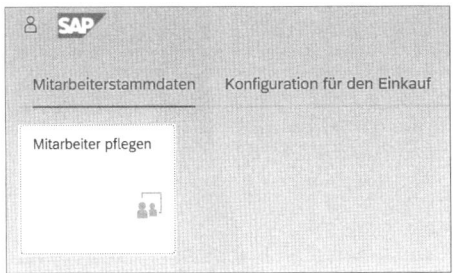

Abbildung 7.3 Pflege der Mitarbeiterstammdaten

> **Navigation im SAP Fiori Launchpad**
> Die Startseite (das SAP Fiori Launchpad) ist in Launchpad-Gruppen unterteilt. In der Kopfzeile erscheint die aktuell gewählte Gruppe unterstrichen. Zu anderen Gruppen gelangen Sie, indem Sie scrollen, oder durch ein Dropdown-Menü ([∨]) im rechten oberen Bereich des Bildschirms.

Auf dem folgenden Bildschirm (siehe Abbildung 7.4) pflegen Sie die nötigen Benutzerstammdaten mindestens für den bzw. die Administratoren.

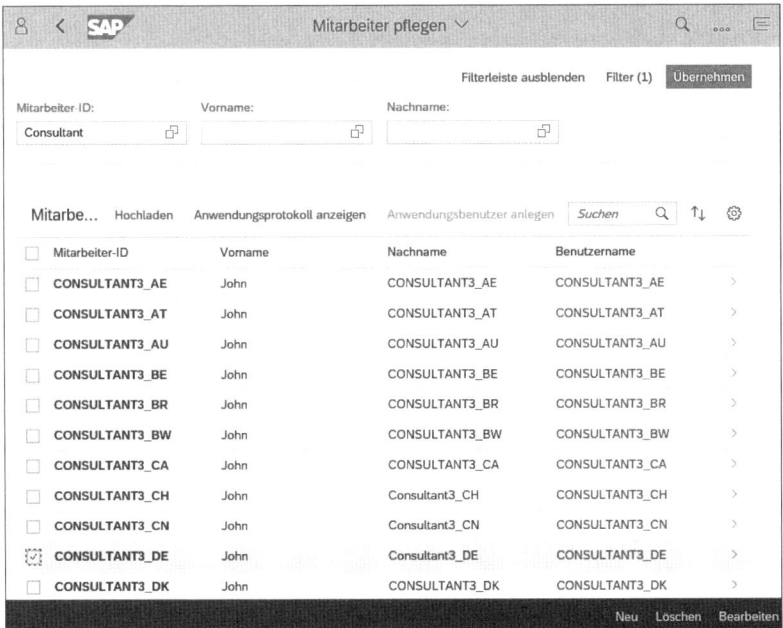

Abbildung 7.4 Einstiegsbild der Benutzerpflege in SAP S/4HANA Cloud

Alternativ können Sie Listen von Benutzerdaten über die Kachel **Mitarbeiter importieren** in der Gruppe **Mitarbeiter – HR Stammdaten** einlesen. Wir empfehlen, das Anlegen der Benutzer stets mit dem persönlichen User durchzuführen und den technischen User nur für den Erstzugang zu nutzen.

Rollen für den Administrator und Key-User zuweisen

Key-User-Rolle   Als Nächstes weisen Sie dem Administrationsbenutzer die erforderliche Rolle zu:

1. Melden Sie sich dazu mit dem eben angelegten Benutzer am System an.
2. Wählen Sie die Kachel **Anwendungsbenutzer pflegen** in der Gruppe **Identitäts- und Zugriffsverwaltung**.
3. Ordnen Sie im folgenden Dialog über **Anwendungsrollen hinzufügen** dem ausgewählten Benutzer die gewünschten Rollen zu, in diesem Fall die Administratorrolle `SAP_BR_ADMINISTRATOR` (siehe Abbildung 7.5). Soll der Administrator auch Mitarbeiterdaten pflegen können, benötigt er noch die Rolle `SAP_BR_ADMINISTRATOR_HRINFO`.

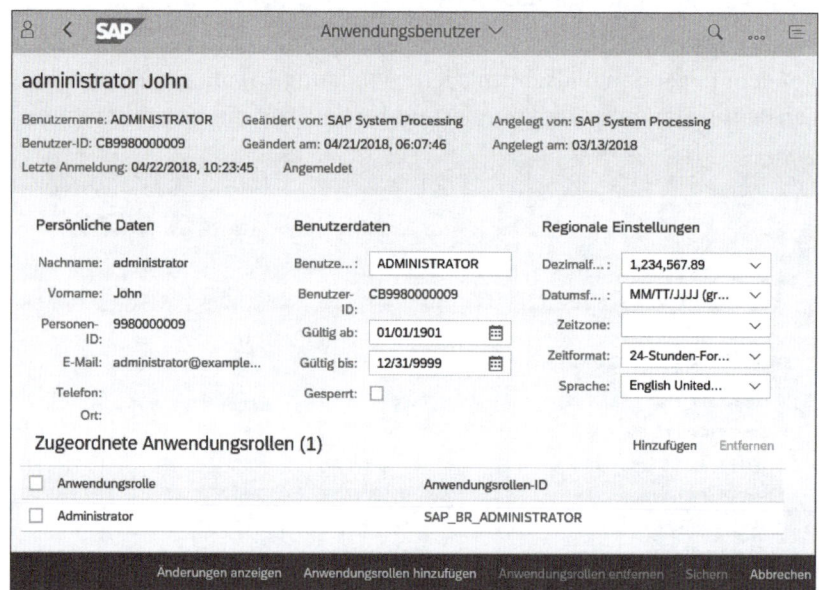

Abbildung 7.5 Benutzerpflege – Rollenzuordnung

Nun kann der Administrator genutzt werden. Loggen Sie sich mit dem Administrator am System ein, und ordnen Sie die Rollen für die Business-Key-User zu.

Beachten Sie, dass das Starter-System nur für eine kleine Zahl an Benutzern gedacht ist. Es dient dazu, dass Sie SAP S/4HANA intensiver kennenlernen und alternative Konfigurationen testen können. Daher werden im Starter-System auch nur wenige Rollen zur Verfügung gestellt. Die Benutzer für die

7.1 SAP S/4HANA Cloud einrichten

Fachanwender werden üblicherweise erst in den Systemen der nächsten Projektphase angelegt. Darauf gehen wir ab Abschnitt 7.1.3, »Phase »Realisieren«: Das Qualitätssicherungssystem der SAP S/4HANA Cloud einrichten«, ein. Stellen Sie sicher, dass Sie mindestens einem Benutzer die Administratorrechte zugewiesen haben.

Benutzer in den SAP-Cloud-Identity-Tenant laden

Beachten Sie, dass die personalisierten Benutzer auch für den Zugriff auf das Cloud-System authentifiziert werden müssen. Dies geschieht über einen sogenannten *Identity Provider*. Im Fall der SAP S/4HANA Cloud stellt SAP einen solchen Identity Provider standardmäßig zur Verfügung. Er wird als *SAP Cloud Identity* bezeichnet. Dazu wird automatisch jeder SAP-S/4HANA-Cloud-Installation ein Tenant von SAP Cloud Identity zur Seite gestellt. Abbildung 7.6 illustriert diese Konstellation. Beachten Sie, dass Sie optional auch einen vorhandenen Identity Provider benutzen können. Wir gehen an dieser Stelle allerdings davon aus, dass der Standard, SAP Cloud Identity, genutzt wird. Für diesen SAP-Cloud-Identity-Tenant erhalten Sie separate Zugangsdaten.

Authentifizierung der Benutzer

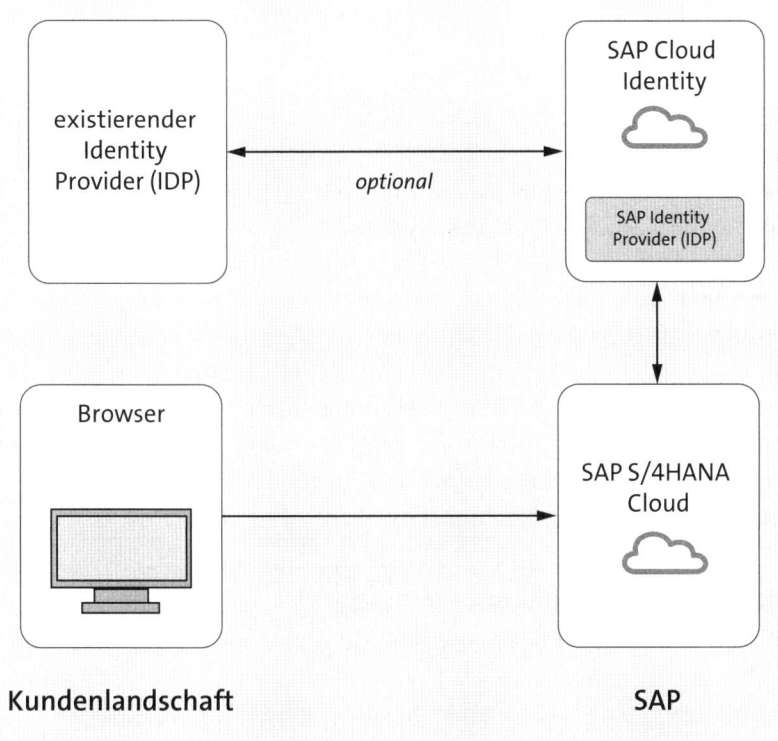

Abbildung 7.6 Architektur zur Authentifizierung der Benutzer

Alle Benutzer müssen in diesen zwei Systemen angelegt werden: Im SAP-S/4HANA-Cloud-System werden die Benutzerstammdaten und Rollen für die Berechtigungen für die betriebswirtschaftlichen Anwendungen hinterlegt. Im Cloud Identity Provider (IDP) erfolgt die Authentifizierung des Benutzers. Diese beiden Systeme dürfen nicht verwechselt werden!

Um die Authentifizierung zu ermöglichen, müssen die zulässigen Benutzer dem Cloud Identity Provider bekannt gemacht werden. Da nur der Kunde Zugriff auf den Identity Provider haben darf, müssen die Benutzer im Rahmen des Einführungsprojekts in den Identity Provider geladen werden. Dazu exportieren Sie die Mitarbeiterstammdaten aus der SAP S/4HANA Cloud und importieren sie in den Cloud Identity Provider. Tabelle 7.1 zeigt die notwendigen Schritte in den beiden Systemen im Überblick.

	Anlegen der Mitarbeiterstammdaten	Export aus SAP S/4HANA	Import in Cloud Identity Provider
Aktion	Kachel **Mitarbeiter pflegen**	1. Kachel **Anwendungsbenutzer pflegen** 2. Auswahl der nötigen Benutzer 3. Befehl **Download** wählen	1. Kachel **Benutzer importieren** 2. Datei hier hochladen 3. E-Mail an Benutzer schicken
System	SAP S/4HANA Cloud	SAP S/4HANA Cloud	Cloud Identity Provider

Tabelle 7.1 Pflege der Stammdaten in dem SAP-S/4HANA-Cloud-System und dem Cloud Identity Provider

Technische und persönliche Benutzer

Die weitere Arbeit am System sollte ausschließlich mit den persönlichen Benutzern durchgeführt werden. Melden Sie daher den technischen Benutzer ab, nachdem Sie persönliche Benutzer mit Administratorrechten erzeugt und in SAP Cloud Identity bekannt gemacht haben. Melden Sie sich dann mit dem Administrator an, wenn Sie weitere Systemeinstellungen vornehmen wollen. Alternativ wählen Sie den fachlichen Key-User, wenn Sie eine Konfiguration durchführen wollen.

Optionen für die Benutzerverwaltung

In SAP S/4HANA bestehen verschiedene Möglichkeiten zur Benutzerverwaltung und Authentifizierung. Die Wahl einer Option ist selbst Gegenstand eines Teilprojekts bei der Implementierung von SAP S/4HANA. Da der Zugang zum System eine grundsätzliche Voraussetzung für wesentliche

Schritte im Umstiegsprojekt ist, geben wir an dieser Stelle einen Überblick. Bei der Implementierung der SAP S/4HANA Cloud kann man grundsätzlich drei Modelle für die Benutzerverwaltung unterscheiden:

- **Eingebaute Benutzerverwaltung**
  In der einfachsten Version wird die in SAP S/4HANA Cloud integrierte grundlegende Benutzerverwaltung verwendet. Dazu enthält SAP Cloud Identity einen eigenen IDP. Mit dieser Option ist ausschließlich die Pflege grundlegender Benutzerstammdaten möglich. Weiterführende Szenarien aus der Personalwirtschaft sind nicht Bestandteil von SAP S/4HANA.

- **Einbeziehung der Personalwirtschaft mit SAP SuccessFactors**
  SAP empfiehlt den Einsatz von SAP SuccessFactors für alle Aspekte und Szenarien der Personalwirtschaft. SAP SuccessFactors kann standardmäßig mit SAP S/4HANA integriert werden. Werden die Mitarbeiterstammdaten in SAP SuccessFactors angelegt, werden diese automatisch in SAP S/4HANA repliziert, und auf Basis dieser Daten werden die Benutzer angelegt. Diesen Benutzern müssen dann in SAP S/4HANA nur noch die entsprechenden betriebswirtschaftlichen Rollen zugeordnet werden. Die Authentifizierung erfolgt in diesem Szenario ebenfalls über SAP SuccessFactors.

- **Alternative IDP-Lösung**
  Alternativ kann SAP S/4HANA an IDP-Lösungen von Drittanbietern angebunden werden. Diese Option trägt dem Umstand Rechnung, dass manche Kunden bereits bestehende Benutzerverwaltungen im Einsatz haben. SAP Cloud Identity erfragt dann die Authentifizierung vom alternativen Identity Provider. Der eingebaute IDP wird nicht benutzt.

In diesem Buch behandeln wir ausschließlich die eingebaute Basislösung.

Betriebswirtschaftliche Prozesse konfigurieren

Benutzern, die die betriebswirtschaftlichen Prozesse im System konfigurieren sollen, muss die Rolle `SAP_BR_BPC_EXPERT` (Configuration Expert – Business Process Configuration) zugewiesen sein. Über das Implementierungs-Cockpit können Sie in der Anwendung **Lösung verwalten** mit dieser Rolle Ihr SAP-S/4HANA-Cloud-System konfigurieren. Den Einstieg in die Konfiguration zeigt Abbildung 7.7.

Lösung als Prozessexperte verwalten

Grundsätzlich gliedert sich die initiale Implementierung, bezogen auf die Konfiguration, in zwei Teile. In der Vorbereitungsphase legen Sie in einem Scoping-Schritt fest, welche Geschäftsprozesse Sie in Ihrem SAP-S/4HANA-Cloud-System grundsätzlich nutzen wollen. In der Phase werden auch initiale Daten, wie beispielsweise Organisationsdaten, Konzernwährung oder Ihre individuellen Hausbankdaten, festgelegt. Mit dem Übergang in die Realisierungsphase wird, basierend auf Ihren Entscheidungen in der Vorbereitungsphase, das System aktiviert, und Sie können in einem zweiten Schritt Ihre Geschäftsprozesse im Detail einstellen. Hierzu stehen Ihnen sogenannte Self-Service Configuration User Interfaces (kurz SSC-UI) zur Verfügung. Diesen Schritt beschreiben wir in Abschnitt 7.2, »SAP S/4HANA Cloud konfigurieren«.

Abbildung 7.7 SAP-S4HANA-Implementierungs-Cockpit

Wie in Abbildung 7.8 dargestellt, bietet Ihnen die Anwendung **Lösung verwalten** neben dem Einstieg in die Detailkonfiguration (Funktion **Lösung konfigurieren**) auch Absprünge in zentrale Testfunktionen (Funktion **Prozesse testen**) oder die Datenmigration (Funktion **Daten migrieren**).

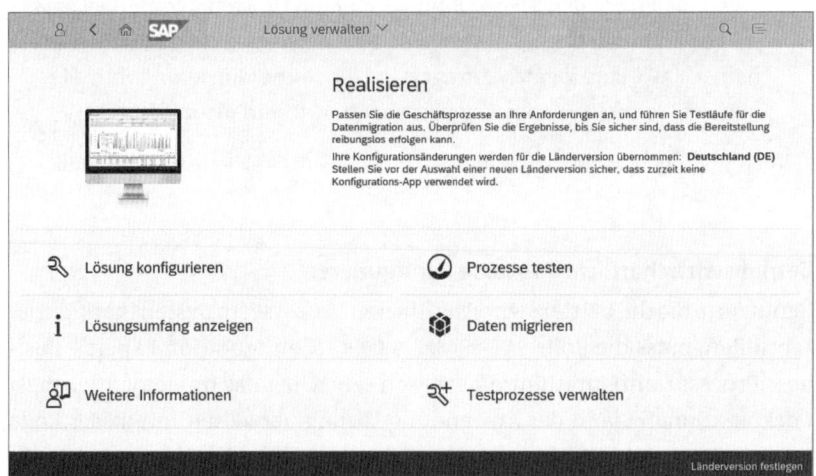

Abbildung 7.8 Lösung verwalten

Bis SAP S/4HANA 1805 erfolgt das Scoping und die initiale Datenpflege Ihrer Lösung mithilfe des SAP Service Centers. Zukünftig sind hierfür eigenständige Benutzeroberflächen geplant.

Migration der Daten

Es empfiehlt sich, in dem Starter-System bereits grundlegende Aspekte der Datenmigration zu testen. Sie erhalten so Einblick in die Abläufe für das Laden der Daten sowie in die Datenqualität und die Wechselwirkung der Daten mit der Konfiguration. Für die SAP S/4HANA Cloud erfolgt das Laden der Daten über das SAP S/4HANA Migration Cockpit:

Datenübertragung testen

1. Melden Sie sich mit dem Administratorbenutzer am System an.
2. Wählen Sie die Kachel **Lösung verwalten**.
3. Wählen Sie die Funktion **Daten migrieren**.
4. Folgen Sie den Schritten, die in Abschnitt 7.3, »Datenmigration in die SAP S/4HANA Cloud«, beschrieben werden.

Übergang in die Realisierungsphase

Mit dem Übergang in die Realisierungsphase schließen Sie die Analyse- und Vorbereitungsphase ab und gehen dazu über, das SAP-S/4HANA-Cloud-System im Detail an Ihre Bedürfnisse anzupassen. Dieser Phasenübergang ist bis SAP S/4HANA 1805 noch mit Unterstützung des SAP Service Centers durchzuführen. Auch hier ist geplant, dass Sie dies demnächst eigenständig über entsprechende Benutzeroberflächen durchführen können.

Analyse- und Vorbereitungsphase abschließen

Basierend auf den Daten, die Sie im Scoping und bei der initialen Datenerfassung eingegeben haben, steht Ihnen in der Realisierungsphase Ihr entsprechend aufgesetztes Qualitätssicherungssystem zur Verfügung. Neben dem Qualitätssicherungssystem wird auch das Produktivsystem erstellt, und beide Systeme werden miteinander verbunden. Änderungen an der initialen Implementierung (z. B. Hinzufügen von weiteren Geschäftsprozessen, Hinzufügen von weiteren Ländern oder von Detailkonfiguration) führen Sie zunächst im Qualitätssicherungssystem durch. Ihre Anpassungen werden dann (basierend auf dem SAP-Transportwesen) in das Produktivsystem übertragen. Beachten Sie bei der Projektplanung, dass das Qualitätssicherungssystem während der Übertragung der Konfigurationsdaten in das Produktivsystem gesperrt wird, um unabsichtliche Änderungen zu vermeiden. Im Produktivsystem sind dann anschließend noch Konfigurationen aus der Kategorie »laufende Einstellungen« durchzuführen.

Qualitätssicherungs- und Produktivsystem

Systemtypen

SAP sieht für den aktiven Einsatz von SAP S/4HANA grundsätzlich immer eine Mehrsystemlandschaft vor. Für die SAP S/4HANA Cloud wird dies durch eine Zwei-System-Landschaft realisiert. Das Qualitätssicherungs-

> (kurz *Q-System*) dient in dieser Zwei-System-Landschaft dazu, Änderungen am System vornehmen zu können, ohne eine unmittelbare Auswirkung auf die operativen Prozesse des Produktivbetriebs zu haben. Konfigurationsänderungen, neue Funktionalität oder kundenindividuelle Erweiterungen werden in diesem Q-System vorgenommen und getestet. Erst nach erfolgreichem Test werden sie in das Produktivsystem (kurz *P-System*) überführt. Dieser Übertragung dient das SAP-Transportsystem.

7.1.3 Phase »Realisieren«: Das Qualitätssicherungssystem der SAP S/4HANA Cloud einrichten

In der Realisierungsphase des SAP-S/4HANA-Cloud-Implementierungsprojekts erstellen und testen Sie die endgültigen Ausprägungen und Einstellungen, die Grundlage für den Produktivbetrieb sein sollen. Auch werden nur in diesen Systemen Benutzer für alle Mitarbeiter angelegt.

Schritte der Realisierungsphase

Unser Ziel in diesem Abschnitt ist es, das System so weit für die initiale Nutzung vorzubereiten, dass die Daten aus dem Altsystem in das Cloud-System geladen werden können. Dafür sind mindestens die folgenden Aktivitäten notwendig:

1. Mitarbeiterstammdaten importieren oder anlegen und Authentifizierung einrichten
2. Grundkonfiguration des Systems durchführen
3. Daten aus dem Altsystem übertragen

Zur kompletten Vorbereitung des Systems sind noch weitere Aktivitäten durchzuführen, beispielsweise das Einrichten der Druckersteuerung und natürlich die Auswahl der betriebswirtschaftlichen Geschäftsprozesse. Die Identifikation und Ausprägung dieser Prozesse ist allerdings nicht Gegenstand dieses Buches. Wir nehmen im weiteren Verlauf an, dass die Festlegung der gewünschten betriebswirtschaftlichen Prozesse bereits erfolgt ist.

Mitarbeiterstammdaten importieren

Melden Sie sich als Administrator am Qualitätssicherungssystem an. Mithilfe der Kachel **Mitarbeiter pflegen** in der Gruppe **Mitarbeiter – Stammdaten** können Sie entweder alle Mitarbeiter von Hand anlegen oder dem SAP Service Center eine Datei mit den Mitarbeiterstammdaten übergeben. Das Vorgehen entspricht dem Vorgehen in der Analysephase, das wir in Abschnitt 7.1.2, »Phase »Analysieren und Vorbereiten«: Das SAP-S/4HANA-Cloud-System einrichten«, beschrieben haben.

Im Qualitätssicherungssystem können Sie ebenso wie im Starter-System nur eine Auswahl an Mitarbeitern anlegen. Auf jeden Fall sollte sichergestellt werden, dass Stammdaten für alle Key-User gepflegt sind. Key-User sind Benutzer, die im Rahmen des Einführungsprojekts das System konfigurieren oder die für Erweiterungen, Tests und Wartung zuständig sind.

Key-User anlegen

Key-Usern Rollen zuweisen

Im Qualitätssicherungssystem sollten Sie den Key-Usern – im Gegensatz zum Starter-System – bereits differenzierte Benutzerrollen zuweisen:

1. Melden Sie sich mit dem Administratorbenutzer am System an. Dort wählen Sie die Kachel **Anwendungsbenutzer pflegen** in der Gruppe **Identitäts- und Zugriffsverwaltung**.

2. Ordnen Sie im folgenden Dialog den ausgewählten Benutzern die gewünschten Rollen zu. In Abbildung 7.9 wurde dem Benutzer MAINTENANCE_PLANNER neben der generischen Rolle **Employee**, die alle Mitarbeiter erhalten, noch eine spezifische Business-Rolle **Maintenance Planner** für Wartungs- und Instandhaltungsaufgaben zugewiesen.

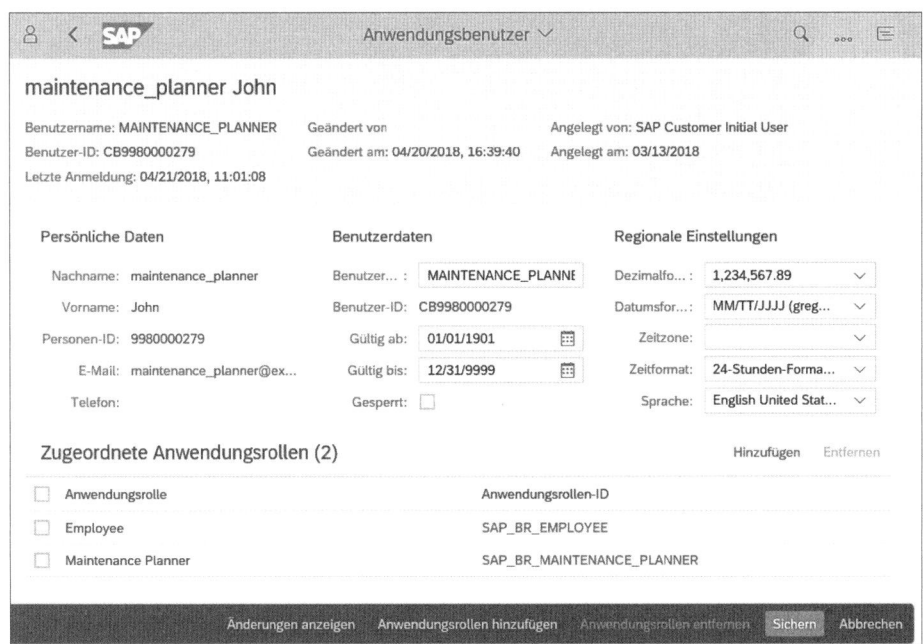

Abbildung 7.9 Detailbild für die Pflege von Anwendungsrollen in SAP S/4HANA Cloud

Stellen Sie sicher, dass mindestens einem personalisierten Benutzer die Administratorrechte zugewiesen wurden.

Benutzer in den SAP-Cloud-Identity-Tenant laden

Auch für das Qualitätssicherungssystem muss sichergestellt sein, dass die personalisierten Benutzer für den Zugriff auf das Cloud-System authentifiziert werden können. Machen Sie die Benutzer des Qualitätssicherungssystems SAP Cloud Identity bekannt, indem Sie die Benutzerliste aus dem Qualitätssicherungssystem herunterladen und in den Cloud Identity Provider hineinladen. Die Schritte dazu entsprechen dem Vorgehen im Starter-System, wie wir es in Abschnitt 7.1.2, »Phase »Analysieren und Vorbereiten«: Das SAP-S/4HANA-Cloud-System einrichten«, beschrieben haben.

Grundkonfiguration des Systems: Betriebswirtschaftliche Prozesse definieren

Die betriebswirtschaftlichen Prozesse einzurichten ist Aufgabe der Key-User. Melden Sie sich dazu als Key-User an, und wählen Sie auf der Startseite die Kachel **Lösung verwalten** in der Gruppe **Implementierungs-Cockpit**. In dieser Anwendung können Sie auswählen, welche Geschäftsprozesse im System zur Verfügung stehen sollen. Dies wird genauer in Abschnitt 7.2, »SAP S/4HANA Cloud konfigurieren«, beschrieben.

> **Konsistenz von Qualitätssicherungs- und Produktivsystem**
>
> Beachten Sie, dass das Qualitätssicherungssystem die zentrale Vorlage für die Erzeugung des Produktivsystems ist. Daher sollte sichergestellt werden, dass die betriebswirtschaftlichen Prozesse im Qualitätssicherungssystem wie gewünscht ausgeprägt wurden. Die Konfiguration im Produktivsystem sollte sich nicht von derjenigen im Qualitätssicherungssystem unterscheiden.

Wartung und Test

Auch in der späteren Produktivnutzung wird das Qualitätssicherungssystem weiterhin eine zentrale Rolle spielen: Es dient einerseits bei Wartungsvorgängen dazu, unvorhergesehene Auswirkungen auf den Produktivbetrieb ausschließen zu können. Andererseits können künftige Anpassungen der Systemnutzung, wie beispielsweise die Einführung zusätzlicher Funktionalität, ausführlich getestet werden, bevor diese in das Produktivsystem übertragen werden. Lesen Sie hierzu auch Abschnitt 7.2, »SAP S/4HANA Cloud konfigurieren«.

Migration der Daten

Im Starter-System haben Sie lediglich grundlegende Abläufe getestet. Da das Qualitätssicherungssystem eine wichtige Rolle bei der Sicherung des

Produktivbetriebs spielt, sollte in diesem System auch ein realistischer Umfang an Daten vorliegen, mit denen die definierten Geschäftsprozesse getestet werden können.

Auch die Qualität der Datenmigration selbst muss sichergestellt werden. So unterliegen die Daten einer Wechselwirkung mit der Konfiguration des Systems. Im Verlauf des Einführungsprojekts müssen üblicherweise sowohl die Auswahl der übertragenen Daten als auch die Ausprägung der Konfiguration wechselseitig angepasst werden. Bei dem Übergang nach SAP S/4HANA nutzen Sie das Qualitätssicherungssystem daher ebenfalls als Testsystem für die Datenmigration.

Qualität der Datenmigration

Analog zum Starter-System erfolgt die Datenmigration auch hier über das SAP S/4HANA Migration Cockpit, wie in Abschnitt 7.1.2, »Phase »Analysieren und Vorbereiten«: Das SAP-S/4HANA-Cloud-System einrichten«, bzw. in Abschnitt 7.3, »Datenmigration in die SAP S/4HANA Cloud«, beschrieben.

7.1.4 Phase »Bereitstellung«: Die Produktivsysteme der SAP S/4HANA Cloud einrichten

Stellen Sie sicher, dass die Einrichtung des Qualitätssicherungssystems komplett durchgeführt wurde und dass alle Abnahmetests erfolgreich waren. Mit diesem letzten Schritt gehen Sie in die Produktivnutzung über.

Sie beantragen das Produktivsystem genau wie das Qualitätssystem mit der Vorgehensweise, die wir in Abschnitt 7.1.3, »Phase »Realisieren«: Das Qualitätssicherungssystem der SAP S/4HANA Cloud einrichten«, beschrieben haben. Da Sie möchten, dass die Einstellungen des Qualitätssicherungssystems in das Produktivsystem übertragen werden, öffnen Sie ein Ticket mit dem Betreff »Configuration Transport to P-System« auf der Komponente XX-S4C-SRV. SAP bereitet dann das Produktivsystem vor. Die Konfiguration und die Expertenkonfiguration werden übernommen.

Produktivsystem beantragen

> **Sperrung des Qualitätssicherungssystems**
>
> Beachten Sie bei der Projektplanung, dass das Qualitätssicherungssystem während der Erzeugung des Produktivsystems gesperrt wird, um unabsichtliche Änderungen zu vermeiden.

Nun werden noch ein letztes Mal die grundlegenden Einrichtungsschritte durchgeführt.

Mitarbeiterstammdaten importieren

Alle Produktivbenutzer anlegen

Melden Sie sich als Administratorbenutzer am Produktivsystem an, und legen Sie mithilfe der Kachel **Mitarbeiter pflegen** die Benutzer für die Mitarbeiter an, indem Sie die Mitarbeiterstammdaten erneut importieren, wie in Abschnitt 7.1.3, »Phase »Realisieren«: Das Qualitätssicherungssystem der SAP S/4HANA Cloud einrichten«, beschrieben. Achten Sie darauf, dass im Produktivsystem wirklich alle Mitarbeiter angelegt werden.

Bei der Zuweisung von Rollen und Berechtigungen im Produktivsystem sollten Sie zweistufig vorgehen: Zunächst erhalten Schlüsselpersonen Zugang zum System. Diese können ein letztes Mal die Korrektheit des Systems verifizieren. Danach erhalten alle Nutzer Zugang zum System.

Rollen für Key-User zuweisen

Ordnen Sie im Dialog **Anwendungsbenutzer pflegen** den Benutzern die gewünschten Rollen zu. Achten Sie darauf, dass den Benutzern differenzierte Rollen zugeordnet werden. Stellen Sie auch hier wieder sicher, dass mindestens einem personalisierten Benutzer die Administratorrechte zugewiesen wurden.

Key-User in den SAP-Cloud-Identity-Tenant laden

Laden Sie die Daten der Schlüsselpersonen in den SAP-Cloud-Identity-Tenant, um den Systemzugang zu gewähren. Die Schlüsselbenutzer können die Datenmigration durchführen und im Anschluss ein letztes Mal das System testen. Benachrichtigen Sie das SAP Service Center umgehend auf der Komponente XX-S4C-SRV, wenn Sie Inkonsistenzen im Produktivsystem feststellen.

Migration der Daten

Die Daten des Qualitätssicherungssystems werden absichtlich nicht direkt in das Produktivsystem übernommen. Dadurch wird vermieden, dass der komplette Datenumfang in das Qualitätssicherungssystem geladen werden muss. Planen Sie daher die manuelle Datenübernahme ein.

Zuvor getestete Datenmigration

Allerdings wurde ja in den vorangehenden Schritten unter anderem auch die Datenmigration im Qualitätssicherungssystem getestet. Diese Testergebnisse werden berücksichtigt, indem bei der Migration der Daten die Einstellungen für die Datenmigration (Filterkriterien, kundeneigene Felder usw.) aus dem Qualitätssicherungssystem übernommen werden. Die Vorgehensweise wird detailliert in Abschnitt 7.3.2, »Datenmigration mit dem SAP S/4HANA Migration Cockpit«, beschrieben.

Rollen für Fachanwender zuweisen

Weisen Sie als Administrator in der Anwendung **Anwendungsbenutzer pflegen** nun allen Nutzern des Systems die gewünschten Rollen zu. Achten Sie hier wieder darauf, dass den Benutzern differenzierte Rollen zugeordnet werden.

Benutzer für Fachanwender in den SAP-Cloud-Identity-Tenant laden

Wenn Sie eine positive Rückmeldung von den Schlüsselpersonen erhalten haben, komplettieren Sie die Benutzerdaten im Cloud Identity Provider mit allen Mitarbeitern. Erst durch diesen Schritt erhalten auch die Benutzer Zugang zum System.

Schritte zur Einrichtung jedes Cloud-Systems

In jeder Instanz der SAP S/4HANA Cloud werden mindestens die folgenden Schritte zur technischen Einrichtung durchgeführt:

- Anlegen der Mitarbeiterstammdaten
- Rollen zuweisen
- berechtigte Benutzer im Cloud Identity Provider hinterlegen
- betriebswirtschaftliche Prozesse ausprägen
- Daten migrieren
- Übergang in die folgende Phase bestätigen

SAP stellt auch eine praktische Online-Checkliste zur Verfügung. Diese befindet sich im SAP Roadmap Viewer. Für die in diesem Buch beschriebenen technischen Schritte sind vor allem die Punkte unter der Überschrift »Technical Architecture & Infrastructure« relevant: *http://s-prs.de/v429727*

7.2 SAP S/4HANA Cloud konfigurieren

Wie wir in den vorangegangenen Abschnitten bereits erwähnt haben, müssen Sie Ihren Implementierungsumfang festlegen und Ihre Lösung im Detail konfigurieren (*Customizing*). Da wir diesen Schritt in Abschnitt 7.1, »SAP S/4HANA Cloud einrichten«, für die einzelnen Phasen noch nicht ausführlich behandelt haben, beschreiben wir ihn nun in diesem Abschnitt. Die Konfiguration ist grundsätzlich ein eigenes Teilprojekt. Generell muss zwischen zwei Konfigurationsschritten unterschieden werden. Im Scoping legen Sie den grundsätzlichen Implementierungsumfang fest, und im Feintuning können Sie zusätzliche Detaileinstellungen durchführen. Die Einstellungen

Customizing

werden im Qualitätssicherungssystem durchgeführt, aufgezeichnet und ins Produktivsystem übertragen.

7.2.1 Scoping

Ihren grundsätzlichen Implementierungsumfang legen Sie im Scoping fest. Wählen Sie hierzu auf der Startseite die Gruppe **Implementierungs-Cockpit** sowie die Kachel **Lösung verwalten** und **Lösung ändern**. In der Analyse- und Vorbereitungsphase können Sie aus einer vorgeschlagenen Liste sogenannte Scope Items auswählen, die eine Vorauswahl von Geschäftsprozessen mit entsprechendem Best-Practise-Content beinhaltet. In der Realisierungsphase können Sie diese ausgewählten Geschäftsprozesse ergänzen und erweitern. Auch der Länderumfang kann angepasst werden. Mit SAP S/4HANA Cloud 1805 erfolgt das Scoping noch über eine Meldung an das SAP Service Center (Öffnen Sie dazu eine Meldung unter der SAP-Meldungskomponente XX-S4C-SRV). Es ist aber geplant, dass Sie in den nächsten Releases von SAP S/4HANA Cloud diese Schritte eigenständig im System durchführen können. Sie können sich den Lösungsumfang, der die Grundlage Ihrer Implementierung darstellt, in der Anwendung **Lösung verwalten** über die Funktion **Lösungsumfang anzeigen** anschauen. Dort wird die Liste der Scope Items angezeigt, die in Ihrem System aktiviert sind. Aus dieser Liste können Sie dann jeweils in die Scope-Item-Dokumentation abspringen.

Wenn der Implementierungsumfang festgelegt ist, können Sie im sogenannten Fine-Tuning Detaileinstellungen innerhalb der gewählten Geschäftsprozesse vornehmen.

7.2.2 Fine-Tuning

Im Fine-Tuning können Sie die vorausgewählten Geschäftsprozesse im Detail anpassen. Sie gelangen über die Kachel **Lösung verwalten** und dann **Lösung konfigurieren** zu den sogenannten Self-Service Configuration User Interfaces (SSC-UIs).

Detaileinstellungen über Self-Service Configuration User Interfaces

Detaileinstellungen mittels SSC-UI vornehmen

Gegliedert nach Anwendungsbereich stehen Ihnen mit SAP S/4HANA 1805 rund 700 Self-Service Configuration UIs für Detaileinstellungen zur Verfügung. Abbildung 7.10 zeigt den Einstieg über Anwendungsbereiche und Konfigurationsgruppen.

7.2 SAP S/4HANA Cloud konfigurieren

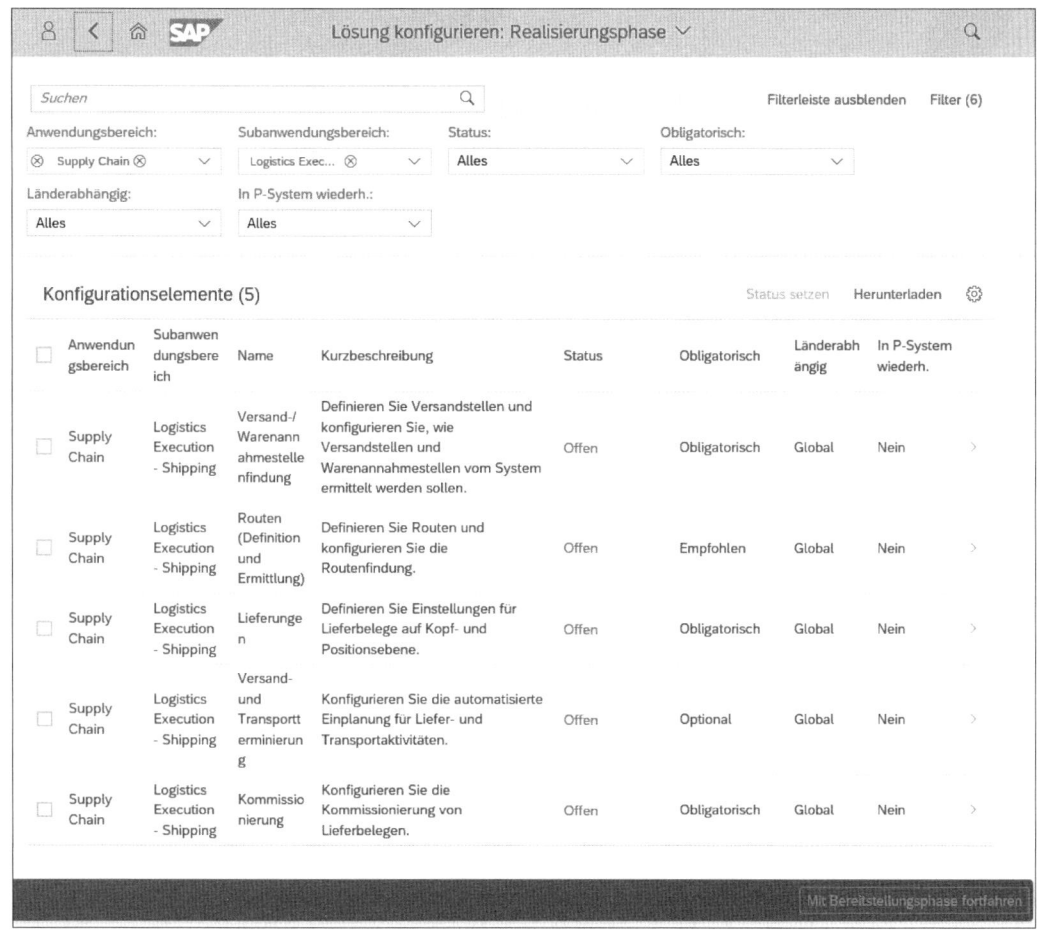

Abbildung 7.10 Lösung konfigurieren – Einstiegsbild

Gefiltert über einzelne Anwendungsbereiche oder über die Schlagwortsuche kommen Sie zu betriebswirtschaftlich gegliederten Gruppen von Konfigurations-Apps. Unser hier dargestelltes Beispiel ist aus dem Anwendungsbereich **Supply Chain** und dem Subanwendungsbereich **Logistics Execution – Shipping**. Von hier können Sie dann zur Detailkonfiguration unterschiedlicher Grundfunktionen der Lieferabwicklung navigieren. Abbildung 7.11 zeigt die hier angebotenen Konfigurationsgruppen:

- Versand-/Warenannahmestellenfindung
- Routen
- Lieferungen

203

- Versand- und Transportterminierung
- Kommissionierung

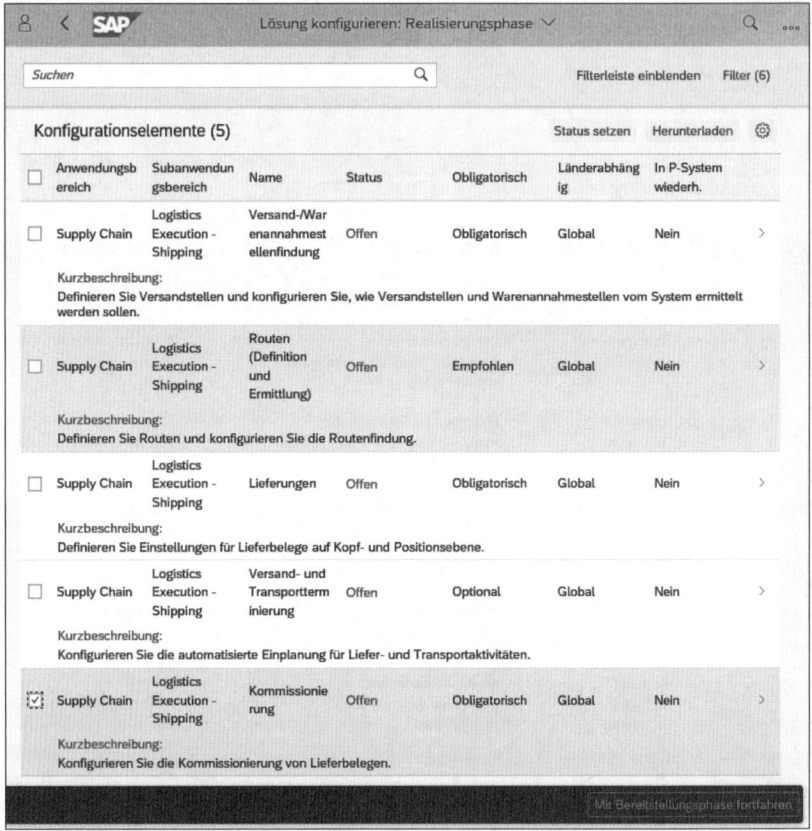

Abbildung 7.11 Konfigurationsgruppen Logistics Execution – Shipping

In Abbildung 7.12 werden die SSC-UIs innerhalb der Konfigurationsgruppe **Kommissionierung** dargestellt.

In dem SSC-UI Relevante Positionstypen festlegen (siehe Abbildung 7.13) können Sie die grundsätzliche Relevanz von einzelnen Lieferpositionstypen für die Kommissionierung festlegen.

Die Einstellungen, die Sie in den einzelnen SSC-UIs im Qualitätssicherungssystem durchführen, werden beim Sichern der Einstellungen auf den zentralen Konfigurationstransport geschrieben. Nach anschließenden Applikationstest können Sie dann die Konfiguration in das Produktivsystem übertragen.

7.2 SAP S/4HANA Cloud konfigurieren

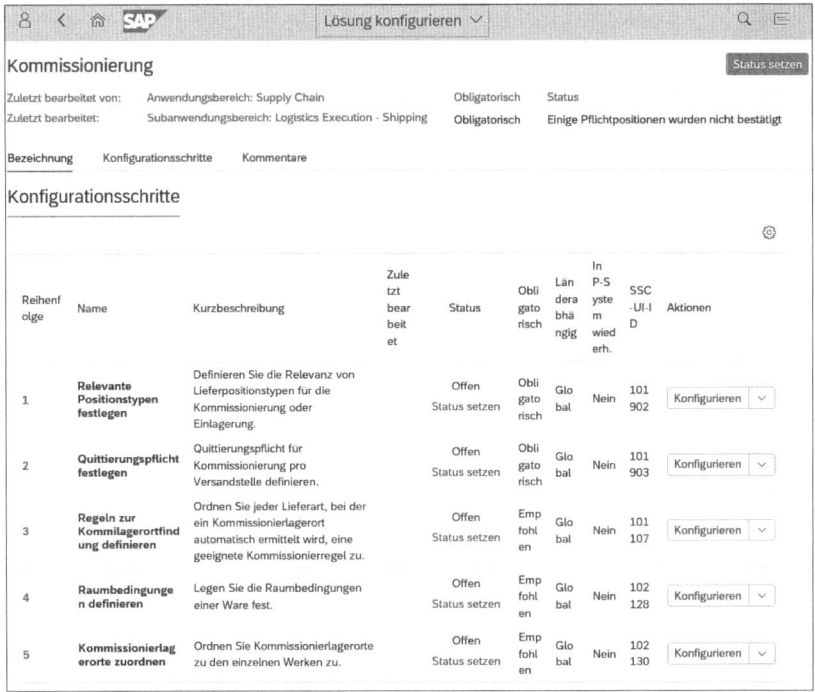

Abbildung 7.12 Konfigurationsgruppe Kommissionierung

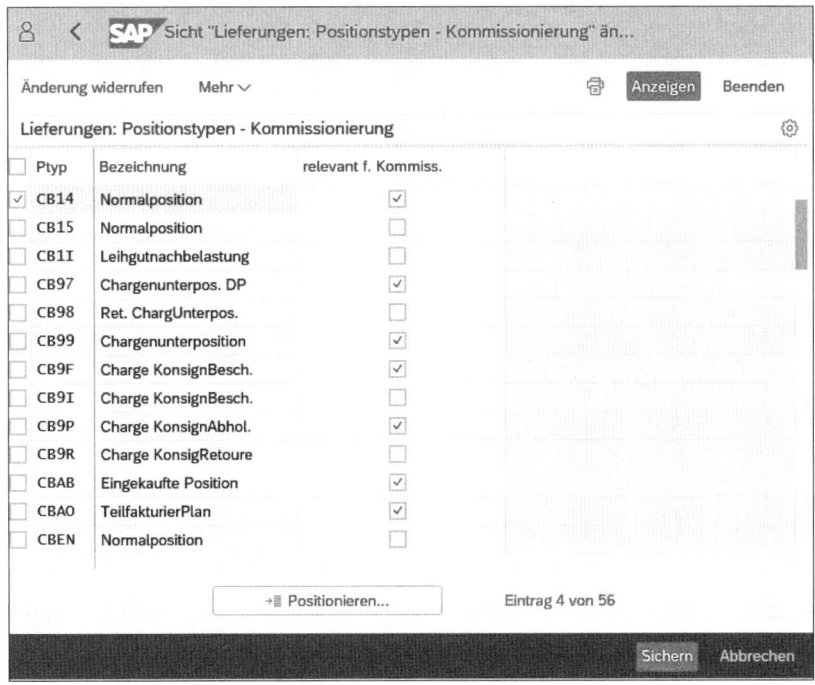

Abbildung 7.13 Einstellungen zur Lieferkommissionierung

Neben der Navigation über Anwendungsbereiche können Sie auch über die Schlagwortsuche zu einzelnen SSC-UIs navigieren. Wenn Sie konkret wissen, welche Einstellungen Sie durchführen wollen, können Sie auch direkt die jeweils eindeutige ID eines SSC-UI eingeben. In Tabelle 7.2 sind für unser Beispiel der Lieferkommissionierung die jeweiligen IDs aufgeführt.

SSC-UI-ID	SSC-UI-Name	Anwendungsbereich	Subanwendungsbereich	Konfigurationsgruppe
101107	Regeln zur Kommissionierlagerortfindung definieren	Supply Chain	Logistics Execution – Shipping	Kommissionierung
101902	relevante Positionstypen festlegen	Supply Chain	Logistics Execution – Shipping	Kommissionierung
101903	Quittierungspflicht festlegen	Supply Chain	Logistics Execution – Shipping	Kommissionierung
102128	Raumbedingungen definieren	Supply Chain	Logistics Execution – Shipping	Kommissionierung
102130	Kommissionierlagerorte zuordnen	Supply Chain	Logistics Execution – Shipping	Kommissionierung

Tabelle 7.2 SSC-UI-ID im Bereich Kommissionierung

So hat das SSC-UI Relevante Positionstypen festlegen aus unserem Beispiel die SSC-UI-ID 101902.

Eine Liste der in Ihrem System verfügbaren SSC-UIs können Sie direkt im Einstiegsbild unter **Lösung konfigurieren** herunterladen. Die Liste enthält auch die jeweiligen IDs der SSC-UIs. In der SAP-Activate-Roadmap ist eine Gesamtliste aller SSC-UIs verfügbar. Auch hier ist dann eine Beschreibung der SSC-UIs mit ihren IDs verfügbar.

Verfügbare Konfigurations-Apps

Anzahl der verfügbaren Konfiguration-Apps

Mit jedem SAP-S/4HANA-Cloud-Release erhöht sich die Anzahl der zur Verfügung stehenden Self-Service Configuration UIs. Mit SAP S/4HANA Cloud 1802 stehen Ihnen rund 500 dieser Konfigurations-Apps zur Verfügung, mit

SAP S/4HANA 1805 werden es über 700 sein. Abbildung 7.14 zeigt die prozentuale Verteilung dieser Apps pro Anwendungsbereich.

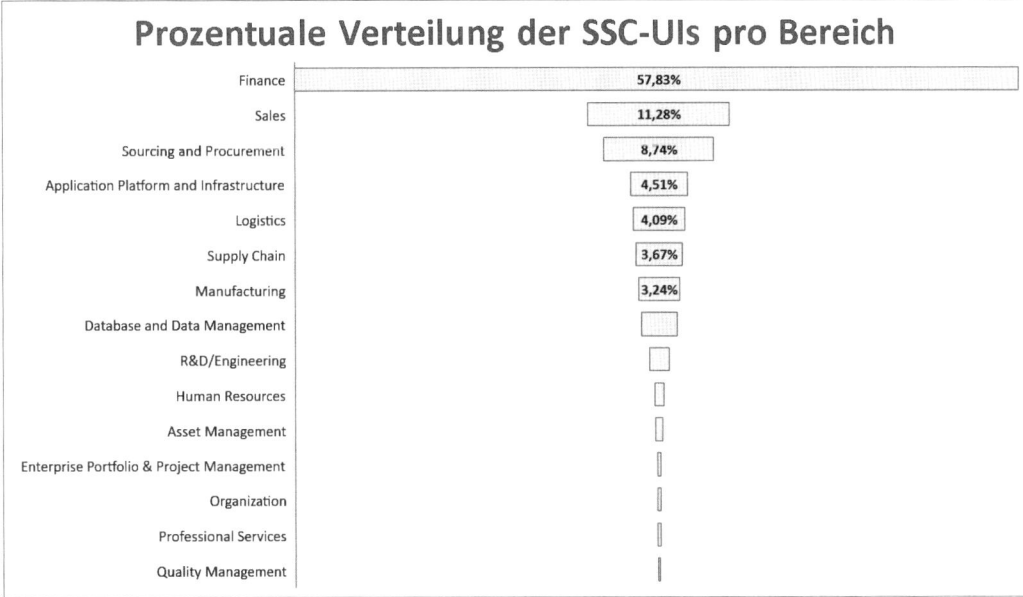

Abbildung 7.14 Verteilung der SSC-UIs pro Anwendungsbereich

Für Konfigurationsexperten ist es sicherlich nicht überraschend, dass die große Mehrheit der Detaileinstellungen im Bereich Rechnungswesen vorgenommen werden kann. Prozentual gibt es danach in den Bereichen Verkauf und Einkauf die meisten SSC-UIs.

Detaileinstellungen über Expertenkonfiguration

Sollte die Flexibilisierung, die Sie mithilfe der Konfiguration-Apps eigenständig realisieren können, nicht ausreichen, können Sie darüber hinaus eine sogenannte Expertenkonfiguration beantragen. Um dies zu tun, erstellen Sie einen Service Request auf der Komponente XX-S4C-OPR-SRV, basierend auf entsprechenden Templates, die Sie im SAP Roadmap Viewer finden (siehe weiter unten den Hinweiskasten »Detailkonfiguration«).

Detaileinstellungen mittels Expertenkonfiguration

Übertragung der Konfigurationseinstellungen vom Qualitätssicherungs- in das Produktivsystem

Grundsätzlich werden die Anpassungen an den vorausgelieferten Geschäftsprozessen im Qualitätssicherungssystem durchgeführt und getestet und anschließend in das Produktivsystem übertragen. Dazu schließen Sie

Übertragung der Einstellungen vom Q-System in das P-System

die obligatorischen Konfigurationsaufgaben im Qualitätssicherungssystem ab und klicken im Übersichtsbild (siehe Abbildung 7.15) auf **Mit Bereitstellungsphase fortfahren**.

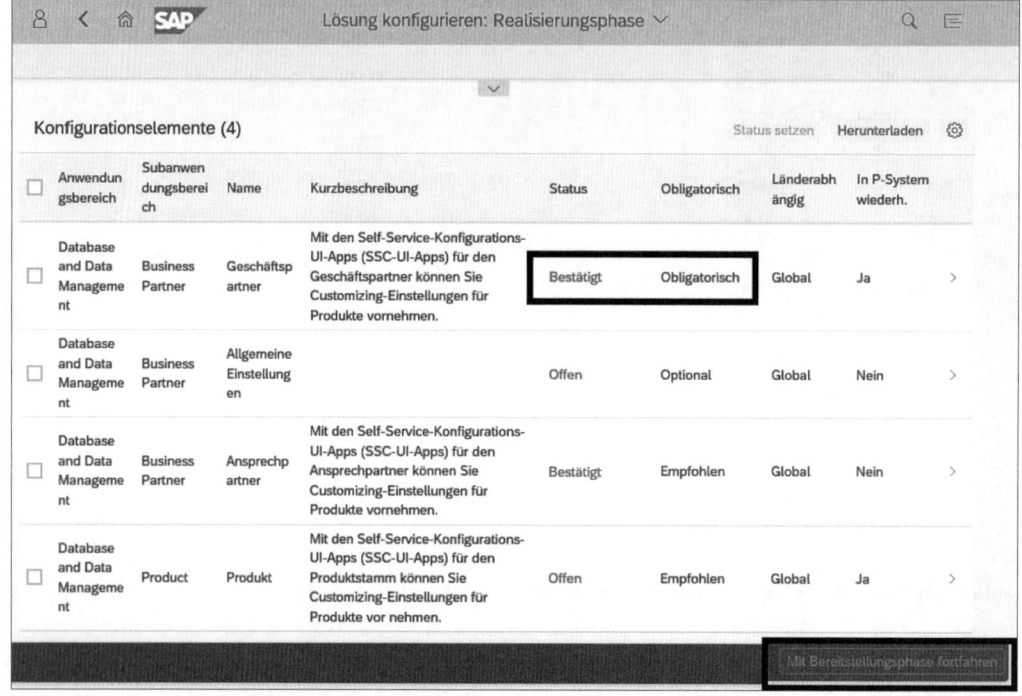

Abbildung 7.15 Übertragung der Konfigurationseinstellungen vom Q-System ins P-System

Natürlich können Sie auch nach der initialen Übertragung Ihrer Konfigurationseinstellungen weitere Anpassungen im Qualitätssicherungssystem vornehmen und diese anschließend ins Produktivsystem übertragen.

Detailkonfiguration direkt im Produktivsystem

Laufende Einstellungen im Produtivsystem

Es gibt Konfigurationseinstellungen, die inhaltlich nicht vom Qualitätssicherungssystem in das Produktivsystem übertragen werden können. So sind beispielsweise Integrationseinstellungen typischerweise spezifisch für ein System. Ein Beispiel aus dieser Kategorie sind die Einstellungen zur Anbindung Ihres SAP-Cloud-Systems an ein SAP- Central-Finance-System. Hier will man häufig im Q-System andere Einstellungen pflegen als im P-System. Diese systemspezifischen Daten werden entsprechend nicht übertragen und müssen im P-System nachgepflegt werden. Diese Kategorie von Einstellungen ist mit **Ja** in der Spalte **Im P-System wiederherstellen** gekennzeichnet.

Nur die Konfigurationseinstellungen der Kategorie »laufende Einstellungen« können direkt im Produktivsystem gepflegt werden. Die große Mehrheit der Konfigurationseinstellungen muss im Q-System gepflegt werden. Diese Konfigurationseinstellungen sind dann im Produktivsystem nur im Anzeigemodus verfügbar. Auch im Produktivsystem gelangen Sie über die Kachel **Lösung verwalten** und dann **Lösung konfigurieren** zu Ihren Self-Service Configuration UIs.

SSC-UIs im Produktivsystem

Detailkonfiguration
Weiterführende Informationen zur Detailkonfiguration finden Sie innerhalb des SAP Roadmap Viewers: *https://go.support.sap.com/roadmapviewer* Klicken Sie dort unter **Solution Specific** · **Solution Specific/On Cloud** · **SAP S/4HANA Cloud** · **Explore** · **Ergebnisse** · **Configuration Definition**. Hier finden Sie unter anderem Tutorials, die Ihnen die Bedienung der Detailkonfiguration erläutern.

7.3 Datenmigration in die SAP S/4HANA Cloud

Eine Migration in die SAP S/4HANA Cloud unterscheidet sich von einer Migration in die On-Premise-Version von SAP S/4HANA dahingehend, dass die bekannten Migrationswerkzeuge wie die Legacy System Migration Workbench (LSMW), SAP Data Services (Rapid Data Migration), die Migration Workbench (MWB) etc. nicht oder nur sehr eingeschränkt genutzt werden können. Da es keinen Backendzugriff für die Nutzer gibt, können auch die vorhandenen Transaktionen nicht aufgerufen werden. Ferner existiert für diese Migrationswerkzeuge auch keine SAP-Fiori-App (dies trifft auf LSMW und MWB zu). Im Fall von externen Werkzeugen, wie z. B. SAP Data Services, gibt es keine cloudfähigen, extern aufrufbaren Schnittstellen, über die Daten migriert werden können.

In die SAP S/4HANA Cloud migrieren Sie Daten stattdessen mithilfe des SAP S/4HANA Migration Cockpits (im Folgenden einfach Migration Cockpit genannt). Dieses Werkzeug ist ab SAP S/4HANA 1610 auch für die On-Premise-Variante von SAP S/4HANA verfügbar (siehe dazu auch Abschnitt 11.4, »SAP S/4HANA Migration Cockpit«).

SAP S/4HANA Migration Cockpit

Machen Sie sich mit den Datenübernahmeprozessen vertraut
Bevor Sie mit der Datenmigration in der Cloud beginnen, sollten Sie sich generell mit den Prozessen eines Datenmigrationsprojekts vertraut machen. Leider muss man immer wieder feststellen, dass zu viele Kunden und Bera-

> ter die Komplexität einer Datenübernahme unterschätzen. Insbesondere für die Cloud ist der Irrglaube, dass das ja alles auf Knopfdruck geht, immer noch weit verbreitet. Im einfachsten Fall wird zu spät mit dem Testen der Datenübernahme angefangen, im schlimmsten Fall werden die Daten ungetestet direkt ins Produktivsystem geladen. Beide Fälle führen aus Erfahrung meist zu unnötigen Folgekosten und auch meist zu einer Verschiebung des Go-live-Termins. Wir empfehlen Ihnen daher, sich den Abschnitt 11.1, »Die Phasen der Datenmigration«, durchzulesen und die dort gegebenen Ratschläge zu verinnerlichen und in Ihre Projektplanung einfließen zu lassen.

7.3.1 Verfügbare Migrationsobjekte

Nur noch eine Sicht

Seit dem Release 1705 von SAP S/4HANA gibt es nur noch eine Cloud-Edition. Die vorherigen Editionen SAP S/4HANA Finance Cloud und SAP S/4HANA Professional Services Cloud sind in SAP S/4HANA Enterprise Management Cloud aufgegangen. Diese wird nur noch SAP S/4HANA Cloud genannt. Aus diesem Grund wurden die bisher vorhandenen Sichten für die verschiedenen Editionen seit dem Release 1802 auf die Sicht mit dem Namen *Cloud – Enterprise Management – Umfang* reduziert. Diese wird standardmäßig als aktive Sicht im Hintergrund ausgewählt. Das SAP S/4HANA Migration Cockpit unterstützt in SAP S/4HANA Cloud 1805 die in Tabelle 7.3 aufgelisteten 80 Migrationsobjekte.

> **Migrationsobjektnamen wurden angepasst**
>
> Die Namen einiger bestehender Migrationsobjekte wurden und werden aufgrund technischer Vorgaben, aufgrund von Erweiterungen oder zwecks besserer Lesbarkeit und Auffindbarkeit immer wieder angepasst. Da zum Zeitpunkt der Fertigstellung dieses Buches die nicht englischen Übersetzungen der neuen und der geänderten Migrationsobjekte noch nicht vorlagen, geben wir hier sowohl die (vermutliche) deutsche als auch die englische Bezeichnung an.

Migrationsobjekt (deutsch/englisch)	Bereich
Leistungsart/Activity Type	CO
Kostenstellen/Cost Center	CO

Tabelle 7.3 Vom SAP S/4HANA Migration Cockpit unterstützte Migrationsobjekte für SAP S/4HANA Cloud

Migrationsobjekt (deutsch/englisch)	Bereich
Tarif (eingeschränkt)/Activity Price (restricted)	CO
Innenauftrag/ Internal Order	CO
Profitcenter/Profit Center	FI
Bank/Bank	FI
Kunde/Customer Kunde – vorhandenen Datensatz um neue Ebenen der Organisationseinheit erweitern/ Customer – extend existing record by new organizational levels	LO-MD-BP
Lieferant/Supplier Lieferant – vorhandenen Datensatz um neue Ebenen der Organisationseinheit erweitern/ Supplier – extend existing record by new organizational levels	LO-MD-BP
FI – Offener Posten der Debitorenbuchhaltung (Kunde)/FI – AR Open Item (Customer)	FI
FI – Offener Posten der Kreditorenbuchhaltung (Lieferant)/FI – AP Open Item (Vendor)	FI
Anlagevermögen einschließlich Bestände/ Fixed Asset incl. Balances and Transactions	FI-AA
FI – Sachkontensaldo/FI – G/L Account Balance	FI
FI – Offener Hauptbuchposten (veraltet)/ FI – G/L Account Open/Line Item (deprecated)	FI
Umrechnungskurs/Exchange Rate	FI
Materialbestandswert/Material Inventory Balances	MM-IM
Material/Material Material – vorhandenen Datensatz um neue Ebenen der Organisationseinheit erweitern/ Material – extend existing record by new organizational levels	LO-MD-MM
Materiallangtext/Material Long Text	LO-MD-MM

Tabelle 7.3 Vom SAP S/4HANA Migration Cockpit unterstützte Migrationsobjekte für SAP S/4HANA Cloud (Forts.)

Migrationsobjekt (deutsch/englisch)	Bereich
Materialverbrauch/Material Consumption	LO-MD-MM
Ausnahmebedingung: Materialpreisänderung für übergreifende Währungen/Exceptional Case: Material Price Change for Global Currencies	CO
Materialklassifizierung/Material Classification	CA-CLF
Materialprüfarten/Material Inspection Setting	QM
Material – Statistische Warennummer/Material – Commodity Code	SLL-LEG
Einkaufsinfosatz mit Konditionen/Purchasing Info Record with Conditions Einkaufsinfosatz – vorhandenen Datensatz erweitern/Purchasing Info Record – extend existing record	MM-PUR
Bestellung (nur offene)/Purchase Order (only open PO)	MM-PUR
Preiskondition (allgemein)/Pricing Condition (general)	SD, CO, MM-PUR
Preiskondition (Verkauf)/Pricing Condition (Sales)	SD
Preiskondition (Kostenrechnung)/Pricing Condition (Cost Accounting)	CO
Preiskondition (Einkauf)/Pricing Condition (Purchasing)	MM-PUR
Einkaufskontrakt/Purchasing Contract	MM-PUR
Einkaufslieferplan/Purchase Scheduling Agreement	MM-PUR
Orderbuch/Source List	MM-PUR
Kundenauftrag (nur offene)/Sales Order (only open SO)	SD
Verkaufskontrakt/Sales Contract	SD
Charge (wenn Charge auf Materialebene eindeutig ist)/Batch (if Batch is unique at material level)	LO-BM

Tabelle 7.3 Vom SAP S/4HANA Migration Cockpit unterstützte Migrationsobjekte für SAP S/4HANA Cloud (Forts.)

Migrationsobjekt (deutsch/englisch)	Bereich
Materialstückliste/Material BOM	PP
Arbeitsplatz/Work Center	PP, QM
Arbeitsplan/Routing	PP
Equipment	PM
Technischer Platz/Functional Location	PM
Equipmentplan/Equipment Task List	PM
Plan zum technischen Platz/ Functional Location Task List	PM
Instandhaltungsanleitung/General Task List	PM
Wartungsplan/Maintenance Plan	PM
Merkmal/Characteristic	CA-CHR
Klasse/Class	CA-CL
CPM-Projekt/ Commercial Project Management (CPM)	CA-CPD
Prüfmethode/Inspection Method	QM
Stammprüfmerkmal/ Master Inspection Characteristic	QM
QM/PM Katalog Code/Gruppe/Code QM/PM catalog code group/code	QM
Prüfplan/Inspection Plan	QM
QM Auswahlmenge/QM Selected Set	QM
QM Auswahlmengencode/QM Selected Set Code	QM
TRM – Devisenkassa-/Termingeschäft Kontrakt/ TRM – Foreign Exchange Spot/Forward Transaction	FIN-FSCM-TRM-TM
TRM – Devisen-Swap – Kontrakt/ TRM – Foreign Exchange Swap – Contract	FIN-FSCM-TRM-TM

Tabelle 7.3 Vom SAP S/4HANA Migration Cockpit unterstützte Migrationsobjekte für SAP S/4HANA Cloud (Forts.)

Migrationsobjekt (deutsch/englisch)	Bereich
TRM – Zinsgeschäft/ TRM – Interest Rate Instrument	FIN-FSCM-TRM-TM
TRM – Zins-Swap/TRM – Interest Rate Swap	FIN-FSCM-TRM-TM
TRM – Devisenoption/TRM – FX Option	FIN-FSCM-TRM-TM
TRM – Commercial Paper	FIN-FSCM-TRM-TM
TRM – Kündigungsgeld/TRM – Deposit at Notice	FIN-FSCM-TRM-TM
TRM – Bankbürgschaft/TRM – Bank Guarantee	FIN-FSCM-TRM-TM
TRM – Bestandswerte/TRM – Position Value	FIN-FSCM-TRM-TM
FI-CA – Vertragspartner/FI-CA Contract Partner	LO-MD-BP
FI-CA – Vertragskonto/FI-CA Contract Account	FI-CA
FI-CA – Offener Posten/FI-CA Open Item	FI-CA
Bankkontostand/Bank Account Balance	FI
Einzelsatz/Cash Memo Record	FIN-FSCM-FQM
Software-/Hardwareabhängigkeit/ Software/Hardware Constraint	PLM-ESD-ESC
VC – Variantentabellenstruktur/ VC – Variant Table Structure	LO-VC
VC – Variantentabelleneintrag/ VC – Variant Table Entry	LO-VC
VC – Beziehungswissen/VC – Object Dependency	LO-VC
VC – Konfigurationsprofil/ VC – Configuration Profile	LO-VC
VC – Constraint/VC – Variant Constraint	LO-VC
VC – Beziehungsnetz/VC – Dependency Net	LO-VC
Enterprise Project	PPM-CF
SEPA-Mandat/SEPA Mandate	CA-BK
Immobilienvertrag/Real Estate Contract	RE-FX-CN

Tabelle 7.3 Vom SAP S/4HANA Migration Cockpit unterstützte Migrationsobjekte für SAP S/4HANA Cloud (Forts.)

Migrationsobjekte mit Zusatz »eingeschränkt« oder »veraltet«

Migrationsobjekte können mit Zusätzen im Namen versehen sein. Bei Migrationsobjekten mit solchen Zusätzen lesen Sie bitte immer die Migrationsobjektdokumentation sorgfältig durch. Beachten Sie die Hinweise zu den beiden bisher genutzten Zusätzen, die dort aufgeführt sind:

- (eingeschränkt/restricted)
  Deckt ein Migrationsobjekt nicht alle Felder und Strukturen relevanter Geschäftsprozesse ab, wird der Zusatz (eingeschränkt/restricted) verwendet.

- (veraltet/deprecated)
  Wird ein Migrationsobjekt neu gebaut, wird das bisher genutzte Migrationsobjekt mit dem Zusatz (veraltet/deprecated) versehen. Neue Migrationsobjekte werden in der Regel gebaut, wenn es neuere und bessere Datenmigrations-APIs für diese Migrationsobjekte gibt. Bestehende Objekte werden dann nach einigen Releases entfernt (in der Regel im zweiten oder dritten Release nach Erscheinen des neuen Migrationsobjekts). Dies ist z. B. mit dem Migrationsobjekt für die Einkaufsinfosätze geschehen, das zum Release 1708 erneuert wurde und aufgrund der Verwendung einer neuen API die Funktionalitätslücken des alten Migrationsobjekts behoben hat.

Welche detaillierten Änderungen es in einem Migrationsobjekt gibt, entnehmen Sie SAP-Hinweis 2568909 (SAP-Release-Informationshinweis für SAP-S/4HANA-Cloud-Datenmigrations-Content) unter *http://s-prs.de/v631670*

Migrationsobjektdokumentation lesen

Die Anzahl der unterstützten Migrationsobjekte und deren Funktionalität werden mit jedem SAP-S/4HANA-Cloud-Release angepasst. Werden z. B. neue SAP Best Practices für Geschäftsprozesse angeboten oder bestehende erweitert, werden in der Regel auch neue Migrationsobjekte gebaut bzw. bestehende Migrationsobjekte angepasst. Dies ist aber immer abhängig von der Funktionalität der freigegebenen Datenmigrationsschnittstellen, die zur Verfügung stehen. Generell sollten Sie auch bei bekannten Migrationsobjekten die Migrationsobjektdokumentation zu jedem Release erneut lesen. Die für ein Release zur Verfügung stehenden Migrationsobjekte entnehmen Sie dem sogenannten *Testskript Datenmigration aus Datei in SAP S/4HANA* (BH5) in dessen Abschnitt 3.

Testskript mit aktueller Objektliste abrufen

Es gibt zwei Wege, das Testskript aufzurufen:

- über das SAP Fiori Launchpad
- über den *SAP Best Practices Explorer*

Über das SAP Fiori Launchpad gehen Sie folgt vor:

1. Im SAP Fiori Launchpad starten Sie die App **Lösung verwalten**.
2. Wählen Sie dort **Lösungsumfang anzeigen**.
3. Geben Sie als Suchbegriff »mig« ein.
4. Unter den aufgeführten Umfangsbestandteilen (Scope Items) wählen Sie **Data Migration to SAP S/4HANA from File** aus.
5. In der erscheinenden Dokumentbibliothek wählen Sie dann **Test script**.

Über den SAP Best Practices Explorer führen Sie folgende Schritte aus:

1. Rufen Sie dazu den Link *http://s-prs.de/v631671* auf.
2. Wählen Sie im Feld **Version** den Wert **Global**.
3. Wählen Sie im Feld **Language** bzw. **Sprache** den Wert für Ihre gewünschte Sprache aus, z. B. **Deutsch**.
4. Unter **Details** wählen Sie dann **Testskript**.

> **SAP-Hinweis für den Weg zum Testskript**
> Eine stets aktuelle Beschreibung, wie Sie das Testskript für die Datenmigration via Datei finden, ist in SAP-Hinweis 2577342 beschrieben, den Sie unter folgendem Link erreichen: *http://s-prs.de/v631672*

Migrationsvorlagen

Die Daten, die Sie migrieren wollen, müssen in vordefinierte XML-Dateien im speziellen Dateiformat *Microsoft Excel XML Spreadsheet 2003* übertragen werden. Diese XML-Dateien können mit Microsoft Excel bearbeitet werden. Sie laden diese Vorlagen über das Migration Cockpit für jedes Migrationsobjekt herunter.

7.3.2 Datenmigration mit dem SAP S/4HANA Migration Cockpit

Migrationsprojekt

Das SAP S/4HANA Migration Cockpit basiert technisch auf der Migration Workbench (MWB), und die ausgelieferte Vorlage für Migrationsprojekte ist als MWB-Projekt angelegt worden. Technisch werden beim Anlegen eines Kundenprojekts im SAP S/4HANA Migration Cockpit die Objekte dieser Vorlage in ein kundeneigenes MWB-Projekt (Z-Projekt) kopiert. Diese Kopie kann in der SAP S/4HANA Cloud nur über das SAP S/4HANA Migration Cockpit generiert und gestartet werden.

Rollen für die Migration zuweisen

Technische Rolle

Um das SAP S/4HANA Migration Cockpit in der Cloud nutzen zu können, muss dem Anwender, der die Migration durchführt (Migrationsbenutzer), die technische Rolle `SAP_BR_CONFIG_EXPERT_DATA_MIG` (Configuration Expert – Data Migration) zugeordnet werden.

Zusätzlich benötigen Sie weitere Rollen, um die einzelnen Migrationsobjekte zu laden bzw. zu validieren. Diese Rollen (Stand: Version SAP S/4HANA 1805) sind für jedes Migrationsobjekt in Anhang A dieses Buches, »Anwendungsrollen für das SAP S/4HANA Migration Cockpit«, aufgeführt.

Anwendungsrollen

Aktuelle Übersicht der Rollen

Da sowohl die Geschäftsprozesse als auch die Rollen in den neuen Releases einer ständigen Überarbeitung und Bereinigung unterworfen sind, entnehmen Sie die für Ihr Release gültigen Rollen dem entsprechenden Kapitel des Testskripts, auf das in Abschnitt 7.3.1, »Verfügbare Migrationsobjekte«, verwiesen wurde.

Ordnen Sie die Anwendungsrollen, die Sie für das spezifische Migrationsobjekt benötigen, über den Administratorbenutzer dem jeweiligen Migrationsbenutzer zu.

Projekt anlegen

Das SAP S/4HANA Migration Cockpit kann ab Version 1805 über zwei Wege im SAP Fiori Launchpad erreicht werden:

Migration Cockpit aufrufen

- Der erste und bisher übliche Weg erfolgt über die Gruppe **Implementierungs-Cockpit**:

  1. Navigieren Sie hier zur Gruppe **Implementierungs-Cockpit** (siehe Abbildung 7.16).

  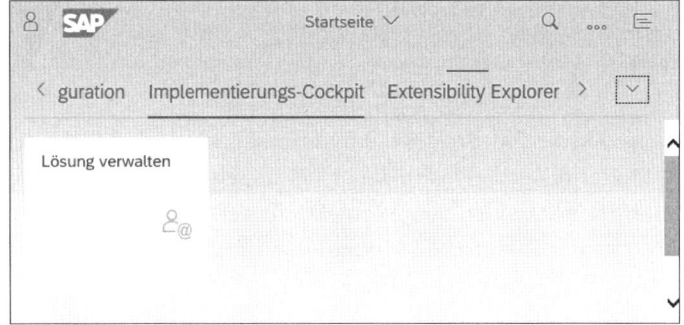

  Abbildung 7.16 Die Kacheln der Gruppe »Implementierungs-Cockpit«

  2. Über die Kachel **Lösung verwalten** gelangen Sie in die Konfigurationssicht, die Sie aus Abschnitt 7.2, »SAP S/4HANA Cloud konfigurieren«, kennen.

3. Wählen Sie **Daten migrieren**. Damit gelangen Sie ins Migration Cockpit.

- Der zweite Weg geht über die Gruppe **Data Migration**:
  1. Navigieren Sie hier zur Gruppe **Data Migration** (siehe Abbildung 7.17).
  2. Wählen Sie die Kachel **Migrieren Sie Ihre Daten – Migrationscockpit**. Damit gelangen Sie ins Migration Cockpit.

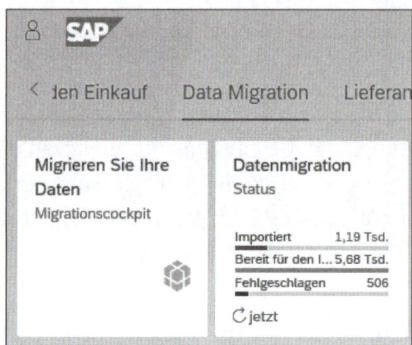

Abbildung 7.17 Die Kachel der Gruppe »Data Migration«

Hilfe zum Migration Cockpit (Product Assistance)

Eine Hilfe zum Migration Cockpit finden Sie unter *http://help.sap.com/s4hana*. Wählen Sie hier Ihr Release aus, z. B. **SAP S/4HANA Cloud 1802**, und navigieren Sie zu **Product Assistance**. Dort wählen Sie die Sprache aus, in der Sie die Informationen lesen wollen. Für die Cloud-Lösungen finden Sie die Hilfe unter diesem Menüpfad: **SAP S/4HANA Cloud • Einführungswerkzeuge • Migrationscockpit**.

Ab Version 1805 lautet der Pfad:

SAP S/4HANA Cloud • Einführungswerkzeuge • Data Migration • Migrationscockpit.

Übersicht der Migrationsprojekte

Das Eingangsbild des SAP S/4HANA Migration Cockpits zeigt Ihnen alle verfügbaren Migrationsprojekte an, die bisher angelegt wurden. Beim ersten Aufruf sind natürlich noch keine Projekte in der Liste vorhanden, wie in Abbildung 7.18 zu sehen ist. Ausgehend von dieser Übersicht können Sie Projekte **Anlegen**, **Löschen** oder **Öffnen**.

Melden Sie sich vor dem Erstellen des Projekts in der richtigen Sprache an

Bevor Sie ein Migrationsprojekt über das Cockpit anlegen, ist es wichtig, dass Sie in der richtigen Sprache angemeldet sind. Im SAP S/4HANA Migra-

7.3 Datenmigration in die SAP S/4HANA Cloud

tion Cockpit sind immer nur die Migrationsprojekte sichtbar, die in der Anmeldesprache angelegt wurden. Wenn Sie sich mit der Anmeldesprache Deutsch angemeldet haben, wird das Projekt mit einer deutschen Beschreibung angelegt. Dieses Projekt ist dann nur für denjenigen sichtbar, der sich in der Sprache Deutsch anmeldet.

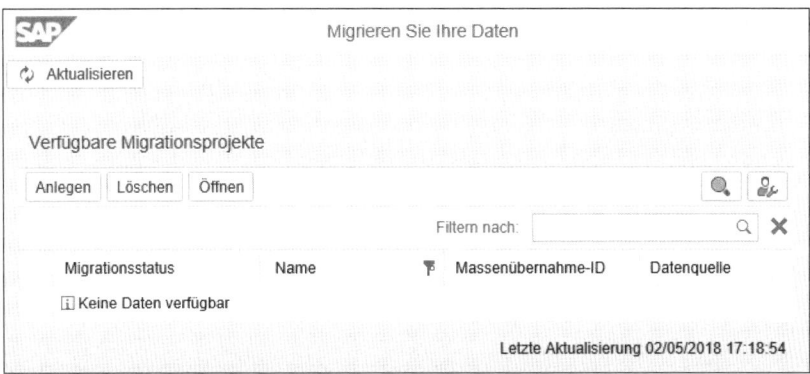

Abbildung 7.18 Einstiegsbild des SAP S/4HANA Migration Cockpits

Am rechten oberen Rand der Liste können Sie über die Personalisierungsfunktion ( ) die Anzeige der Liste filtern. Werden Ihnen zu viele Projekte angezeigt, können Sie z. B. den Filter auf den Namen des Projekts anwenden und nur die Projekte anzeigen, die Sie sehen wollen. Direkt links daneben ist die Suchfunktion ( ) hinterlegt, mit deren Hilfe Sie auch nach einem Projekt in der Liste suchen können.

Filtern und suchen

Klicken Sie auf die Schaltfläche **Anlegen**, erscheint das Dialogfenster **Migrationsprojekt anlegen** (siehe Abbildung 7.19).

Projekt anlegen

Abbildung 7.19 Migrationsprojekt anlegen (Übertragungsoption: Daten aus Datei übertragen)

219

Zwei Übertragungs-
optionen

Im Feld **Name** vergeben Sie eine Benennung für das Migrationsprojekt. Mit der On-Premise-Version SAP S/4HANA 1709 FPS01 wurde das erste Mal eine neue Übertragungsoption *Daten aus Staging-Tabellen übertragen* für das Migration Cockpit ausgeliefert. Diese Übertragungsoption wird zukünftig wahrscheinlich auch in SAP S/4HANA Cloud offiziell verfügbar sein.

Alle Angaben zur Übertragungsoption Staging in der Cloud sind ohne Gewähr

Da zur Drucklegung des Buches noch kein offizielles Erscheinungsdatum für die Verfügbarkeit der Staging-Option in SAP S/4HANA Cloud vorlag, sind in diesem Kapitel alle Angaben zur neuen Übertragungsoption ohne Gewähr.

Zukünftig werden Ihnen dann wohl im SAP /4HANA Cloud Migration Cockpit dieselben zwei Übertragungsoptionen zur Auswahl stehen, wie in SAP S/4HANA 1709 FPS01:

- **Daten aus Datei übertragen**
    - Diese Option wird nachfolgend besprochen.
- **Daten aus Staging-Tabellen übertragen**
    - Diese Funktionalität wird in Abschnitt 7.3.4, »Die neue Übertragungsoption Staging-Tabellen«, genauer beschrieben. In Abschnitt 11.4.2, »Übertragungsoption: Daten aus Staging-Tabellen übertragen«, werden die Unterschiede zwischen Cloud- und On-Premise-Version erläutert.
    - Die neue Übertragungsoption **Staging-Tabellen** ist nicht mit der *Staging Area* zu verwechseln, die bei der Übertragungsoption *Daten aus Datei übertragen* verwendet wird. Hier handelt es sich um zwei komplett getrennte Datenablagebereiche. Die Staging Area befindet sich direkt auf der Datenbank des SAP-S/4HANA-Systems, und die Staging-Tabellen befinden sich auf der SAP Cloud Platform in einer SAP-HANA-Datenbank.

Die *Massenübernahme-ID* wird automatisch ermittelt. Beim Klick auf die entsprechende Schaltfläche **Neue Massentransfer-ID generieren** wird eine neue ID generiert, falls die automatisch generierte nicht die gewünschte ist.

Massenübernahme-ID

Die Massenübernahme-ID ist ein technischer Schlüssel. Er wird als Teil des technischen Namens des neu erstellten Migrationsprojekts (MWB-

Projekt und MWB-Subprojekt) verwendet und macht ihn damit eindeutig. Der technische Name enthält die Massenübernahme-ID als Suffix und lautet `ZSIN_MIG_<Massenübernahme-ID>`. In der SAP S/4HANA Cloud benötigen Sie diese Information nur, falls ein Servicemitarbeiter ein auftretendes Problem im Backend lösen muss. Sie wird auch benötigt, wenn Sie ein Migrationsprojekt exportieren wollen, um es in ein anderes System zu importieren.

Lautet die Massenübernahme-ID beispielsweise 005, wird das Migrationsprojekt in der MWB mit dem technischen Namen `ZSIN_MIG_005` angelegt.

Das neue Feld **Datenaufbewahrungszeit** ist nur in der Übertragungsoption **Datei** vorhanden. Hier geben Sie eine Anzahl von Tagen an, wie lange Daten und Dateien im System zwischengespeichert werden, nachdem die Daten erfolgreich übertragen wurden und die Datei den Status **Beendet** hat. Nach Ablauf dieser Aufbewahrungszeit löscht das System nur die Dateien und die zur Übertragung notwendigen Daten. Die migrierten Daten werden nicht gelöscht. Die Datenaufbewahrungszeit kann nachträglich noch über die Detailsicht des Migrationsprojekts geändert werden. Lassen Sie das Feld leer, werden die Daten nicht gelöscht. Das Feld wird benötigt, um die *General Data Protection Regulation* (GDPR) Artikel 5 und 17 der Europäischen Union zu erfüllen.

Datenaufbewahrungszeit zur Erfüllung der GDPR

Wenn Sie auf **Anlegen** klicken, wird das von SAP ausgelieferte Standardmigrationsprojekt kopiert, und es erscheint die Projektübersicht aus Abbildung 7.20.

Die Projektübersicht wurde in den letzten Versionen erneuert. Sie finden dort im oberen Bereich die Details des Migrationsprojekts, wie **Name**, **Datenquelle**, **Standardsicht**, **Datenaufbewahrungszeit**, **Migrationsstatus** und **Massenübernahme-ID**. Den Namen und die Datenaufbewahrungszeit können Sie über die Funktion **Bearbeiten** anpassen.

Projektübersicht

Die Liste der Migrationsobjekte enthält jeweils folgende Informationen:

Informationen zu den Migrationsobjekten

- **Migrationsstatus**: Man unterscheidet folgende Status:
  - Nicht gestartet/Not started: Das Migrationsobjekt wurde noch nicht geöffnet und damit noch nicht erzeugt (kopiert).
  - In Bearbeitung/In process: Das Migrationsobjekt wurde erzeugt (kopiert).
  - Beendet/Finished: Der Datenmigrationsprozess für das Migrationsobjekt wurde abgeschlossen.

- **Name**: der Name des Migrationsobjekts
- **Dokumentation**: Hier können Sie sich über die Funktion **Anzeigen** in der Spalte eines Objekts die Migrationsobjektdokumentation anzeigen lassen, die Sie immer lesen sollten.
- **Vormigrationsobjekt**: In dieser Spalte finden Sie abhängige Objekte, die als Vorgänger des Migrationsobjekts zeitlich vor diesem migriert oder manuell angelegt werden müssen. Es wird jedoch immer nur ein Objekt angezeigt. Die Migrations- und Businessobjekte, die notwendig sind, um das Migrationsobjekt zu laden, entnehmen Sie am besten der vorgenannten Migrationsobjektdokumentation in deren Abschnitt **Voraussetzungen**.

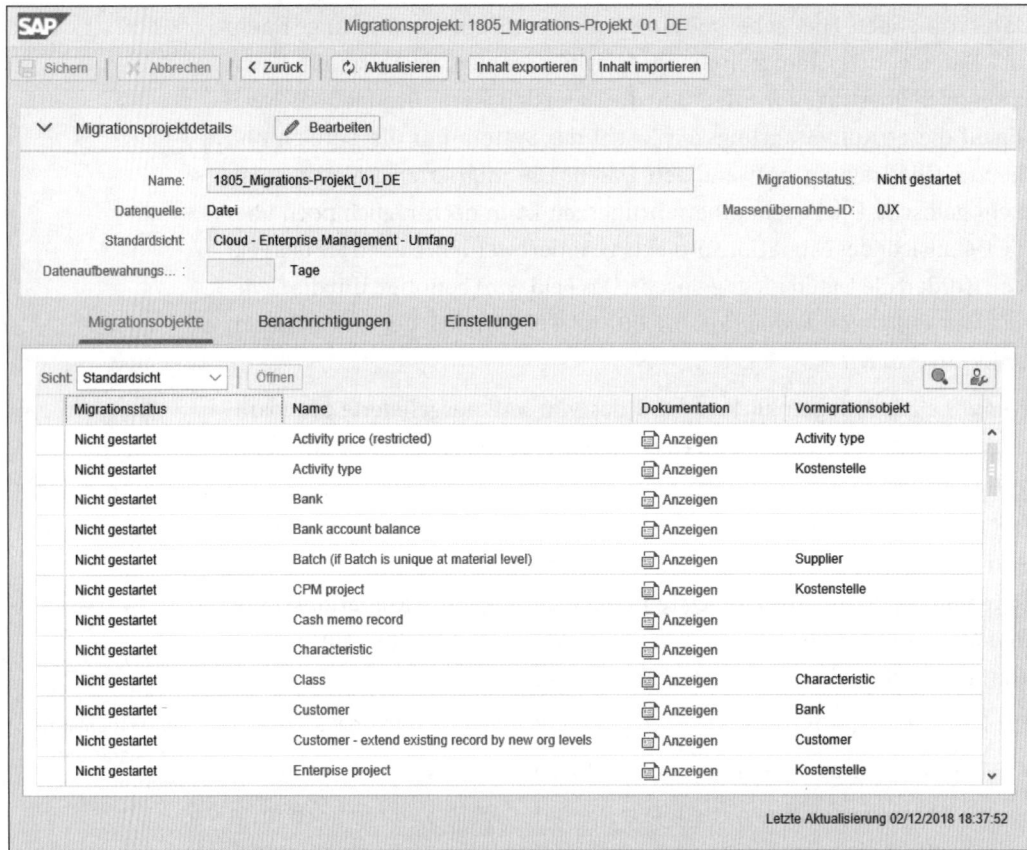

Abbildung 7.20 Projektübersicht

Übersicht der Abhängigkeiten innerhalb der Migrationsobjekte

Eine oft gestellte Frage ist die nach einer Übersicht der Migrationsobjekte untereinander und damit auch einer Reihenfolge der Objekte, die zuerst geladen werden müssen. Leider gibt es eine solche Übersicht nicht. Sie wäre mit über 80 Migrationsobjekten zur Version 1805 und dessen Abhängigkeiten untereinander auch zu komplex. Da jedes Projekt unterschiedlich ist und niemand alle Migrationsobjekte nutzt, ist es sehr einfach, sich eine solche Übersicht aus den Migrationsobjektdokumentationen der zu verwendenden Objekte selbst herzuleiten.

Grundsätzlich gelten aber folgende Grundsätze:

1. Laden Sie immer zuerst die Stammdaten vor den Bewegungsdaten.
2. Fangen Sie mit den Finanzobjekten an:
   – Bank, Cost Center, Profit Center, Exchange Rate
3. Danach laden Sie die Hauptstammdaten, wie z. B.:
   – Merkmale und Klassen
   – Kunden und Lieferanten (hier bitte eventuell Abhängigkeiten untereinander beachten)
   – Material
   – Materialklassifizierung
   – Anlagen
4. Im Anschluss können Sie alle weiteren Objekte unter Beachtung ihrer Abhängigkeiten laden.
5. Bestände und Salden laden Sie eher zuletzt.
6. Migrationsobjekte, die Sie nicht zum Go-live benötigen, können Sie auch noch danach laden.

Wichtig ist aber, dass Sie den Ladeprozess mehrmals(!) im Q-System durchspielen, um Probleme und Abhängigkeiten rechtzeitig vor dem produktiven Laden zu entdecken und zu lösen. Das Laden von Stichproben reicht in der Regel nicht aus, um Probleme beim produktiven Laden zu verhindern. Laden Sie keine Daten ins Produktivsystem, die Sie nicht vorher im Q-System fehlerfrei geladen haben.

Reihenfolge der Objekte

Ein Beispiel für eine Migrationsobjektdokumentation sehen Sie in Abbildung 7.21.

> **Hilfe**
>
> **Konvertierungsobjekt SIF_VENDOR**
> **Migration von Kreditoren/Lieferanten (FILE2S4)**
> **Zweck**
> Business-Objekt-Komponente/Bereich
>
> Logistik - Allgemein (LO-MD-BP, LO-MD-BP-VM)
>
> **Business-Objekt-Typ**
>
> Stammdaten
>
> **Business-Objekt-Definition**
>
> Ein Lieferant ist ein Geschäftspartner, der Verbrauchern/Kunden Waren liefert.
>
> Der Lieferant ist ein von nahezu allen Geschäftsanwendungen häufig verwendetes Stammdatenobjekt. In einem SAP-ERP-System wird er als Lieferant bezeichnet.
>
> Bei SAP gibt es verschiedene Objektmodelle für den Lieferanten:
>
> - Im traditionellen SAP-ERP-System werden die Lieferantenstammdaten verwendet.
> - In allen neuen strategischen Anwendungen wie SAP SRM und vielen Branchenlösungen wird der Geschäftspartneransatz verwendet.
>
> Im Umfang:
>
> 1. Allgemeine Daten
>   - Hinweis: Lieferanten werden immer als Organisation angelegt.
> 2. Allgemeine Texte
> 3. Unternehmensdaten
> 4. Quellensteuerdaten
> 5. Unternehmenstexte
> 6. Einkaufsorganisationsdaten
> 7. Einkaufspartnerfunktionen
> 8. Einkaufstexte
> 9. Bankdaten
> 10. Branchen
> 11. Steuernummern
> 12. Identifikationsnummern
> 13. Adressdaten einschließlich Telefonnummern, Faxnummer, E-Mail und URL
>
> - Migration in SAP S/4HANA Cloud wird unterstützt
> - Migration in SAP S/4HANA (On-Premise) wird unterstützt
>
> **Außerhalb des Umfangs:**
>
> 1. Beziehung zu anderen Geschäftspartnern
> 2. Lieferant und Kunde sind zwei separate Geschäftspartner mit demzufolge zwei verschiedenen Nummern.
> 3. Mehrere Adressen
> 4. Zeitabhängigkeit der Adressen
>
> **Unterstützte Funktionen pro SAP-S/4HANA-Lösung**
>
> - Die folgenden Strukturen/Funktionen werden in den verschiedenen Lösungen unterstützt:
>
> | CL | OP | Struktur/Funktion |
> |----|----|---|
> | + | + | Allgemeine Daten |
> | - | + | Allgemeine Texte |
> | + | + | Unternehmensdaten |
>
> OK

Abbildung 7.21 Migrationsobjektdokumentation

Dokumentation der Migrationsobjekte

Die Dokumentation enthält die folgenden Informationen:

- die **Business-Objekt-Komponente** bzw. den SAP-**Bereich** des Migrationsobjekts
- Der **Business-Objekt-Typ** gibt an, ob es sich um ein Stammdaten- oder um ein Bewegungsdaten-Objekt handelt.
- Die **Business-Objekt-Definition** beschreibt das Objekt kurz.

- Die Angabe **Im Umfang** gibt an, in welcher SAP-S/4HANA-Version das Objekt enthalten ist und welche Funktionalitäten bzw. Strukturen vom Migrationsobjekt unterstützt werden. Die Funktionalitäten und Strukturen werden von der zur Datenmigration genutzten API vorgegeben.

- **Außerhalb des Umfangs** gibt an, in welcher SAP-S/4HANA-Version das Migrationsobjekt nicht enthalten ist und welche Einschränkungen es eventuell bei der Migration zu beachten gilt.

- In der Sektion **Unterstützte Funktionen pro SAP-S/4HANA-Lösung** werden die Übernahmestrukturen pro SAP-S/4HANA-Version, Cloud (CL) und on premise (OP), aufgeführt. Ein Pluszeichen bedeutet, dass die Struktur in der jeweiligen Version unterstützt wird; ein Minuszeichen bedeutet, dass sie nicht im Lösungsumfang der Version enthalten ist.

- Unter **Voraussetzungen** finden Sie alle *Vorgängerobjekte* des Migrationsobjekts, die vorher migriert oder manuell angelegt werden müssen, sowie eventuell weitere Einstellungen, die Sie vor der Migration vornehmen müssen.

- Der Punkt **Zuordnungsanweisungen** enthält zusätzliche Informationen, die Sie unter Umständen für das Mapping Ihrer Quelldaten und für das Ausfüllen der Migrationsdatei benötigen. Hier wird unter anderem die **Hierarchie der Zuordnungsstruktur** der einzelnen Arbeitsblätter der Migrationsvorlage abgebildet. Das oberste Arbeitsblatt wird auf Stufe 1 abgebildet, alle untergeordneten Arbeitsblätter dann entsprechend ihrer Stufe (2 oder höher) darunter. Zusätzlich wird jede darunterliegende Stufe mit jeweils drei Minuszeichen eingerückt. Ein Arbeitsblatt auf Stufe 3 hat dementsprechend sechs Minuszeichen. Ein Beispiel für die Hierarchie der Arbeitsblätter finden Sie in Abbildung 7.22.

- In der Sektion **Aufgaben** finden Sie Handlungsanweisungen, die Sie befolgen sollten. In der Regel finden Sie hier auch den Link auf das Testskript mit weiteren Informationen.

- Der Punkt **Nachbearbeitung** enthält Folgeaktivitäten, die eventuell nach der Migration notwendig sind, bzw. gibt Ihnen Hinweise, mit welcher Kachel und Benutzerrolle (bei der Migration in die Cloud) bzw. mit welcher Transaktion (bei der Migration in ein On-Premise-System) Sie die migrierten Daten validieren können. Die Benutzerrolle für die Cloud ist normalerweise auch notwendig für das Laden der Daten und sollte dem Benutzer zugewiesen werden, der die Datenmigration durchführt.

- Unter **Version- und Release-Information** finden Sie die Information, für welche SAP-S/4HANA-Version das Objekt erstmals freigegeben wurde.

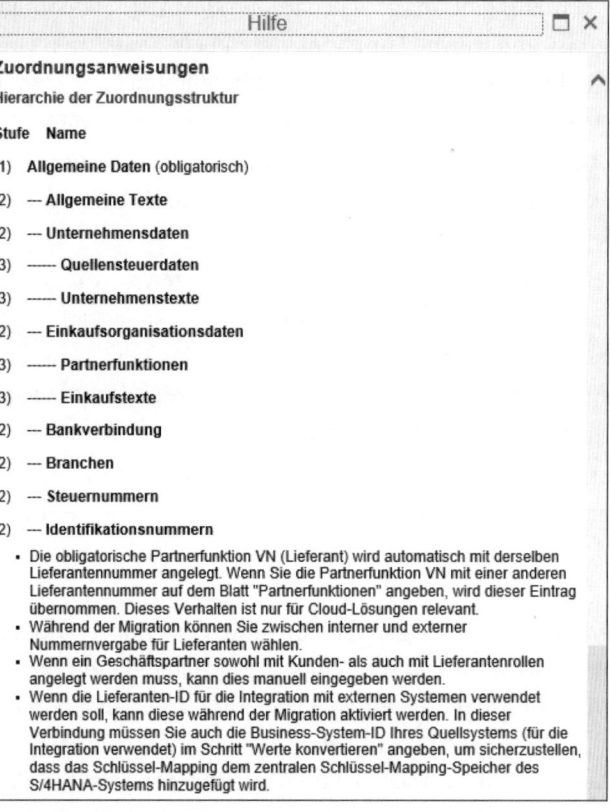

Abbildung 7.22 Hierarchie der Zuordnungsstruktur am Beispiel Supplier/Lieferant

Migrationsprojekte bei Phased Roll-out

Ein *Phased Roll-out* ist eine schrittweise Implementierung eines Systems. Dabei werden Geschäftsprozesse und/oder Organisationseinheiten einem (schon bestehenden) System hinzugefügt. Das Roll-out erfolgt also in einzelnen, aufeinanderfolgenden Phasen.

Sollten Sie einen Phased Roll-out planen, ist es manchmal sinnvoll, mehrere getrennte Migrationsprojekte zu nutzen. Insbesondere bei verschiedenen Datenquellen ist dieser Ansatz vorzuziehen. Die Umschlüsselungen, die wir weiter unten im Abschnitt »Daten validieren« beschreiben, können dann abhängig von der Datenquelle gepflegt werden. Wie Sie in einem anderen Projekt gepflegte Umschlüsselungen exportieren und in ein neues Projekt importieren, wird im Abschnitt »Werte konvertieren« beschrieben.

Migrationsobjekt kopieren

Nachdem Sie ein Projekt angelegt haben, sind alle Migrationsobjekte im Status **Nicht gestartet**. Um die Daten eines bestimmten Migrationsobjekts zu migrieren, wählen Sie das gewünschte Objekt in der Liste aus. Nun erscheint das Dialogfenster aus Abbildung 7.23, das Sie mit **OK** bestätigen.

Daten migrieren

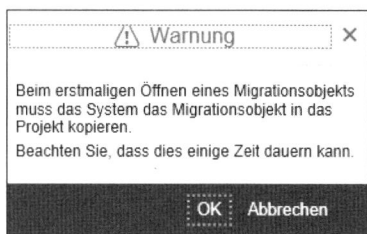

Abbildung 7.23 Migrationsobjekt kopieren

Dadurch werden die vordefinierten Mappings und Umschlüsselungsregeln des ausgelieferten Migrations-Contents der SAP Best Practices in das Migrationsobjekt des im Kundennamensraum angelegten Migrationsprojekts kopiert. Je nach Verbindung und Regelumfang des Objekts kann das etwas dauern. Das Migrationsobjekt wechselt danach vom Migrationsstatus **Nicht gestartet** zu **In Bearbeitung**.

Kopie der Mappings und Regeln

Übersichtlichkeit der Migrationsobjektliste verbessern

Mit den mittlerweile über 80 ausgelieferten Migrationsobjekten zur Version SAP S/4HANA Cloud 1805 ist die Migrationsobjektliste inzwischen nicht mehr sehr übersichtlich. Über die Auswahl der anzuzeigenden Migrationsobjekte nach **Migrationsstatus** können Sie die Darstellung aber verbessern.

Sie wählen dafür eine der vordefinierten Sichten **Beendet**, **In Bearbeitung** bzw. **Nicht gestartet** aus. Alternativ können Sie auch mit der linken Maustaste auf die Spaltenüberschrift **Migrationsstatus** klicken und nach den vorhandenen Status filtern. Dann erscheinen nur Migrationsobjekte des ausgewählten Status, was Ihnen die Navigation in der Liste sehr erleichtert.

Migrationsvorlage herunterladen

Im Anschluss wird eine Detailübersicht des kopierten Migrationsobjekts angezeigt (siehe Abbildung 7.24). Wählen Sie dort **Vorlage herunterladen**, um die Migrationsvorlage für dieses Objekt herunterzuladen. Die Migrati-

Excel-Datei im XML-Format

onsvorlage hat, wie eingangs erwähnt, das Dateiformat Microsoft Excel XML Spreadsheet 2003 und kann mit Microsoft Excel ab Version 2003 oder auch mit dem Tabellenkalkulationsprogramm im freien Apache OpenOffice geöffnet und befüllt werden.

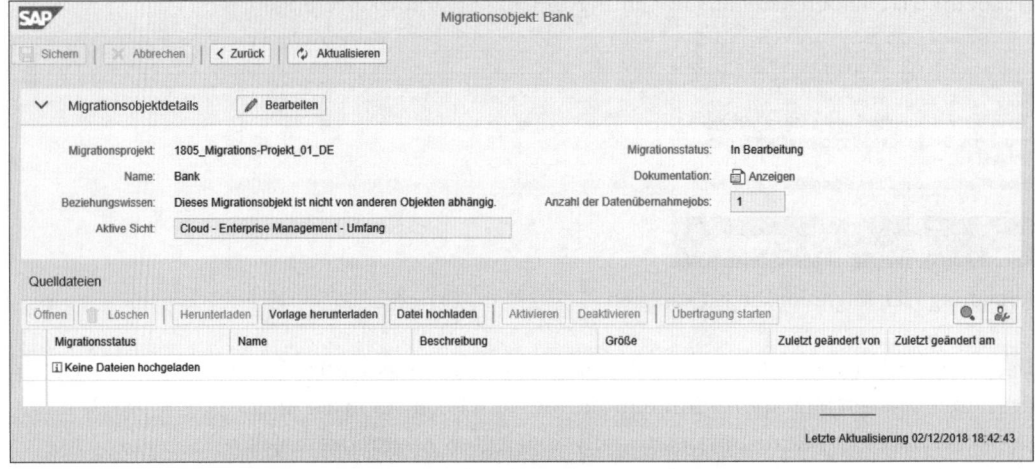

Abbildung 7.24 Detailsicht zum Migrationsobjekt

> **Editionsabhängige Sicht einer Migrationsvorlage**
>
> Wie zu Beginn des Abschnitts schon erwähnt, wird seit der Version SAP S/4HANA Cloud 1705 nur noch eine Cloud-Edition ausgeliefert. Die bis zu diesem Zeitpunkt erstellten editionsabhängigen Sichten wurden bis zur Cloud-Version 1711 noch ausgeliefert, aber nicht mehr gepflegt und sind seit der Cloud-Version 1802 nicht mehr vorhanden. Im Hintergrund wird immer die Sicht *Cloud – Enterprise Management Umfang* gezogen.

Datei-Endung .XML ergänzen

Nach dem Herunterladen sollte die Migrationsvorlage die Dateiendung .XML haben. Manche Internetbrowser speichern aus Sicherheitsgründen Dateien bestimmter Dateitypen (wie z. B. EXE) ohne Endung. Einige Browser speichern auch XML-Dateien ohne die Endung .XML. Sollte der Dateityp der heruntergeladenen Migrationsvorlage »Datei« lauten und die Endung .XML fehlen, ergänzen Sie diese einfach. Beachten Sie auch, dass je nach Einstellung des Datei-Explorers Ihres Betriebssystems unter Umständen Endungen bekannter Dateitypen nicht angezeigt werden, obwohl sie physisch vorhanden sind. Auch sollten Sie darauf achten, dass das Herunterladen nicht durch einen aktivierten Pop-up-Blocker unterbunden wird.

Die Migrationsvorlage besteht in der Regel aus mehreren Arbeitsblättern:

Aufbau der Migrationvorlage

- Einführung

  Auf dem Arbeitsblatt **Einführung** wird Ihnen die Datenmigrationsvorlage erläutert. Diese Erläuterung müssen Sie unbedingt lesen, da hier sehr wichtige Informationen aufgeführt sind, insbesondere auch der dringende Hinweis, beim Kopieren und Einfügen nur die Option **Werte ohne Formatierung** zu verwenden. Diese Informationen erleichtern Ihnen die Arbeit mit der Migrationsvorlage und verhindern in der Regel ein fehlerhaftes Befüllen der Vorlage.

- Feldliste

  Details zu den einzelnen Arbeitsblättern und den verwendeten Feldern finden Sie im Arbeitsblatt **Feldliste**. In der Spalte **Wichtigkeit** werden Ihnen die Muss-Felder der jeweiligen Arbeitsblätter angezeigt. Arbeitsblätter, also Strukturen, die ausgefüllt werden müssen, sind orange eingefärbt. Die Spalten 9 und 10 enthalten die technischen Struktur- und Feldnamen und sind initial ausgeblendet.

- Übernahmestruktur Arbeitsblätter

  Die weiteren Arbeitsblätter enthalten die einzelnen **Übernahmestrukturen** des Migrationsobjekts. Der Titel von obligatorischen Arbeitsblättern, die ausgefüllt werden müssen, ist orange hinterlegt. Die Zeilen 4 bis 6 der Vorlage sind initial ausgeblendet und beinhalten technische Angaben zum Objekt. Wenn Sie die Zeile 8 mit den Feldbeschreibungen vergrößern, erscheinen weitere Informationen pro Feld, die Sie unter Umständen für das Mapping Ihrer Quelldaten benötigen. Pflicht- und Schlüsselfelder sind durch einen Stern (*) am Ende des Feldnamens gekennzeichnet. Den hierarchischen Aufbau der Zuordnungsstruktur und die Abhängigkeiten der Arbeitsblätter untereinander finden Sie in der Migrationsobjektdokumentation. Dies ist beispielhaft in Abbildung 7.22 für das Migrationsobjekt *Supplier/Lieferant* dargestellt.

Der Dateiname der Migrationsvorlage setzt sich zusammen aus dem Sprachenkürzel und dem sprachabhängigen Namen des Migrationsobjekts. Abbildung 7.25 zeigt Ihnen als Beispiel die deutsche Vorlagedatei **DE_Material.xml** für das Migrationsobjekt **Material**.

7 Migration in die Public Cloud

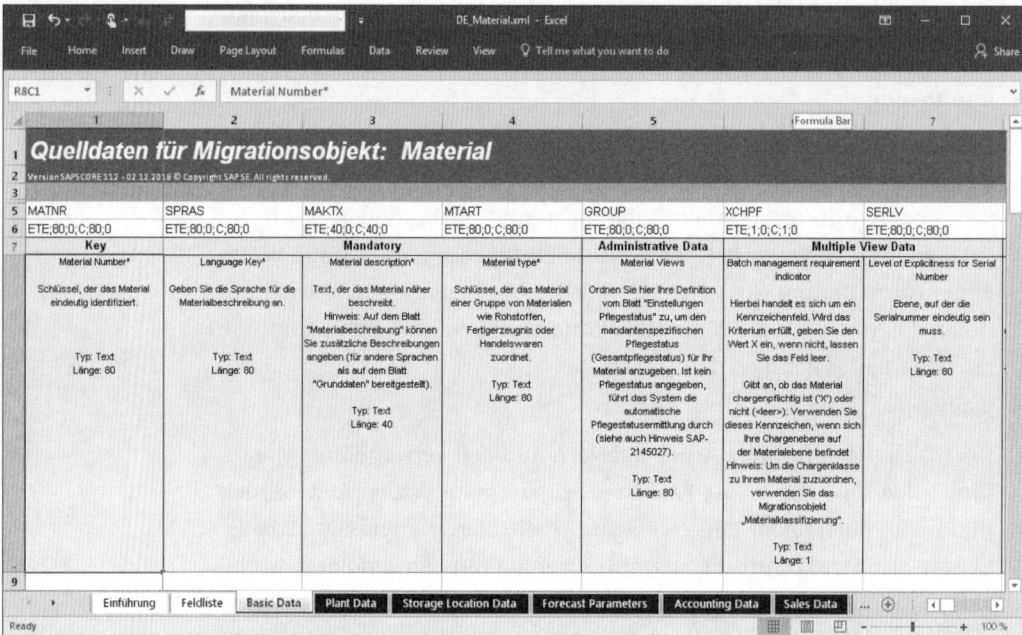

Abbildung 7.25 Migrationsvorlage am Beispiel des Migrationsobjekts »Material«

[!]

Änderungen an der XML-Dateistruktur führen zu Fehlern

Verwenden Sie nur die heruntergeladene Vorlage

Aus Gründen der Kompatibilität verwenden Sie bitte nur eine aus dem aktuellen Release heruntergeladene Vorlage zum Migrieren der Daten. Vorlagen aus anderen Releases können Sie möglicherweise nicht hochladen. Das Migration Cockpit prüft, ob die interne Datenstruktur der hochzuladenden XML-Datei mit der des aktuellen Releases übereinstimmt. Bei Abweichungen in der Struktur, wie z. B. andere Feldreihenfolge, neue Felder oder Strukturen, wird die Datei nicht akzeptiert. Da viele Migrationsobjekte in neuen Versionen an Änderungen in den Geschäftsprozessen angepasst werden, wird über diesen Mechanismus die Integrität der Daten sichergestellt.

Da es sich bei den Vorlagen um XML-Dateien mit einem speziellen Format und einem internen Aufbau handelt, sollten Sie außerdem die folgenden Punkte beachten:

- Sie können nur das Format der heruntergeladenen XML-Datei verwenden. Andere Excel-Dateiformate funktionieren nicht.
- Sie dürfen keine Arbeitsblätter oder Spalten hinzufügen, verändern oder löschen, dies zerstört die Struktur der XML-Datei und führt zu Fehlern.

- Selbst erstellte XML-Vorlagen führen zu Fehlern beim Laden der Daten.
- Wenn Sie Daten, z. B. über die Zwischenablage, in die Felder der XML-Datei kopieren, sollten diese nur als Werte ohne Formatierung bzw. Text kopiert werden. Wenn Sie sich bezüglich der Formatierung nicht sicher sind, kopieren Sie die Daten zuerst in einen reinen Texteditor (z. B. Notepad) und dann aus diesem in die XML-Datei.

Wenn Sie diese Regeln beachten, sollten Sie keine Probleme mit der Datei haben.

Die Beziehung zwischen den Kopf- und den Unterstrukturen eines Objekts wird über die Schlüsselfelder in den jeweiligen Arbeitsblättern definiert. Das heißt, für jeden Satz einer Unterstruktur muss der entsprechende Schlüsselsatz im Arbeitsblatt der übergeordneten Struktur vorhanden sein. Ist dies nicht der Fall, zeigt Ihnen das Migration Cockpit einen entsprechenden Fehler an.

Schlüsselfelder

Muss-Strukturen in der Vorlage erkennen

In der Migrationsvorlage gibt es sogenannte *Muss-Strukturen*. Diese Strukturen (Arbeitsblätter) müssen Sätze enthalten und dürfen nicht leer sein. Alle anderen Strukturen sind optional und müssen nicht gefüllt werden. Im Objekt **Bestellung** sind z. B. die Kopf-Struktur und die Positionsstruktur obligatorisch. Im Objekt **Kunde** ist nur die oberste Struktur (**General Data**) eine Muss-Struktur. Muss-Strukturen, sind auf dem Arbeitsblatt **Feldliste** mit dem Zusatz **(mandatory/obligatorisch)** gekennzeichnet, z. B. **General Data (mandatory)** bzw. **(obligatorisch)**. Zusätzlich ist der Name des Arbeitsblattes einer Muss-Struktur orange gefärbt, wie die Muss-Struktur **Basic Data**, die Sie in Abbildung 7.25 sehen.

Muss-Felder und Schlüsselfelder in optionalen Arbeitsblättern müssen Sie allerdings nicht füllen, wenn Sie diese Strukturen nicht übernehmen wollen. Möchten Sie z. B. in einem Objekt keine optionalen Langtexte migrieren, müssen Sie auf diesem Arbeitsblatt auch keine Einträge vornehmen. Lassen Sie in diesem Fall das Arbeitsblatt einfach leer.

Die häufigsten Fehler im Zusammenhang mit der Migrationsvorlage sind:

Häufige Fehler

- Hineinkopieren von Daten aus anderen Dateien, auch Excel-Dateien inklusive der Formatierung und insbesondere des Datentyps: Ein aus einer anderen Datei kopiertes Datumsfeld sieht vielleicht optisch noch wie ein Datum aus, in der dahinterliegenden XML-Struktur ist es aber dann z. B. vom Datentyp STRING und nicht mehr DATE. Das führt dazu, dass die Werte vom Migration Cockpit falsch interpretiert und hochgeladen werden. Im günstigsten Fall wird der Wert dann nicht mehr als Datum erkannt, im ungünstigsten Fall werden aber unter Umständen falsche Daten migriert. Letzteres kann dann zu Folgekosten führen, wenn es zu spät erkannt wird. Kopieren Sie immer nur Werte ohne Formatierung hinein.

- Einfügen von Formeln in Zellen
- Löschen, Verschieben oder Hinzufügen von Arbeitsblättern
- Löschen, Verschieben oder Hinzufügen von Feldern
- Löschen von Zeilen, ohne den Blattschutz zu deaktivieren. Das führt dazu, dass die Zeilen zwar leer, physisch aber noch als leere Zeilen vorhanden sind.

Dokumentation immer lesen

Damit Sie solche Fehler vermeiden, lesen Sie bitte immer die Einführungsseite in der Migrationsvorlage und die jeweilige Migrationsobjektdokumentation. Wichtige Hinweise finden Sie auch in der **Product Assistance** zum Migration Cockpit, und zwar auf dem SAP Help Portal. Der Weg dorthin ist im Hinweis »Hilfe zum Migration Cockpit (Product Assistance)« in Abschnitt »Projekt anlegen« in Abschnitt 7.3.2 beschrieben.

> **Tipp: Wichtige SAP-Hinweise**
>
> Damit Sie Migrationsvorlagen besser befüllen, gibt es eine Reihe wichtiger SAP-Hinweise und sogenannter *Knowledge Base Articles* (KBA), die Sie lesen und deren Anhänge Sie herunterladen und ebenfalls lesen sollten:
>
> 1. *2538700 – Collective SAP Note and FAQ for SAP S/4HANA Migration Cockpit (Cloud)*
> Der Sammelhinweis enthält wichtige Informationen und Problemlösungen für das Migration Cockpit und die ausgelieferten Migrationsobjekte: *http://s-prs.de/v631673*
>
> 2. *2470789 – SAP S/4HANA Migration Cockpit – Cloud data migration template samples*
> In diesem Hinweis finden Sie beispielhaft ausgefüllte Migrationsvorlagen für die am meisten verwendeten Objekte und eine Beschreibung der Beispieldaten für verschiedene Releasestände: *http://s-prs.de/v631674*
>
> 3. *2568909 – SAP Release Note for SAP S/4HANA Cloud data migration content*
> Der Hinweis enthält jeweils die Änderungen an den Migrationsobjekten des aktuellen Releases zum Vorgängerrelease und in der Regel vier Wochen vor dem neuen Release auch die Unterschiede zum neuen Release: *http://s-prs.de/v631675*

7.3 Datenmigration in die SAP S/4HANA Cloud

4. 2563690 – Tab <Structure/Tab sheet name>, '<a decimal field name>': Line 9 is truncated during upload; maximum data length is <field max length>
Dieser KBA beschreibt ein Problem und dessen Lösung, das bei neueren Excel-Versionen auftreten kann: *http://s-prs.de/v631676*

5. 2571640 – SAP S/4HANA Cloud Data Migration content: Why fields on apps are not available in the content?
Dieser KBA geht auf das Phänomen ein, dass Sie Felder in der Pflege-App sehen, die nicht in der Migrationsvorlage vorhanden sind: *http://s-prs.de/v631677*

Schauen Sie sich am besten den Sammelhinweis 2538700 an, dieser wird regelmäßig aktualisiert und auf den neuesten Stand gebracht.

Die Migrationsdatei in die Staging Area laden

Wenn Sie die Migrationsdatei befüllt haben, laden Sie diese Datei in das SAP S/4HANA Migration Cockpit. Sie wird dann in einem Zwischenbereich (Staging Area) der SAP-HANA-Datenbank abgelegt. Dazu wählen Sie die Funktion **Datei hochladen** und in dem Dialogfenster, das sich daraufhin öffnet, die Datei auf Ihrem lokalen Rechner oder den Netzwerkpfad aus. Vergeben Sie eine sinnvolle **Beschreibung** und optional einen **Kommentar** (siehe Abbildung 7.26). Die Beschreibung ist sinnvoll, da Sie mehrere Dateien hochladen können und es wichtig ist, diese nach dem Hochladen eindeutig identifizieren zu können. Der Name der Datei ist eineindeutig. Sie können nicht mehrere Dateien mit demselben Dateinamen hochladen.

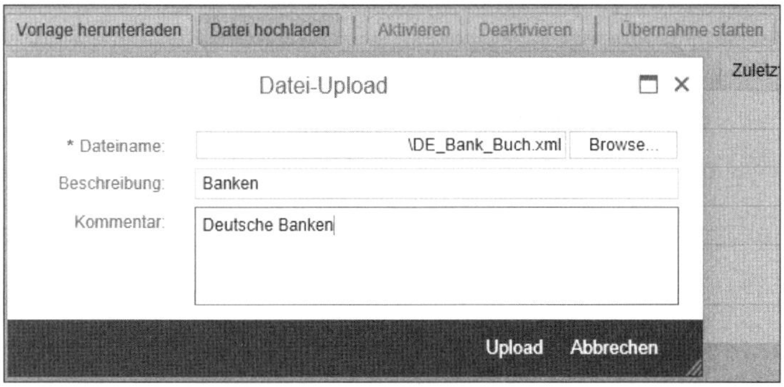

Abbildung 7.26 Migrationsdatei hochladen

Über die Schaltfläche **Datei hochladen** laden Sie die Datei dann in die Staging Area. In Abbildung 7.27 sehen Sie im Bereich **Quelldateien** die hochgeladenen Migrationsdateien, die Sie für die Migration verwenden können.

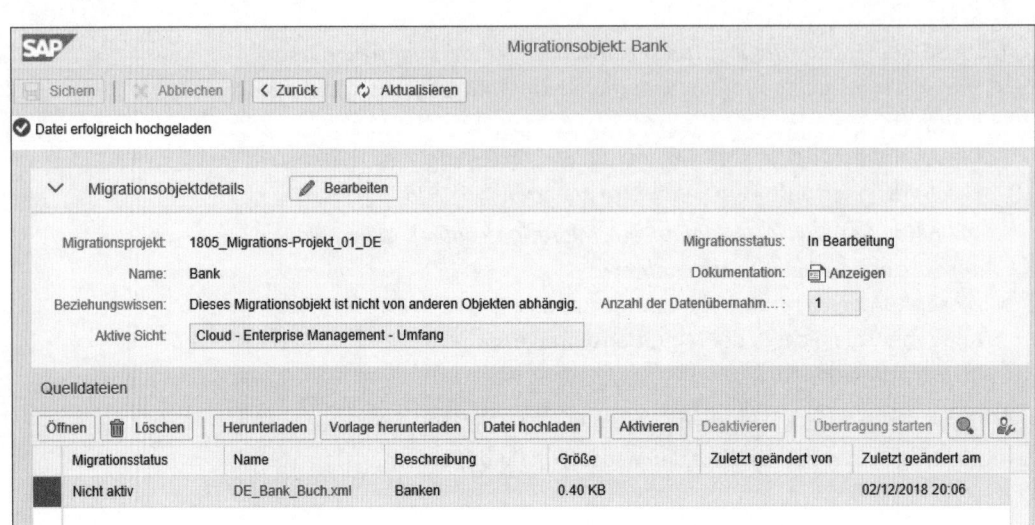

Abbildung 7.27 Hochgeladene Migrationsdatei im Bereich Quelldateien

Liste der Quelldateien

In der Liste der Quelldateien, sehen Sie den **Migrationsstatus** der Datei, ihren **Namen**, die vergebene **Beschreibung**, ihre **Größe**, den Namen des Benutzers, der die Datei zuletzt geändert hat, und das Datum, wann dies geschehen ist.

Der Migrationsstatus einer Datei kann folgende Werte haben:

- **Nicht aktiv/Not Active**: Die Datei ist vorhanden, kann aber nicht verarbeitet werden.
- **Nicht gestartet/Not Started**: Die Datei ist aktiviert, aber noch nicht übertragen.
- **In Bearbeitung/In Process**: Die Übertragung wurde gestartet, aber noch nicht beendet.
- **Beendet/Finished**: Der Datenmigrationsprozess für das Migrationsobjekt wurde abgeschlossen.

Folgende Funktionen können Sie hier auf die Dateien anwenden:

- **Öffnen**: Der Inhalt der Datei wird angezeigt und **Name**, **Beschreibung** und **Kommentar** können über die Funktion **Bearbeiten** angepasst werden.
- **Löschen**: Die Datei wird gelöscht. Es können nur solche Dateien gelöscht werden, die noch nicht verarbeitet wurden.
- **Aktivieren/Deaktivieren**: Nur Dateien mit dem Status **Nicht aktiv** werden in der Reihenfolge migriert, in der sie in der Liste stehen. Über diese beiden Funktionen steuern Sie, welche hochgeladenen Dateien in das Zielsystem geladen werden sollen.

Aus datenschutzrechtlichen Gründen darf der Inhalt einer Datei nicht editiert werden. Die eventuell in einer früheren On-Premise-Version vorhandene Editierfunktion wurde deaktiviert. Eine Änderung dieser Daten spiegelt sich auch in den Feldern **Zuletzt geändert** wider. In Abbildung 7.28 sehen Sie ein Beispiel für eine hochgeladene Datei nach dem **Öffnen**.

Datei öffnen und bearbeiten

> **Physikalische Obergrenze einer Datei**
>
> Die maximale Größe einer Datei, die über einen HTTP-Request in die Cloud hochgeladen werden kann, ist auf 100 MB beschränkt. Deshalb dürfen Migrationsdateien auch nicht größer als 100 MB sein. Eine genaue Anzahl von Datensätzen lässt sich nicht angeben, da die Datengröße vom Migrationsobjekt und den in der Datei gepflegten Daten abhängt. Generell gilt, dass Sie große Dateien in mehrere kleinere aufteilen sollten. Achten Sie dabei darauf, dass die strukturelle Integrität der Dateien gewahrt bleibt (Sätze mit abhängigen Schlüsselbeziehungen müssen also innerhalb einer Datei stehen). Die Obergrenze der Dateigröße wird vom Migrationswerkzeug und der festgeschriebenen Obergrenze für das Webdatei-Upload in der Cloud bestimmt. Bei sehr großen Datenmengen sollten Sie die neue Staging-Funktionalität in Betracht ziehen, falls diese für Ihre SAP-S/4HANA-Version verfügbar und das Migrationsobjekt für Staging freigegeben ist.

> **Mehrere Migrationsvorlagen in ZIP-Datei hochladen**
>
> Ab SAP S/4HANA Cloud 1805 und SAP S/4HANA 1709 FPS02 soll es möglich sein, mehrere Dateien über eine ZIP-Datei hochzuladen. Die ZIP-Datei darf nicht größer als 100 MB sein. Ferner darf die Summe der Dateigrößen aller in der ZIP-Datei befindlichen Migrationsdateien nicht größer als 160 MB sein. Ist die Summe größer, wird die ZIP-Datei nicht hochgeladen. Das hängt unter anderem mit Speicherrestriktionen und der Time-out-Einstellung für solche Frontendprozesse in der Cloud zusammen. Die 160 MB sind eine untere Grenze, bei der es keine Probleme geben sollte.

ZIP-Dateien verwenden

Generell sollten Sie Migrationsdateien nach dem Hochladen immer im Migration Cockpit öffnen und optisch überprüfen. Wie schon erwähnt, ist einer der häufigsten Fehler, dass Daten in die Datei kopiert werden und dadurch Datentypen überschrieben werden oder dass die ganze interne XML-Struktur korrumpiert wird. Sie sollten dabei auf folgende Punkte achten:

Migrationsdatei vor der Übernahme prüfen

- Satzverschiebungen: Stehen alle Werte in den richtigen Feldern?
- Datentypen: Sind Datumsfelder korrekt gefüllt? Stimmen die Datumsangaben noch?

7 Migration in die Public Cloud

- Führende Nullen: Sind führende Nullen noch vorhanden?
- Numerische Werte: Sind numerische Werte (Zahlen und deren Dezimalstellen) korrekt?

Dazu markieren Sie die Datei und drücken **Öffnen**. Alternativ klicken Sie auf den Dateinamen. Danach erscheint die Detailsicht der Datei. Im unteren Bereich sehen Sie die **Datensätze** pro Arbeitsblatt. Abbildung 7.28 zeigt Ihnen die Detailsicht am Beispiel einer Bankdatei.

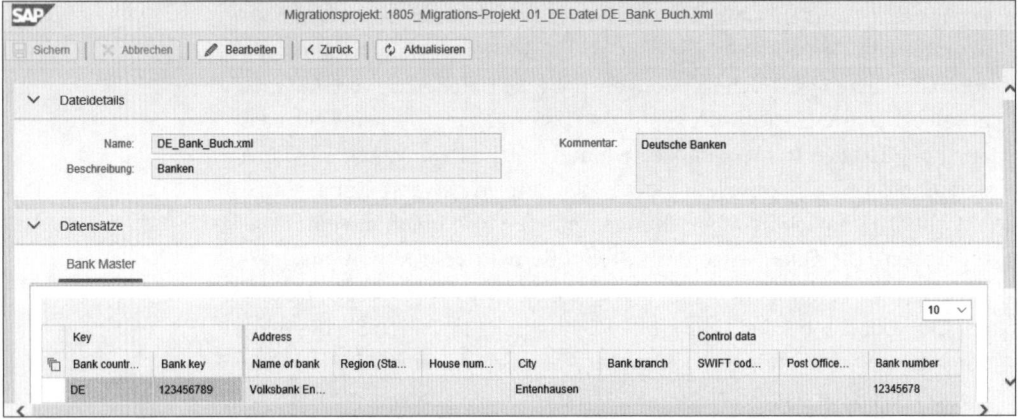

Abbildung 7.28 Geöffnete Migrationsdatei

Migrationsdatei aktivieren

Bevor Sie die Datenübernahme einer Datei starten können, müssen Sie die Datei aktivieren. Dazu markieren Sie die Datei und aktivieren sie über die entsprechende Funktion **Aktivieren**. Die Datei hat danach den Migrationsstatus **Nicht gestartet**.

> [!] **Alle aktivierten Dateien werden geladen**
>
> Wenn Sie nur eine Datei laden wollen, sollten Sie alle anderen Dateien deaktivieren, die nicht den Status **Beendet** haben. Darüber hinaus sollten Sie die Dateien sinnvoll benennen und beschreiben. Das vereinfacht die Fehlersuche. Bei Fehlern in der Datei, z. B. bei falschen Schlüsselbeziehungen zwischen einzelnen Arbeitsblättern, wird der Name der fehlerhaften Datei angegeben.

Übernahme parallelisieren

In SAP S/4HANA 1805 wird eine neue Funktionalität eingeführt, die Übernahme mehrerer Dateien parallel zu verarbeiten. Dadurch kann die Performance der Datenübernahme drastisch erhöht werden. Vor der Version 1805 konnten zwar auch mehrere Migrationsdateien gleichzeitig gestartet werden, diese wurden aber nur sequenziell verarbeitet. In SAP S/4HANA

1805 erhöhen Sie dazu die **Anzahl der Datenübernahmejobs**. Sie drücken dazu in den **Migrationsobjektdetails** auf **Bearbeiten** und geben, wie in Abbildung 7.29 zu sehen, die gewünschte Anzahl von Jobs ein. Anschließend speichern Sie das Ganze.

Abbildung 7.29 Anzahl der Datenübernahmejobs

Die **Anzahl der Datenübernahmejobs** sollte identisch sein mit der Anzahl der Migrationsdateien, die gleichzeitig gestartet werden sollen. Die maximale Anzahl der Datenübernahmejobs ist aktuell auf acht begrenzt. Es ist also nicht sinnvoll, mehr Jobs anzugeben, als es Dateien zur Übernahme gibt.

Maximal acht parallele Jobs

> **Parallelisierung nicht in SAP S/4HANA 1709**
> Die Parallelisierung ist zum Zeitpunkt der Drucklegung des Buches nicht in SAP S/4HANA 1709 FPS02 verfügbar. Sie wird wahrscheinlich erst zu SAP S/4HANA 1809 für die On-Premise-Version verfügbar sein.

Mit der Funktion **Übernahme starten** wird die Migration aller aktiven Quelldateien gestartet. Vergessen Sie deshalb nicht, die Dateien zu aktivieren bzw. nur die gewünschte Datei zu **Aktivieren** und alle anderen entweder zu **Löschen** oder zu **Deaktivieren**. Die Migration selbst ist ein *geführter Prozess* (Guided Process), der aus folgenden Schritten besteht:

Migrationsdateien übertragen

1. **Daten validieren**: Hier werden die Daten und Umschlüsselungswerte validiert.
2. **Werte konvertieren**: In diesem Schritt pflegen Sie Umschlüsselungstabellen.
3. **Import simulieren**: Dieser Schritt erscheint nur, wenn die zur Migration verwendete Schnittstelle (BAPI, Funktionsbaustein) eine Simulationslogik enthält. Dadurch kann die Übernahme in der Regel vorab simuliert werden. Aktuell (d. h. in der Version SAP S4/HANA Cloud 1805) unterstützen alle Migrationsobjekte diese Funktion.
4. **Import ausführen**: Mit diesem Schritt werden die Daten ins System migriert.

Zwischen den einzelnen Schritten navigieren Sie über die Schaltflächen **<Zurück** und **Weiter>**.

Alle aktiven Dateien werden geladen

Nachdem Sie die Übernahme gestartet haben, wird Ihnen noch erneut ein Warnfenster angezeigt, mit dem Hinweis, dass Dateien im Status »Nicht gestartet« oder »In Bearbeitung« nicht übertragen werden. Wenn Sie weitere aktivieren wollen, drücken Sie **Abbrechen**. Wenn Sie nur die aktiven Datei(en) übertragen wollen, drücken Sie **OK**. Abbildung 7.30 zeigt Ihnen die Warnung.

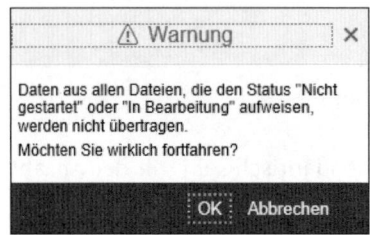

Abbildung 7.30 Warnung, dass nur alle aktiven Dateien übertragen werden

Wenn Sie **OK** gedrückt haben, wird automatisch der erste Übertragungsschritt **Daten validieren** gestartet. Es erscheint ein Meldungsfenster mit einem Fortschrittsbalken, der Ihnen den Bearbeitungsfortschritt anzeigt (siehe Abbildung 7.31).

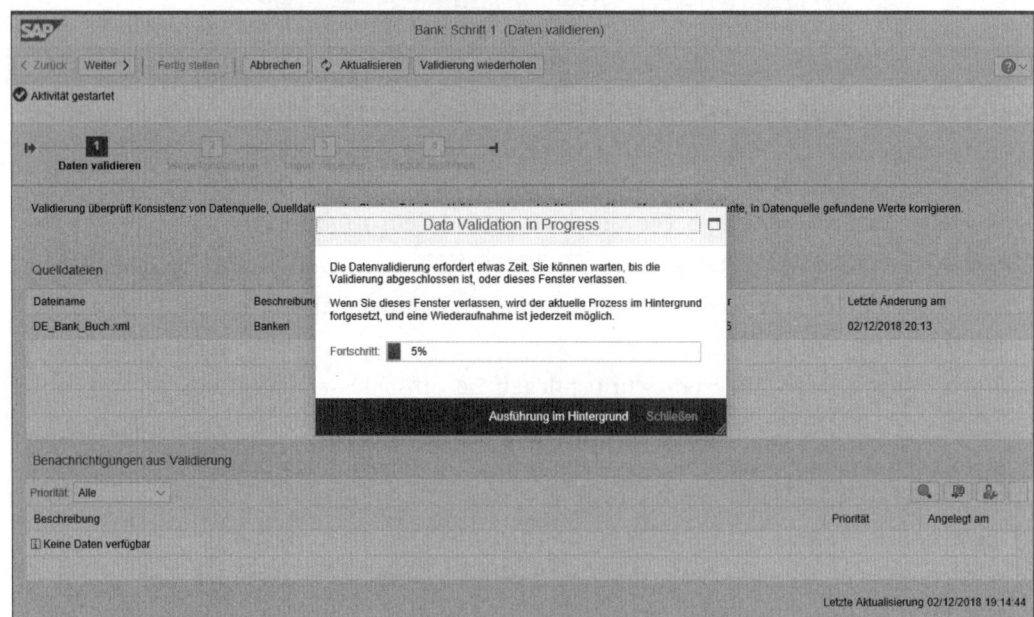

Abbildung 7.31 Angestoßene Datenvalidierung

Daten validieren

Nachdem die Daten validiert wurden und der Fortschrittsbalken auf 100 % steht, **Schließen** Sie das entsprechende Meldungsfenster. In der Regel sind beim ersten Durchlauf keine Umschlüsselungswerte von Quelldatenwerten auf Zieldatenwerte gepflegt, und Sie erhalten eine dementsprechende Fehlermeldung (DMC_RT_MSG 087): »Fehlende Umschlüsselungskombination hinzugefügt; Umschlüsselwert pflegen«. Lediglich in alten, nicht aktualisierten On-Premise-Systemen kann noch der sehr verwirrende alte Fehlertext »Verwendete Umschlüsselwertkombination hat den Status ›AUTO‹ erscheinen. Viele Felder der Migrationsdatei sind mit Umschlüsselungsregeln im Migration Cockpit verknüpft. Jeder dieser Quelldateiwerte muss daher einem Zielwert im Schritt **Werte konvertieren** zugeordnet werden. Die Fehlermeldung »Verwendete Umschlüsselwertkombination hat den Status ›AUTO‹ hat folgenden Hintergrund: Beim Lesen der Datei werden Werte in Feldern, die mit einer Umschlüsselungsregel verknüpft sind, automatisch in die Umschlüsselungstabelle als neuer Quellwert eingetragen, wenn der Quellwert dort noch nicht vorhanden war. Dabei wird der Quellwert als Zielwert übernommen und gekürzt, falls er zu lang ist. Diese Umschlüsselungskombination müssen Sie dann im nächsten Schritt **Werte konvertieren** anpassen und bestätigen. Die einzelnen Meldungen des Validierungsschritts finden Sie, wie in Abbildung 7.32 zu sehen, im unteren Bereich **Benachrichtigungen aus Validierung**. Diese Liste kann über das Feld **Priorität** nach dem Meldungstyp gefiltert werden.

Zuordnungswerte im Schritt »Werte konvertieren« angeben

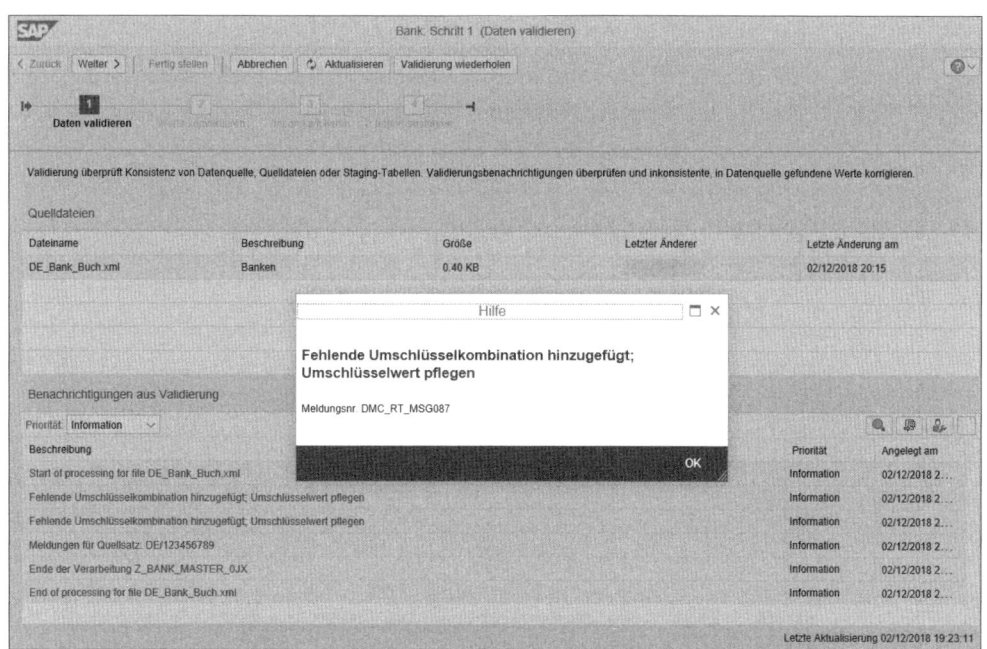

Abbildung 7.32 Daten validieren – Ergebnisliste

Über die Schaltfläche **Weiter>** wird der nächste Schritt **Werte konvertieren** angestoßen.

Werte konvertieren

Der Schritt **Werte konvertieren** ist etwas komplexer. Während die anderen Schritte in der Regel nach der Ausführung direkt ein Protokoll ausgeben, werden hier die fehlenden Umschlüsselungen in einem eigenen Dialog gepflegt. Abbildung 7.33 zeigt Ihnen ein Beispiel für eine solche Liste fehlender Umschlüsselungen.

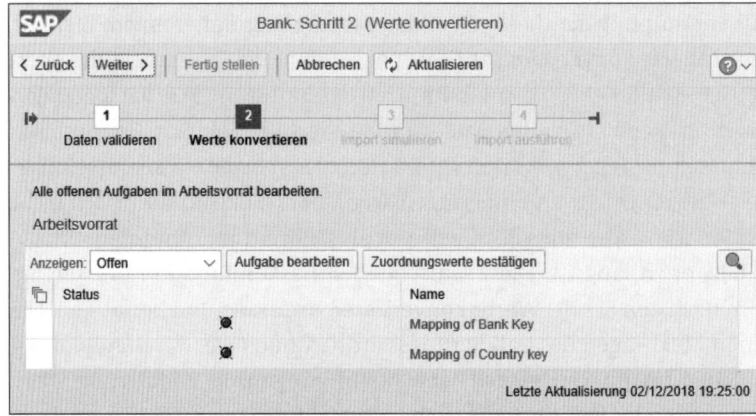

Abbildung 7.33 Übersicht über die offenen, unbestätigten Umschlüsselungen

Pflege fehlender Umschlüsselungen

Offene, also nicht vollständig gepflegte Umschlüsselungen werden mit einem roten Ampelsymbol in der Liste **Arbeitsvorrat** gekennzeichnet. Sie pflegen die fehlende Umschlüsselung, indem Sie entweder den Eintrag in der Spalte **Name** auswählen oder die Zeile markieren und auf **Aufgabe bearbeiten** klicken. Danach erscheint das Dialogfenster zum Pflegen der Umschlüsselungen. Abbildung 7.34 zeigt ein Beispiel für offene, noch nicht gepflegte bzw. bestätigte Umschlüsselungen.

Abbildung 7.34 Dialog zur Pflege der Umschlüsselungen

> **Alles auf einmal bestätigen**
>
> Wenn die Quellwerte in der Datei korrekte Zielwerte enthalten, können Sie alternativ auch alle offenen Umschlüsselungen in der Übersichtsliste auswählen und mit der Funktion **Zuordnungswerte bestätigen** alle nicht bestätigten Umschlüsselungswerte auf einmal bestätigen. Alle Umschlüsselungen mit korrekten Zielwerten werden dann bestätigt. Sind nicht korrekte Zielwerte gefunden worden, bleibt die Umschlüsselung im Status »Offen«.

Im **Arbeitsvorrat** werden Ihnen, abhängig vom Objekt, drei verschiedene Arten von Umschlüsselungen angezeigt:

- **Wertumschlüsselungen** zum Umschlüsseln von Quell- auf Zielwerte:

  Die *Wertumschlüsselungen* beginnen mit dem Wort »Mapping«.

- **Festwerte**:

  Hier können Sie *Festwerte* für bestimmte Variablen definieren, die objektübergreifend in allen Objekten des Projekts gelten, wie z. B. ein festes Buchungsdatum, das dann in mehreren Objekten gezogen wird. Festwerte beginnen entweder mit »Fix« oder »Set«.

- **Steuerungsparameter**:

  Die *Steuerungsparameter* steuern die interne Ablauflogik des Mappings. So wird z. B. im Objekt »Customer« mit diesem Parameter festgelegt, ob eine interne oder externe Nummernvergabe für die Kundennummer beim Laden verwendet werden soll.

Jeder offene, nicht bestätigte Umschlüsselungswert hat ein grünes Plus in der Spalte **Status**. Pflegen Sie die umzuschlüsselnden Werte in der letzten Spalte **Zielwert**. Hier können Sie auf die Wertehilfe des Systems zurückgreifen, um gültige Werte auszuwählen. In der Regel sind die Felder der Zielwerte mit Wertetabellen verknüpft, und es erscheint eine Fehlermeldung, wenn Sie einen ungültigen Wert eingeben, z. B. »Parameter Zielwert: XX ist kein gültiger Wert der Domäne LAND1«. Erst wenn ein gültiger Wert gepflegt wurde, ändert sich das Statussymbol von einem roten Kreis in ein grünes Quadrat.

Umschlüsselungen pflegen

Nachdem Sie alle Zielwerte gepflegt haben, markieren Sie alle Zeilen von nicht bestätigten Werten (grünes Pluszeichen), und bestätigen Sie die Umschlüsselungswerte über die Funktion **Wert bestätigen** (grünes Häkchen). Alle bestätigten Werte werden dann mit einem grünen Quadrat in der **Status**-Spalte markiert. Danach klicken Sie auf **Sichern** und verlassen damit das Dialogfenster. Pflegen Sie nacheinander alle offenen Umschlüsselungen des Arbeitsvorrats, bis die Liste leer ist. Umschlüsselungen sind immer projektbezogen. Das heißt, Umschlüsselungen, die von mehreren Objekten genutzt werden, müssen nur einmal gepflegt werden und stehen allen Objekten eines Projekts zur Verfügung.

Der Dialog zum Setzen von Festwerten erlaubt nur die Funktionen **Prüfen**, **Exportieren** und **Importieren**, wie Sie in Abbildung 7.35 am Beispiel des festen Buchungsdatums für Bestände sehen. Hier setzen Sie den Festwert und wählen danach **Sichern**. Der Festwert ist damit automatisch bestätigt.

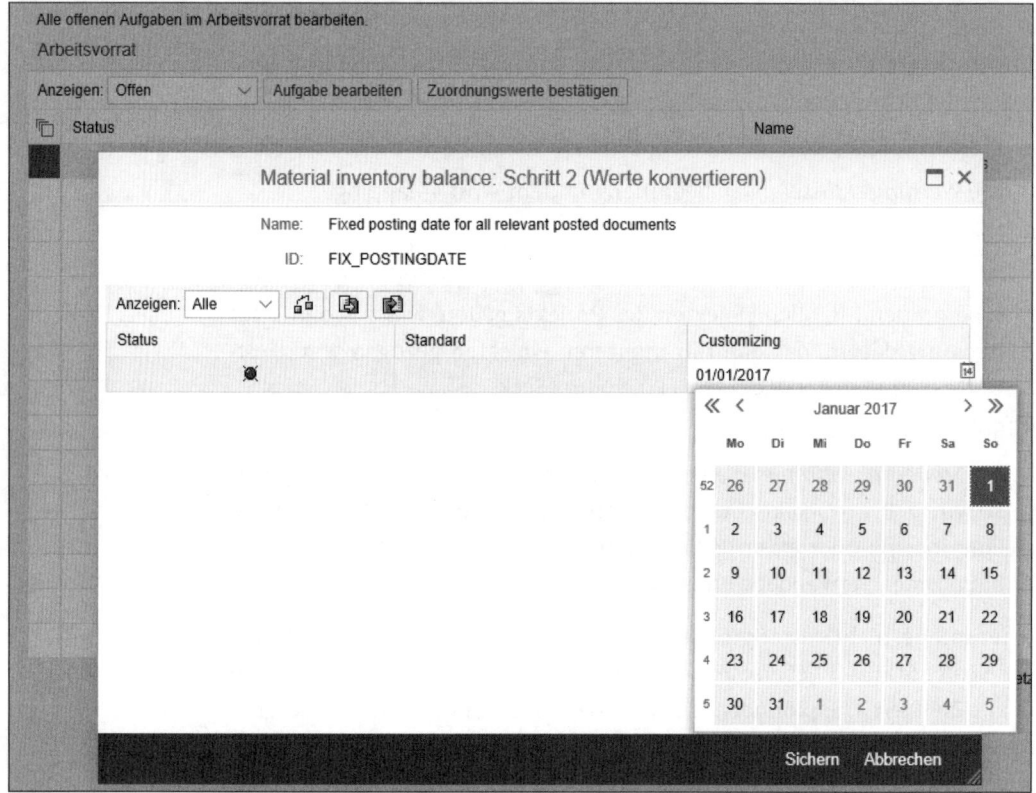

Abbildung 7.35 Pflegedialog für Festwerte

[»] **Exportieren und Importieren von Umschlüsselungen**

Über die Funktion **Exportieren** können Sie alle Umschlüsselungen in eine CSV-Datei abspeichern. Die Datei enthält in der ersten Zeile den technischen Namen der Umschlüsselung, in der zweiten Zeile die Spaltenüberschriften und ab Zeile drei die Werte. Spaltenüberschriften und Werte sind durch Semikolon (;) getrennt und in Hochkommata (") eingefasst.

Diese Datei können Sie z. B. zu Dokumentationszwecken ablegen oder über die Funktion **Importieren** in andere Systeme hochladen. Dadurch müssen Sie große und komplexe Umschlüsselungen nur einmal pflegen oder können die Liste als Excel-Datei an einen Sachbearbeiter weiterleiten. Wenn Sie bei einem Phased Roll-out mit mehreren Migrationsprojekten arbeiten, können Sie so auch Umschlüsselungen zwischen den einzelnen Projekten austauschen.

Importieren der CSV-Datei in Excel

Beim Öffnen der CSV-Datei formatiert Excel die Werte nach seiner eigenen Erkennungslogik um. Das bedeutet, zahlenartige Einträge werden als Zahl umformatiert. Führende Nullen gehen damit verloren. Bei Datumsangaben und dem landesspezifischen Dezimalpunkt kann es auch zu unliebsamen Effekten kommen. Wenn Sie die Datei mit Excel bearbeiten wollen, gehen Sie deshalb wie folgt vor:

1. Ändern Sie die Dateiendung in eine Excel unbekannte Dateiendung, wie z. B. ***.dat**.
2. Starten Sie Excel, und öffnen Sie die Datei mit dem **Öffnen**-Dialog.
3. Da Excel die Endung nicht kennt, erscheint der Import-Wizard.
4. Hier geben Sie das Trennzeichen ein und markieren alle Spalten als Text.
5. Beim Importieren aller Spalten als Text bleiben so alle Formatierungen im Original erhalten.

[!] Führende Nullen in der Umschlüsselung

Ist der Arbeitsvorrat leer und im Statusfeld steht die Meldung **Alle Aufgaben bearbeitet**, gelangen Sie mit **Weiter>** zum nächsten Schritt, **Import simulieren**. Abgeschlossene Umschlüsselungen sehen Sie wieder, wenn Sie im Feld **Anzeigen** die Einstellung **Alle** oder **Abgeschlossen** wählen.

Import simulieren

Wie wir eingangs schon erwähnt haben, wird dieser Schritt nur angezeigt, wenn die Übernahmeschnittstelle eine Simulation anbietet. Je nach Anzahl der Datensätze kann dieser Vorgang länger dauern, da ja in der Regel der komplette Ladevorgang der Schnittstelle – mit Ausnahme des Ladens – ausgeführt wird. Das Ergebnis einer solchen Simulation sehen Sie in Abbildung 7.36.

Ergebnisliste

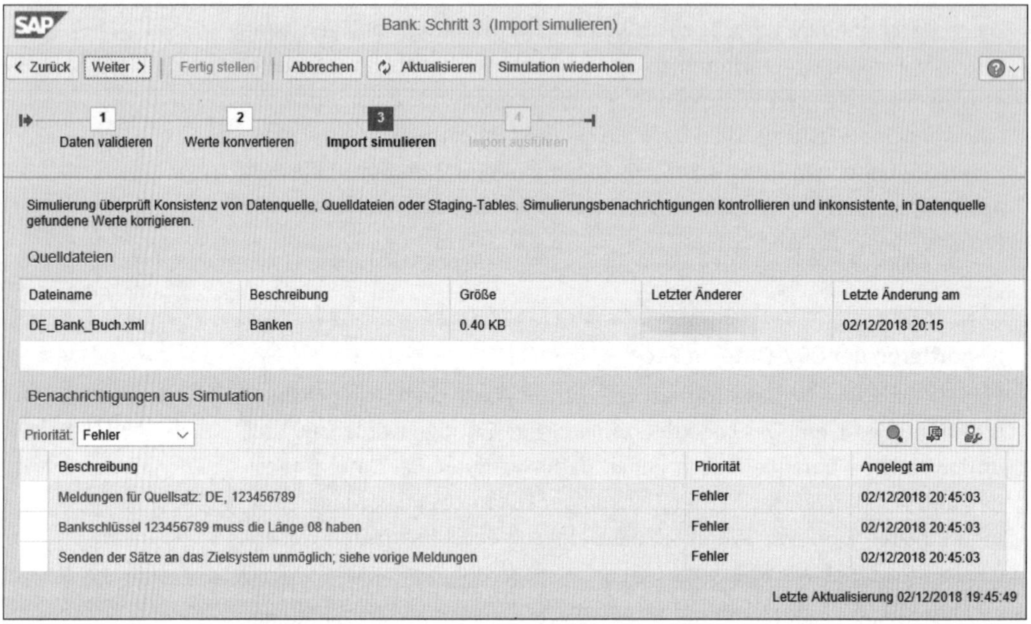

Abbildung 7.36 Ergebnis des simulierten Datenimports

Langtext der Fehlermeldung

Initial werden nur Meldungen des Typs **Fehler** angezeigt. Wenn Sie in der Auswahlliste **Priorität** den Wert **Alle** auswählen, sehen Sie hingegen alle Meldungen des Systems, inklusive der Erfolgsmeldungen und Warnungen. Wenn Sie auf den Fehlertext klicken, erscheint – sofern er gepflegt wurde – der Langtext dieser Fehlermeldung. In dem Pop-up-Fenster finden Sie auch die Meldungsnummer, die für die Fehlersuche auf dem SAP Support Portal nützlich ist. Ein Beispiel dafür sehen Sie in Abbildung 7.37.

Fehlermeldung bearbeiten

In unserem Beispiel wurde ein falscher Zielwert gepflegt. Er muss nun korrigiert werden. Dazu kehren Sie zum Schritt **Werte konvertieren** zurück, entweder über die Statusübersicht oder über die Schaltfläche **<Zurück**. Sie gelangen dann wieder in den Arbeitsvorrat der abgeschlossenen Umschlüsselungen und können den fehlerhaften Zielwert korrigieren. Unter Umständen müssen Sie dort im **Arbeitsvorrat** unter **Anzeigen** den Wert **Alle** auswählen, damit Sie die entsprechende Umschlüsselung wieder angezeigt bekommen. Anschließend gelangen Sie über **Weiter>** oder **Import simulieren** zur Simulation zurück. Über die Funktion **Simulation wiederholen** starten Sie die Simulation erneut. Als Endergebnis sollten nun keine Fehlermeldungen mehr vorhanden sein, wie in Abbildung 7.38 zu sehen ist.

Danach können Sie über **Weiter>** den echten Import starten.

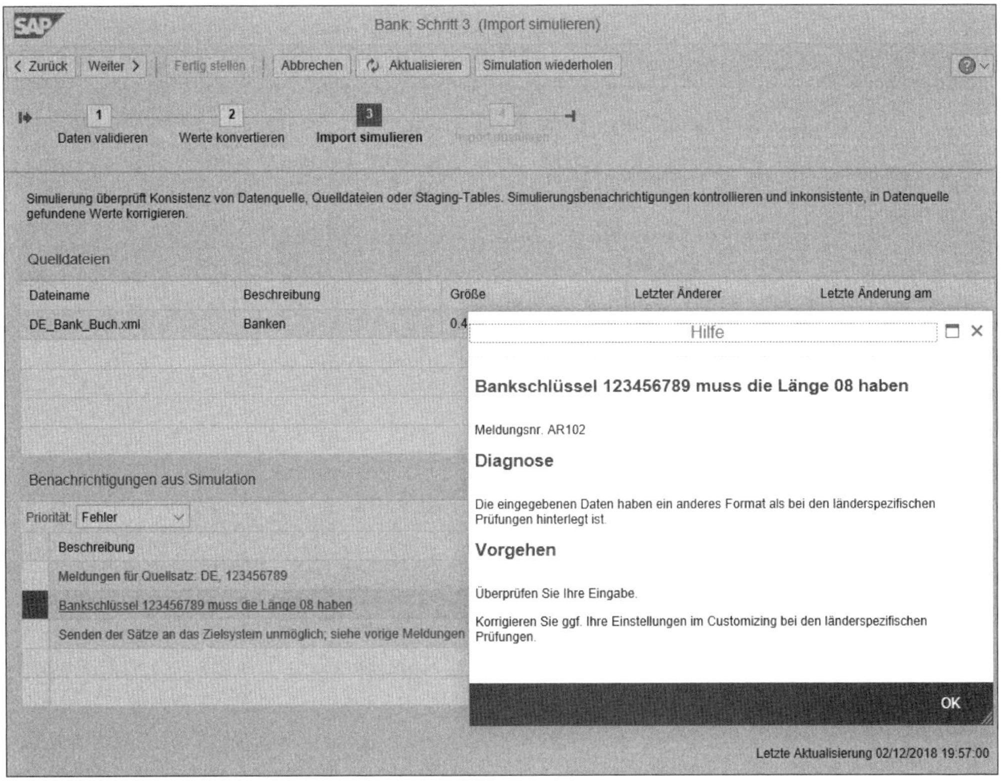

7.3 Datenmigration in die SAP S/4HANA Cloud

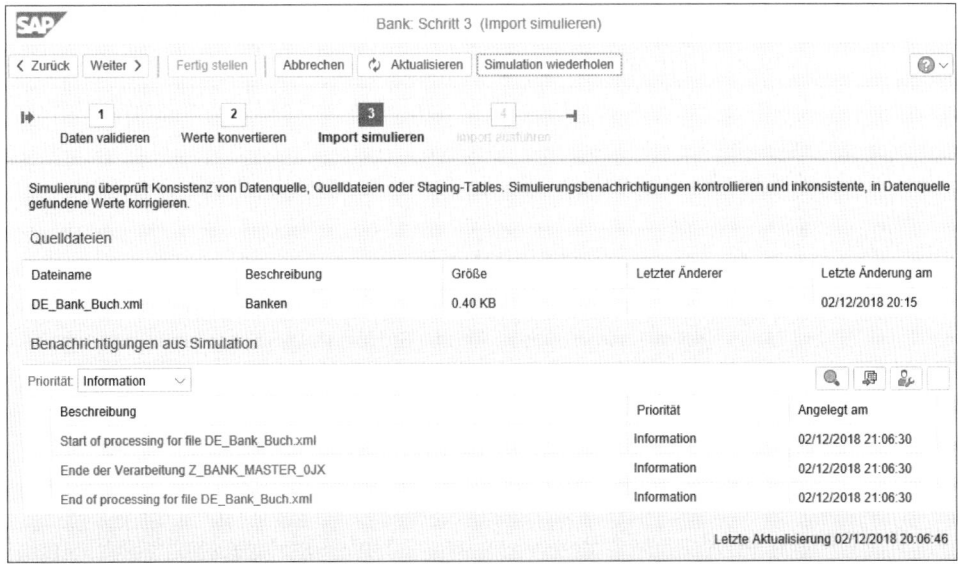

Abbildung 7.37 Langtext einer Fehlermeldung

Abbildung 7.38 Erfolgreiche Simulation

7 Migration in die Public Cloud

Import ausführen

Import als Hintergrundjob

Wie bei den vorherigen Schritten wird der Datenimport direkt als Hintergrundjob ausgeführt. Dazu wählen Sie einfach in dem Dialogfenster die Funktion **Ausführung im Hintergrund** (siehe Abbildung 7.39). Generell werden bei allen Schritten Hintergrundjobs gestartet, das Auswählen der Funktion bedeutet nur, dass das Fenster nicht mehr angezeigt wird.

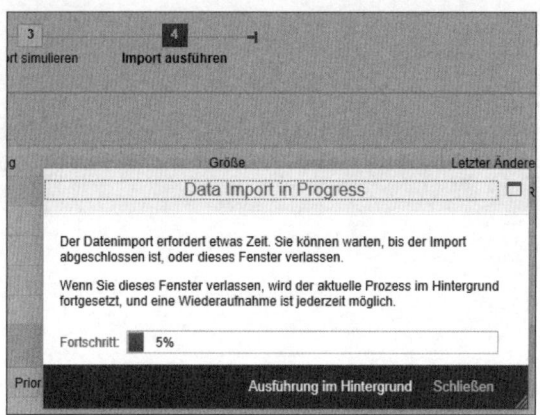

Abbildung 7.39 Ausführen des Datenimports

Die **Ausführung im Hintergrund** ist eine asynchrone Prozedur. Das Ende des Imports können Sie feststellen, indem Sie von Zeit zu Zeit die Funktion **Aktualisieren** anklicken.

Ergebnisliste

Als Ergebnis erhalten Sie ein Abschlussbild wie in Abbildung 7.40. Wenn die Daten erfolgreich migriert worden sind, sollten Sie in der Nachrichtenübersicht nur Informations- oder Warnmeldungen sehen.

Über die Funktion **Fertig stellen** schließen Sie die Datenmigration für dieses Objekt ab. Wie Sie in Abbildung 7.41 sehen, erhält die Datei den Status **Abgeschlossen**, und der Migrationsstatus wird auf **Beendet** geändert.

[»]

> **Demovideo zum SAP S/4HANA Migration Cockpit**
>
> Eine Demo des SAP S/4HANA Migration Cockpits in der SAP S/4HANA Cloud finden Sie im YouTube-Kanal »SAP Digital Business Services« (*http://s-prs.de/v631678*) unter dem Titel »SAP S/4HANA, Cloud Editions: Migrate Your Data«. Die Demo hat die URL *http://s-prs.de/v429728*. Eine weitere Demo zum SAP S/4HANA Migration Cockpit mit dem Titel »SAP S/4HANA Migration Cockpit« finden Sie unter der URL *http://s-prs.de/v429729*. Beide Demos basieren auf der SAP S/4HANA Cloud 1605. Das Vorgehen unterscheidet sich in späteren Releases aber nur geringfügig von der dort aufgezeichneten Vorgehensweise.

7.3 Datenmigration in die SAP S/4HANA Cloud

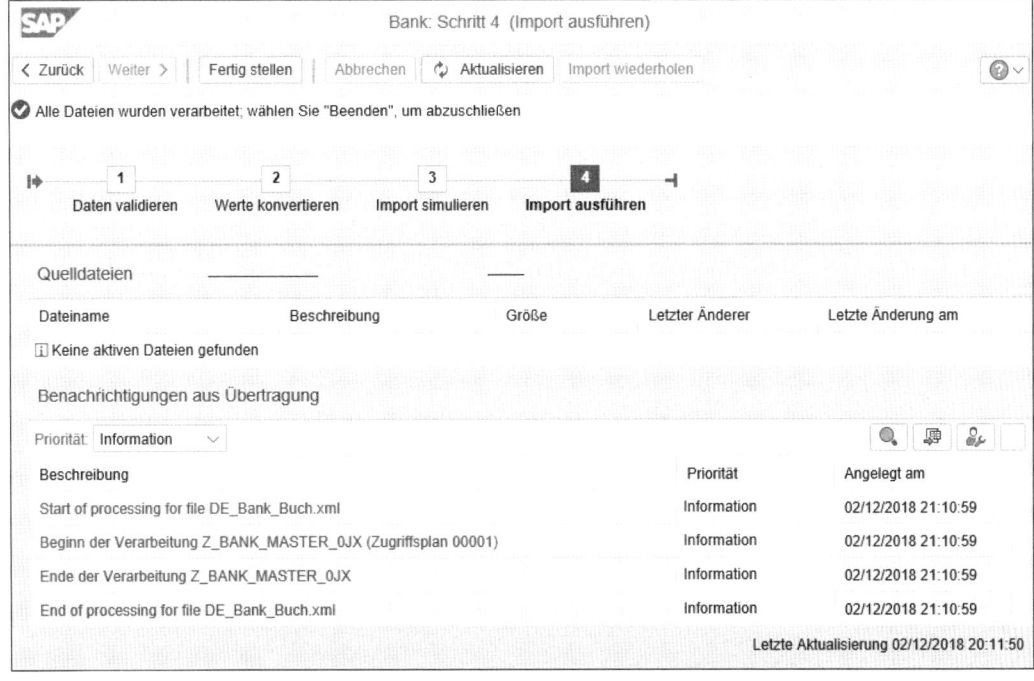

Abbildung 7.40 Ergebnisliste des Imports

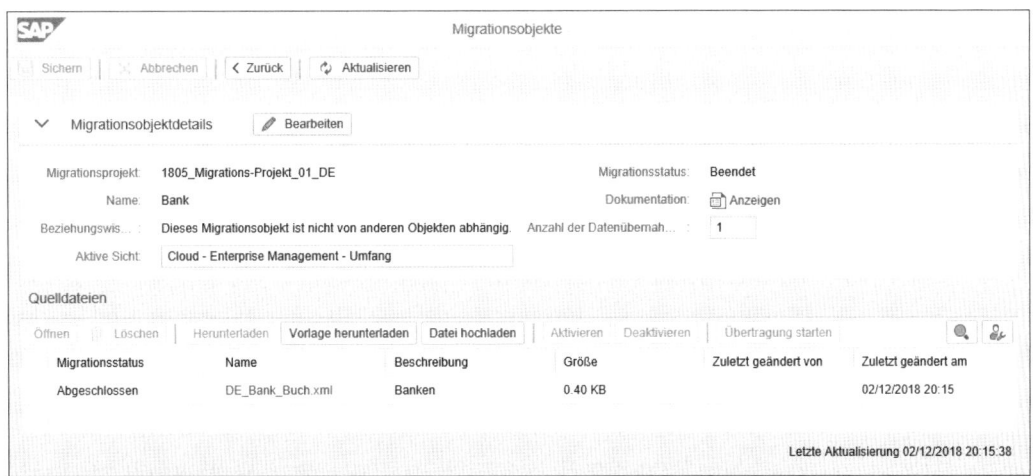

Abbildung 7.41 Migrationsobjekt beendet

Aktualisierung eines Migrationsobjekts

Ab SAP S/4HANA Cloud 1805 werden von SAP ausgelieferte Änderungen, z. B. Dokumentationsänderungen, Regelkorrekturen etc., auch in bestehende Migrationsobjekte eingebaut. Ihre Migrationsobjekte werden dadurch immer auf dem neuesten Stand gehalten. Es ist nicht mehr erforderlich, zu einem neuen Release ein neues Migrationsprojekt anzulegen, um die neuesten Regeländerungen zu erhalten. Vor Version 1805 wurden auch schon Änderungen an Migrationsobjekten automatisch nach Releasewechsel angepasst. Aber erst ab 1805 werden auch Änderungen von SAP an Regeln auf Projektebene, Änderungen an den Felddokumentationen und der Migrationsobjektdokumentation in bestehende Migrationsobjekte übernommen. Ob Ihr Objekt von einer Änderung betroffen ist, erkennen Sie daran, dass Sie nach dem Auswählen eines Migrationsobjekts ein Hinweisfenster erhalten, dass Sie darauf hinweist, dass das Migrationsobjekt mit zusätzlichem Content von SAP aktualisiert werden muss. Wenn Sie das Fenster mit **OK** bestätigen, wird das Migrationsobjekt angepasst. Abbildung 7.42 zeigt Ihnen dieses Hinweisfenster.

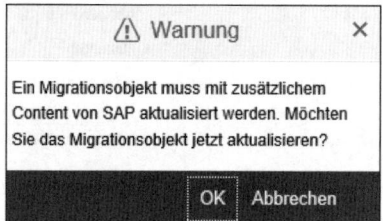

Abbildung 7.42 Migrationsobjekt aktualisieren

7.3.3 Status der Datenmigration prüfen mit der SAP-Fiori-App »Datenmigration Status«

Zur Version SAP S/4HANA Cloud 1805 gibt es innerhalb der Applikationsgruppe **Data Migration** eine neue SAP-Fiori-App **Datenmigration Status**. Mit ihrer Hilfe können Sie pro Migrationsobjekt die aufgetretenen Meldungen einzelner Datenmigrationsläufe ansehen, auswerten und herunterladen. Die App **Datenmigration Status** zeigt zur Version 1805 nur die Auswertung von Datenmigrationsläufen, die über Migrationsprojekte mit der Übertragungsoption **Daten aus Datei übertragen** geladen wurden. Wie Sie in Abbildung 7.43 sehen, werden Ihnen drei Informationen schon auf der Kachel der App **Datenmigration Status** mitgeteilt:

- Anzahl der Datensätze, die erfolgreich **Importiert** wurden
- Anzahl der Datensätze, die **Bereit für den Import** stehen
- Anzahl der Datensätze, deren Migration **Fehlgeschlagen** ist

7.3 Datenmigration in die SAP S/4HANA Cloud

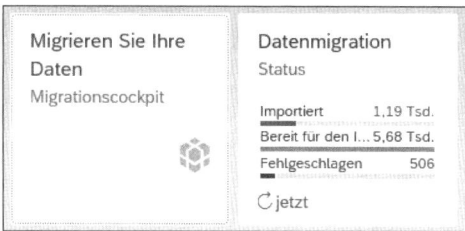

Abbildung 7.43 Kachel der App »Datenmigration Status«

> **Sprachmix**
> Da zum Zeitpunkt der Fertigstellung dieses Buches die deutsche Übersetzung der App noch nicht abgeschlossen war, werden Sie unter Umständen in den Abbildungen einen Mix aus englischen und deutschen Texten sehen.

Einstiegsbild (Migrationsobjekt Übersicht)

Auf dem Einstiegsbild der App sehen Sie zu jedem gestarteten Migrationsobjekt die folgenden Informationen:

- die **Gesamtzahl** der Datensätze des Migrationsobjekts
- die Anzahl, wie viele Datensätze **Importiert** wurden
- die Anzahl der Datensätze, die **Bereit für den Import** sind
- die Anzahl der Datensätze, die **Fehlgeschlagen** sind
- den **Fortschritt** der Datenmigration

    Hier werden von links nach rechts die Prozentzahlen der importierten (grün), bereitstehenden (grau) und fehlgeschlagenen (rot) Datensätze angezeigt.

Einstiegsbild der Status-App

Damit Sie Ihr gewünschtes Migrationsobjekt schneller finden, können Sie im oberen Teil des Bildes die Liste der angezeigten Objekte filtern bzw. nach bestimmten Objekten suchen. Hierzu geben Sie einen freien Suchbegriff in das Feld **Suchen** ein. Über die anderen Felder filtern Sie die Anzeige der Objekte. Standardmäßig sind die Felder **Migrationsperiode**, **Migrationsprojekt** und **Migrationsobjekt** sichtbar. Über **Filter anpassen** können Sie weitere Felder auswählen, und mit **Übernehmen** aktivieren Sie den Filter. In Abbildung 7.44 sehen Sie das Einstiegsbild zur neuen Status-App.

Anzeige einschränken

Über die Einstellungsfunktion (**Einstellungen**) können Sie die Anzeige anpassen. Sie können Felder ein- bzw. ausblenden und weitere Anzeigeoptionen wählen.

249

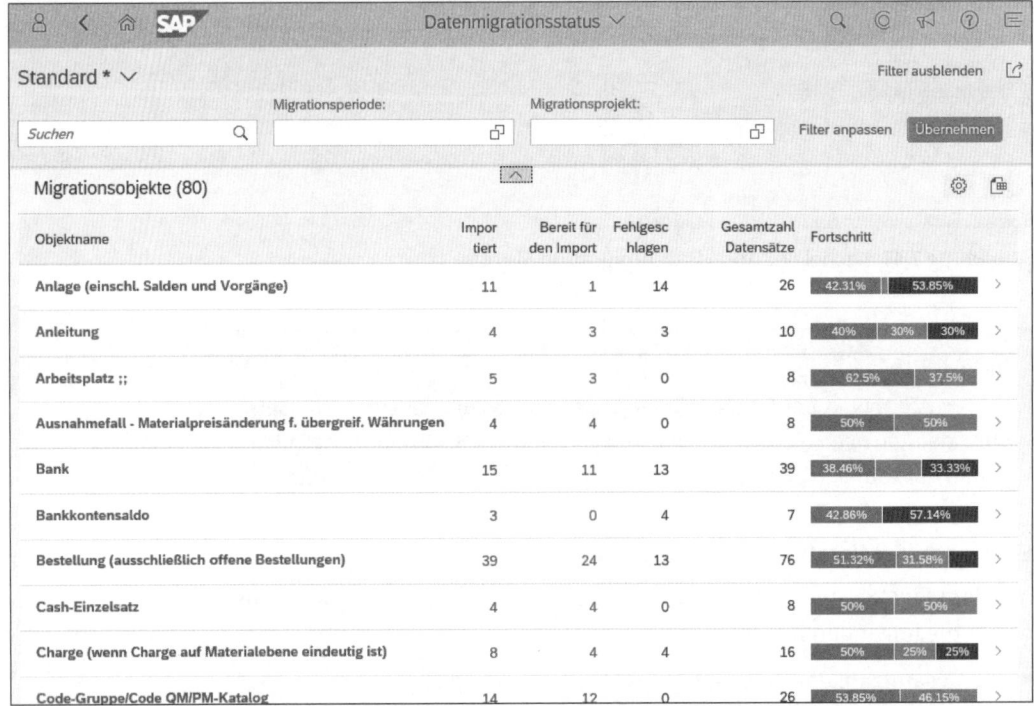

Abbildung 7.44 Einstiegsbild der App »Datenmigrationsstatus«

In Tabellenkalkulation exportieren

Über die Exportfunktion (**In Tabellenkalkulation exportieren**) (📄) können Sie die Übersichtsliste exportieren, um sie z. B. in Excel zu bearbeiten oder per E-Mail zu versenden.

Datensatzübersicht (Records)

Sie öffnen die Datensatzübersicht des Migrationsobjekts, indem Sie einfach den Namen des Migrationsobjekts auf dem Einstiegsbild auswählen oder auf die Schaltfläche (▷) klicken. Im rechten Teil sehen Sie dann in einer Tabelle zunächst alle **Datensätze** zu einem Migrationsobjekt. Die Datensätze sind nach Quell-ID sortiert. Die Tabelle zeigt standardmäßig folgende Informationen:

- Der **Status** des Datensatzes zeigt, ob er importiert (Imported) wurde, bereit ist zum Import (Ready for import) oder auf Fehler (Failed) gelaufen ist.
- **Quell-ID**, der Schlüssel des Datensatzes in der Migrationsdatei. Bei mehreren Schlüsseln werden die einzelnen Schlüsselbestandteile durch »/« getrennt aufgeführt.
- **Beschreibung**, ein beschreibender Text des Datensatzes, sofern ein solcher Text in der Quelle vorhanden ist

- Bei importierten Datensätzen wird der erste Zielschlüssel im SAP-S/4HANA-System aufgeführt. Hier wird auch der Feldname des ersten Zielschlüssels als Spaltenname angezeigt.

Weitere Spalten, wie z. B. **Dateiname**, **Verarbeitet am**, **Zielschlüssel 1** bis **Zielschlüssel 4**, können über die Einstellungsfunktion (**Einstellungen**) (⚙) hinzugefügt werden.

Damit Sie einen Datensatz schneller finden, können Sie in der Datensatzübersicht (**Datensätze**) die Anzeige mit der Auswahlliste über den **Status** einschränken. Über die **Einstellungen** können Sie aber auch weitere Filterkriterien wählen.

Wenn Sie einen Datensatz auswählen, dann erscheinen die Details in einem weiteren, neuen Bereich auf der rechten Seite. Hier werden Ihnen folgende Informationen angezeigt:

Detailbild zum Datensatz

- **Status** des Datensatzes
- die SAP-S/4HANA-Zielschlüsselfelder des geladenen Datensatzes und ihre Werte
- das Migrationsprojekt (**Projekt**), zu dem der Datensatz gehört
- der Name der **Datei**, in dem sich der Datensatz befindet
- Name des Benutzers, der den Datensatz migriert hat (**Angelegt von**)
- Datum, wann der Datensatz migriert wurde (**Angelegt am**)
- die Anzahl (**Items**) der erzeugten Nachrichten (**Messages**) und deren Details wie:
  - **Nachrichtentyp**
  - Text der **Nachricht**
  - **Nachrichten-ID**
  - **Nachrichtennummer**

Abbildung 7.45 zeigt Ihnen die Datensatzübersicht mit geöffnetem Detailbereich zu einem Datensatz des Migrationsobjekts **Bank**.

Wenn Sie die Berechtigung zur Pflege von Datensätzen dieses Objekts haben, erscheint der Schlüssel des importierten Datensatzes als sogenannter Hyperlink. Sie können dann den Schlüssel eines importierten Datensatzes auswählen, und es erscheint ein weiteres kleines Absprungfenster, mit dem Sie direkt in die vordefinierte App zum Migrationsobjekt springen können. Abbildung 7.46 zeigt Ihnen das Absprungfenster zum Migrationsobjekt **Bank**. Hier können Sie direkt zur Pflege-App **Banken verwalten** abspringen, um sich die migrierte Bank anzusehen bzw. um sie weiterzubearbeiten.

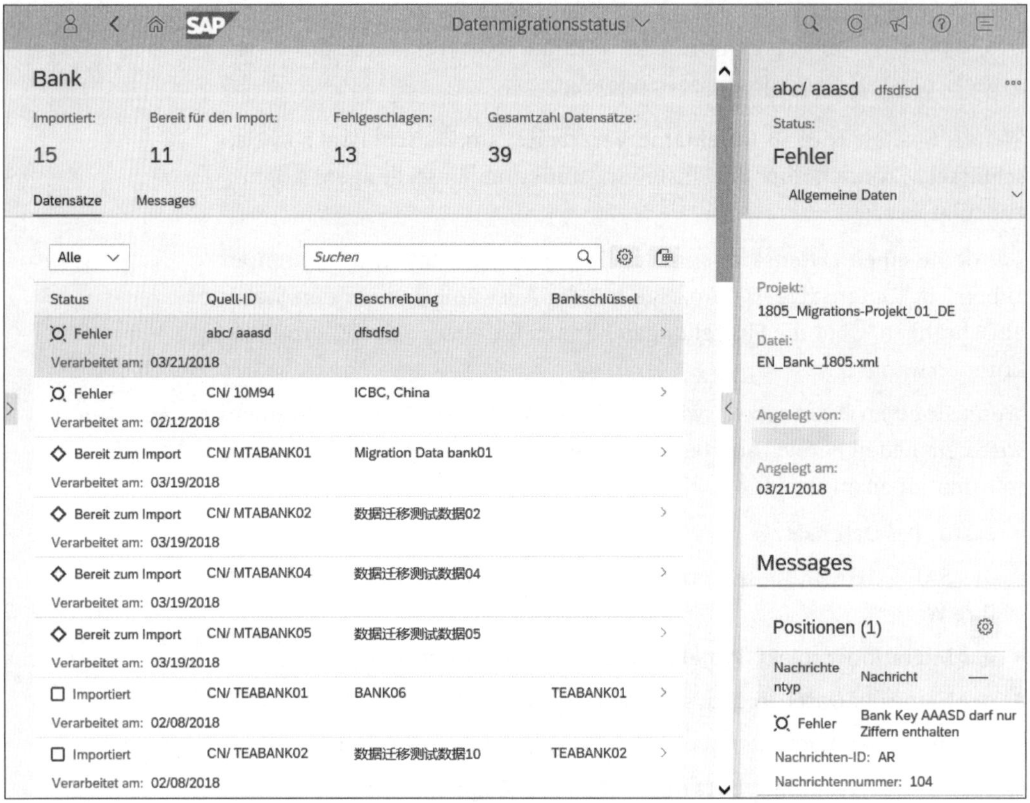

7 Migration in die Public Cloud

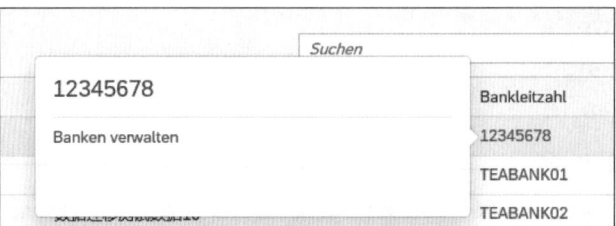

Abbildung 7.45 Datensätze pro Objekt und Nachrichtendetails

Abbildung 7.46 Absprungfenster zu weiteren Apps

Wie entstehen die Links im Absprungfenster?

Jedes Migrationsobjekt ist in der *SAP Fiori Apps Reference Library* einem semantischen Objekt zugeordnet (siehe Abbildung 7.47). Sie erreichen die Library über folgenden Link: *http://s-prs.de/v631679*

Wenn Sie in das Suchfeld **Search** z. B. »Supplier« eingeben, erscheinen alle Rollen und zugehörigen Apps mit diesem Suchbegriff.

7.3 Datenmigration in die SAP S/4HANA Cloud

In der Detailliste (**Detail View**) zu einer App finden Sie unter **Implementation Information** dann die Rubrik **Configuration**.

Die semantischen Objekte (**Semantic Object**), die der App zugeordnet sind, finden Sie unter **Target Mapping(s)**.

Eine dieser Apps wird nun dem Migrationsobjekt in der Status-App zugeordnet. In Abbildung 7.47 sehen Sie ein Beispiel für das Migrationsobjekt *Supplier*.

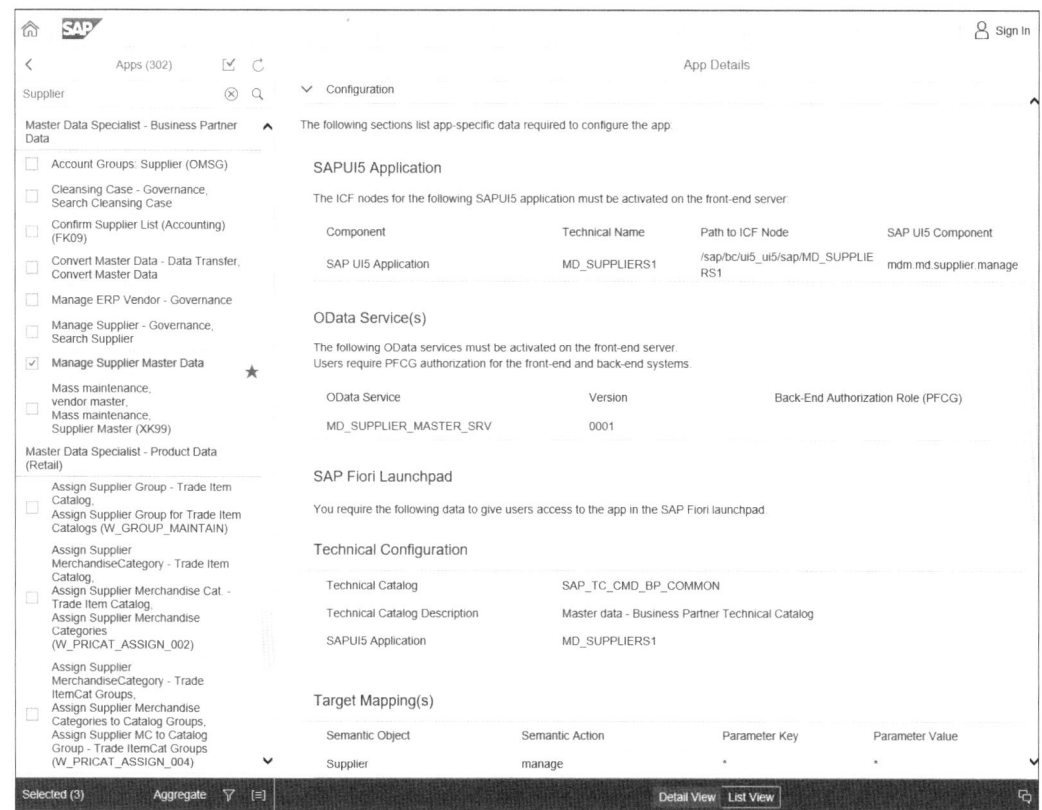

Abbildung 7.47 SAP Fiori App Reference Library mit semantischem Objekt

Bei einigen wenigen Migrationsobjekten, wie z. B. *VC – Beziehungswissen (VC – Object Dependency)*, gibt es keine direkten Apps, um sich die geladenen Objekte anzusehen. Sie können meist nur in Zusammenhang mit einem Folgeobjekt angesehen werden. Deshalb wird hier auf den Absprung zu einer Pflege-App verzichtet.

253

Nachrichtenübersicht (Messages)

Über **Messages** gelangen Sie zur Ansicht der Nachrichten, die nach dem Nachrichtentext gruppiert angezeigt werden. Hier können Sie die Anzeige über die **Nachrichtenart** filtern:

- **Alle** (■) zeigt alle Nachrichten an.
- **Fehler** (Ⓘ) zeigt nur Nachrichten vom Typ **Fehler** an.
- **Warnung** (⚠) zeigt nur Warnungen an.

Um eine Nachricht schneller zu finden, filtern Sie die Liste über den Filter in der Einstellungsfunktion (⚙).

Detailbild zur Nachricht

Wenn Sie eine Nachricht auswählen, dann erscheinen die Datensätze zu der Nachricht in einem weiteren Bereich auf der rechten Seite. Zusätzlich zur **Nachrichtenart** werden hier die technischen Informationen, wie **Nachrichten-ID** und **Nachrichtennummer** angezeigt. Im unteren Bereich werden alle **Datensätze** zu dieser Nachricht aufgelistet. In der Liste sehen Sie die **Quell-ID** und die **Beschreibung** des Datensatzes. Über (⚙) können Sie auch hier die Ansicht anpassen. Abbildung 7.48 zeigt Ihnen alle Nachrichten zu einem Objekt mit geöffnetem Detailbild, das alle zugehörigen Datensätze zu dieser Nachricht anzeigt.

Exportieren der Übersichtsliste

Allgemeine Funktionen der Status-App

Über die Exportfunktion **In Tabellenkalkulation exportieren** (▦) können Sie die angezeigten Listen, wie z. B. die Datensatz- bzw. Nachrichtenübersicht, in eine Excel-Datei (Dateityp XLSX) exportieren.

Die Schaltflächen (▷) und (◁) zwischen den Bereichen dienen dazu, die einzelnen Bereiche zu verkleinern oder zu vergrößern. Mit dem Schließensymbol (◁) können Sie jeden Bereich auch wieder schließen.

Ansichten speichern

Ansichtsfilter können als View dauerhaft gespeichert werden, dazu wählen Sie in der Kopfleiste den Pfeil (▽) neben **Standard**. Wählen Sie **Sichern als**, und vergeben Sie einen Namen für die Ansicht (**View**). Kreuzen Sie dann noch das Kästchen für weitere Optionen an. Hier können Sie Folgendes auswählen:

- **Als Standard festlegen**: Diese Ansicht wird standardmäßig immer angezeigt.
- **Öffentlich**: Auch andere Benutzer können diese Ansicht auswählen.
- **Automatisch anwenden**

Abschließend wählen Sie **OK**. So gespeicherte Ansichten können Sie danach jederzeit über den Pfeil (▽) neben **Standard** auswählen.

Über die Schaltfläche **Filter ausblenden** deaktivieren Sie alle Filter.

7.3 Datenmigration in die SAP S/4HANA Cloud

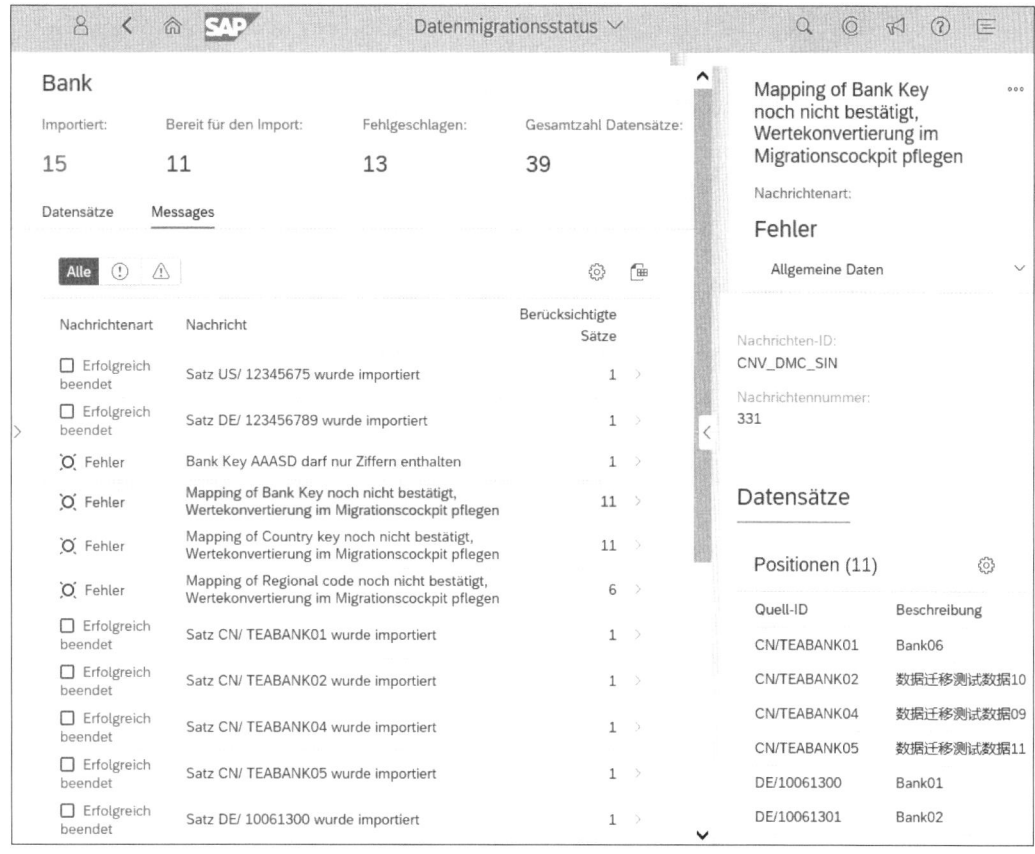

Abbildung 7.48 Nachrichten pro Objekt und Datensatzdetails

7.3.4 Die neue Übertragungsoption Staging-Tabellen

Wie weiter oben im Abschnitt »Projekt anlegen« in Abschnitt 7.3.2 schon erwähnt, ist diese Funktionalität des Migration Cockpits erstmals mit der On-Premise-Version SAP S/4HANA 1709 FPS01 ausgeliefert worden. Die technischen Details der On-Premise-Version werden in Abschnitt 11.4.2, »Übertragungsoption: Daten aus Staging-Tabellen übertragen«, beschrieben, wir gehen hier nur auf die Unterschiede zur Cloud-Version ein.

> **Alle Angaben zur Übertragungsoption Staging in der Cloud sind ohne Gewähr**
>
> Da zur Drucklegung des Buches noch kein offizielles Erscheinungsdatum für die Verfügbarkeit der Staging-Option in SAP S/4HANA Cloud vorlag, sind alle Angaben zur neuen Übertragungsoption ohne Gewähr.

255

> Da in diesem Kapitel die Funktionalität des Migration Cockpits beschrieben wird, haben wir aus Gründen der Übersichtlichkeit den Abschnitt zur Übertragungsoption Staging-Tabellen hier belassen und nicht nach Kapitel 11, »Neuimplementierung eines Einzelsystems«, ausgelagert.

Technische Realisierung in der SAP S/4HANA Cloud

Die Daten der Übertragungsoption **Datei** werden in der Staging Area in Tabellen direkt auf der SAP-S/4HANA-Datenbank abgelegt. Im Unterschied zu den Daten der Übertragungsoption **Staging-Tabellen** lassen sich die Tabellen der Staging Area nicht von außerhalb der SAP S/4HANA Cloud beschreiben oder lesen.

Database as a Service

Die Staging-Tabellen für SAP S/4HANA Cloud werden hingegen in der SAP Cloud Platform angelegt und können dort von außen gelesen und beschrieben werden. Die Verbindung dorthin erfolgt wahrscheinlich über ein Kommunikationsszenario. Sie können dann Tabelleninhalte aus z. B. einem SAP-ERP-System extrahieren und dann über weitere Werkzeuge direkt in die Staging-Tabellen auf der SAP Cloud Platform schreiben. Sie müssen die Daten dann nicht mehr in die Migrationsdatei kopieren. Insbesondere bei sehr vielen Datensätzen, für die Sie wegen der Obergrenze von 100 MB pro Datei früher mehrere Migrationsdateien verwenden mussten, ist das sehr hilfreich.

Die Datenbankverbindung wird nach jetzigem Stand über den Dienst *Database as a Service* (DBaaS) auf der SAP Cloud Platform hergestellt. Abbildung 7.49 zeigt Ihnen eine schematische Übersicht über das wahrscheinliche Zusammenspiel der einzelnen Systeme und den Zugriff auf die Datenbank. Die Verfügbarkeit von DBaaS ist aktuell die Voraussetzung für die Nutzung der Staging-Tabellen. Da die offizielle Verfügbarkeit von DBaaS zum Zeitpunkt der Drucklegung noch nicht vorlag, basieren die nachfolgenden Schritte auf dem technischen Entwicklungsstand zum Zeitpunkt der Drucklegung und spiegeln deshalb nicht den Zustand einer zukünftigen Auslieferung wider.

Als Erstes wird beim Anlegen eines Migrationsprojekts die Datenbankverbindung ausgewählt, über die auf die Staging-Tabellen zugegriffen werden soll ❶. Durch das Auswählen eines Migrationsobjekts werden diese Staging-Tabellen angelegt ❷. Sie können die Daten über eigene Programme oder Werkzeuge von SAP oder Drittanbietern aus ihrem Quellsystem extrahieren und in die Staging-Tabellen schreiben ❸. Das Migration Cockpit liest die Daten aus den Staging-Tabellen ❹, konvertiert die Daten und gibt sie an die Datenmigrations-API ❺ zur Einbuchung ins System weiter ❻. Nach der Verarbeitung durch die Datenmigrations-API wird der Status, ob der Satz erfolgreich verarbeitet wurde, in den Staging-Tabellen hinterlegt ❼.

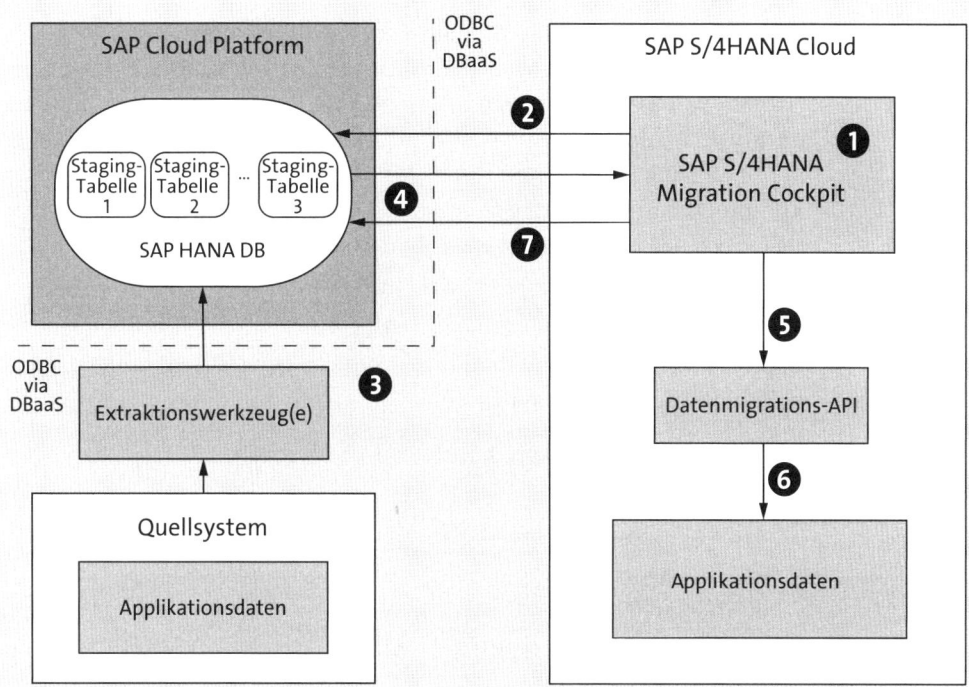

Abbildung 7.49 Schematische Übersicht des Zugriffs auf die Staging-Tabellen via SAP Cloud Platform und DBaaS

Notwendige Rolle für Zugriff auf die Staging-Datenbank

Zusätzlich zu der vorher schon erwähnten Rolle für das SAP S/4HANA Migration Cockpit SAP_BR_CONFIG_EXPERT_DATA_MIG (Configuration Expert – Data Migration) benötigen Sie wahrscheinlich noch die Rolle SAP_BR_CONF_EXPERT_BUS_NET_INT (Configuration Expert – Business Network Integration). Diese Rolle wird notwendig sein, damit Sie aus dem Migration Cockpit heraus eine Verbindung zu den Staging-Tabellen in der SAP Cloud Platform aufbauen können.

Technische Rolle

In den nachfolgenden Abschnitten erläutern wir Ihnen die einzelnen Schritte und Funktionalitäten zur Übertragungsoption **Staging-Tabellen**, wie Sie aktuell in der On-Premise-Version verfügbar sind.

Projekt anlegen

In Abbildung 7.50 werden zwei **Übertragungsoptionen** angezeigt:

1. Die schon bekannte Option **Daten aus Datei übertragen**
2. **Daten aus Staging-Tabellen übertragen**

Auswahl der Datenbankverbindung

Nachdem Sie **Daten aus Staging-Tabellen übertragen** gewählt haben, erscheint ein weiteres Eingabefeld zum Wählen der **Datenbankverbindung**. Hier wählen Sie aus der Liste der vorhandenen Datenbankverbindungen diejenige, auf der die Staging-Tabellen abgelegt werden sollen. Den Namen der Datenbankverbindung, z. B. DB_ACCESSER, haben Sie beim Einrichten des Kommunikationsszenarios angegeben. Im Fall der Cloud ist das wahrscheinlich der **DB Connection Name**, den Sie im *Communication Arrangement* in den **Outbound Services** eintragen sollen.

Allen anderen Felder der Eingabemaske wurden in den vorherigen Abschnitten schon erläutert. Abbildung 7.50 zeigt Ihnen das neue Bild mit ausgewählter Staging-Tabellen-Option.

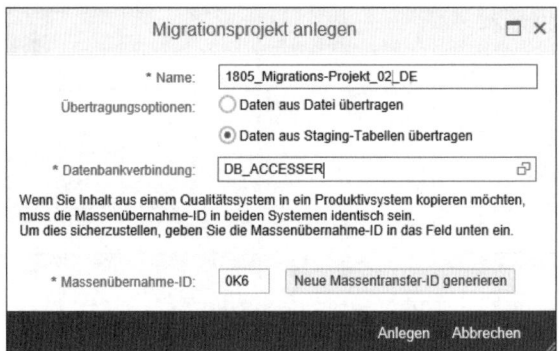

Abbildung 7.50 Migrationsprojekt anlegen inklusive Staging-Option

Als **Datenquelle** erscheint in der Projektübersicht dann »Staging-Tabellen«.

Staging-Tabellen befüllen

Werkzeuge zur Befüllung

Die Staging-Tabellen befüllen Sie über externe Werkzeuge, wie z. B. *SAP Data Services*, *SAP Cloud Platform Smart Data Integration* oder andere Werkzeuge, mit denen Sie auf die Staging-Tabellen innerhalb der SAP Cloud Platform zugreifen können. Ein direktes Befüllen aus dem Migration Cockpit heraus ist nicht möglich.

> **Restriktionen und wichtige Hinweise zum Befüllen**
>
> Da Sie die Staging-Tabellen direkt auf der SAP-HANA-Datenbank befüllen, müssen Sie unbedingt darauf achten, korrekte Daten in die Felder zu

schreiben. In einigen Migrationsobjekten sind Felder vom Datentyp NUMC definiert. Das heißt, diese Felder dürfen nur Ziffern beinhalten und müssen mit führenden Nullen aufgefüllt werden. Solche Felder müssen deshalb immer inklusive der führenden Nullen auf der Tabelle abgelegt werden. Fehlen die führenden Nullen, kommt es meist zu Fehlern in der Datenmigrations-API.

NUMC-Felder auf der SAP-HANA-Datenbank sind als NVARCHAR mit einem Standardwert aus Nullen definiert.

Beachten Sie auch, dass Sie, wenn ein Feld in der SAP-HANA-Datenbankdefinition einen Standardwert (Default) hat, leere Felder mit diesem Standardwert befüllen müssen. Bei Datumsfeldern sind das z. B. acht Nullen. Schauen Sie sich also immer die einzelnen Felddefinitionen in der SAP-HANA-Datenbank-Tabellendefinition an, bevor Sie Daten in die Tabelle schreiben.

SAP-Hinweis 2608495 gibt Ihnen wichtige Informationen, die Sie beim Verwenden der Übertragungsoption **Staging-Tabellen** beachten sollten. Sie finden den Hinweis unter folgendem Link: *http://s-prs.de/v631680*

Detailsicht des Migrationsobjekts für Staging-Tabellen

Mit der Übertragungsoption **Datei** laden Sie eine oder mehrere Dateien hoch, die dann mehrere Übernahmestrukturen als Arbeitsblätter enthalten. Bei der Übertragungsoption **Staging-Tabellen** sind diese Übernahmestrukturen einzeln als eigene Staging-Tabellen zu sehen. Jedes Arbeitsblatt ist quasi einmal als Tabelle vorhanden. In der Detailübersicht des Migrationsobjekts sehen Sie ein neues Feld **DB-Verbindungsname**. Hier ist beim Anlegen des Projekts der gewählte Datenbankverbindungsname zu sehen.

Im darunterliegenden Bereich **Staging-Tabellen** sind die einzelnen Übernahmestrukturen (Arbeitsblätter) aufgeführt. Die Übersicht enthält folgende Spalten:

Übersicht zu den Übernahmestrukturen

- **Migrationsstatus**
- **Struktur**: technischer Name der Struktur
- **Beschreibung**: Name der Übernahmestruktur
- **Staging-Tabelle**: Name der Tabelle, in der die Daten zur Übernahme abgelegt sind
- **Anzahl Sätze**: die Anzahl der Datensätze in der Tabelle

Abbildung 7.51 zeigt Ihnen die Migrationsobjekt-Detailübersicht nach erfolgreicher Datenübernahme.

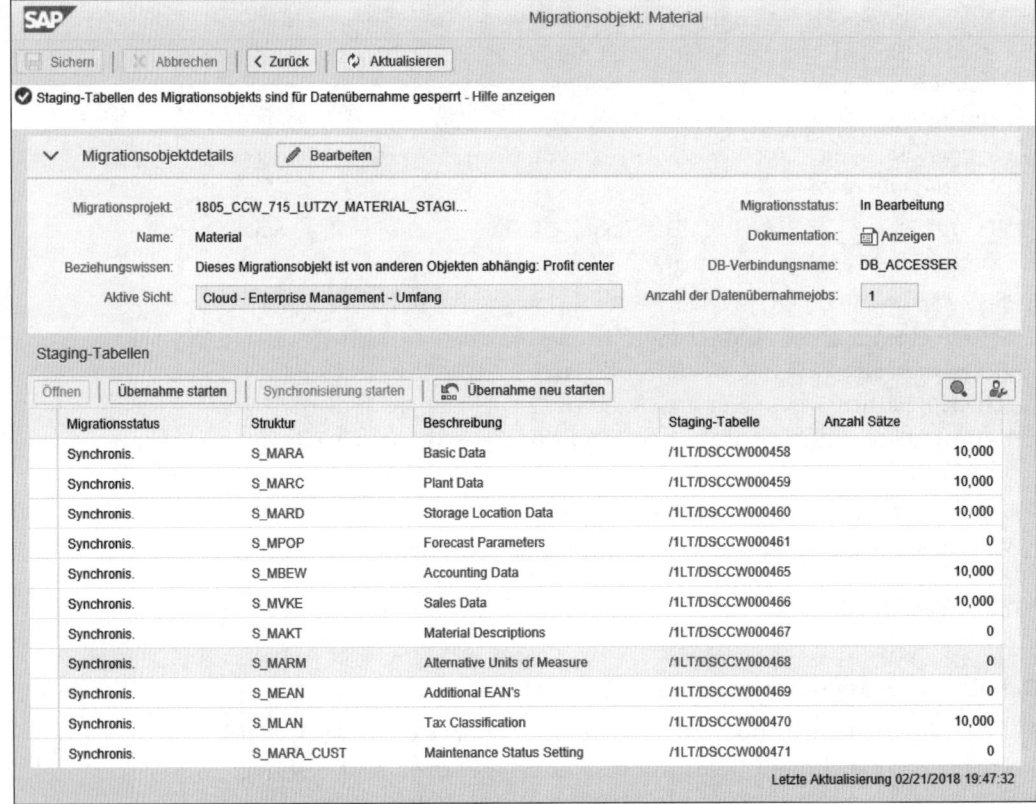

Abbildung 7.51 Migrationsobjekt-Detailübersicht mit den Staging-Tabellen

Zur Detailsicht der Staging-Tabellen gelangen Sie über mehrere Wege:

- Wählen Sie die Zeile einer Staging-Tabelle aus, und drücken Sie **Öffnen**.
- Wählen Sie direkt den Namen der **Struktur**, der **Beschreibung** oder der **Staging-Tabelle** aus.

Detailübersicht der Staging-Tabelle

Auf der Detailübersicht finden Sie im oberen Teil die Einzelheiten zur Staging-Tabelle:

- Name der **Staging-Tabelle** auf der Datenbank
- technischer Name der **Struktur** entsprechend dem technischen Strukturnamen, den Sie aus der Migrationsdatei kennen
- **Beschreibung** der Tabelle
- die **Aktive Sicht**

- der **Status** der Tabelle:
  - **Synchronis./Synchronized**
  - **Synchronis. erforderlich/Synchronization Required**
- Die **Dokumentation** der Tabelle entspricht den Einträgen in der »Feldliste« aus der Migrationsdatei für diese Struktur (siehe Abbildung 7.52).
- der Name der **Datenbankverbindung**

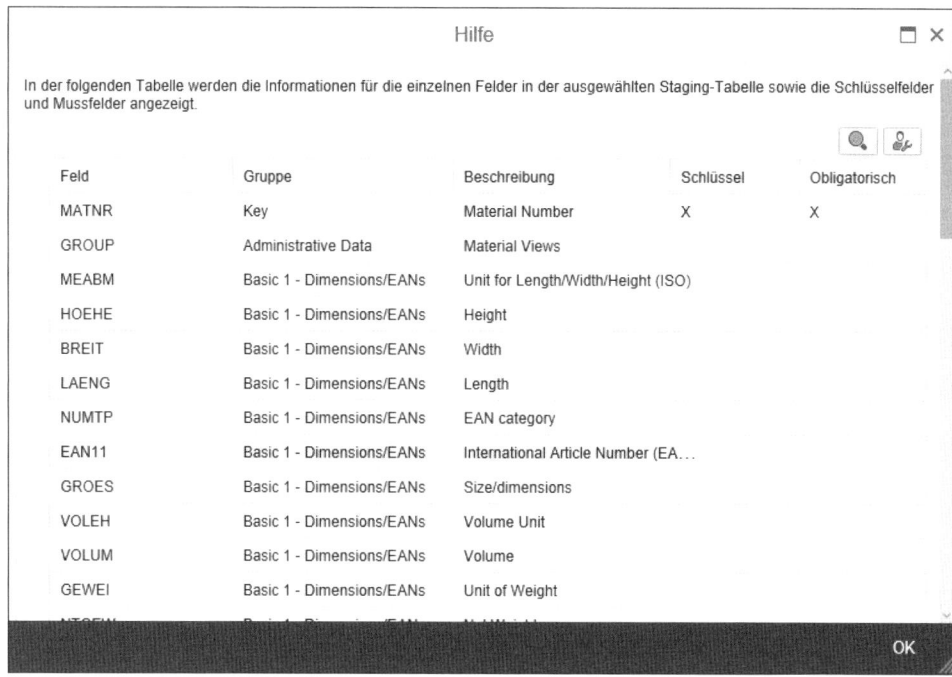

Abbildung 7.52 Dokumentation zu den Staging-Tabellen

Im Bereich **Datensätze** können Sie über den **Bearbeitungsstatus** die Anzeige filtern. Es gibt folgende Status:

- **Nicht verarbeitet/Unprocessed**

  Der Datensatz wurde noch nicht übertragen.

- **Verarbeitet/Processed**

  Der Datensatz wurde erfolgreich geladen.

- **Fehler/Error**

  Es gab Fehler bei der Übertragung des Datensatzes.

Auf der Übersicht können Sie die Daten visuell überprüfen und folgende Aktionen ausführen:

- Den Status eines oder mehrerer Datensätze zurücksetzen. Dazu markieren Sie die Datensätze und wählen **Status zurücksetzen**.
  - Datensätze, die schon **Verarbeitet** sind, können nicht mehr übertragen werden. Wenn Sie diese Datensätze z. B. auf der Datenbanktabelle geändert haben, dann müssen Sie erst den Status zurücksetzen. Erst danach können die Datensätze weiterverarbeitet werden. Diese Möglichkeit wird nur von wenigen Migrationsobjekten unterstützt.
  - Wenn Sie fehlerhafte Datensätze korrigiert haben, müssen Sie hier auch den Status zurücksetzen.
- **Ausgewählte Sätze löschen** oder **Alle Sätze löschen**
  - Mit **Alle Sätze löschen** werden alle Datensätze unabhängig ihres Status gelöscht. Wenn Sie also z. B. auf Datensätze mit Status **Nicht verarbeitet** gefiltert haben, werden auch alle anderen Datensätze in den Status **Verarbeitet** und **Fehler** gelöscht.

Ein Beispiel für die Detailübersicht einer Staging-Tabelle sehen Sie in Abbildung 7.53.

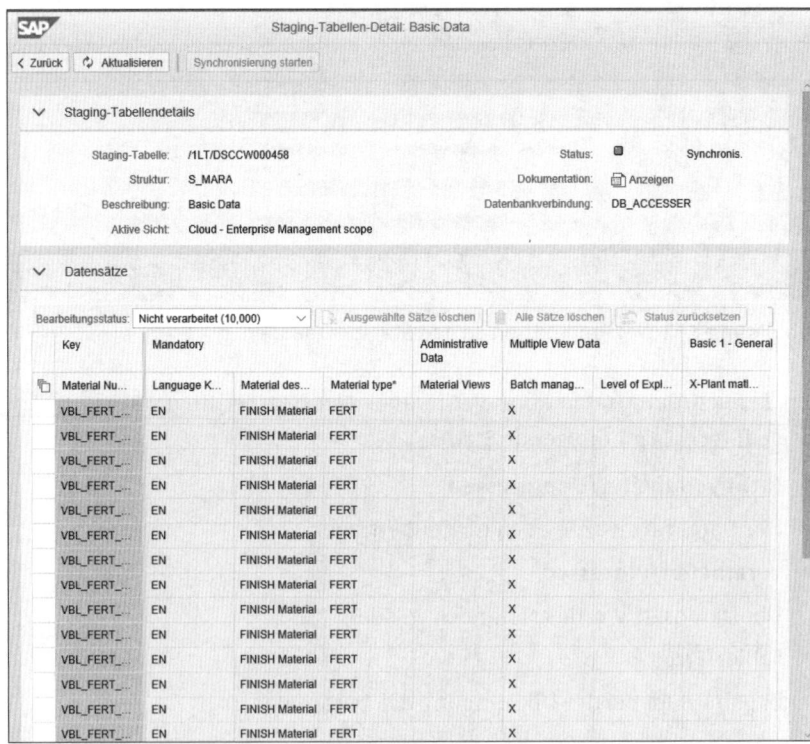

Abbildung 7.53 Übersicht zu den Staging-Tabellendetails

> **Feldbeschreibungen über ein Dateiprojekt herunterladen**
>
> Leider fehlen in der Dokumentation der Staging-Tabellen die zusätzlichen Feldschreibungen, die Sie aus der Migrationsvorlagedatei kennen. Deshalb sollten Sie sich am besten zusätzlich noch ein normales Dateiprojekt anlegen und hier die Migrationsdateivorlagen für Ihr Migrationsobjekt herunterladen. Die Feldbeschreibungen finden Sie, wie in Abschnitt 7.3.2, »Datenmigration mit dem SAP S/4HANA Migration Cockpit«, beschrieben in der Zeile 8 des jeweilgen Arbeitsblattes, das mit der Staging-Tabelle identisch ist.

Übernahme starten

Mit **Übernahme starten** beginnen Sie die Datenübernahme. Alle weiteren Schritte sind identisch mit denen der Übertragungsoption **Datei**, die wir in Abschnitt 7.3.2, »Datenmigration mit dem SAP S/4HANA Migration Cockpit«, beschrieben haben.

Nach dem Start der Datenübernahme sind die Staging-Tabellen für eine weitere Datenübernahme gesperrt. Die Sperre wird erst wieder entfernt, wenn die Datenübernahme beendet ist und Sie dies durch **Beenden** bestätigt haben. Wenn Sie weitere Daten übertragen wollen, müssen Sie den Übernahmestatus zurücksetzen. Dann drücken Sie **Übernahme neu starten**. Die Übernahmeprozedur beginnt dann wieder neu mit **Daten validieren**.

Übernahmestatus zurücksetzen

Wie bei einem Dateiprojekt werden Sie auch hier die Übernahme parallelisieren können. Im Gegensatz zur Übertragungsoption **Datei**, die wir in Abschnitt 7.3.2 vorgestellt haben, wird hier eine bestehende MWB-Funktionalität genutzt, die Datensätze über parallele Jobs zu verarbeiten. Die MWB verwendet sogenannte Zugriffspläne (Access Plans). Sie berechnet die Anzahl der Datensätze, die einem Zugriffsplan zugewiesen werden können, bis der seine maximale Speichergröße erreicht hat. Dann werden diese Zugriffspläne und die darin enthaltenen Datensätze in einem Hintergrundjob verarbeitet. Im ungünstigsten Fall kann es also sein, dass Sie acht Jobs definieren, aber die MWB berechnet, dass alle Ihre Datensätze in einen Zugriffsplan passen. Sie weist dann alle Ihre Datensätze nicht den definierten acht, sondern genau einem Zugriffsplan zu. Die maximale Anzahl der Jobs ist auch hier auf acht begrenzt.

Parallelisierung über Zugriffspläne

Synchronisierung

Mitunter ist es erforderlich, die Staging-Tabellen wieder zu synchronisieren. Das kann unter folgenden Bedingungen notwendig sein:

- Die Standardsicht des Migrationsprojekts hat sich geändert.
- Die aktive Sicht des Migrationsobjekts hat sich geändert.
- Der Migrations-Content hat sich z. B. nach einem Upgrade oder Hotfix geändert.
  - Hat sich die Feldreihenfolge geändert, kann dies nicht durch eine Synchronisierung aktualisiert werden. In diesem Fall müssen Sie die Staging-Tabelle vorher löschen und dann synchronisieren.
- Die Staging-Tabellen wurden gelöscht.

Staging-Tabellen synchronisieren

In allen diesen Fällen erscheinen die Tabellen mit dem Migrationsstatus **Synchronisierung erforderlich**. Um alle Tabellen eines Migrationsobjekts zu synchronisieren, drücken Sie **Synchronisierung starten** in der Ansicht **Migrationsobjektdetails**. Wenn Sie gezielt eine Tabelle synchronisieren wollen, dann wählen Sie in der Ansicht **Staging-Tabellendetails** die Option **Synchronisierung starten**. Tabellen im Status **Synchronisierung erforderlich** können nicht verarbeitet werden.

Kapitel 8
SAP S/4HANA Cloud in die Systemlandschaft integrieren

In diesem Kapitel lernen Sie, wie Sie ein SAP-S/4HANA-Cloud-System mit anderen SAP-Cloud-Lösungen, wie SAP Ariba und SAP SuccessFactors, integrieren und wie Sie die SAP Hybris Marketing Cloud in Ihre bestehende Systemlandschaft einbinden.

Eine Cloud-Lösung befindet sich nicht im direkten Einfluss- und Zugriffsbereich des Kunden und unterliegt dadurch noch höheren Sicherheitsanforderungen als eine vor Ort betriebene Lösung. Aufgrund dieser höheren Sicherheitsanforderungen sind Netzwerkprotokolle (Remote Funktion Calls, RFC) und Integrationsverfahren (Datenbankreplikation), die Sie aus der On-Premise-Welt kennen, nur eingeschränkt oder gar nicht verfügbar.

Das Thema Integration hat deshalb in einer cloudbasierten Systemlandschaft einen besonders hohen Stellenwert. Wir widmen uns in diesem Kapitel den grundlegendsten Fragen zu diesem Thema:

- Welche Systeme können Sie anbinden?
- Wie erfolgt eine solche Anbindung?
- Wo finden Sie weitere Informationen?

Als Erstes widmen wir uns in diesem Kapitel der Einbindung von SAP Ariba, einem B2B-Unternehmensmarktplatz (B2B: Business-to-Business), auf dem Unternehmen untereinander ihre Geschäfte abwickeln können. Im zweiten Abschnitt beschreiben wir die Integration der cloudbasierten Lösung SAP SuccessFactors. Im letzten Abschnitt erläutern wir die vielfältigen Integrationsmöglichkeiten der SAP Hybris Marketing Cloud.

8.1 Integration mit SAP-Ariba-Lösungen

Durchgängige Geschäftsprozesse in der Beschaffung lassen sich grundsätzlich auch ohne SAP Ariba rein in der SAP S/4HANA Cloud abbilden. Was ist also der Mehrwert der SAP-Ariba-Anwendungen und des Ariba Networks? In der digitalen Geschäftswelt erwartet jeder Kunde, als Individuum wahr-

Bedeutung von SAP Ariba

genommen und umsorgt zu werden. Sonder- und Einzelfertigungen werden zur Regel, müssen aber nun so schnell und umfänglich erfolgen können, wie es bisher nur für die Massenfertigung möglich schien. In Abschnitt 1.1.2, »Trends der digitalen Transformation«, sind wir auf diesen Trend bereits eingegangen. Welche Funktionen SAP Ariba anbietet, um Sie im digitalen Wandel zu unterstützen, haben wir in Abschnitt 1.3.4, »Beschaffung«, erläutert. SAP-Ariba-Lösungen für den Direktmaterialeinkauf helfen bei der Automatisierung taktischer Funktionen in Beschaffung und Finanzen. Dadurch können Sie Ihre Ressourcen von taktischen auf strategische Aufgaben umwidmen, etwa bei Ausschreibungen für neue Materialien und Halbfertigprodukte oder bei dem Aushandeln besserer Vertragsbedingungen. Lösungen für die indirekte Beschaffung sind auf Benutzerfreundlichkeit und Compliance ausgelegt.

8.1.1 Integrationsszenarien in Beschaffung und Geschäftspartnerbuchhaltung

Integrationsszenarien

In den Geschäftsbereichen Ausschreibung, Beschaffung und Finanzen kann der digitale Kern von SAP S/4HANA Cloud in verschiedenen Integrationsszenarien um Anwendungen aus dem Portfolio von SAP Ariba erweitert werden (siehe Abbildung 8.1).

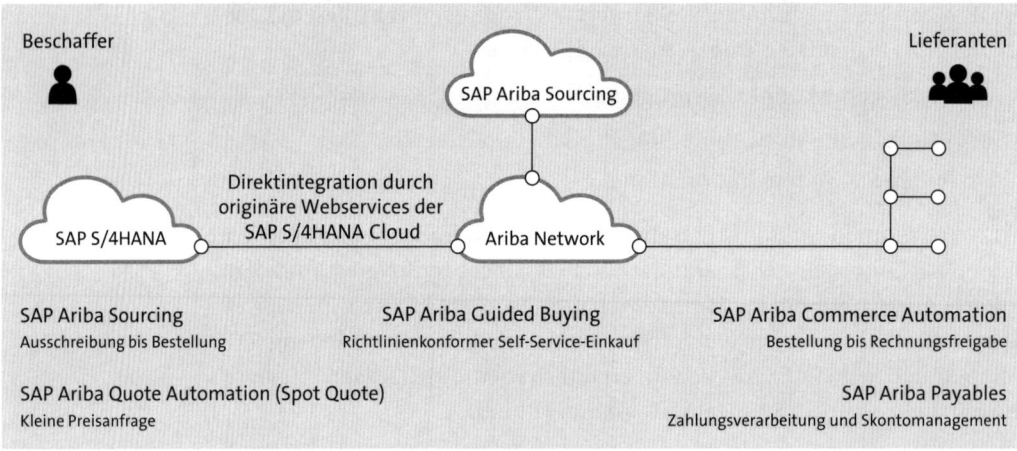

Abbildung 8.1 Integration der SAP S/4HANA Cloud mit SAP-Ariba-Lösungen

Das Szenario für die Integration mit *SAP Ariba Sourcing* erweitert die SAP S/4HANA Enterprise Management Cloud im Geschäftsbereich Ausschreibung und Beschaffung sowohl um eine professionelle Ausschreibungsanwendung als auch um ein Lieferantennetzwerk. Andere Szenarien, wie *SAP Ariba Commerce Automation Integration für die* Integration der Prozesskette von der Bestellung bis zur Lieferantenrechnung, und *SAP Ariba Pay-*

ables Integration für die Integration mit der Prozesskette für Zahlung und Skontoverwaltung, beschreiben dagegen streng genommen keine Integrationen mit Anwendungen, sondern digitalisieren und automatisieren den Dokumentenaustausch über Ariba Network.

Alle diese Szenarien lassen sich unabhängig voneinander in SAP S/4HANA Cloud aktivieren, und auch das Subskriptionsmodell von SAP Ariba differenziert diese Szenarien. In den folgenden Abschnitten stellen wir diese Szenarien mit ihren aktivierbaren Einheiten in SAP S/4HANA Cloud, den sogenannten *Scope Items*, vor. Zu jedem Scope Item finden Sie schematische Prozessdiagramme und tabellarische Darstellungen der Nachrichtentypen, die Sie aktivieren müssen, um die entsprechenden Prozesse oder Prozessschritte einzurichten.

Aktivierung der Szenarien

Integrierte Bezugsquellenfindung mit SAP Ariba Sourcing

Wenn Bezugsquellen für Bestellanforderungen aus der SAP S/4HANA Cloud gefunden werden müssen, konzentriert sich der digitale Kern von SAP S/4HANA Cloud auf Lieferanten, deren Stammdaten bereits im System vorhanden sind. Was aber, wenn neue Lieferanten gefunden werden sollen? Hier kann die Anwendung SAP Ariba Sourcing ihre Stärken ausspielen: Das vielleicht größte unabhängige Lieferantennetzwerk der Welt verbindet über 3 Millionen Unternehmen.

Lieferantennetzwerk

Der Prozess beginnt in SAP S/4HANA Cloud mit einer Bestellanforderung, der (noch) kein Lieferant zugeordnet ist (siehe Abbildung 8.2).

Prozessfluss

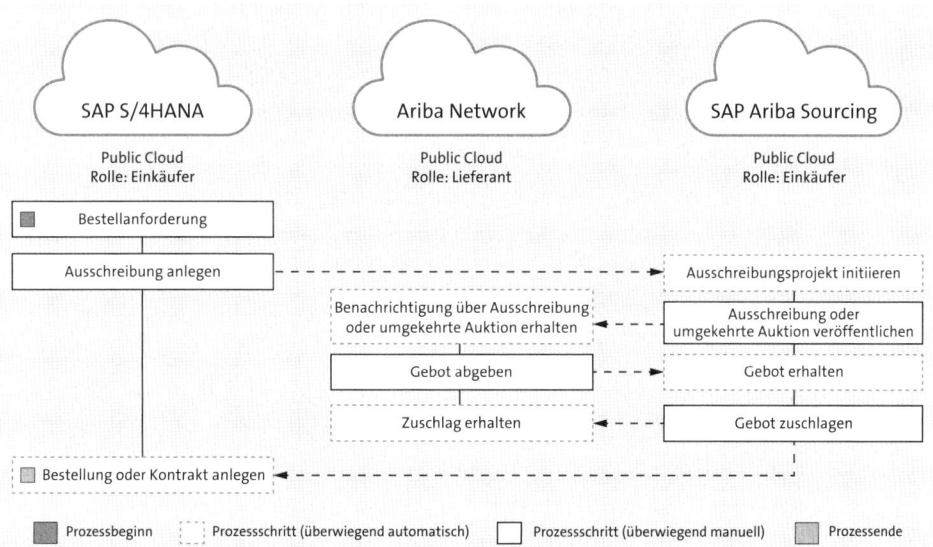

Abbildung 8.2 Prozessfluss von der Ausschreibung bis zur Bestellung oder zum Kontrakt mit der Integration von SAP Ariba Sourcing

Der Beschaffer legt aus der Bestellanforderung eine Angebotsanfrage an, die automatisch an SAP Ariba Sourcing weitergeleitet wird, wo sie im Arbeitsvorrat des Ausschreibungsexperten als neue Aktivität angezeigt wird. Der Ausschreibungsexperte führt eine Ausschreibung durch, deren Ergebnis, der Zuschlag, an SAP S/4HANA Cloud zurückgespiegelt wird. Dieses Angebot wird in SAP S/4HANA Cloud automatisch in eine Bestellung oder einen Kontrakt verwandelt.

Nachrichtentypen Für den Prozess von der Ausschreibungsanforderung bis zur Bestellung oder zum Kontrakt (das ist das Scope Item 1A0) müssen Nachrichtentypen im Customizing aktiviert werden. Die Nachrichtentypen für diesen Prozess finden Sie in Tabelle 8.1.

Nachrichtentyp	Richtung	Bedeutung
cXML QuoteRequest	Outbound	Aufforderung zur Abgabe eines Angebots/Preisanfrage
cXML QuoteMessage	Inbound	Angebot/Preisgebot

Tabelle 8.1 Nachrichtentypen für SAP Ariba Sourcing (Scope Item 1A0) und die »kleine Preisanfrage« (1L2)

Automatisierter Dokumentenaustausch von der Bestellung bis zur Lieferantenrechnung mit Ariba Network (inklusive kleiner Preisanfrage)

Wer seine Beschaffungsprozesse skalierbar gestalten will, muss automatisieren. Der Dokumentenaustausch zwischen einer genehmigten Bestellung in SAP S/4HANA Cloud bis zur Freigabe der Lieferantenrechnung (Scope Item J82) bietet dafür einige gute Ansatzpunkte (siehe Abbildung 8.3).

Prozessfluss Bestellungen werden über Ariba Network an die Lieferanten gesendet. Diese können die Bestellungen ebenfalls über das Netzwerk bestätigen und Lieferavise senden, wenn die Lieferung ansteht. Nach erfolgter Entgegennahme der Ware und der Bestätigung des Wareneingangs in SAP S/4HANA Cloud kann eine entsprechende Benachrichtigung automatisch über das Netzwerk an den Lieferanten zurückgeschickt werden.

Ariba Network prüft, ob Rechnungen mit der ursprünglichen Bestellung und der tatsächlichen Lieferung übereinstimmen. Die Granularität dieser automatischen Überprüfung kann der Besteller konfigurieren, sodass ein gewisser Grad an Über- oder Unterlieferung toleriert werden kann. Wenn die derart vorgeprüften Lieferantenrechnungen in SAP S/4HANA Cloud eingehen, können sie daher in der Regel sofort (und automatisch) zur Zahlung freigegeben werden. Diese Statusänderung des Belegs kann wiederum über Ariba Network an den Lieferanten zurückgemeldet werden.

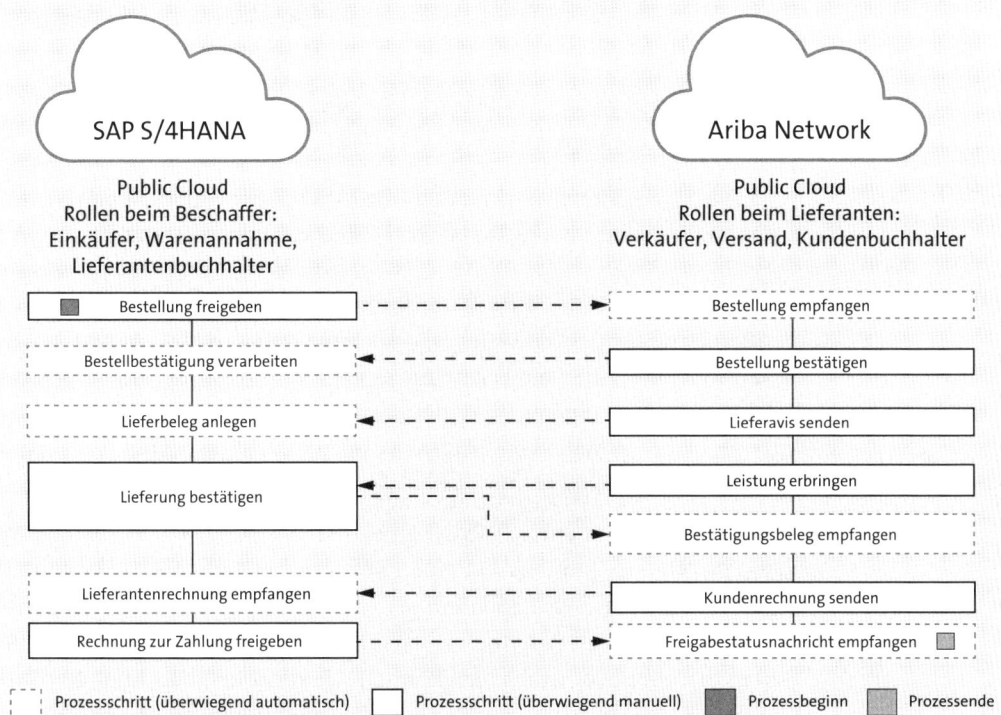

Abbildung 8.3 Prozessfluss von der Bestellung bis zur Rechnungsfreigabe mit Integration von SAP Ariba Commerce Automation

Die Nachrichtentypen für diesen Prozess finden Sie in Tabelle 8.2.

Nachrichtentyp in cXML	Richtung	Bedeutung
OrderRequest	Outbound	Bestellung senden
ConfirmationRequest	Inbound	Bestellbestätigung verarbeiten
ShipNoticeRequest	Inbound	Lieferavis empfangen
ReceiptRequest	Outbound	Wareneingangsbestätigung senden
InvoiceDetailRequest	Inbound	Lieferantenrechnung empfangen

Tabelle 8.2 Nachrichtentypen für den Prozessfluss von der Bestellung bis zur Rechnungsfreigabe mit Integration von SAP Ariba Commerce Automation

Nachrichtentyp in cXML	Richtung	Bedeutung
`CopyRequest.InvoiceDetailRequest`	Outbound	Kopie der (Papier-)Rechnung senden oder automatische Wareneingangsabrechnung (ERS)
`StatusUpdateRequest`	Outbound	Statusänderung des Rechnungsbelegs senden (Freigabe zur Zahlung)

Tabelle 8.2 Nachrichtentypen für den Prozessfluss von der Bestellung bis zur Rechnungsfreigabe mit Integration von SAP Ariba Commerce Automation

Kleine Preisanfrage

Die sogenannte *Kleine Preisanfrage* (Scope Item 1L2, *SAP Ariba Quote Automation*) ermöglicht es Einkäufern in SAP S/4HANA Cloud, aus einer Anzahl bekannter Lieferanten eines bestimmten Materials schnell denjenigen mit dem aktuell günstigsten Preis herauszufinden. Infotypen zum Material können damit schnell aktualisiert werden, und Ad-hoc-Bestellungen ohne Kontrakt können zum Bestpreis realisiert werden.

Dieser Vorgang läuft ähnlich ab wie eine Ausschreibung: Eine Bestellanfrage in SAP S/4HANA Cloud wird in einen bestimmten Typ von Ausschreibung verwandelt. Diese Preisausschreibung wird allerdings nicht an SAP Ariba Sourcing, sondern an SAP Ariba Discovery verschickt, wo auch solche Lieferanten ihre Preisgebote abgeben können, die sonst nicht an Ariba Network oder SAP Ariba Sourcing teilnehmen. Die Lieferanten werden automatisch von SAP Ariba zur Angebotsabgabe aufgefordert. Sie können dabei bestimmen, ob der günstigste Gebotspreis innerhalb einer vorbestimmten Frist automatisch zur Aktualisierung des Infotyps und zum Anlegen eines Bestellbelegs führen soll oder ob ein manueller Angebotszuschlag erforderlich ist.

Nachrichtentypen

Die Nachrichtentypen, die für die Kleine Preisanfrage zwischen SAP S/4HANA Cloud und Ariba Network zu aktivieren sind, sind dieselben wie bei der Integration mit SAP Ariba Sourcing (siehe Tabelle 8.1), allerdings wird keine Subskription für SAP Ariba Sourcing für diese Funktionalität benötigt. Die Subskription für SAP Ariba Commerce Automation umfasst die Funktionen der Kleinen Preisanfrage.

Weitere Informationen

Weitere Informationen zu SAP Ariba Quote Automation finden Sie unter folgenden Links:

- *http://s-prs.de/v631681*
- *http://s-prs.de/v631682*

Skontomanagement und digitaler Zahlungsavis im Datenaustausch mit Ariba Network

Treten zwischen Bestellung und Rechnung keine klärungsbedürftigen Diskrepanzen auf, kann die Belegverarbeitung stärker automatisiert werden. Über Ariba Network kann Lieferanten automatisch mitgeteilt werden, wenn Rechnungen zur Zahlung freigegeben sind. Aufgrund der im Beleg gepflegten Zahlungsbedingungen und der in SAP Ariba Payables gepflegten Skontierungsregeln wird automatisch der zeit- und zinsoptimierte Zahlvorschlag ermittelt und dem Lieferanten mitgeteilt (siehe Abbildung 8.4).

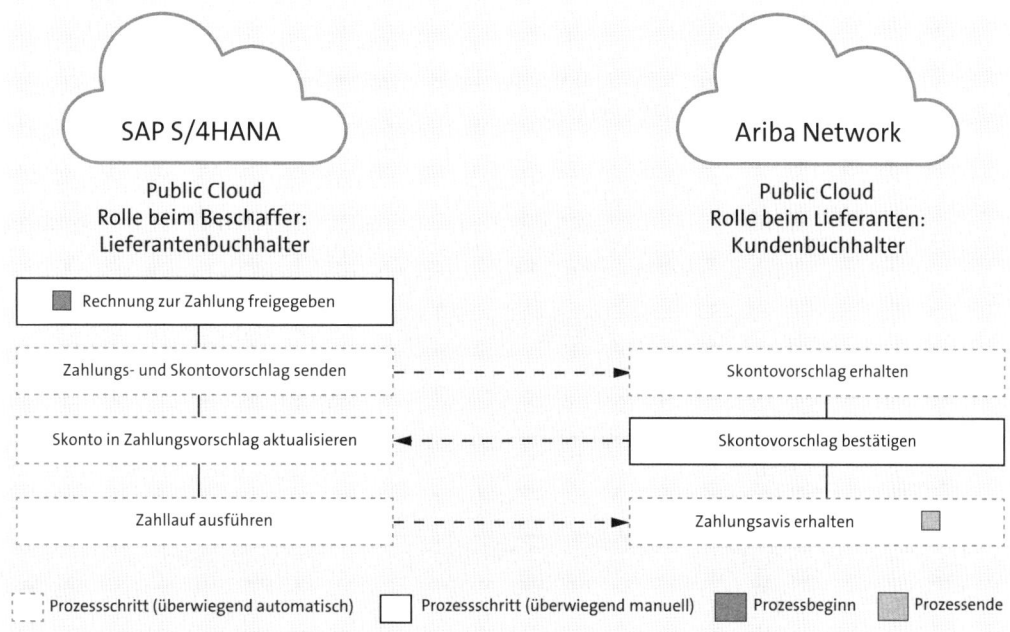

Abbildung 8.4 Prozessfluss zur Zahlungsverarbeitung und zum Skontomanagement mit Integration von SAP Ariba Payables

Zahlungsbedingungen lassen sich pro Lieferant in SAP Ariba Payables einrichten oder pro Lieferant, Liefervertrag oder Bestellung in SAP S/4HANA Cloud. Werden in SAP S/4HANA Bestellungen abgerufen, werden die vertraglich vereinbarten Zahlungsbedingungen automatisch in den Bestellbeleg kopiert. Das Zahlungsprogramm optimiert den Zahlungszeitpunkt für Eingangsrechnungen in Hinblick auf diese Zahlungsbedingungen. Das heißt, wo Skonto für eine frühere Zahlung möglich ist, wird die Vorteilhaftigkeit der skontierten früheren Zahlung verglichen mit der Liquiditätslage und den erzielbaren oder zu zahlenden Zinsen für den Zeitraum bis Fälligkeit (siehe Abbildung 8.5).

Zahlungsbedingungen automatisch prüfen

8 SAP S/4HANA Cloud in die Systemlandschaft integrieren

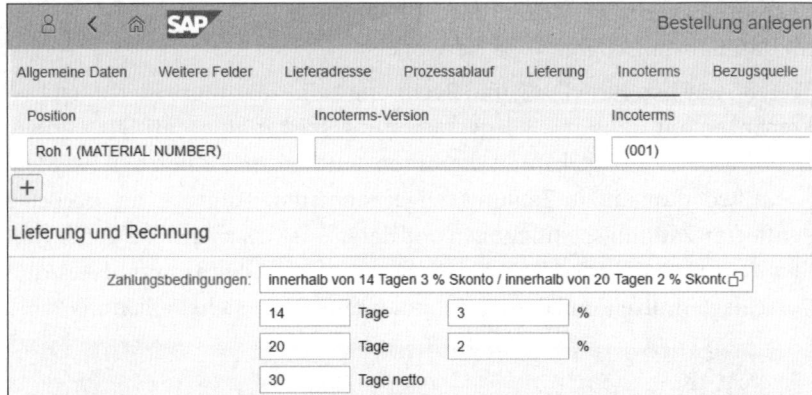

Abbildung 8.5 Zahlungsbedingungen in einem SAP-Fiori-Bestellformular in SAP S/4HANA Cloud

Gegenüber den typischen statisch vordefinierten Skontostufen bietet SAP Ariba Discount Management eine dynamische, degressive Skontierung an.

Die Nachrichtentypen für diesen Prozess finden Sie in Tabelle 8.3.

Nachrichtentyp in cXML	Richtung	Bedeutung
PaymentProposalRequest	Outbound	Zahlvorschlag (mit Skonto) senden
CopyRequest.PaymentProposalRequest	Inbound	Antwort auf den Zahlvorschlag mit Skonto empfangen
PaymentRemittanceRequest	Outbound	Zahlungsavis senden
PaymentRemittanceStatusUpdateRequest	Outbound	Statusänderung zur Zahlung senden

Tabelle 8.3 Nachrichtentypen für die Zahlungsverarbeitung und das Skontomanagement mit SAP Ariba Payables Integration

[»]
Weitere Informationen

Weitere Informationen zu SAP Ariba Payables finden Sie unter folgenden Links:

- http://s-prs.de/v631683
- http://s-prs.de/v631684

SAP Ariba Guided Buying Integration

Szenarien für die Selbstbedienung in der Beschaffung, auch bekannt als Employee Self-Service (ESS), werden meist assoziiert mit Katalogbestellung und mit Material, das im Controlling den indirekten Kosten zugerechnet wird. Diese Szenarien waren in der Vergangenheit unvereinbar scheinenden Kräften ausgesetzt. Entweder waren sie optimiert für die Benutzbarkeit durch Mitarbeiter. Dann litt in der Regel die Beschaffungsabteilung darunter, die Compliance nachträglich herbeiführen zu müssen. Oder die Regeln und Vorschriften für das »richtige« Einkaufen waren so komplex, dass Mitarbeiter schließlich frustriert aufgaben und außerhalb der Compliance einkauften. Neu integriert mit Scope Item 2NV in SAP S/4HANA Cloud, bringt *SAP Ariba Guided Buying* die berechtigten Anforderungen von Mitarbeitern und Beschaffungsführung zusammen. Die Anwendung ist leicht zu bedienen (siehe Abbildung 8.6), und die Compliance wird automatisch durchgesetzt aufgrund von Regeln, die von der Beschaffungsabteilung gepflegt werden.

Selbstbedienung in der Beschaffung

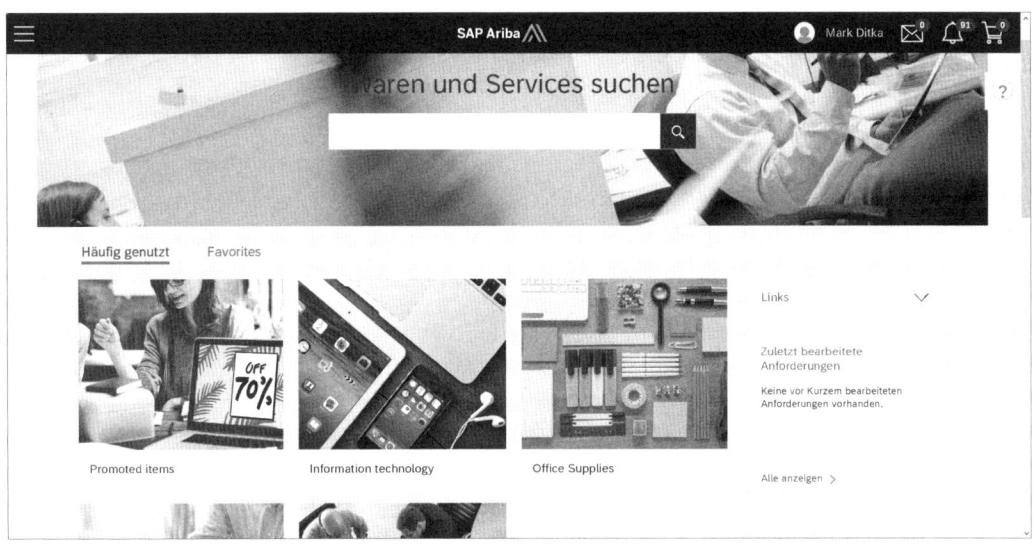

Abbildung 8.6 Benutzerfreundliche Anwendungsoberfläche mit SAP Ariba Guided Buying

SAP Ariba Guided Buying zu integrieren (siehe Abbildung 8.7), erfordert keine Kenntnis der Nachrichtentypen. Es werden Standard-OData- und SOAP-Schnittstellen verwendet, für die lediglich Communication Arrangements zu pflegen sind.

8 SAP S/4HANA Cloud in die Systemlandschaft integrieren

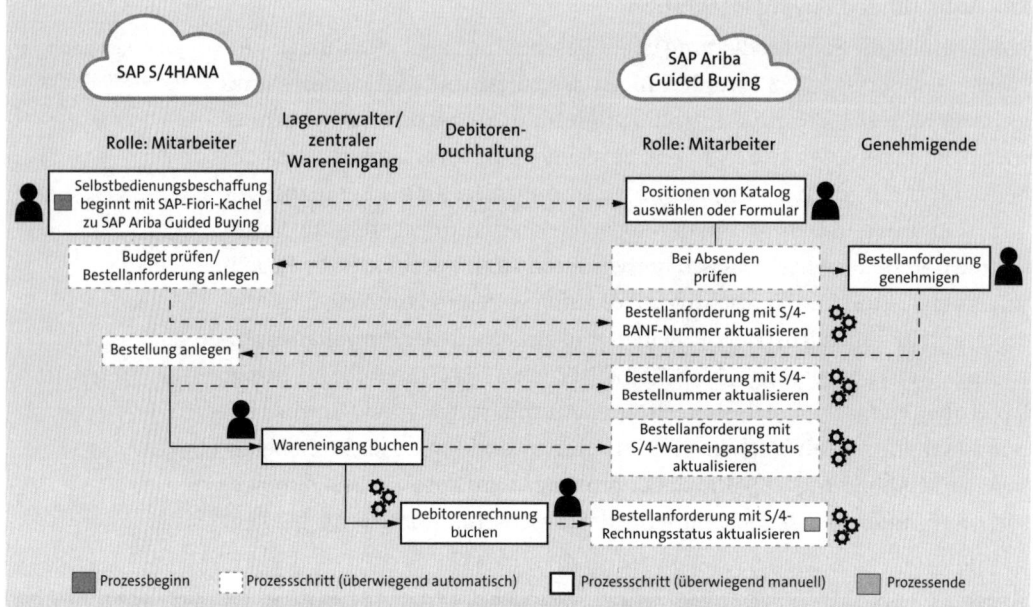

Abbildung 8.7 Flussdiagramm zur Integration von SAP S/4HANA Cloud mit SAP Ariba Guided Buying

[»] **Weitere Information**

Weitere Information zu SAP Ariba Guided Buying finden Sie unter:

- http://s-prs.de/v631685
- http://s-prs.de/v631686

[»] **SAP Ariba Snap für schnell wachsende Unternehmen**

Firmen, die sich zur Standardisierung und Vereinfachung verpflichtet haben, können nun noch mehr von dieser Haltung profitieren: SAP Ariba Snap ist ein Programm für schnell wachsende Unternehmen des oberen Mittelstands, die SAP Ariba Guided Buying (2NV) oder SAP Ariba Commerce Automation (J82) mit SAP S/4HANA Cloud integrieren möchten. Unternehmen, die ausschließlich SAP Best Practices verwenden und die Implementierung selbst oder mithilfe eines qualifizierten SAP-Ariba-Partners durchführen, können besonders vorteilhafte Konditionen in Anspruch nehmen. Fragen Sie Ihren SAP-Ariba-Verkaufsbeauftragten nach detaillierten Qualifikationskriterien. Lesen Sie dazu die englische Pressemitteilung unter http://s-prs.de/v631687

8.1.2 Lizenzvoraussetzungen und Beschaffung der SAP-Ariba-Systemzugänge

Für durchgängige Geschäftsprozesse zwischen SAP S/4HANA Cloud und SAP Ariba benötigen Sie Subskriptionen für beide Cloud-Systeme, die Integration selbst ist lizenzfrei. Tabelle 8.4 führt die Scope Items der verschiedenen Szenarien auf, für die zusätzliche Subskriptionen erforderlich sind.

Subskriptionen

Scope Items	SAP Ariba Sourcing	SAP Ariba Commerce Automation	SAP Ariba Payables	SAP Ariba Guided Buying
SAP S/4HANA Cloud	1A0	J82 & 1L2	19O	2NV

Tabelle 8.4 Integrationsszenarien mit SAP-Ariba-Lösungen, ihre Lizenzen und mögliche Kombinationen

8.1.3 Integrationsprojekt mit SAP Activate durchführen

Mit SAP S/4HANA hat SAP auch die Implementierungsmethode geändert, von ASAP zu *SAP Activate* (siehe Kapitel 5). Auch die Integration von Prozessen nach diesem Ansatz unterscheidet sich von einer herkömmlichen Integration. SAP S/4HANA Cloud wurde entwickelt, um einfach und schnell mit SAP-Ariba- und SAP-Fieldglass-Lösungen integriert werden zu können. Das Aktivieren integrierter Geschäftsprozesse muss nicht aufwendiger sein als das Aktivieren von Prozessen innerhalb von SAP S/4HANA Cloud. Dazu ist eine systematische Vorgehensweise im Projekt mithilfe von SAP Activate erforderlich.

Integrationsprojekt oder »einfach aktivieren«?

Wie jede Softwareimplementierung sollte auch die Integration von SAP Ariba sorgfältig geplant und durchgeführt werden. SAP S/4HANA Cloud wird mit Referenz-Content für eine vorkonfigurierte Modellfirma ausgeliefert (siehe Kapitel 6, »Testsysteme und Modellfirma«). Auch für die Geschäftsprozesse, die mit SAP-Ariba-Lösungen integriert sind, ist testbarer Referenz-Content verfügbar. Nur die Integration selbst müssen Sie noch konfigurieren.

Vorbereitungsphase

In der Analysephase wird anhand des vordefinierten Lösungsumfangs von SAP S/4HANA Cloud ermittelt, in welchen Bereichen die Referenzlösung für die Belange des Unternehmens genügen und wo Ergänzungen notwendig scheinen. Falls nicht von vornherein offenkundig ist, dass mit SAP Ariba integrierte Geschäftsprozesse Teil des Lösungsumfangs sein sollen, ist diese Phase gut geeignet, um herauszufinden, für welche Beschaffungsprozesse und mit welcher Gruppe von Geschäftspartnern künftig eine digitale Zusammenarbeit im Ariba Network sinnvoll erscheint. Daher empfiehlt es

Analysephase

sich, das Projektteam nicht nur mit den leitenden Angestellten der Beschaffung, sondern auch mit Ausschreibungsprofis und Kollegen in der Lieferantenbuchhaltung zu versehen.

Priorisierung Priorisieren Sie die Aktivierung der Scope Items und der darin enthaltenen Prozessschritte nach der zusätzlichen Wertschöpfung, die erwartet werden kann. Die Automatisierung von Eingangsrechnungen ist häufig der erste implementierte Nachrichtentyp, gefolgt von der vorgelagerten Bestellung für einen durchgängigen Belegfluss. Dann folgen meist der Zahlungsavis, die Bestellbestätigung, der Lieferavis und schließlich das Discount-Management und die zwei Nachrichtentypen, die zum Ausschreibungsprozess gehören. Es steht Ihnen frei, eine andere Reihenfolge zu wählen, die Ihre betrieblichen Prioritäten besser widerspiegelt.

> **Integrationsszenarien stufenweise einführen**
> Wenn Sie mit Ariba Network beginnen, ist es später immer noch möglich, weitere Nachrichtentypen zu aktivieren oder weitere SAP-Ariba-Lösungen hinzuzufügen.

In der Realisierungsphase wird der Lösungsumfang in vielen kurzen Sprints eingerichtet, getestet und nach und nach optimiert.

SAP Best Practices Die grundlegende Anleitung zur SAP-Ariba-Integration finden Sie in den SAP Best Practices, die mit SAP S/4HANA Cloud geliefert werden. Sie finden sie im SAP Best Practice Explorer (*https://rapid.sap.com/bp*) über den Menüpfad **SAP S/4HANA** • **Cloud** • **SAP Best Practices for SAP S/4HANA Cloud**.

Darin sind die Scope Items nach Geschäftsbereichen in Scope-Item-Gruppen unterteilt. Scope Items sind im System voreingestellt und müssen aktiviert werden. Zusätzlich müssen Sie weitere Einstellungen vornehmen, wenn sie spezifisch für Ihr Unternehmen oder für den digitalen Dokumentenaustausch mit einzelnen Lieferanten erforderlich werden.

Scope Items Das Scope Item für die Integration mit SAP Ariba Payables (19O) finden Sie in der Scope-Item-Gruppe **Finance**. Die Scope Items für die Integration mit SAP Ariba Sourcing (1AO), SAP Ariba Commerce Automation (J82), SAP Ariba Quote Automation (1L2) oder SAP Ariba Guided Buying (2NV) finden Sie in der Scope-Item-Gruppe **Sourcing and Procurement**. Die nächsten Abschnitte zeigen die Anwendung dieser Anleitungen.

Starter-System Im Starter-System der SAP S/4HANA Cloud ist die Integration mit SAP-Ariba-Anwendungen bereits voreingestellt. Sie brauchen bloß noch zu verifizieren und anzupassen, wo dies für Ihre eigenen Betriebsdaten nötig ist.

Prozessdiagramme erläutern den Umfang jedes Scope Items, und Konfigurationsanleitungen beschreiben Schritt für Schritt, welche Angaben im Beschafferkonto in SAP Ariba oder in SAP S/4HANA Cloud manuell vorgenommen werden müssen.

Ihr Qualitätssicherungssystem (Q-System) wird mit etwas weniger Voreinstellungen ausgeliefert als Ihr Starter-System, denn Ihre Unternehmensstruktur, die Einstellungen und Ihre Stammdaten etwa für Lieferanten bleiben vollständig in Ihrer Verantwortung.

Qualitätssicherungssystem

Im Folgenden beschreiben wir die Voreinstellungen des Starter-Systems, die Sie überprüfen, wo nötig ergänzen und dann, an Ihr Unternehmen angepasst, im Q-System nachstellen. Für den Transport Ihrer Einstellungen in die Produktionslandschaft und die entsprechenden spezifischen Einstellungen wenden Sie sich an die SAP- und SAP-Ariba-Mitarbeiter, die Ihrem Projekt zugeordnet sind.

Wesentliche Schritte der Integration von SAP Ariba

In dieser Liste sind die wesentlichen Schritte aufgeführt; möglicherweise sind mehrere Iterationen nötig:

1. kundenspezifische Verbindungsdaten in SAP S/4HANA Cloud und SAP Ariba eingeben
2. ausgelieferte Integrationsvoreinstellungen in SAP S/4HANA Cloud und im Einkäufer-Benutzerkonto in SAP Ariba im Starter-System prüfen
3. Voreinstellungen validieren und ergänzen und Prozessdurchgängigkeit mit ausgelieferten Referenzdaten und Testskripts testen
4. Einstellungen für Ihr Unternehmen im Qualitätssystem replizieren und anpassen
5. Prozessdurchgängigkeit im Qualitätssystem noch einmal testen
6. Bei positivem Testergebnis: Transport ins Produktivsystem oder (etwa für System, Mandantendaten, Stammdaten und Ausgabesteuerung) spezifische Einstellungen im Produktivsystem vornehmen

8.1.4 Integrationseinstellungen in SAP S/4HANA Cloud

Nehmen Sie zunächst folgende Einstellungen im Starter-System der SAP S/4HANA Cloud vor:

1. In SAP S/4HANA Cloud melden Sie sich als Administrator an und legen einen Benutzer mit der vorgefertigten Expertenrolle für Einstellungen des Geschäftsnetzwerkes (`SAP_BR_CONF_EXPERT_BUS_NET_INT`) an. Melden Sie sich mit diesem Benutzer am System an.

2. Das SAP Fiori Launchpad zeigt auf der Startseite eine Reihe von Gruppen, darunter die **Kommunikationsverwaltung**, **Nachrichtensteuerung**, **Vollständige Implementierung** und **Geschäftsnetzwerk – Integrationskonfiguration** (siehe Abbildung 8.8).

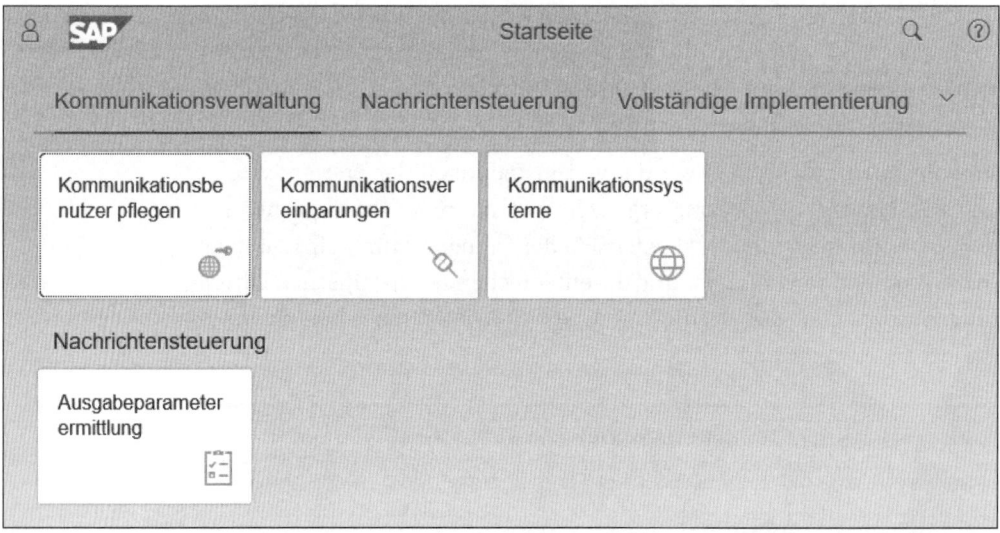

Abbildung 8.8 Startseite des Netzwerkkonfigurators im SAP Fiori Launchpad

3. In der Gruppe **Kommunikationsverwaltung** öffnen Sie die Kachel **Kommunikationsvereinbarungen**. Geben Sie im Suchfeld »Ariba« ein. Prüfen Sie, ob das Szenario SAP_COM_0032 mit dem Kommunikationssystem ARIBA aktiv ist (siehe Abbildung 8.9).

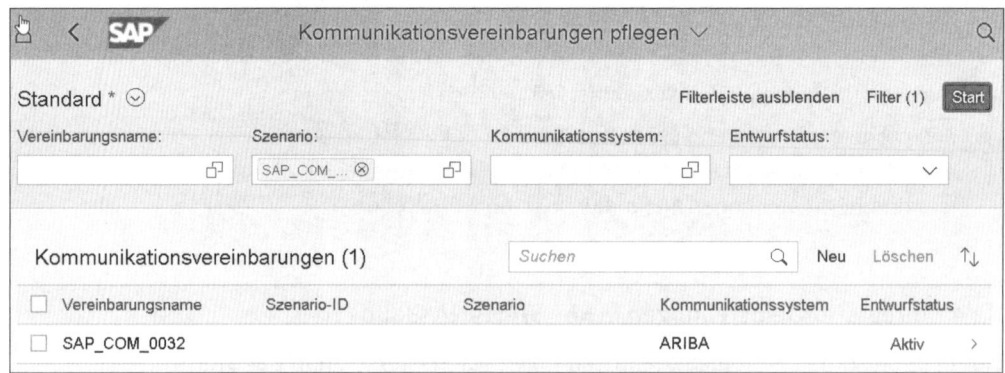

Abbildung 8.9 Kommunikationsvereinbarung für das Szenario SAP_COM_0032 (Ariba-Network-Integration)

4. Klicken Sie auf den Eintrag, um ihn zu öffnen, und vergewissern Sie sich auf dem folgenden Bildschirm, dass im Bereich **Ausgehende Services** der

8.1 Integration mit SAP-Ariba-Lösungen

Servicestatus aktiv ist (siehe Abbildung 8.10). Notieren Sie sich die Angabe im Feld **Mein System** unter **Gemeinsame Daten**.

Abbildung 8.10 Kommunikationsvereinbarung für die Ariba-Network-Integration – Details

Einrichten der Systemkommunikation mit SAP Ariba

Falls in Ihrem System noch keine SAP-Ariba-Kommunikation eingerichtet ist, können Sie sie einfach selbst einrichten. Ansonsten können Sie diesen Abschnitt überspringen. Für das Starter-, das Qualitätssicherungs- und das Produktivsystem stellen Sie jeweils eine eigene Systemkommunikation ein.

1. Überprüfen Sie dazu in der Anwendung **Kommunikationssysteme**, ob sich noch kein **ARIBA**-System unter den Einträgen befindet. Falls nein, klicken Sie auf die Schaltfläche **Neu** (siehe Abbildung 8.9).

2. Tragen Sie als **System-ID** und als **Systemname** jeweils »ARIBA« ein, und klicken Sie auf **Anlegen** (siehe Abbildung 8.11).

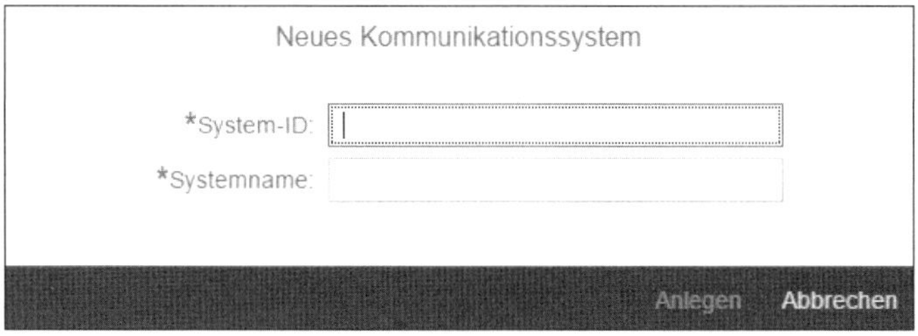

Abbildung 8.11 Systemverbindung anlegen

3. In den Kopfdaten geben Sie unter **Host Name** »service.ariba.com« ein.

279

4. Kehren Sie zum SAP Fiori Launchpad zurück, und öffnen Sie in der Gruppe **Geschäftsnetzwerk – Integrationskonfiguration** die Kachel **Anmeldeinformationen und Endpunkte** (siehe Abbildung 8.12).

Hinweis: Alle SAP-Fiori-Gruppen sind inzwischen in die Anwendung **Lösung verwalten** und die Funktion **Lösung konfigurieren** umgezogen.

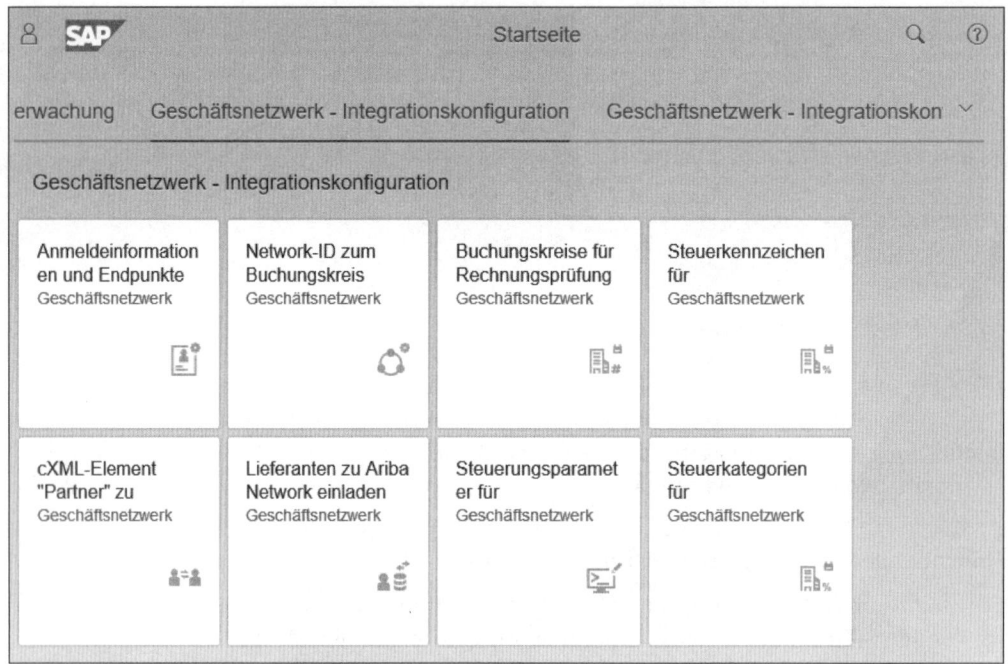

Abbildung 8.12 Gruppe »Geschäftsnetzwerk – Integrationskonfiguration«

Vergewissern Sie sich, dass mindestens eine **Ariba-Network-ID** vorhanden ist (siehe Abbildung 8.13). Wenn Sie Ihre SAP Ariba Cloud konzernweit als zentrale Instanz für Beschaffungsaktivitäten mit Ihren Lieferanten gestalten, werden Sie nur eine einzige Network-ID benötigen. Sie können aber auch pro Beschaffungsorganisation eigene IDs haben.

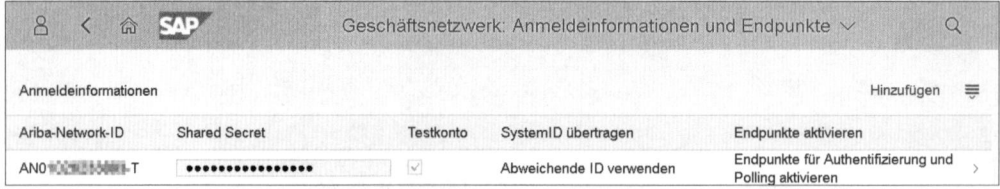

Abbildung 8.13 Geschäftsnetzwerk – Anmeldeinformationen und Endpunkte

In Ihrem Testsystem sollte ein Häkchen in der Spalte **Testkonto** gesetzt sein und eine Network-ID mit der Endung »-T« für Tests zugeordnet sein, denn Sie möchten zunächst gewiss nicht mit Ihren echten Lieferanten Testdaten austauschen.

5. Unter **Geschäftsnetzwerk – Integrationskonfiguration • Network-ID zum Buchungskreis** ordnen Sie jedem Buchungskreis, mit dessen Lieferanten Sie über Ariba Network zusammenarbeiten möchten, eine Network-ID zu. Es ist dabei nicht wichtig, ob Sie zunächst mit einem einzigen Lieferanten aus einem bestimmten Buchungskreis über Ariba Network kommunizieren. Die tatsächlichen individuellen Lieferanten pro Buchungskreis behandeln wir später. Sie sehen jedoch, dass es prinzipiell möglich ist, jedem Buchungskreis eine eigene Ariba-Network-ID zuzuordnen. Wenn Sie Ihre Beschaffungsorganisation zentralisiert und buchungskreisübergreifend aufgebaut haben, ordnen Sie wie in Abbildung 8.14 eine Network-ID mehreren Buchungskreisen zu.

Abbildung 8.14 Network-ID den Buchungskreisen zuordnen

Die Scope Items zur SAP-Ariba-Integration beschreiben getestete, implementierbare und betriebswirtschaftlich sinnvolle Geschäftsprozesse. Die folgenden Checks sollen Ihnen lediglich den Aktivierungsumfang Ihres Starter-Systems veranschaulichen und Ihnen ein Gefühl für die Systematik der Voreinstellungen vermitteln. Sie sind keinesfalls gezwungen, alle Scope Items sofort zu implementieren oder jeden der Nachrichtentypen für ein Scope Item zu nutzen. Wenn Sie beispielsweise zunächst lediglich die mit

Scope Items aktivieren

SAP Ariba Sourcing integrierten Funktionen von SAP S/4HANA Cloud nutzen möchten, brauchen Sie zu diesem Zeitpunkt keine der spezifischen Einstellungen für die Rechnungsprüfung zu konfigurieren.

Geschäftsnetzwerk: Buchungskreise für Rechnungsprüfung zuordnen

Lieferanten und Buchungskreise pflegen

Wenn Sie Eingangsrechnungen von Lieferanten elektronisch über Ariba Network empfangen wollen, öffnen Sie die App **Buchungskreise für Rechnungsprüfung**. In der Liste der Lieferanten, mit denen Sie über das Netzwerk kommunizieren wollen, fügen Sie entsprechende Einträge hinzu. Die Lieferanten müssen bereits als Stammdaten in SAP S/4HANA Cloud gepflegt sein, ebenso die Buchungskreise. Die Spalte **Name meines Unternehmens in cXML** sollte den Feldwert enthalten, mit dem jeder Ihrer Lieferanten Ihr Unternehmen im Feld **BillTo** identifiziert (siehe Abbildung 8.15). Für Ihr Starter-System sind die Referenzlieferanten und Buchungskreise bereits gepflegt.

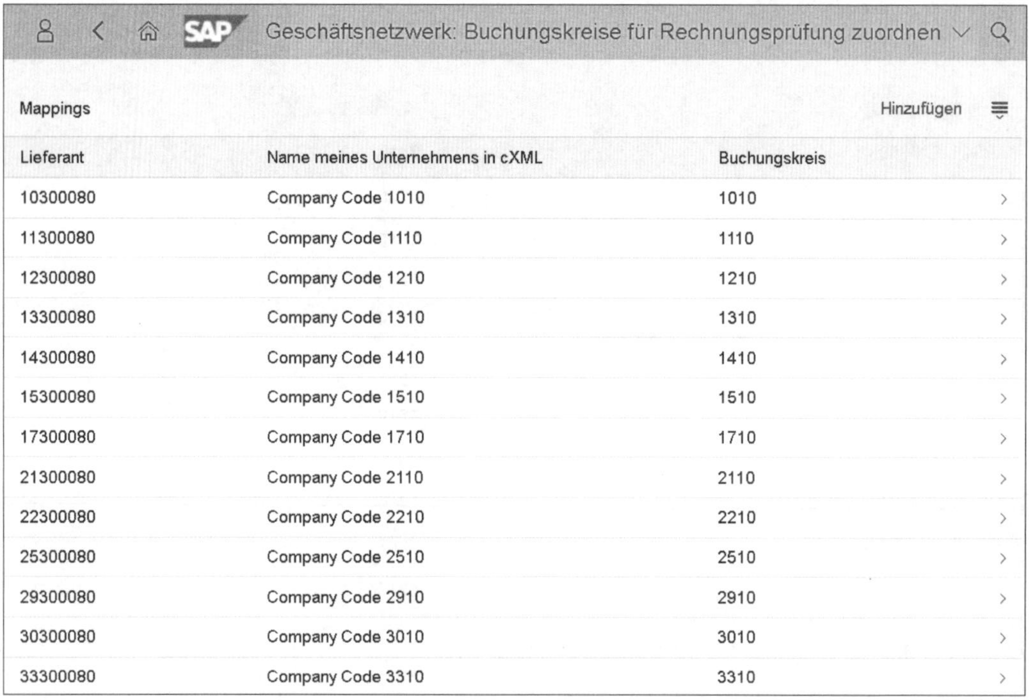

Lieferant	Name meines Unternehmens in cXML	Buchungskreis	
10300080	Company Code 1010	1010	>
11300080	Company Code 1110	1110	>
12300080	Company Code 1210	1210	>
13300080	Company Code 1310	1310	>
14300080	Company Code 1410	1410	>
15300080	Company Code 1510	1510	>
17300080	Company Code 1710	1710	>
21300080	Company Code 2110	2110	>
22300080	Company Code 2210	2210	>
25300080	Company Code 2510	2510	>
29300080	Company Code 2910	2910	>
30300080	Company Code 3010	3010	>
33300080	Company Code 3310	3310	>

Abbildung 8.15 Buchungskreise für die Rechnungsprüfung zuordnen

Geschäftsnetzwerk: Steuerkennzeichen für Rechnungsprüfung zuordnen

Die App **Steuerkennzeichen für Rechnungsprüfung** ist bereits mit Steuerkennzeichen für die von Ihnen ausgewählten Buchungskreise für alle Lieferanten und SAP-Ariba-Steuerkategorien vorbelegt. Die Zuordnung ermittelt die Steuersätze, wie sie von SAP Ariba in Lieferantenrechnungen übermittelt werden, und gibt die Steuerkennzeichen an die SAP S/4HANA Cloud weiter. Wenn Sie Eingangsrechnungen von Lieferanten elektronisch über Ariba Network erwarten, überprüfen Sie diese Einstellungen (siehe Abbildung 8.16).

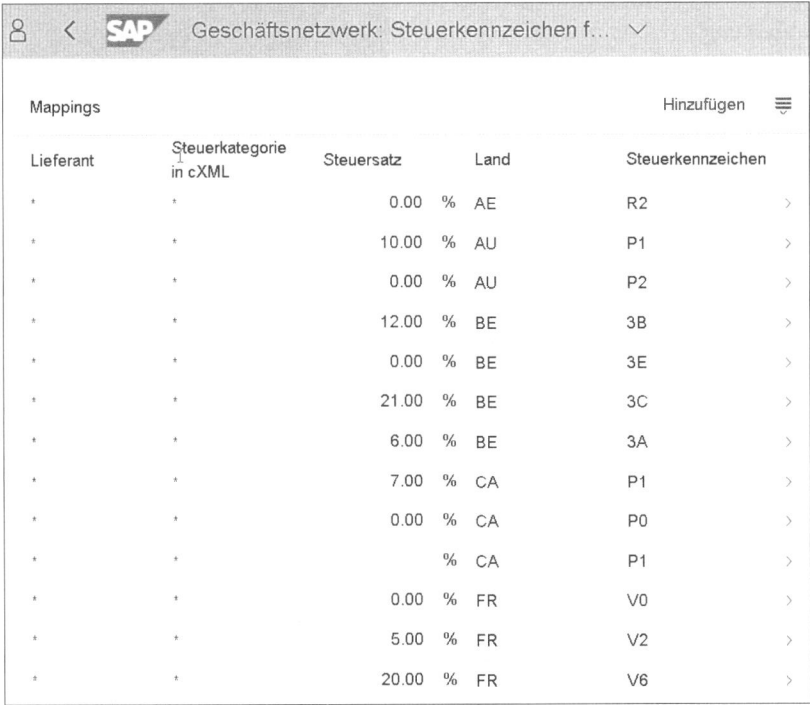

Abbildung 8.16 Steuerkennzeichen für die Rechnungsprüfung zuordnen

Geschäftsnetzwerk: cXML-Element »Partner« dem Rechnungssteller zuordnen

Lieferanten können die Rechnungsstellung an andere Organisationen übertragen haben, etwa an den Mutterkonzern, oder im Rahmen von Forderungsabtretungen an ein drittes Dienstleistungsunternehmen. Nur für diesen Fall konfigurieren Sie den abweichenden Rechnungssteller und pflegen die Zuordnungen.

Abweichender Rechnungssteller

Pflegen Sie die Lieferanten-ID aus SAP Ariba im Feld **cXML-Element "VendorID" unter "From" > "Credential"** (siehe Abbildung 8.17). Pflegen Sie die externe ID des Rechnungsstellers aus SAP Ariba im Feld **Name des cXML-Elements "InvoicePartner" (Rolle "From")**. Ordnen Sie die ID des Rechnungsstellers in der SAP S/4HANA Cloud zu. Unter **Rückzuordnung** können Sie markieren, ob Ausgangsbelege und Statusaktualisierungen an den Lieferanten, nicht den Rechnungssteller, gesendet werden sollen.

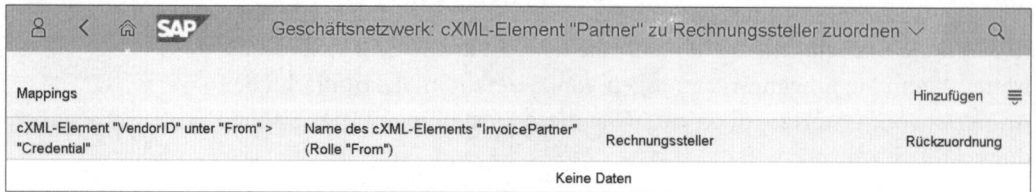

Abbildung 8.17 Das cXML-Element für abweichende Rechnungssteller für die Rechnungsprüfung zuordnen

Lieferanten ins Ariba Network einladen

Lieferanten-Schnellaktivierung

In der Liste **Lieferanten für Schnellaktivierung** (siehe Abbildung 8.18) tragen Sie bitte nur diejenigen Lieferanten aus SAP S/4HANA Cloud ein, mit denen Sie künftig über Ariba Network zusammenarbeiten möchten und die sich noch nicht selbst dort angemeldet haben.

Abbildung 8.18 Lieferanten aus der SAP S/4HANA Cloud zu Ariba Network einladen

Wenn Sie dieser Liste einen Lieferanten hinzufügen und diesem Lieferanten eine erste Bestellung, Rechnungskopie oder einen Zahlvorschlag zusenden, legen Sie automatisch im Namen dieses Lieferanten ein Benutzerkonto in Ariba Network an. SAP Ariba nimmt dann in Ihrem Namen Kontakt mit dem betreffenden Lieferanten auf, um ihn elektronisch in das Netzwerk einzubinden (*Lieferanten-Schnellaktivierung*). Die Stammdaten der Lieferanten in Ihrer Liste in der SAP S/4HANA Cloud müssen dazu korrekte E-Mail-Adressen aufweisen.

In Ariba Network selbst werden Sie die dort angemeldeten Lieferanten zur Zusammenarbeit einladen und Ihren Ariba-Network-IDs zuordnen. Wenn Sie mit Lieferanten zusammenarbeiten, die bereits im Netzwerk angemeldet sind, brauchen Sie sie hier nicht mehr aufzuführen.

> **Nutzungsabhängige Gebühr für Lieferanten**
>
> Für Ihren Lieferanten ist der Beitritt zu Ariba Network typischerweise gebührenfrei. Wenn Ihr Lieferant auf höherwertige Dienste zugreift oder das Netzwerk stärker nutzt, werden Gebühren für ihn erhoben. Weisen Sie Ihre Lieferanten bitte auf die SAP-Ariba-Webseite »Abonnements und Preise« hin, die sich über folgenden Link aufrufen lässt:
> *http://s-prs.de/v631688*
>
> Gesetzliche Bestimmungen können für Einkaufsorganisationen in manchen Branchen vorsehen, dass ihre Lieferanten keinen Zusatzgebühren für die Teilnahme an elektronischem Zahlungsverkehr oder an digitalen Beschaffungsnetzwerken ausgesetzt werden dürfen. Für diese und ähnliche Fälle bietet SAP Ariba Beschaffungsorganisationen an, die Lieferantengebühren selbst zu tragen. Wenden Sie sich bitte hierzu an Ihren SAP-Ariba-Vertriebsbeauftragten.

Steuerungsparameter für die Rechnungsprüfung

Wenn Sie Eingangsrechnungen von Ihren Lieferanten in Ariba Network erwarten oder Gutschriften erhalten, können Sie Steuerungsparameter für eine automatische Bearbeitung dieser Eingangsbelege einstellen. Sie können die Belegarten definieren, mit denen digitale Eingangsbelege von Ariba Network in der SAP S/HANA Cloud verarbeitet werden sollen. Außerdem können Sie bestimmen, wie SAP S/4HANA Cloud Abweichungen zwischen den in SAP S/HANA Cloud erwarteten Werten und den vom Netzwerk erhaltenen Belegen verarbeiten soll.

Automatische Belegbearbeitung

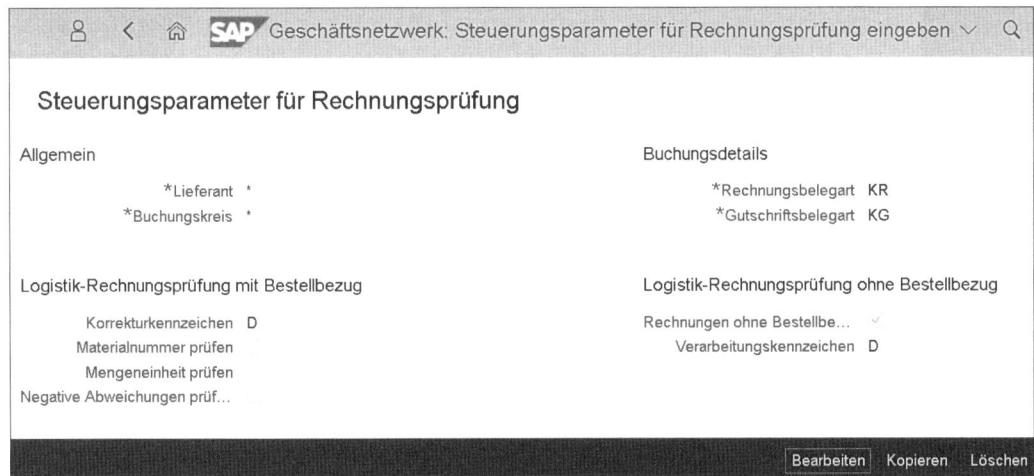

Abbildung 8.19 Geschäftsnetzwerk konfigurieren – »Steuerungsparameter für Rechnungsprüfung«

Prüfkennzeichen   In Ihrem Starter-System sind die Einstellungen aus Abbildung 8.19 für alle Buchungskreise und Lieferanten generisch voreingestellt. Sie können diese Einstellungen jedoch pro Lieferant und Buchungskreis konkretisieren und nach Belegarten ausdifferenzieren.

Steuerkategorien für Rechnungskopien zuordnen

Die Einstellung der Steuerkategorien für Rechnungskopien (siehe Abbildung 8.20) ist nur für diejenigen Lieferanten erforderlich, denen Sie Rechnungskopien über Ariba Network zustellen.

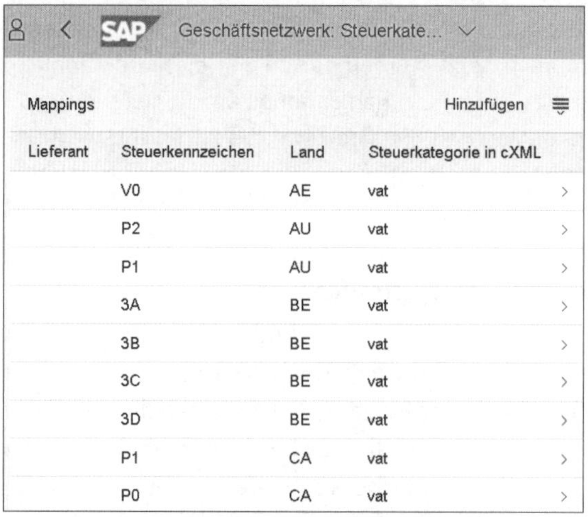

Lieferant	Steuerkennzeichen	Land	Steuerkategorie in cXML
	V0	AE	vat
	P2	AU	vat
	P1	AU	vat
	3A	BE	vat
	3B	BE	vat
	3C	BE	vat
	3D	BE	vat
	P1	CA	vat
	P0	CA	vat

Abbildung 8.20 Geschäftsnetzwerk konfigurieren – »Steuerkategorien für Rechnungskopien zuordnen«

Sie würden elektronische Rechnungskopien senden, wenn Sie Eingangsrechnungen in Papierform vom Lieferanten erhalten, einscannen und deren digitale Version als gültige Referenz weiterer Bearbeitung ansehen oder wenn Sie sich aufgrund eingegangener Lieferungen Rechnungen selbst stellen (automatische Wareneingangsabrechnung, ERS) und den Lieferanten mit entsprechenden Abrechnungsbelegen informieren möchten.

In Ihrem Starter-System ist die Tabelle mit Steuerkennzeichen vorbelegt. Diese sind jedoch keinem konkreten Lieferanten zugeordnet. Sie können bei Bedarf generische Zuordnungen mit einem Sternchen (Asterisk) vornehmen oder konkret für einen bestimmten Lieferanten Zuordnungen kopieren und anpassen.

Nachrichtensteuerung

Ausgabeparameter-ermittlung   Nur für ausgehende Nachrichtenarten sind Ausgabeparameter zu pflegen. In der App **Ausgabeparameterermittlung** überprüfen und ergänzen Sie entsprechende Einträge. Sie finden Details dieser Konfiguration in den Leitfäden der jeweiligen Scope Items. In der Gruppe **Vollständige Implementierung** (siehe Abbildung 8.8) können Sie in der Anwendung **Lösung verwalten** die gewünschten Nachrichtenarten aktivieren. Die Einstellungen, die Sie in dieser App vornehmen, können vom Qualitätssicherungssystem ins Produktivsystem übertragen werden.

1. In der Anwendung **Lösung verwalten** wählen Sie die Funktion **Lösung konfigurieren**. Geben Sie im Suchfeld rechts »Network« ein (siehe Abbildung 8.21).

Abbildung 8.21 Lösung konfigurieren: Business Network – Nachrichtenarten anzeigen

2. Wenn das System den Eintrag **Geschäftsnetzwerk – Nachrichtentypen konfigurieren** anzeigt, bestätigen Sie diesen Eintrag, indem Sie auf die Schaltfläche **Start** klicken.

Komponenten-ID	Objekttyp	cXML-Nachrichtenart	Nachrichtenrichtung	Mapping-Version	cXML-Version	Aktiv
BNS-ARI-SE-ERP	Buchhaltungsbeleg	CopyRequest.PaymentProposalRequest	IN	V001	1.2.030	
BNS-ARI-SE-ERP	Buchhaltungsbeleg	PaymentProposalRequest	OUT	V001	1.2.030	
BNS-ARI-SE-ERP	Buchhaltungsbeleg	PaymentRemittanceStatusUpdateRequest	OUT	V001	1.2.030	
BNS-ARI-SE-ERP	Bestellung	ConfirmationRequest	IN	V001	1.2.030	
BNS-ARI-SE-ERP	Bestellung	OrderRequest	OUT	V001	1.2.030	
BNS-ARI-SE-ERP	Anlieferung	ShipNoticeRequest	IN	V001	1.2.030	
BNS-ARI-SE-ERP	Warenbewegung	ReceiptRequest	OUT	V001	1.2.030	
BNS-ARI-SE-ERP	Eingangsrechnung	CopyRequest.InvoiceDetailRequest	OUT	V001	1.2.030	
BNS-ARI-SE-ERP	Eingangsrechnung	InvoiceDetailRequest	IN	V001	1.2.030	
BNS-ARI-SE-ERP	Eingangsrechnung	StatusUpdateRequest	OUT	V001	1.2.030	
BNS-FG-SE-ERP	Eingangsrechnung	InvoiceDetailRequest	IN	V001	1.2.030	
BNS-FG-SE-ERP	Eingangsrechnung	StatusUpdateRequest	OUT	V001	1.2.030	
BNS-ARI-SE-ERP	Ausgehender Zahlungsavis	PaymentRemittanceRequest	OUT	V001	1.2.030	
BNS-ARI-SE-ERP	Angebot	QuoteMessage	IN	V001	1.2.030	
BNS-ARI-SE-ERP	Ausschreibung	QuoteRequest	OUT	V001	1.2.030	

Abbildung 8.22 cXML-Nachrichtenarten aktivieren

3. Wählen Sie nun die Nachrichtenarten aus, die Sie aktivieren möchten, und markieren Sie sie als **Aktiv** (siehe Abbildung 8.22).
4. Wenn Sie Ihre Aktivierung gespeichert haben, können Sie Ihren aktuellen Konfigurationsstatus kommentieren. Dazu klicken Sie auf die Schaltfläche mit den drei Punkten neben der **Start**-Schaltfläche und fügen Ihre Statuskommentare ein.

> **Nachrichtenarten in ihrer prozesslogischen Reihenfolge**
>
> Im System sind die **Objekttypen** und **cXML-Nachrichtenarten** in der Tabelle nicht nach ihrer Ordnung im Geschäftsprozess aufgelistet. In Tabelle 8.5 sind die Nachrichtenarten in ihrer prozesslogischen Reihenfolge und nach Scope Items geordnet aufgeführt. (Die Komponenten-ID sowie die Mapping- und cXML-Version sind für unsere Zwecke statisch und daher hier nicht redundant abgebildet.)

Scope Item mit ID	Objekttyp	Nachrichtenart	Bedeutung	In/Out
1A0 SAP Ariba Sourcing und 1L2 SAP Ariba Quote Automation	Ausschreibung	QuoteRequest	Aufforderung zur Abgabe eines Angebots/Preisanfrage	Out
	Angebot	QuoteMessage	Angebot/Preisgebot	In
J82 SAP Ariba Commerce Automation	Bestellung	OrderRequest	Bestellbeleg	Out
	Bestellung	ConfirmationRequest	Bestellbestätigung	In
	Anlieferung	ShipNoticeRequest	Lieferavis	In
	Warenbewegung	ReceiptRequest	Wareneingangsbeleg	Out

Tabelle 8.5 Scope Items, Business-Objekte, Nachrichtentypen, Bedeutung und Transferrichtung aus der Perspektive von SAP S/4HANA Cloud

8.1 Integration mit SAP-Ariba-Lösungen

Scope Item mit ID	Objekttyp	Nachrichtenart	Bedeutung	In/Out
	Eingangsrechnung	InvoiceDetailRequest		In
	Eingangsrechnung	CopyRequest.InvoiceDetailRequest	Rechnungskopie	Out
	Eingangsrechnung	StatusUpdateRequest	Statusänderung der Rechnung (entsperrt)	Out
	ausgehender Zahlungsavis	PaymentRemittanceRequest	Zahlungsavis	Out
	Buchhaltungsbeleg	PaymentRemittanceStatusUpdateRequest	Statusänderung zur Zahlung	Out
19O SAP Ariba Payables	Buchhaltungsbeleg	PaymentProposalRequest	Zahlvorschlag (mit Skonto)	Out
	Buchhaltungsbeleg	CopyRequest.PaymentProposalRequest	Zahlvorschlag Antwort mit Skonto	In
	ausgehender Zahlungsavis	PaymentRemittanceRequest	Zahlungsavis	Out
	Buchhaltungsbeleg	PaymentRemittanceStatusUpdateRequest	Statusänderung zur Zahlung	Out

Tabelle 8.5 Scope Items, Business-Objekte, Nachrichtentypen, Bedeutung und Transferrichtung aus der Perspektive von SAP S/4HANA Cloud (Forts.)

8 SAP S/4HANA Cloud in die Systemlandschaft integrieren

Aufseiten der SAP S/4HANA Cloud ist Ihre Konfigurierung nun komplett. Wenden wir uns nun Ihrer SAP-Ariba-Instanz zu.

8.1.5 Konfiguration in SAP Ariba

Netzwerk aktivieren

Zur Konfiguration in SAP Ariba sollten Sie die folgenden Angaben zu Ihrem SAP-Ariba-Einkäuferkonto bereithalten: Anmeldeinformationen (also Benutzer und Passwort), Ihre Ariba-Network-ID und das sogenannte *Shared Secret* für die sichere Kommunikation zwischen Ariba Network und SAP S/4HANA Cloud. Wenn Sie auch für SAP Ariba Sourcing subskribiert sind, halten Sie auch für diese Anwendung Anmeldeinformationen und Shared-Secret-Daten bereit.

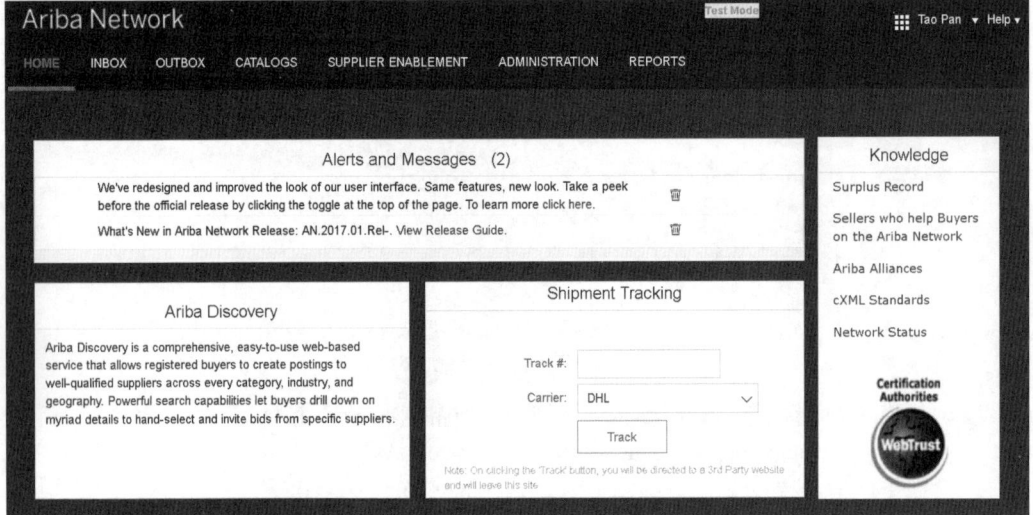

Abbildung 8.23 Einstiegsbild des Einkäufer-Benutzerkontos in Ariba Network

Die entsprechenden Angaben hierzu haben Sie von SAP Ariba erhalten, als Sie Ihr Unternehmen als Einkäufer bei Ariba Network angemeldet haben. Melden Sie sich nun als Administrator für Ihr Einkäufer-Benutzerkonto in SAP Ariba an (unter *https://buyer.ariba.com*). Begeben Sie sich über die Registerkarte **Administration** (siehe Abbildung 8.23) in den gleichnamigen Bereich.

Wählen Sie hier **Configuration**, um in die Konfigurationsübersicht aus Abbildung 8.24 zu gelangen. Je nach den von Ihnen gewählten Subskriptionen kann die Liste der Konfigurationen kürzer ausfallen.

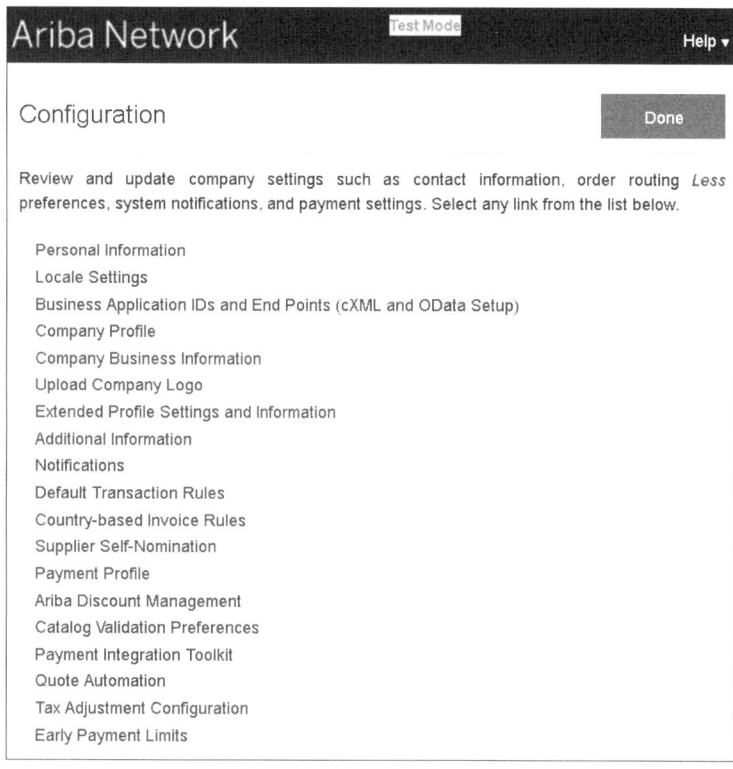

Abbildung 8.24 Konfigurationsübersicht in Ariba Network

Grundeinstellungen für SAP Ariba Sourcing (1A0) und SAP Ariba Quote Automation (1L2)

In der Liste der System-IDs wählen Sie **Create**. Legen Sie einen Eintrag mit der **System ID** und der **Unique Address ID** »Ariba« an. Dieser Eintrag steht für SAP Ariba Sourcing. Sichern Sie Ihre Einstellungen.

Zurück auf der Liste der **System IDs**, wählen Sie nun zuerst Ihren neuen Eintrag und dann **Endpoints** aus. In der Liste der Endpoints wählen Sie **Create**. Verneinen Sie die Pop-up-Meldung zur Übernahme bestehender cXML-Strukturen. Auf dem Bildschirm **Configure End Point** legen Sie eine **End Point ID** »S/4HANA« an. Wählen Sie als Integrationstyp **cXML** aus. Wählen Sie als Authentifizierungsmethode **Shared Secret** aus, und tragen Sie es ein. Sichern Sie Ihre Eingaben. Legen Sie nun auf der Liste der Endpoints einen weiteren Endpunkt für das Sourcing an. Geben Sie die End-Point-ID »Sourcing« ein (siehe Abbildung 8.25). Wählen Sie als Integrationstyp **cXML**. Wählen Sie die Authentifizierungsmethode **Shared Secret** aus, und tragen Sie das zu Sourcing gehörende Shared Secret ein. Tragen Sie die Profil-URL ein:

Endpunkte anlegen

https://s1-eu.ariba.com/Sourcing/cxmlchannel/<ANID>

<ANID> ist die Ariba-Network-ID Ihres Einkäuferkontos. Verwechseln Sie diese URL nicht mit der URL Ihrer SAP-Ariba-Sourcing-Instanz.

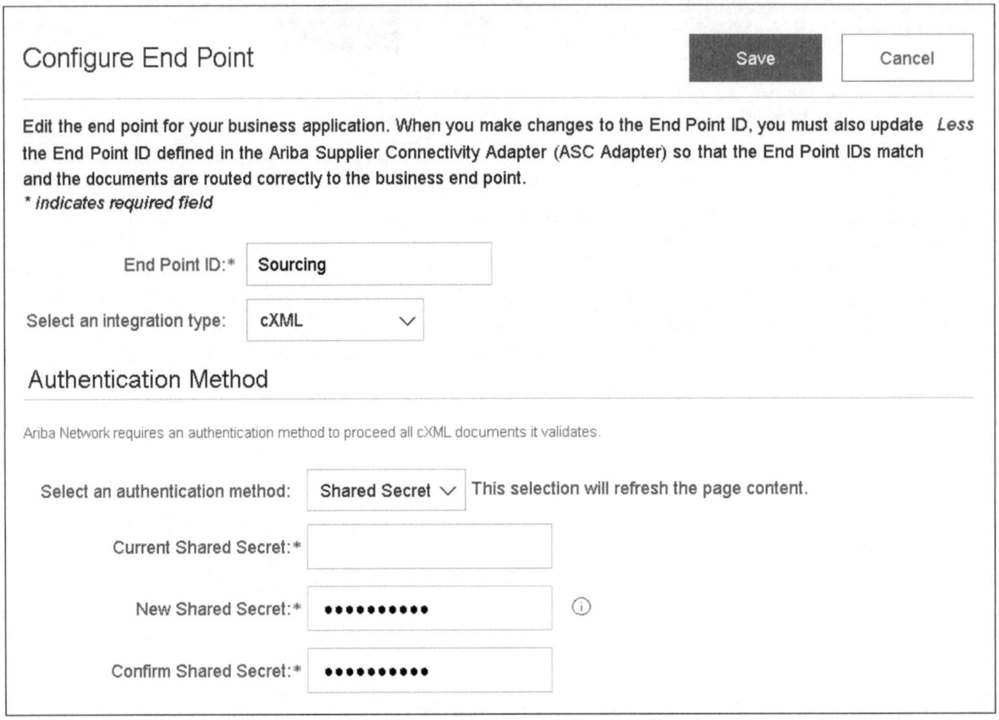

Configure End Point

Edit the end point for your business application. When you make changes to the End Point ID, you must also update the End Point ID defined in the Ariba Supplier Connectivity Adapter (ASC Adapter) so that the End Point IDs match and the documents are routed correctly to the business end point. *Less*
* indicates required field

End Point ID:* Sourcing
Select an integration type: cXML

Authentication Method

Ariba Network requires an authentication method to proceed all cXML documents it validates.

Select an authentication method: Shared Secret — This selection will refresh the page content.
Current Shared Secret:*
New Shared Secret:* ••••••••••
Confirm Shared Secret:* ••••••••••

Abbildung 8.25 Konfiguration der End-Point-ID für SAP Ariba Sourcing

Setzen Sie ein Häkchen bei **Yes, I want to receive documents through the POST method instead of through the cXML GetPending method**. Tragen Sie für **Post URL** Folgendes ein:

https://s1-eu.ariba.com/Sourcing/cxmlchannel/<ANID>

Dieses URL-Schema gilt für Kunden in Europa. Sichern Sie Ihre Einträge.

Zurück auf der Liste der Endpunkte markieren Sie die End-Point-ID »Sourcing« als Voreinstellung (**Default**).

Konfigurieren von SAP Ariba Commerce Automation Integration (J82) und SAP Ariba Payables Integration (19O)

Profil-URL und Buchungs-URL

Wenn Sie die zuvor beschriebenen Ariba-Sourcing-Einstellungen vorgenommen haben, überspringen Sie diesen Abschnitt, und fahren Sie mit dem Abschnitt »Transaktionsregeln einstellen« fort.

Auf dem Bildschirm **Configuration** wählen Sie je nach der spezifischen Einrichtung Ihres SAP-Ariba-Kontos eine der folgenden Optionen:

- cXML Setup
- Business Application IDs (cXML and OData Setup)
- Business Application IDs and End Points (cXML and OData Setup)

Sie pflegen nun die Profil-URL und die Buchungs-URL. Wenn Sie sich nicht bereits auf dem Bildschirm befinden, der die Pflege dieser URLs erlaubt, sondern in der Liste von System-IDs (**List of System IDs**), klicken Sie auf die **System ID** Ihres SAP-S/4HANA-Cloud-Systems. Befinden Sie sich immer noch nicht auf dem Bildschirm, der die Pflege der URLs erlaubt, wählen Sie auf dem Bildschirm **Manage Business Application ID <System ID>** die Registerkarte **End Point** und dort die End-Point-ID, für die Sie Einstellungen vornehmen möchten (siehe Abbildung 8.26).

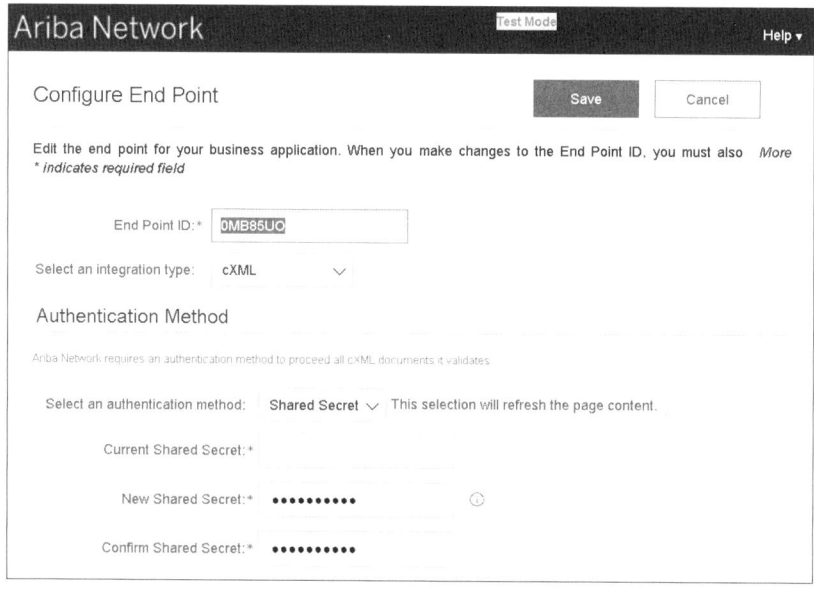

Abbildung 8.26 Endpunkt-Konfiguration für Geschäftsprozesse von der Bestellung bis zur Zahlung (Scope Items J82 und 19O)

Im Bereich **Profile URL** finden Sie das Feld **Profile URL**. Löschen Sie eventuell vorhandene Einträge in diesem Feld. Im Abschnitt **Post URL** finden Sie das Ankreuzfeld **Yes, I want to receive documents through the POST method instead of through the cXML GetPending method**. Dieses Feld sollte nicht angekreuzt sein. Sichern Sie Ihre Einträge.

Transaktionsregeln einstellen

Um Transaktionsregeln anzulegen, wählen Sie unter **Configuration** die Option **Default Transaction Rules** (siehe Abbildung 8.27). Eine Übersicht der

Standardtransaktionsregeln für SAP Ariba, die Sie anpassen können, finden Sie in den Materialien zum Buch unter *http://sap-press.de/4645*

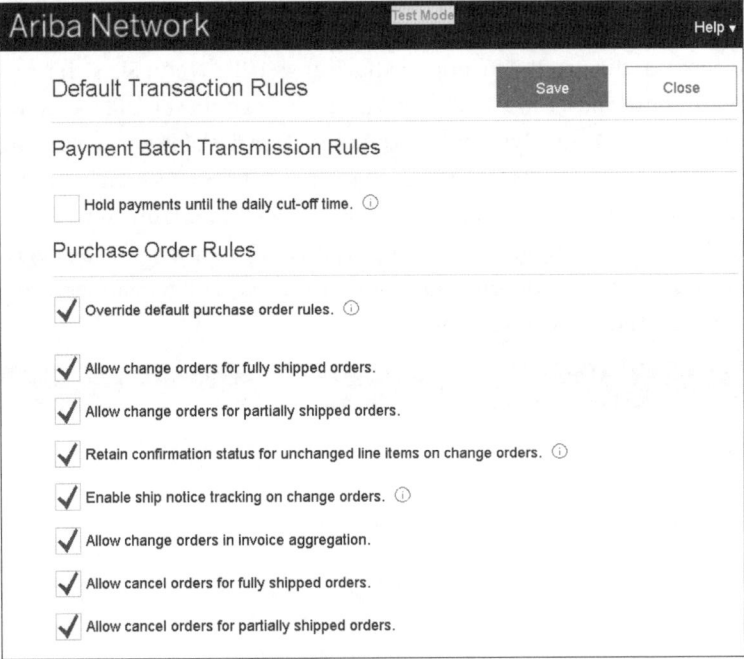

Abbildung 8.27 Konfiguration der Transaktionsregeln in Ariba Network

> **Invoice PDF (Rechnungs-PDF)**
>
> Wenn Sie elektronische Rechnungen mit einer PDF-Kopie der Eingangsrechnung im Anhang empfangen möchten, wenden Sie sich bitte an Ihr Ariba Service Center: Im Kopfbereich des Einkäuferkontos wählen Sie **Help • Contact Support** (Hilfe • Support kontaktieren). Dann wählen Sie unter **Contact Ariba Customer Support** (SAP-Ariba-Kunden-Support kontaktieren) zunächst die Sprache Deutsch aus und dann **Online Serviceanforderung erstellen**. Bitten Sie SAP Ariba, die folgende Einstellung unter **PDF Generation** vorzunehmen: Activate »Generate an invoice copy as PDF attachment to the invoice«.

Lieferanten in Ariba Network verfügbar machen

Ihre Lieferanten müssen in Ariba Network angemeldet und zum Datenaustausch mit Ihrem Unternehmen bereit sein. Um dies zu erreichen, melden Sie sich unter *http://buyer.ariba.com* mit Ihrem Beschafferkonto an Ariba Network an. Auf der Registerkarte **Supplier Enablement** wählen Sie **Active**

Relationships (aktive Geschäftsbeziehungen). Wenn Sie den gesuchten Lieferanten hier in der Tabelle der **Current Suppliers** (derzeitige Lieferanten) finden, fahren Sie mit dem folgenden Abschnitt fort.

Falls Sie den gesuchten Lieferanten nicht finden können, muss die Geschäftsbeziehung in SAP Ariba erst hergestellt werden. Dazu gehen Sie wie folgt vor:

Geschäftsbeziehung aktivieren

1. Wählen Sie **Search for Suppliers** (suche Lieferanten).
2. Wählen Sie geeignete Suchkriterien aus, und klicken Sie jetzt auf **Search**.
3. Wählen Sie den gewünschten Lieferanten aus. Klicken Sie auf **Add to Selected Suppliers** (zu gewählten Lieferanten hinzufügen).
4. Überprüfen Sie das Profil des Lieferanten. Sie können es sich auch herunterladen.
5. In der Übersicht der ausgewählten Lieferanten (**Selected Suppliers**) wählen Sie den gewünschten Lieferanten und öffnen den Eintrag.
6. Laden Sie den Lieferanten zu einer Geschäftsbeziehung ein, indem Sie auf **Request a Relationship** klicken.

Der Lieferant muss die Einladung akzeptieren, bevor Sie mit ihm elektronisch in Ariba Network Dokumente austauschen können.

Lieferantenkennzeichen zuordnen

Lieferantenstammdaten in SAP S/4HANA Cloud verwenden IDs zur Kennzeichnung. Derselbe Lieferant kann in mehreren Ihrer ERP-Systeme unter verschiedenen IDs vorkommen. In diesem Abschnitt werden diese Lieferanten-IDs aus SAP S/4HANA Cloud und gegebenenfalls Ihren anderen Systemen in Ariba Network aufgrund ihrer Ariba-Network-ID zugeordnet.

1. Melden Sie sich dazu an Ihrem Beschafferkonto in Ariba Network an, und wählen Sie die Registerkarte **Supplier Enablement** aus. Wählen Sie **Active Relationships**, dann finden Sie den gewünschten Lieferanten.
2. Auf dem Bildschirm **Edit Preferences for Supplier: <Name Ihres Lieferanten>** (Präferenzen für Lieferanten pflegen) wählen Sie das Fenster **Enter supplier identifiers for the procurement application** (Lieferantenkennzeichen in der Beschaffungsanwendung eingeben), und klicken Sie dann auf **Add**.
3. Wenn Sie mehrere SAP-S/4HANA-Cloud-Instanzen oder andere ERP-Systeme anschließen, wählen Sie in der Dialogbox **Add Supplier Unique Key** eines Ihrer Systeme und die entsprechende Lieferanten-ID in diesem System (etwa 0010300080 im Starter-System) aus.

4. Bei einem singulären SAP-S/4HANA-Cloud-System ist das erste Feld die Lieferanten-ID (etwa 0010300080 im Starter-System). Sichern Sie sie mit **Save**.

Wiederholen Sie diese Schritte für alle Lieferanten in all Ihren SAP-S/4HANA-Cloud- und anderen ERP-Systemen, mit denen Sie über SAP Ariba Dokumente elektronisch austauschen möchten. Sichern Sie Ihre Eingaben auf dem Bildschirm **Edit Preferences for Supplier: <Name Ihres Lieferanten>**.

8.1.6 Testen und Liveschalten der integrierten Geschäftsprozesse

Testskripts

In Ihrem Starter- und Qualitätssicherungssystem können Sie die integrierten Geschäftsprozesse mithilfe der mitgelieferten Testskripts durchtesten. Sie finden diese Testanleitungen im Verzeichnis der SAP Best Practices, dem SAP Best Practices Explorer, unter *http://rapid.sap.com/bp* (siehe Abbildung 8.28).

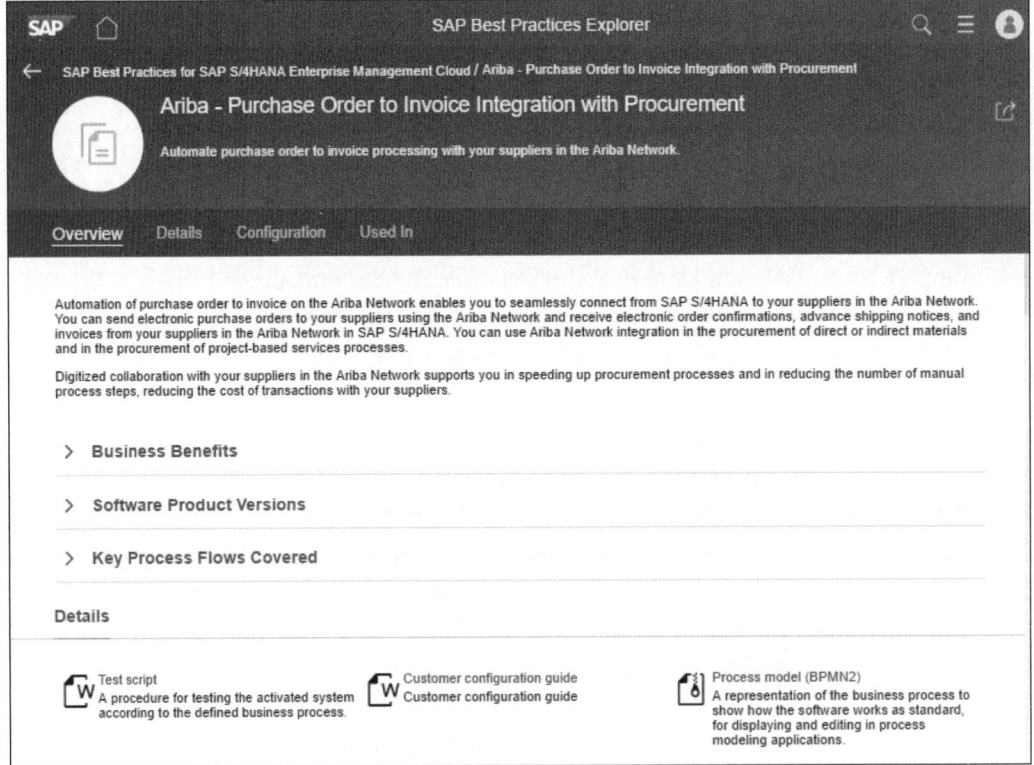

Abbildung 8.28 Testskripts und Prozessdiagramme im SAP Best Practices Explorer

Die Testskripts und die Prozessdiagramme in den SAP Best Practices sind aufeinander abgestimmt. Sie sollten auch dem ungeübten Anwender einen schnellen Einstieg in die Prozesse ermöglichen und das durchgängige Testen erleichtern. Natürlich können Sie die Testskripts um Ihre eigenen Lieferantenstammdaten, Materialien oder um abweichende Prozesseinstellungen erweitern.

Wenn Sie die Tests erfolgreich abgeschlossen haben, lassen Sie SAP diejenigen Einstellungen ins Produktionssystem transportieren, die wir im Abschnitt »Nachrichtensteuerung« in Abschnitt 8.1.4 vorgestellt haben. Die anderen Konfigurationen stellen Sie von Hand nachträglich ein.

Wenn Sie beginnen, im Produktivsystem mit Ihren Lieferanten in Ariba Network zusammenzuarbeiten, kommunizieren Sie zuerst jeden Prozess ausführlich miteinander. Die investierte Zeit wird sich schnell bezahlt machen. Mit einer Handvoll Ihrer Lieferanten sollten Sie vorab besprechen, welche Transaktionen Sie mit ihnen durchführen möchten, und die Erwartungen hinsichtlich der Nachrichtentypen, Prozesse und Antwortzeiten abklären (Service Level Agreements). Für diese ersten Transaktionen halten Sie engen Kontakt mit Ihren Lieferanten, bis die Prozesse bei allen Beteiligten zufriedenstellend etabliert sind.

Enge Abstimmung in der Einführungsphase

8.1.7 Ausblick

Die Verfügbarkeit eines Integrationsszenarios für *SAP Ariba Buying and Invoicing* ist für Mitte/Ende 2018 geplant. Weitere Integrationsszenarien, etwa für *SAP Ariba Supplier Management*, für *SAP Ariba Supply Chain Collaboration* oder für die verkäuferseitige Anbindung von *SAP S/4HANA Cloud Sales* an Ariba Network, sind in unterschiedlichen Planungs- oder Umsetzungsstadien. Die entsprechenden Roadmaps finden Sie unter folgendem Link: *http://s-prs.de/v631689*

Geplante weitere Integrationsszenarien

Hilfreiche Informationsquellen

Die Kontexthilfe in SAP S/4HANA Cloud unterstützt Sie bei Fragen im Umgang mit den Konfigurationsanwendungen. Darüber hinaus empfehlen sich wie in jedem SAP-Ariba-Integrationsprojekt die Hilfe- und Support-Seiten von SAP Ariba:

- SAP-Hilfe: *http://s-prs.de/v631690*
- Go-SAP-Seite für SAP S/4HANA Cloud: *http://s-prs.de/v631691*
- Go-SAP-Seite »Integration for SAP S/4HANA Cloud with SAP Solutions«: *http://s-prs.de/v631692*
- SAP Support: *http://support.sap.com*. Hier können Sie Tickets erfassen mit den Komponenten »SV-CLD-SINT« für integrationsbezogenen Con-

tent, wie die SAP Best Practices oder mit »BNS-ARI-SE-ERP« für Funktionalität und Konfiguration der SAP-Ariba-Integration
- Spezieller Support für SAP Ariba: Verwenden Sie das Kontextmenü von SAP-Ariba-Anwendungen oder die Seite *http://support.ariba.com*
- SAP-Community: *http://s-prs.de/v631693*
- SAP Ariba User Community: *http://connect.ariba.com*
- SAP Cloud Transformation Services: *http://s-prs.de/v631694*

8.2 Integration mit SAP SuccessFactors

Kein Personalwesen in SAP S/4HANA Cloud

SAP bietet die Integration von SAP S/4HANA Cloud mit SAP SuccessFactors Employee Central für nahezu alle Editionen der SAP S/4HANA Cloud an. Eine Ausnahme ist SAP Hybris Marketing.

SAP S/4HANA Cloud deckt selbst keine Personalprozesse ab, sodass eine Anbindung an ein externes System für das Personalwesen notwendig ist. SAP bietet daher SAP SuccessFactors Employee Central als System für die Personalverwaltung in der Cloud an.

Mitarbeiterdaten importieren

Natürlich können Mitarbeiterdaten alternativ auch aus einer Datei importiert werden. Dieses Szenario bietet sich für ein Testsystem an, ist für den produktiven Betrieb aber eher weniger geeignet. SAP bietet hierfür eine eigene Applikation an (siehe Abbildung 8.29). Sie finden diese als Kachel **Mitarbeiter importieren** im SAP Fiori Launchpad eines Administrators.

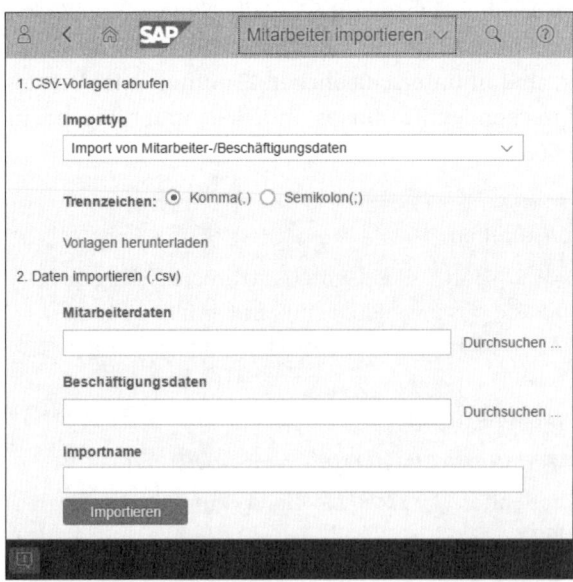

Abbildung 8.29 Mitarbeiterdatenimport aus einer Datei

8.2 Integration mit SAP SuccessFactors

Die Integration von SAP SuccessFactors Employee Central mit der SAP S/4HANA Cloud erfolgt immer mithilfe einer Middleware, d. h. einer Verbindungssoftware, die einzelne Datenfelder aufeinander abbildet und den Datentransfer initiiert. Diese Middleware heißt *SAP Cloud Platform Integration* und steht allen Kunden der SAP S/4HANA Cloud zur Verfügung (siehe Abbildung 8.30).

Middleware

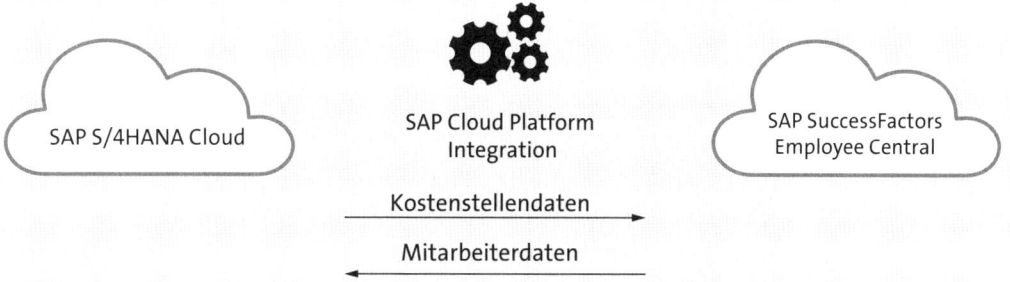

Abbildung 8.30 Integration mithilfe von SAP Cloud Platform Integration

> **SAP Cloud Platform Integration**
>
> SAP Cloud Platform Integration wird zur Integration webgestützter Anwendungen eingesetzt. Sie können solche Integrationsszenarien auf der *SAP Cloud Platform* (früher SAP HANA Cloud Platform, HCP) aufsetzen und laufen lassen. Die Plattform wird in der SAP Cloud gehostet. Die Anbindung über SAP Cloud Platform Integration wird für SAP S/4HANA bevorzugt eingesetzt.
>
> Weitere Informationen zu diesem Thema finden Sie hier:
>
> *https://help.sap.com/cloudintegration*

Diese Integration wird in zwei Varianten angeboten:

- von SAP betriebene Integration
- vom Kunden betriebene Integration

Integrationsvarianten

Im ersten Fall aktiviert SAP die Integration im Hintergrund in Abstimmung mit dem Kunden. Das heißt, SAP konfiguriert sowohl die SAP S/4HANA Cloud als auch SAP Cloud Platform Integration und SAP SuccessFactors Employee Central. Diese Variante ist für Kunden gedacht, die sowohl SAP S/4HANA Cloud als auch SAP SuccessFactors Employee Central zeitnah neu einführen und dies sofort in einer integrierten Systemlandschaft tun möchten. Änderungen oder Anpassungen sind in dieser Variante nicht möglich.

Die zweite Variante ist für Kunden gedacht, die entweder SAP S/4HANA Cloud oder SAP SuccessFactors Employee Central bereits seit Längerem produktiv nutzen und nun mit dem jeweils anderen System integrieren möchten. Aufgrund gewisser Voraussetzungen im Datenmodell der beiden Systeme kann es hier erforderlich sein, die Standardintegration anzupassen, z. B. die Länge einzelner Felder oder die Abbildung bestimmter Employee-Central-Felder auf Felder der SAP S/4HANA Cloud. Diese Anpassungen können sowohl in der Middleware als auch in SAP SuccessFactors Employee Central notwendig sein. Um hier für den Kunden oder einen SAP-Implementierungspartner mehr Freiheiten zu ermöglichen, gibt es das Kommunikationsszenario *Employee Central Integration* (SAP_COM_0001).

Die betriebswirtschaftlichen Funktionen unterscheiden sich bei beiden Varianten nicht. Mitarbeiterbezogene Daten (z. B. auch Fotos) werden von SAP SuccessFactors Employee Central in die SAP S/4HANA Cloud übertragen und Kostenstellen in die umgekehrte Richtung.

Verfügbarkeit der Integrationsvarianten

Tabelle 8.6 zeigt im Überblick, für welche Systemvoraussetzungen (Neueinführungen von SAP S/4HANA Cloud oder bereits produktive Systeme) die von SAP betriebene Integration angeboten wird.

Szenario	von SAP betrieben	vom Kunden betrieben	vom Kunden betrieben	vom Kunden betrieben	vom Kunden betrieben
SAP S/4HANA Cloud	neu	produktiv	neu	produktiv	neu
SAP SuccessFactors Employee Central	neu	neu	produktiv	neu	produktiv
SAP Cloud Platform Integration	neu	neu	neu	produktiv	produktiv

Tabelle 8.6 Übersicht der Auswahlszenarien

Prozessdiagramme zum Datenaustausch

Abbildung 8.31 und Abbildung 8.32 zeigen Teilaspekte dieser Übertragungswege im Detail. Es gibt noch mehr Prozessdiagramme zu dieser Integration. Sie finden sie in der Dokumentation der Integration Ihrer SAP-S/4HANA-Cloud-Edition. Die beiden hier gezeigten Diagramme sind sicher die wichtigsten. Sie erklären den genauen Ablauf der Integration, zum Teil inklusive der Replikation bzw. des Datenflusses und der einzelnen Prozessschritte in der Middleware.

8.2 Integration mit SAP SuccessFactors

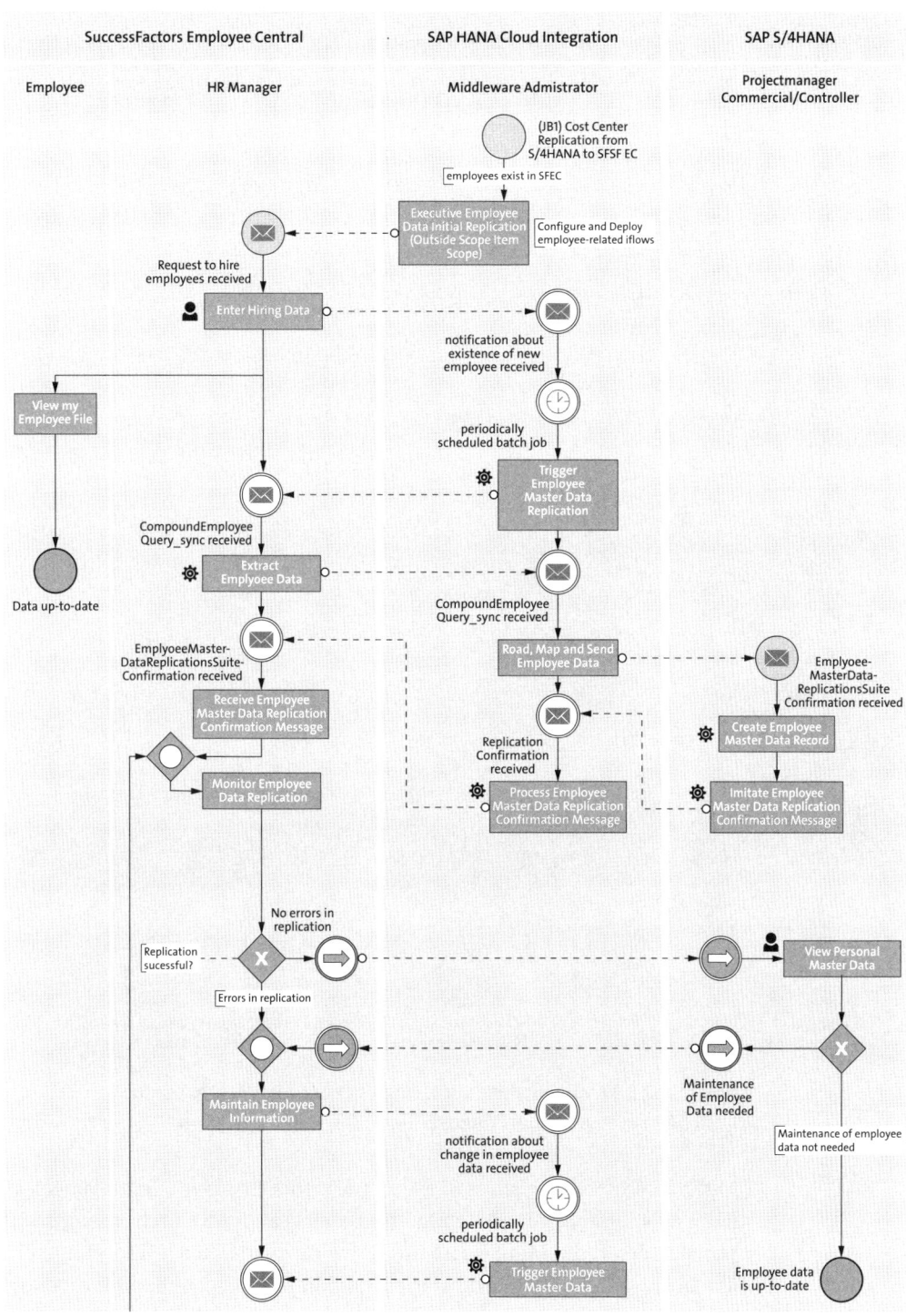

Abbildung 8.31 Prozessablauf bei der Übertragung der Mitarbeiterdaten

8 SAP S/4HANA Cloud in die Systemlandschaft integrieren

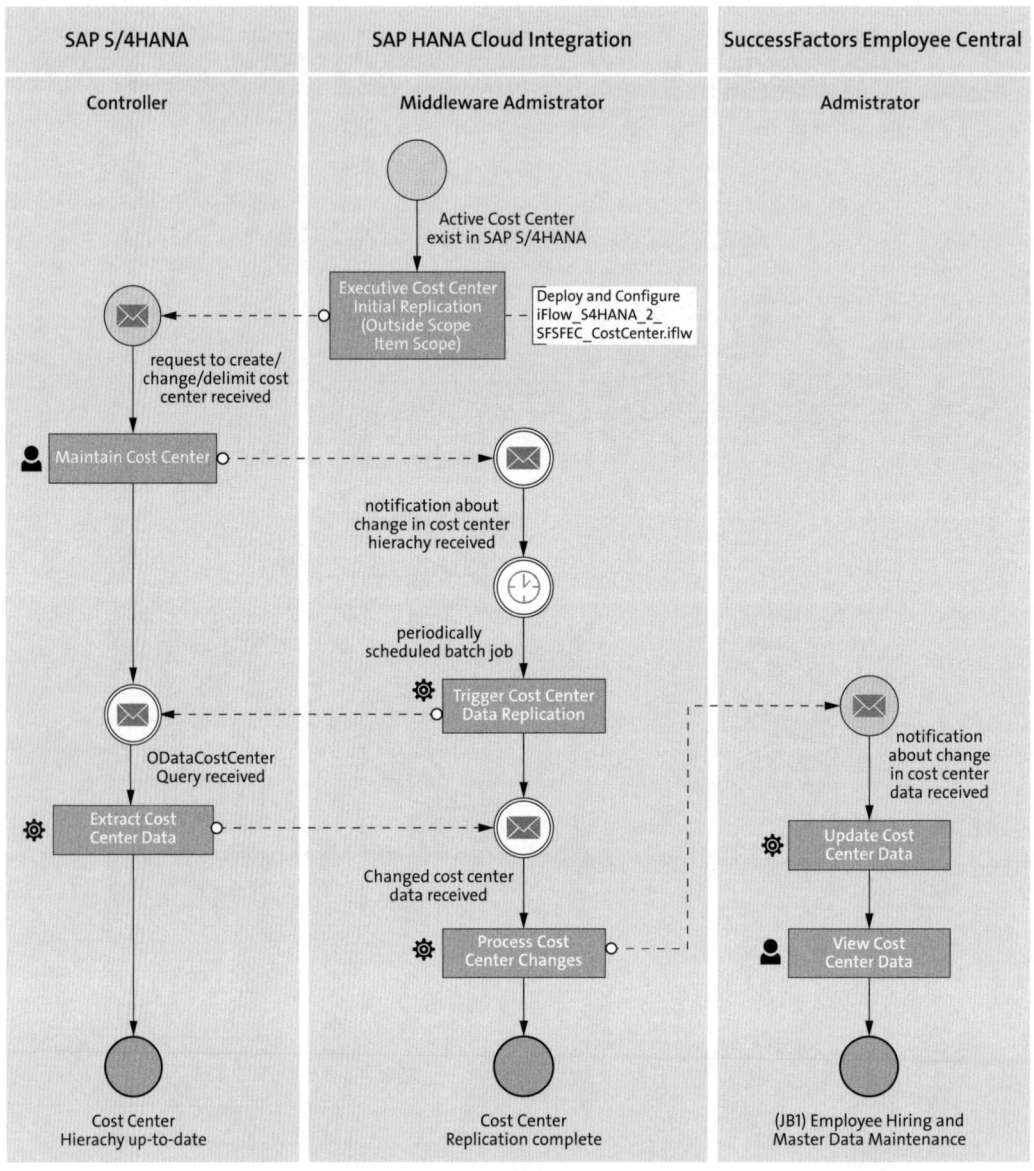

Abbildung 8.32 Kostenstellenübertragung aus SAP S/4HANA Cloud nach SAP SuccessFactors Employee Central

Mitarbeiterdaten werden in SAP SuccessFactors Employee Central angelegt (oder existierende Mitarbeiterdaten werden geändert). Durch einen Datentransfer, der in der Middleware initiiert wird, werden diese Änderungen in die SAP S/4HANA Cloud transferiert und die entsprechenden Mitarbeiterdatensätze aktualisiert oder neu angelegt. In SAP S/4HANA Cloud werden die Mitarbeiterdatensätze vor allem als Geschäftspartner in der Rolle »Mitarbeiter« genutzt. Daher finden sich die Änderungen auch in den Geschäftspartnerdaten wieder.

SAP SuccessFactors Employee Central benötigt immer die aktuellen Kostenstellen aus Ihrem Finanzsystem. Daher werden diese aus SAP S/4HANA Cloud übertragen, wo sie in den Mitarbeiterdatensätzen gepflegt werden. Die Zuordnung der Mitarbeiter zu den Kostenstellen wird dann wieder mit den Mitarbeiterdaten zurück in das SAP-S/4HANA-Cloud-System übertragen.

In den folgenden Abschnitten beschreiben wir die Konfiguration dieser Integration.

8.2.1 Konfiguration in SAP S/4HANA Cloud

Um die Kommunikation zwischen den Systemen einzurichten, nutzt SAP S/4HANA sogenannte *Kommunikationsszenarien*, die bestimmte Parameter der Konfiguration schon beinhalten, beispielsweise die zu nutzende Schnittstelle oder andere Einstellungen. Eine Voraussetzung hierfür ist, dass alle beteiligten Systeme auf die Integration vorbereitet sind, dass also z. B. die benötigten Zertifikate eingespielt worden sind.

Kommunikationsszenarien

Im ersten Schritt wird ein Kommunikationsbenutzer angelegt. Dies erfolgt in den SAP-Fiori-Applikationen der Kommunikationsverwaltung, speziell in der App **Kommunikationsbenutzer pflegen** (siehe Abbildung 8.33). Unter **Zertifikat** laden Sie Ihr Client-Zertifikat für SAP Cloud Platform Integration hoch. Dies erhalten Sie über Ihren Administrationsbenutzer für die SAP Cloud Platform Integration.

Kommunikationsbenutzer anlegen

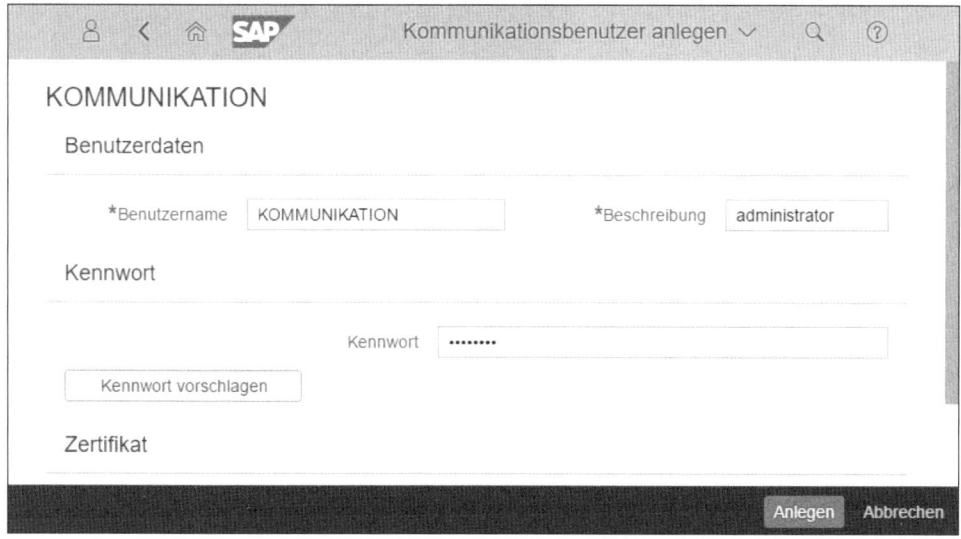

Abbildung 8.33 Kommunikationsbenutzer anlegen

8 SAP S/4HANA Cloud in die Systemlandschaft integrieren

Kommunikations-system anlegen

Danach legen Sie das Kommunikationssystem an. Hierzu gibt es ebenfalls eine entsprechende Applikation in der Kommunikationsverwaltung.

1. Hierzu vergeben Sie in der Applikation **Kommunikationsbenutzer anlegen** im ersten Schritt eine System-ID und einen Systemnamen und klicken dann auf **Anlegen**.
2. Nun pflegen Sie die weiteren Felder unter **Technische Daten**, wie den Hostnamen, die Mandantennummer usw.
3. Unter **Benutzer für eingehende Kommunikation** suchen Sie Ihren Kommunikationsbenutzer, den Sie im vorigen Schritt angelegt haben.
4. Unter **Authentifizierungsmethode** wählen Sie die Authentifizierung mit SSL-Client-Zertifikaten. Dieselbe Methode wählen Sie bei dem Benutzer für die ausgehende Kommunikation. Nun ist das Kommunikationssystem fertig angelegt.

Kommunikations-vereinbarung pflegen

Jetzt fehlt noch die Pflege der Kommunikationsvereinbarung. Sie erfolgt wieder in einer eigenen Applikation:

1. Beim Neuanlegen einer solchen Vereinbarung wählen Sie ein Kommunikationsszenario aus. Für die Integration mit SAP SuccessFactors Employee Central wäre dies das Szenario SAP_COM_0001 (Mitarbeiterintegration).
2. Wählen Sie nun Ihr Kommunikationssystem aus, und behalten Sie den Namen des Kommunikationsbenutzers bei, den Sie bereits gepflegt haben (siehe Abbildung 8.34).

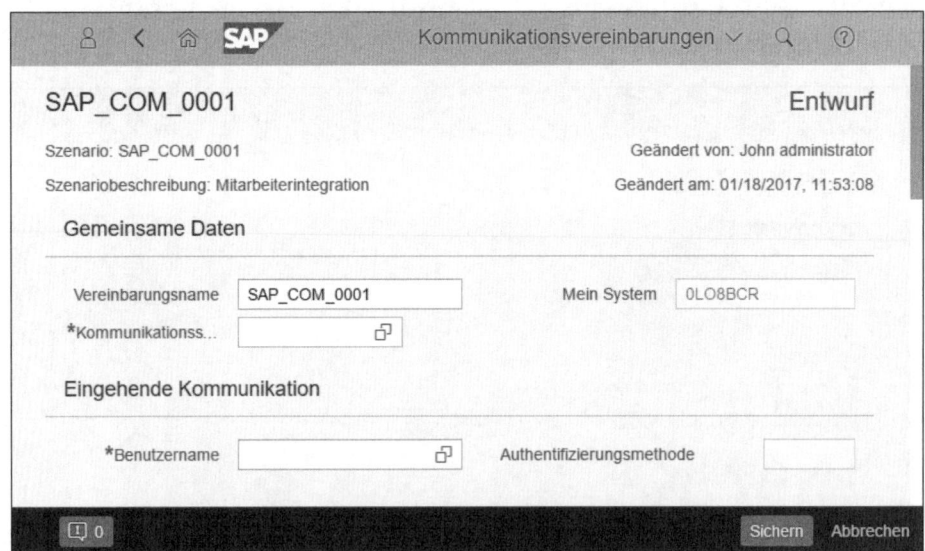

Abbildung 8.34 Kommunikationsvereinbarung pflegen

Damit ist die Konfiguration in SAP S/4HANA Cloud abgeschlossen.

8.2.2 Konfiguration in SAP Cloud Platform Integration

Um Integration Flows (IFlows), also Integrationsflüsse, in SAP Cloud Platform Integration anpassen zu können, benötigen Sie eine Eclipse-Installation. Des Weiteren brauchen Sie ein Key-Store-Explorer-Tool, um eine sichere Übertragung der Daten durch das Nutzen eines digitalen *Schlüssels* zu gewährleisten. (Dieses Tool bekommt man auch als kostenlose Freeware.)

Um die Konfiguration durchzuführen, benötigen Sie bestimmte Berechtigungen (siehe Tabelle 8.7).

Erforderliche Berechtigungen

Applikation	Rolle
<your_tenant_id>iflmap	ESBMessaging.send
<your_tenant_id>tmn	AuthGroup.IntegrationDeveloper
<your_tenant_id>tmn	AuthGroup.BusinessExpert
<your_tenant_id>tmn	AuthGroup.Administrator
<your_tenant_id>tmn	ESBMessaging.send

Tabelle 8.7 Berechtigungen für die Konfiguration der Middleware

SAP liefert für die Integration vordefinierte IFlows im SAP-Content-Katalog. Welche Pakete bzw. IFlows genutzt werden sollen, entnehmen Sie der Detaildokumentation.

> **Weitere Informationen zu den Integrationspaketen**
>
> Die Integrationspakete zur Mitarbeiterzuteilung und den zugehörigen Konfigurationsleitfaden finden Sie im SAP Content Hub unter folgendem Link: *https://cloudintegration.hana.ondemand.com*
>
> Grenzen Sie die Suche im Katalog beispielsweise über den Suchbegriff »employee« ein.
>
> Für den Zugriff auf den SAP Content Hub müssen Sie ein Benutzerkonto im SAP Community Network (*https://www.sap.com/community.html*) angelegt haben. Der Benutzer und das Passwort dieses Kontos werden benötigt, um sich am SAP Content Hub anzumelden.

Jeder IFlow muss in den kundenspezifischen Arbeitsplatz kopiert werden. Dort wird der IFlow dann konfiguriert. Zum Beispiel werden bestimmte Mappings von Datenfeldern geändert. Dazu muss noch die Adresse des Ziel- und des Quellsystems gepflegt werden. Anschließend werden die IFlows in SAP Cloud Platform Integration aktiv geschaltet.

8.2.3 Konfiguration in SAP SuccessFactors Employee Central

Um Anpassungen in SAP Cloud Platform Integration bzw. Anpassungen der genutzten IFlows zu vermeiden, sollten Sie das Datenmodell in SAP SuccessFactors Employee Central anpassen. Tabelle 8.8 zeigt einige Beispiele. Eine vollständige Liste können Sie der Dokumentation entnehmen.

Datenbereich in den Mitarbeiterdaten	Feld	Restriktion
Kontaktinformation • Telefoninformation	Landesvorwahl	nicht die führenden Nullen eingeben, z. B. nur die 49 für Deutschland
Personaldaten • Adresse	Stadt	max. Länge = 40
	Land (USA, AUS)	max. Länge = 40
	Postleitzahl	max. Länge = 10

Tabelle 8.8 Anpassen des Datenmodells von SAP SuccessFactors Employee Central

SFAPI-Benutzer In SAP SuccessFactors Employee Central legen Sie einen Benutzer mit der Rolle SFAPI an, der mit bestimmten Rechten ausgestattet sein muss. Dieser Benutzer wird nur in der SAP-SuccessFactors-Schnittstelle genutzt. Er wird benötigt, um die Verbindung der Middleware mit SAP SuccessFactors Employee Central zu ermöglichen. Dieser Benutzer braucht natürlich auch ein Passwort. Wenn Sie das maximale Passwortalter in SAP SuccessFactors Employee Central auf »-1« setzen, ist gewährleistet, dass dieses nie ausläuft, wodurch die Verbindung unterbrochen würde.

Ihr SAP-S/4HANA-Cloud-System muss nun als Zielsystem der Mitarbeiterdatenreplikation gepflegt werden. Dies geschieht in der Administrationsumgebung Ihrer SAP-SuccessFactors-Instanz unter **Manage Data**. Hier kann auch das Replikationssystem neu angelegt werden, wenn es nicht schon vorhanden ist (siehe Abbildung 8.35).

Weitere Informationen zur Konfiguration

Weitere Details zur Konfiguration können Sie der Dokumentation Ihres Kommunikationsszenarios in SAP S/4HANA Cloud entnehmen.

8.2 Integration mit SAP SuccessFactors

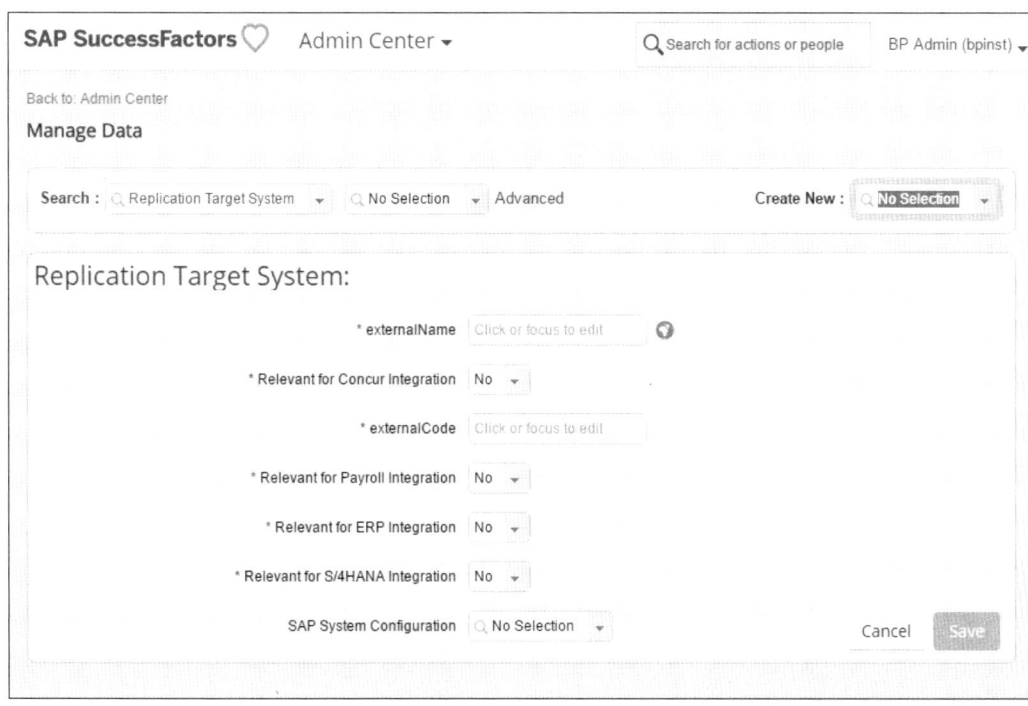

Abbildung 8.35 Replikationszielsystem anlegen

TEIL III
Umstieg auf SAP S/4HANA in der On-Premise-Version

In diesem Teil befassen wir uns mit SAP S/4HANA in der On-Premise-Version und in der Private Cloud. Sie werden die Unterschiede kennenlernen, die es bei der Migration dieser Versionen im Vergleich zu den Cloud-Editionen gibt, die wir in Teil II behandelt haben. Die Konvertierung eines bestehenden SAP-Business-Suite-Systems ermöglicht es, auf SAP S/4HANA umzusteigen, ohne ein neues System aufzusetzen. Für eine Neuimplementierung werden verschiedene Migrationstools bereitgestellt, die wir in Anwendungsbeispielen vorstellen. Schließlich beschreiben wir, wie eine Landschaftstransformation durchgeführt wird. Außerdem stellen wir mit SAP Central Finance einen wichtigen Anwendungsfall für SAP S/4HANA im Detail vor. Abschließend gehen wir auf die Integrationsmöglichkeiten der On-Premise-Version von SAP S/4HANA ein. Dabei werden speziell SAP Ariba, SAP SuccessFactors und die Integration mit bestehenden SAP-Systemen erörtert.

Kapitel 9
Installation und Konfiguration von SAP S/4HANA in der On-Premise-Version oder in der Private Cloud

Beim Umstieg auf SAP S/4HANA, On-Premise-Version wird entweder ein neues SAP-S/4HANA-System aufgesetzt oder ein bestehendes SAP-System transformiert. In diesem Kapitel erläutern wir die Schritte, die zur Installation des Backend- und Frontendservers sowie zur Konfiguration des Systems notwendig sind.

Nachdem Sie in Teil II, »Umstieg auf SAP S/4HANA in der Cloud«, die SaaS-Lösung (*Software as a Service* – Public Cloud) von SAP S/4HANA kennengelernt haben, wundern Sie sich vielleicht, warum auch in diesem Kapitel wieder das Wörtchen Cloud auftaucht. In diesem Kapitel behandeln wir SAP S/4HANA in einer *Private Cloud*. Das heißt, es geht um das SAP-S/4HANA-On-Premise-System, das von einem Hosting-Anbieter betrieben wird (also um ein IaaS-System – *Infrastructure as a Service*).

Es ist wichtig, dass Sie diesen Unterschied verstehen. Im Gegensatz zu der in Teil II behandelten Lösung – der SAP S/4HANA Cloud, einem Standard-Cloud-System mit quartalsmäßigen Updates und eingeschränkten Erweiterungsmöglichkeiten, bei dem Sie nur über das Cloud-Servicecenter Zugang zu dem Backendsystem haben – können Sie bei Ihrem eigenen On-Premise-System selbst über das Customizing und die Updates bestimmen. Dabei ist es egal, ob dieses System tatsächlich bei Ihnen in Ihrem eigenen Datencenter oder bei einem Hosting-Partner implementiert wird. Die Private-Cloud-Option kann auch durch SAP selbst in der SAP HANA Enterprise Cloud (SAP HEC) realisiert werden.

In jedem Fall können Sie viel stärkeren Einfluss auf die Implementierung nehmen. Außerdem – und dies ist mit Sicherheit auch ein entscheidender Punkt – können Sie bei einer solchen Implementierung Ihr Zielrelease frei wählen. Das heißt, Sie können z. B. zu SAP S/4HANA 1610 oder zur Version SAP S/4HANA 1709 wechseln, die zur Drucklegung dieses Buches aktuell war.

Voraussetzungen für die Umstiegsszenarien

Bevor Sie mit der Migration nach SAP S/4HANA, On-Premise-Version beginnen, muss das SAP-S/4HANA-System in einigen Fällen erst einmal aufgesetzt werden. Rufen Sie sich dazu noch einmal die drei fundamentalen Fälle für den Umstieg auf SAP S/4HANA in Erinnerung, die wir in Abschnitt 4.2, »Die drei Szenarien für den Umstieg«, vorgestellt haben:

- die Neuimplementierung von SAP S/4HANA
- die Systemkonvertierung nach SAP S/4HANA
- eine Landschaftstransformation mit SAP S/4HANA

Außer bei der Systemkonvertierung beruht die Migration nach SAP S/4HANA technisch gesehen auf einer sauberen Neuinstallation. Des Weiteren benötigt ein SAP-S/4HANA-System für jedes dieser Szenarien einen Frontendserver, um SAP Fiori als Benutzerschnittstelle nutzen zu können.

> **Frontendserver bei der Systemkonvertierung**
>
> Die Installation eines Frontendservers oder das Verwenden der SAP Fiori Cloud sind auch bei dem Szenario »Systemkonvertierung« notwendig, wenn Sie nicht auf die SAP-Fiori-Applikationen verzichten möchten.

Schritte für die Neuinstallation

Sofern Sie nicht mit der SAP S/4HANA Fully-Activated Appliance starten möchten, die wir in Kapitel 6, »Testsysteme und Modellfirma«, vorgestellt haben, müssen Sie vor der Neuinstallation zunächst ein Sizing durchführen, um den Hardwarebedarf festzustellen.

Anschließend wird mithilfe des *Software Provisioning Managers* (SWMP) ein SAP-S/4HANA-System mit den verfügbaren SAP-Installationsmedien neu aufgesetzt (siehe Abschnitt 9.1, »Installation«). Das entstehende System enthält zunächst das Auslieferungs-Customizing von SAP. Die anschließende Konfiguration des neuen Systems müssen Sie entsprechend den Anforderungen durchführen, die diejenigen Geschäftsprozesse stellen, die Sie implementieren wollen (siehe Abschnitt 9.2, »Systemkonfiguration«).

Zusätzlich zu der eigentlichen SAP-S/4HANA-Instanz wird ein Frontendserver aufgebaut. Dieser Frontendserver (*FES*) ist die zentrale Instanz für den Einsatz der SAP-Fiori-Benutzerschnittstelle (siehe Abschnitt 9.3, »Den Frontendserver für die SAP-Fiori-Benutzeroberfläche einrichten«).

Als Alternative zu einer eigenen Neuinstallation (die für ein Produktivsystem obligatorisch ist) möchten wir an dieser Stelle nochmals auf das SAP-S/4HANA-Referenzsystem als Fully-Activated Appliance hinweisen, das wir in Kapitel 6, »Testsysteme und Modellfirma«, vorgestellt haben. Die Fully-Activated Appliance kann als Startpunkt dienen.

9.1 Installation

Wenn Sie nicht mit der Fully-Activated Appliance starten, sollten Sie zunächst ein Sizing für Ihren individuellen Fall durchführen. Beim Sizing ermitteln Sie die Hardwareanforderungen des SAP-S/4HANA-Systems und der SAP-HANA-Datenbank sowie die Plattengröße, den notwendigen Arbeitsspeicher und den voraussichtlichen Netzwerkdurchsatz.

Sizing

> **Weitere Informationen zum Sizing**
>
> Je nach Zielsystemrelease und Szenario erhalten Sie über die folgenden Links mehr Informationen zum SAP-S/4HANA-Sizing:
> - Sizing-Startpunkt im SAP Support Portal: *http://sap.com/sizing*
> - SAP Quicksizer: *http://s-prs.de/v631635*
> - SAP-Hinweis 1793345 für SAP S/4HANA Finance
> - SAP-Hinweis 1872170 für die ABAP-Sizing-Reports

[«]

In diesem Abschnitt beschreiben wir das Aufsetzen eines SAP-S/4HANA-On-Premise-Systems in Ihrer eigenen Landschaft. In einer Private-Cloud- oder Hosting-Umgebung sind diese Schritte analog durchführbar. Zur Vereinfachung beschreiben wir in diesem Abschnitt das Installieren eines Sandbox-Systems, das den ABAP-Backend- und den SAP-Fiori-Frontendserver in einem gemeinsamen System beinhaltet (*Co-Deployment*, siehe auch Abschnitt 9.3, »Den Frontendserver für die SAP-Fiori-Benutzeroberfläche einrichten«).

Sandbox-System

Zunächst einmal müssen Sie sich alle Installationsdateien besorgen. Dazu können Sie die Dateien mithilfe des *SAP Download Managers* und des *Download Baskets* herunterladen. Ein neues cloudbasiertes Tool, das wir Ihnen vorstellen werden, hilft Ihnen dabei, die richtigen Dateien für Ihre Installation zu identifizieren.

Download der Installationsdateien

> **Download Basket**
>
> Leeren Sie den Download Basket, indem Sie alte Download-Aufträge löschen, bevor Sie die einzelnen Komponenten für SAP S/4HANA auswählen. So behalten Sie einen besseren Überblick über die tatsächlich benötigten Installationsdateien.

[«]

Um die korrekten Dateien auf einfache Weise herunterzuladen, melden Sie sich am *Maintenance Planner* an, einem neuen Tool, das den Maintenance Optimizer ersetzt (siehe Abbildung 9.1). Mit dem Maintenance Planner kön-

Maintenance Planner

nen Sie neue Systeminstallationen planen, Updates ausführen und neue sowie zusätzliche SAP-Produkte (wie z. B. den Frontendserver für SAP Fiori) implementieren.

Abbildung 9.1 Der Maintenance Planner unterstützt Sie beim Umstieg auf SAP S/4HANA.

> **Weitere Informationen zum Maintenance Planner**
>
> Mehr Informationen zum Maintenance Planner erhalten Sie unter dem folgenden Link: *http://help.sap.com/maintenanceplanner*

Maintenance Planner starten

Um den Maintenance Planner zu starten, rufen Sie den folgenden Link in Ihrem Internetbrowser auf: *http://s-prs.de/v631636*. Eine SAP-Fiori-basierte englischsprachige Webseite öffnet sich, zu der Sie Zugang mit Ihrem S-User haben. Für SAP-Partner muss der Partner-User mit dem Benutzer des Kunden verbunden sein, damit Sie die Kundensysteme sehen können. Der Maintenance Planner wird Ihnen helfen, die notwendigen Installationsdateien zu identifizieren und sie herunterzuladen, und er wird die nötige Dokumentation bereitstellen.

Der Maintenance Planner wird nicht nur für neu aufgesetzte Systeme eingesetzt, sondern auch bei Systemkonvertierungen (siehe Abbildung 9.2). Das Werkzeug kommt dort zum Einsatz, um das existierende System auf Add-ons, Business Functions und Industrielösungen hin zu untersuchen. Dabei hilft Ihnen der Maintenance Planner auch, festzustellen, ob eine Systemkonvertierung überhaupt durchgeführt werden kann (siehe Kapitel 10, »Systemkonvertierung eines Einzelsystems«).

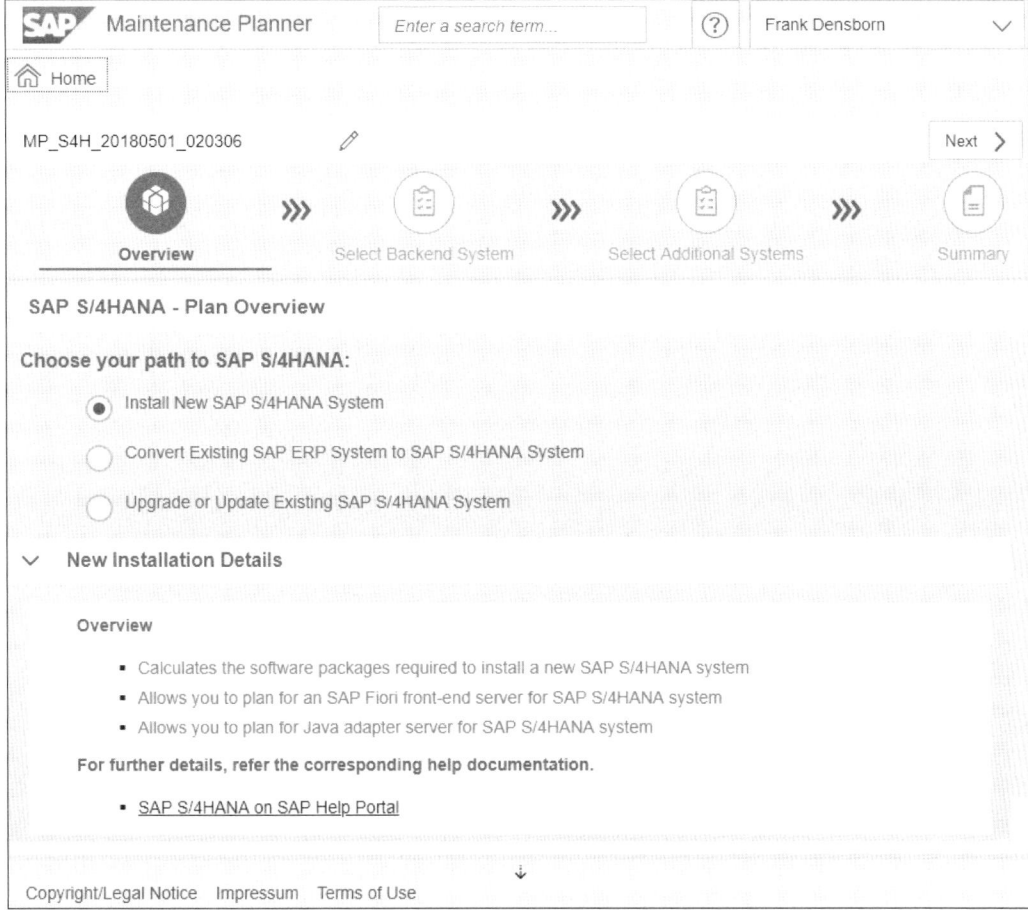

Abbildung 9.2 Der Maintenance Planner dient dem Installieren eines neuen SAP-S/4HANA-Systems oder der Konvertierung eines bestehenden Systems.

Laden Sie über den in Abbildung 9.2 dargestellten Link den *Installation Guide* für Ihre SAP-S/4HANA-Version herunter (Menüpunkt **New Installation Details**). Der Maintenance Planner führt Sie Schritt für Schritt durch den folgenden Installationsvorbereitungsprozess, in unserem Beispiel für SAP S/4HANA 1709 FPS01. Wenn Sie den Prozess durchlaufen haben, können Sie am Ende über die Schaltfläche **Push to Download Basket** (siehe Abbildung 9.3) die Installationsdateien an den SAP Download Manager übergeben und die anderen Dateien direkt über das Tool herunterladen.

Installation Guide

9   Installation und Konfiguration von SAP S/4HANA in der On-Premise-Version oder in der Private Cloud

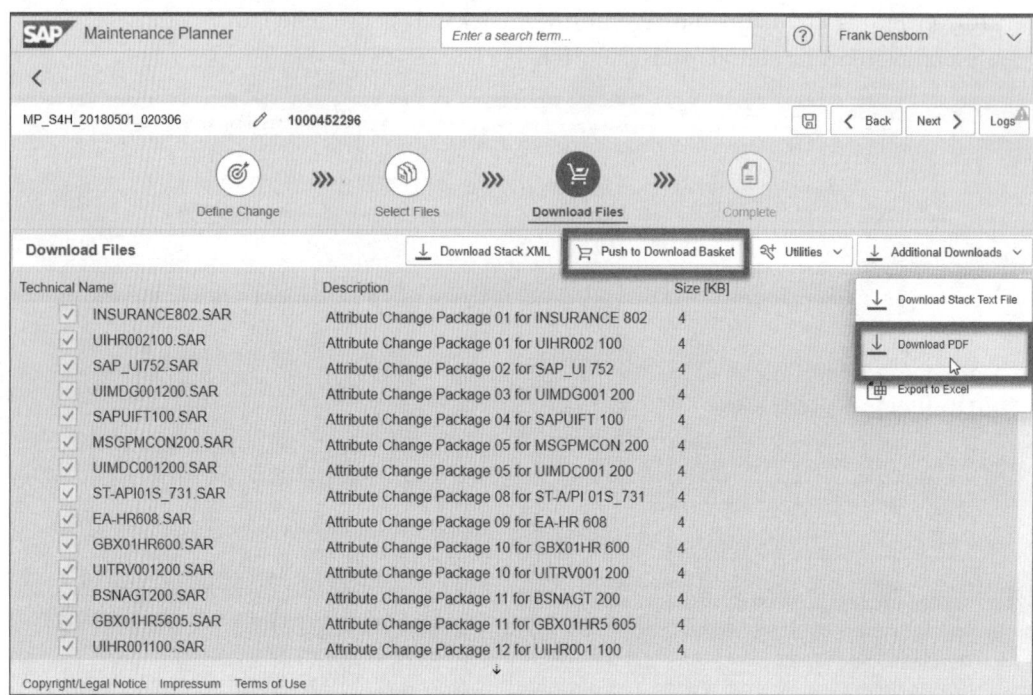

Abbildung 9.3 Download der Dateien mithilfe des Maintenance Planners

Benötigte Werkzeuge
: Das PDF, das Sie über die Schaltfläche **Download PDF** (siehe Abbildung 9.3) herunterladen können, enthält außerdem einen Link zum *SAP Software Download Center*. Des Weiteren benötigen Sie noch die neueste Version des *Support Package Managers* (Transaktion SPAM) und – falls noch nicht vorhanden – eine SAP-HANA-Datenbank. Stellen Sie zusätzlich sicher, die neueste Version des *Software Update Managers* (SUM) installiert zu haben. Obwohl es sich bei Letzterem vor allem um ein Werkzeug für eine Systemkonvertierung handelt, wird der SUM auch während der Neuinstallation für das initiale Patchen verwendet.

Benötigte Informationen
: Für die Installation benötigen Sie die im Maintenance Planner angegebene Betriebssystemversion und die Version der SAP-HANA-Datenbank. (Die Datenbankversion können Sie ebenfalls mit den Eingaben im Maintenance Planner überprüfen.) Wenn Sie SAP HANA bereits implementiert haben, müssen Sie die Datenbank auf die Version patchen, die für Ihre SAP-S/4HANA-Version mindestens notwendig ist, und Sie müssen einen neuen Datenbankcontainer erstellen. Abbildung 9.4 zeigt die für Ihre SAP-S/4HANA-Installation identifizierten und bereitgestellten Download-Dateien im SAP Software Download Center.

9.1 Installation

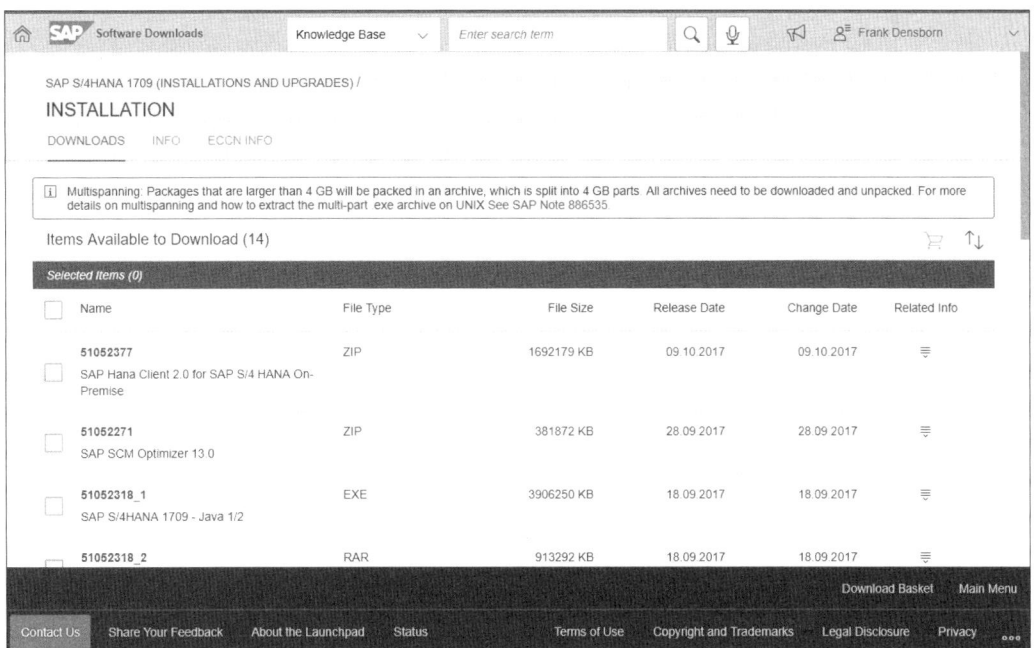

Abbildung 9.4 Bereitgestellte Download-Dateien für die Installation von SAP S/4HANA

Die eigentliche Installation von SAP S/4HANA erfolgt dann über den *Software Provisioning Manager* (SWPM) mit den Dateien, die Sie über den Maintenance Planner heruntergeladen haben. Dieser Prozess dauert mehrere Stunden und wird gemäß dem Installation Guide ausgeführt.

Installation mit SWPM

Nach der erfolgreichen Installation des »nackten« SAP-S/4HANA-Systems wird das SUM-Tool verwendet, um eventuelle Support Packages zu installieren. (Bitte stellen Sie auch sicher, dass Sie die neueste Version des SUM verwenden.)

SUM

Zuvor können Sie eine Archivierung durchführen und ein Backup ziehen. Der SUM-Prozess kann ebenfalls einige Stunden dauern. Add-ons können Sie mit dem *SAP Add-on Installation Tool* (Transaktion SAINT), zusammen mit dem Support Package Manager (Transaktion SPAM) einspielen.

Zu guter Letzt sollten Sie noch einige Bereinigungsarbeiten durchführen. Außerdem fällt noch ein Modifikationsabgleich in der Transaktion SPAU an. Schließlich installieren Sie SAP-Hinweise für Ihre SAP-S/4HANA-Version aus den SAP S/4HANA Release Notes mithilfe der Transaktion SNOTE und spielen die Transporte ein. Anschließend ist Ihre SAP-S/4HANA-Installation komplett und abgeschlossen.

Nacharbeiten

Weitere Informationen zur Installation
Mehr Informationen zur Installation erhalten Sie in der SAP S/4HANA Community (*http://s-prs.de/v429740*) und im SAP S/4HANA Roadmap Viewer (*https://go.support.sap.com/roadmapviewer*).

9.2 Systemkonfiguration

SAP Best Practices

In diesem Abschnitt beschreiben wir die Vorgehensweise zur Konfiguration des Systems mit den SAP Best Practices. Dies ist ein guter Ansatz für die Systemkonfiguration aller Sandbox- und PoC-Systeme. Für die Produktivlandschaft besteht diese Möglichkeit nur, wenn die SAP Best Practices Ihre Kundenanforderungen zufriedenstellend abdecken (siehe unsere Anmerkungen zur Fit-Gap-Analyse in Abschnitt 5.2, »Die Phasen von SAP Activate«).

Nuller-Mandant

In der Welt von SAP ERP und der klassischen SAP Business Suite lautete die Empfehlung von SAP, den größten Teil des Contents aus dem Mandanten 000 (*Nuller-Mandant*) zu kopieren, um während des Implementierungsprojekts einen eigenen kundenspezifischen Mandanten aufzusetzen. Mit den SAP Best Practices wurde die Anzahl der notwendigen Konfigurationstabellen drastisch reduziert (um mehr als den Faktor 10). Die SAP Best Practices beinhalten nur noch die Systemkonfigurationseinstellungen, die zusätzlich zu den notwendigen Basistabellen erforderlich sind, um ein SAP-S/4HANA-On-Premise-System aufzusetzen.

Solche Mandanten mit Content aus den SAP Best Practices nennen wir im Folgenden *Best-Practices-Mandanten*, die anderen Mandanten mit voller Nuller-Mandanten-Konfiguration nennen wir *klassische Mandanten*. Sie können Best-Practices- und klassische Mandanten ohne Probleme gemeinsam in einem SAP-S/4HANA-System laufen lassen (siehe auch Abschnitt 6.3, »Lösungsumfang der Fully-Activated Appliance«).

Mandantenkopie-Profile

In SAP S/4HANA gibt es zwei neue Profile für die Mandantenkopie:

- SAP_UCUS: Customizing und Benutzerstammdaten
- SAP_CUST: Customizing

Sie sollten eines dieser Profile verwenden, um auf Basis des Nuller-Mandanten einen Best-Practices-Mandanten aufzusetzen. Bei dieser Kopie werden nur die notwendigen Tabellen der Auslieferungsklassen C und G in den Zielmandanten kopiert, alle anderen (z. B. Systemtabellen mit Auslieferungsklasse S) nicht. Das Ganze funktioniert nur für Kopien des Nuller-Mandanten und vereinfacht die zukünftige Wartbarkeit, wenn Sie mit dem Rest der Konfiguration beim Standard der SAP Best Practices bleiben. Zukünftige Upgrades von SAP S/4HANA auf höhere Releases betreffen nicht mehr nur die Software, sondern beinhalten auch wiederum den SAP-Best-Practices-Content, der ebenfalls ständig um zusätzliche Funktionalität erweitert wird.

Um das installierte SAP-S/4HANA-System abschließend zu konfigurieren und die SAP Best Practices einzuspielen, werden nach der initialen (Teil-)Mandantenkopie aus dem Nuller-Mandanten verschiedene Werkzeuge eingesetzt. Dies sind der *Solution Builder* für die SAP Best Practices und der *SAP Solution Manager 7.2*, die Sie nicht verwechseln sollten. Mit diesen Tools ist es möglich, die SAP Best Practices entsprechend Ihren kundenspezifischen Anforderungen auf Scope-Item-Ebene für die konkreten Funktionalitäten mit dem sogenannten *Building Block Builder* zu aktivieren. Die Aktivierung der Systemkonfiguration aus den SAP Best Practices findet im Entwicklungssystem statt und wird dann in der Systemlandschaft transportiert.

Solution Builder

Der Prozess der SAP-Best-Practices-Aktivierung kann einige Stunden dauern und wird gemäß dem *SAP S/4HANA Admin Guide* ausgeführt. Bei Aktivierung der SAP Best Practices für die USA besteht auch die Möglichkeit, eine Integration mit dem dort verwendeten Vertex-Steuersystem einzurichten. Nach der erfolgreichen Aktivierung der SAP Best Practices mit diesen Tools sind nur noch einige manuelle Nacharbeiten durchzuführen.

SAP S/4HANA Admin Guide

> **SAP S/4HANA Admin Guide**
>
> Laden Sie sich eine PDF-Version des SAP S/4HANA Admin Guides herunter, sodass Sie auch offline darauf zugreifen können. Über den folgenden Link gelangen Sie zu dem Admin Guide für SAP S/4HANA; dort sind aber auch Absprünge in andere On-Premise-Versionen verfügbar: *http://s-prs.de/v429742*. Um das Dokument als PDF herunterzuladen, verwenden Sie die Schaltfläche **Download as PDF** oben rechts in der Hypertext-Version des SAP S/4HANA Admin Guides.

[«]

Der Prozess der Konfiguration im Entwicklungssystem sieht folgendermaßen aus:

Systemkonfiguration im Entwicklungssystem

1. Importieren Sie den Referenzmandanten:
   – Laden Sie die aktuellste Solution-Scope-Datei und die Installationsdateien herunter.

– Laden Sie die Dateien in das SAP-S/4HANA-System hoch, um Einstellungen vorzunehmen und Stammdaten anzulegen.

– Importieren Sie die Einstellungen mithilfe der Solution-Scope-Datei in den Solution Builder.

2. Wählen Sie mithilfe der Scope Items den Lösungsumfang (Scope) aus, den Sie aktivieren wollen.

3. Nehmen Sie die eigentliche Aktivierung des Systems vor.

Building Blocks Während der Aktivierung des Systems implementieren Sie die entsprechenden Building Blocks in der vorgegebenen Reihenfolge. Dabei dient Ihnen der Solution Builder als Implementierungsassistent. Zu den Building Blocks gehören auch Testdaten (Stammdaten), die über *eCATT* angelegt werden, und Einstellungen, die mittels *Business Configuration Sets* (BC Sets) eingespielt werden.

Customizing-Transporte Die Empfehlung von SAP lautet, keine Content-Aktivierung in Qualitätssicherungs- und Produktivsystemen durchzuführen. Stattdessen kann die Systemkonfiguration mithilfe des Transportwesens durch die Systemlandschaft transportiert werden. Dafür erstellen Sie zunächst sowohl im Qualitätssicherungssystem als auch im Produktivsystem eine Mandantenkopie mit dem Profil SAP_CUST aus dem Nuller-Mandanten, um die Best-Practices-Mandanten anzulegen. Danach wird das Customizing aus dem Best-Practices-Mandanten im Entwicklungssystem über Customizing- und Workbench-Aufträge in der folgenden Reihenfolge transportiert:

1. SAP Best Practices mit dem Customizing aus der initialen Aktivierung

2. zusätzliches kundenspezifisches IMG-Customizing (d. h. über den Implementierungsleitfaden durchgeführtes Customizing)

3. weitere Einstellungen des Nuller-Mandanten (z. B. gemäß SAP-Hinweis 2272406), falls notwendig

Die Transportaufträge für die SAP Best Practices (Schritt 1) und die Aufträge mit kundeneigenem Customizing (Schritt 2) werden deswegen getrennt abgewickelt, damit Sie in jedem Fall auch zukünftig Updates der SAP Best Practices erfolgreich einspielen können. Auf diese Weise wird die Zukunftssicherheit Ihres SAP-S/4HANA-Systems gewahrt und eine bessere Wartbarkeit ermöglicht.

Transportweg Der Transportweg in der SAP-S/4HANA-Landschaft verläuft standardmäßig vom Entwicklungs- über das Qualitätssicherungs- in das Produktivsystem. Wie bereits erwähnt, findet keine Content-Aktivierung für die SAP Best Practices im Qualitätssicherungs- oder Produktivsystem statt. Dennoch können manuelle Nacharbeiten (wie im Admin Guide beschrieben) in den einzelnen Systemen erforderlich sein.

9.2 Systemkonfiguration

Es ist Ihre Entscheidung, ob Sie die SAP Best Practices für die Systemkonfiguration nutzen oder nicht. Tabelle 9.1 zeigt Ihnen die Vor- und Nachteile ihrer vollständigen Nutzung sowie auch die Vor- und Nachteile einer nur teilweisen Nutzung als Alternative auf.

Alternativen für die Systemkonfiguration

Option zur Systemkonfiguration	Vorteile	Nachteile
Klassischer Mandant: klassische Vollkopie des Nuller-Mandanten (mit allen Konfigurationstabellen) ohne Verwendung der Systemkonfiguration aus den SAP Best Practices	<ul><li>umfassende Konfiguration der meisten Funktionsbereiche</li><li>Die Vorgehensweise ist die von SAP ERP und der klassischen SAP Business Suite.</li></ul>	<ul><li>Ungenutzte Konfiguration erschwert zukünftige Wartbarkeit.</li><li>keine Dokumentation</li><li>keine konsistenten und verknüpften Prozesse</li></ul>
Alternative: klassische Vollkopie des Nuller-Mandanten (mit allen Konfigurationstabellen) und zusätzlich aktivierten SAP Best Practices	<ul><li>umfassende Konfiguration der meisten Funktionsbereiche</li><li>teilweise konsistente und verknüpfte Prozesse (SAP Best Practices)</li><li>teilweise dokumentiert (SAP Best Practices)</li></ul>	<ul><li>Ungenutzte Konfiguration erschwert zukünftige Wartbarkeit.</li><li>teilweise doppelte oder inkonsistente Konfiguration, da zwei unterschiedliche Konfigurationen zugrunde liegen</li></ul>
Best-Practices-Mandant: eigener, neu angelegter Best-Practices-Mandant (mit reduzierten Konfigurationstabellen) und SAP Best Practices	<ul><li>konsistente und verknüpfte Prozesse</li><li>gut dokumentiert</li><li>Nur die notwendige Konfiguration wird genutzt; dies vereinfacht die Wartbarkeit.</li></ul>	<ul><li>Die SAP Best Practices sind noch nicht für den gesamten Lösungsumfang von SAP S/4HANA, On-Premise-Version verfügbar.</li></ul>

Tabelle 9.1 Vergleich der unterschiedlichen Konzepte für eine SAP-S/4HANA-Systemkonfiguration

---

Freiheit bei der Wahl der Konfigurationsmethode

Das On-Premise-System kann auch ganz ohne SAP Best Practices aufgesetzt und dann manuell konfiguriert werden.

9 Installation und Konfiguration von SAP S/4HANA in der On-Premise-Version oder in der Private Cloud

Vergleich mit der SAP S/4HANA Cloud

Für SAP S/4HANA, On-Premise-Version beschleunigt der in diesem Abschnitt beschriebene vorkonfigurierte Content aus den SAP Best Practices die Implementierung, aber im Gegensatz zur SAP S/4HANA Cloud ist es nicht zwingend notwendig, die SAP Best Practices zu nutzen.

Während die SAP Best Practices in SAP S/4HANA Cloud alle möglichen Prozesse abdecken, ist dies in der On-Premise-Welt noch nicht gegeben, um den Kunden größtmögliche Freiheit bei der Konfiguration zu geben. Aufgrund dieser Tatsache ist das Durchführen des Fit-Gap-Workshops (siehe Abschnitt 5.2, »Die Phasen von SAP Activate«) auch so entscheidend für eine erfolgreiche Implementierung von SAP S/4HANA.

> **Weitere Informationen und Klick-Demos zur Systemkonfiguration von SAP S/4HANA, On-Premise-Version**
>
> - Eine Klick-Demo zur Konfiguration von SAP S/4HANA finden Sie hier: http://s-prs.de/v429743
> - Eine Klick-Demo zur Benutzerverwaltung von SAP S/4HANA finden Sie hier: http://s-prs.de/v429744

9.3 Den Frontendserver für die SAP-Fiori-Benutzeroberfläche einrichten

SAP Fiori Launchpad

Das SAP Fiori Launchpad, das entweder in einem Internetbrowser oder im Fall von SAP S/4HANA, On-Premise-Version auch im SAP Business Client läuft, ist der einzige und allumfassende Zugangspunkt des Endanwenders zu dem SAP-S/4HANA-System (siehe Abschnitt 2.4, »Die SAP-Fiori-Benutzeroberflächen«).

Frontendserver (FES)

Für die SAP-Fiori-Benutzeroberflächen benötigt SAP S/4HANA noch den sogenannten *Frontendserver* (*FES*), denn das SAP Fiori Launchpad kann nicht direkt mit dem Backendserver kommunizieren. Technisch handelt es sich bei dem Frontendserver um *SAP Gateway*. Haben Sie bereits ein SAP-Gateway-System im Einsatz, könnten Sie dieses auch als Frontendserver für SAP S/4HANA verwenden.

Da das SAP Fiori Launchpad über den Frontendserver kommuniziert, meldet sich der Benutzer nicht direkt am SAP-S/4HANA-Backend, sondern am Frontendserver an. Da SAP GUI weiterhin genutzt werden kann, würde der Benutzer beim direkten Zugriff auf SAP-GUI-Oberflächen zwischen SAP GUI und SAP Fiori mit zwei verschiedenen Anmeldewegen hin- und herspringen. Daher wird die Verwendung des SAP Fiori Launchpads als Einstiegspunkt in SAP S/4HANA und als neue vereinheitlichte Benutzeroberfläche des SAP-Systems empfohlen. Für den Anwender wird dadurch ein Wechseln zwischen verschiedenen Programmen überflüssig, wie es früher in der klassischen SAP Business Suite erforderlich war, wenn sich Inhalte aus dem SAP GUI im Internetbrowser geöffnet haben.

Wir beschreiben Ihnen im Folgenden das Einrichten des Frontendservers. Wenn Sie ein existierendes SAP-Gateway-System verwenden wollen, müssen Sie auf die für Ihre SAP-S/4HANA-Version notwendige SAP-NetWeaver- und Patch-Version achten. Mit SAP S/4HANA 1511 und höher ist bei einer eigenen Frontendserver-Installation oder bei der Nutzung eines existierenden Frontendservers mindestens SAP NetWeaver 7.50 obligatorisch. Dabei werden nur noch die Datenbanken SAP HANA, SAP MaxDB und SAP Adaptive Server Enterprise (SAP ASE) unterstützt (siehe SAP-Hinweis 2214245).

SAP-Gateway-Version

Folgende Komponenten sind Bestandteil des Frontendservers und werden für die Benutzeroberfläche von SAP S/4HANA genutzt:

Komponenten

- Der *Webserver* übermittelt die Daten mittels SAPUI5-Technologie an den Internetbrowser, den Sie auf dem Rechner oder einem mobilen Gerät nutzen.
- SAP Gateway kommuniziert mittels *OData-Services* mit dem SAP-S/4HANA-Backend.
- Der *SAP Fiori Launchpad Provider* hält das Datenmodell und die Services für das SAP Fiori Launchpad bereit.

Für analytische SAP-Fiori-Apps ist zusätzlich noch ein *SAP Web Dispatcher* (Reverse Proxy) notwendig.

Möchten Sie für den Frontendserver keine eigene Landschaft einrichten, besteht die Möglichkeit, diesen in der *SAP Fiori Cloud* on demand zu nutzen. In diesem Fall kommuniziert der Frontendserver in der Cloud über den *SAP Cloud Platform Cloud Connector* und die SAP Cloud Platform (vormals SAP HANA Cloud Platform) direkt mit Ihrer On-Premise-Landschaft (siehe Abschnitt 9.3.2, »SAP Fiori Cloud«).

SAP Fiori Cloud

Damit ergeben sich unterschiedliche Möglichkeiten, den Frontendserver in die eigene Systemlandschaft einzubinden. Diese Möglichkeiten betreffen die Art und Weise der Nutzung (on premise oder Cloud) und im On-Premise-Fall die Art und Weise der Installation (Central-Hub- oder Add-on-Deployment):

Deployment-Optionen

- *Central-Hub-Deployment* des Frontendservers für SAP Fiori
- *Add-on-Deployment* des Frontendservers für SAP Fiori (auch *Embedded* oder *Co-Deployment*)

- *SAP Fiori Cloud* über ein eigenes, on premise installiertes SAP-Gateway-System
- SAP Fiori Cloud ohne eigenes SAP-Gateway-System (*Full Fiori Cloud*)

Jede dieser Möglichkeiten hat ihre Vor- und Nachteile, die wir uns nun etwas näher anschauen. Anhand der Überlegungen in den folgenden Abschnitten können Sie die Möglichkeit bestimmen, die für Ihre Landschaft und Ihre technischen und fachlichen Anforderungen am besten geeignet ist.

[»]

Online-Unterstützung bei der Auswahl der Deployment-Option

Die folgenden beiden Links zum *SAP Enterprise Architecture Explorer* führen zu Empfehlungen für die Frontendserver-Landschaft:
- *http://s-prs.de/v631637*
- *http://s-prs.de/v631638*

9.3.1 On-Premise-Installation des Frontendservers

Central Hub

Dieser Abschnitt beschreibt die Implementierung oder das Nutzen eines On-Premise-Frontendservers. Auch wenn sich dadurch ein weiteres SAP-NetWeaver-System in Ihrer Systemlandschaft ergibt, hat die Installation des Frontendservers als Central Hub folgende Vorteile gegenüber der Embedded- oder Add-on-Implementierung im gleichen System:

- Software-Updates für SAP Fiori sind vom SAP-S/4HANA-Backendsystem entkoppelt.
- User-Interface-(UI-)Innovationen für SAP Fiori und anderer UI-Content können schneller konsumiert werden.
- Der Frontendserver für SAP S/4HANA kann zusätzlich auch als Frontendserver für andere Systeme in der gleichen SAP-Systemlandschaft genutzt werden.
- Es besteht eine bessere Skalierbarkeit, da die Leistungsanpassung des Systems für eine wachsende Anzahl an Benutzern unabhängig vom Backend durchgeführt werden kann.
- Es besteht erhöhte Datensicherheit aufgrund der Trennung von Anzeigeserver und Datenhaltungsserver.

Add-on

Aus diesen Gründen ist es zwar technisch möglich, den Frontendserver als Embedded oder Add-on-Deployment auf dem gleichen System zu implementieren, auf dem das SAP-S/4HANA-Backend installiert ist, aber für produktive Landschaften ist das nicht empfehlenswert. Diese Art der Implementierung ist eher für Testsysteme geeignet (wie bei der SAP S/4HANA

Fully-Activated Appliance, die einen eingebetteten Frontendserver beinhaltet, siehe Abschnitt 6.2).

Der Neuinstallation des Frontendservers geht ebenso wie der eigentlichen Installation des SAP-S/4HANA-Systems (siehe Abschnitt 9.1, »Installation«) ein initiales Sizing voraus. Danach erfolgt die Installation über den Software Provisioning Manager (SWPM), gefolgt von der Implementierung der für SAP S/4HANA notwendigen Add-ons für den Frontendserver.

Installation

Anschließend sind noch einige manuelle Nacharbeiten durchzuführen, die vor allem die Konfiguration betreffen. Die notwendigen Installationsdateien erhalten Sie mithilfe des Maintenance Planners, wie bereits in Abschnitt 9.1, »Installation«, für SAP S/4HANA beschrieben wurde.

Weiterführende Informationen zur Implementierung

Unter dem folgenden Link finden Sie noch mehr und aktuelle Informationen zur Implementierung des Frontendservers: *http://s-prs.de/v631639*

9.3.2 SAP Fiori Cloud

SAP Fiori Cloud ist ein neues, einfaches Cloud-Deployment des Frontendservers für SAP-Systeme (ursprünglich auch als *Fiori as a Service*, FaaS, bezeichnet). Die SAP Fiori Cloud läuft auf der SAP Cloud Platform und konsumiert die Daten aus Ihrem SAP-S/4HANA-On-Premise-System. Technisch gesehen wird Ihre SAP-S/4HANA-Landschaft dadurch zu einer hybriden Landschaft, da ein Teil – der Frontendserver – in der Cloud implementiert ist. Ihre Daten bleiben dabei jedoch in Ihrem eigenen Datencenter vor Ort und sind davon nicht betroffen. SAP Fiori Cloud ist eine gute Möglichkeit, die Kosten der SAP-S/4HANA-Implementierung zu senken und Sicherheitsbedenken bezüglich der Cloud-Implementierung zu begegnen.

SAP Cloud Platform

SAP Fiori Cloud ermöglicht Ihnen den produktiven Einsatz von SAP Fiori ohne eigenen Frontendserver. Die SAP Fiori Cloud wird von allen SAP-Cloud-Platform-Datencentern angeboten und umfasst zahlreiche SAP-Fiori-Apps. Unter *https://www.sapfioritrial.com* können Sie über die *SAP Fiori Cloud Demo* ausgewählte SAP-Fiori-Apps entdecken.

Mit SAP Fiori Cloud können ähnlich wie beim Central-Hub-Deployment eines einzelnen Frontendservers (siehe Abschnitt 9.3.1, »On-Premise-Installation des Frontendservers«) ebenfalls mehrere SAP-Systeme angebunden werden. Somit kann die SAP-Fiori-Technologie auch auf Ihre bestehende SAP-Landschaft ausgeweitet werden. Des Weiteren können SAP-Fiori-Apps mittels *SAP Web IDE* erweitert und angepasst sowie neue kundenspezifische Apps erstellt werden. Die Daten werden dabei mittels *SAP Cloud Plat-*

form ODataProvisioning – einer Art Proxy auf der SAP Cloud Platform, der nach außen OData anbietet – aus den On-Premise-Systemen abgerufen.

Mit oder ohne eigenen SAP-Gateway-Server

Die SAP Fiori Cloud kann entweder mit eigenem (On-Premise-)SAP-Gateway-Server eingesetzt werden oder komplett in der Cloud ohne eigenen SAP-Gateway-Server. Tabelle 9.2 beschreibt die Vor- und Nachteile dieser beiden Möglichkeiten.

Deployment-Option	Vorteile	Nachteile
SAP Fiori Cloud mit SAP Gateway on premise	volle Funktionalität von SAP Gateway	SAP Gateway muss selbst gewartet und aktuell gehalten werden.
SAP Fiori Cloud (Full Fiori Cloud) – ohne eigene SAP-Gateway-Installation	minimale Einrichtungs- und Wartungskosten für die gesamte SAP-Fiori-Infrastruktur	Die Funktionalität von SAP Gateway ist eingeschränkt (siehe SAP-Hinweis 1830712).

Tabelle 9.2 Vergleich der Deployment-Möglichkeiten für die SAP Fiori Cloud

Bei Nutzung der vollen SAP Fiori Cloud werden nicht alle Funktionen von SAP Gateway unterstützt. Dies liegt an Einschränkungen in SAP Cloud Platform OData Provisioning.

Voraussetzungen

Zum Schluss bleibt nur noch zu erwähnen, dass beim Nutzen der SAP Fiori Cloud neben dem SAP Cloud Platform Cloud Connector für die Verbindung zum Backendsystem auch die SAP-Gateway-Verbindung und die Backendkomponenten von SAP Fiori in SAP S/4HANA konfiguriert sein müssen. Außerdem müssen bei mehreren SAP-Backendsystemen – auch Nicht-SAP-S/4HANA-Systemen – diese über die gleiche Version von SAP Cloud Platform OData Provisioning verfügen.

SAP Fiori Apps Reference Library

In der SAP Fiori Apps Reference Library (siehe Abschnitt 2.4, »Die SAP-Fiori-Benutzeroberflächen«) können Sie speziell nach den in der SAP Fiori Cloud verfügbaren SAP-Fiori-Apps filtern, um sich einen Überblick über die Einschränkungen in diesem Fall zu verschaffen.

Weiterführende Informationen zur SAP Fiori Cloud

Unter den folgenden Links finden Sie noch mehr und aktuelle Informationen zur Nutzung der SAP Fiori Cloud:

- Help-Portal: *http://s-prs.de/v631640*
- Produktübersicht: *http://s-prs.de/v429749*

Kapitel 10
Systemkonvertierung eines Einzelsystems

Bei der Konvertierung eines Einzelsystems wird ein bestehendes SAP-ERP-System in ein SAP-S/4HANA-System konvertiert. Sie werden dabei durch Methoden und Funktionen unterstützt, um den notwendigen Anpassungsbedarf zu identifizieren und die Anpassungen umzusetzen.

Mit *Systemkonvertierung* wird das Übergangsszenario bezeichnet, in dem ein einzelnes SAP-ERP-System in ein SAP-S/4HANA-On-Premise-System konvertiert wird. Gemäß der bei IT-Transformationsprojekten üblichen Begrifflichkeit kann man dieses Szenario dem sogenannten *Brownfield-Ansatz* zuordnen. Im Gegensatz zu der Neuimplementierung eines SAP-S/4HANA-Systems (Greenfield-Verfahren) bleiben nach der Systemkonvertierung grundsätzlich Applikationsdaten, Konfigurationsdaten und Eigenentwicklungen erhalten. Das Verfahren der Systemkonvertierung steht ausschließlich für die On-Premise-Variante von SAP S/4HANA zur Verfügung.

Mit der Konvertierung des SAP-ERP-Systems in ein SAP-S/4HANA-System findet auch der Übergang in die SAP-S/4HANA-Produktfamilie statt. Es erfolgt ein Umstieg auf die In-Memory-Datenbank SAP HANA (falls er nicht schon erfolgt ist), und die bei der Entwicklung von SAP S/4HANA vorgenommenen Vereinfachungen werden umgesetzt (siehe Abschnitt 1.2, »Das Versprechen von SAP S/4HANA«). In diesem Kapitel stellen wir Ihnen die Verfahren und Tools vor, die dazu verwendet werden.

> **Verwendung des Begriffs »Systemkonvertierung«**
> Da mit der Umwandlung eines existierenden SAP-ERP-Systems in ein SAP-S/4HANA-System auch der Umstieg auf ein anderes Softwareprodukt erfolgt, wird für dieses Umstiegsszenario der Begriff *Systemkonvertierung* verwendet. Es handelt sich hier nicht um ein Upgrade, da dieser Begriff für das Einspielen einer neuen Version des gleichen Produkts steht.

10.1 Das Systemkonvertierungsprojekt im Überblick

Mehr als eine technische Prozedur

Bei der Systemkonvertierung müssen Sie zwei Seiten betrachten: zum einen die technische Prozedur, mit der die SAP-S/4HANA-Software eingespielt wird, zum anderen den Wechsel zu einem neuen Produkt, in dem nicht alles so ist, wie in SAP ERP.

Wie in Abbildung 10.1 dargestellt, erfordert der Umstieg auf SAP S/4HANA neben den technischen Konvertierungsschritten auch Anpassungen des funktionalen Umfangs und der Datenstruktur.

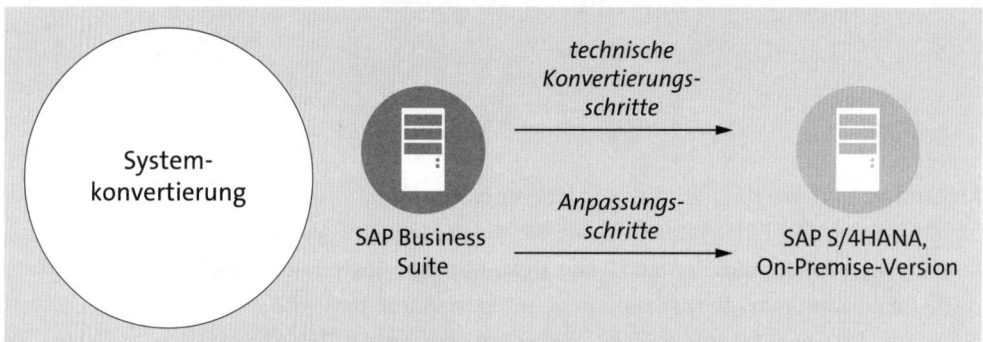

Abbildung 10.1 Systemkonvertierung nach SAP S/4HANA – technische Konvertierung und Anpassungsbedarf

Beispiel: Kreditmanagement

Als ein Beispiel für den Anpassungsbedarf sei an dieser Stelle noch einmal die Funktion des Kreditmanagements angeführt, die wir schon in Abschnitt 1.2.1, »Vereinfachung der Funktionalität«, vorgestellt haben. In SAP S/4HANA wird gemäß dem Principle of One nur eine Kreditmanagement-Lösung unterstützt, was bei bestimmten Kunden Anpassungen nach sich ziehen kann. Ein Kunde, der in SAP ERP das Kreditmanagement/Risikomanagement (SD-BF-CM) nutzt, muss im Rahmen des Übergangs nach SAP S/4HANA den Wechsel zum neuen SAP Credit Management (FIN-FSCM-CR) einplanen. Anzumerken ist, dass SAP Credit Management bereits im Rahmen von SAP ERP verfügbar ist. Entsprechend kann diese Umstellung auch bereits *vor* der Systemkonvertierung erfolgen. Neben dem funktionalen Anpassungsbedarf aufgrund des unterschiedlichen Lösungsumfangs von SAP S/4HANA kann die Vereinfachung der Datenstrukturen auch Auswirkungen auf die Eigenentwicklungen des Kunden haben.

Anpassungsbedarf ermitteln

Bei der Ermittlung des Anpassungsbedarfs, der beim Umstieg auf SAP S/4HANA entsteht, werden Sie von unterschiedlichen Methoden und Tools unterstützt, die in die einzelnen Phasen des Konvertierungsprojekts integriert sind:

- **Simplification List**
  Die Simplification List beschreibt auf funktionaler Ebene den potenziellen Anpassungsbedarf, der bei der Systemkonvertierung von SAP ERP nach SAP S/4HANA entsteht. Weitere Details hierzu finden Sie in Abschnitt 10.2.2.

- **Maintenance Planner**
  Mit dem Maintenance Planner wird die Systemkonvertierung simuliert und geplant. Der Maintenance Planner informiert Sie über Add-ons (SAP- oder Partner-Add-ons) und Business Functions, die in SAP S/4HANA nicht bzw. noch nicht unterstützt werden. Lesen Sie dazu auch Abschnitt 10.2.3.

- **Simplification Item Checks**
  Mit den Simplification Item Checks (kurz SI-Checks) können Sie herausfinden, welche funktionalen Anpassungen beim Übergang nach SAP S/4HANA durchzuführen sind. Die SI-Checks werden in Form von SAP-Hinweisen bereitgestellt und können auf dem SAP-Business-Suite-Ausgangssystem implementiert und ausgeführt werden (siehe auch Abschnitt 10.2.4).

- **Custom Code Analysis**
  Im Rahmen der Custom Code Analysis bestimmen Sie den Anpassungsbedarf für kundeneigene Programme beim Umstieg auf SAP S/4HANA. Im ABAP Test Cockpit (ATC) stehen Ihnen dazu spezifische SAP-S/4HANA-Prüfvarianten zur Verfügung, mit denen Sie den Umstellungsaufwand bestimmen können. Anpassungen des kundeneigenen Codings sind dann notwendig, wenn es sich auf geänderte Datenstrukturen oder den geänderten Funktionsumfang in SAP S/4HANA bezieht. Weitere Details erfahren Sie in Abschnitt 10.2.5, »Anpassung von Eigenentwicklungen«.

Das Einspielen der SAP-S/4HANA-Software erfolgt bei der Systemkonvertierung sowie auch bei anschließenden Updates und Upgrades mit dem *Software Update Manager* (SUM). Der SUM bietet Optionen zur Reduzierung der Downtime während des Umstiegsprojekts und wird im Rahmen des Software Logistics Toolsets (SL Toolset) regelmäßig aktualisiert. In Abschnitt 10.2.7 erläutern wir die Anwendung des SUM.

Software Update Manager

- Mit dem SAP Readiness Check für SAP S/4HANA steht Ihnen auch ein kostenfreier Service (Teil des Standard-Supports) zur Verfügung, der Ihnen in einem übersichtlichen Dashboard die wichtigsten Aspekte der SAP-S/4HANA-Systemkonvertierung darstellt. Sie können den SAP Readiness Check für SAP S/4HANA in Ihren Produktiv- und Entwicklungs-

SAP Readiness Check für SAP S/4HANA

systemen ausführen (oder auch in entsprechenden Systemkopien). Abbildung 10.2 zeigt an einem Beispielkunden den Ergebnisbildschirm eines SAP Readiness Checks.

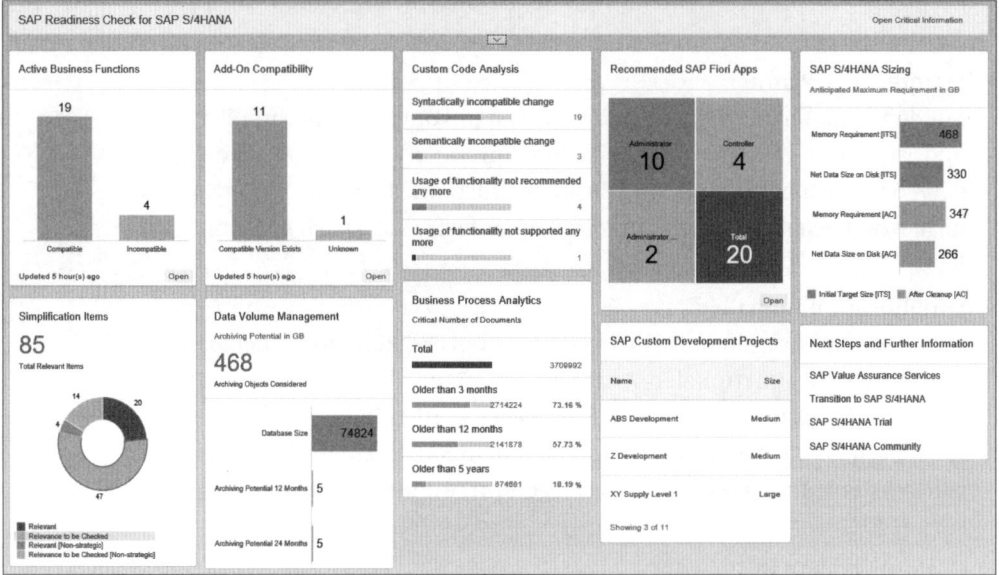

Abbildung 10.2 SAP Readiness Check für SAP S/4HANA

- Neben den Informationen über relevante Simplification Items und den Anpassungen der Eigenentwicklungen werden weitere technische Systeminformationen angezeigt, die für die Konvertierung relevant sind. Mit Blick auf Ihre Systeme werden beispielsweise Informationen zum Datenbank-Sizing sowie Empfehlungen bereitgestellt. Ferner werden die in Ihren Systemen aktiven Business Functions bezüglich ihrer Kompatibilität mit SAP S/4HANA dargestellt. Basierend auf Ihren Nutzungsdaten werden zudem Empfehlungen für mögliche SAP-Fiori-Apps gegeben.

Weiterführende Informationen

Weitere Informationen zum SAP Readiness Check für SAP S/4HANA finden Sie hier:

- http://s-prs.de/v631658
- http://s-prs.de/v631659

10.1.1 Ablauf der Systemkonvertierung

In Abbildung 10.3 sind die grundsätzlichen Schritte abgebildet, die bei einer SAP-S/4HANA-Systemkonvertierung durchzuführen sind. Außerdem sehen Sie die Werkzeuge, die Sie während dieser Schritte verwenden.

Projektphasen und Werkzeuge

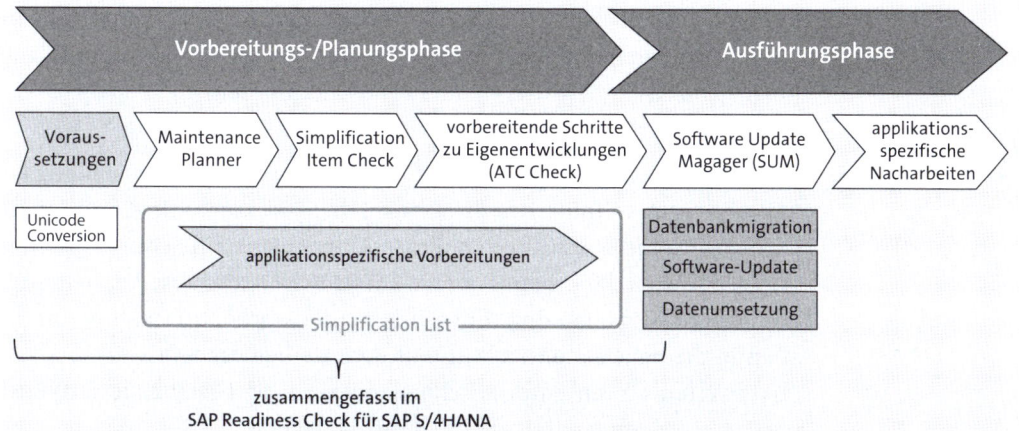

Abbildung 10.3 Schritte und Werkzeuge im Rahmen der Systemkonvertierung

In der Vorbereitungs- und Planungsphase des Systemkonvertierungsprojekts müssen die Systemvoraussetzungen überprüft werden. So wird beispielsweise für ältere SAP-Releases (z. B. SAP R/3 Enterprise Edition 4.6C) keine Systemkonvertierung in einem Schritt angeboten. Sollte Ihr System noch ein Non-Unicode-System sein, muss vor der SAP-S/4HANA-Systemkonvertierung eine Unicode-Konvertierung durchgeführt werden. In der Vorbereitungs- und Planungsphase sollten Sie sich einen Überblick über die anstehenden Anpassungen verschaffen. Hierzu können Sie den SAP Readiness Check für SAP S/4HANA nutzen. Dabei werden die relevanten Ergebnisse der einzelnen Werkzeuge wie Simplification List, Maintenance Planner, Simplification Item Checks und ATC-Checks zu Eigenentwicklungen gut verständlich dargestellt.

Vorbereitungs- und Planungsphase

Sie müssen sich in dieser Phase beispielsweise entscheiden, in welchem Zeitrahmen Sie auf die neuen vereinfachten Prozesse umstellen wollen und ab wann Sie z. B. die neuen SAP-Fiori-basierten Benutzeroberflächen nutzen möchten oder welche SAP-GUI-Transaktionen Sie nach der Systemkonvertierung noch weiterhin verwenden wollen.

Grundsätzlich stehen die Werkzeuge und Funktionen zur Vorbereitung und Planung bereits in dem SAP-ERP-Ausgangssystem zur Verfügung. Da auch viele der notwendigen Anpassungen bereits in diesem System durch-

Vorbereitungen im Ausgangssystem

geführt werden können und einige davon auch vor der Konvertierung ausgeführt werden müssen, empfiehlt es sich, diese Vorbereitungs- und Planungsschritte bereits in einer sehr frühen Phase des Konvertierungsprojekts durchzuführen.

Anpassungs- und Testphase

In der Anpassungs- und Testphase (siehe Abbildung 10.4) konvertiert der Kunde sein Entwicklungssystem (siehe Abschnitt 10.1.2, »Konvertierung im Systemverbund«) und führt dort die geplanten Anpassungen durch. Tests (im Regelfall ist von mehreren Iterationen auszugehen) und Endanwenderschulungen bereiten dann den Go-live vor.

Ausführungsphase

In der Ausführungsphase führt der Kunde die technische Umstellung auf SAP S/4HANA mithilfe des SUM aus. Der SUM kombiniert drei Einzelschritte in einem integrierten Prozess. In einem Ein-Schritt-Verfahren erfolgen sowohl der Umstieg auf die SAP-HANA-Datenbank, der Austausch der Software als auch die Konvertierung der Applikationsdaten von der alten in die neue Datenstruktur. Mit dem Go-live des SAP-S/4HANA-Produktivsystems kann dann anschließend auch die bestehende SAP-Business-Suite-Systemlandschaft zurückgebaut werden.

Abbildung 10.4 zeigt die Einzelaufgaben in den Phasen eines SAP-S/4HANA-Konvertierungsprojekts noch einmal im Überblick.

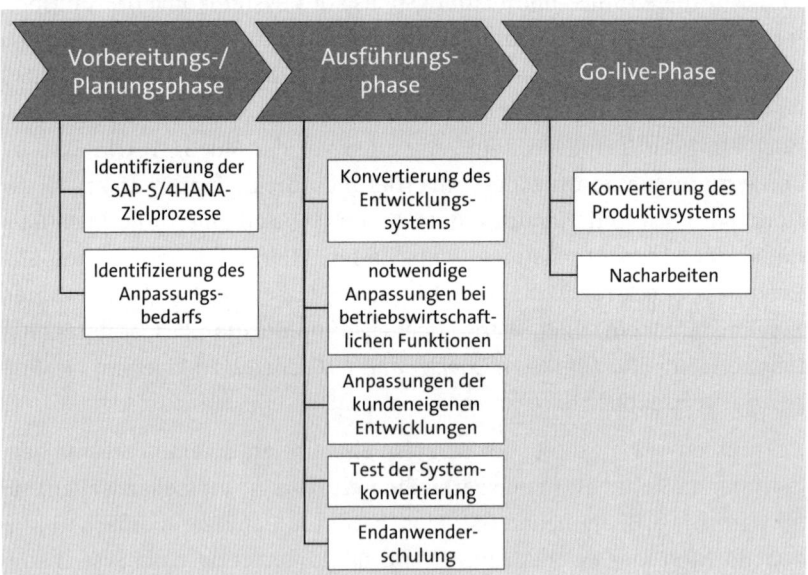

Abbildung 10.4 Aufgaben in den Projektphasen einer Systemkonvertierung

In Abschnitt 10.2, »Konvertierung eines Einzelsystems durchführen«, gehen wir ausführlich auf die einzelnen Schritte der Konvertierung ein.

> **Weiterführende Informationen**
>
> - Grundsätzliche Informationen über den Ablauf einer SAP-S/4HANA-Systemkonvertierung finden Sie im »Conversion Guide for SAP S/4HANA«. Dieser ist in der Hilfe zur On-Premise-Version von SAP S/4HANA verlinkt (*https://help.sap.com/s4hana*).
> - Zusätzliche Informationen zu den spezifischen Vorbereitungs- und Nachbereitungsschritten im Bereich des Rechnungswesens finden Sie in SAP-Hinweis 2332030.

10.1.2 Konvertierung im Systemverbund

Eine Rahmenbedingung der SAP-S/4HANA-Systemkonvertierung ist die Systemlandschaft des Kunden. Üblicherweise besteht eine Systemlandschaft aus einem Systemverbund mehrerer SAP-ERP-Systeme, die über Transportwege miteinander verbunden sind. So ist es in jedem Fall zu empfehlen, die Entwicklungs- und Testaktivitäten von dem produktiven Betrieb zu trennen. Zum Testen und Verifizieren der Entwicklungen wird dem Systemverbund üblicherweise noch ein Konsolidierungssystem hinzugefügt. Dies führt dann zu einer Drei-System-Landschaft, wie sie von der Mehrheit der SAP-ERP-Kunden betrieben wird.

Mehrsystemlandschaft

> **Landschaften mit mehreren Produktivsystemen**
>
> Es gibt auch Konstellationen mit mehreren produktiven Systemen. Diese findet man beispielsweise zur Abbildung einer Regionalstruktur mit Niederlassungen in verschiedenen Ländern. In diesem Abschnitt des Buches konzentrieren wir uns jedoch auf die Konstellationen einer Drei-System-Landschaft mit einem produktiven System.

Bei der Konvertierung eines Einzelsystems muss immer der gesamte Systemverbund betrachtet werden. Letztlich muss jedes System im Systemverbund auf SAP S/4HANA umgesetzt werden, um die weiterhin erforderliche Aufgabentrennung der einzelnen Systeme im Systemverbund auch mit SAP S/4HANA fortzusetzen.

Eine allgemeine Empfehlung für die Umsetzung eines Systemverbundes kann nicht gegeben werden, da die Kundenanforderungen zu unterschiedlich sind. Abbildung 10.5 zeigt daher nur in abstrahierender Weise, wie die Umsetzung eines Systemverbundes erfolgen kann.

Ablauf der Konvertierung des Systemverbundes

Zunächst werden das Entwicklungs- und Qualitätssicherungssystem nach SAP S/4HANA konvertiert. Das SAP-S/4HANA-Entwicklungssystem entsteht im Regelfall als Systemkopie aus dem derzeitigen Entwicklungssystem der SAP-Business-Suite-Landschaft, das dann anschließend nach SAP S/4HANA konvertiert wird.

Konvertierung des Entwicklungssystems

Im Rahmen der Konvertierung des Entwicklungssystems werden dann die in der Planungsphase identifizierten, notwendigen Anpassungen der betriebswirtschaftlichen Funktionen (beispielsweise der Kreditmanagement-Funktion, falls relevant) und der Eigenentwicklungen durchgeführt. Diese Anpassungen werden in entsprechenden Transportaufträgen aufgezeichnet und im Qualitätssicherungssystem getestet.

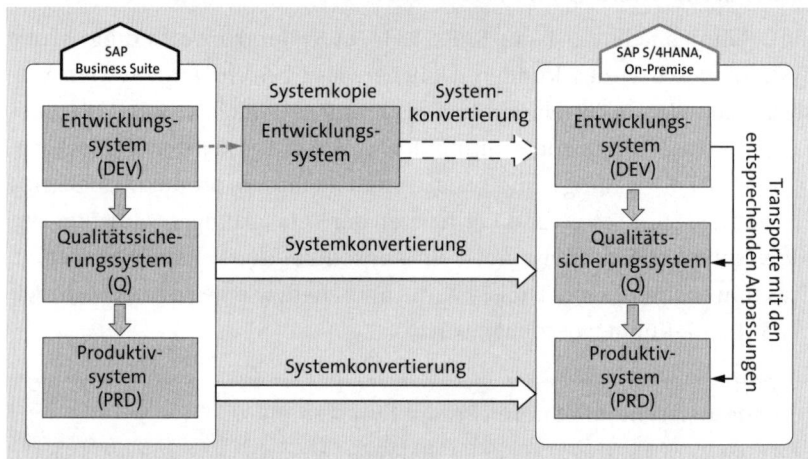

Abbildung 10.5 Systemkonvertierung in einer Drei-System-Landschaft

Konvertierung des Produktivsystems

Bei der Konvertierung des Produktivsystems werden dann diese Transporte in den entsprechenden Phasen des SUM eingespielt, um die notwendigen Anpassungen auch im Produktivsystem bereitzustellen. Es ist zu empfehlen, vor der Konvertierung des Produktivsystems mehrere Testdurchgänge durchzuführen. Hierbei wird die Gesamtprozedur getestet, und es werden Maßnahmen bestimmt, die sicherstellen, dass die Zeit minimiert wird, in der das Produktivsystem nicht zur Verfügung steht (*Downtime*).

Mehrere Durchläufe

Abbildung 10.6 zeigt die unterschiedlichen Durchläufe im Überblick, die üblicherweise im Rahmen einer Systemkonvertierung durchgeführt werden:

1. **Erste Konvertierung eines Test-Systems**
   Typischerweise startet ein Systemkonvertierungsprojekt mit einem Test in einem Sandbox-System (das z. B. als Kopie des PRD-Systems entstan-

den ist). Die hierbei gewonnenen technischen Erfahrungen bezüglich der Konvertierungsprozedur werden für die folgenden Konvertierungen genutzt. Endanwender können sich in diesem System bereits mit den betriebswirtschaftlichen Funktionen in SAP S/4HANA vertraut machen. Außerdem erfolgen erste konkrete Analysen und Tests der Eigenentwicklungen auf Basis der neuen Software.

2. **Konvertierung des Entwicklungssystems (DEV-System)**
   Im SAP-S/4HANA-Entwicklungssystem erfolgt die Anpassung der Eigenentwicklungen an den Lösungsumfang und die Datenstruktur von SAP S/4HANA. Außerdem werden die verpflichtenden Anpassungen in SAP S/4HANA vorgenommen, wenn dies nicht bereits auf dem Ausgangssystem umgesetzt wurde. Weitere optionale Anpassungen können umgesetzt werden, um den optimalen Mehrwert aus der SAP-S/4HANA-Konvertierung zu ziehen.

3. **Konvertierung des Qualitätssicherungssystems (Q-System)**
   Die Anpassungen aus dem DEV-System (Prozessanpassungen und Anpassungen der Eigenentwicklungen) werden eingespielt, und die angepassten Geschäftsprozesse werden getestet.

4. **Testdurchlauf der Konvertierung des produktiven Systems (PRD-Systems)**
   Die produktive Systemkonvertierung wird auf Basis des Sandbox-Systems getestet – unter den gleichen Rahmenbedingungen, die auch für das PRD-System gelten würden. In diesem Zuge können Optimierungsmaßnahmen zur Reduzierung der Downtime erarbeitet werden und kann der Cut-over-Plan erstellt und finalisiert werden. Es kann mehrere Test-Iterationen geben.

5. **Konvertierung des Produktivsystems**
   Die Konvertierung des PRD-Systems erfolgt dann gemäß den Vorgaben des Cut-over-Plans.

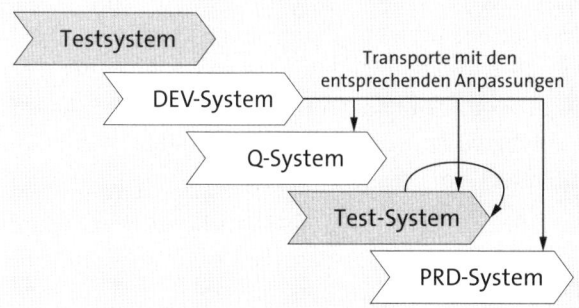

Abbildung 10.6 Konvertierungszyklen im Systemverbund

| Übergangsphase | Bevor das Produktivsystem nach SAP S/4HANA konvertiert wird, muss die SAP-Business-Suite-Systemlandschaft im Ausgangszustand erhalten bleiben, um dort beispielsweise notwendige Korrekturen bereitstellen zu können. Damit hat man für den Zeitraum vom Beginn des SAP-S/4HANA-Konvertierungsprojekts (der Konvertierung des Entwicklungssystems) bis zur Konvertierung des Produktivsystems zwei Entwicklungssysteme. Erst mit dem Abschluss der Konvertierung des Produktivsystems nach SAP S/4HANA kann das Entwicklungssystem in der SAP-Business-Suite-Landschaft zurückgebaut werden. In dieser Übergangszeit, in der zwei Entwicklungssysteme bestehen, muss man eine Strategie festlegen, wie Änderungen, die in dieser Zeit in dem SAP-ERP-Systemverbund vorgenommen werden, sich auf den im Aufbau befindlichen SAP-S/4HANA-Systemverbund auswirken. |

Letztlich lässt sich festhalten, dass die SAP-S/4HANA-Systemkonvertierung keine grundsätzlich neuen Anforderungen an die Prozesse des Software Lifecycle Managements in einem Systemverbund oder an die Definition der Transportwege zwischen den Systemen stellt.

10.2 Konvertierung eines Einzelsystems durchführen

Im Folgenden betrachten wir die Schritte, die in jedem System durchlaufen werden müssen, das nach SAP S/4HANA konvertiert wird. Beachten Sie, dass diese Schritte in unterschiedlichen Phasen und vermutlich in den verschiedenen Systemen des Systemverbunds auch zu unterschiedlichen Zeiten ausgeführt werden. So erfolgen beispielsweise die Anpassungen der Eigenentwicklungen auf dem SAP-S/4HANA-Entwicklungssystem. Dort werden die Anpassungen in Transporten gesammelt, die wiederum bei der Konvertierung des produktiven Systems direkt eingespielt werden.

Viele der notwendigen oder optionalen Anpassungen von Geschäftsprozessen oder das Aufräumen bei den Eigenentwicklungen können auch bereits auf dem SAP-ERP-Startrelease erfolgen. In dem Sinne sind es dann Aktivitäten des Konvertierungsprojekts, die in vorgelagerten Systemen ausgeführt werden. Ob diese Anpassungen in den vorgelagerten Schritten erfolgen oder im Rahmen der Systemkonvertierung auf dem SAP-S/4HANA-Entwicklungssystem durchgeführt werden, muss in dem jeweiligen Konvertierungsprojekt individuell entschieden werden.

| Standardaufgaben | Neben den spezifischen Schritten des SAP-S/4HANA-Konvertierungsprojekts sind auch Standardaufgaben einzuplanen, die Sie von anderen Transformationsprojekten her kennen, beispielsweise: |

- **Endanwenderschulungen**
  Bei Anpassungen von Geschäftsprozessen oder bei einem Umstieg auf SAP-Fiori-basierte Benutzeroberflächen müssen entsprechende Schulungen für die Endanwender eingeplant und zeitnah durchgeführt werden.

- **Schulung der IT-Mitarbeiter in Hinblick auf die neuen Technologien**
  Mit SAP S/4HANA werden neue Technologien eingeführt, wie beispielsweise Core Data Services (CDS) oder die neuen HTML5-basierten SAP-Fiori-Benutzeroberflächen. Entsprechende Schulungen der spezialisierten Mitarbeiter für diese neuen Technologien sind vorzusehen.

- **Test der Geschäftsprozesse**
  Applikationstests müssen eingeplant werden.

Auf diese Standardaufgaben eines Transformationsprojekts gehen wir in diesem Buch nicht im Detail ein. Nichtsdestotrotz sind sie natürlich auch für den Erfolg des SAP-S/4HANA-Konvertierungsprojekts wichtig und entsprechend zu berücksichtigen.

10.2.1 Systemvoraussetzungen

Grundsätzlich kann jedes SAP-ERP-System nach SAP S/4HANA konvertiert werden. Allerdings hängen der Aufwand und die Vorgehensweise davon ab, welches Ausgangsrelease im Einsatz ist.

Von einem Ein-Schritt-Verfahren beim Umstieg auf SAP S/4HANA (oder auch bei einem Releasewechsel innerhalb von SAP ERP) spricht man, wenn das Software-Upgrade und die Datenbankmigration in einem technischen Schritt erfolgen. Ein SAP-ERP-System kann unter folgenden Voraussetzungen in einem Ein-Schritt-Verfahren in ein SAP-S/4HANA-System konvertiert werden:

Ein-Schritt-Verfahren

- **Startrelease**
  Das Ausgangssystem hat den Releasestand SAP ERP 6.0 (EHP 0 bis 8). Als Datenbank kann bereits SAP HANA genutzt werden, aber auch bei SAP-ERP-Systemen mit anderen Datenbanken kann die Systemkonvertierung in einem Ein-Schritt-Verfahren erfolgen.

- **Unicode**
  Das Ausgangssystem ist ein Unicode-System.

- **Nur SAP NetWeaver Application Server (AS) ABAP**
  Das SAP-ERP-Ausgangssystem ist ein reines ABAP-System. Dual-Stack-Systeme (AS ABAP und AS Java kombiniert in einem System) werden beim Umstieg nicht unterstützt.

Systeme, die noch auf einem älteren Releasestand sind oder für die noch keine Unicode-Konvertierung durchgeführt wurde, müssen in mehreren Schritten nach SAP S/4HANA konvertiert werden.

Unicode-Konvertierung

Bereits Mitte des Jahres 2014 hatte SAP angekündigt, dass alle neuen SAP-NetWeaver-Releases nach 7.40 und alle auf diesen höheren Releases basierenden Produkte nur noch mit dem Zeichensatz Unicode kompatibel sind. Technisch hat dies zur Folge, dass ein Nicht-Unicode-System, das auf einem SAP-NetWeaver-Release bis einschließlich 7.40 basiert, nicht in einem Schritt auf ein Produkt mit einem SAP-NetWeaver-Release größer 7.40 umgestellt werden kann. Zuvor ist eine Unicode-Konvertierung erforderlich.

Unterstützte Konvertierungspfade — Grundsätzlich kann ein SAP-Business-Suite-System ab Softwarestand ERP 6.0 (alle Enhancement Packages, das Quellsystem muss nicht auf SAP HANA als Datenbank laufen) nach SAP S/4HANA konvertiert werden. Idealerweise ist das Konvertierungsziel natürlich jeweils das höchste verfügbare SAP-S/4HANA-Release. Wie in Abbildung 10.7 dargestellt, ist dies aktuell SAP S/4HANA 1709.

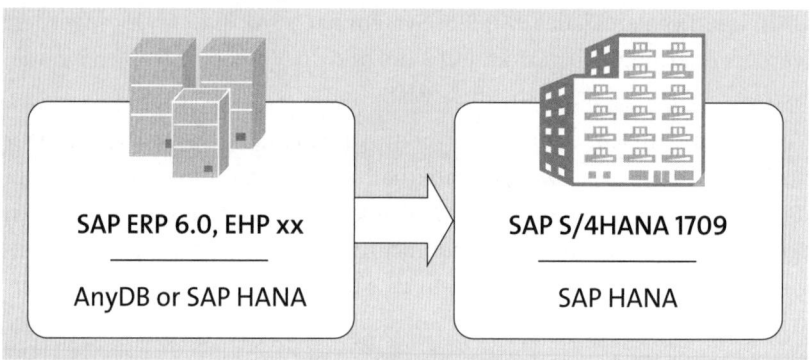

Abbildung 10.7 Grundsätzlicher Konvertierungspfad

Aufgrund der jeweiligen Releasestände ergeben sich auch Übergangspfade innerhalb der SAP-S/4HANA-Produktfamilie. Dies ist in Abbildung 10.8 dargestellt.

Unterschiede bei den On-Premise-Varianten — Wie wir bereits in Abschnitt 3.2, »Die SAP-S/4HANA-Produktfamilie«, erörtert haben, gibt es zwei On-Premise-Varianten. So ist SAP S/4HANA Finance mit den neuen Funktionen im Bereich des Rechnungswesens verfügbar, während SAP S/4HANA neue Funktionen sowohl im Bereich des Rechnungswesens als auch in der Logistik enthält. In Hinblick auf die Konvertierung unterscheiden sich die beiden On-Premise-Varianten in folgenden Punkten:

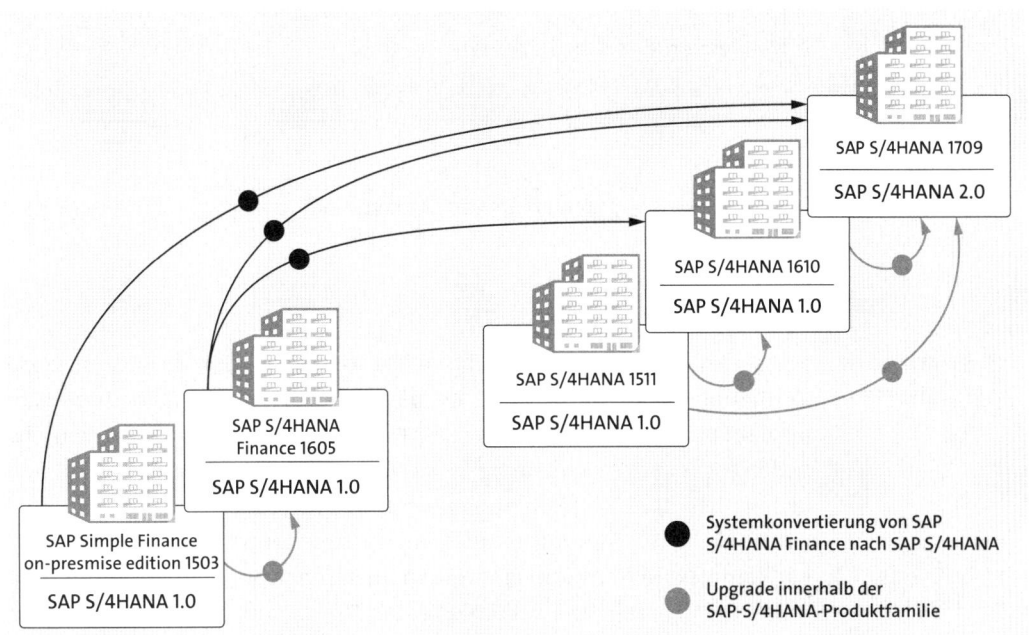

Abbildung 10.8 Pfade innerhalb der SAP-S/4HANA-Produktfamilie

- **Anpassungsbedarf**
  Mit dem unterschiedlichen Innovationsumfang der beiden Varianten geht unterschiedlicher Anpassungsbedarf einher. Je nach Ihren Anforderungen und Bedürfnissen kann der Übergang schrittweise erfolgen. Wenn Sie zunächst nur die Innovationen im Rechnungswesen nutzen wollen, können Sie mit SAP S/4HANA Finance die Anpassungen an den Logistikprozessen auf einen späteren Zeitpunkt verschieben. Im Gegenzug stehen Ihnen dann aber auch die neuen Funktionen in der Logistik erst zu einem späteren Zeitpunkt zur Verfügung. Dies muss kundenindividuell jeweils in der Planungsphase abgewogen werden.

- **Konvertierungsprozedur**
  Im Detail unterscheiden sich der technische Aufbau und die technische Konvertierungsprozedur bei den beiden Varianten. SAP S/4HANA Finance ist technisch ein Austausch-Add-on, das auf SAP ERP 6.0 basiert und jeweils ein Update auf das korrespondierende Enhancement Package (EHP) erfordert. Bei der Systemkonvertierung nach SAP S/4HANA wird im Gegensatz dazu der gesamte Softwarekern ausgetauscht. Für den Kunden kann dies aber eher als ein Detail der technischen Prozedur angesehen werden, da in beiden Varianten der Übergang im Ein-Schritt-Verfahren erfolgen kann, das mithilfe des SUM orchestriert und durchgeführt wird.

> **Konvertierungsinformationen**
>
> Sie können in den SAP Release Notes von SAP S/4HANA jeweils die technischen Rahmenbedingungen der Systemkonvertierung einsehen:
>
> - SAP-Hinweis 2482453 für SAP S/4HANA 1709
> - SAP-Hinweis 2346431 für SAP S/4HANA 1610

10.2.2 Simplification List

Simplification List Items

Mit der SAP S/4HANA Simplification List steht eine Informationsquelle zur Verfügung, die auf funktionaler Ebene den potenziellen Anpassungsbedarf bei der Systemkonvertierung von SAP ERP nach SAP S/4HANA beschreibt. In den sogenannten *Simplification List Items* (kurz *Simplification Items*) werden pro beschriebener Funktion der betriebswirtschaftliche Anpassungsbedarf und die Auswirkungen auf kundeneigene Entwicklungen dargestellt. Für komplexere Anpassungen werden im Rahmen der Simplification Items Anleitungen bereitgestellt, die Sie bei der Umsetzung unterstützen sollen.

Hilfe bei der Planung

Die Simplification List ist ein wichtiges Mittel für die Planung des Konvertierungsprojekts und sollte bereits in einer frühen Phase Anwendung finden. Viele der dort aufgeführten notwendigen Anpassungen können bereits auf dem SAP-ERP-Ausgangssystem umgesetzt werden. Damit kann bereits weit vor der Installation der SAP-S/4HANA-Software inhaltlich mit dem Konvertierungsprojekt begonnen werden. Damit stellt die Simplification List eine wichtige Informationsgrundlage dar, um die anstehenden Aufgaben des Konvertierungsprojekts zeitlich und ressourcentechnisch zu verteilen.

Bereitstellung der Simplification List

SAP stellt Informationen zur den Simplification List Items in unterschiedlicher Art zur Verfügung:

- als PDF im Rahmen der SAP-Hilfe zu SAP S/4HANA
- als XLS-Liste im Anhang zu SAP-Hinweis 2313884 (Simplification List for SAP S/4HANA)
- Ab SAP S/4HANA 1709 erlaubt ein webbasiertes User Interface die Suche und Anzeige des aktuellen Stands eines Simplification Items direkt in der sogenannten Simplification Item Catalog. Das User Interface können Sie über folgenden Link erreichen: *https://launchpad.support.sap.com/#/sic*. Grundlage für den Simplification Item Catalog ist eine Datenbank (Simplification Database), in der die Simplification Items verwaltet werden.
- Die jeweiligen Simplification Items sind als einzelne SAP-Hinweise verfügbar. Die Hinweise enthalten neben den Grundinformationen (teilweise) weiterführende Informationen und How-to-Guides. Die SAP-

Hinweise finden Sie in dem XLS-Dokument. Als Beispiel können Sie sich SAP-Hinweis 2265093 (S4TWL – Business Partner Approach) anschauen.

Ergänzt wird die Simplification List durch programmgestützte Auswertungstools, die bei der Identifizierung der relevanten Anpassungsaufgaben helfen. Hier sind die Werkzeuge Maintenance Planner, SI-Checks und ATC-Checks im Rahmen der Custom Code Analysis zu nennen, die wir in den folgenden Abschnitten im Detail beschreiben.

Grundsätzlich kann man die in der Simplification List aufgeführten Funktionen in drei Kategorien einteilen:

Kategorien der Simplification List

- **Funktionen, die in SAP S/4HANA angepasst wurden**
  Simplification Items dieser Kategorie beziehen sich auf Funktionen, die grundsätzlich in gleicher Form in SAP S/4HANA vorhanden sind, aber so angepasst wurden, dass dies eine Auswirkung auf bestehende Prozesse und kundeneigene Programme haben kann.

Feldlängenänderung für die Materialnummer

Als Beispiel eines Simplification Items dieser Kategorie kann die Verlängerung des Materialnummernfeldes genannt werden. In einem SAP-S/4HANA-System hat die Domäne MATNR eine Feldlänge von 40 Zeichen. Die Feldlänge der Domäne MATNR in einem SAP-ERP-System hat 18 Zeichen. Diese Detailänderung der Materialstammfunktion, die grundsätzlich unverändert in SAP S/4HANA vorhanden ist und genutzt werden kann, kann sich auf kundeneigene Entwicklungen auswirken.

Die Änderung der Länge des Materialnummernfeldes hat im Regelfall keine Auswirkungen auf die betriebswirtschaftlichen Prozesse, da Sie über die Nutzung des längeren Materialnummernfeldes nach der Systemkonvertierung noch einmal separat entscheiden können. Entscheiden Sie sich, Materialstämme mit 40 Stellen zu nutzen, müssen Sie vor allem die Auswirkungen auf weitere integrierte Systeme bedenken. Weitere Details zu den potenziell notwendigen Anpassungen im Rahmen der 40-stelligen Materialnummer finden Sie in dem korrespondierenden SAP-Hinweis 2267140.

- **Funktionen, die in dieser Form in SAP S/4HANA nicht mehr zur Verfügung stehen**
  Simplification Items dieser Kategorie beziehen sich auf Funktionen, die in SAP S/4HANA nicht vorhanden sind. Im Regelfall kann der Kunde auf eine alternative Funktion wechseln, die in vielen Fällen bereits im Rahmen von SAP ERP zur Verfügung steht.

Ein Beispiel für diese Kategorie ist die Funktion des Kreditmanagements, wie in Abschnitt 1.2.1, »Vereinfachung der Funktionalität«, beschrieben. Mit der Systemkonvertierung nach SAP S/4HANA muss der Kunde den Übergang auf die alternative Funktion einplanen und umsetzen (in diesem Beispiel die modernere Form des Kreditmanagements, SAP Credit Management). Weitere Details zu den potenziell notwendigen Anpassungen im Kreditmanagement finden Sie in SAP-Hinweis 2270544.

- **Funktionen, die nicht die Zielarchitektur von SAP S/4HANA abbilden**
  Mit Simplification Items in dieser Kategorie erhalten Sie Informationen über Änderungen, die im Rahmen von SAP S/4HANA geplant sind. In dieser Kategorie werden Funktionen aus SAP ERP genannt, die in der aktuellen Version von SAP S/4HANA unverändert vorhanden sind, aber nicht die Zielarchitektur darstellen. Im Regelfall stehen bereits heute alternative Funktionen zur Verfügung.

  Ein Beispiel in dieser Kategorie ist die Lagerverwaltung mit SAP Warehouse Management (SAP WM, siehe Abschnitt 1.3.2, »Logistik«). Diese Funktion kann nach der Systemkonvertierung nach SAP S/4HANA unverändert genutzt werden, ist aber nicht die Zielarchitektur. Die Zielarchitektur zur Lagerverwaltung ist SAP Extended Warehouse Management (SAP EWM).

Verteilung der Simplification-Item-Typen

Verteilt über die verschiedenen Kategorien, werden in der Simplification List für SAP S/4HANA 1709 rund 550 Simplification Items aufgeführt. Abbildung 10.9 zeigt die prozentuale Verteilung innerhalb der drei Kategorien der Simplification Items.

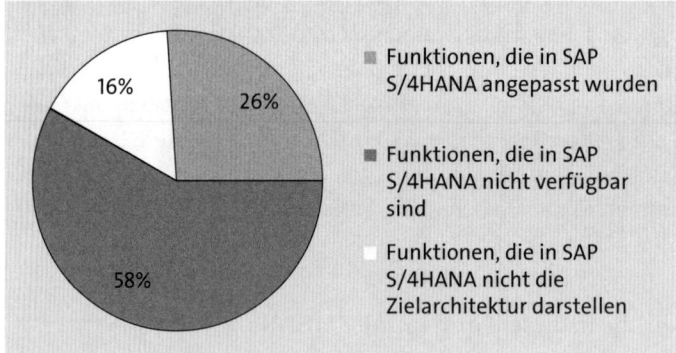

Abbildung 10.9 Kategorien der Simplification List

Abbildung 10.10 zeigt die prozentuale Verteilung der Simplification Items über die funktionalen Bereiche.

Die bisherigen Erfahrungen in den SAP-S/4HANA-Konvertierungsprojekten zeigen, dass die Anzahl der für einen Kunden relevanten Simplification Items, bei denen Anpassungen durchzuführen sind, im Durchschnitt bei 50 bis 70 liegt.

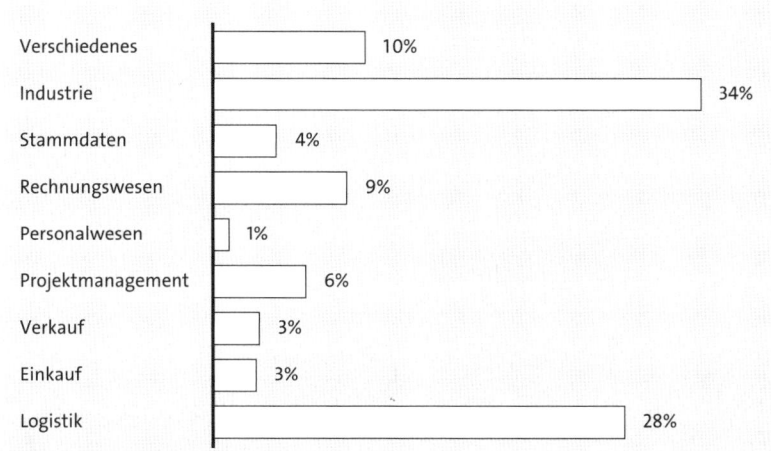

Abbildung 10.10 Simplification Items in den verschiedenen Anwendungsbereichen

10.2.3 Maintenance Planner

Die Nutzung des Maintenance Planners ist der erste Schritt in der Vorbereitungs- und Planungsphase in einem SAP-S/4HANA-Konvertierungsprojekt. Mit dem Maintenance Planner wird die Systemkonvertierung geplant bzw. simuliert. Als Ergebnis erhalten Sie einen umfassenden Systemlandschafts- und Wartungsplan. So kann beispielsweise auch die Art und Weise der Frontendserver-Installation (separate SAP-Fiori-Installation oder zusammen mit dem Backendserver) gewählt werden (siehe Abschnitt 9.3, »Den Frontendserver für die SAP-Fiori-Benutzeroberfläche einrichten«).

Planung und Simulation

Der im Maintenance Planner erzeugte Wartungsplan bildet die Grundlage für die nachfolgenden Schritte der Systemkonvertierung. Zusätzlich werden die momentan auf dem SAP-ERP-System installierten Add-ons und die aktivierten Business Functions daraufhin überprüft, ob sie mit dem SAP-S/4HANA-Zielrelease kompatibel sind.

Der Maintenance Planner wird als Cloud-Applikation über das SAP Support Portal zur Verfügung gestellt. Abbildung 10.11 zeigt im Überblick, wie der Maintenance Planner auf die Informationen der Kundenlandschaft zugreift.

Zugriff auf die Kundenlandschaft

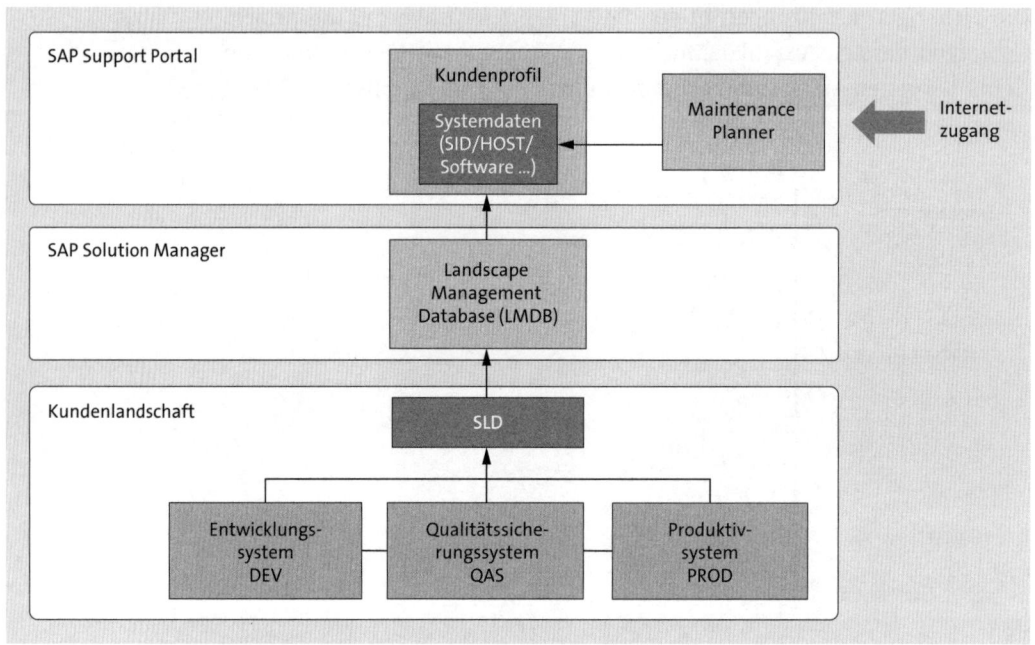

Abbildung 10.11 Systemlandschaft im Rahmen des Maintenance Planners

Der Maintenance Planner greift auf Ihre Landschaftsdaten zu, die in Ihrem Kundenprofil im SAP Support Portal vorliegen. Die Systemlandschaftsdaten in Ihrem Kundenprofil werden regelmäßig über die *Landscape Management Database* (LMDB) des SAP Solution Managers und das *System Landscape Directory* (SLD) Ihrer Landschaft aktualisiert. Um auf Ihre individuellen Kundendaten zugreifen zu können, wird ein S-User für das SAP Support Portal (bzw. den Vorgänger, den SAP Service Marketplace) benötigt. Der Benutzer für den SAP Solution Manager muss dem S-User zugeordnet sein.

Wartungsplan Rufen Sie den Maintenance Planner auf, wie in Abschnitt 9.1, »Installation«, beschrieben, und wählen Sie die Option **Plan an SAP S/4HANA conversion of an existing system**, um die Konvertierung eines Einzelsystems zu planen. In den folgenden geführten Schritten geben Sie das zu konvertierende SAP-ERP-System an, wählen das SAP-S/4HANA-Zielrelease aus und bestimmen den Frontendserver für die SAP-Fiori-Benutzeroberfläche. Das Ergebnis dieser Eingaben im Maintenance Planner sind der Wartungsplan und ein sogenanntes *Stack-XML*. Es enthält die Informationen über die errechneten Start- und Zielkombinationen. Der Wartungsplan wird auch als PDF-Dokument bereitgestellt, in dem sich ein Link zu der SAP-S/4HANA-Software befindet, die Sie installieren wollen. Das im Maintenance Planner erzeugte Stack-XML wird in den Folgeschritten der Systemkonvertierung verwendet. Das Stack-XML wird im SUM verwendet, um sicherzustellen, dass nur kompatible Wartungsvorgänge durchgeführt werden können.

Mit dem Maintenance Planner planen Sie nicht nur die zukünftige Systemlandschaft. Sie überprüfen mit ihm im Rahmen der Guided Procedure auch, ob die die momentan auf dem SAP-ERP-System installierten Add-ons (SAP-Add-ons oder Partner-Add-ons) und die aktivierten Business Functions mit dem SAP-S/4HANA-Zielrelease kompatibel sind. Haben Sie in Ihrem SAP-ERP-Startsystem Add-ons oder Business Functions installiert, die (noch) nicht von SAP S/4HANA unterstützt werden, gibt der Maintenance Planner eine entsprechende Fehlermeldung aus. Da in es in den meisten Fällen bereits konkrete Umsetzungspläne für noch nicht unterstützte Add-ons und Business Functions gibt, können Sie SAP oder die Partneranbieter diesbezüglich kontaktieren. Unter Umständen kann auch eine Deinstallation von installierten, aber nicht mehr genutzten Add-ons eine Option sein, um mit der Systemkonvertierung voranschreiten zu können.

Unterstützte Add-ons und Business Functions

Sind auf dem SAP-ERP-Startsystem Business Functions aktiv, die in dem SAP-S/4HANA-Zielrelease den Status ALWAYS_OFF haben, kann das System nicht nach SAP S/4HANA konvertiert werden. Mit SAP S/4HANA 1709 sollte dies allerdings nur in wenigen Fällen vorkommen.

Weiterführende Informationen

- Zusätzliche Informationen, Links zu Blogs und FAQs in der SAP Community und Best Practice Guides können Sie über die SAP-Dokumentation zum Maintenance Planner finden:
http://help.sap.com/maintenanceplanner
- Weitere Informationen zu den unterstützten SAP-Add-ons finden Sie in SAP-Hinweis 2214409 und zu den unterstützten Partner-Add-ons in SAP-Hinweis 2392527 (SAP S/4HANA 1610) und 2533336 (SAP S/4HANA 1709). Beachten Sie, dass SAP für Partner-Add-ons, die nicht zertifiziert sind, keine Aussagen zur Kompatibilität machen kann. Für diese Kategorie von Partner-Add-ons wird daher im Maintenance Planner eine Warnung ausgegeben.

10.2.4 Simplification Item Checks (SI-Checks)

Mit den sogenannten *SAP S/4HANA Simplification Item Checks* (kurz SI-Checks, vor SAP S/4HANA 1709 wurde von Pre-Checks gesprochen) können Sie programmgestützt in Ihrem System überprüfen, welcher Anpassungsbedarf bezogen auf die betriebswirtschaftlichen Prozesse beim Übergang auf SAP S/4HANA besteht. Die SI-Checks sind SAP-Programme (ab SAP S/4HANA 1709 ausgeliefert in einem zentralen Hinweis, vor SAP S/4HANA 1709 ausgeliefert in Einzelhinweisen), die auf dem SAP-ERP-Startrelease installiert und ausgeführt werden können und ein Ergebnisprotokoll ausgeben. Sie korrespondieren mit den Simplification Items, die wir in Abschnitt 10.2.2, »Simplification List«, behandelt haben.

Aufgaben der SI-Checks

Die SI-Checks haben zwei Aufgaben: Zum einen identifizieren sie die Simplification Items, die für die Systemkonvertierung relevant sind. Zum anderen stellen sie sicher, dass Aufgaben, die vor der Systemkonvertierung verpflichtend auszuführen sind, auch umgesetzt worden sind.

Ein Beispiel für eine Aufgabe, die vor der Systemkonvertierung auszuführen ist, hängt mit dem Simplification Item zur Debitoren-/Kreditorenintegration des Geschäftspartners zusammen (siehe auch SAP-Hinweis 2265093). In SAP S/4HANA ist die Nutzung des SAP-Geschäftspartners obligatorisch, um informationstechnische Vorteile wie Redundanzfreiheit und Datenintegrität nutzbar zu machen. Der in diesem Fall korrespondierende SI-Check überprüft, ob es zu jedem Debitor und Kreditor einen Geschäftspartner gibt. Im Ergebnisprotokoll dieses SI-Checks werden noch nicht umgesetzte Debitoren-/Kreditorenstammsätze aufgeführt.

Ausführungszeitpunkte

Die SI-Checks werden zu zwei unterschiedlichen Zeitpunkten im Konvertierungsprojekt ausgeführt. Sie können (und sollten) sie zuerst in der Projektvorbereitungsphase ❶ ausführen. Um zu genaueren Ergebnissen zu kommen, führen Sie die SI-Checks idealerweise im Produktivsystem aus. Automatisch werden die SI-Checks dann noch einmal in der Ausführungsphase ❷ ausgeführt. Beim Prüfen der Voraussetzungen werden sie im SUM aufgerufen. Wenn verpflichtende Aktivitäten nicht umgesetzt wurden oder die SI-Checks in dem zu konvertierenden System nicht installiert sind, bleibt die Konvertierungsprozedur an dieser Stelle mit entsprechendem Fehlerprotokoll stehen.

Die oben beschriebene Umsetzung der Debitoren-/Kreditorenstammsätze auf den SAP-Geschäftspartner ist so eine verpflichtende Aktivität. Die Umsetzung dieser Stammdaten ist Voraussetzung für die Konvertierung von Applikationsdaten in die neue Datenstruktur.

Abbildung 10.12 zeigt die beiden Zeitpunkte, zu denen die SI-Checks im Rahmen der Systemkonvertierung ausgeführt werden.

10.2 Konvertierung eines Einzelsystems durchführen

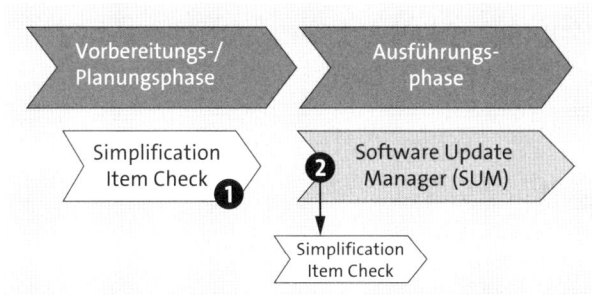

Abbildung 10.12 Ausführungszeitpunkte der SI-Checks

SI-Checks in der Vorbereitungs- und Planungsphase ausführen

Um die für Sie relevanten Simplification Items programmgestützt zu identifizieren, steht Ihnen der zentrale Check-Report /SDF/RC_START_CHECK zur Verfügung. Dieser Report ist ab SAP S/4HANA 1709 verfügbar und ersetzt Vorgängerversionen. Er ist funktional reichhaltiger und einfacher zu installieren. So müssen Sie nur noch einen SAP-Hinweis installieren. Damit werden alle Check-Klassen der individuellen Simplification Items über transportbasierte Korrekturanleitungen in diesem zentralen SAP-Hinweis (engl. Transport based Correction Instructions [TCI]) installiert. In den SAP-Hinweisen 2399707 und 2502552 werden die notwendigen Installationsschritte im Detail aufgelistet.

Vorgehensweise

Abbildung 10.13 zeigt den Einstiegsbildschirm des SI-Check-Programms /SDF/RC_START_CHECK.

Wählen Sie die Zielversion Ihrer SAP-S/4HANA-Systemkonvertierung und den Modus. Das SI-Check-Programm kann im Dialog- oder Background-Modus ausgeführt werden. Es können auch die Ergebnisse eines vorangegangenen Check-Laufs angezeigt werden.

Da der Content der Simplification Items Checks von Zeit zu Zeit aktualisiert wird, sollten Sie sich merken, mit welcher Content-Version Sie in Ihrem Entwicklungssystem jeweils die Systemkonvertierung durchgeführt haben. Hierzu können Sie die Funktion »Download Local Simplification Item Catalog« im SI-Check-Programm /SDF/RC_START_CHECK nutzen. Diese Version sollten Sie dann auch für die Konvertierung des Qualitätssicherungs- und Produktivsystems nutzen. Abbildung 10.14 zeigt den Ergebnisbildschirm eines SI-Check-Laufs.

347

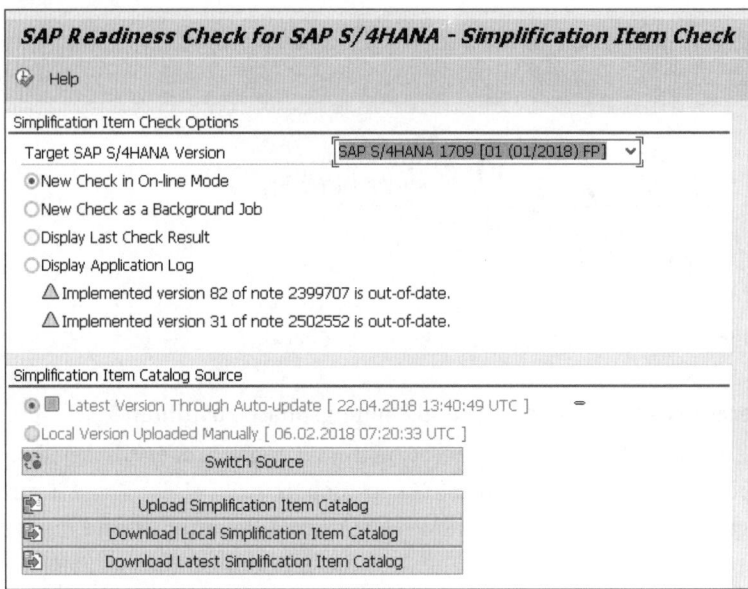

Abbildung 10.13 SI-Check-Programm – Einstiegsbildschirm

Application Area	ID	Title	Component	Catetory	Last Cons...	Note
Master Data	SI2: MasterData BP	S4TWL - Business Partner Approach	LO-MD-BP	Change of existing functionality		2265093
Financials - General Ledger	SI1 FIN GL	S4TWL - GENERAL LEDGER	FI-GL	Change of existing functionality		2270339
Industry Retail & Fashion	SI2: Logistics General	S4TWL - Generic Article Harmonization	LO-RFM,LO-RFM-MD...	Change of existing functionality		2339010
Master Data	SI5: MasterData PM	S4TWL - Simplification of copy/reference handling	LO-MD-MM	Change of existing functionality		2330063
Logistics - MM-IM	SI1: Logistics MM-IM	S4TWL - DATA MODEL IN INVENTORY MANAGEMEN...	MM-IM-GF	Change of existing functionality		2206980
Financials - Miscellaneous	SI2: FIN MISC ML	S4TWL - Technical Changes in Material Ledger	CO-PC-ACT	Change of existing functionality		2332591
Sales & Distribution	SI2: SD PRIC	S4TWL - Data Model Changes in SD Pricing	SD-BF-PR,SD-MD-CM	Change of existing functionality		2267308
Industry Retail & Fashion	SI3: Logistics General	S4TWL - Retail Business Function Harmonization	LO-RFM,LO-RFM-S...	Change of existing functionality		2339317
Logistics - MM-IM	SI3: Logistics MM-IM	S4TWL - Material Ledger Obligatory for Material Valuat...	MM-IM-GF-VAL	Change of existing functionality		2267834
Financials - Miscellaneous	SI6: FIN MISC ML	S4TWL - Conversion to S/4HANA Material Ledger and...	FIN-MIG-ML	Change of existing functionality		2352383
Master Data	SI6:MasterData PM	S4TWL - Foreign Trade fields in Material Master	LO-MD-MM	Functionality unavailable (equivalent exists)		2267225
Industry DIMP - Aerospace & ...	SI10: Industry DIMP AD	S4TWL - Actual labor and costing	IS-ADEC-ALC	Functionality unavailable (no equivalent)		2445654
Industry DIMP - High Tech	SI10 IS DIMP HT	S4TWL - Manufacturing Execution Systems	IS-HT-MES	Functionality unavailable (equivalent exists)		2383042
Industry Retail & Fashion	SI1: Logistics General	S4TWL - Business Partner in Site Master	LO-RFM,LO-RFM-MD...	Change of existing functionality		2339008
Industry DIMP - Automotive	SI4: IS DIMP AUT	S4TWL - Cross-System Transit between Two Plants	IS-A-XLO	Functionality unavailable (no equivalent)		2270358
Industry DIMP - High Tech	SI4 IS DIMP HT	S4TWL - Billing Process Enhancements	IS-HT-SW-BIL	Functionality unavailable (no equivalent)		2270851
Logistics - PSS	SI5: Logistics PSS	S4TWL - Add-On: SAP Product and REACH Complianc...	EHS-SRC	Functionality unavailable (equivalent on ro...		2267423
Industry DIMP - High Tech	SI5 IS DIMP HT	S4TWL - Software Maintenance Processing	IS-HT-SW-SMP	Functionality unavailable (no equivalent)		2270852
Logistics - PSS	SI6: Logistics PSS	S4TWL - Add-On: EHS Web-Interface	EHS-BD	Functionality unavailable (no equivalent)		2267426
Logistics - PSS	SI7: Logistics PSS	S4TWL - Add-On: Genifix (Labelling solution)	EHS-SAF	Functionality unavailable (equivalent exists)		2267427
Industry DIMP - High Tech	SI8 IS DIMP HT	S4TWL - Manufacturer/Supplier Processes	IS-HT-DRM	Functionality unavailable (no equivalent)		2270856
Industry DIMP - High Tech	SI9 IS DIMP HT	S4TWL - Distributor/Reseller Processes	IS-HT-DRM	Functionality unavailable (no equivalent)		2270858
Financials - Controlling	SI11: FIN CO	S4TWL - Summarization Hierarchies in Controlling	CO-PC-IS	Change of existing functionality		2349282
Logistics - PP	SI11: Logistics PP	S4TWL - MRP in HANA	PP-MRP	Non-strategic-function (equivalent exists)		2268085
Logistics - PP	SI12: Logistics PP	S4TWL - Planning File	PP-MRP,PP-MP-LTP	Change of existing functionality		2268088
Logistics - Environment, Health...	SI14: Logistics PSS	S4TWL - Specification Workbench Adjustments	EHS-BD-SPE	Change of existing functionality		2439345
Sales & Distribution	SI14: SD BILLING OM	S4TWL - Billing Document Output Management	SD-BIL	Functionality unavailable (equivalent exists)		2267376
Sales & Distribution	SI16: SD Miscellaneous...	S4TWL -Miscellaneous minor functionalities in SD Area	SD-SLS-GF,SD-BIL,...	Functionality unavailable (equivalent exists)		2267395

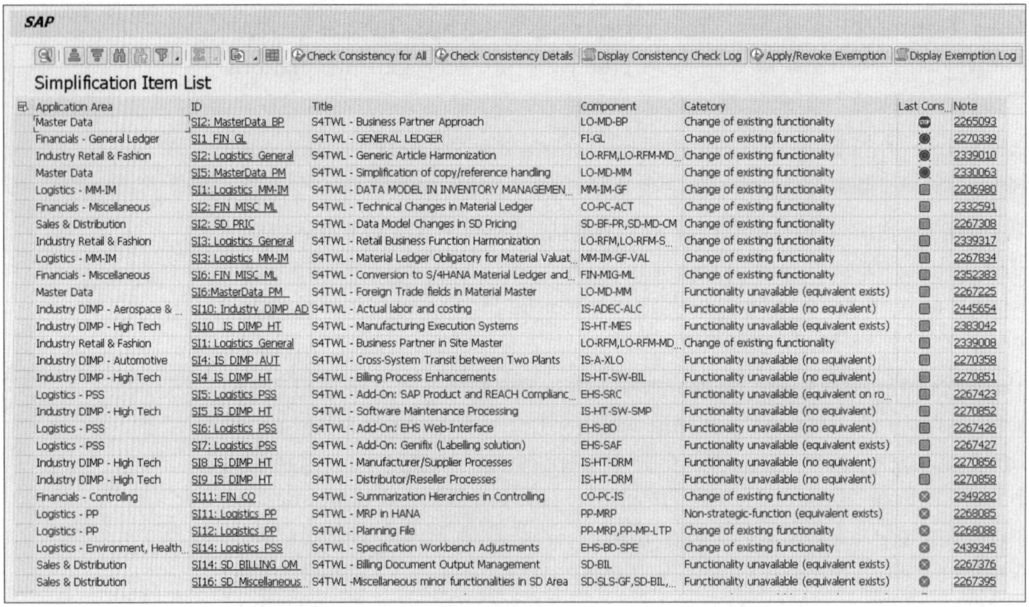

Abbildung 10.14 Ergebnisbildschirm des SI-Check-Programms

In diesem Beispiel führt der Ergebnisbildschirm grüne und vier rote Ergebnisampeln auf. Bei den Simplification Items mit roten Ampeln sind Nacharbeiten durchzuführen. Neben den grundsätzlichen Hinweisen, die auch im Ergebnisbildschirm des SI-Checks aufgeführt werden, enthält das Prüfprotokoll weitere detaillierte Informationen zur notwendigen Nacharbeit. Abbildung 10.15 zeigt das SI-Check-Protokoll mit Details zu dem Simplification Item »Arbeitsvorrat für Übergang nach SAP S/4HANA – Hauptbuch« (SAP-Hinweis 2270339).

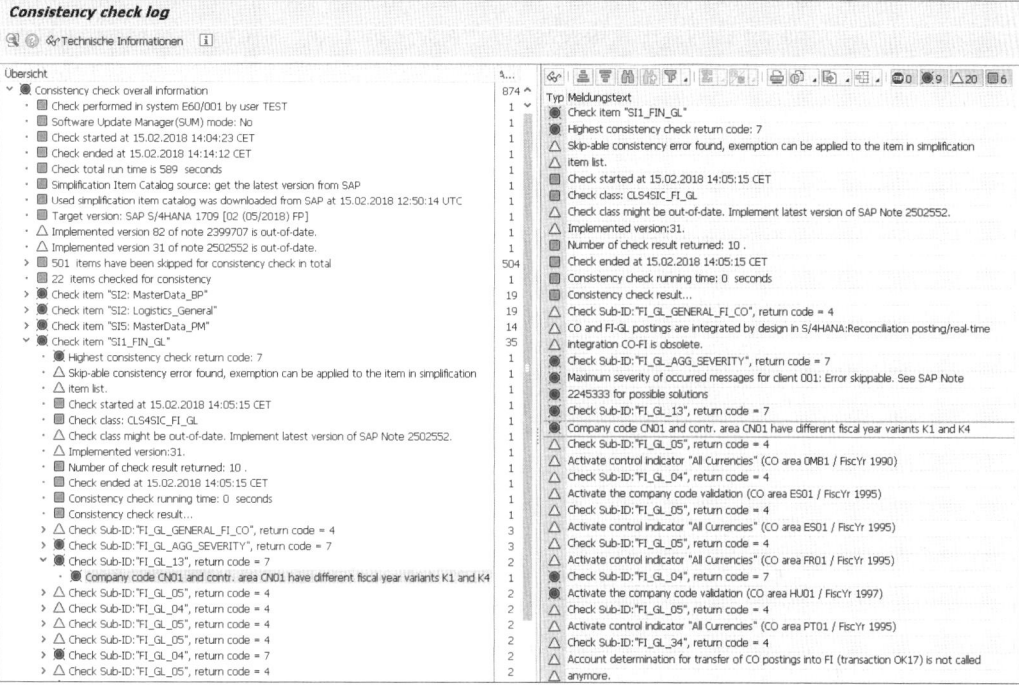

Abbildung 10.15 SI-Check-Protokoll

In diesem Beispiel wird festgestellt, dass ein Buchungskreis und der korrespondierende Kostenrechnungskreis unterschiedliche Geschäftsjahresvarianten verwenden. Dies müssen Sie vor der eigentlichen Systemkonvertierung anpassen. Erst wenn das SI-Check-Programm keine roten Ampeln mehr anzeigt, können Sie davon ausgehen, dass die Ausführungsphase fehlerfrei durchgeführt werden kann.

Zu beachten ist, dass der Check zur Überprüfung der Anlagenbuchhaltung (FI-AA) separat implementiert und ausgeführt werden muss. Implementieren Sie hierzu den Report, der mit SAP-Hinweis 2333236 ausgeliefert wird.

Checks in der Prüfphase des Software Update Managers ausführen

Wie oben beschrieben, werden die SI-Checks bei der eigentlichen Systemkonvertierung im SUM noch einmal aufgerufen und ausgeführt. Nur wenn die Prüfung zu diesem Zeitpunkt keine negativen Ergebnisse ermittelt, werden die nächsten Schritte im SUM aufgerufen. Bei negativen Ergebnissen oder auch in dem Fall, dass das SI-Check-Programm im Konvertierungssystem nicht implementiert wurde, muss nachgearbeitet werden. Da der SI-Check im SUM im Mandanten 000 durchgeführt wird, ist es sinnvoll, den SI-Check in der Vorbereitungsphase im Mandanten 000 auszuführen. Nur damit ist auch sichergestellt, dass beide Läufe gleiche Ergebnisse liefern und die Daten in allen Mandanten bei der Überprüfung berücksichtig werden.

> **Weiterführende Informationen**
> - Mit SAP S/4HANA 1709 steht der zentrale Check-Report /SDF/RC_START_CHECK zur Verfügung. Weitere Details finden sie auch in nachfolgenden Blogs:
>   - http://s-prs.de/v631660
>   - http://s-prs.de/v631661
> - Falls Sie eine Systemkonvertierung nach SAP S/4HANA 1511 oder SAP S/4HANA 1610 planen, verwenden Sie bitte den in diesen Releases verfügbaren Check-Report R_S4_PRE_TRANSITION_CHECKS (weitere Details hierzu finden Sie in SAP-Hinweis 2182725).
> - Für die Prüflogik im Rahmen der Konvertierung nach SAP S/4HANA Finance finden Sie weitere Details in der Dokumentation unter https://help.sap.com/sfin

10.2.5 Anpassung von Eigenentwicklungen

Jeder Kunde hat im Detail anders ablaufende betriebswirtschaftliche Prozesse und das Bedürfnis, sein SAP-ERP-System bestmöglich an diese Prozesse anzupassen. In der Vergangenheit wurden daher häufig kundeneigene Programme erstellt, wenn diese Anforderungen nicht vom SAP-Standard abgebildet werden konnten.

Es muss davon ausgegangen werden, dass die große Mehrheit der SAP-ERP-Systeme zusätzliche eigene Programmlogik enthält. Grundsätzlich bietet SAP ERP dem Kunden unterschiedliche kundeneigene Erweiterungsmöglichkeiten an. Diese reichen von der Nutzung von User- und Customer-Exits über Business Add-ins (BAdIs) bis hin zur Modifikation von SAP-Standardobjekten.

Custom Code Migration Worklist — Die verschiedenen Erweiterungsmöglichkeiten haben aber Auswirkungen auf die Releasefähigkeit und den Aufwand bei einem Releasewechsel. Analog zu den betriebswirtschaftlichen Funktionen muss daher beim Umstieg auf SAP S/4HANA überprüft werden, ob die kundenspezifischen ABAP-Entwicklungen noch kompatibel zur Datenstruktur und dem funktionalen Umfang von SAP S/4HANA sind. Hierzu steht mit der *Custom Code Migration Worklist* ein Basistool zur Verfügung, mit dem Sie Ihre Erweiterungen des Standards, Modifikationen des Standards oder Kundeneigenentwicklungen vor der Systemkonvertierung auf ihre Kompatibilität hin überprüfen können. Die Tools zur Analyse der kundeneigenen Programme sind größtenteils die gleichen, die Sie gegebenenfalls bereits im Rahmen der SAP Business Suite verwenden.

Der Umstieg auf SAP S/4HANA sollte aber in jedem Fall auch genutzt werden, um eine grundsätzliche Analyse der kundenspezifischen ABAP-Entwicklungen durchzuführen. So ist es nicht sinnvoll, kundeneigene Programme generell umzustellen, ohne zunächst zu überprüfen, ob diese überhaupt genutzt werden. Automatisierte Prüfprogramme und Serviceangebote, wie sie von einigen Beratungsfirmen im Rahmen der SAP-S/4HANA-Konvertierung angeboten werden, sollten unter diesem Gesichtspunkt kritisch geprüft werden.

Grundsätzliche Überprüfung der Nutzung

Wir empfehlen, bei der Analyse und bei Anpassungen der kundenspezifischen ABAP-Entwicklungen im Rahmen der Konvertierung in folgender Reihenfolge vorzugehen:

Vorgehensweise

1. Grundsätzliche Analysen und Anpassungen von Eigenentwicklungen:
   - Transparenz bei Eigenentwicklungen (ungenutzt/wenig genutzt, Eigenentwicklung im Standard)
   - Optimierung von Eigenentwicklungen (Rückbau, Nutzung bewährter Methoden, Performanceoptimierungen)

2. Analysen und Anpassungen von Eigenentwicklungen bezogen auf die Umstellung der Datenbank auf SAP HANA:
   - Anpassen von Eigenentwicklungen, die spezielle Merkmale der Vorgängerdatenbank nutzen
   - Performanceoptimierungen auf Basis von SAP HANA

3. Analysen und Anpassungen von Eigenentwicklungen bezogen auf die Umstellung auf SAP S/4HANA:
   - Anpassen von Eigenentwicklungen, die nicht mehr zum Lösungsumfang und zu der Datenstruktur von SAP S/4HANA passen
   - optionale Anpassungen von Eigenentwicklungen im Rahmen von Funktionen, die nicht die Zielarchitektur von SAP S/4HANA darstellen
   - Analyse und Realisierung möglicher Performanceoptimierungen

Grundsätzliche Analysen und Anpassungen von Eigenentwicklungen

Nachteile von Eigenentwicklungen

Je nach Optimierungsbedarf wurden in der Vergangenheit von den SAP-Kunden Standardgeschäftsprozesse erweitert, modifiziert oder durch kundeneigene Logik ergänzt. Diese individuelle Optimierung der Geschäftsprozesse kann mit höheren Kosten im Betrieb der SAP-Software verbunden sein. So können Eigenentwicklungen mit Mehraufwand bei Release-Upgrades und beim Einspielen von Support Packages verbunden sein. Grundsätzlich ist die Komplexität eines Systems, in dem viele Eigenentwicklungen vorhanden sind, höher. In Hinblick auf die Kosten von Eigenentwicklungen ist es daher grundsätzlich sinnvoll, diese einer regelmäßigen Überprüfung zu unterziehen, vor allem wenn man bedenkt, dass 30 bis 50 % der kundeneigenen Programme nach einigen Jahren überhaupt nicht mehr genutzt werden – so die Erfahrungswerte aus vielen Kundenprojekten.

Transparenz bei Eigenentwicklungen

Sie sollten sich also zunächst einen Überblick über Ihre Eigenentwicklungen verschaffen. Diese grundlegende und fortlaufende Aufgabe sollten Sie beim Übergang nach SAP S/4HANA nicht vergessen. Sie können dazu das *Custom Code Lifecycle Management Tool-Set* (CCLM) von SAP nutzen, um den Lebenszyklus von kundeneigenen Entwicklungen zu analysieren und zu verwalten. Mithilfe des *Usage Procedure Loggings* (UPL) oder des *ABAP Call Monitors* (Transaktion SCMON) können detaillierte Verwendungsinformationen zu den kundeneigenen Objekten ermittelt werden.

Optimierung von Eigenentwicklungen

Basierend auf den Analysen zu den kundeneigenen Entwicklungen können Sie nun Optimierungen vornehmen. Mit dem CCLM Stilllegungs-Cockpit (*Decommissioning Cockpit*) können Sie redundante oder obsolete Eigenentwicklungsobjekte identifizieren und aus dem Kundensystem entfernen. Außerdem sollten Sie die weiterhin genutzten Eigenentwicklungen daraufhin überprüfen, ob sie empfohlenen Programmierungs- und Performancerichtlinien (Best Practices) genügen. Des Weiteren sollten Sie analysieren, ob die kundenindividuellen Erweiterungen nicht mittlerweile durch SAP-Standardprozesse abgebildet werden.

Beginn in der Vorbereitungsphase

Diese Optimierungsaufgaben können Sie natürlich bereits vor dem eigentlichen SAP-S/4HANA-Konvertierungsprojekt durchführen. Mit dem Übergang nach SAP S/4HANA sollten Sie sich auch mit den neuen Möglichkeiten für Erweiterungen in SAP S/4HANA vertraut machen, die wir in Abschnitt 3.4, »Erweiterbarkeit von SAP S/4HANA«, vorgestellt haben.

Weiterführende Informationen

- Beiträge zu Erweiterungen und die Möglichkeit zum Austausch finden Sie in der ABAP Development Community: *http://s-prs.de/v631662*
- Verwendungsinformationen für das Usage Procedure Logging (UPL) finden Sie hier: *http://s-prs.de/v429751*

- SAP Best Practices im Rahmen des Stilllegungs-Cockpits finden Sie hier: *http://s-prs.de/v429752*

Analysen und Anpassungen von Eigenentwicklungen bezogen auf die Umstellung der Datenbank auf SAP HANA

Der Umstieg auf die SAP-HANA-Datenbank und die damit verbundenen Änderungen der Datenbankarchitektur von einer zeilen- hin zu einer spaltenorientierten Datenbank können Auswirkungen auf Eigenentwicklungen haben. Auch wenn ABAP-Code grundsätzlich weiter auf SAP HANA läuft, müssen Eigenentwicklungen, die auf speziellen Merkmalen der Vorgängerdatenbank beruhen, angepasst werden. Hier sind als Beispiele zu nennen:

Native Datenbankfunktionen anpassen

- **Verwendung von nativem SQL**
  Native SQL-Anweisungen müssen ersetzt werden.
- **Implizite Sortierung von Ergebnislisten**
  Statt der implizierten Sortierung von Ergebnislisten sollten explizite ORDER-BY-Anweisungen eingefügt werden.
- **Direkter Zugriff auf Pool- und Clustertabellen**
  Code, der von Pool- und Clustertabellen ausgeht, muss angepasst werden.

Zusätzlich sollten Möglichkeiten zur Performanceoptimierung analysiert werden, die sich im Rahmen der SAP-HANA-Datenbank ergeben. Hier sind als Beispiele zu nennen:

Performanceoptimierungen

- **Optimierung von SELECT-Anweisungen**
  Allgemeine SELECT*-FROM-Anweisungen sollten durch SELECT-Anweisungen mit Einschränkung auf die notwendigen Felder ersetzt werden.
- **Code Pushdown nutzen**
  Es sollte analysiert werden, ob sogenannte Code-Pushdown-Mechanismen genutzt werden können, also die Verlagerung der Datenberechnungslogik in die SAP-HANA-Datenbank. Dies erfolgt durch die Nutzung der CDS-Technologie (Core Data Services) und von SQLScript.

Damit Sie die Umstellungen identifizieren können, die im Rahmen der Datenbankmigration auf SAP HANA verpflichtend sind bzw. empfohlen werden, werden mit SAP-Hinweis 1935918 drei Prüfvarianten (FUNCTIONAL_DB, FUNCTIONAL_DB_ADDITION, PERFORMANCE_DB) für den *Code Inspector* ausgeliefert.

Code Inspector

Der Code Inspector (den Sie beispielsweise über die Transaktion SCI aufrufen können) ist ein generisches Werkzeug, mit dem Sie Repository-Objekte hinsichtlich verschiedenster statischer Codeaspekte prüfen können. Mit dem *SQL-Monitor* (SQLM), der mit SAP NetWeaver 7.40 zur Verfügung steht (siehe SAP-Hinweis 1885926 für niedrigere Releases), können Sie darüber hinaus SQL-Anweisungen in den Kundensystemen analysieren.

[o] **Optimierung des kundeneigenen Codes mit den SAP-Standardwerkzeugen**

Mit der Analyse Ihrer kundeneigenen Entwicklungen und der Vorbereitung auf die Umstellung können Sie bereits vor dem SAP-S/4HANA-Konvertierungsprojekt beginnen. Die dafür notwendigen Tools sind in SAP NetWeaver vorhanden.

[»] **Weiterführende Informationen**

- Zur Anpassung von Eigenentwicklungen beim Übergang nach SAP HANA lesen Sie SAP-Hinweis 1912445. Ein Beispielszenario finden Sie unter folgendem Link: *http://s-prs.de/v429753*
- Weitere Informationen zum Code Pushdown finden Sie hier: *http://s-prs.de/v429754*
- Zur Optimierung von ABAP-Anwendungen für SAP HANA können wir Ihnen außerdem das Buch »ABAP-Entwicklung für SAP HANA« von Hermann Gahm, Thorsten Schneider, Eric Westenberger und Christiaan Swanepoel empfehlen (2. Auflage, SAP PRESS 2016).
- Weitere Informationen zum Code Inspector finden Sie unter *http://s-prs.de/v429756*. Außerdem führt Sie das Buch »Besseres ABAP – schnell, sicher, robust« von Robert Arlitt, Thorsten Dunz, Hermann Gahm, Damir Majer und Eric Westenberger in den Umgang mit den Tools zur Codeanalyse ein.
- Informationen zur Nutzung des ABAP Call Monitors (SCMON) können Sie in nachfolgendem Blog finden: *http://s-prs.de/v631663*

Analysen und Anpassungen von Eigenentwicklungen bezogen auf die Umstellung auf SAP S/4HANA

Analyse des Anpassungsbedarfs

Aufgrund von geänderten Datenstrukturen und aufgrund von funktionalen Vereinfachungen kann sich beim Übergang nach SAP S/4HANA die Notwendigkeit ergeben, bestehende Eigenentwicklungen anzupassen. Entsprechend steht vor der Anpassung der Eigenentwicklungen zunächst die Ermittlung des Anpassungsbedarfs. Das Tool der Wahl ist hier seit 2017 das ABAP Test Cockpit (ATC). Es ist zu empfehlen, ein zentrales ATC-System aufzusetzen, das die Analysen in den relevanten Systemen Ihrer Systemlandschaft durchführt. Abbildung 10.16 zeigt solch ein zentrales ATC-System in einer Systemlandschaft.

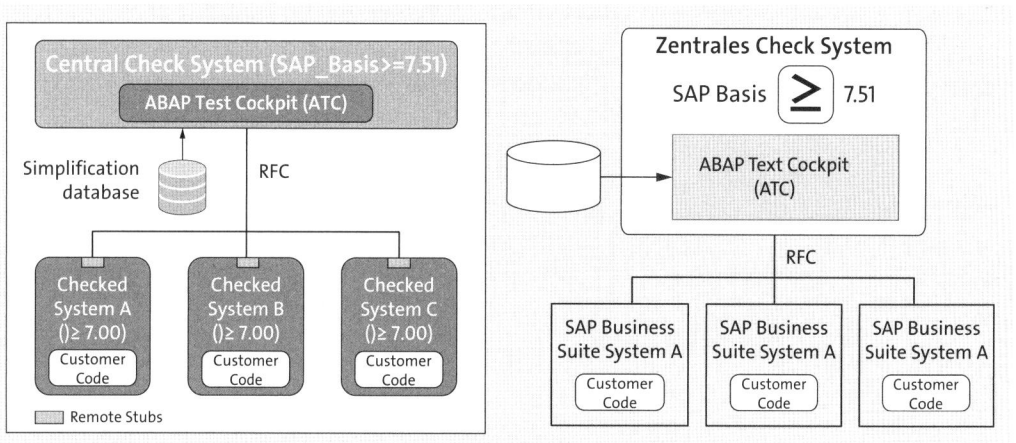

Abbildung 10.16 Bedarfsanalyse mit dem ABAP Test Cockpit (ATC)

Sie können, basierend auf der ATC-Variante S4HANA_READINESS_REMOTE, Ihre kundeneigenen Programme mit Bezug auf die SAP-S/4HANA-Anpassungen analysieren. In der sogenannten *Simplification Database* sind – programmatisch auswertbar für jedes Simplification Item – die Anpassungen der SAP-ABAP-Entitäten abgelegt, die eine Anpassung Ihrer kundeneigenen Programme nach sich ziehen können (siehe hierzu auch SAP-Hinweis 2241080). Das Ergebnisbild eines ATC-Checks zeigt Ihnen dann den potenziellen Anpassungsbedarf an und gibt Ihnen eine Grundlage für Ihre Aufwandsschätzungen. Die Simplification Database können Sie über Transaktion SYCM auch unabhängig vom ABAP Test Cockpit aufrufen. Hier können Sie sich für jedes Simplification Item einen Überblick über die Anpassungen verschaffen. Zu jedem Simplification Item der Datenbank gibt es jeweils einen SAP-Hinweis mit Erklärungen und Anpassungsempfehlungen.

Die nachfolgende Anleitung zeigt Ihnen Schritt für Schritt, wie Sie für SAP S/4HANA den spezifischen Bedarf an Anpassungen von Eigenentwicklungen mithilfe des ATC ermitteln können:

Schritt-für-Schritt-Anleitung

1. Setzen Sie das ATC in Ihrer Systemlandschaft auf:
   – Verbinden Sie die relevanten Systeme.
   – Laden Sie die aktuelle Version des Simplification Database Contents vom SAP Support Portal.
   – Aktualisieren Sie die Simplification Database mit dem aktuellen Content (Transaktion SYCM).

2. Starten Sie einen ATC-Check:
   - Planen Sie einen ATC-Prüflauf (Transaktion ATC) ein. Abbildung 10.17 zeigt die entsprechenden Einstellungen (aufzurufen über die Option **Schedule Runs**) unter Nutzung der bereitgestellten Prüfvariante (**Check Variant**) S4HANA_READINESS. Wählen Sie die Softwarepakete, in denen Ihre kundeneigenen Programme liegen. Sichern Sie Ihre Variante, und planen Sie den Lauf ein.

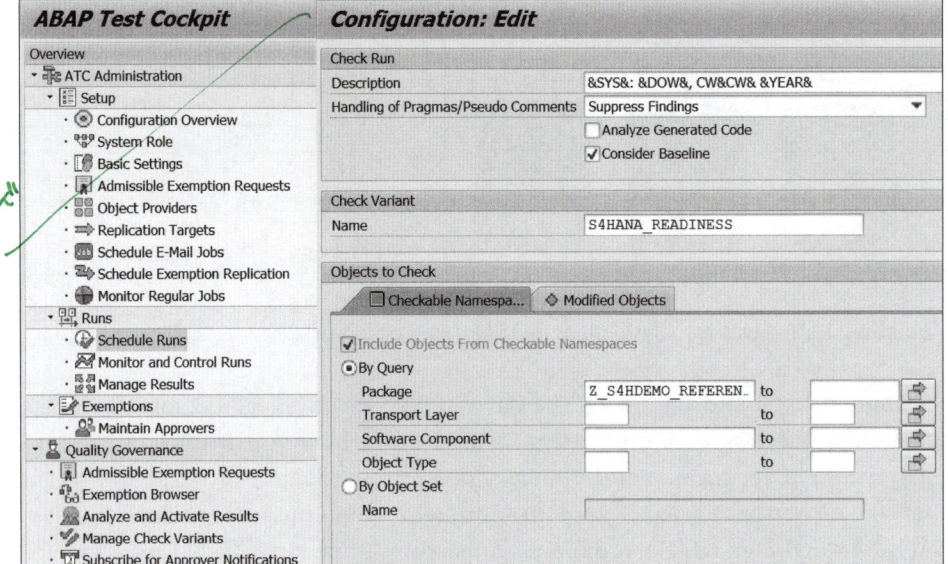

Abbildung 10.17 Aufsetzen eines ATC-Prüflaufs

3. Analysieren Sie die ATC-Prüfergebnisse:
   - Rufen Sie über die Option Manage Results den Ergebnisbildschirm des ATC-Prüflaufs auf. Abbildung 10.18 zeigt ein Beispiel mit sieben relevanten Ergebnissen.

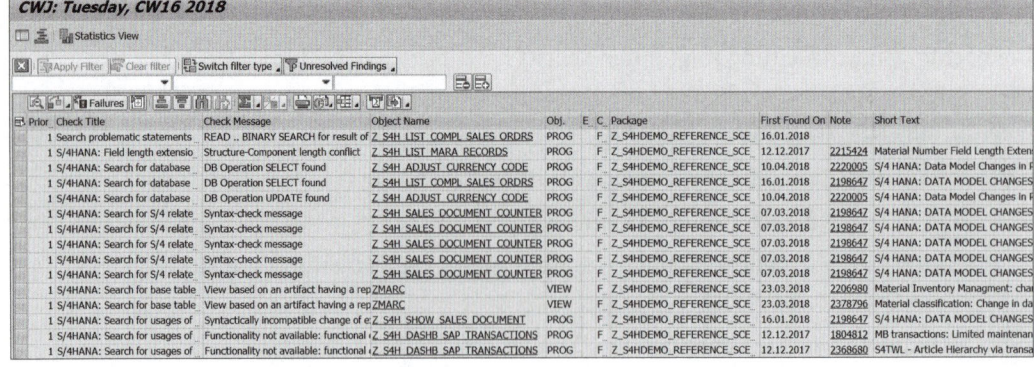

Abbildung 10.18 Ergebnisliste des ATC-Prüflaufs

- Sie können sich die Ergebnisse des ATC-Prüflaufs in unterschiedlicher Weise darstellen lassen und nach verschiedenen Kriterien filtern (z. B. nach Referenzobjekt oder Simplification- Item-Hinweis).
- Aus der Ergebnisliste heraus können Sie direkt entweder in den referenzierten Simplification-Item-Hinweis oder gleich in den jeweiligen Quellcode springen.
- An dieser Stelle soll SAP-Hinweis 1804812 (MB-Transaktionen: Eingeschränkte Wartung/Stilllegung) als Ergebnisbeispiel dienen. Inhaltlich geht es bei diesem Simplification Item darum, dass die sogenannten MB-Transaktionen zum Erfassen und Anzeigen von Warenbewegungen (die Transaktionen MB01, MB02, MB03, MB04, MB05, MB0A, MB11 etc.) in SAP S/4HANA nicht mehr unterstützt werden. Zum Erfassen und Anzeigen von Warenbewegungen steht in SAP S/4HANA die Einbildtransaktion MIGO zur Verfügung. Wenn Sie in Ihren eigenen Programmen diese MB-Transaktionen verwenden, wird der ATC-Prüflauf einen entsprechenden Treffer anzeigen und auf SAP-Hinweis 1804812 verweisen. Für die Verwendung der Transaktion MIGO in SAP Business Suite wurde bereits empfohlen, Eigenentwicklungen anzupassen; mit dem Übergang nach SAP S/4HANA müssen Sie dies nun zwingend tun.

Zu jedem Objekt in der Ergebnisliste des ATC-Prüflaufs wird jeweils ein SAP-Hinweis bereitgestellt, der im Detail erläutert, welche Anpassungen durchgeführt werden müssen. Im Folgenden sind eine Reihe von Anpassungen aufgeführt, die in vielen Konvertierungsprojekten aufkommen:

Anpassungsempfehlungen

- Anpassungen, die sich aus der Verlängerung der Materialnummer auf 40 Stellen ergeben:
  - SAP-Hinweis 2215424 (Feldlängenerweiterung für Materialnummer – allgemeine Informationen)
  - SAP-Hinweis 2215852 (Feldlängenerweiterung für Materialnummer – Quelltextanpassungen)
- Anpassungen, die sich aus den Datenmodelländerungen im Bereich Vertrieb (Sales and Distribution, SD) ergeben:
  - SAP-Hinweis 2198647 (SAP S/4 HANA – Änderung des Datenmodells in Sales and Distribution)
- Anpassungen, die sich aus den Datenmodelländerungen im Bereich Bestandsführung ergeben:
  - SAP-Hinweis 2206980 (Materialbestandsführung: Änderung des Datenmodells in SAP S/4HANA)

10 Systemkonvertierung eines Einzelsystems

Gesamtliste der geänderten SAP-Objekte

Die Gesamtliste der geänderten SAP-Objekte im Rahmen von SAP S/4HANA können Sie ebenfalls über die Transaktion SYCM einsehen. Voraussetzung ist, dass Sie die ZIP-Datei mit den Inhalten der Vereinfachungsdatenbank importiert haben. Pro SAP-Objekt wird die Art der Änderung mit dem korrespondierenden Anpassungshinweis aufgeführt (Handelt es sich um eine Änderung der Funktion oder der Datenstruktur oder ist die Funktion nicht verfügbar?). In Tabelle 10.1 ist dieses Prinzip für einige Beispiele dargestellt.

SAP-Objekt	SAP-Objektname	Änderungskategorie	Anpassungs-SAP-Hinweis	Hinweistitel
FUNC	FT_BASIC_OBJECTS_READ_DB	Funktion nicht verfügbar	2223144	SD Foreign Trade
PROG	MV52AF01	Funktion nicht verfügbar	2223144	SD Foreign Trade
TABL	MAZO	Funktion nicht verfügbar	2223144	SD Foreign Trade
…	…	Funktion nicht verfügbar	2223144	SD Foreign Trade
FUNC	/BEV1/RP_MIGERPO1	Funktion nicht verfügbar	2224144	Beverage-Lösung
PROG	/DSD/ME_CPT	Funktion nicht verfügbar	2224144	Beverage-Lösung
TABL	/BEV1/CAMF	Funktion nicht verfügbar	2224144	Beverage-Lösung
…	…	Funktion nicht verfügbar	2224144	Beverage-Lösung
TABL	FDSB	geänderte Funktion	2270400	Cash Management
PROG	RFLQ_ASSIGN_FI	Geänderte Funktion	2270400	Cash Management
…	…	geänderte Funktion	2270400	Cash Management

Tabelle 10.1 Beispiele für die Informationen in der Objektliste der Änderungsdatenbank

10.2 Konvertierung eines Einzelsystems durchführen

SAP-Objekt	SAP-Objektname	Änderungs-kategorie	Anpassungs-SAP-Hinweis	Hinweis-titel
TABL	BSAD	geänderte Funktion	1976487	FIN-Daten-modell
TABL	BSAK	geänderte Funktion	1976487	FIN-Daten-modell
…	…	geänderte Funktion	1976487	FIN-Daten-modell
…	…	…	…	…

Tabelle 10.1 Beispiele für die Informationen in der Objektliste der Änderungsdatenbank (Forts.)

Je nach Änderungskategorie fällt die notwendige Anpassung unterschiedlich aus. Bei Kundenobjekten, die sich auf Funktionen beziehen, die in SAP S/4HANA nicht mehr verfügbar sind, können Sie im Regelfall davon ausgehen, dass damit auch die konkrete Eigenentwicklung obsolet wird. In diesem Fall müssen Sie im Konvertierungsprojekt untersuchen, ob der individuelle Geschäftsprozess mit der angebotenen Nachfolgefunktion abgedeckt ist, und sich gegebenenfalls über alternative Geschäftsprozesserweiterungen Gedanken machen. Bei Änderungen von Datenstrukturen (z. B. bei der Verlängerung der Materialnummer auf 40 Stellen) müssen Sie den kundeneigenen Code gemäß den Vorgaben in den SAP-Hinweisen anpassen.

Notwendige Änderungen durchführen

Nachdem Sie mittels ATC den Anpassungsbedarf ermittelt und analysiert haben, müssen die gefundenen Stellen in Ihren eigenen Programmen mithilfe der SAP-ABAP-Entwicklungstools angepasst werden. Sie können das ABAP Test Cockpit auch aus einem ABAP-in-Eclipse-Projekt heraus aufrufen. Wie in Abbildung 10.19 dargestellt, können Sie für Ihr ausgewähltes Programm durch einen Klick mit der rechten Maustaste ein Kontextmenü aufrufen und darüber den ATC-Check ausführen (Optionen **Run As • 4 ABAP Test Cockpit With…**).

Konkrete Anpassung der Eigenentwicklungen

Verwenden Sie hierzu die bereitgestellte Code-Inspector-Checkvariante S4HANA_Readiness. Am oben angeführten Beispiel der MB-Transaktionen werden Sie mittels ATC-Check aufgefordert, direkte Aufrufe der MB-Transaktionen durch Transaktion MIGO zu ersetzen. Verwenden Sie beispielsweise in Ihrem Coding `call transaction 'MB11'`, dann müssen Sie diesen Aufruf durch `call transaction 'MIGO'` ersetzen. Nach der Ersetzung wird ein erneuter ATC-Prüflauf keinen Treffer mehr ergeben, sodass Sie Ihre Eigenentwicklung auch in SAP S/4HANA wiederverwenden können.

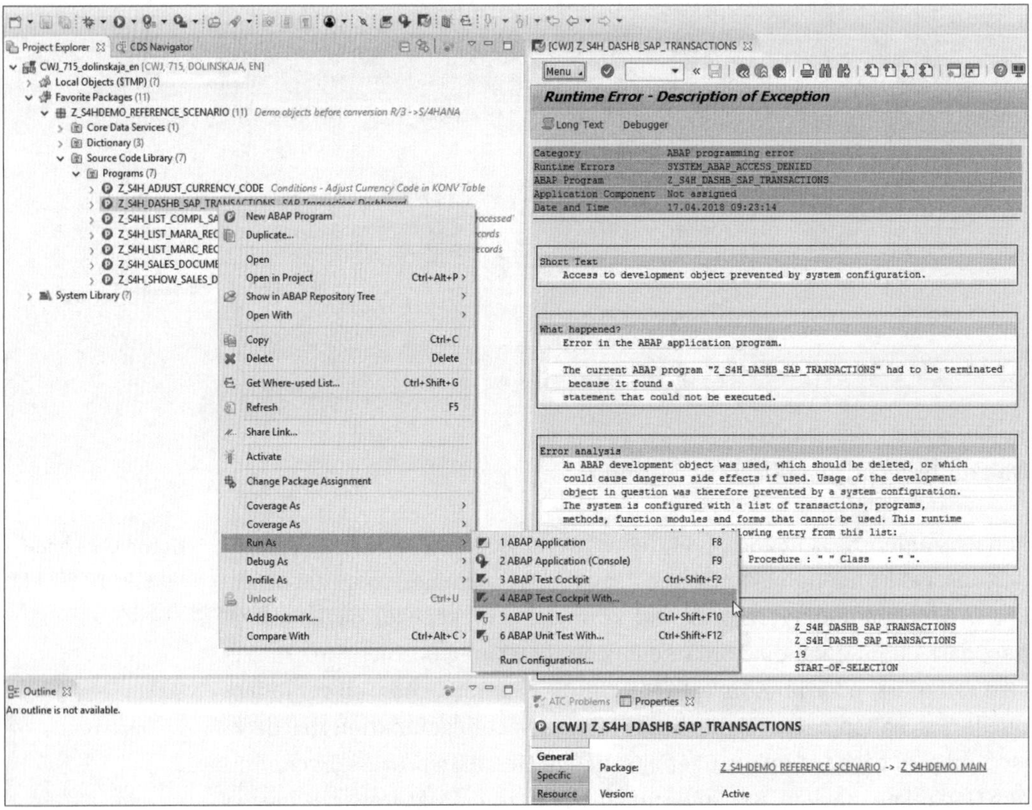

10 Systemkonvertierung eines Einzelsystems

Abbildung 10.19 Ausführen des ATC-Checks in ABAP in Eclipse

> **Analyse des kundeneigenen Codes bezogen auf die SAP-S/4HANA-Anpassungen**
>
> - Der nachfolgend genannte Blogartikel zeigt Ihnen detailliert, wie Sie das ABAP Test Cockpit aufsetzen und nutzen können:
>   http://s-prs.de/v631664
> - SAP-Hinweis 2436688 enthält weitere Informationen zum ATC im Rahmen der SAP-S/4HANA-Systemkonvertierung.
> - Der aktuelle Content der Simplification Database ist im SAP Support Portal verfügbar. Wie und wo dieser Content heruntergeladen werden kann, erfahren Sie in SAP-Hinweis 2241080.
> - Ferner zeigt Ihnen ein Video die Analyse Ihrer Eigenentwicklungen mittels ABAP Test Cockpit. Sie finden es unter: http://s-prs.de/v631665
>   Darin wird auch an mehreren Beispielen erläutert, wie Sie Ihre Programme konkret anpassen müssen.

Neben den Anpassungen der ABAP-Syntax Ihrer Programme sollten Sie beim Übergang nach SAP S/4HANA auch die Möglichkeiten der SAP-HANA-Datenbank nutzen, um die Performance Ihrer Programme zu optimieren. So sollten Sie untersuchen, ob und welche SQL-Anweisungen Sie optimieren können. Mithilfe des ABAP SQL Monitors können Sie erkennen, wie häufig eine SQL-Anweisung ausgeführt wird und mit welchen Laufzeiten.

Performanceoptimierungen

> **Performanceoptimierungen**
> Weitere Detailinformationen zu Performanceoptimierungen finden Sie in nachfolgendem Best-Practise-Dokument: *http://s-prs.de/v631666*

Verteilung der Anpassungsaufgaben im Systemverbund

Im Folgenden listen wir die einzelnen Anpassungsaufgaben im SAP-ERP- und im SAP-S/4HANA-Systemverbund auf. Die Aktivitäten in Tabelle 10.2 können bereits als vorbereitende Maßnahmen im SAP-ERP-Systemverbund ausgeführt werden.

SAP-ERP-Systemverbund

Systemrolle	Aktivität
PRD	Aktivieren von Analysetools wie SQL-Monitor (SQLM), Usage Procedure Logging (UPL) und Workload Monitor (ST03)
DEV	Analyse der Eigenentwicklungen, bezogen auf die drei Anpassungskategorien: ▪ grundsätzliche Analyse ▪ Analysen bezogen auf die SAP-HANA-Datenbank ▪ Analysen bezogen auf SAP S/4HANA Umsetzung der Anpassungen, die bereits im SAP-ERP-Systemverbund gemacht werden können: ▪ Löschen von obsoleten Eigenentwicklungen (z. B. mit dem Stilllegungs-Cockpit) ▪ Anpassungen bezogen auf die SAP-HANA-Datenbank (basierend auf Code-Inspector-Prüfungen in Transaktion SCI) ▪ Anpassungen bezogen auf SAP S/4HANA (basierend auf den Prüfungen im ABAP Test Cockpit)

Tabelle 10.2 Vorbereitende Maßnahmen im SAP-ERP-Systemverbund

Die Aktivitäten aus Tabelle 10.3 würden dann im SAP-S/4HANA-Systemverbund ausgeführt werden.

SAP-S/4HANA-Systemverbund

Systemrolle	Aktivität		
	Vor der Konvertierung	Während der Konvertierung	Nach der Konvertierung
DEV-System	(Fortsetzung der) Analyse der Eigenentwicklungen bezogen auf die drei Anpassungskategorien: ■ grundsätzliche Analyse und Transparenz ■ Analysen bezogen auf die SAP-HANA-Datenbank ■ Analysen bezogen auf SAP S/4HANA	■ Anpassungen von modifizierten ABAP-Dictionary-Objekten (in Transaktion SPDD) ■ Eigenentwicklungen an geänderte SAP-S/4HANA-Datenstrukturen anpassen	■ Anpassung von modifizierten Nicht-ABAP-Dictionary-Objekten (in der Transaktion SPAU) ■ (Fortsetzung der) Anpassung von Eigenentwicklungen an geänderte SAP-S/4HANA-Datenstrukturen
Q-System		■ Transportaufträge mit den Anpassungen in Transaktionen SPDD und SPAU einspielen ■ Transportaufträge mit den SAP-HANA- bzw. SAP-S/4HANA-Anpassungen einspielen	funktionale Tests und Performancetests
PRD-System		■ Transportaufträge mit den Anpassungen in den Transaktionen SPDD und SPAU einspielen ■ Transportaufträge mit den SAP-HANA- und SAP-S/4HANA-Anpassungen einspielen	

Tabelle 10.3 Aktivitäten im SAP-S/4HANA-Systemverbund

10.2.6 Datenbank-Sizing für SAP S/4HANA

Beim Umstieg auf SAP S/4HANA erfolgt auch der Umstieg auf die SAP-HANA-Datenbank für die Kunden, die ihr SAP-ERP-System noch nicht mit SAP HANA betreiben. Die Beschaffung der entsprechenden Hardware und das richtige Sizing des Datenbankservers sind im Vorfeld des Umstiegs auf das SAP-S/4HANA-System einzuplanen.

Für das Sizing der SAP-HANA-Datenbank stehen grundsätzlich verschiedene Optionen zur Verfügung. Eine Option ist der *Quick Sizer*, ein webbasiertes Tool, das auf das Sizing eines neu implementierten SAP-HANA-basierten Systems zugeschnitten ist. Informationen zum Quick Sizer finden Sie unter http://service.sap.com/quicksizer.

Quick Sizer

Die für die Systemkonvertierung passendste Option ist der mit SAP-Hinweis 1872170 ausgelieferte ABAP-Sizing-Report /SDF/HDB_SIZING. Wird dieser Sizing-Report auf dem SAP-ERP-Startsystem ausgeführt, analysiert er die aktuelle Datenbasis und gibt darauf basierend einen Ergebnisbericht aus, der über die Anforderungen an die SAP-HANA-Datenbank informiert.

Sizing-Report

> **Weitere Informationen zum Sizing**
> - Grundsätzliche Informationen zum Thema Sizing für SAP HANA finden Sie unter *https://service.sap.com/sizing*
> - Lesen Sie zum Sizing-Report /SDF/HDB_SIZING auch SAP-Hinweis 2303847. Hier finden Sie auch Richtlinien und FAQs.

10.2.7 Den Software Update Manager verwenden

Die technischen Schritte zur Konvertierung eines Einzelsystems werden durch den *Software Update Manager* (SUM) ausgeführt, der Basisadministratoren seit 2011 bekannt ist. Er ist darauf ausgelegt, die Ausfallzeiten (Downtime) beim Einspielen von Software zu reduzieren. Die Schritte, die im Rahmen des SUM ausgeführt werden, unterscheiden sich bei einer SAP-S/4HANA-Systemkonvertierung nicht grundsätzlich von den Schritten, die beispielsweise bei einem Upgrade der SAP Business Suite im SUM durchgeführt werden. Daher liegt in diesem Abschnitt der Fokus auf den Schritten, die für SAP S/4HANA spezifisch bzw. in diesem Kontext neu sind.

Schritte einer SAP-S/4HANA-Systemkonvertierung im Software Update Manager (SUM)

Grundsätzlich führt der SUM drei Kernaufgaben in verschiedenen Phasen der Systemkonvertierung in einem Schritt aus:

Drei Kernaufgaben des SUM

1. **Konvertierung der Software zu SAP S/4HANA**
   Auf dem zugrunde liegenden SAP-ERP-Startsystem wird die neue SAP-S/4HANA-Software eingespielt. So wird beispielsweise in diesem Schritt die Softwarekomponente SAP_APPL durch die SAP-S/4HANA-Basiskomponente S4CORE abgelöst.
2. **Migration auf die SAP-HANA-Datenbank**
   Wenn das SAP-ERP-System noch auf einer anderen Datenbank basiert, migriert der SUM die Datenbank nach SAP HANA. In diesem Fall wird die sogenannte *Database Migration Option* (DMO) des Software Update Managers genutzt.
3. **Konvertierung der Applikationsdaten zur neuen Datenstruktur von SAP S/4HANA**
   Da sich in SAP S/4HANA an bestimmten Stellen Datenstrukturen ändern (beispielsweise Datenstrukturänderungen im Rahmen der Bestandsführung – Tabelle MATDOC), erfolgt eine Umsetzung der Applikationsdaten von der alten in die neue Datenstruktur.

Abbildung 10.20 zeigt die unterschiedlichen Phasen im SUM im Überblick.

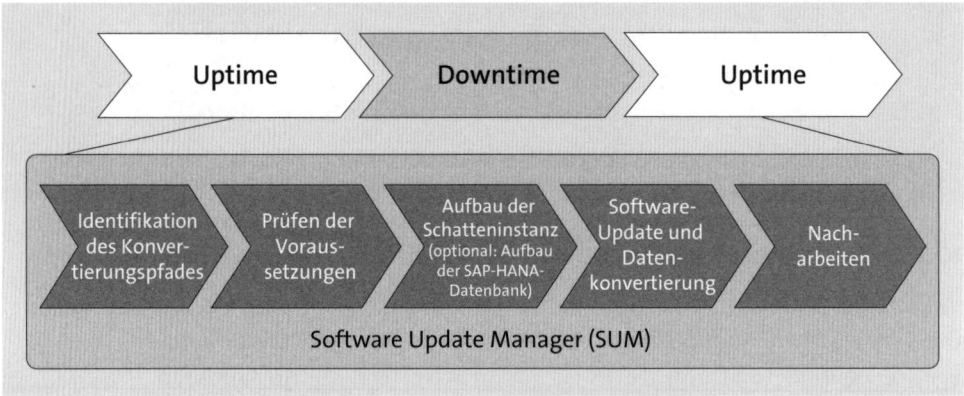

Abbildung 10.20 Phasen der Systemkonvertierung im SUM

Stack-XML Basierend auf der im Maintenance Planner erzeugten Stack-XML-Datei mit den Wartungsinformationen wird der gewählte SAP-S/4HANA-Konvertierungspfad identifiziert. Beachten Sie, dass die Konvertierungsprozedur ohne Stack-XML für das Konvertierungssystem nicht fortgesetzt werden kann. Abbildung 10.21 zeigt die Maske, in der Sie den Ablageort der Stack-XML-Datei eingeben.

10.2 Konvertierung eines Einzelsystems durchführen

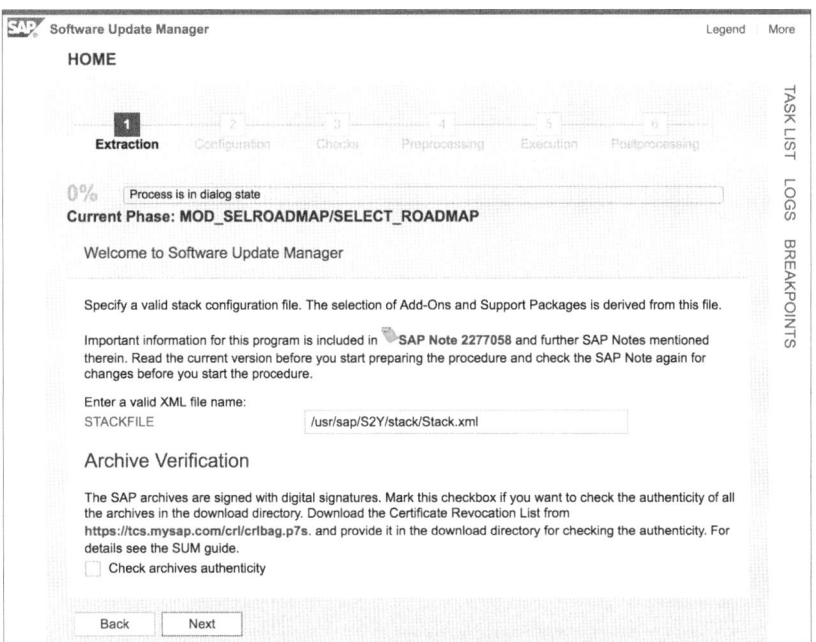

Abbildung 10.21 Angabe der Stack-XML-Datei

Im ersten SUM-Ausführungsschritt werden die Voraussetzungen für die SAP-S/4HANA-Systemkonvertierung überprüft. Neben den technischen Versionsprüfungen für das Betriebssystem und die Datenbankversion erfolgen auch Prüfungen der betriebswirtschaftlichen Voraussetzungen. Die SI-Checks (siehe Abschnitt 10.2.4) werden erneut ausgeführt. So wird in dieser Prüfphase beispielsweise verifiziert, ob die Debitoren-/Kreditorenintegration des Geschäftspartners aktiviert ist. Wäre dies nicht der Fall, würde die SUM-Prozedur gestoppt werden, da dies eine Voraussetzung für den Folgeschritt ist, die Umsetzung von Applikationsdaten von der alten in die neue Datenstruktur.

Grundsätzlich erfolgt die SAP-S/4HANA-Systemkonvertierung in dem sogenannten *System-Switch-Upgrade-Verfahren*. In diesem Verfahren wird parallel zum laufenden System eine zusätzliche Instanz des Zielreleases erzeugt (*Schatteninstanz*). Auf dieser Schatteninstanz werden verschiedene Schritte der SAP-S/4HANA-Systemkonvertierung durchgeführt. In der Ablauffolge im SUM wird der Administrator aufgefordert, eine entsprechende Zielinformation für die neue Datenbank einzugeben. Abbildung 10.22 zeigt die Maske zur Eingabe der SAP-System-ID (SID) und der Instanznummer.

System-Switch-Upgrade-Verfahren

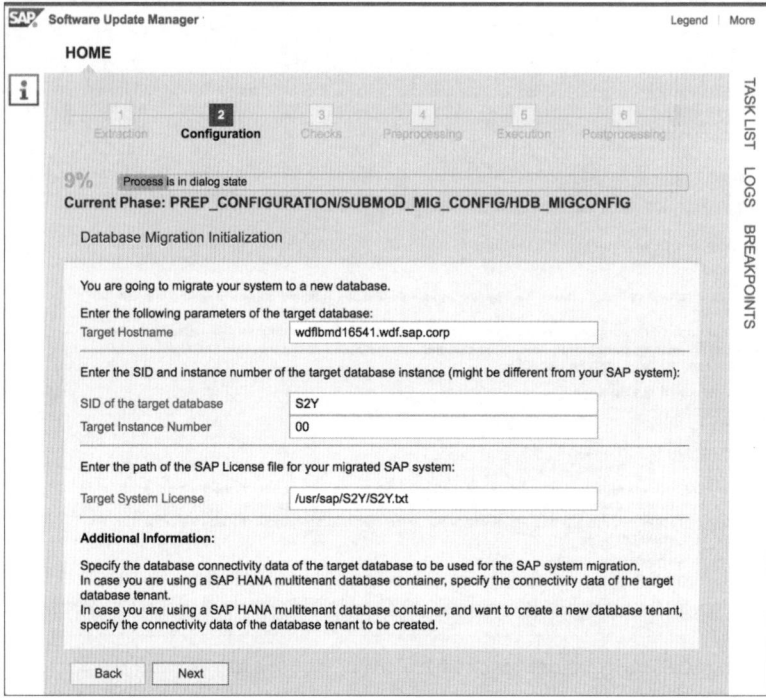

Abbildung 10.22 Zugriff auf die Schatteninstanz

Downtime-Phase

Auf dem Schattensystem werden dann beispielsweise die Basistabellen des Zielreleases eingespielt. Parallel zu den Aktivitäten, die vom SUM auf dem Schattensystem ausgeführt werden, kann der Betrieb in dem produktiven SAP-ERP-System weitergehen. Mit dem Schließen des produktiven Systems beginnt die Downtime-Phase der Systemkonvertierung. In dieser Phase des SUM werden dann unter anderem die Applikationsdaten von der alten in die neue Datenstruktur umgesetzt. Idealerweise sieht man zu dem Zeitpunkt nur, dass der Ausführungsprozess im SUM läuft (siehe Abbildung 10.23).

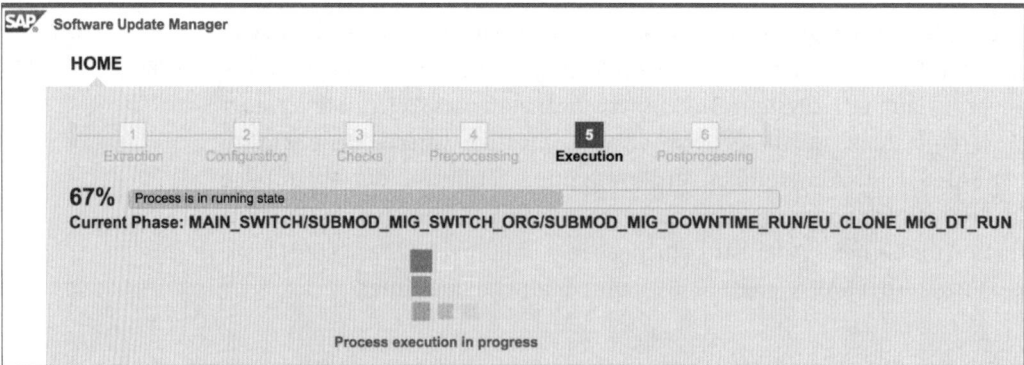

Abbildung 10.23 SUM-Schritte in der Downtime

Wie lange die Downtime letztlich ist, hängt von verschiedenen kundenindividuellen Faktoren und den im Konvertierungssystem realisierten Optimierungsmaßnahmen ab. So spielen hier unter anderem die eingesetzten Systemressourcen, die Größe der Datenbank, die Anzahl der umzusetzenden Applikationsdaten, aber auch Rahmenbedingungen wie das Netzwerk des Kunden eine Rolle. Natürlich ist die Downtime auch abhängig von der Systemkategorie. So kann man bei der Umsetzung eines Testsystems andere Zeiten akzeptieren und würde unter Umständen weniger Systemressourcen reservieren.

Wenn alle Umsetzungsschritte erfolgreich ausgeführt sind, wird die Ausführungsphase des SUM beendet und der Abschlussbildschirm aus Abbildung 10.24 angezeigt.

Mit dem Ende der Ausführungsphase beginnt die Phase der Nacharbeiten in der Downtime. Eine Aufgabe im Rahmen der Nacharbeiten ist die Konvertierung von Buchhaltungs- und Controlling-Daten und der korrespondierenden Customizing-Daten. Weitere Informationen zur Konvertierung der Finanzdaten finden Sie in SAP-Hinweis 2332030 und in dem darin referenzierten Konvertierungs-Guide für das Rechnungswesen.

Nacharbeiten

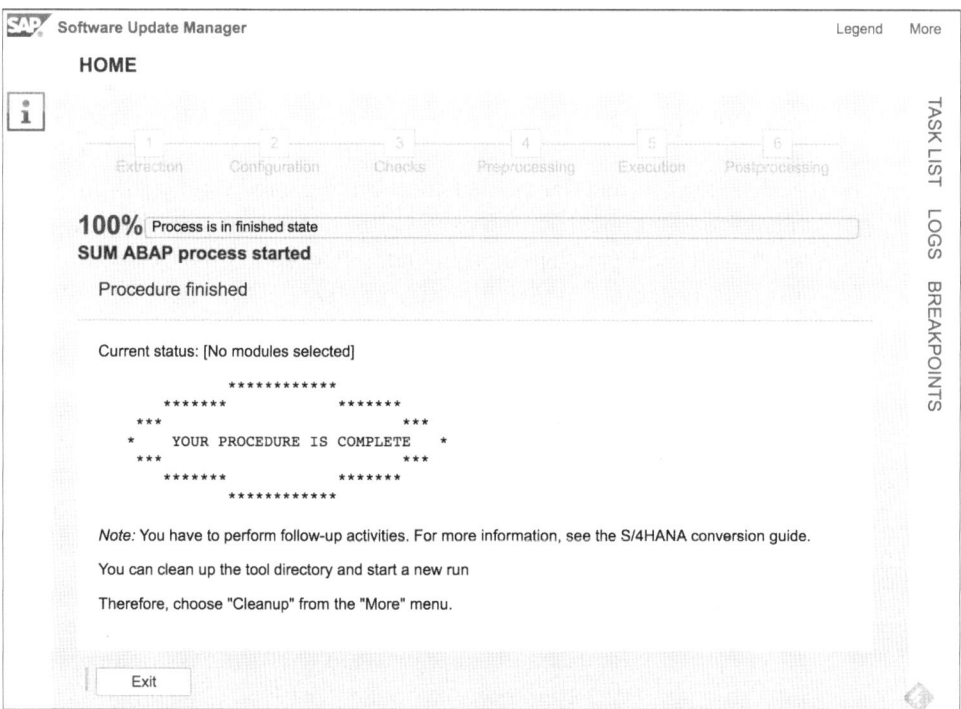

Abbildung 10.24 Ende der SUM-Ausführungsphase

SUM-Analyse-Datei — Die Durchführung aller Schritte kann in der SUM-Analysedatei (**UPGANA.XML**) nachvollzogen werden. Hier werden detaillierte Informationen über das System, die Datenbankgröße und die Laufzeiten der einzelnen SUM-Phasen ausgewiesen.

Die verschiedenen Verfahren im Software Update Manager

Der SUM unterscheidet bei einer SAP-S/4HANA-Systemkonvertierung drei Verfahren und Optionen:

- das Standardverfahren (einschließlich Database Migration Option)
- ein downtime-optimiertes Verfahren
- ein kundenspezifisches, servicebasiertes Verfahren (Minimized Downtime Service, MDS)

Standardverfahren — Als Standardverfahren im SUM bezeichnet man das Verfahren, bei dem auf der gleichen Hardware eine zusätzliche Schatteninstanz erzeugt wird, um die Konvertierungsschritte parallel zum laufenden Betrieb auszuführen. Für SAP S/4HANA kann dieses Standardverfahren (auch *In-Place-Migration* genannt) genutzt werden, wenn ein Kunde bereits eine SAP-HANA-Datenbank mit seinem SAP-ERP-Startsystem nutzt.

Database Migration Option (DMO) — Wenn das SAP-ERP-System noch auf einer anderen Datenbank basiert, migriert der SUM die Datenbank nach SAP HANA. In diesem Fall wird die Database Migration Option (DMO) genutzt. Dieses SUM-Verfahren wurde auch bereits bei einem kombinierten Software-Update und Datenbankwechsel im Rahmen der SAP Business Suite genutzt und steht nun auch bei der Systemkonvertierung nach SAP S/4HANA zur Verfügung. Im ersten Schritt wird parallel zum laufenden Betrieb auf der Datenbank des Ausgangssystems eine Schatteninstanz erzeugt. Die neue SAP-HANA-Datenbank wird parallel aufgebaut und aus der Schatteninstanz befüllt. In der Downtime erfolgt der Wechsel auf die neue Datenbank. Bei der SAP-S/4HANA-Systemkonvertierung erfolgt jetzt die Konvertierung der Applikationsdaten in die neuen Datenstrukturen. Nach Abschluss dieser Schritte und der Nacharbeiten kann das System dann als SAP-S/4HANA-System auf der SAP-HANA-Datenbank genutzt werden. Die Ausgangsdatenbank bleibt in diesem Verfahren unverändert bestehen und steht beispielsweise als Fallback-Lösung weiter zur Verfügung.

DMO Migration Control Center — Zur Optimierung der Ausfallzeit empfiehlt es sich, in den Testdurchläufen die jeweilige Systemlast zu beobachten und bei Bedarf zu optimieren. So steht mit dem *DMO Migration Control Center* (siehe Abbildung 10.25) ein Monitor zur Verfügung, mit dem beispielsweise die laufenden `R3load`-Prozesse überwacht werden können.

10.2 Konvertierung eines Einzelsystems durchführen

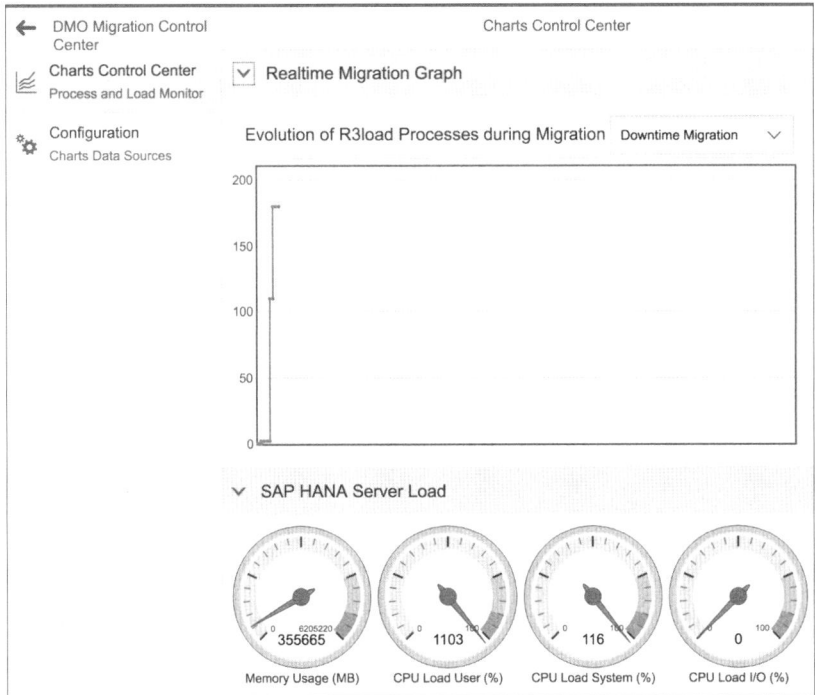

Abbildung 10.25 DMO Migration Control Center

Mit dem downtime-optimierten Verfahren können weitere Optimierungen realisiert werden. Dieser Ansatz wird zurzeit als Pilotverfahren angeboten, und er stellt höhere Anforderungen an die Systemressourcen. Details zu dem downtime-optimierten Verfahren finden Sie in SAP-Hinweis 2293733. Für ausgewählte Applikationen erfolgt die Umsetzung der Applikationsdaten von der alten in die neue SAP-S/4HANA-Datenstruktur während der Uptime-Phase, also parallel zum laufenden Betrieb. In diesem Verfahren müssen dann in der Downtime nur die neuen Applikationsdaten umgesetzt werden, die im parallelen Betrieb aufgelaufen sind. Diese werden mit einem Deltamechanismus aufgezeichnet.

Downtime-optimiertes Verfahren

Sollten die Testkonvertierungen ergeben, dass eine weitere Reduzierung der Downtime notwendig ist, steht mit dem *Minimized Downtime Service* (MDS) ein kundenspezifisches, servicebasiertes Verfahren zur Verfügung. Technisch steht das sogenannte Near-Zero-Downtime-Verfahren (NZDT) im Zentrum der verschiedenen Beratungsleistungen. Mithilfe des SAP Landscape Transformation Replication Servers (SLT) werden auf dem Produktivsystem Datenänderungen für die wichtigsten betriebswirtschaftlichen Prozesse aufgezeichnet. Diese Änderungen werden dann anschließend in ein zusätzliches Clone-System (eine nach SAP S/4HANA konvertierte Kopie des Produktivsystems) übertragen. Bei der Übertragung der Daten

Minimized Downtime Service

muss ein Mapping auf das neue SAP-S/4HANA-Datenmodell erfolgen. In einem letzten Schritt werden dann alle Daten in einem Deltaverfahren konvertiert, und das Clone-System wird zum neuen SAP-S/4HANA-Produktivsystem. Dieses etwas komplexere Verfahren ist jeweils kundenspezifisch und beratungsintensiv und wird deshalb als kostenpflichtiger Service angeboten. Weitere Einzelheiten zu dem MDS-Ansatz und wie Sie den Service beauftragen können, finden Sie in SAP-Hinweis 693168.

> **Weitere Informationen zum Software Update Manager**
>
> - Weitere Informationen zum Software Update Manager (SUM) finden Sie unter *http://support.sap.com/sltoolset*
> - In der SAP Community zu SAP S/4HANA finden Sie ein Blog zum SUM: *http://s-prs.de/v429757*
> - Beachten Sie außerdem die applikationsspezifischen Sammelhinweise im Rahmen der Systemkonvertierung. Eine Sammlung finden Sie in diesem Blogartikel: *http://s-prs.de/v429758*
> - Informationen zum downtime-optimierten Verfahren finden Sie in den SAP-Hinweisen 2293733 und 2443938.
> - Informationen zum Minimized Downtime Service (MDS) finden Sie in SAP-Hinweis 693168.

10.2.8 Umstieg auf die SAP-Fiori-Benutzeroberflächen

SAP Fiori 2.0

Die Vereinfachungen, die mit dem Umstieg auf SAP S/4HANA realisiert werden können, sind auch direkt mit der neuen User Experience verbunden, die SAP Fiori bietet. Mit SAP Fiori 2.0 hat SAP im vierten Quartal 2016 die zweite Generation dieser Benutzeroberflächen veröffentlicht. Sie ermöglicht mit dem neuen Oberflächenschema *Belize* eine noch attraktivere Benutzererfahrung.

Auf die grundsätzlichen Eigenschaften dieser Benutzeroberflächen sind wir bereits in Abschnitt 2.4, »Die SAP-Fiori-Benutzeroberflächen«, eingegangen. In diesem Abschnitt erklären wir, wie Sie den Übergang von den klassischen SAP-GUI-basierten Benutzeroberflächen zu den neuen Oberflächen gestalten können. Dieser Übergang beginnt mit den grundsätzlichen Installationsschritten für SAP Fiori. Mithilfe einer Relevanzanalyse können Sie die für Sie relevanten SAP-Fiori-Apps identifizieren. Diese Relevanzanalyse basiert auf einer Nutzungsstatistik Ihrer Transaktionen. Bei der Implementierung der SAP-Fiori-Apps kann dann ein schrittweiser Übergang je nach den Bedürfnissen Ihrer Anwender erfolgen.

Installation von SAP Fiori im Rahmen der SAP-S/4HANA-Konvertierung

Um SAP Fiori nutzen zu können, muss es im Rahmen der SAP-S/4HANA-Konvertierung zunächst installiert werden. Hierzu muss ein Frontendserver installiert werden, wie in Abschnitt 9.3, »Den Frontendserver für die SAP-Fiori-Benutzeroberfläche einrichten«, beschrieben, oder Sie können die SAP-Fiori- Benutzeroberflächen im Rahmen der SAP Fiori Cloud nutzen. Mit SAP Fiori Cloud nutzen Sie einen Cloud-Service, der den Aufbau einer eigenen Frontendinfrastruktur überflüssig macht.

Nach der Installation der SAP-Fiori-Komponenten konfigurieren Sie die Infrastruktur einschließlich des SAP Fiori Launchpads. Die Installation erfolgt analog zur Installation der SAP-S/4HANA-Software integriert in die Softwarelogistiktools des Maintenance Planners und des SUM. Abbildung 10.26 zeigt die Auswahl dieser Installationsvariante im Maintenance Planner.

Installation im Maintenance Planner

SAP Fiori 2.0 kann ab SAP S/4HANA 1610 genutzt werden. Für SAP S/4HANA 1511 ist dieses Release noch nicht verfügbar. SAP Fiori 2.0 basiert technisch auf dem SAP-Fiori-Frontendserver 3.0. Um die SAP Fiori Cloud (siehe Abschnitt 9.3.2) für SAP S/4HANA nutzen zu können, benötigen Sie SAP S/4HANA mit eigener Lizenz.

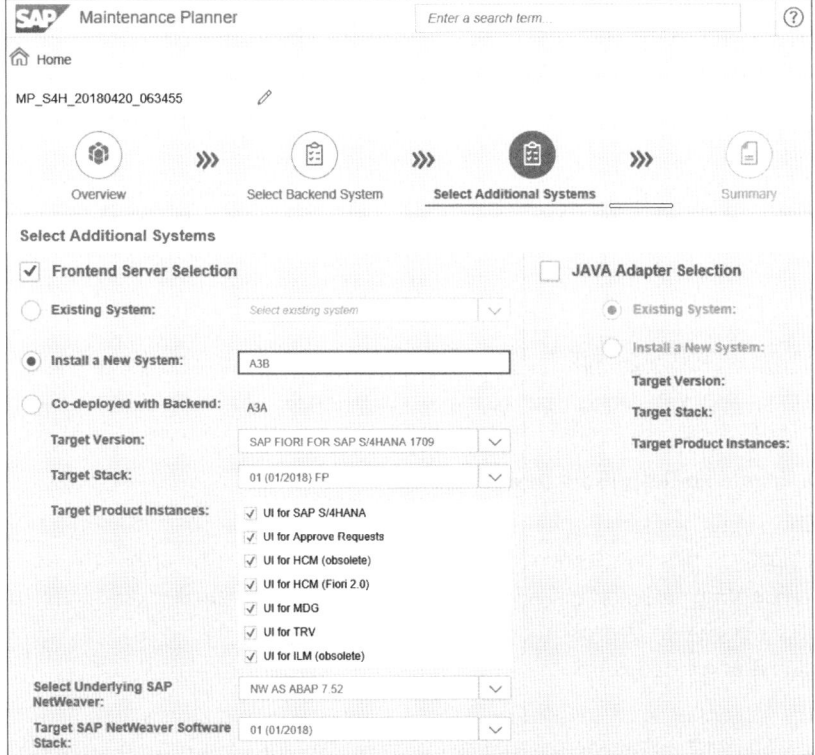

Abbildung 10.26 SAP Fiori zur Installation im Maintenance Planner auswählen

10 Systemkonvertierung eines Einzelsystems

Relevanzanalyse für SAP-Fiori-Apps

Relevance and Readiness Analysis — Mit der sogenannten *Relevance and Readiness Analysis* in der SAP Fiori App Reference Library steht Ihnen ein Analysetool zur Verfügung, mit dem Sie die für Sie relevanten SAP-Fiori-Apps identifizieren können. Das Tool analysiert, welche Transaktionen Sie in Ihrem Ausgangssystem nutzen, und erzeugt eine Empfehlungsliste. Abbildung 10.27 zeigt ein Beispiel der Ergebnisliste der Relevanzanalyse.

Nutzungsanalyse — Die Nutzungsanalyse der Transaktionsdaten kann beispielsweise auf Basis des Workload Monitors (Transaktion ST03) erfolgen. Die Nutzungsdaten werden als CSV-Datei in das Tool hochgeladen, und das Tool analysiert dann die Relevanz der einzelnen Transaktionen. Es ermittelt SAP-Fiori-Apps, die mit den genutzten SAP-GUI-Transaktionen korrespondieren.

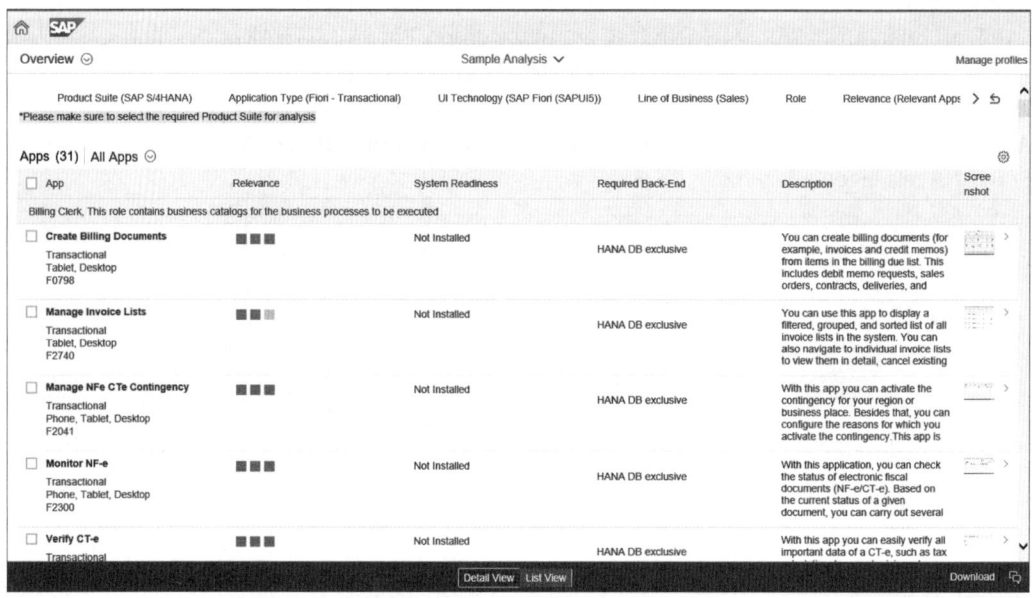

Abbildung 10.27 Relevanzanalyse für SAP-Fiori-Apps

Individuelle Gestaltung des Übergangs

Die Möglichkeiten, die neue, attraktive, intuitive und effiziente Benutzeroberflächen den Anwendern bieten, sind ein Aspekt im SAP-S/4HANA-Konvertierungsprojekt. Ein anderer Aspekt ist die Frage, wie der Übergang zu den neuen Benutzeroberflächen und damit zu einer anderen Arbeitsweise gestaltet werden kann.

Im Folgenden sehen wir uns diesen Übergang von den klassischen Benutzeroberflächen hin zu den neuen SAP-Fiori-basierten Benutzeroberflächen an, die Ihnen nach dem Konvertierungsprojekt zur Verfügung stehen. Es sei

10.2 Konvertierung eines Einzelsystems durchführen

an dieser Stelle jedoch explizit darauf hingewiesen, dass Sie nach der Konvertierung Ihres Systems nach SAP S/4HANA auch weiterhin die SAP-GUI-Transaktionen nutzen können. Grundsätzlich sind alle Transaktionen und die Favoriten der Benutzer, die in Ihrem System vor dem Upgrade genutzt wurden, auch nach der Systemkonvertierung im ABAP-Backend verfügbar.

Ausnahmen stellen diejenigen Transaktionen dar, die aufgrund von Vereinfachungen in SAP S/4HANA wegfallen und zu denen über die Simplification List Änderungen kommuniziert wurden.

Zu beachten ist auch, dass Funktionen, die im Rahmen von SAP S/4HANA neu entwickelt werden, im Regelfall nur mit SAP-Fiori-basierten Benutzeroberflächen bereitgestellt werden. Die Frage lautet daher nicht, *ob* Sie auf die neuen Benutzeroberflächen umsteigen, sondern *wie* und in welchen Schritten.

Abbildung 10.28 zeigt einen möglichen schrittweisen Übergang von den klassischen Benutzeroberflächen, wie sie in SAP ERP zur Verfügung stehen, hin zu der Zielarchitektur, die auf SAP Fiori basiert.

Schrittweiser Übergang

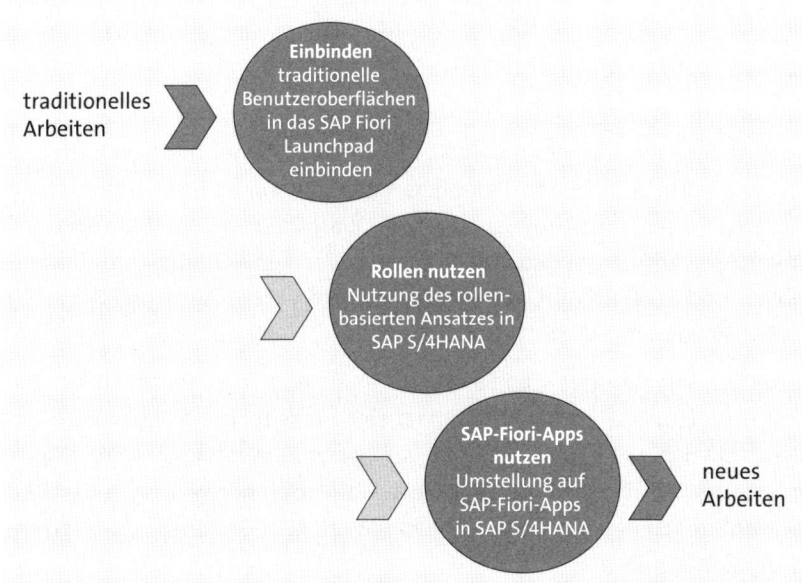

Abbildung 10.28 Schrittweiser Übergang zu den neuen Benutzeroberflächen

Nach diesem Modell führen Sie als ersten Schritt das SAP Fiori Launchpad ein. Es dient als zentraler webbasierter Einstiegspunkt für alle Anwender, die mit dem SAP-S/4HANA-System arbeiten. Im SAP Fiori Launchpad können Sie Anwendungen verschiedener User-Interface-Technologien (z. B.

Verschiedene Anwendungen einbinden

SAP GUI, Portale) auf verschiedenen Geräten (Desktop, Tablet oder Smartphone) konsolidieren.

Sie können die klassischen Benutzeroberflächen einbinden und damit das Arbeiten und die Geschäftsprozesse im Wesentlichen erst einmal so fortsetzen, wie sie vor der Systemkonvertierung etabliert waren.

So besteht beispielsweise die Möglichkeit, eine Auswahl von Web-Dynpro- und SAP-GUI-basierten Applikationen des ABAP-Backends oder die Einträge aus dem SAP-Easy-Access-Menü in das SAP Fiori Launchpad einzubinden. Ab SAP S/4HANA 1610, On-Premise-Version werden die so eingebundenen klassischen Oberflächen auch vom Erscheinungsbild her an die SAPUI5-basierten SAP-Fiori-Apps angeglichen, wodurch eine einheitliche Benutzererfahrung unterstützt wird.

Rollenbasierter Zugriff

Den nächsten Schritt sollten Sie direkt nach der Systemkonvertierung machen: Ermöglichen Sie dem Endanwender einen rollenbasierten Zugriff auf das SAP Fiori Launchpad. Der Kernaspekt des rollenbasierten Ansatzes ist es, komplexe Applikationen in aufgabenorientierte, sinnvolle Teileinheiten herunterzubrechen. Dem Endanwender werden nur die Benutzeroberflächen angeboten, die er für die Bearbeitung des Teilschritts benötigt, für den er zuständig und zu dem er berechtigt ist.

So wird ein Manager eines Unternehmens andere Informationen benötigen als der Sachbearbeiter. Der Manager mag z. B. mehrheitlich Genehmigungsschritte auf seinem mobilen Endgerät abarbeiten, während der Sachbearbeiter Zugriff auf detailliertere Oberflächen haben muss, um auch Ausnahmefälle bearbeiten zu können. Mit der Verwendung vordefinierter Rollen und Berechtigungen legen Sie fest, auf welche Apps und Daten ein Benutzer zugreifen darf.

Über den sogenannten *App Finder* – eine Art App Store innerhalb des SAP Fiori Launchpads – kann der Benutzer sich für seine Rolle die Apps zusammenstellen, die seinen Arbeitsalltag am besten unterstützen. Hierbei spielt es keine Rolle, ob es sich um SAP-Fiori-, SAP-GUI- oder Web-Dynpro-ABAP-Anwendungen handelt. Auch eigenentwickelte SAP-Fiori-Apps können eingebunden werden.

Alte Anwendungen ablösen

In einem weiteren Schritt könnten Sie sich dann dazu entschließen, noch stärker auf die angebotenen SAP-Fiori-Apps umzusteigen und sich von den klassischen Benutzeroberflächen zu verabschieden. Viele Unternehmen beginnen diesen Umstieg mit der Umstellung von einzelnen Prozessschritten.

Sie können z. B. zunächst Genehmigungsprozesse oder Reisekostenprozesse umstellen und die Nutzung von mobilen Endgeräten hierfür als Hauptanwendungsfall vorsehen. Im nächsten Schritt stellen Sie dann zunächst die

Kerngeschäftsprozesse um, von denen eine begrenzte Anzahl von Benutzern betroffen ist. Danach werden Geschäftsprozesse umgestellt, von denen die Mehrheit der Endanwender betroffen ist.

Letztlich muss und kann jeder Kunde selbst entscheiden, wie und in welcher Geschwindigkeit er den Übergang zu den neuen SAP-Fiori-Benutzeroberflächen gestalten möchte.

Weiterführende Informationen

- Weitere Informationen zur SAP-Fiori-Empfehlungsanalyse können Sie in der SAP Fiori Reference Library finden oder über den Link zu folgendem User Guide: *http://s-prs.de/v429759*
- Im »SAP Fiori 2.0 Administration and Developer Guide« (*http://s-prs.de/v429760*) finden Sie Anleitungen, wie Sie Web-Dynpro- und SAP-GUI-basierte Applikationen in das SAP Fiori Launchpad einbinden können.
- Zum neuen Design *Belize* und der Verfügbarkeit in SAP GUI for HTML, SAP GUI for Java und SAP GUI for Windows lesen Sie auch SAP-Hinweis 2365556.
- Deployment-Empfehlungen für SAP Fiori (Frontendserver und SAP Fiori Cloud) erhalten Sie unter folgendem Link: *http://s-prs.de/v631667*
- Weitere Informationen zum App Finder finden Sie hier: *http://s-prs.de/v429761*

10.2.9 Erkenntnisse aus bisherigen Kundenprojekten

Seit der ersten Auflage dieses Buches (Anfang 2017) haben viele SAP-Kunden eine SAP-S/4HANA-Systemkonvertierung durchgeführt. Im Regelfall liegen die durchschnittlichen Projektlaufzeiten (vom Projektstart bis zum Go-live) zwischen sieben und elf Monaten. In den meisten Fällen erfolgt in einem ersten Schritt die technische Umstellung auf die SAP-S/4HANA-Plattform und erst dann in einer zweiten Projektphase die Adaption der neuen Funktionen und der neuen Benutzeroberflächen. Im Folgenden haben wir einige Erkenntnisse aus den bisherigen SAP-S/4HANA-Konvertierungsprojekten zusammengefasst:

- Beschäftigen Sie sich frühzeitig mit den Dingen, die in SAP S/4HANA anders sind. Viele der anstehenden Aufgaben können bereits angegangen werden, bevor überhaupt eines Ihrer Systeme auf SAP S/4HANA konvertiert ist. Nehmen wir als Beispiel den zentralen Geschäftspartner, der in SAP S/4HANA der einzige Einstiegspunkt für die Pflege von

Allgemeine Erkenntnisse

Geschäftspartnern ist (siehe SAP-Hinweis 2265093 Geschäftspartneransatz). Überlappende Nummernkreisintervalle müssen hier identifiziert und bereinigt werden. Das sollten Sie frühzeitig analysieren und angehen.

- Die SAP-S/4HANA-Sytemkonvertierung ist keine reine Aufgabe der IT-Abteilung. So wird bei der Umstellung Anwendungswissen benötigt. Binden Sie daher Ihre Anwendungsexperten oder externe Berater frühzeitig in das Konvertierungsprojekt ein.
- Planen Sie zwei bis drei Testkonvertierungen eines Sandbox-Systems (Kopie des Produktivsystems) ein. Notieren Sie sich die Schritte und Erkenntnisse der einzelnen Testkonvertierungen, sodass Ihre produktiven Konvertierungen davon profitieren können. Eine individuelle Projektplanung kann erst nach Abschluss einer ersten Konvertierung eines Sandbox-Systems erfolgen.
- Widmen Sie sich dem Thema der Datenarchivierung, um das zu konvertierende Datenvolumen zu reduzieren.

Anpassungen der Eigenentwicklungen

- Der Aufwand für die rein technischen Anpassungen auf geänderte Objekte in SAP S/4HANA ist meist gering. So lassen sich beispielsweise Anpassungen an die geänderte Länge der Materialnummer recht einfach identifizieren und durchführen. Die bereitgestellten Tools zur Identifizierung und Analyse sind gut und werden ständig verbessert.
- Nutzen Sie die Umstellung auf SAP S/4HANA zur kritischen Prüfung Ihrer kundeneigenen Programme. In vielen Fällen rechtfertigt der Nutzen dieser Programme den Aufwand nicht bzw. nicht mehr. Häufig gibt es mittlerweile entsprechende Funktionen im SAP Standard, häufig auch bereits im Rahmen von SAP Business Suite. Oft stellt man bei der Analyse auch fest, dass einzelne Kundenprogramme vor Jahren erstellt wurden, aber aktuell gar nicht mehr genutzt werden. Daher ist es nicht sinnvoll, pauschal alle Kundenprogramme anzupassen. Was man nicht braucht, muss man auch nicht anpassen.

SAP-Fiori-Benutzeroberflächen

- Der Übergang zu den SAP-Fiori-Benutzeroberflächen ist ein separates Projekt. Hier ist insbesondere eine gute Zusammenarbeit Ihrer Basisabteilung mit den Fachabteilungen notwendig.
- Planen Sie ausreichend Zeit für das Testen der Rollen und Änderungen in den Berechtigungen ein.

Kapitel 11
Neuimplementierung eines Einzelsystems

Dieses Kapitel beschreibt die Datenmigration im Fall einer Neuimplementierung von SAP S/4HANA und die dabei verwendeten Werkzeuge, Methoden und Ansätze.

Nachdem Sie in Kapitel 10 die Möglichkeit einer Systemkonvertierung für den Übergang auf SAP S/4HANA in der On-Premise-Version kennengelernt haben, möchten wir in diesem Kapitel erläutern, wie Sie die Migration im Falle einer Neuimplementierung vornehmen. Dieser Ansatz, auch Greenfield-Implementierung genannt, ermöglicht es langjährigen SAP-Kunden, sich von Altlasten zu befreien (z. B. wenn das SAP-ERP-System bereits lange im Einsatz ist) und neu zu starten. Dies ist auch der richtige und einzige Ansatz, wenn Sie bisher noch kein SAP-ERP-System im Einsatz hatten.

In jedem Fall sind es die bereits angesprochenen Vereinfachungen und SAP Best Practices, die sich bei diesem Szenario als vorteilhaft erweisen. In Systemen mit vielen Kundenmodifikationen besteht die Möglichkeit, zum Standard zurückzukehren und einen Neuanfang zu machen, auch im Hinblick auf die Datenmenge und Datenqualität. Jede System-Neuimplementierung bietet die Gelegenheit, das eigene ERP-System aufzuräumen und neu auszurichten, im Fall von SAP S/4HANA vor allem, um den neuen Herausforderungen der Digitalisierung gerecht zu werden, z. B. mittels *Machine Learning*.

Zurück zum Standard

Um nach der initialen Implementierung (siehe Kapitel 9, »Installation und Konfiguration von SAP S/4HANA in der On-Premise-Version oder in der Private Cloud«) Daten zu migrieren, werden Migrationswerkzeuge eingesetzt, ähnlich wie wir sie in Abschnitt 7.3, »Datenmigration in die SAP S/4HANA Cloud«, für die SAP-S/4HANA-Cloud-Editionen vorgestellt haben. Diese Werkzeuge unterscheiden sich zum Teil von den Tools, die Sie bisher für die SAP Business Suite und andere SAP-Systeme eingesetzt haben, wie wir in diesem Kapitel näher erläutern werden.

In Abschnitt 11.1, »Die Phasen der Datenmigration«, bringen wir Ihnen zunächst die Vorgehensweise im Projekt näher und stellen die einzelnen

Datenmigrationsphasen vor. In Abschnitt 11.2, »Unterstützte Migrationsobjekte«, erfahren Sie mehr über die Migrationsobjekte, die von den SAP Best Practices unterstützt werden. Welche Migrationsobjekte verfügbar sind, unterscheidet sich in den verschiedenen Migrationswerkzeugen, auf die wir im Anschluss eingehen. In jedem Fall erweitert SAP diesen Content an vorgefertigten Migrationsobjekten mit jedem SAP-S/4HANA-Release. Diese Werkzeuge sind:

- Rapid Data Migration für SAP Data Services
- das SAP S/4HANA Migration Cockpit, das Sie bereits als Migrationswerkzeug für SAP S/4HANA Cloud kennengelernt haben (siehe Abschnitt 7.3, »Datenmigration in die SAP S/4HANA Cloud«)

Um dem größeren Lösungsumfang und den umfangreicheren Erweiterungsmöglichkeiten von SAP S/4HANA in der On-Premise-Version gerecht zu werden, stellen wir Ihnen in Abschnitt 11.5 den Migrationsobjektmodellierer (*SAP S/4HANA Migration Object Modeler*) vor, der dazu dient, die Migrationsobjekte um zusätzliche Felder zu erweitern.

Abschließend erörtern wir in Abschnitt 11.6, »Vergleich der Migrationswerkzeuge«, die unterschiedlichen Einsatzmöglichkeiten der vorgestellten Tools und geben einen Überblick über ihre jeweiligen Vor- und Nachteile. Wir gehen in diesem Kontext auch auf die Restriktionen und Einsatzmöglichkeiten der im Bereich der SAP Business Suite vielfach eingesetzten *Legacy System Migration Workbench* (LSMW) für den Einsatz mit SAP S/4HANA ein, um das Gesamtbild der Migrationswerkzeuge abzurunden.

openSAP-Kurs zu Datenmigration nach SAP S/4HANA
Unter dem folgenden Link erhalten Sie Zugang zu dem openSAP-Kurs »Data Migration to SAP S/4HANA«, an dem Sie jederzeit im sogenannten Self-Pace Mode kostenlos teilnehmen können: *http://s-prs.de/v631695*

11.1 Die Phasen der Datenmigration

Alles, was schiefgehen kann, wird auch schiefgehen

Bevor wir uns hier mit den einzelnen Phasen der Datenmigration beschäftigen, möchten wir noch einmal unterstreichen, dass eine Datenmigration eine sehr komplexe Angelegenheit ist, die leider immer noch zu häufig unterschätzt wird. Datenmigration ist nicht etwas, das Sie auf die lange Projekt-Bank schieben können, um sich das dann zwei Tage vor dem Go-live-Termin mal eben anzuschauen und die Daten schnell ins System zu laden.

11.1 Die Phasen der Datenmigration

Man mag es zwar nicht für möglich halten, aber nach weltweit unzähligen Vorträgen, Büchern, Blogbeiträgen und Zeitschriftenartikeln zu diesem Thema gibt es immer noch Anwender und Berater, die sich genau so verhalten. Auch fast 70 Jahre nach der Erstveröffentlichung von Murphys Gesetz hat seine ursprüngliche Aussage immer noch Gültigkeit:

Murphys Law

> »Wenn es mehrere Möglichkeiten gibt, eine Aufgabe zu erledigen, und eine davon in einer Katastrophe endet oder sonst wie unerwünschte Konsequenzen nach sich zieht, dann wird es jemand genauso machen.« (https://www.murphys-law.ch/)

Diese Fehleinschätzung und das dadurch verursachte fahrlässige Fehlverhalten verursachen jedes Mal unnötigen Ärger und Kosten. Doch je mehr Sie sich damit beschäftigen, je mehr Sie testen und je mehr Fehlerquellen Sie dadurch eliminieren, desto weniger wird schiefgehen und desto erfolgreicher wird Ihre Datenmigration verlaufen. Deshalb ist es unabdingbar, sich frühzeitig mit der Datenmigration und ihren Phasen zu beschäftigen und diese in die einzelnen Projektphasen korrekt einzubinden.

Grundsätzlich entsprechen die Phasen einer Datenmigration in SAP S/4HANA denen einer herkömmlichen Datenmigration in ein System der SAP Business Suite. Wir unterscheiden hier sieben Phasen:

1. Datenanalyse
2. Datenbereinigung
3. Mapping
4. Implementierung
5. Test der Datenmigration
   - funktionale Tests
   - produktive Ladetests (PLT)
6. Datenvalidierung
7. produktives Laden und Support

Im SAP-Standardeinführungsmodell *AcceleratedSAP* (ASAP) für SAP-Business-Suite-Implementierungsprojekte wurden diese Phasen bisher so umgesetzt, wie in Abbildung 11.1 dargestellt.

Phasen nach ASAP

Wie wir schon in Kapitel 5, »SAP Activate«, beschrieben haben, wurde die Implementierungsmethode ASAP in ihrer letzten Version ASAP 8 zur neuen Methode *SAP Activate* weiterentwickelt. Wie sich die Datenmigrationsphasen in die Phasen von SAP Activate eingliedern, sehen Sie in Abbildung 11.2.

SAP Activate

11 Neuimplementierung eines Einzelsystems

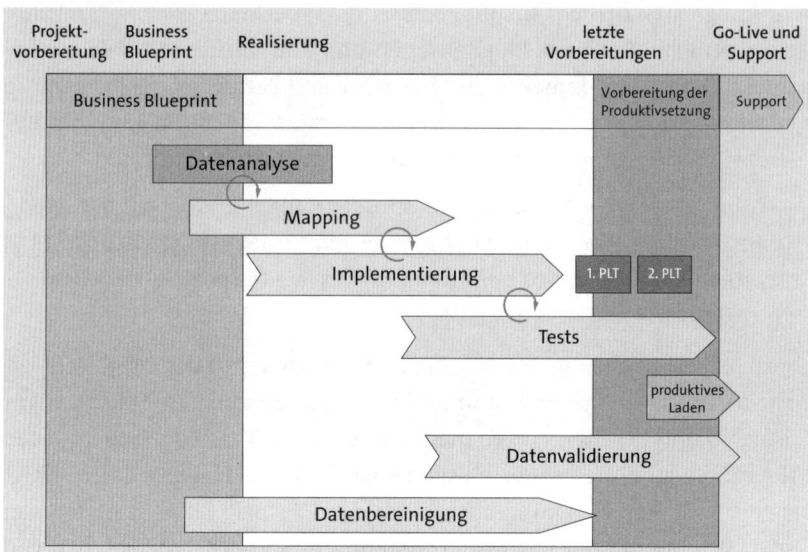

Abbildung 11.1 Datenmigrationsphasen innerhalb der ASAP-Methodik

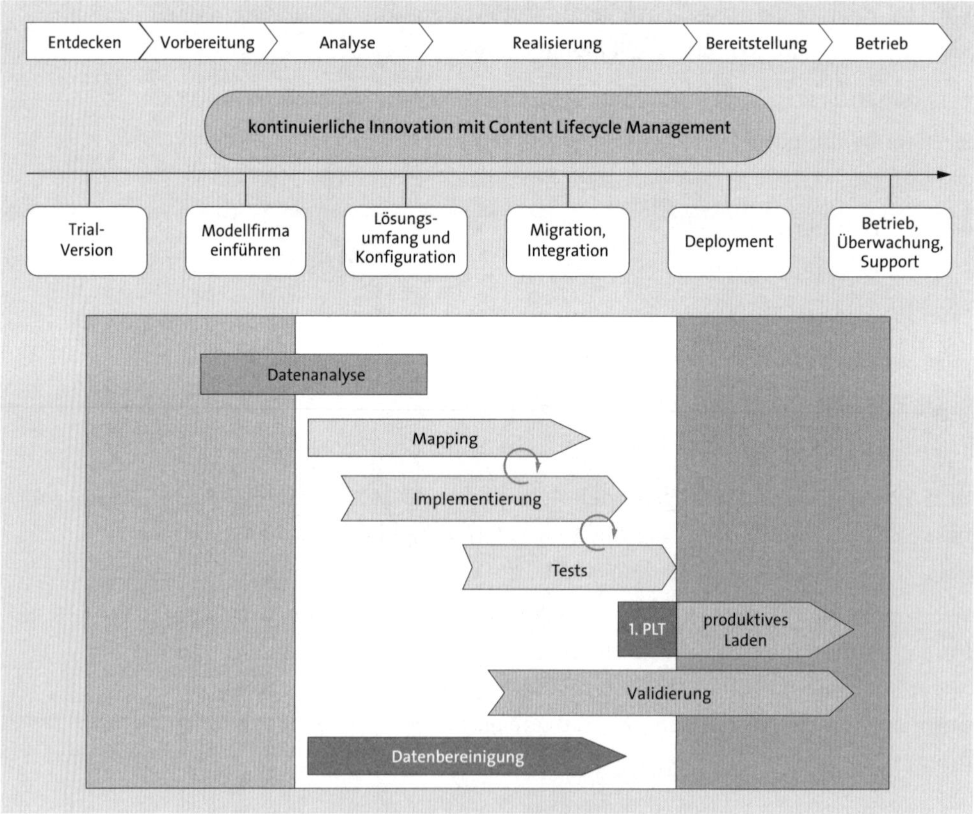

Abbildung 11.2 Datenmigrationsphasen in SAP Activate

Details zu SAP Activate finden Sie in Kapitel 5. Im Folgenden erläutern wir Ihnen die einzelnen Datenmigrationsphasen und beschreiben, wie sie in die SAP-Activate-Phasen eingebunden sind.

11.1.1 Datenanalyse

Die Datenanalyse wird in der Regel in den Phasen Vorbereiten (*Prepare*) und Analysieren (*Explore*, in ASAP ist das die Blueprint-Phase) gestartet. Während der Modellierung der einzelnen Geschäftsprozesse werden die benötigten Business-Objekte und die verwendeten Stamm- und Bewegungsdaten festgelegt.

Vorbereitungs- und Analysephase

Business-Objekt vs. Migrationsobjekt

Ein *Business-Objekt* ist ein einzelnes Datenobjekt, das zur Modellierung eines Geschäftsprozesses benötigt wird, z. B. Material, Kunde oder Bestellung.

Ein *Migrationsobjekt* (Migration Object) ist ein Teil eines Business-Objekts, das zur Migration dieses Business-Objekts verwendet wird. Business-Objekte müssen manchmal aus technischen Gründen in kleinere Einheiten aufgeteilt werden. Ursachen hierfür können sein, dass bestimmte Teile eines Business-Objekts mit unterschiedlichen Schnittstellen (Application Programming Interfaces, APIs) geladen werden oder dass die Datenquellen unterschiedlich sind. Zu einem Business-Objekt kann es also ein bis mehrere Migrationsobjekte geben.

Stammdaten versus Bewegungsdaten

Unter *Stammdaten* versteht man Daten, die in sich stabil und die Grundlage für andere Business-Objekte sind. Stammdaten verändern sich über einen bestimmten Zeitraum wenig bis gar nicht. Bekannte Stammdatenobjekte sind z. B. Kunden, Lieferanten, Material, Banken und Stücklisten.

Unter *Bewegungsdaten* (Transaktionsdaten) versteht man Daten, die volatil sind und andauernden Veränderungen unterliegen. Bekannte Bewegungsdaten sind Bestände, Kontendaten, alle Arten von Aufträgen und Belegen.

In der Datenanalysephase wird die Herkunft der Daten analysiert, und es wird geprüft, ob eine manuelle oder maschinelle Datenmigration notwendig ist. Viele Firmen nutzen dafür unterschiedliche Datenhaltungssysteme. Für die Datenmigration sollten die aktuellsten Datenquellen mit der höchs-

Datenvorbereitung

ten Datenqualität herangezogen werden. Oft ist es dabei notwendig, die Daten verschiedenster Datenquellen zu einer Datenmigrationsquelle zusammenzufassen.

Manuelle Übernahme kann günstiger sein als maschinelle

Je nach Anzahl und Herkunft der Datenobjekte kann es auch sinnvoll sein, die Daten manuell in das neue System zu übertragen: Dann nämlich, wenn der zeitliche und monetäre Aufwand, den Sie betreiben müssen, um die Daten in ein Format zu übertragen, das maschinell verarbeitet werden kann, hoch ist. Es kann dann günstiger sein, die Daten manuell zu übertragen.

Viele Hände tippen schneller

Wenn die Erfassung eines Datensatzes 1 Minute benötigt und Sie nur eine Person zur Verfügung haben, um 600 Datensätze manuell zu erfassen, dann benötigt diese Person dafür 600 Minuten = 10 Stunden. Zwei Personen schaffen das gleiche Pensum in 5 Stunden und vier in 75 Minuten. Wenn Sie also vor der Entscheidung stehen, entweder eine teure Datenmigrations- und Extraktionslogik für eine Handvoll Datensätze zu implementieren oder eine manuelle Datenerfassung einzusetzen, dann sollten Sie die Aufwände gegeneinander abwägen.

Ermittlung der Migrationsobjekte

Bei der Ermittlung der Migrationsobjekte sollten Sie für jedes Objekt folgende Informationen erfassen:

- das SAP-Zielsystem (falls es mehrere gibt)
- das Migrationsobjekt und eine Beschreibung des Objekts
- den Objekttyp (Stammdaten, Bewegungsdaten, Customizing, sonstige Daten)
- die geschätzte Komplexität des Migrationsobjekts (1 = »wenig komplex« bis 10 = »sehr komplex«)
- Abhängigkeiten zu anderen Migrationsdatenobjekten
- die Anzahl der zu ladenden Datensätze
- Quellsystem(e)
- wichtige Ansprechpartner
- die geplante Datenübernahmetechnik
- zugehörige Planungsdokumente bzw. Geschäftsprozesse

Migrationsobjektübersicht

Diese Informationen speichern Sie am besten in einer Tabelle, z. B. in Microsoft Excel. Diese Tabelle ergänzen Sie um weitere, für Sie notwendige Objekt- oder Statusinformationen. Abbildung 11.3 zeigt einen Ausschnitt aus einer Beispieltabelle.

11.1 Die Phasen der Datenmigration

No.	Area	Objekt-nummer	Migrationsobjekt	Objektinternummer	Beschreibung	Kommentar	MD=Stammdaten CU=Customizing TD=Bewegungsdaten	Datenmigration notwendig J oder N oder M = manuell	Anzahl der Datensätze	System 1	System 2	System 3	System 4	Business lead (SAP) z.B. Validierung, Mapping	Business lead (Kunde) z.B. Validierung, Mapping	Region 1	Region 2	Region 3
1	SD	001	Kunde	001	Kunden aus Spanien	27.09.16 Mr SAP1 Frau Gamma für weitere Informationen Fragen	MD	J		X	X			Mr SAP1	Mr Beta	Ms Gamma	n/a	
2	SD	001	Kunde	002	Kunden aus Deutschland	27.09.16 eMail von Herrn Alpha bzgl. Verkäuferbezirke	MD	J		X	X			Frau SAP2	Herr Alpha Frau Fox	n/a	n/a	
3	MM	002	Lieferant	001	Lieferanten aus Europa	28.09.16 Herr Beta: es werden nur die europäischen Lieferanten übernommen	MD	J				X		Herr SAP1	Herr Beta	n/a	n/a	
4	MM / SD	003	Materialstamm	001	Rohstoffe	28.09.16 Frau SAP2 und HerrSAP1 * Nur Rohstoffe aus System A	MD	J		X				Frau SAP2 Herr SAP1	Herr Alpha Frau Fox	n/a	n/a	

Abbildung 11.3 Tabelle zur Dokumentation der Migrationsobjekte

Beispieltabelle herunterladen

Sie können diese Tabelle als Hilfsmittel zur Dokumentation der Migrationsobjekte herunterladen. Sie finden sie im Internet auf der Seite www.sap-press.de/4645 bei den Materialien zu diesem Buch. Sie können die Tabelle dann nach Belieben ändern und anpassen.

11.1.2 Datenbereinigung

Wenn Sie während der Datenanalyse und auch später während der Tests Fehler in den Quelldaten feststellen, sollten Sie diese umgehend im Quellsystem bereinigen. Je besser die Qualität der Ausgangsdaten ist, desto weniger Fehler treten bei der Datenmigration auf und desto höher ist die Qualität der geladenen Daten.

»Garbage in, Garbage out«

Beginnen Sie mit der Datenbereinigung so früh wie möglich, und greifen Sie dafür auf schon vorhandene Datenbereinigungsprozesse und -teams zu, die in vielen (größeren) Unternehmen aufgrund von Qualitätsaudits und Zertifizierungen vorgeschrieben sind.

Die Ergebnisse der ersten Datenmigrationstests sind sehr wichtig für anstehende Datenbereinigungen im Quellsystem. Integrieren Sie deshalb die vorhandenen Teams zur Datenbereinigung in das SAP-S/4HANA-Migrationsteam. Die Datenbereinigung sollte nach Möglichkeit beendet sein, bevor Sie die Generalprobe des produktiven Ladetests durchführen.

Wie aus 300.000 Datensätzen 5.000 Datensätze werden

Ein SAP-Kunde aus der Automobilindustrie wollte 300.000 Lieferanten eines Fremdsystems in sein neues SAP-S/4HANA-System laden. Bei genauerer Datenanalyse stellte sich heraus, dass nur 5.000 Lieferanten relevant sind. Die anderen 295.000 Lieferanten waren größtenteils Karteileichen, die sich im Laufe der Zeit angesammelt hatten. Dies zeigte sich unter anderem daran, dass zum Teil noch vierstellige deutsche Postleitzahlen und Länderbezeichnungen wie »Jugoslawien« in den Adressdaten zu finden waren. Das Laden von 5.000 Lieferanten ist bei Weitem nicht so zeitaufwendig wie das Laden der 60-fachen Menge. Eine Verringerung der zu migrierenden Datenmenge ist also immer von sehr großer Bedeutung: Je kleiner die Anzahl der zu migrierenden Datensätze ist, desto schneller werden sie von den entsprechenden Migrationswerkzeugen verarbeitet und desto kürzer ist auch die Ladezeit.

11.1.3 Mapping

Feld-Mapping

Sobald Sie festgelegt haben, welche Datenobjekte Sie migrieren wollen, sollten Sie damit beginnen, die Strukturen und Felder Ihrer Quelldaten auf die Strukturen und Felder des Zielsystems zu mappen. Dies geschieht in der Regel parallel zur Festlegung der Geschäftsprozesse während des *Fit-Gap-Workshops* in der Analysephase von SAP Activate. Da einige Stamm- und Bewegungsdaten in verschiedenen Geschäftsprozessen Verwendung finden, ist das Mapping dieser Objekte eine Aufgabe, die mit dem Ende der Datenanalysephase abgeschlossen sein sollte. (Dies entspricht dem Ende der Analysephase in der SAP-Activate-Methodik.)

Vordefinierte Mappings

Für die Rapid-Data-Migration-Lösung und das SAP S/4HANA Migration Cockpit werden vordefinierte Mappings über SAP Best Practices ausgeliefert. Im Fall des SAP S/4HANA Migration Cockpits müssen Sie Ihre Daten nur in die bestehende Migrationsvorlage eintragen und Ihre Quellsystemwerte im Migration Cockpit entsprechend umschlüsseln. Über den zum Release 1709 von SAP S/4HANA erweiterten SAP S/4HANA Migration Object Modeler, den wir in Abschnitt 11.5 beschreiben, können Sie die Mapping-Regeln der ausgelieferten Objekte an Ihre Bedürfnisse anpassen und neue Migrationsobjekte bauen. In der auf SAP Data Services basierenden Rapid-Data-Migration-Lösung haben Sie alle Freiheiten, die ausgelieferten Regeln anzupassen, die SAP Data Services bietet.

Warum Sie die Migrationsvorlagedatei des Migration Cockpits nicht verändern sollten

Einige Anwender fügen über Microsoft Excel Formeln und Regeln in die Migrationsvorlagedatei des Migration Cockpits ein, um das Mapping zu vereinfachen. Die Migrationsvorlagedateien sind spezielle XML-Dateien und keine Excel-Dateien im klassischen Sinne. Jede Änderung der Struktur dieser XML-Datei durch Formeln, Datentypänderungen, Löschen/Hinzufügen von Feldern und Arbeitsblättern etc. führt zu Fehlern entweder schon beim Hochladen der Datei oder später beim Laden der Daten. Deshalb sollte die Originalstruktur einer Migrationsvorlagedatei nicht geändert werden. Alternativ können Sie die Migrationsvorlagedatei in eine richtige Excel-Datei kopieren, diese mit Formeln versehen und dort entsprechende Daten erstellen. Diese Daten können Sie dann unter Einhaltung der Regel, nur Werte und keinerlei Formeln oder Formatierungen zu kopieren, in die originale Migrationsvorlagedatei überführen. Dabei sollten Sie sehr genau darauf achten, keine Leerzeilen zu kopieren.

Der Großteil aller Kundentickets zu Fehlern beim Laden beruht auf veränderten Migrationsvorlagedateien. In der Regel wurden durch Kopieren und Einfügen der Daten aus anderen Datenquellen, die Datentypen verändert. Aus Feldern z. B. vom Datentyp Text werden dann Nummern und umgekehrt. Das mag in einigen wenigen Fällen noch funktionieren, aber in den meisten anderen Fällen würde es unweigerlich zu Fehlern führen. Am schlimmsten sind dann die Fehler, die erst nach dem Laden bemerkt werden und dann – mangels Löschfunktionen – ein Zurücksetzen des ganzen Systems erfordern.

Keine Änderungen an den Migrationsvorlagedateien

Oft tauchen bei den ersten Tests mit Originaldaten Analyse- und Konfigurationsfehler auf, die zur Anpassung der Zielkonfiguration und damit der entsprechenden Mapping- und Umschlüsselungsregeln führen. Dadurch kann das Mapping oft erst im letzten Drittel der Implementierungsphase wirklich abgeschlossen werden. Dies ist auch einer der Gründe, so früh wie möglich mit der Datenmigration als eigenes Unterprojekt zu beginnen.

Analyse- und Konfigurationsfehler

Plötzlich auftauchende alternative Mengeneinheiten

Bei den ersten Ladetests mit Originaldaten des Quellsystems fiel nach einer Analyse der Quelldaten auf, dass in einigen ausländischen Filialen Materialstämme in anderen Mengeneinheiten gepflegt wurden als im führenden System.

Im Fit-Gap-Workshop wurden alternative Mengeneinheiten noch nicht als notwendig angesehen. Die Daten des führenden Systems werden in der

> Regel zuerst geladen und geben damit die Basismengeneinheit vor. Da Bestände in SAP-S/4HANA-Systemen jedoch in der Basismengeneinheit gebucht werden, musste aufgrund dieser neuen Erkenntnis die Konfiguration angepasst werden. Konkret mussten alternative Mengeneinheiten für die Materialstämme eingeführt werden, für die es unterschiedliche Mengeneinheiten in den Systemen gab. Ansonsten wären z. B. die 400 m Stoffbahnen in einer Filiale als 400 Rollen (Basismengeneinheit des führenden Systems) eingebucht worden. Da eine Rolle 100 m Stoffbahn entsprochen hatte, wäre es dadurch zu einer ungewollten falschen Bestandsvermehrung gekommen.

11.1.4 Implementierung

SAP Best Practices Während der Implementierungsphase erstellen Sie bei einer SAP-Business-Suite-Implementierung normalerweise sowohl die Extraktionsprogramme des Quellsystems als auch die Übernahmeroutinen im Zielsystem.

In einem SAP-S/4HANA-System, das auf Basis der SAP Best Practices eingerichtet wird, sollten Sie die von SAP empfohlenen Datenübernahmewerkzeuge und -lösungen verwenden. In der SAP S/4HANA Cloud haben Sie auch keine andere Alternative dazu.

Für die Rapid Data Migration, die wir in Abschnitt 11.3 vorstellen, und das SAP S/4HANA Migration Cockpit (siehe Abschnitt 11.4) wird vordefinierter Migrations-Content für die Migrationsobjekte ausgeliefert, die in Abschnitt 11.2, »Unterstützte Migrationsobjekte«, aufgeführt sind. Dieser Content basiert auf den SAP Best Practices. Hier müssen in der Regel nur noch die Quelldaten in die ausgelieferten Migrationsvorlagen gebracht und die Quell-/Zielwert-Umschlüsselungen gepflegt werden. Der Aufwand bei Verwendung der SAP Best Practices ist also überschaubarer und besser kalkulierbar als bei einer kompletten Neuimplementierung von Geschäftsprozessen.

Freigegebene Schnittstellen verwenden Für Migrationsobjekte, die nicht über SAP Best Practices ausgeliefert werden, müssen Sie in SAP S/4HANA, On-Premise-Version weiterhin zusätzlich zu den Extraktionsroutinen im Quellsystem auch die Übernahmeroutinen im Zielsystem inklusive Mapping und Umschlüsselungsregeln implementieren. Anders als bei einem SAP-Business-Suite-System müssen Sie bei SAP S/4HANA darauf achten, dass die Schnittstellen und Techniken (BAPIs, IDocs, Batch-Input etc.), die Sie dafür verwenden wollen, freigegeben sind. (Näheres dazu lesen Sie in Abschnitt 11.5.5, »Eigene Migrationsobjekte anlegen«).

Die Implementierungsphase erfolgt parallel zum Mapping in der Realisierungsphase (die auch bei der ASAP-Methodik so hieß).

11.1.5 Tests

Tests sind das Kriterium, das für den Erfolg einer Implementierung ausschlaggebend ist, aber sie werden erfahrungsgemäß schlecht und unzureichend geplant und durchgeführt. In der Regel wird den Tests und vor allem den Nacharbeiten viel zu wenig Zeit eingeräumt.

Testen reduziert Betriebskosten

> **Direktes Laden ins Produktivsystem ohne Tests**
>
> Wie eingangs schon erwähnt, erfolgen immer noch viel zu viele Datenmigrationen nach dem Leitsatz: »Wird schon schiefgehen.«
>
> Und leider tut es das auch immer. Viel zu viele Anwender laden Daten ins Produktivsystem, die sie nicht vorher in einem Q-System getestet haben. Da werden drei Datensätze probehalber geladen und dann ohne Sinn und Verstand alle weiteren Datensätze ohne jegliche Prüfung direkt ins Produktivsystem geladen. Und das geht in fast 100 % der Fälle schief, wie das Beispiel eines Kunden zeigt, der nach genau diesem Vorgehen ca. 3.000 fehlerhafte Bankdaten ins Produktivsystem geladen hat. Durch unachtsames Handeln wurde beim Kopieren und Einfügen aus einer anderen Datei in die Migrationsvorlagedatei die komplette Integrität der Migrationsvorlage zerstört, und es kam dadurch zu Satzverschiebungen beim Hochladen der Datei. Der SWIFT-Code wurde in das Feld für die Straße migriert. Ein leichtfertiger Fehler, der bei sorgfältigem Testen und Prüfen der Daten nicht erst im Produktivsystem aufgefallen wäre, was viel Ärger erspart hätte.

Je mehr Datenquellen und Umschlüsselungsregeln es gibt und je komplexer dadurch eine Datenmigration wird, desto intensiver muss die Migration vorab getestet werden. Je höher die Anzahl der Tests mit Originaldaten ist, desto mehr Fehler können Sie im Vorfeld bereinigen und desto höher wird am Ende die Datenqualität der geladenen Daten sein.

Das Erstellen von Backups bzw. Snapshots Ihrer Datenbank zu definierten Zeitpunkten ist ebenfalls sinnvoll. Wenn Sie z. B. nach dem erfolgreichen Laden der Stammdaten einen Datenbank-Snapshot erstellen, können Sie Ihr System jederzeit nach dem Testen der Bewegungsdaten wieder auf diesen Ausgangspunkt zurücksetzen und die Bewegungsdaten neu laden. Sie ersparen sich dadurch die Zeit, die Stammdaten wieder zu laden.

Backups und Snapshots

Die Qualität der geladenen Daten ist essenziell für Ihre Geschäftsprozesse und hat einen sehr großen Einfluss auf die anfallenden Kosten im laufenden Betrieb. Sie sollten mindestens einen *produktiven Ladetest* (PLT) im Q-System als Generalprobe einplanen.

Testen erspart Ärger und Zeit

Beispiel 1: Probleme im Customizing

Das Migrationsobjekt zum Laden von Banken ist zwar ein sehr kleines Objekt, enthält aber einige Fallstricke, vor allem beim Länder-Customizing. Während Sie in einem On-Premise-System ein fehlerhaftes Customizing leicht ändern können, müssen Sie in SAP S/4HANA Cloud eine Kundenmeldung anlegen, d. h., Sie fordern über ein Support-Ticket eine sogenannte Expertenkonfiguration (*Expert Configuration*) an.

In der EU, insbesondere in den SEPA-Ländern, werden seit einigen Jahren BIC-/SWIFT-Codes als Bankenschlüssel verwendet. Die Ländereinstellungen für diese SEPA-Länder im SAP Customizing erfordern aber teilweise immer noch die alten Bankenschlüssel, die vor der SEPA-Einführung gültig waren. Das heißt, beim Laden von Bankdaten aus anderen Systemen, die schon die BIC als Bankenschlüssel verwenden, kommt es zu Fehlern in einem SAP-S/4HANA-System, weil hier noch die alten Regeln hinterlegt sind. Testen Sie daher möglichst früh, um zeitig gegenzusteuern und das Customizing entsprechend zu ändern bzw. ändern zu lassen.

Beispiel 2: Laden von falschen, ungetesteten Daten

Immer wieder kommt es vor, dass Kunden oder Berater die Migration von bestimmten Daten gar nicht testen und deshalb fehlerhafte Daten ins System laden. Das SAP S/4HANA Migration Cockpit verwendet XML-Dateien zum Laden der Daten. Sehr viele Kunden lesen aber nicht die Einführungen und Hilfen, die es verbieten, Daten aus anderen Quellen in dieses Template zu kopieren, wenn nicht die Kopier-Option »Nur Werte« genommen wird. Durch das Kopieren von Formatierungen, Formeln und insbesondere Datentypen verändern Sie die Integrität der XML-Datei. Die Datei mag in Microsoft Excel optisch fehlerfrei aussehen, aber in einem Texteditor fallen direkt Satzverschiebungen und Datentypänderungen auf. Selbst in Excel lassen sich fehlerbehaftete Dateien oft schnell erkennen. Ein Hinweis auf Fehler beim Einfügen der Daten ist eine andere Schriftart: Während die XML-Migrationsvorlage Arial verwendet, sind fehlerhafte Datensätze meist mit der Microsoft-Standardschriftart Calibri formatiert. Textfelder sind linksbündig und Zahlfelder rechtsbündig formatiert. Einen fehlerhaften Wert in einem Textfeld erkennen Sie daran, dass er nicht linksbündig, sondern rechtsbündig als Zahl formatiert in der Zelle erscheint.

Formatierungs- und Satzverschiebungsfehler lassen sich am besten erkennen, wenn Sie die Daten nach dem Hochladen der Datei noch einmal in der *Staging Area* überprüfen (siehe den Abschnitt »Die Migrationsdatei in die Staging Area laden« in Abschnitt 7.3.2).

Beispiel 3: Probleme nach Expert Configuration in der Cloud

In SAP S/4HANA Cloud ist es möglich, über die Expert Configuration oder die Expertenkonfiguration fehlende Konfigurationen, die nicht über ein Self-Service Configuration User Interface (SSC-UI) vorgenommen werden können, im System einrichten zu lassen. Sie können z. B. fehlende Mengeneinheiten nachpflegen lassen. Solche Konfigurationsänderungen haben oft auch Auswirkungen auf die Datenmigration. Für neue Mengeneinheiten müssen Sie z. B. auch die jeweilige zugehörige ISO-Mengeneinheit pflegen lassen. Die vordefinierten Migrationsobjekte benötigen zur Verarbeitung der Daten eine ISO-Mengeneinheit.

Der Grund hierfür ist sehr einfach. In einem SAP-System unterscheidet man zwischen einer internen Mengeneinheit und der kommerziellen sprachabhängigen Mengeneinheit. Letztere ist diejenige, die Sie in der Regel in den Transaktionen bzw. der App sehen, die Erstere ist die, die auf der Datenbank gespeichert wird. Die zum Datenladen verwendeten APIs verwenden entweder die interne oder die kommerzielle, aber die allermeisten auch die ISO-Mengeneinheit zum Laden der Daten. Um das Mapping für den Kunden hier zu vereinfachen und nur ein statt drei unterschiedliche Mengeneinheiten-Mappings für den Kunden anzubieten, wird deshalb auf die ISO-Mengeneinheit als zu mappende Mengeneinheit zurückgegriffen. Das heißt, der Anwender muss alle seine Mengeneinheiten im Konvertierungsschritt auf die ISO-Mengeneinheit umschlüsseln. Wird jetzt beim Anlegen neuer Mengeneinheiten keine primäre ISO-Mengeneinheit zugeordnet, können die Daten nicht umgeschlüsselt werden. Da ist es natürlich von Vorteil, solche Probleme frühzeitig zu entdecken und zu beheben, und nicht erst beim produktiven Laden der Daten.

Als Fazit lässt sich festhalten: Laden Sie niemals ungeprüfte und ungetestete Daten in ein Produktivsystem. Auch wenn das Testen dadurch mehr Zeit in Anspruch nimmt, dauert es im Vergleich dazu oft viel länger, die Daten im Produktivsystem zu bereinigen, da das System im Ernstfall wieder zurückgesetzt werden muss.

11.1.6 Datenvalidierung

Es gibt zwei Ansätze, die Daten einer Datenmigration zu validieren:

- vor der Datenübernahme
- nach der Datenübernahme

Sie können aber auch eine Kombination aus beiden Ansätzen nutzen, wenn Sie auf Nummer sicher gehen wollen. Wichtig ist hierbei, dass Sie die Daten daraufhin prüfen, ob sie syntaktisch und semantisch korrekt sind.

Syntaktische und semantische Korrektheit

Ein Datenwert ist *syntaktisch korrekt*, wenn er den Datentyp und die Länge des Zielfeldes einhält und im Wertebereich einer dahinterliegenden Wertetabelle liegt. Die syntaktische Korrektheit sollte in der Regel von den jeweiligen Migrations-APIs geprüft werden.

Das Migration Cockpit nutzt vorwiegend freigegebene BAPIs und Funktionsbausteine als Migrations-API. Die Rapid-Data-Migration-Lösung verwendet IDoc-Schnittstellen. Fast alle der dort verwendeten APIs überprüfen die syntaktische und semantische Korrektheit der Daten.

Bei einigen wenigen dieser APIs sind diese Prüfungen nur rudimentär implementiert. Hier sollten Sie die Werte deshalb schon vor der Datenübernahme prüfen, um zu verhindern, dass fehlerhafte Daten geladen werden. Eine Übersicht über die APIs der Migrationsobjekte des SAP S/4HANA Migration Cockpits finden Sie in Anhang B dieses Buches.

Prüfung gegen Wertetabelle der Domäne

Die Werte von Feldern, denen eine Konvertierungsregel zugeordnet ist, werden im Migration Cockpit meist gegen die dahinterliegenden Wertetabellen der Domäne des Zielfeldes geprüft (sofern der Domäne eine Wertetabelle zugeordnet ist). Wenn Sie eigene Migrationsobjekte und Transformationsregeln erstellen, sollten Sie darauf achten, diese Prüfung einzuschalten.

Ein Datenwert ist *semantisch korrekt*, wenn er im Zusammenspiel mit anderen Feldwerten eines Datensatzes sinnvoll ist.

> **Semantischer Fehler**
>
> Ein Sachbearbeiter eines Kunden hatte für Kunden aus Nordirland das Länderkürzel NI im Quellsystem gepflegt. Für alle anderen Kunden verwendete er die gängigen ISO-Länderkürzel, wie sie auch in SAP S/4HANA genutzt werden. Da dies niemandem aufgefallen war, wurden alle Werte 1:1 umgeschlüsselt. Das führte dazu, dass die Kunden aus Nordirland nach dem Umstieg als nicaraguanische Kunden ausgewiesen wurden, da NI das gültige SAP-S/4HANA-Länderkürzel für Nicaragua ist.

Regelwerk erstellen

Verlassen Sie sich nicht darauf, dass Ihre Quelldaten korrekt sind, und führen Sie immer(!) Datenvalidierungen durch. Zur Datenvalidierung können Sie verschiedenste Werkzeuge heranziehen. Wichtig ist in jedem Fall, dass

Sie sich ein Regelwerk auf Basis der Umschlüsselungsregeln erstellen, das Sie zur Validierung heranziehen.

Ob Sie das vor oder nach der Datenmigration machen, hängt von Ihrem speziellen Fall ab: Je schwieriger es ist, geladene Daten zu bereinigen oder Systeme auf einen definierten Stand zurückzusetzen, und je weniger die verwendeten Datenmigrations-APIs eine umfassende Simulation anbieten, desto wichtiger ist es, die Daten schon vor der Datenmigration zu validieren.

Zur Datenvalidierung gibt es eine Vielzahl von Werkzeugen, wie z. B. SAP Query und SAP Data Services. Die Rapid-Data-Migration-Lösung beinhaltet schon vorgefertigte Validierungsregeln, mit deren Hilfe Sie die Daten vor und nach dem Laden validieren können.

11.1.7 Produktives Laden und Support

Das produktive Laden, manchmal auch *Urladen* genannt, ist die letzte und kritischste Phase einer Datenmigration. Hier zeigt sich, ob in den vorangegangenen Phasen und vor allem in der Testphase alles richtig gemacht wurde. Je höher die Datenqualität ist und je mehr Tests vorab stattfinden, desto gelassener können Sie dem Go-live entgegensehen.

Wichtig ist hierbei, dass Sie mindestens einmal die gesamte Datenmigration und den Zeitplan so reell wie möglich in einer *Generalprobe* durchspielen. Oft gefährden Kleinigkeiten eine Datenmigration, z. B. ein nicht ausgeschaltetes Backup des Quellsystems oder Wartungsarbeiten, die nicht im Zeitplan auftauchen.

Sie müssen viele Dinge in Betracht ziehen, an die Sie zuerst einmal gar nicht denken. Hier ein paar Beispiele:

- *Nachtarbeit, Wochenendarbeit oder Überstunden* müssen oft mit dem Betriebsrat, den Gewerkschaften oder dem Gewerbeaufsichtsamt abgesprochen bzw. dort angemeldet werden. Solche Prozesse haben eine gewisse Vorlaufzeit und können nicht über das Knie gebrochen werden. Ansonsten steht Ihnen z. B. von 50 eingeplanten Lagerarbeitern für die Abschlussinventur am Go-live-Wochenende kein einziger zur Verfügung. Wenn so etwas zu spät eingeplant wird, kann Ihr ganzer Cut-over-Plan kippen.
- *Unterschiedliche Zeitzonen und Feiertage* werden oft nicht oder falsch eingeplant. Wenn Sie z. B. eine Datenübernahme für 9 Uhr morgens CET angesetzt haben, sollten Sie sicherstellen, dass zur gleichen Zeit auch jemand um Mitternacht im Datencenter in San Francisco zur Verfügung steht, um Ihnen die Quelldaten zu liefern.

Lokale Gesetze und Regelungen

- Die *Ausfallzeiten Ihrer IT* sollten Sie genauestens planen – nicht, dass Sie plötzlich den Hof voller LKW stehen haben, die be- oder entladen werden wollen, aber wegen aktuell nicht zur Verfügung stehender IT in Ihrem Unternehmen darauf warten müssen.
- *Automatische Systemabläufe*, wie z. B. Schnittstellen in und aus den bestehenden Quellsystemen oder Workflows im Zielsystem sollten für den Zeitraum der Datenmigration deaktiviert sein. Dadurch vermeiden Sie, dass Daten verfälscht werden, dass das System durch die massenhafte Generierung von Workflows in die Knie geht oder dass Posteingänge mit Workflow-Einträgen überschwemmt werden.

Vermeiden Sie gängige Fehler

Das sind nur einige Beispiele mit realem Hintergrund, die Sie in Betracht ziehen sollten, um insbesondere die Fehler zu vermeiden, die andere vor Ihnen schon gemacht haben.

Weitere Informationen für die Planung von Datenmigrationsprojekten

Weitere Informationen zur Datenmigration im SAP-Umfeld und zur allgemeinen Planung und Strukturierung von Datenmigrationsprojekten finden Sie in dem Buch »Datenmigration in SAP« von Michael Willinger, Hans Gradl, Frank Densborn, Michael Roth und Frank Finkbohner (4. Auflage, SAP PRESS 2015).

11.2 Unterstützte Migrationsobjekte

Für die Migration von Daten nach SAP S/4HANA, On-Premise-Version werden zwei Lösungen von SAP bereitgestellt und empfohlen, die Sie im weiteren Verlauf des Kapitels im Detail kennenlernen werden. Die beiden Lösungen, die das Laden von Stamm- und Bewegungsdaten nach SAP S/4HANA unterstützen sind:

- Rapid Data Migration (RDM in Tabelle 11.1)
- SAP S/4HANA Migration Cockpit (MC in Tabelle 11.1)

Migrationsobjekte pro Werkzeug

Tabelle 11.1 gibt Ihnen einen Überblick über die Migrationsobjekte, die für die jeweilige Lösung verfügbar sind. Diese Aufstellung basiert auf SAP S/4HANA 1709. Sie gibt außerdem einen Ausblick auf die für SAP S/4HANA Cloud ausgelieferten Objekte, die nach jetziger Planung auch für die On-Premise-Version SAP S/4HANA 1809 ausgeliefert werden sollen. Diese Objekte sind mit »(1809)« in der mittleren Tabellenspalte gekennzeichnet.

11.2 Unterstützte Migrationsobjekte

Bereich	Migrationsobjekt, Name auf Deutsch im MC (aus BHS Testskript)	Objektname im RDM auf English
CA-CHR	Merkmal	Characteristic Master
CA-CL	Klasse	Class Master
CA-CLF	Materialklassifizierung	Material Master Classification
CO		Statistical Key figures
CO	Ausnahmebedingung: Materialpreisänderung für übergreifende Währungen	
CO	Innenauftrag	Internal Order
CO	Kostenstellen	Cost Centers
CO	Leistungsart	Activity Types
CO	Tarif (eingeschränkt)	Activity Prices
CO		Secondary Cost Elements
CO		Activity Type Groups
CO		Cost Center Group
EC-PCA		Profit Center Groups
FI		Supplier Invoice
FI		Credit Memo
FI		Customer Invoice Billing
FI	Bank	Bank Master
FI	Bankkontostand (1809)	
FI	FI – Offener Hauptbuchposten (veraltet)	GL Open Items
FI	FI – Offener Posten der Debitorenbuchhaltung (Kunde)	Customer Open Items

Tabelle 11.1 Unterstützte Migrationsobjekte der Migrationslösungen (SAP S/4HANA, On-Premise-Version)

Bereich	Migrationsobjekt, Name auf Deutsch im MC (aus BH5 Testskript)	Objektname im RDM auf English
FI	FI – Offener Posten der Kreditorenbuchhaltung (Lieferant)	Vendor Open Items
FI	FI – Sachkontensaldo	GL Balances
FI	Profitcenter	Profit Centers
FI	Umrechnungskurs	Exchange Rates
FI-AA	Anlagevermögen einschließlich Bestände	Fixed Assets
FIN-FSCM-FQM	Einzelsatz (1809)	
IS-R		Open Deliveries
LO-BM	Charge (wenn Charge auf Materialebene eindeutig ist)	Batch
LO-BM	Charge (wenn Charge auf Werksebene eindeutig ist)	Batch
LO-MD-BP	Kunde*	▪ Customer Master ▪ Business Partner
LO-MD-BP	Kunde – vorhandenen Datensatz um neue Ebenen der Organisationseinheit erweitern	Customer Master
LO-MD-BP	Lieferant*	▪ Vendor ▪ Business Partner
LO-MD-BP	Lieferant – vorhandenen Datensatz um neue Ebenen der Organisationseinheit erweitern	Vendor
LO-MD-MM	Material	Material Master
LO-MD-MM	Material – vorhandenen Datensatz um neue Ebenen der Organisationseinheit erweitern	Material Master

Tabelle 11.1 Unterstützte Migrationsobjekte der Migrationslösungen (SAP S/4HANA, On-Premise-Version) (Forts.)

11.2 Unterstützte Migrationsobjekte

Bereich	Migrationsobjekt, Name auf Deutsch im MC (aus BH5 Testskript)	Objektname im RDM auf English
LO-MD-MM	Materiallangtext	
LO-MD-MM	Materialverbrauch	
LO-VC	VC – Konfigurationsprofil (1809)	Configuration Profiles for Material
LO-VC		Object Dependency
MM-IM	Materialbestandswert	Inventory Balance
MM-PUR		Purchasing Requisitions
MM-PUR	Bestellung (nur offene)	Purchase Orders
MM-PUR	Einkaufsinfosatz – vorhandenen Datensatz erweitern (1809)	Purchasing Info Records
MM-PUR	Einkaufsinfosatz mit Konditionen	Purchasing Info Records
MM-PUR	Einkaufskontrakt	Contracts
MM-PUR	Einkaufslieferplan	Scheduling agreements
MM-PUR	Orderbuch	Source List
MM-PUR	Preiskondition (Einkauf) (1809)	
MM-PUR		Purchase Requisition
MM-SRV		Service Master
PLM-ESD-ESC	Software-/Hardwareabhängigkeit (1809)	
PM	Equipment	Equipment
PM	Equipmentplan	
PM	Instandhaltungsanleitung	
PM	Plan zum technischen Platz	

Tabelle 11.1 Unterstützte Migrationsobjekte der Migrationslösungen (SAP S/4HANA, On-Premise-Version) (Forts.)

Bereich	Migrationsobjekt, Name auf Deutsch im MC (aus BH5 Testskript)	Objektname im RDM auf English
PM	Technischer Platz	Functional Location
PM	Wartungsplan	Maintenance Plan
PM	Wartungsposition	
PP		Planned independents requirements
PP		Production Order
PP	Arbeitsplan	Routings
PP	Materialstückliste	Bill of Materials
PP, QM	Arbeitsplatz	Work Centers
PP-BD		Reference Operation Set
PP-MRP		Order Reservation
PS		Work Breakdown Structure
QM	Material Prüfarten	Material QM Inspection Type
QM	QM/PM Katalog Code/Gruppe	
QM	Prüfmethode	Inspection Methods
QM	Prüfplan	Inspection Plans
QM	QM Auswahlmenge	
QM	QM Auswahlmengencode	
QM	Stammprüfmerkmal	Master Inspection Characteristics
SD		Material External Customer Replenishment
SD	Kundenauftrag (nur offene)	Sales Orders

Tabelle 11.1 Unterstützte Migrationsobjekte der Migrationslösungen (SAP S/4HANA, On-Premise-Version) (Forts.)

11.2 Unterstützte Migrationsobjekte

Bereich	Migrationsobjekt, Name auf Deutsch im MC (aus BH5 Testskript)	Objektname im RDM auf English
SD	Preiskondition (Verkauf) (1809)	SD Pricing
SD	Verkaufskontrakt	
SD, CO, MM-PUR	Preiskondition (allgemein)	
SLL-LEG	Material – statistische Warennummer	

Tabelle 11.1 Unterstützte Migrationsobjekte der Migrationslösungen (SAP S/4HANA, On-Premise-Version) (Forts.)

Die mit einem Stern (*) gekennzeichneten Objekte *Kunde* und *Lieferant* werden im Rapid-Data-Migration-Content auch von einem einzelnen neuen Objekt mit dem Namen *Business Partner* gemeinsam abgedeckt. Auf diese Neuerung, die der sogenannten *Customer Vendor Integration* (CVI) geschuldet ist, gehen wir in Abschnitt 11.3, »Rapid Data Migration«, noch näher ein.

Wie Sie sehen, bieten beide Migrationslösungen eine ähnlich umfangreiche Abdeckung in Bezug auf die Anzahl der Objekte. Jedoch gibt es einige Objekte, die entweder nur vom Migration Cockpit oder nur von der Rapid Data Migration unterstützt werden. Die Differenz ist der unterschiedlichen Herkunft geschuldet. Während die RDM-Lösung aus der SAP Business Suite hervorgegangen ist, werden die Migrationsobjekte für das Migration Cockpit primär für die SAP S/4HANA Cloud entwickelt und dann einmal im Jahr zum Hauptrelease eines neuen SAP S/4HANA (On-Premise-Version) freigegeben, sofern sie für die On-Premise-Version relevant sind. Da einige der Migrationsobjekte der RDM-Lösung für die Cloud-Lösung nicht relevant sind, unter anderem weil die Datenbasis unterschiedlich ist, werden diese Objekte auch in absehbarer Zeit nicht für die On-Premise-Version von SAP S/4HANA im Migration Cockpit verfügbar sein. Im Gegensatz zu SAP S/4HANA Cloud haben Sie aber die Möglichkeit, fehlende Migrationsobjekte des Migration Cockpits im SAP S/4HANA Migration Object Modeler selbst zu erstellen (siehe Abschnitt 11.5.5, »Eigene Migrationsobjekte anlegen«).

Für neue bzw. erweiterte Migrationsobjekte gibt es nur einen eingeschränkten Support. Sie werden wie kundeneigene bzw. modifizierte SAP-ABAP-Reports betrachtet, auf die die geltenden Support-Regeln angewendet werden. Bei der Erstellung neuer Objekte sollten Sie auch darauf achten, entwe-

Eingeschränkter Support

der eigene oder von SAP freigegebene Funktionsbausteine zu verwenden, die mit dem SAP S/4HANA Migration Object Modeler kompatibel sind.

> **Wichtig: SAP-Hinweise und KBAs zu Migrationsobjekten**
>
> Im Hinblick auf die Migrationsobjekte des Migration Cockpits in der On-Premise-Lösung von SAP S/4HANA gibt es einige wichtige SAP-Hinweise, die Sie unbedingt kennen sollten:
>
> - SAP-Hinweis 2481235 beschreibt die Einschränkungen und die Erweiterbarkeit von vorab ausgelieferten Migrationsobjekten in SAP S/4HANA, On-Premise-Version:
>   *http://s-prs.de/v631696*
> - SAP-Hinweis 2608495 beschreibt Fehler, die bei der Staging-Funktionalität in SAP S/4HANA 1709 FPS01 und darüber hinaus auftreten, und gibt Ratschläge, wie diese vermieden werden können:
>   *http://s-prs.de/v631697*
> - KBA 2527926 beschreibt den Support für nicht freigegebene Funktionsbausteine und wie Sie diese erkennen können:
>   *http://s-prs.de/v631698*
> - SAP-Standard-Hinweis 7 beschreibt den Support bei Fehlern durch Kundenmodifikation oder Eigenentwicklung:
>   *http://s-prs.de/v631699*

Dass SAP beide Lösungen empfiehlt, bedeutet aber nicht, dass Sie andere Lösungen im On-Premise-Umfeld nicht nutzen können oder dürfen. Solange die Kompatibilität mit SAP S/4HANA gewährleistet ist, können Sie auch andere Werkzeuge, Transaktionen und Programme zur Datenmigration einsetzen. Mehr dazu finden Sie in Abschnitt 11.5.5, »Eigene Migrationsobjekte anlegen«. Bei der Nutzung von Rapid Data Migration ergeben sich jedoch Vorteile durch zusätzliche Datenbereinigungsmöglichkeiten und uneingeschränkte Erweiterbarkeit. Lassen Sie uns daher zunächst einen Blick auf diese umfangreichere Datenmigrationslösung werfen.

11.3 Rapid Data Migration

In diesem Abschnitt stellen wir Ihnen die Lösung Rapid Data Migration (RDM) vor. Sie dient dem Migrieren von Daten nach SAP S/4HANA, On-Premise-Version. Bei Rapid Data Migration handelt es sich um vordefinierten Migrations-Content, sogenannte SAP Best Practices, für das Tool *SAP Data Services*. Konkret bedeutet dies, dass der Migrationsinhalt in Form eines SAP-

Data-Services-Projekts mit allen Regeln und Templates kostenlos heruntergeladen werden kann, um ihn dann in die SAP-Data-Services-Software einzuspielen. Bei diesem Datenmigrationsansatz haben die Datenqualität und die Datenvalidierung sowie die Flexibilität und Erweiterungsmöglichkeiten für SAP S/4HANA den höchsten Stellenwert.

11.3.1 Werkzeuge

Das Tool SAP Data Services ist ein Produkt aus dem EIM-Portfolio (*Enterprise Information Management*) von SAP, das Funktionen für die Datenintegration (*Data Integrator*) und die Sicherung der Datenqualität (*Data Quality*) beinhaltet.

ETL-Werkzeug

Bei SAP Data Services handelt es sich um ein bewährtes ETL-Werkzeug (Extraktion, Transformation, Laden). Es wird über eine grafische Benutzeroberfläche (Designer) bedient und lässt sich über unterschiedliche Schnittstellen an eine Vielzahl von Quellsystemen (Extraktion) und Zielsystemen (Laden) anbinden. Das Mapping (Transformation) wird dabei per Drag & Drop auf der Benutzeroberfläche des Tools durchgeführt.

SAP Data Services ermöglicht es auch, bereits vor und während einer Datenmigration die Qualität der geladenen Daten wesentlich zu verbessern. Im Gegensatz zu herkömmlichen Konzepten wird somit bereits beim »Umzug« der Geschäftsdaten das Mitnehmen falscher, doppelter und überflüssiger Datensätze verhindert.

Datenqualität

Des Weiteren nutzt Rapid Data Migration die Plattform *SAP BusinessObjects Business Intelligence* (BI) für eine erweiterte, aber optionale Überwachung (Monitoring) der Datenmigration. Über sie werden ebenfalls als SAP Best Practices vorgefertigte Berichte bereitgestellt, um Datenmigrationsprojekte analytisch zu begleiten und Fehlerauswertungen zu vereinfachen. Die Berichte werden als Reports angeboten, die mit *SAP BusinessObjects Web Intelligence* erstellt werden. Auf diese Weise können Sie ein Migrationsprojekt begleiten und Probleme mit der Datenqualität und dem Mapping frühzeitig aufdecken.

Web Intelligence

Neben SAP Data Services, das als eigenständige Software zwischen die Quell- und Zielsysteme geschaltet ist, bietet SAP im Rahmen des EIM-Portfolios auch weitere nützliche Werkzeuge an, die Sie für die Datenmigration verwenden können. Hervorzuheben ist hier das Werkzeug *SAP Information Steward*. Es stellt die Funktionalität für ein *Profiling* (Erkennen von Gemeinsamkeiten und Strukturen in den Daten) und eine *Deduplikation* (Finden von Dubletten) der Daten sowie für den Datenabgleich vom Quell- bis hin zum Zielsystem (*Data Lineage*) bereit.

SAP Information Steward

Vorteile Dadurch, dass Sie ein standardisiertes ETL-Tool verwenden, werden für die Migration nach SAP S/4HANA keine selbst geschriebenen Wegwerfprogramme, sondern stattdessen Standardschnittstellen wie *IDocs* (Intermediate Documents), *BAPIs* (Business Application Programming Interfaces) und SAP-Funktionsbausteine verwendet. Der Einsatz von SAP Data Services für eine Datenmigration nach SAP S/4HANA hat zusätzlich die folgenden Vorteile:

- direkte Anbindung an ein oder mehrere Quellsysteme über Datenbankschnittstellen (SAP ERP und Nicht-SAP-Systeme)
- zusätzliche Einbindung von Daten aus CSV-Dateien, Flat Files und Microsoft Excel
- Normalisierung der Quelldaten aus unterschiedlichen Altsystemen und Dateien in ein einheitliches Format
- Bereinigung der Datensätze bereits auf dem Quellsystem
- Deduplizierung von Daten und das Finden des vollständigen Datensatzes, der die Dubletten zusammenführt und ersetzen wird (Das ist der sogenannte *Golden Record*.)
- Beginn des Mapping- und des Validierungsprozesses, bevor das Customizing von SAP S/4HANA vollständig abgeschlossen ist
- einfaches und wiederverwendbares Mapping über Drag & Drop
- Visualisierung des gesamten Datenflusses vom Quell- zum Zielsystem
- wiederverwendbare Prüfroutinen, um eigenes Coding zu minimieren
- Validierung der Fremddaten gegen SAP-S/4HANA-Prüfroutinen, ohne dafür Datensätze in SAP S/4HANA laden zu müssen
- Möglichkeit von Testläufen ohne Verbuchen der Daten
- Verwendung von SAP-S/4HANA-Standardschnittstellen

11.3.2 Architektur

Komponenten Die Rapid-Data-Migration-Lösung vereint die Software SAP Data Services mit speziell dafür entwickeltem Migrations-Content als zu importierendes Projekt. Technisch gesehen besteht die hier verwendete SAP-Datenmigrationslösung aus drei Komponenten:

- der eigentlichen Software
- einem Datenbankserver
- einem Webserver

Der Datenbankserver wird verwendet, um die sogenannten *Repositorys* in mehreren getrennten Datenbankinstanzen zu verwalten. Ein Repository enthält dabei beispielsweise den gesamten Content von SAP Data Services und die Metadaten der Schnittstellen, die als »Daten über Daten« die Struktur der Schnittstelle beschreiben.

Der Webserver ermöglicht den einfachen Zugriff auf die Software über einen Webbrowser, beispielsweise über die sogenannte *Central Management Console* (CMC) für das Reporting mit der Plattform SAP BusinessObjects BI.

Neben den Softwarekomponenten beinhaltet die SAP-S/4HANA-Datenmigrationslösung im Paket die folgenden Komponenten:

Paketinhalt

- Datenmigrationsvorlagen (*Content*) inklusive der Mappings für SAP Data Services (siehe Abschnitt 11.3.3, »Migrations-Content«)
- *Migration Services* – ein Tool für das Werte-Mapping (siehe Abschnitt 11.3.7, »Werte-Mapping und Umschlüsselungstabellen«)
- Berichte aus SAP BusinessObjects Web Intelligence für das Monitoring und Reporting (siehe Abschnitt 11.3.10, »Monitoring«)
- Content für den Abgleich zwischen dem SAP-Zielsystem und Quellsystem(en) (siehe ebenfalls Abschnitt 11.3.10)

Diese Bestandteile bietet SAP also als Best-Practices-Paket für SAP S/4HANA unter dem Namen *Rapid Data Migration* an. Die Rapid-Data-Migration-Pakete beinhalten neben betriebswirtschaftlichen Best Practices als vordefiniertem Content und Implementierungs-Best-Practices für die Konfiguration zusätzlich noch Serviceangebote für Datenmigrationsprojekte, die entweder von SAP Consulting oder von SAP-Partnern geliefert werden. Es hindert einen Kunden jedoch nichts daran, diesen SAP-Best-Practices-Content selbst und ohne Hilfe von SAP oder eines SAP-Partners zu nutzen und ihn aus dem SAP Best Practices Explorer ohne weitere Kosten herunterzuladen (siehe ebenfalls Abschnitt 11.3.3).

SAP Best Practices

Der vordefinierte Migrations-Content für SAP Data Services beinhaltet die Metadaten der SAP-S/4HANA-Zielschnittstelle sowie Validierungen, um das Mapping der Quellseite zu vereinfachen. Die Zahl der unterstützten Business-Objekte beträgt mehr als 50. Theoretisch kann mindestens jedes IDoc, jedes asynchrone BAPI oder ein Webservice angesprochen werden. Selbst einfache RFC-fähige (Remote Function Call) Funktionsbausteine sind möglich. Sie werden im Standard-Content für den bereits angesprochenen Business Partner (siehe Tabelle 7.3) genutzt.

IDocs und BAPIs

Beispiele für den Migrations-Content

Beispiele für vorgefertigte Templates sind:

- Business Partner mit Kunden- und Lieferantenstamm
- Logistikdaten wie Materialstamm, Stücklisten, Verkaufsbelege
- FI-Daten (Finanzwesen) wie Forderungen und Verbindlichkeiten

Für BAPIs ohne ausgelieferte IDoc-Schnittstelle können Sie über die Transaktion BDBG auf einfache Weise eine BAPI/ALE-Schnittstelle im Kundennamensraum anlegen. Mit dieser Voraussetzung lässt sich dann auch der Content in SAP Data Services unbeschränkt erweitern. Das Best-Practices-Paket hält dafür eine Erweiterungsanleitung (*Enhancement Guide*) bereit.

Datenmigrationsplattform Mit dem Rapid-Data-Migration-Content wird aus dem ETL-Werkzeug SAP Data Services überhaupt erst eine perfekt auf SAP S/4HANA, On-Premise-Version abgestimmte Datenmigrationsplattform. Die Architektur mit SAP Data Services im Zentrum ist in Abbildung 11.4 dargestellt.

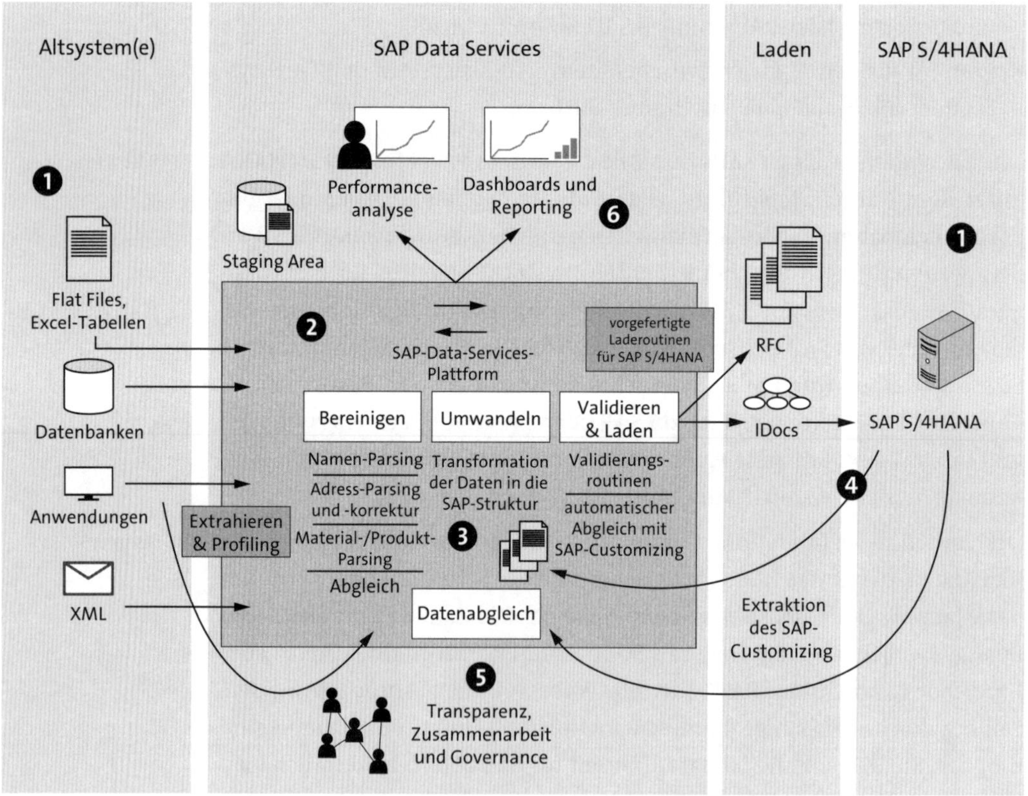

Abbildung 11.4 Architektur der Rapid-Data-Migration-Lösung

Die Plattform selbst läuft auf einer relationalen Datenbank, die auch gleichzeitig als *Staging Area* verwendet wird. SAP Data Services kann sich mittels eines Adapter-Frameworks beispielsweise über Open Database Connectivity (ODBC), Dateischnittstellen, Mainframe, XML- und Microsoft-Excel-Dateien mit beliebigen Quellsystemen verbinden:

❶ Quell- und Zielsystem
Auf der linken Seite in Abbildung 11.4 sehen Sie die Anbindung an ein oder mehrere Altsysteme über verschiedene Schnittstellen, rechts die Anbindung an ein SAP-S/4HANA-System. Im Fall einer Neuimplementierung eines bestehenden SAP-Systems auf SAP S/4HANA ist das Altsystem ein SAP-ERP-System. Es kann sich hier jedoch auch um ein Nicht-SAP-System handeln oder um jede beliebige Zwischenform (etwa um ein System der SAP Business Suite und mehrere externe Zusatzsysteme, die nun in einem SAP-S/4HANA-System konsolidiert werden sollen).

❷ Extrahieren und Profiling
Die Staging Area zwischen Quell- und Zielseite wird von der Datenbank bereitgestellt, auf der SAP Data Services läuft. Diese kann, muss aber nicht die Datenbank SAP HANA sein. Empfohlen wird je nach Größe der Repositorys eher eine kleinere Landschaft, etwa auf Basis der Datenbank *SAP Adaptive Server Enterprise* (ASE), die auch zusammen mit der SAP-HANA-Datenbank-Lizenzierung verwendet werden kann. In diesem Schritt werden Daten von der Quellseite extrahiert und untersucht. Dieses Untersuchen oder *Profiling* ist ein entscheidender Schritt, da es einen tiefen Einblick in das Altsystem gewährt. Dieser Einblick dient dazu, Muster in den Daten aufzuspüren und wichtige Details zu prüfen, wie z. B.: Sind alle Postleitzahlen für Österreich vierstellig und numerisch? Welche unterschiedlichen Notationen für das Land Deutschland werden im Altsystem verwendet (z. B. »Deutschland«, »Bundesrepublik Deutschland«, »BRD«, »DE« oder/und »Germany«)?

❸ Bereinigen, Umwandeln sowie Validieren und Laden
Dieser Schritt beinhaltet das Bereinigen der Datensätze, damit diese einem bestimmten Muster gerecht werden, sowie das Umwandeln gemäß bestimmter Regeln und schließlich den Abgleich mit dem Customizing für SAP S/4HANA. Dies kann beispielsweise das Zusammenführen zweier Felder zu einem einzigen Feld bedeuten, das Aufteilen von Feldern, die Konvertierung von Werten in ein bestimmtes Format (z. B. die Umwandlung von Telefonnummern in das internationale Format, etwa mit »+41« für die Schweiz) sowie die Validierung von Pflichtfeldern und Prüftabellen. Anschließend werden die so bereinigten und geprüften Daten in das SAP-S/4HANA-System geladen.

❹ **Customizing-Extraktion aus SAP S/4HANA**
Da SAP S/4HANA konfigurierbar ist, muss das Customizing (etwa für Buchungskreise, Werke, Materialarten und -gruppen) in die Zwischenschicht SAP Data Services überführt werden. Dies geschieht durch das Replizieren des Customizings in SAP Data Services über ebenfalls vorausgelieferten Content. Auf diese Weise kann bereits in SAP Data Services zu jeder Zeit sichergestellt werden, dass die Datensätze, die Sie laden wollen, mit dem SAP-S/4HANA-System konform sind. Der Vorgang des Delta-Abgleichs kann dabei bei Bedarf mehrfach wiederholt werden, wenn etwa im SAP-S/4HANA-System noch Änderungen am Customizing vorgenommen werden müssen.

❺ **Datenabgleich**
Der Datenabgleich nach dem Laden der Daten vergleicht die tatsächlich in das SAP-S/4HANA-System geladenen Daten mit den Daten, die bei der Migration von SAP Data Services erwartet werden.

❻ **Dashboards und Reporting**
Die involvierten Projektmitarbeiter und Fachbereichsverantwortlichen können den gesamten Prozess jederzeit mithilfe von Dashboards und Berichten verfolgen. Dadurch ist der Status der Datenübernahme stets ersichtlich.

Als voll funktionsfähige Integrations- und Orchestrierungsplattform kann SAP Data Services darüber hinaus nach einer erfolgreichen Datenübernahme auch weiterhin für die Stammdatenintegration aus mehreren Systemen oder für Prozesse zur Sicherung der Datenqualität eingesetzt werden (*Data Governance*).

11.3.3 Migrations-Content

Jobs   Der in den Paketen verfügbare Datenmigrations-Content enthält sogenannte *Jobs* für SAP Data Services. Pro Business-Objekt wird ein Job ausgeliefert, der im klassischen Fall einem IDoc-Typ entspricht. (Das IDoc kann dann auch ein BAPI aufrufen; siehe weiter unten in diesem Abschnitt.)

[»] **Customer Vendor Integration**
Für das klassische Migrationsobjekt des Kundenstamms gibt es eine Neuerung in SAP S/4HANA. Kunde und Lieferant sind durch die sogenannte *Customer Vendor Integration* (CVI) über die Schnittstelle des Business Partners zusammengeführt. Indem Sie immer den neuesten Content für Rapid Data Migration verwenden, können Sie sichergehen, dass stets die korrekten Schnittstellen gerufen werden, und brauchen sich darum keine Sorgen

zu machen. Weiterführende Informationen bekommen Sie in den folgenden SAP-Hinweisen:

- SAP-Hinweis 2417298 (Geschäftspartner mit den Rollen »Kunde« und »Lieferant«)
- SAP-Hinweis 254601 (RFC_CVI_EI_INBOUND_MAIN Funktionsbaustein)
- SAP-Hinweis 2405714 (RFC_CVI_EI_INBOUND_MAIN Funktionsbaustein-Erweiterungen)
- SAP-Hinweis 2506041 (RFC_CVI_EI_INBOUND_MAIN Funktionsbaustein-Einschränkungen)

Sämtliche ausgelieferten und vormodellierten Jobs dienen als Templates für die SAP-Data-Services-Plattform und werden in einem proprietären Dateiformat (*.atl) zur Verfügung gestellt. (.atl ist ein Dateiformat, das für SAP Data Services spezifisch ist.) Darüber hinaus enthält ein solches Paket eine Dokumentation in Form einer Installationsanleitung, die für den Business-Content spezifisch ist. Des Weiteren enthalten sind Mapping-Templates für jedes Business-Objekt (Tabellen für das Mapping auf Papier), eine Erweiterungsanleitung (um eigene Schnittstellen oder kundenspezifische Felder zu ergänzen) sowie eine Geschäftsprozessbeschreibung (ebenfalls für jedes Business-Objekt), um den Aufbau des IDocs bis ins letzte Detail verstehen zu können.

Beachten Sie, dass der vordefinierte Content zwar für unterschiedliche Länder lokalisierbar ist, aber nur in englischer Sprache ausgeliefert wird. Aus diesem Grund sind alle Inhalte und Abbildungen des gesamten Contents und der SAP-Data-Services-Plattform in diesem Kapitel in englischer Sprache gehalten.

Lokalisierung

Über die Importfunktionalität in SAP Data Services können Sie die verfügbaren Objekte einfach aus den bereitgestellten .atl-Dateien hochladen. Es besteht umgekehrt auch jederzeit die Möglichkeit, eigenes Mapping oder eigene Validierungen auf diese Weise zu sichern und in anderen Projekten wiederzuverwenden. Dieser Export ist auch als regelmäßige Backup-Funktion zu empfehlen.

Import des Contents

Im weiteren Verlauf geht es nun speziell um die Möglichkeit der Datenmigration nach SAP S/4HANA, weshalb wir nicht im Einzelnen auf alle ETL-Funktionalitäten der SAP-Data-Services-Plattform eingehen.

Separate Lizenz nicht zwingend erforderlich

Die Produktlizenz für SAP Data Services deckt den ETL-Anteil (*Data Integrator*) und den Datenbereinigungsanteil (*Data Quality*) ab. Wenn Sie nicht

> über eine eigene Softwarelizenz für SAP Data Services verfügen und keine Datenbereinigung benötigen, können Sie jederzeit mit Ihrer SAP-HANA-Datenbank-Lizenz einen kostenlos verfügbaren Data-Integrator-Lizenzschlüssel (*Keycode*) anfordern.
>
> Dieser Lizenzschlüssel kann mit einer gültigen SAP-HANA-REAB-Datenbank-Lizenz (*Runtime Edition for Applications and SAP BW*) oder mit der kompletten SAP-HANA-Enterprise-Datenbank-Lizenz für das Laden von Daten in SAP S/4HANA bzw. in die SAP-HANA-Datenbank benutzt werden, ohne dass eine zusätzliche Lizenzierung fällig wird. Eine dieser beiden Lizenzen ist als SAP-HANA-Datenbank-Lizenz Teil des SAP-S/4HANA-Lizenzpakets.
>
> Mehr Informationen dazu erhalten Sie unter folgendem Link: *http://s-prs.de/v429762*
>
> Abschließend noch der Link zu einer Anleitung (ebenfalls in englischer Sprache), die beschreibt, wie der benötigte Lizenzschlüssel angefordert werden kann: *http://s-prs.de/v429763*

Schnittstellen als Teil des Migrations-Contents

Verwendung der IDocs

Für die Datenmigration nach SAP S/4HANA wird in der Rapid-Data-Migration-Lösung, wie bereits erwähnt, für alle Objekte bis auf den Business Partner die SAP-Standardschnittstellentechnologie IDoc zum Senden der Daten an SAP S/4HANA verwendet. Die Struktur der IDocs und deren Felder wurden als Teil des Contents als Metadaten in SAP Data Services repliziert. Auf diese Weise können Sie im *SAP Data Services Designer* die Quellseite, also das Altsystem, auf die SAP-S/4HANA-Zielstruktur mappen.

Ein IDoc ist dabei eine hierarchisch geschachtelte Struktur. Die einzelnen Datensätze eines IDocs heißen *Segmente*. Verbucht wird ein IDoc über einen Funktionsbaustein. Der Unterschied zum direkten Verbuchen besteht in der Verwendung der sogenannten *ALE-Schicht*. Daher wird jedes IDoc immer über den gleichen Funktionsbaustein im SAP-S/4HANA-Zielsystem adressiert. Dabei handelt es sich um den RFC-fähigen Baustein IDOC_INBOUND_ASYNCHRONOUS. Um dieses ganze Prozedere kümmert sich jedoch SAP Data Services, und Sie müssen hier nichts tun. Eine Ausnahme bildet der Business Partner (siehe Tabelle 7.3), der direkt über einen Wrapper-Funktionsbaustein remote (per RFC) angesprochen wird.

IDoc-Statuswerte

Ein IDoc im SAP-System hat zu jeder Zeit einen definierten Status. Die für die Datenübernahme wichtigsten Statuswerte im IDoc-Eingang sind:

- **Status 64 (Wartestatus)**
  Das IDoc kann an die Anwendung übergeben werden.

- **Status 53 (IDoc erfolgreich verbucht)**
  Der Anwendungsbeleg wurde gebucht.
- **Status 51 (IDoc fehlerhaft)**
  Der Anwendungsbeleg wurde nicht gebucht.

Man unterscheidet *IDoc-Nachrichtentypen*, die die Semantik eines IDocs angeben, und *IDoc-Basistypen*, die deren Syntax bestimmen. Zum Beispiel ist der IDoc-Nachrichtentyp ORDERS für Bestelldaten zuständig, während die Basistypen ORDERS04 oder ORDERS05 als unterschiedliche Versionen die genaue Syntax der Segmente und aller Felder darin angeben. Das Versionskonzept sieht vor, dass stets Felder und Segmente hinzukommen können – niemals aber Felder wegfallen. Damit umfasst ORDERS05 die gesamte Funktionalität von ORDERS04 plus zusätzliche neue Felder. Es ist sichergestellt, dass ein neueres System sowohl mit einem älteren IDoc umgehen kann (*Aufwärtskompatibilität*) als auch IDocs mit niedrigerer Version an ein älteres System schicken kann (*Abwärtskompatibilität*), das mit jüngeren IDoc-Versionen nicht zurechtkommt.

Nachrichtentyp und Basistyp

Die Beziehung zwischen Nachrichten- und Basistyp ist aber nicht immer $1:n$, wie es zunächst den Anschein hat, sondern $n:m$. Der IDoc-Basistyp ORDERS05 überträgt nämlich zwei logische Nachrichtentypen: Neben der Bestellung vom IDoc-Nachrichtentyp ORDERS gibt es noch den Nachrichtentyp ORDRSP für die Bestellbestätigung – wodurch sich die Bedeutung der IDoc-Nachricht unterscheidet.

Für IDocs gibt es außerdem ein Erweiterungskonzept, wodurch beispielsweise eine IDoc-Erweiterung ZORDERS05 entstehen kann, die zusätzliche kundenspezifische Felder oder Kundensegmente im sogenannten *IDoc-Typ* vereint.

IDoc-Typ

Tiefer als mit diesem Überblick müssen wir allerdings gar nicht in die IDoc-Technologie eintauchen. SAP Data Services wird mithilfe des Rapid-Data-Migration-Contents für Sie die Arbeit übernehmen und sicherstellen, dass die IDocs mit korrektem IDoc-Kontrollsatz und mit der korrekten Syntax aufgebaut werden.

Im Laufe der Zeit haben sich IDocs als stabile und konsistente Schnittstellen erwiesen, die mit einem ausgeklügelten Versionskonzept ausgestattet sind. Außerdem sind IDocs sehr verbuchungssicher, da es bei einem Verbuchungsabbruch immer zu einem kompletten Rollback kommt und die IDocs zur erneuten Verarbeitung bereitstehen. Dies sind auch die Gründe, warum SAP mit der Transaktion BDBG ein Generierungstool zur Verfügung gestellt hat, das auf Knopfdruck aus einem asynchronen BAPI eine IDoc-Schnittstelle generieren kann.

Transaktion BDBG

Asynchrone BAPIs sind jene BAPIs, die Daten in ein System laden können, anstatt eine Operation auszuführen und eine Antwort zu geben. Sie geben lediglich eine Information über den Erfolg oder Misserfolg zurück, ähnlich einem klassischen IDoc. Mit der Transaktion BDBG wurde es möglich, die IDoc-Welt erheblich zu erweitern.

BAPI/ALE-Schnittstelle

Die meisten BAPIs werden bereits mit der sogenannten *BAPI-ALE-Schnittstelle* ausgeliefert. Durch sie werden eine IDoc-Struktur und ein IDoc-Typ aus dem BAPI generiert. Dabei ist das IDoc eine Art Hülle um das BAPI herum. Verschickt werden die Daten als IDoc, anstatt ein BAPI direkt remote in einem entfernten System aufzurufen. Das IDoc wird dann im Eingang »ausgepackt« und das BAPI lokal im Zielsystem aufgerufen. Im Wesentlichen ist ein BAPI nämlich ein SAP-Funktionsbaustein mit einem definierten Interface und einer Dokumentation. Der Vorteil besteht hierbei darin, dass wie beim Application Link Enabling (ALE) der Sendeprozess vom Verarbeitungsprozess entkoppelt wird. Andernfalls müsste die Verbindung zwischen den Systemen während der gesamten BAPI-Verarbeitungszeit geöffnet bleiben.

Beispiel: Migration von Bankstammdaten

Bankenstamm

Im weiteren Verlauf beschränken wir uns auf das einfache Beispiel der Übernahme von Bankstammdaten, dem sogenannten Bankenstamm (*Bank Master Data*), in das SAP-S/4HANA-System.

Dieses Objekt wird über das BAPI BAPI_BANK_CREATE im SAP-S/4HANA-System verbucht. Das BAPI wird jedoch über die BAPI-ALE-Schnittstelle und somit über ein IDoc aufgerufen. Das heißt, in diesem Fall wird SAP Data Services zunächst ein IDoc an das SAP-S/4HANA-System schicken, während das BAPI bei Verwendung des SAP S/4HANA Migration Cockpits (siehe Abschnitt 11.4, »SAP S/4HANA Migration Cockpit«) direkt lokal im SAP-S/4HANA-System aufgerufen wird.

Dies liegt daran, dass das SAP S/4HANA Migration Cockpit direkt in SAP S/4HANA als Applikation läuft, während SAP Data Services als »Tool in der Mitte« autark und frühzeitig für das Mapping eingesetzt werden kann, ohne dass die Quell- und Zielsystemanbindung bereits vorhanden sein muss.

In unserem Beispiel beschränken wir uns auf die notwendigen Daten des Bankenstamms und verwenden dazu zwei IDoc-Segmente des generierten IDoc-Typs BANK_CREATE01 (Nachrichtentyp BANK_CREATE). Die technischen SAP-Namen der Segmente sind E1BANK_CREATE und E1BP1011_ADDRESS.

Im Content von SAP Data Services heißen diese Segmente BANKHeader_E1BANK_CREATE_Required und BANKBankAddress_E1BP1011_ADDRESS_Required.

Die Namen zeigen bereits, dass es sich um einen Kopfsatz und einen Adresssatz handelt.

In diesem kleinen Beispiel gibt es im Gegensatz zu den meisten anderen Objekten keine weiteren IDoc-Segmente auf tieferen Ebenen. Solche tiefer geschachtelten Segmente können je nach IDoc-Typdefinition mehrfach wiederholt werden, sind allerdings nicht alle obligatorisch.

Aufgrund der verwendeten IDoc-Standardstruktur ist der Content aus SAP Data Services für jedes Business-Objekt analog aufgebaut und besteht stets aus Mapping (*_Map), Validierung (*_Validate) und Anreicherung der Daten (*_Enrich).

Die Standardaufteilung der Benutzeroberfläche im SAP Data Services Designer (siehe Abbildung 11.5) umfasst die *Project Area* ❶ und die *Local Object Library* ❷ innerhalb des linken Fensterbereichs. Der ganze Bereich rechts davon ❸ wird neben der *Start Page* von den grafischen Darstellungen der Prozessflüsse eingenommen. Diese bilden den Fluss der Datensätze von oben links nach unten rechts ab. Abbildung 11.5 zeigt den Debitorenjob Job_DM_Bank_IDoc mit dem Datenfluss DF_DM_BANKHeader_Validate für die Bankkopfdaten. Neue Fenster werden im rechten Anzeigebereich stets in Form von Registerkarten geöffnet.

Arbeitsbereich

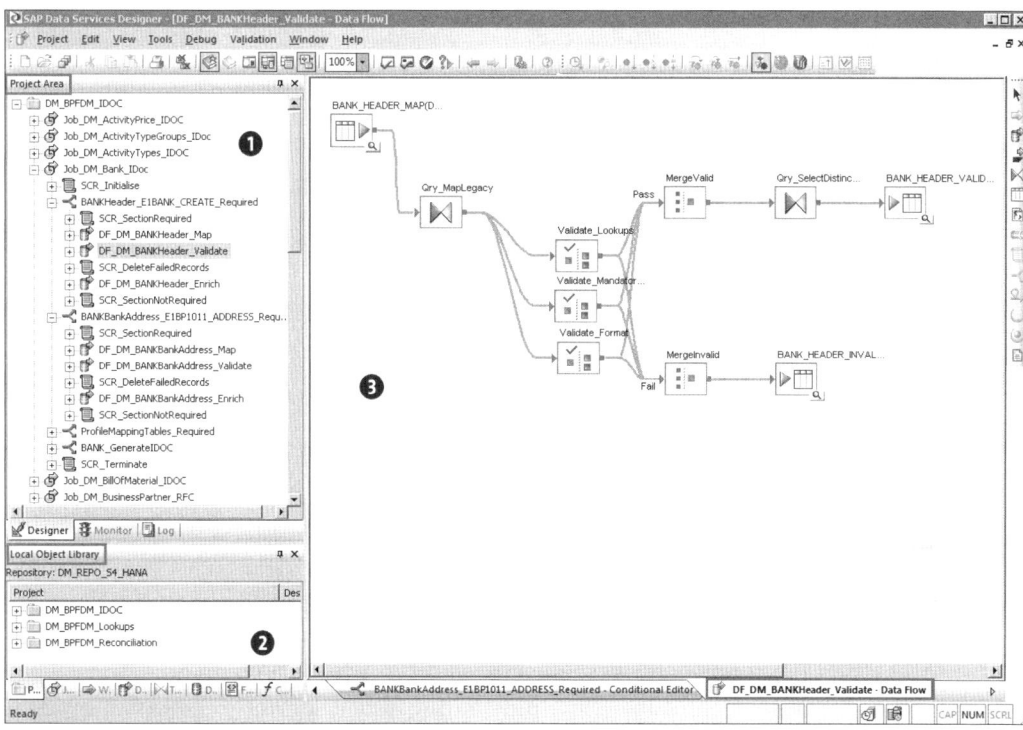

Abbildung 11.5 SAP Data Services Designer

Projekte Der eingespielte Content für SAP S/4HANA weist die Struktur auf, die Sie in Abbildung 11.6 sehen. Die Jobs in SAP Data Services werden in Projekten organisiert, wobei ein Job mehreren Projekten zugeordnet sein kann. Ändert man etwas in einem bestimmten Job, wirken sich diese Änderungen auf alle Projekte aus. Im Wesentlichen ist der Projektname demnach nur eine Sammlung von Verweisen auf Jobs in SAP Data Services. Gleiches gilt für alle untergeordneten Objekte, wie z. B. Datenflüsse. Diese können alle mehrfach verwendet werden; Änderungen wirken sich dabei immer auf alle Instanzen aus. Um dies zu umgehen, können Sie jedes Objekt replizieren und die Kopie für Ihre Zwecke weiterverwenden.

Wir verwenden in unserem Beispiel das Projekt DM_BPFDM_IDOC. Dieses beinhaltet einen Job pro Business-Objekt, da bei der Datenmigration mit Rapid Data Migration – wie bei anderen Techniken auch – stets die Daten eines kompletten Business-Objekts als logische Einheit und nicht pro SAP-Tabelle migriert werden.

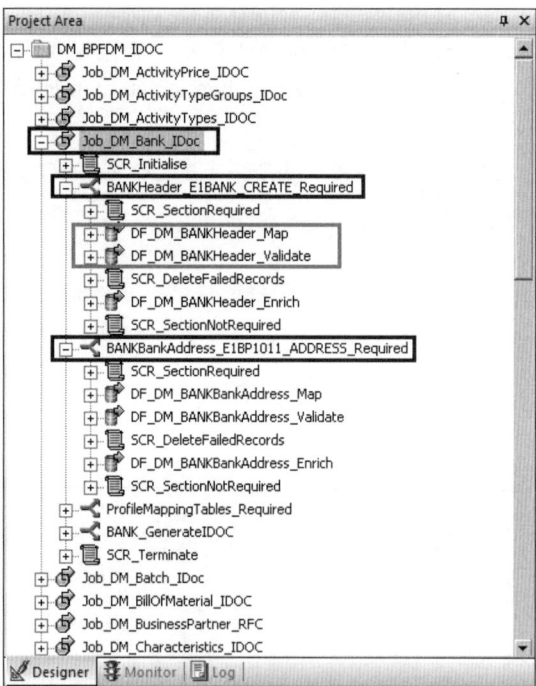

Abbildung 11.6 Struktur eines Projekts mit Job- und IDoc-Segmenten

Datenflüsse Wir verwenden nun den Job Job_DM_Bank_IDoc für die Übernahme des Bankenstamms. Im Wesentlichen sind für jede Datenmigration zwei Datenflüsse signifikant. Diese müssen pro IDoc-Segment (beispielhaft an dem ersten Segment E1BANK_CREATE, dem Header- oder Kopfsegment) wie folgt bearbeitet werden:

- DF_DM_BANKHeader_Map
  (Datenfluss für das Mapping, siehe Abschnitt 11.3.6, »Feld-Mapping«)
- DF_DM_BANKHeader_Validate
  (Datenfluss für die Validierungen, siehe Abschnitt 11.3.8, »Validierung der Daten«)

Im Mapping-Schritt wird das *Feld-Mapping* durchgeführt, während im Validierungsdatenfluss nach einem erfolgten Lauf die Ergebnisse der unterschiedlichen Datenvalidierungen angezeigt werden können.

Zu guter Letzt gibt es noch den Datenfluss DF_DM_BANKHeader_Enrich, auf den wir später noch einmal eingehen werden. Für die Durchführung der Datenmigration ist dieser Schritt erst einmal zweitrangig, da hier lediglich nicht gefüllte Felder mit Standardwerten angereichert (*enriched*) werden.

Als Vorlage für das Mapping verwenden wir ein Mapping auf Papier. Diese Mapping-Vorlagen werden pro Business-Objekt mit dem Content ausgeliefert, um die Zuweisungen von Feldern und Werten im Tool zu vereinfachen. Außerdem sind sie ein geeignetes Mittel, um schwierige Feldbeziehungen mit Fachbereichsverantwortlichen zu diskutieren. Die Mapping-Templates können direkt mit Test- oder den Produktivdaten gefüllt werden, um ein vereinfachtes Laden zu ermöglichen, ohne das Feld-Mapping durchzuführen. Damit der Umgang mit den Template-Dateien im Microsoft-Excel-Format einfacher wird, erhalten Sie die Templates als Teil des Rapid-Data-Migration-Pakets. Die Templates sind bereits mit Testdaten befüllt.

Mapping-Template

Abbildung 11.7 zeigt die IDoc-Zielstruktur als Ausschnitt aus dem Mapping-Template für das IDoc BANK_CREATE01.

System Required	Enrichment Rule	Look Up Required	Text Description	Field Name	SAP_Table	SAP_Technical_Field_name	Field Length	Additional Instructions and Comments	Segment Name	Lookup Table
E1BANK_CREATE-Header Segment										
*		+	Bank country key(BANK_CTRY)	BANK_CTRY	BNKA	BANKS	3		E1BANK_CREATE	T005
*			Bank Keys(BANK_KEY)	BANK_KEY	BNKA	BANKK	15		E1BANK_CREATE	
E1BP1011_ADDRESS-Transfer structure object 1011: Bank address										
*			Name of bank(BANK_NAME)	BANK_NAME	BNKA	BANKA	60		E1BP1011_ADDRESS	
*			Bank Keys(BANK_KEY)	BANK_KEY	BNKA	BANKK	15		E1BP1011_ADDRESS	
		+	Region (State, Province, County)(REGION)	REGION	BNKA	PROVZ	3		E1BP1011_ADDRESS	T005S
			House number and street(STREET)	STREET	BNKA	STRAS	35		E1BP1011_ADDRESS	
			City(CITY)	CITY	BNKA	ORT01	35		E1BP1011_ADDRESS	
			SWIFT Code for International Payments(SWIFT_CODE)	SWIFT_CODE	BNKA	SWIFT	11		E1BP1011_ADDRESS	
			Bank number(BANK_NO)	BANK_NO	BNKA	BNKLZ	15		E1BP1011_ADDRESS	
			Bank Branch(BANK_BRANCH)	BANK_BRANCH	BNKA	BRNCH	40		E1BP1011_ADDRESS	

Abbildung 11.7 SAP-S/4HANA-Zielseite als Ausschnitt aus dem Mapping-Template

In Tabelle 11.2 skizzieren wir die wichtigsten Spalten der Vorlage mit den Begriffen, die in allen ausgelieferten Mapping-Templates einheitlich verwendet werden. Als Abkürzungen, sowohl in SAP Data Services als auch in allen Templates, dienen dabei folgende Zeichen:

- das Sternchen (*) als Zeichen für Mussfelder/Pflichtfelder
- das Dollar-Zeichen ($), um vorhandene Default-Werte kenntlich zu machen (im Fall der Bankstammdaten gibt es keine)
- das Pluszeichen (+) für Felder mit Prüftabellen im SAP-System

Die Felder mit einem Pluszeichen, für die neben dem Feld-Mapping ein eigenes *Werte-Mapping* notwendig wird (d. h. eine *Umschlüsselungstabelle*), werden in Abschnitt 11.3.7, »Werte-Mapping und Umschlüsselungstabellen«, ausführlich behandelt.

Spalte	Beschreibung
System Required	Bei diesem Feld handelt es sich um ein Pflichtfeld.
Enrichment Rule	Das Feld wird mit einem Standardwert angereichert, wenn es nicht einem Quellfeld zugewiesen wurde.
Look Up Required	Für dieses Feld gibt es eine Prüftabelle (Lookup-Tabelle). Nur Werte aus der Wertehilfe ([F4]) sind zulässig.
Text Description	ausführliche und eindeutige Beschreibung des Feldes
Field Name	Feldname im Rapid-Data-Migration-Content
SAP_Table	technischer Name der Tabelle im ABAP Dictionary
SAP_Technical_Field_name	technischer Name des Feldes im ABAP Dictionary
Field Length	Feldlänge im SAP-Zielsystem
Additional Instructions and Comments	Standardvorbelegung für Felder mit Dollar-Zeichen (Default-Werte)
Segment Name	Name des IDoc-Segments
Lookup Table	Prüftabelle für das Feld, das später beim Werte-Mapping Einfluss auf gültige Werte hat

Tabelle 11.2 Die wichtigsten Spalten der SAP-S/4HANA-Zielseite im Mapping-Template

Der Datenmigrations-Content für SAP Data Services verwendet die Schnittstelle IDoc, um allen Business-Objekten in den modellierten Datenflüssen und jeder einzelnen Mapping-Struktur das gleiche Aussehen und die gleiche Funktionalität zu geben. Auf diese Weise sind Sie in der Lage, neue Business-Objekte auch ohne tiefes Anwendungswissen zu nutzen.

11.3.4 Anbindung der Quellsysteme

Nachdem Sie nun die grundlegende Struktur des ausgelieferten Contents kennengelernt haben, können wir uns dem eigentlichen Datenmigrationsprozess und der Anbindung der Quellseite zuwenden. Als ersten Schritt binden wir das Altsystem an SAP Data Services an, da auf diesem Weg auch die Strukturen und Metadaten bekannt gemacht werden.

Quellsysteme

Sie können auch mehrere Quellsysteme über verschiedene Schnittstellen an SAP Data Services anbinden. In unserem Beispiel verwenden wir keine Daten von einem externen System, sondern werden unsere Quelldaten direkt über die im Rapid-Data-Migration-Content mitgelieferten Migrationsvorlagen bereitstellen (siehe Abschnitt 11.3.6, »Feld-Mapping«).

Hier noch ein kurzer Exkurs zu Kundendaten: Nehmen wir an, wir hätten eine Tabelle der Altsystemdatenbank mit dem Namen CUSTOMERADDRESS und eine Microsoft-Excel-Datei mit dem Namen **Customer_Header.xls**, die die Bezeichnung der Debitoren aus dem Altsystem enthält. (Daneben ist natürlich auch eine direkte Anbindung an eine Applikation oder das Laden von flachen Dateien (*Flat Files*) möglich.)

Um zunächst die Tabelle CUSTOMERADDRESS aus dem Altsystem anzubinden, gehen Sie folgendermaßen vor: Wechseln Sie auf die Registerkarte **Datastores** in der **Local Object Library**, und legen Sie über einen Rechtsklick in den leeren Bereich eine Datenbankverbindung an.

Datenbankanbindung

In diesem Beispiel wird die Datenbank DS_LEGACY über eine ODBC-Schnittstelle angebunden. Jede Verbindung erhält einen Unterpunkt namens **Tables**, über den alle oder eine Selektion beliebiger Tabellen des Altsystems ausgewählt werden können. Auf diese Weise werden sogleich die Metadaten wie *Feldnamen* und *Feldlängen* in SAP Data Services bekannt. Des Weiteren können über diese Anbindung sogar die vorhandenen Datensätze in der Tabelle angezeigt werden (siehe Abbildung 11.8).

11 Neuimplementierung eines Einzelsystems

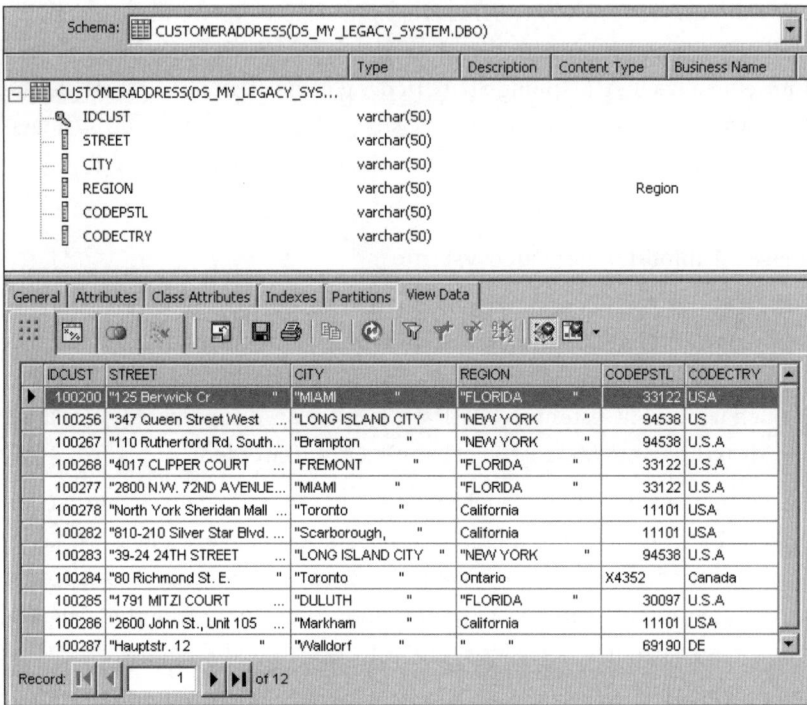

Abbildung 11.8 Anbindung einer Tabelle über ODBC

Dateischnittstelle Anschließend binden Sie die Microsoft-Excel-Dateien ein, indem Sie mit der rechten Maustaste auf die Registerkarte **Formats** klicken und dann den Menüeintrag **New** wählen. Hier können Sie ein spezielles Tabellenblatt und einen Bereich innerhalb der Tabelle auswählen. Verfügt die Tabelle über Spaltennamen in der ersten Zeile, können Sie auch die Metadaten direkt aus der Microsoft-Excel-Datei übernehmen. Wählen Sie dazu gemäß Abbildung 11.9 die entsprechende Funktionalität aus, und bestätigen Sie dies über die Schaltfläche **Import Schema**.

Default-Datenformate, wie beispielsweise varchar 255, können Sie bei Bedarf manuell anpassen. Wir empfehlen Ihnen auch, für alle rein numerischen Werte den Character-Datentyp zu verwenden, sofern Sie keine mathematischen Operationen mit den Feldwerten ausführen möchten.

Für eingebundene Microsoft-Excel-Dateien ist die gleiche Vorschau auf die Daten möglich wie bei der Anzeige der Tabellendatensätze, sofern SAP Data Services Zugriff auf die Datei hat. Nach einem erfolgten Import in SAP Data Services ist kein großer Unterschied mehr feststellbar, und die beiden Objekte können nahezu gleichwertig verwendet werden. Eine Einschränkung gibt es hierbei allerdings: Während innerhalb von SAP Data Services

Datenbanktabellen und flache Dateien sowohl die Quelle als auch das Ziel der Daten sein können, ist die Verwendung von Microsoft-Excel-Dateien auf die Quellseite beschränkt. Das heißt, es kann nicht direkt in eine Microsoft-Excel-Datei geschrieben werden.

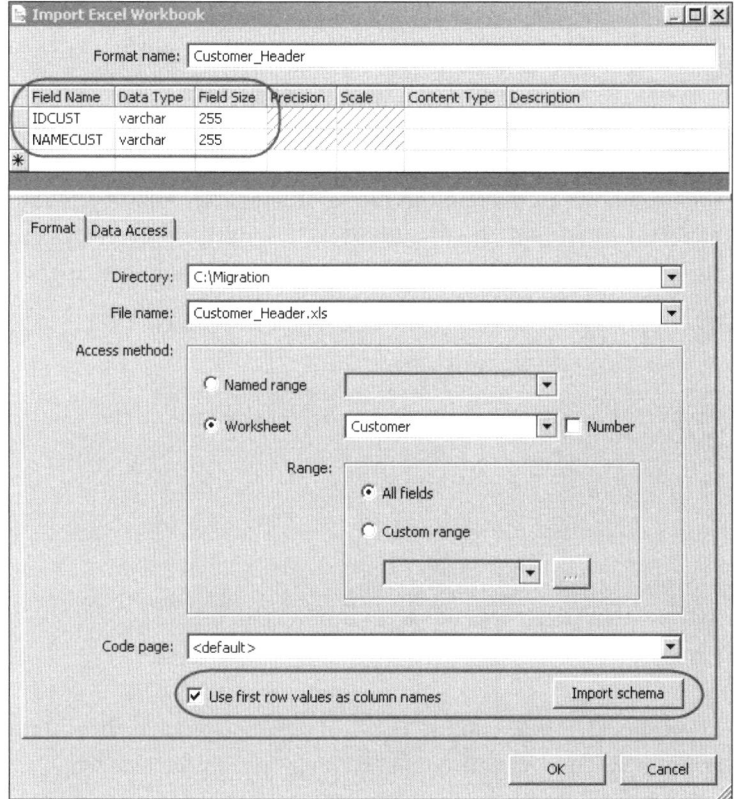

Abbildung 11.9 Microsoft-Excel-Tabellen einbinden

Abbildung 11.9 zeigt die Einbindung der mit Customer_Header benannten Microsoft-Excel-Datei **Customer_Header.xls**.

> **Formatierung in Microsoft Excel**
>
> Da Microsoft Excel ein Tabellenkalkulationsprogramm und keine Textverarbeitungssoftware ist, werden Zellen mit nur numerischem Inhalt automatisch als Zahlen formatiert. Dadurch kann es zu unerwünschten Exponentialschreibweisen sowie zum Verlust von führenden Nullen kommen. Letzteres ist besonders bei deutschen Postleitzahlen ein häufig auftretendes Problem, da sie mit einer Null beginnen können. Sie sollten daher die entsprechenden Spalten als Text formatieren.

11 Neuimplementierung eines Einzelsystems

11.3.5 Profiling der Daten

Profiler Nun haben Sie die Metadaten zweier unterschiedlicher Altsystemquellen (Tabelle und Excel) an SAP Data Services angebunden. Mithilfe des in SAP Data Services eingebauten *Profilers* können Sie bereits vor dem Mapping Muster in den Daten ausfindig machen sowie die Qualität der Daten im Altsystem überprüfen. Dazu müssen die Daten entweder in Tabellen oder in flachen Dateien (*Flat Files*) vorliegen.

Spalten-Profiling Wählen Sie dazu in der **Local Object Library** die Tabelle CUSTOMERADDRESS aus, und klicken Sie mit der rechten Maustaste auf den Tabellennamen. Im geöffneten Kontextmenü wählen Sie die Funktionalität **Submit Column Profile Request**. Im Beispiel aus Abbildung 11.10 wird für jede Spalte ein detaillierter Profiling-Request abgesetzt, sobald Sie mit **Submit** bestätigen.

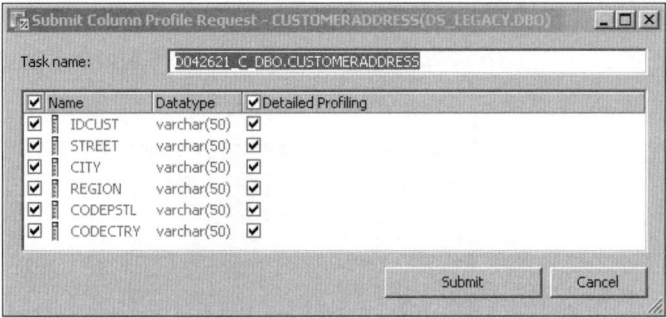

Abbildung 11.10 Spalten-Profiling

Das Ergebnis sehen Sie in Abbildung 11.11. Auf der Registerkarte **View Data** ist es jederzeit möglich, einen erneuten Profiling-Request abzusetzen.

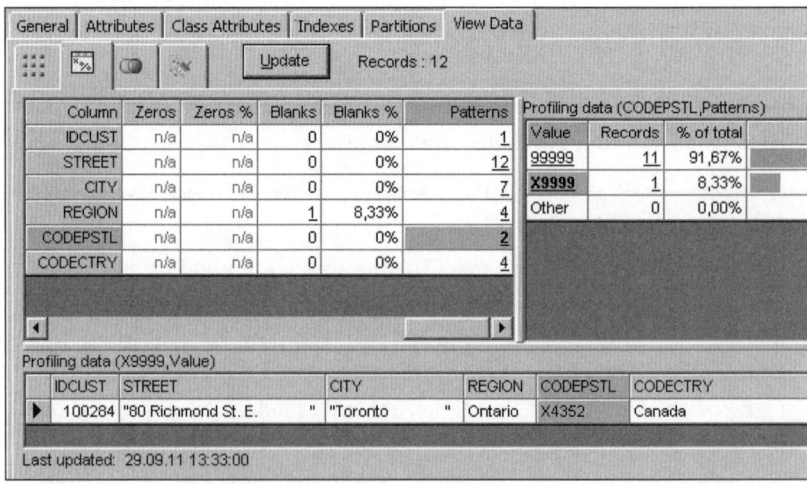

Abbildung 11.11 Ergebnis des Spalten-Profilings

Das Ergebnis des Spalten-Profilings zeigt eine möglicherweise falsche Postleitzahl an. Von den insgesamt zwölf Datensätzen aus unterschiedlichen Ländern gibt es nur einen, der eine nicht rein numerische Postleitzahl hat. Es handelt sich dabei um den *ZIP-Code* eines Debitors aus Kanada mit dem Wert X4352, der über dieses Profiling selbst aus einer sehr viel größeren Datenmenge herausgefallen wäre.

Es stellt sich also die Frage, ob eine Postleitzahl in Kanada das Format X9999 haben darf – d. h., einen Buchstaben, gefolgt von vier Ziffern. Wir werden diese Frage spätestens dann beantworten können, wenn wir die in SAP Data Services eingebauten Validierungen auswerten (siehe Abschnitt 11.3.8, »Validierung der Daten«).

Neben den in diesem Beispiel verwendeten sogenannten *Patterns* für Muster in den Datensätzen gibt es noch weitere wichtige Analysen beim Spalten-Profiling, z. B.:

- **Min**
  kleinster Wert nach lexikografischer Ordnung
- **Max**
  größter Wert nach lexikografischer Ordnung
- **Median**
  Medianwert
- **Min string length**
  kürzester Wert
- **Max string length**
  längster Wert
- **Average string length**
  durchschnittliche Länge
- **Distincts**
  Anzahl der disjunkten Werte
- **Nulls**
  fehlende Werte

So lassen sich also bereits fehlerhafte Werte erkennen, und auch zu lange Werte aus dem Altsystem werden erfahrenen Benutzern über die Funktion **Max string length** sofort ins Auge fallen.

Zusätzlich können Sie auch komplexere Profiling-Anfragen starten, die Datenbanktabellen miteinander vergleichen und durch Analyse der Relationen z. B. verlorene Datensätze auffinden (Datensatz ohne Kopf, Kopf ohne Positionen etc.).

Relationen-Profiling

Starten Sie dazu das Profiling, ausgehend von der ersten Tabelle, indem Sie mit der rechten Maustaste das Kontextmenü des Tabellennamens öffnen und den Eintrag **Submit Relationship Profile Request With...** auswählen. Dadurch wird der Cursor zu einem Fadenkreuz, mit dem Sie die zweite Tabelle (alternativ zu Tabellen auch flache Dateien) auswählen.

In dem darauffolgenden Dialog können Sie mit **Submit** einen *Relationship Profile Request* absetzen, nachdem Sie die Schlüsselbeziehung zwischen den beiden Tabellen bestätigt oder entsprechend angepasst haben. In diesem Beispiel wird die Tabelle CUSTOMERHEADER statt über die Microsoft-Excel-Datei ebenfalls direkt aus dem Altsystem angebunden. Der Schlüssel ist dabei die Kundennummer im Altsystem, IDCUST (siehe Abbildung 11.12).

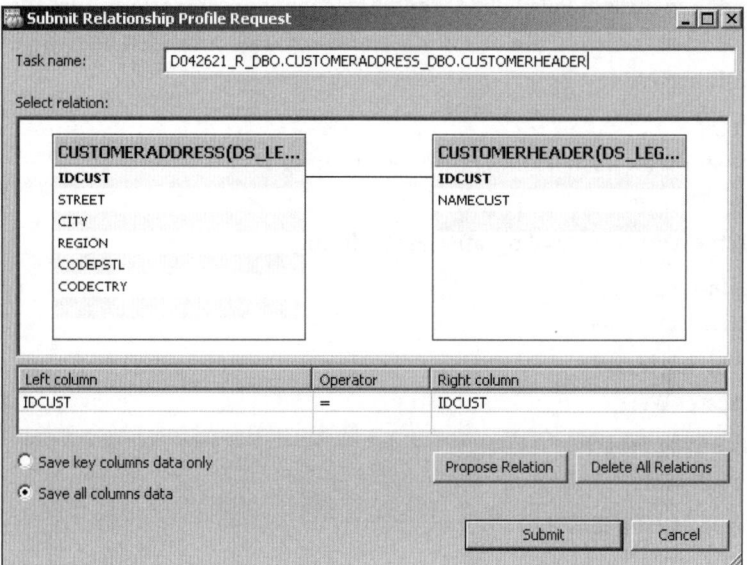

Abbildung 11.12 Relationen-Profiling

Das Ergebnis des Relationen-Profilings sehen Sie in Abbildung 11.13: 8,33 % aller Adressen haben keinen Kopfsatz und 15,38 % aller Kopfdatensätze haben keine Adresse. In unserem kleinen Beispiel von lediglich zwölf Datensätzen bedeutet dies, dass es eine Adresse gibt, die eine Karteileiche darstellt. Sie ist keinem Debitor zugeordnet und existiert im Altsystem nur noch als Adresse ohne jeglichen Bezug. Andererseits gibt es zwei Kundensätze im Altsystem ohne Adressdaten. Wir wissen, dass diese beiden Datensätze sicherlich nicht in SAP S/4HANA übernommen werden, da bestimmte Adressdaten zu den Pflichtfeldern gehören.

Mit SAP Data Services können Sie nun jedoch noch weitergehen und sich die problematischen Datensätze anzeigen lassen. In dem Beispiel aus Abbildung 11.13 ist das der Datensatz des Kunden mit der Legacy-Kundennummer 100289. Genauso kann man sich die verlorene Adresse anzeigen lassen, die die Applikation in einer relationalen Datenbank nicht mehr ohne Weiteres finden könnte, eben weil die Kopfdaten fehlen.

Problematische Datensätze anzeigen

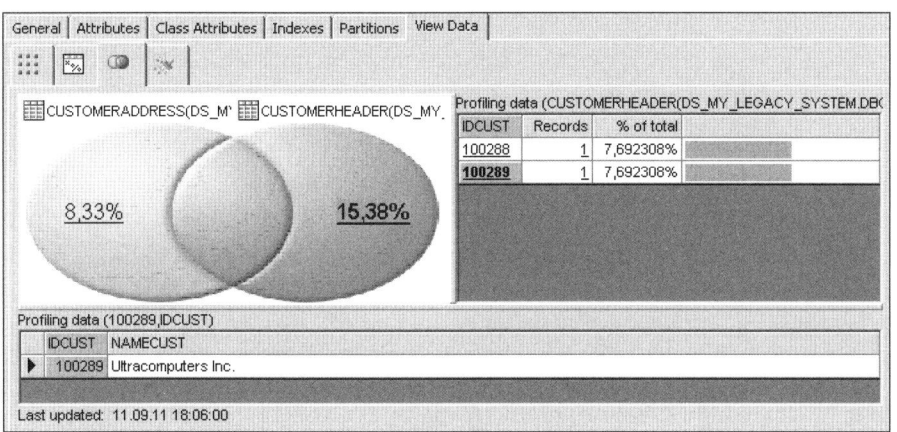

Abbildung 11.13 Ergebnis des Relationen-Profilings

Die nächsten Schritte hängen stets vom jeweiligen Einzelfall ab. Doch die Erfahrung lehrt, dass es sich auszahlt, bereits im Altsystem zu entscheiden, ob z. B. die Adresse noch zu übernehmen ist oder nicht, und, wenn nötig, eine Korrektur der Daten vorzunehmen. Denn wenn bereits im Altsystem die Daten entweder nicht mehr aktuell, falsch oder inkonsistent sind, bedeutet das im Folgenden unnötigen Arbeits- und Zeitaufwand.

11.3.6 Feld-Mapping

Kommen wir nun zurück zu den Bankdaten. Um unser Beispiel vergleichbar mit dem Datei-Upload bei Verwendung des SAP S/4HANA Migration Cockpits zu gestalten, den wir in Abschnitt 11.4 beschreiben werden, gehen wir davon aus, dass die Quelldaten bereits bereinigt vorliegen. Zur Vereinfachung arbeiten wir mit lediglich zwei Datensätzen für die Migration der Bankdaten.

Verwendung der Datenmigrationsvorlagen

Im Gegensatz zur Direktanbindung (siehe Abschnitt 11.3.4, »Anbindung der Quellsysteme«) wollen wir nun die Datenmigrationsvorlagen verwenden, die speziell für SAP S/4HANA bereitgestellt werden. Diese Microsoft-Excel-

Dateien erhalten Sie ebenfalls mit dem Rapid-Data-Migration-Content, und Sie haben ein einzelnes Excel-Sheet für jedes zu migrierende Segment und erhalten ebenfalls Mapping-Hinweise und Regeln sowie Beschreibungen der Pflichtfelder.

Beim Benutzen dieser Migrationsvorlagen ist das gesamte Feld-Mapping bereits in SAP Data Services umgesetzt, da es auch mit den von SAP eingesetzten Testdaten bereitgestellt wird. Wenn Sie hingegen eigene Formate (Tabellen oder Dateien) anbinden möchten, müssen Sie die SAP-Felder zunächst zuordnen.

Generell gesprochen handelt es sich beim Feld-Mapping um den zentralen Schritt jeder Datenmigration: Den vorgegebenen Feldern der Zielseite (SAP S/4HANA) werden die verfügbaren Felder der Quellseite zugeordnet. In unserem Fall ist, analog zu den Mapping-Templates, die Zielseite durch die IDoc-Segmente bereits definiert. Die Quellseite hingegen wird durch Ihre Quellstrukturen vorgegeben, in unserem Beispiel durch die erwähnte Excel-Migrationsvorlage.

Mapping auf Papier Schauen wir uns zunächst das Mapping auf Papier für unsere beiden Quellstrukturen an, wie es in Abbildung 11.7 in Abschnitt 11.3.3, »Migrations-Content«, ausschnittweise gezeigt wurde. Auf der nicht gezeigten linken Seite dieser Tabelle finden Sie stets einen freien Bereich für das Altsystem und rechts die gezeigte Struktur im SAP-S/4HANA-System. Das gleiche Konzept wird in der Excel-Migrationsvorlage für die Quelldaten übernommen. In unserem Beispiel ist die Vorlage bereits mit Testdaten gefüllt worden (siehe Abbildung 11.14). Die Abbildung zeigt alle vier Excel-Sheets:

- **Introduction** als Einleitung mit erläuterndem Text
- **Field List** als Feldliste mit Hinweisen auf Pflichtfelder und die Prüftabellen
- **Header** als Kopfsegment, gefüllt mit zwei Testdatensätzen
- **BankAddress** für die Adressdatensätze, gefüllt mit zwei Testsätzen in Relation zu den Kopfsätzen

Auf den ersten Blick wird ersichtlich, dass alle obligatorischen Felder (*) befüllt wurden und dass es keine Felder gibt, die eine Default-Belegung besitzen ($). Diese Felder müssten trotz der Eigenschaft »Pflichtfeld« nicht gemappt werden, sofern später eine Konstante als globale Variable in SAP Data Services mitgegeben wird.

11.3 Rapid Data Migration

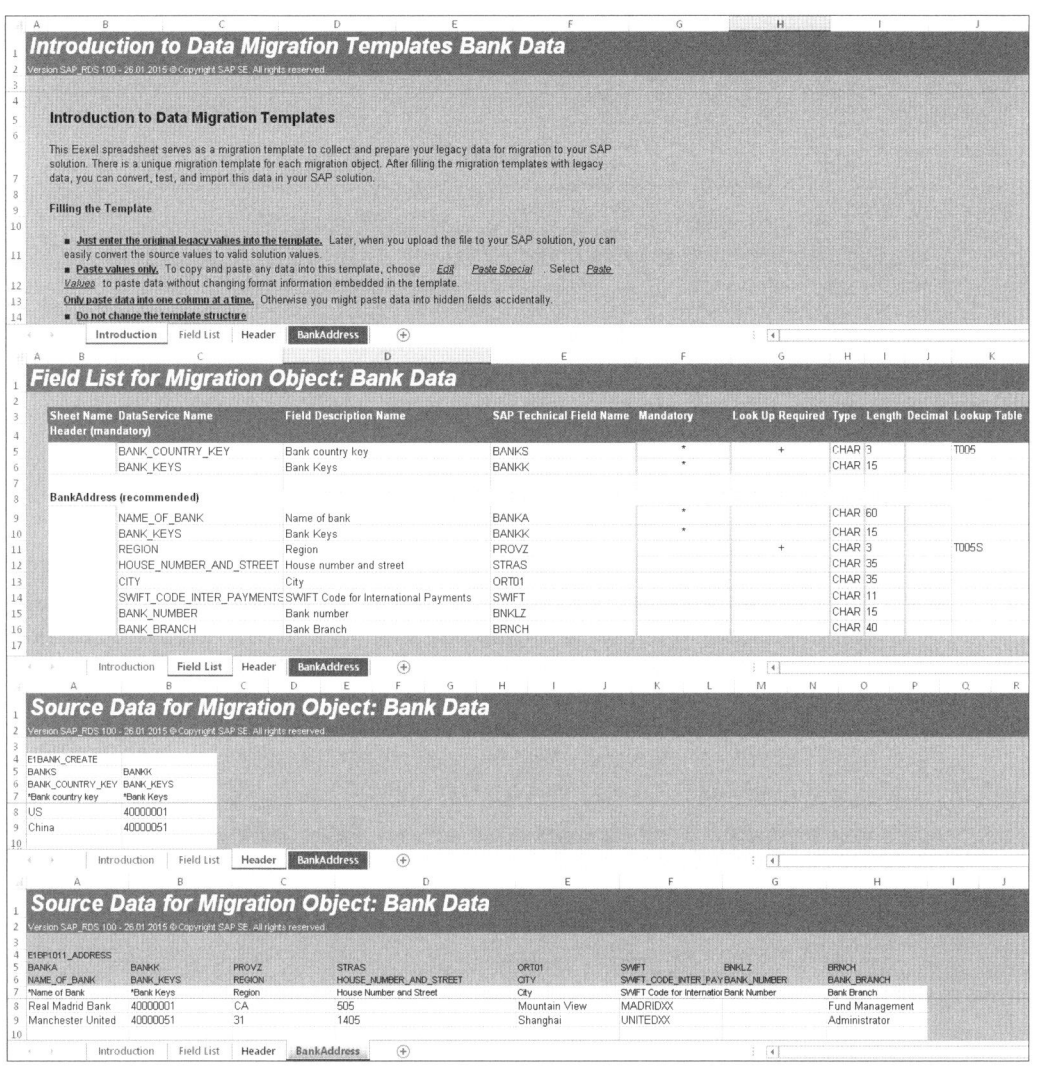

Abbildung 11.14 SAP-S/4HANA-Datenmigrationsvorlage für die Quelldaten

Normalerweise muss nun das Mapping auf Papier im SAP Data Services Designer umgesetzt werden. Rufen Sie dazu die Mapping-Ansicht auf, indem Sie den Datenfluss DF_DM_BANKBankAddress_Map durch einen einfachen Klick auf den Namen in der **Project Area** oder durch einen Doppelklick auf das Symbol im übergeordneten Datenfluss auswählen (siehe Abbildung 11.15). Da wir die Migrationsvorlage verwenden, kann das gesamte ausgelieferte Mapping 1 : 1 übernommen werden.

Mapping im Designer

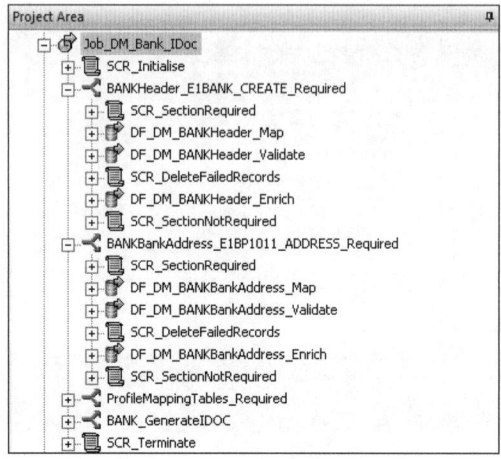

Abbildung 11.15 Auswahl des Mapping-Schritts

Anbindung des Altsystems
Möchten Sie etwas an dem Mapping ändern oder eigene Quellen einfügen, markieren und entfernen Sie einfach den Platzhalter für die Quelldatei, und ziehen Sie mittels Drag & Drop Ihre jeweilige Quelle (Datei oder Tabelle) in den Arbeitsbereich des Datenflusses.

Indem Sie die Quelle mit der Query `Qry_BestPractices` verbinden, werden die Quellfelder im Arbeitsbereich für ein vereinfachtes Mapping verfügbar. Abbildung 11.16 zeigt den korrekten Datenfluss.

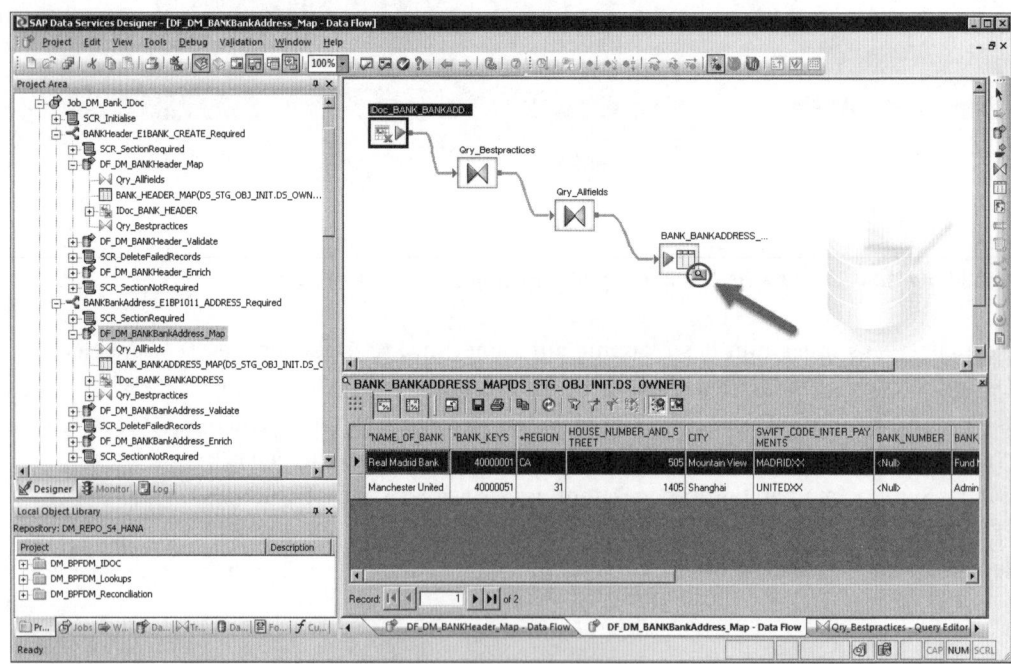

Abbildung 11.16 Anbindung des Altsystems

> **Inhalte der Objekte anzeigen lassen**
>
> Über die kleine Lupe (🔍) an den unterschiedlichen Objekten im Datenfluss können Sie sich jederzeit die Inhalte anzeigen lassen. Somit haben Sie die einzelnen oder typischen Datensätze (über das auch hier mögliche Profiling) immer im Blick. Eine Fehlersuche wird dadurch stark vereinfacht.

Benötigen Sie mehr Felder, als im Baseline-Umfang der SAP Best Practices verfügbar sind, können Sie diese in der zweiten Query `Qry_AllFields` finden. Wir verwenden in unserem Beispiel jedoch die vereinfachte Version, die alle Felder für ein neu mit den SAP Best Practices aufgesetztes SAP-S/4HANA-System bereithält.

Es bietet sich an, beim Arbeiten im Datenfluss oder in den Querys interne Validierungen in SAP Data Services durchzuführen. Dabei fallen Mapping-Fehler oder inkonsistente Einstellungen schnell auf. Verwenden Sie die Schaltfläche **Validate Current** (▣) zum Überprüfen des lokalen Objekts oder **Validate All** (▣) für den Syntax-Check über alle Objekte. Alternativ können Sie **Validation • Validate** aus dem Hauptmenü auswählen.

Interne Validierungen

Der Bereich unter dem Mapping in der Mapping-Ansicht zeigt das Coding für die Zuweisung in der Skriptsprache an, die zu SAP Data Services gehört. (Diese Skriptsprache hat keinen eigenen Namen.) Für alle Standardfunktionen wird hier das Coding generiert. Sie haben jedoch stets die Möglichkeit, das generierte Skript zu ändern bzw. Ihr eigenes Coding zu ergänzen.

Generierung des Zuweisungsskripts

> **Vorausgelieferte Funktionen nutzen**
>
> Nutzen Sie eine der zahlreichen vorausgelieferten Funktionen, und passen Sie das Skript-Coding für Ihre Bedürfnisse lediglich an. So können Sie auf einfache Weise Ihre Umschlüsselungsregeln erstellen, ohne jedes Mal von Neuem beginnen zu müssen.

Haben Sie mehr als eine Quellstruktur, müssen Sie eine eindeutige Schlüsselbeziehung zwischen den Quellen definieren. Sie können diese Schlüsselbeziehung im Skripteditor frei definieren oder sich über die Funktion **Propose Join** das Coding in der `WHERE`-Bedingung generieren lassen. Der vorgeschlagene Join wird aufgrund von Schlüsselbeziehungen oder gleichen Namen in den unterschiedlichen Quellen generiert, wie in Abbildung 11.17 dargestellt.

Eindeutige Schlüsselbeziehung

Das eigentliche Mapping findet nun gemäß Mapping-Template statt, sofern Sie Anpassungen durchführen müssen. In unserem Fall können wir uns ganz auf die SAP-S/4HANA-Migrationsvorlage verlassen und das Mapping einfach übernehmen. Möchten Sie jedoch eigene Anpassungen vornehmen,

Mapping übernehmen

können Sie dies auf einfache Weise tun, indem Sie die notwendigen Felder auf der linken Seite markieren und dann per Drag & Drop auf die rechte Seite ziehen, um sie auf dem entsprechenden Zielfeld loszulassen. Abbildung 11.18 zeigt das Ergebnis.

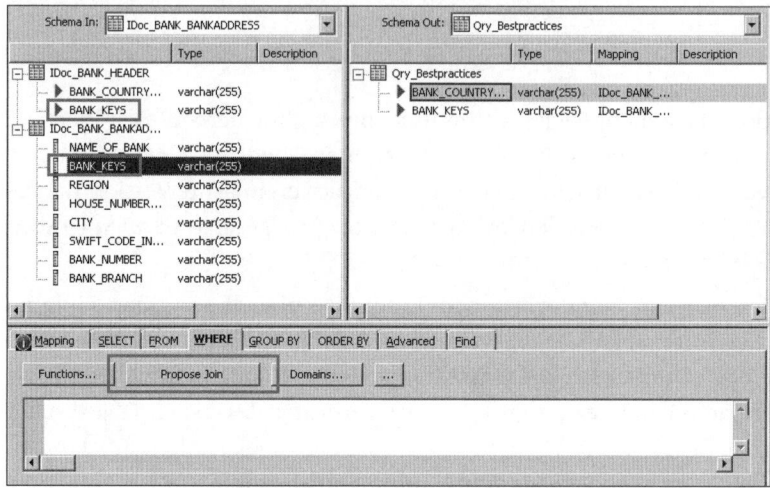

Abbildung 11.17 Schlüsselbeziehung bei mehr als einer Quellstruktur

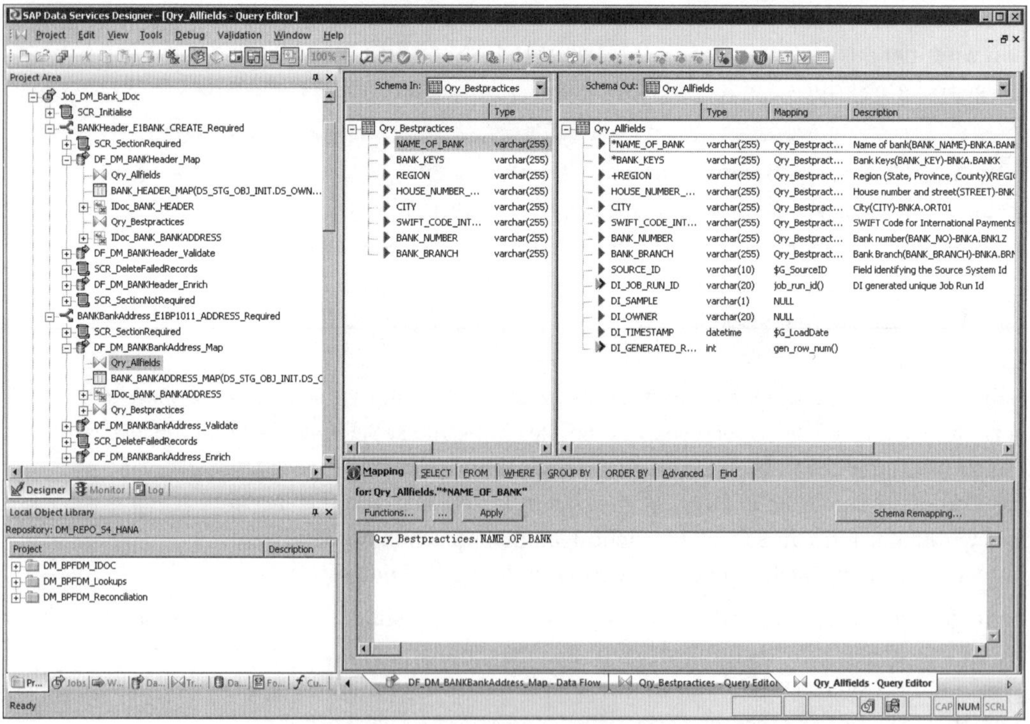

Abbildung 11.18 Mapping mittels Drag & Drop

Sofern ein Feld bereits zugewiesen war (auch mit dem initialen Wert NULL), werden Sie beim Mapping stets gefragt, ob Sie das Feld neu mappen oder einfügen möchten. Möchten Sie es neu mappen, wählen Sie **Remap Column** im Kontextmenü.

Nachdem Sie das Mapping abgeschlossen und eventuell ein eigenes Coding hinzugefügt haben, wählen Sie abermals die Validierung über die Schaltflächen **Validate Current** (⌨) bzw. **Validate All** (⌨) oder über **Validation • Validate** aus dem Hauptmenü, um das Mapping zu überprüfen. Sofern Sie keine Fehlermeldung erhalten, können Sie mit den weiteren Schritten fortfahren. Für gewöhnlich erhalten Sie jedoch Warnungen für alle Felder, die unterschiedliche Datentypen auf Quell- und Zielseite aufweisen. Diese Warnung können Sie zunächst ignorieren, da es automatisch zu einer Typkonvertierung während der Laufzeit kommt. Sofern diese Konvertierung für alle Datensätze funktioniert (z. B. die Umwandlung eines Zahlenfeldes in ein Textfeld vom Typ **Character**), wird der weitere Prozess dadurch nicht beeinträchtigt.

Typkonvertierung

Lassen Sie uns nun noch einmal einen genaueren Blick auf das Mapping werfen und die einzelnen Zuweisungen im ETL-Prozess veranschaulichen. Sie haben es bisher nur mit einem direkten Mapping von Feld auf Feld zu tun, es gibt also noch keine Transformationen oder komplexen Regeln. Vergleichen Sie das Mapping in Abbildung 11.19 mit der Migrationsvorlage aus Abbildung 11.14, so erkennen Sie, wie SAP Data Services das Mapping umgesetzt hat.

Mapping prüfen

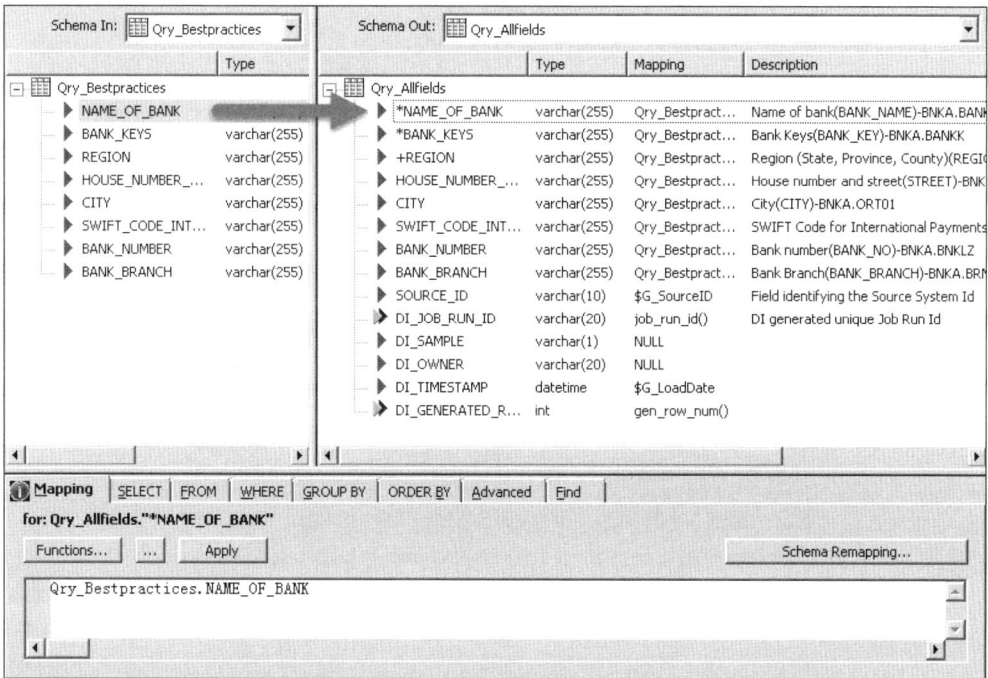

Abbildung 11.19 Feld-Mapping im Detail

Da durch die Migrationsvorlage gleiche Namen auf Quell- und Zielseite verwendet werden, ist die Abbildung des Mappings einfach nachzuvollziehen.

Globale Variable zuweisen Alternativ zum Feld-Mapping könnten Sie in SAP Data Services auch eine globale Variable oder eine Konstante zuweisen. Abbildung 11.20 zeigt die einfache Zuweisung einer Konstanten, hier mit dem ISO-Code für Deutschland ('DE') als Land.

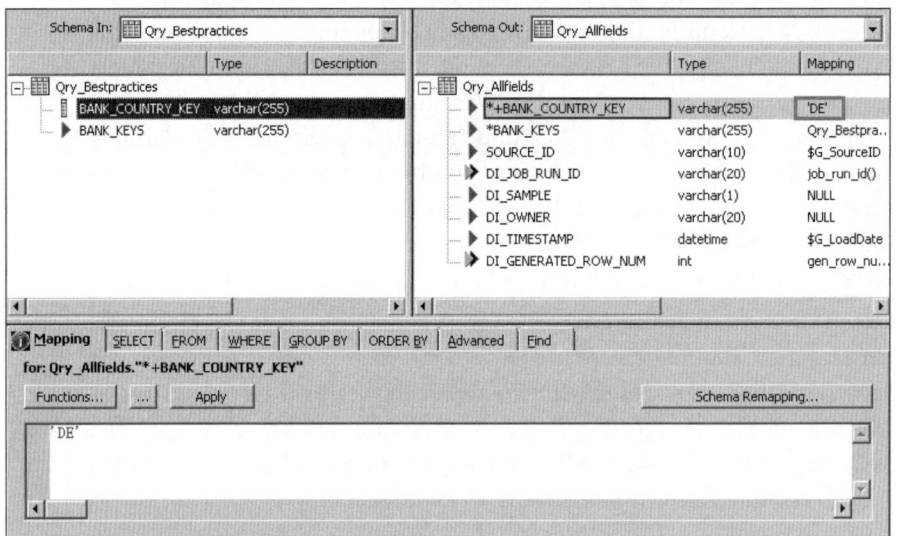

Abbildung 11.20 Mapping für eine Konstante

> **Zurücksetzen des Mappings**
>
> Möchten Sie ein Feld-Mapping zurücknehmen, das Sie mit Drag & Drop oder manuell vorgenommen haben, reicht es nicht aus, das generierte oder selbst erstellte Coding zu löschen. Beim Validieren der Daten werden Sie feststellen, dass ein solches leeres Mapping nicht zulässig ist. Stattdessen müssen Sie das Coding in dem Eingabefeld zurücksetzen, indem Sie den Code durch NULL ersetzen.

11.3.7 Werte-Mapping und Umschlüsselungstabellen

Nachdem Sie das grundlegende Mapping im zentralen Schritt des SAP Data Services Designers abgeschlossen haben, können Sie die noch ausstehenden Umschlüsselungen der Werte, das sogenannte *Werte-Mapping*, für das Land (BANK_COUNTRY_KEY) und die Region (REGION) durchführen. Dabei ist die Region eine mehrstufige Umschlüsselung, da sie auch vom Land abhängt und nur durch die Umschlüsselung von Region *und* Land eindeutig wird.

11.3 Rapid Data Migration

Für die Wertkonvertierungen verwenden Sie das Werkzeug *Migration Services*. Dieses Tool ist im Content der Rapid-Data-Migration-Lösung verfügbar. Es hat Zugriff auf die Staging Area, in der alle SAP-Prüftabellen aus Ihrem angeschlossenen SAP-S/4HANA-System repliziert sind (siehe Abbildung 11.21). Es dient dazu, den SAP-Werten, wie beispielsweise dem ISO-Code für das Land, die korrekten Werte aus dem Altsystem zuzuordnen.

Migration Services

Dabei können Sie nur die Spalte für die Altdaten ändern. Die Seite des SAP-S/4HANA-Systems entspricht dem Customizing in SAP S/4HANA und lässt sich nicht ändern. Es handelt sich also im Wesentlichen um eine Umschlüsselungstabelle, ähnlich der Tabelle, die Sie in Abschnitt 7.3, »Datenmigration in die SAP S/4HANA Cloud«, für das SAP S/4HANA Migration Cockpit kennengelernt haben.

#	View/Segment Name	LKP Table	SAP Table	Description	Entries	H	O	Status
1	01 Activity Price Header	LKP_ACTIVITY_TYPE	CSLA	Activity Type	28			100%(5,5)
2	01 Activity Price Header	LKP_CO_VERSIONS	TKVS	Co Versions	6			100%(1,1)
3	01 Activity Price Header	LKP_CONTROLLING_AREA	TKA01	Controlling Area	40			100%(1,1)
4	01 Activity Price Header	LKP_COST_CENTER	CSKS	Cost Center	109			100%(1,1)
5	02 Activity Price Objects	LKP_ACTIVITY_TYPE	CSLA	Activity Type	28			100%(5,5)
6	02 Activity Price Objects	LKP_CO_VERSIONS	TKVS	Co Versions	6			100%(1,1)
7	02 Activity Price Objects	LKP_CONTROLLING_AREA	TKA01	Controlling Area	40			100%(1,1)
8	02 Activity Price Objects	LKP_COST_CENTER	CSKS	Cost Center	109			100%(1,1)
9	03 ActivityPriceTotalValues	LKP_ACTIVITY_TYPE	CSLA	Activity Type	28			100%(5,5)
10	03 ActivityPriceTotalValues	LKP_CO_VERSIONS	TKVS	Co Versions	6			100%(1,1)
11	03 ActivityPriceTotalValues	LKP_CONTROLLING_AREA	TKA01	Controlling Area	40			100%(1,1)
12	03 ActivityPriceTotalValues	LKP_COST_CENTER	CSKS	Cost Center	109			100%(1,1)
13	04 Activity Price Control Values	LKP_ACTIVITY_TYPE	CSLA	Activity Type	28			100%(5,5)
14	04 Activity Price Control Values	LKP_CO_VERSIONS	TKVS	Co Versions	6			100%(1,1)
15	04 Activity Price Control Values	LKP_CONTROLLING_AREA	TKA01	Controlling Area	40			100%(1,1)
16	04 Activity Price Control Values	LKP_COST_CENTER	CSKS	Cost Center	109			100%(1,1)
17	04 Activity Price Control Values	LKP_PRICE_INDICATOR	TKA10	Price Indicator	8			100%(0,0)
18	05 ActivityPriceTotalValues2	LKP_ACTIVITY_TYPE	CSLA	Activity Type	28			100%(5,5)
19	05 ActivityPriceTotalValues2	LKP_CO_VERSIONS	TKVS	Co Versions	6			100%(1,1)
20	05 ActivityPriceTotalValues2	LKP_CONTROLLING_AREA	TKA01	Controlling Area	40			100%(1,1)
21	05 ActivityPriceTotalValues2	LKP_COST_CENTER	CSKS	Cost Center	109			100%(1,1)

Abbildung 11.21 Lookup-Prüftabellen in Migration Services

Wir empfehlen Ihnen, einen initialen Joblauf durchzuführen, bevor Sie mit dem Werte-Mapping beginnen. Dafür muss das eigentliche Mapping nicht notwendigerweise komplett abgeschlossen sein. Bei diesem ersten Lauf wird eine Initialisierung sowohl der internen Nummernkreise als auch der notwendigen Puffertabellen vorgenommen. Darüber hinaus werden für alle Felder, für die eine Umschlüsselung des Wertes vorgesehen ist (*Lookup-*

Lookup-Tabelle

Felder), die Ausprägungen der unterschiedlichen Werte im Altsystem gesammelt. Dies ist eine sehr bequeme Möglichkeit, um noch nicht versorgte Werte aufzuspüren. Dies liegt daran, dass man im Allgemeinen – auch trotz vorangegangenen Profilings – nicht alle unterschiedlichen Ausprägungen der Werte aus dem Altsystem kennt und daher beim Mapping auch nicht alle vorhandenen Ausprägungen versorgt.

Testjob starten

Um einen Datenmigrationsjob zu starten (in diesem Fall Job_DM_Bank_IDoc), klicken Sie mit der rechten Maustaste auf den entsprechenden Knoten in der **Project Area**. Wählen Sie dann **Execute...**, wie in Abbildung 11.22 gezeigt.

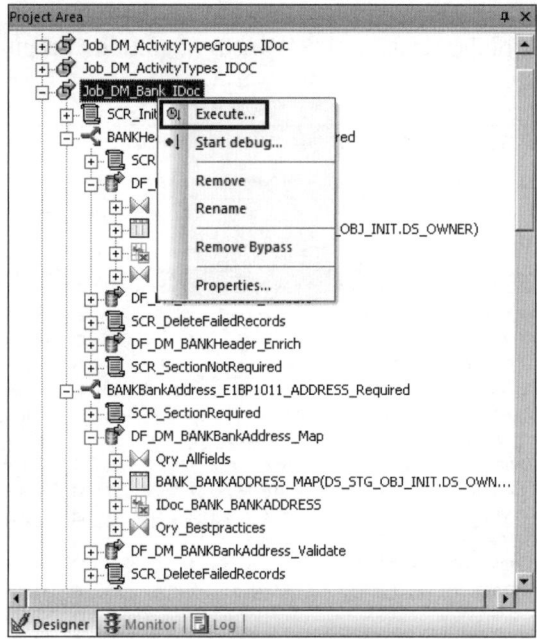

Abbildung 11.22 Ausführen eines Jobs in SAP Data Services

Jobparameter festlegen

SAP Data Services gibt Ihnen in einem Pop-up-Fenster die Möglichkeit, Parameter für den Joblauf festzulegen. Wechseln Sie dazu auf die Registerkarte **Global Variable**. Bei diesem Lauf ist es wichtig, dass Sie den Wert der globalen Variablen $G_ProfileMapTables auf 'Y' für »ja« setzen. Damit werden die Werte des Altsystems beim Lauf gesammelt. Sie haben an dieser Stelle eine komplette Übersicht über die globalen Variablen, die auch später im Enrichment-Schritt für die Vorbelegung der $-Felder verwendet werden (siehe Abbildung 11.23).

Sie können diese Werte entweder beim Joblauf einmalig direkt ändern oder für alle Läufe eines Jobs als Eigenschaft festlegen und speichern, indem Sie mit der rechten Maustaste das Kontextmenü öffnen und **Properties...** wählen. Neben Vorbelegungen werden hier auch der IDoc-Nachrichtentyp und das sogenannte *SAP-Partnersystem* (der technische Name von SAP Data Services als sendendes und von SAP S/4HANA als empfangendes System) bestimmt. Diese Werte werden später von SAP Data Services automatisch in den Kontrollsatz des IDocs geschrieben, bevor dieser an SAP S/4HANA gesendet wird.

Abbildung 11.23 Globale Variablen für den Joblauf

Das Ergebnis des Joblaufs ist ein Protokoll, das im Idealfall keine Fehlermeldung anzeigt (siehe Abbildung 11.24).

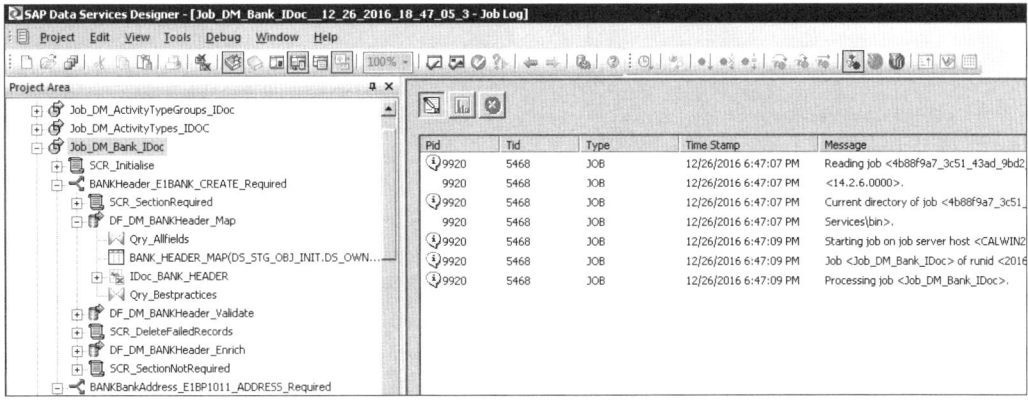

Abbildung 11.24 Infomeldungen während des Joblaufs im Protokoll

Über die Registerkarte **Monitor** können Sie Jobläufe verfolgen und auch stoppen (siehe Abbildung 11.25). Eine grüne Ampel zeigt dabei einen noch laufenden Job an, während eine rote Ampel angibt, dass der Job beendet wurde. Diese Anzeige ist unabhängig vom tatsächlichen Status des Jobs, also unabhängig davon, ob er erfolgreich beendet oder vorzeitig abgebrochen wurde. Im Fall eines Abbruchs sehen Sie eine rote Schaltfläche im Protokoll, wie in Abbildung 11.26 dargestellt. Über diese Funktionalität können Sie sich die Details des Fehlers anzeigen lassen.

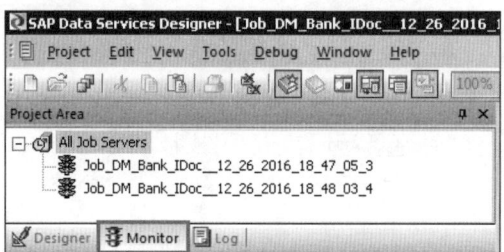

Abbildung 11.25 Job-Monitor in der Project Area

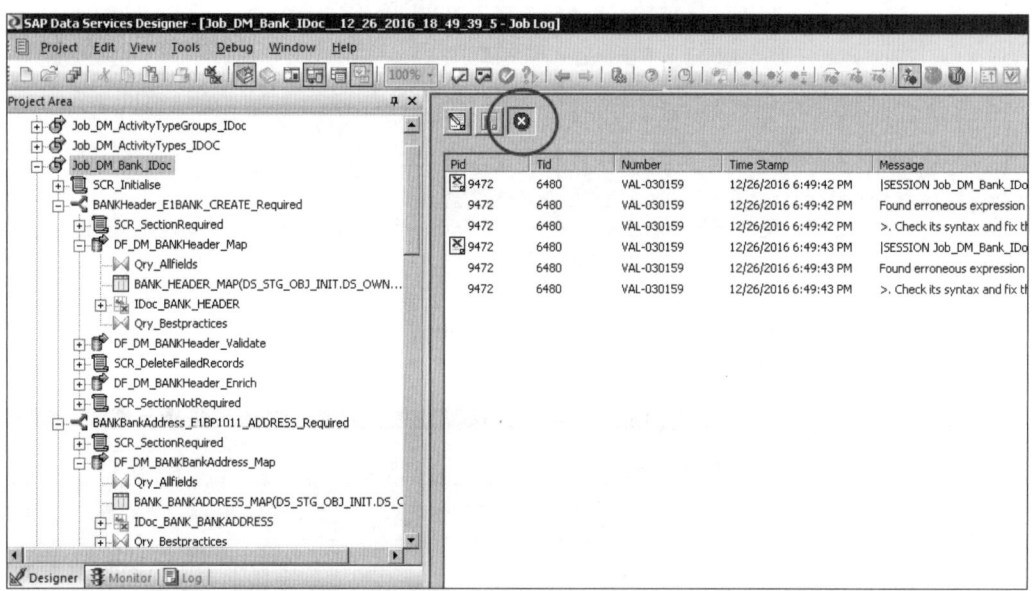

Abbildung 11.26 Abbruch und Fehlermeldungen im Protokoll

Beispiel: Werte-Mapping für das Feld »Land«

Mit diesem ersten Joblauf »lernt« SAP Data Services bereits, welche Feldwerte in den Altdaten überhaupt vorkommen. Sie können diesen Testlauf mit einer Teilmenge der umzusetzenden Daten durchführen oder mit allen bereits verfügbaren Daten. Bedienen wir uns wieder des Länderbeispiels: Beinhaltet Ihr Altsystem die Länder in Klartextnotation, anstatt dafür einen einheitlichen Code zu verwenden, könnten durchaus aufgrund von Uneinheitlichkeiten und Tippfehlern unterschiedliche Ausprägungen für ein Land vorkommen. Im SAP-System wird aus all diesen Feldern ein einzelner Wert, nämlich der korrekte ISO-Code für das Land, wie in Tabelle 11.3 dargestellt.

Wert im Altsystem	ISO-Code im SAP-System
Deutschland	DE
Deutschlnd	DE
BRD	DE
USA	US
U.S.A.	US

Tabelle 11.3 Beispiel für ein Werte-Mapping des Feldes »Land«

In unserem Beispiel entnehmen wir der Migrationsvorlage aus Abbildung 11.14 die notwendigen Feldwerte für die vorkommenden Länder und Regionen. Diese könnten Sie nun manuell in den Migration Services pflegen. Durch den initialen Joblauf, den Sie durchgeführt haben, nachdem diese Felder bereits gemappt waren, stehen sie im Werkzeug nun gesammelt zur Verfügung. Dies macht das Werte-Mapping genauso einfach wie das Feld-Mapping.

Feldwerte manuell pflegen

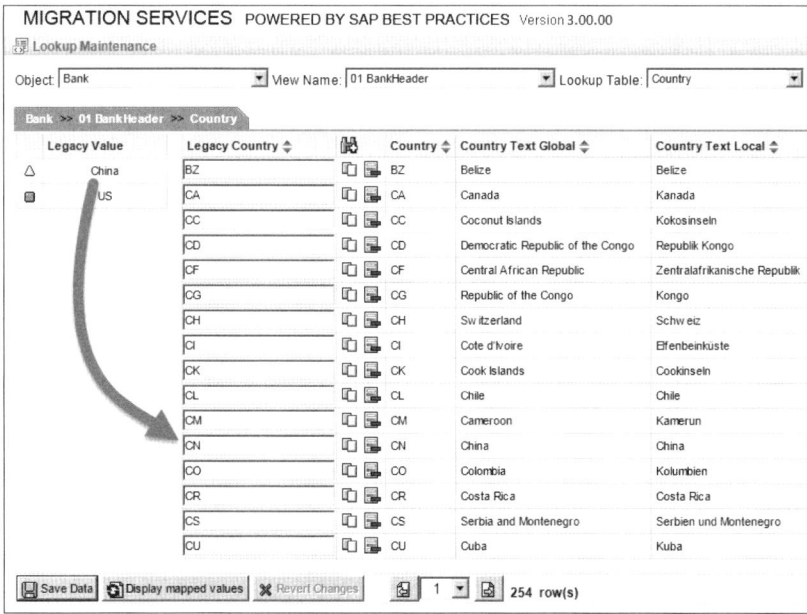

Abbildung 11.27 Werte-Mapping über Drag & Drop

In Migration Services können Sie nun über Drag & Drop die gesammelten Werte den entsprechenden SAP-Werten zuweisen (siehe Abbildung 11.27) oder über eine Dropdown-Liste auswählen (siehe Abbildung 11.28). Auch eine Suchhilfe steht Ihnen zur Verfügung (siehe Abbildung 11.30).

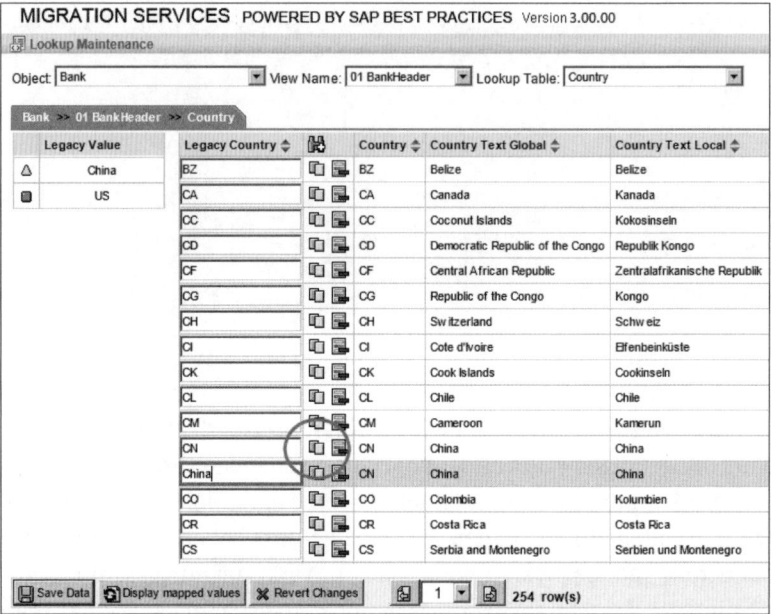

Abbildung 11.28 Zuweisung unterschiedlicher Altwerte über manuelle Eingabe

Der Status des Werte-Mappings in den Migration Services wird an allen Stellen über Ampeln angegeben:

- grünes Quadrat: gemappt
- gelbes Dreieck: noch nicht gemappt
- roter Kreis: doppelt/nicht eindeutig gemappt

Beispiele sehen Sie in Abbildung 11.27 und Abbildung 11.29. Dies zeigt dem Anwender bereits während der Durchführung der Wertkonvertierungen den jeweiligen Fortschritt an. Damit sind die Daten nun bereit für die Validierungen.

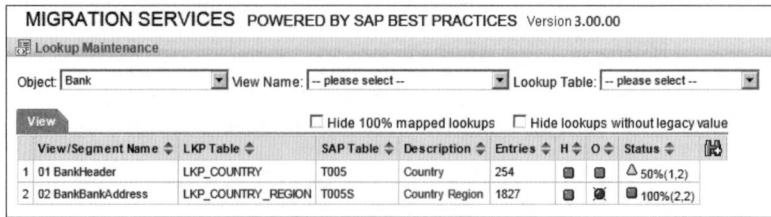

Abbildung 11.29 Status des Werte-Mappings in den Migration Services

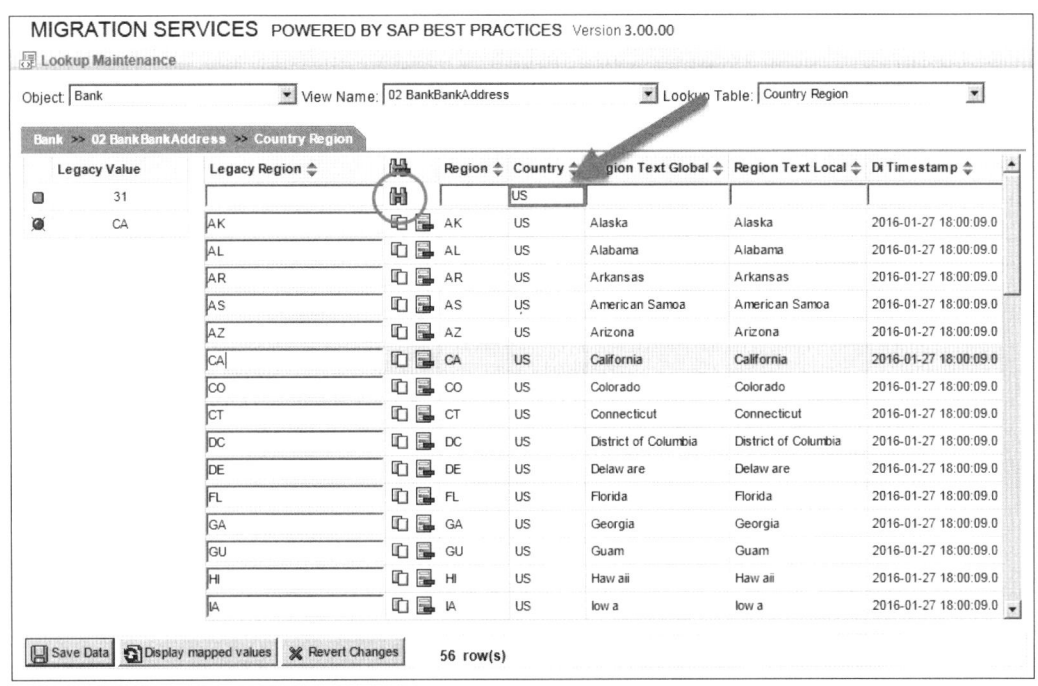

Abbildung 11.30 Suchhilfe für Werte in den Migration Services

11.3.8 Validierung der Daten

Nachdem Sie das Werte-Mapping mithilfe der Migration Services erfolgreich durchgeführt haben, können Sie sich der Validierung der Daten im SAP Data Services Designer zuwenden.

SAP Data Services lädt keinerlei Datensätze in SAP S/4HANA, die eine der drei folgenden Prüfungen nicht bestanden haben (siehe Abbildung 11.31):

Validierungsprüfungen

- **Validierung anhand der Prüftabellen** (Validate_Lookups)
  Für alle Felder, die mit einem Plus (+) gekennzeichnet sind, werden die Werte mit den Werten der SAP-Prüftabellen abgeglichen. Dabei bestehen nur die Altwerte die Prüfung, die zuvor in den Migration Services auf einen Lookup-Wert umgeschlüsselt wurden, der im SAP-System erlaubt ist.

- **Validierung der Pflichtfelder** (Validate_Mandatory_Columns)
  Für alle Felder, die mit einem Sternchen (*) gekennzeichnet sind, wird geprüft, dass diese Felder nicht leer sind bzw. nur Leerzeichen enthalten (NOT NULL).

- **Validierung des Formats** (Validate_Format)
  Für alle Felder, die in SAP S/4HANA einer Formatüberprüfung unterliegen, wird diese Validierung durchgeführt, sofern dies vom Datenmigra-

tions-Content vorgesehen ist. Dabei kann es sich zum einen um die korrekte Feldlänge in SAP S/4HANA handeln (siehe das Beispiel zur Länge des Materialnummernfeldes in Abschnitt 10.2.2, »Simplification List«) oder um die syntaktische Korrektheit einer Postleitzahl.

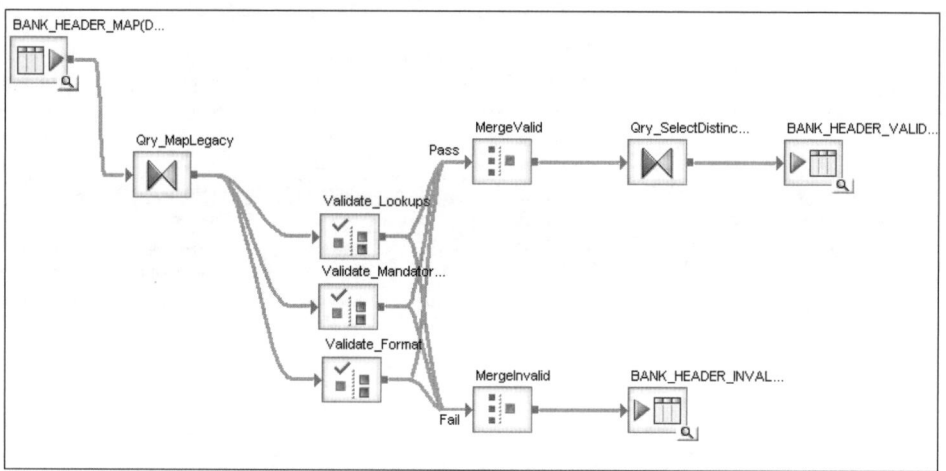

Abbildung 11.31 Datenfluss für die Validierungen in SAP Data Services

Joblauf
Um die Prüfroutinen zu durchlaufen, führen Sie abermals den Job `Job_DM_Bank_IDoc` aus. Auch dieser Lauf wird noch keine IDocs an das SAP-S/4HANA-System schicken. Es handelt sich vielmehr um einen Trockenlauf, den Sie immer wieder durchführen können – so lange, bis Sie mit dem Ergebnis der Validierungen zufrieden sind.

Ablauf der Validierungen
Sämtliche Validierungen finden nicht sukzessive, sondern nebeneinander statt. Das heißt, dass alle Felder sämtliche Prüfungen durchlaufen und dass nicht – wie bei anderen Techniken – nach dem ersten Fehler abgebrochen wird. Außerdem bedeutet dies, dass Datensätze auch bei mehreren Prüfungen auf einmal durchfallen können. Ist beispielsweise das Land der Bank, `*+BANK_COUNTRY_KEY`, ein Pflichtfeld, nicht gefüllt, wird dieses Feld gleich doppelt an den Validierungen scheitern. Zum einen ist das obligatorische Feld nicht gefüllt (`Validate_Mandatory_Columns`), und zum anderen ist die Forderung, dass der Wert eine Umschlüsselung besitzt (`Validate_Lookups`), nicht erfüllt. Gemäß dem in Abbildung 11.31 dargestellten Datenfluss landet der Wert über den Weg `Fail` gleich doppelt im Bereich **Invalid**.

Über die kleine Lupe (🔍) am Endpunkt (siehe Abbildung 11.32) können Sie sich die fehlerhaften Sätze im SAP Data Services Designer anschauen und die Ursache feststellen. Damit keine doppelten Werte über `Pass` im Bereich

Valid landen, gibt es für die erfolgreich verprobten Datensätze eine `SELECT-DISTINCT`-Anweisung. Eine Weiterverarbeitung mit Anreicherung von Standardwerten und das Laden per IDoc ist stets nur für die validen Daten möglich.

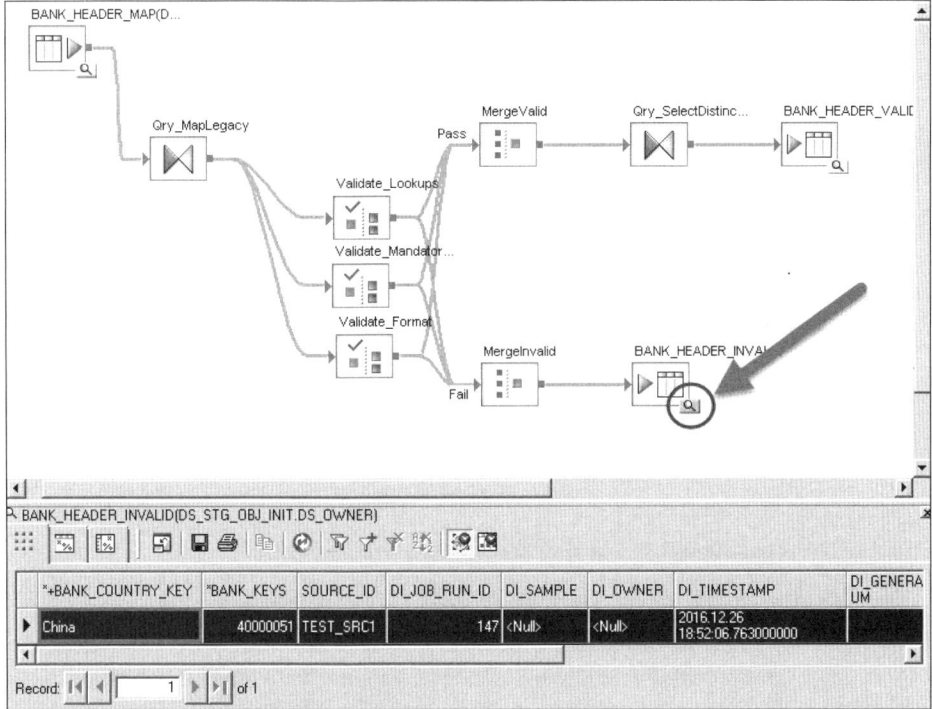

Abbildung 11.32 Fehlerhafte Datensätze nach dem Testlauf

Eingebaute Validierungsfunktionen

Der Rapid-Data-Migration-Content liefert nicht nur Datenflüsse und Mappings, er beinhaltet auch Validierungsfunktionen, wie z. B. eine Funktion für die Postleitzahlenprüfung.

In Abschnitt 11.3.5, »Profiling der Daten«, fiel uns ein Datensatz einer kanadischen Postleitzahl auf. Er würde der Formatüberprüfung nicht standhalten. Das heißt, X4352 ist keine gültige Postleitzahl für Kanada. Tatsächlich haben Postleitzahlen in Kanada eine sehr viel komplexere Struktur. Statt des hier vorliegenden Formats X9999 für *Buchstabe – Zahl – Zahl – Zahl – Zahl* lautet die Syntax dort X9X 9X9. Außerdem ist die Postleitzahl nicht fünfstellig, sondern benötigt sechs Stellen. Dies ist ein sehr gutes Beispiel für eine Funktion, die durch die SAP Best Practices verfügbar und in SAP Data Services eingebaut ist.

[«]

Das Coding für die Validierungsfunktion der Postleitzahl ist in der eigenen Skriptsprache von SAP Data Services geschrieben, die an dieser Stelle auch um beliebige Länder erweiterbar ist. Grundsätzlich orientiert sich das Coding in diesem Fall an der *Backus-Naur-Form* (BNF), einer Metasprache für Grammatiken. Abbildung 11.33 zeigt den Editor und das ausgelieferte Coding zur Postleitzahlenvalidierung.

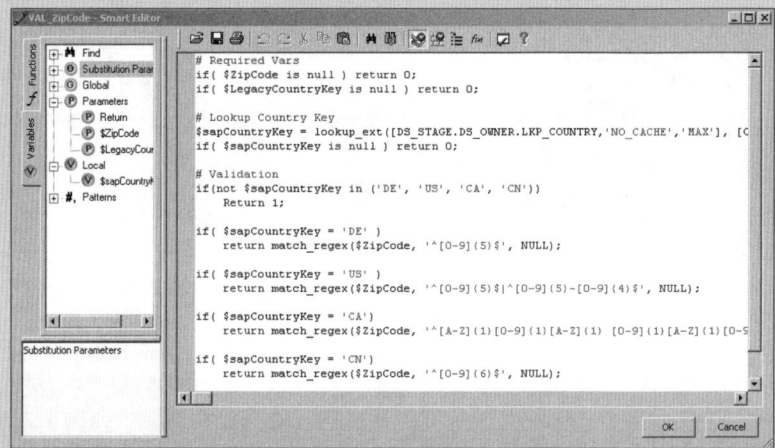

Abbildung 11.33 Funktioneneditor in SAP Data Services

Beachten Sie jedoch an dieser Stelle, dass über diese Validierung nur die reine Syntaxprüfung, nicht aber eine Plausibilitätsprüfung für die Postleitzahl stattfindet. Während die Prüfung einer konkreten Postleitzahl mit dem zugehörigen Ort und der Straße technisch in SAP Data Services einfach durchzuführen ist, indem Sie die Data-Quality-Funktionalität nutzen, müssen für die Plausibilitätsprüfung kostenpflichtige Datenbanken angebunden werden, die von den lokalen Postdienstleistern (z. B. der Deutschen Post) zur Verfügung gestellt und stets aktualisiert werden müssen.

Fehlerbehebung Wie ist nun bei auftretenden Fehlern weiter vorzugehen? Generell ist es natürlich möglich, die von SAP Data Services ausgesiebten Daten komplett zu verwerfen und nicht zu migrieren. Dann wäre in diesem Fall nichts weiter zu tun. Viel eleganter ist jedoch die Möglichkeit, die nun festgestellten Unstimmigkeiten direkt im Altsystem zu korrigieren. Übrigens verbessern Sie so ganz nebenbei Ihre Datenqualität. Nach der Änderung werden die so bereinigten Datensätze dann beim nächsten Lauf erneut eingelesen und bestehen die Prüfroutinen. Dies ist ein iterativer Vorgang, der so lange zu wiederholen ist, bis nur noch der Ausschuss in SAP Data Services hängen bleibt. Das sind all jene Datensätze, die tatsächlich nicht nach SAP S/4HANA migriert werden sollen.

11.3.9 Daten importieren

Nachdem Sie nun erfolgreich Datensätze eingelesen, umgesetzt, transformiert und validiert haben, können Sie den nächsten Schritt angehen: Das Laden der IDocs in das SAP-S/4HANA-System. Es ist wichtig zu wissen, dass bei jedem Joblauf die Quelldaten stets aufs Neue aus den Datenquellen extrahiert werden. Das heißt, es wird nicht mit Daten gearbeitet, die in SAP Data Services zwischengespeichert sind, sondern stets mit aktuellen Werten aus der Migrationsvorlage bzw. anderen Quelldateien oder Datenbanken, die Sie aktuell nutzen.

Bevor Sie die IDocs in das SAP-S/4HANA-System laden können, müssen Sie in SAP Data Services die Verbindung zu Ihrem SAP-S/4HANA-System anpassen. Der SAP-Datastore DS_SAP (**Local Object Library • Datastores**) wird lediglich mit einer Dummy-Verbindung ausgeliefert. Um Ihr eigenes SAP-S/4HANA-System anbinden zu können, benötigen Sie zahlreiche Informationen über das System.

Verbindung zu SAP S/4HANA

Tabelle 11.4 stellt die dabei im Umfeld von SAP S/4HANA gebräuchlichen Begriffe den Namen gegenüber, die in der Verbindungskonfiguration in SAP Data Services verwendet werden.

SAP S/4HANA	SAP Data Services	Beispiel
Anwendungsserver	Application Server	myserver01.me.com
Instanznummer	System Number	00
System-ID	–	PRD
Mandant	Client Number	100
Benutzer	User Name	–
Passwort	Password	–

Tabelle 11.4 Unterschiede bei den Namen für die Konfiguration

Abbildung 11.34 zeigt das Fenster zum Eingeben der SAP-S/4HANA-Systemparameter. Informationen zur Konfiguration können Sie auch dem *Configuration Guide* des Rapid-Data-Migration-Pakets entnehmen.

Damit die IDocs nun beim nächsten Lauf auch tatsächlich geladen werden können, müssen Sie den Standardwert einer entscheidenden globalen Variablen, nämlich $G_GenerateIDOC_Req, ändern. Setzt man diesen Wert auf 'Y', wird nicht nur ein Testlauf durchgeführt, sondern es werden auch die IDocs

IDoc-Übertragung über RFC

in SAP Data Services aufgebaut und per *Remote Function Call* (RFC) an das SAP-S/4HANA-System geschickt.

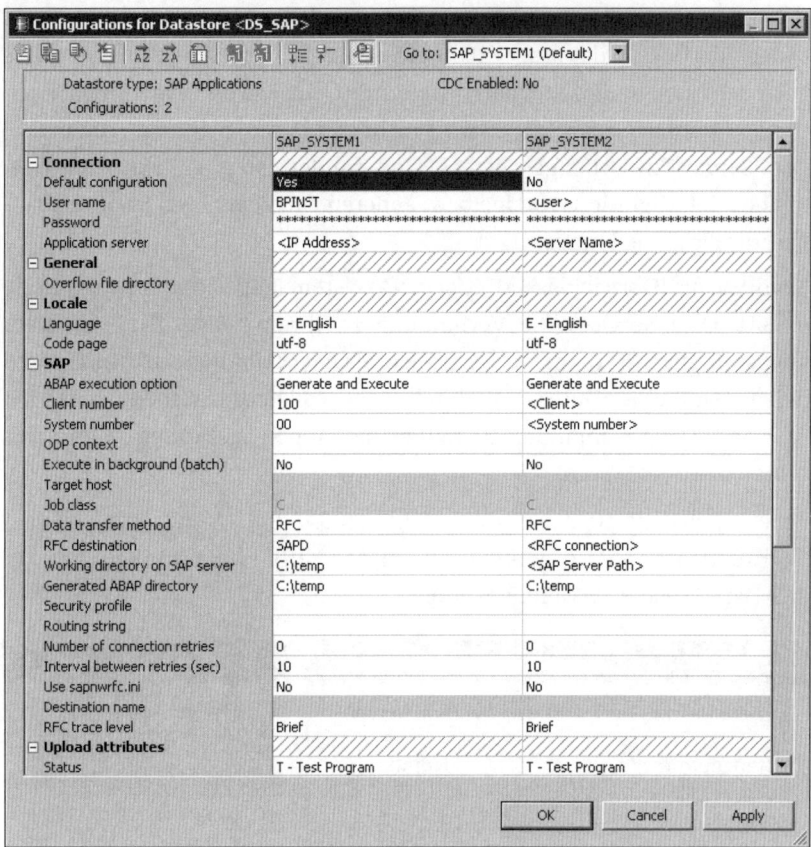

Abbildung 11.34 Beispiel für eine Konfiguration des Datastores DS_SAP

Alternativ können die IDocs jedoch auch in lokalen Dateien abgelegt werden. Dies ist z. B. dann erforderlich, wenn das SAP-S/4HANA-System nicht angebunden werden kann oder noch nicht zur Verfügung steht. Der Transport der Dateien zum SAP-Applikationsserver muss in diesem Fall über einen separaten FTP-Prozess erfolgen.

Echtlauf bestätigen

Abbildung 11.35 zeigt das Pop-up-Fenster zur Bestätigung des Echtlaufs. Unsere BANK_CREATE-IDocs vom Basistyp BANK_CREATE01 werden an das SAP-S/4HANA-System mit der ID RDE und dem Mandanten 181 geschickt. Die hier gepflegten globalen Variablen werden in den IDoc-Kontrollsatz geschrieben, den »Umschlag« des IDocs.

Sobald der Job erfolgreich beendet wurde, sind die IDocs an das SAP-S/4HANA-System versendet und – die korrekte Einstellung des sogenannten *IDoc-Eingangs* vorausgesetzt – dort verbucht worden. Die Einstellungen zum IDoc-Customizing in Ihrem System sind detailliert im Configuration Guide der Rapid Data Migration beschrieben, den Sie über den SAP Best Practices Explorer und den dort erwähnten SAP-Hinweis herunterladen können.

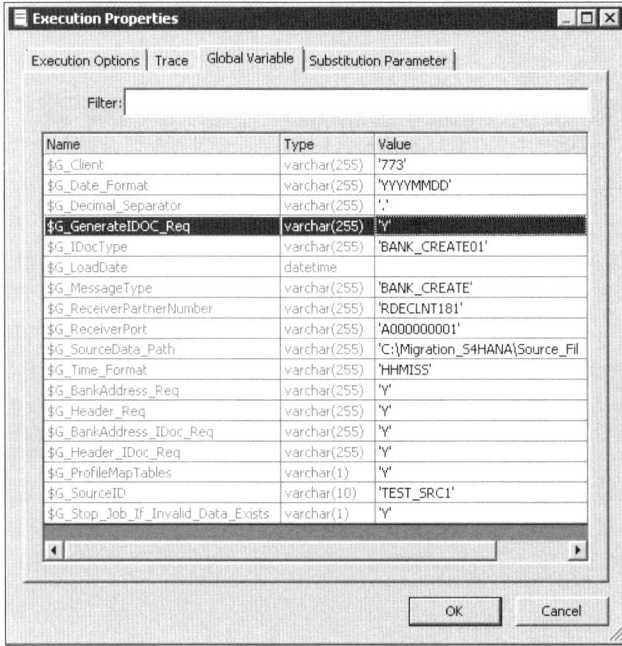

Abbildung 11.35 Globale Variablen zum Versenden der IDocs

Sie können sich nun am SAP-S/4HANA-System anmelden, dort den IDoc-Monitor nutzen oder gleich in der entsprechenden Applikation unsere frisch angelegten Banken anzeigen lassen. Dass dies noch sehr viel eleganter funktioniert, und zwar ohne SAP Data Services zu verlassen, das wird Ihnen der folgende Abschnitt zeigen.

11.3.10 Monitoring

Durch die Integration von SAP Data Services mit der Plattform SAP BusinessObjects Business Intelligence (BI) können Business-Analytics-Berichte auf einfache Art angebunden werden. Der bereitgestellte Datenmigrations-Content enthält vorgefertigte Web-Intelligence-Berichte zum Überwachen des Datenmigrationsprojekts (siehe Abbildung 11.36).

Web-Intelligence-Berichte

Diese können entweder als Template verwendet und angepasst oder ohne weitere Anpassung eingesetzt werden.

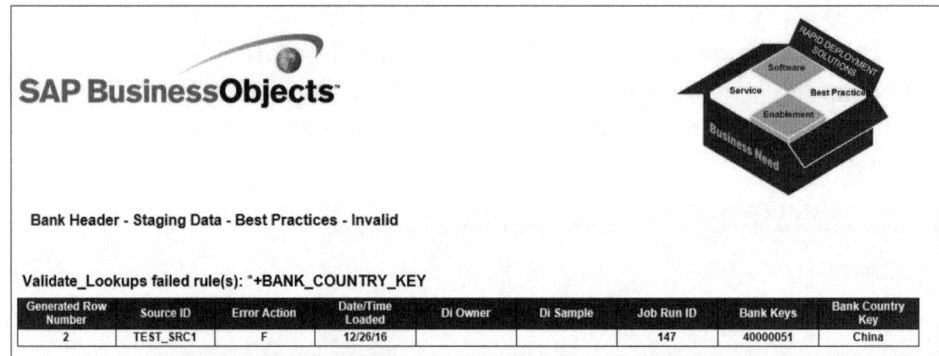

Abbildung 11.36 Web-Intelligence-Bericht zur Anzeige fehlerhafter Datensätze

BI Launchpad

Der Zugriff auf die Berichte erfolgt, ähnlich wie beim Migration-Services-Tool, über einen Webbrowser. Mittels *BI Launchpad* (siehe Abbildung 11.37) können selbst Fachabteilungen, die nicht in die Datenmigration oder den Systemaufbau involviert sind, auf die Berichte zugreifen und so eingebunden werden.

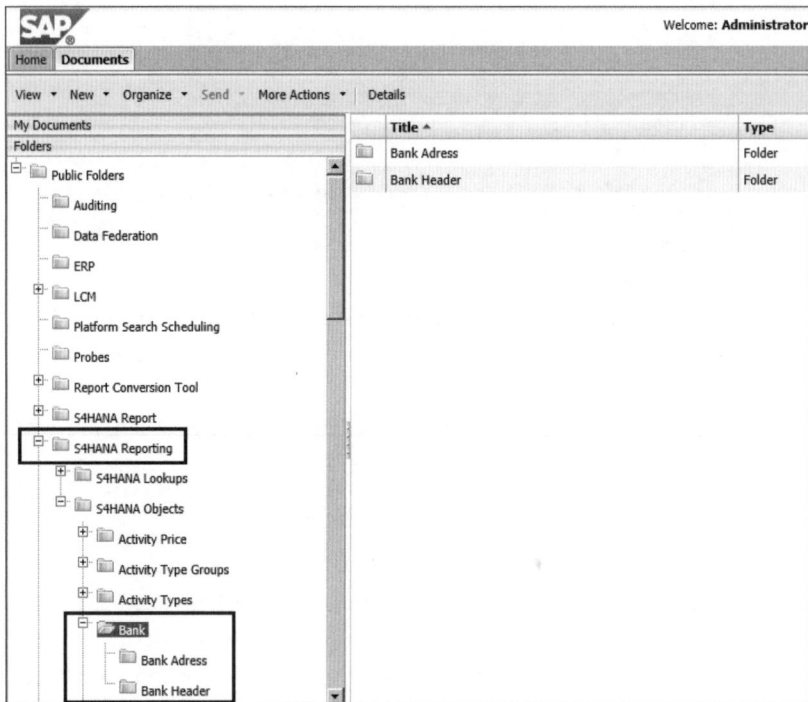

Abbildung 11.37 BI Launchpad in der Plattform SAP BusinessObjects BI

In der Regel ist die Einbindung der Fachabteilungen auch sinnvoll, denn oft sind es die Anwender des Altsystems, die das nötige Know-how zur Verwendung der Datensätze und zur Fehlerbehebung besitzen. Die Web-Intelligence-Berichte lassen sich auswerten, aktualisieren, ohne zusätzliche Software ändern sowie als Report ausdrucken. Sie sollten die Daten des Berichts nach jedem erneuten Joblauf auffrischen.

Ihnen stehen neben Berichten für Validierungen jedes Business-Objekts und IDoc-Segments auch zahlreiche vorgefertigte Auswertungen für Massendaten-Uploads zur Verfügung. In unserem Beispiel mit den zwei Banken mag das Reporting noch keine große Rolle spielen, und die Möglichkeit, die Datensätze über die Lupe (🔍) in den Datenflüssen des SAP Data Services Designers einzusehen, mag absolut ausreichend sein, doch spätestens bei größeren Datenmengen werden Sie die mitgelieferten Berichte zu schätzen wissen.

In dem Rapid-Data-Migration-Projekt `DM_BPFDM_Reconciliation`, das mit den SAP Best Practices ausgeliefert wird, können Sie den Job `Job_DM_CheckIDocStatus` in SAP Data Services ausführen, um einen IDoc-Monitor aufseiten des Migrationstools zu erhalten. Damit können Sie den Status der IDocs anschauen, ohne sich am SAP-S/4HANA-System anmelden zu müssen. Die Auswertung beinhaltet Informationen, wie Sie sie vielleicht von den IDoc-Monitoren in den SAP-Transaktionen WE02/WE05 oder BD87 her kennen. Die korrekte Verbuchung der IDocs können Sie bequem in SAP Data Services oder mittels eines verfügbaren Web-Intelligence-Berichts überwachen.

IDoc-Status

Stellt sich im IDoc-Monitor heraus, dass die Validierung der Altdaten in Hinblick auf das aus dem SAP-S/4HANA-System replizierte Customizing erfolgreich war und die IDocs tatsächlich fehlerfrei geladen werden konnten, steht das Datenmigrationsteilprojekt für den Bankenstamm fast vor dem Abschluss. Dennoch fragen Sie sich nach dem erfolgreichen Laden vielleicht, ob die Daten auch tatsächlich so im SAP-S/4HANA-System angekommen sind, wie Sie es erwartet haben.

Datenabgleich

Normalerweise ist dies nur durch ausgiebige Tests festzustellen. Mit dem Content, der Ihnen im Projekt `DM_BPFDM_Reconciliation` zur Verfügung gestellt wird, haben Sie jedoch auch die Möglichkeit, über den Job `Job_DM_Reconcile` einen ersten Abgleich zwischen erwarteten Daten und den im SAP-S/4HANA-System vorhandenen Daten durchzuführen. Dies ist sehr hilfreich, da Abhängigkeiten der Daten, die zuvor nicht berücksichtigt wurden, dazu führen können, dass es bei der Verbuchung im SAP-S/4HANA-System zu einem unerwarteten Resultat kommt. Auch das Ergebnis dieses Joblaufs lässt sich bequem über das BI Launchpad abrufen.

11.3.11 IDoc-Performanceoptimierung

In diesem Abschnitt möchten wir Ihnen noch ein wenig Rüstzeug für den performanten Umgang mit der IDoc-Technologie auf den Weg geben.

Hintergrund-verarbeitung	Die Standardeinstellung in den ALE-Partnervereinbarungen in SAP S/4HANA (Transaktion WE20) ist **Anstoß sofort**, was zu einer quasi synchronen Verarbeitung eines IDocs führt, nachdem es empfangen wurde. Da dadurch aber für jedes einzelne IDoc ein eigener Workprozess belegt wird, ist diese Vorgehensweise nicht immer zu empfehlen. Bei großen Datenmengen kommt es sehr schnell zu Ressourcenengpässen. Eine Alternative ist die Hintergrundverarbeitung und der Anstoß durch das Hintergrundprogramm RBDAPP01.
Report RBDAPP01	Um für einen IDoc-Massen-Upload, wie er bei einer Datenmigration durchgeführt wird, eine geeignete Performance zu erreichen, ist diese Hintergrundverarbeitung obligatorisch. Nur in diesem Fall können mehrere IDocs als Paket zur Verarbeitung an einen Workprozess übergeben werden und kann dieser Prozess selbst parallelisiert werden. Im Idealfall verwendet man so gleichzeitig mehrere SAP-Workprozesse, die jeweils ein Paket von IDocs verarbeiten. Im Wesentlichen erreicht man dadurch eine Entkopplung des Empfangsprozesses von dem Prozess der Verarbeitung.

Im Fall der sofortigen Verarbeitung wird ein einzelnes IDoc per RFC empfangen und in einem Prozess verarbeitet. Sammelt man jedoch die IDocs im Eingang durch die Einstellung **Anstoß durch Hintergrundprogramm** in der Transaktion WE20, kann man die Performance beim Verbuchen der IDocs verbessern. Generell bedeutet dieser Anstoß im Hintergrund jedoch, dass die IDocs erst einmal im Status 64 »hängen« (siehe auch die IDoc-Statuswerte in Abschnitt 11.3.3, »Migrations-Content«).

Die IDocs warten auf die Verarbeitung. Diese muss nicht ausschließlich im Hintergrund erfolgen; Sie können die Verarbeitung auch im Dialog starten. Die beste Möglichkeit, die IDocs zu verarbeiten, besteht darin, den Report RBDAPP01 entweder über die Transaktion SM36 als ABAP-Job im Hintergrund einzuplanen oder aber direkt mit der Transaktion SE38 im Dialog zu starten (siehe Abbildung 11.38).

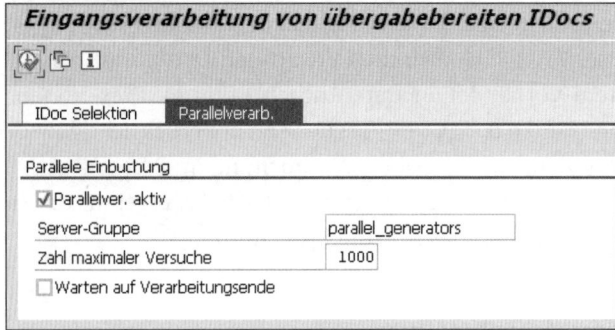

Abbildung 11.38 Parallelverarbeitung im Report RBDAPP01

11.3 Rapid Data Migration

Wichtige Einstellungen im Selektionsbild des Programms RBDAPP01 sind:

Hintergrundprogramm konfigurieren

- **Registerkarte »IDoc Selektion«**
  - **Paketgröße**: Die Paketgröße steuert die maximale Anzahl der IDocs, die in einer Logical Unit of Work (LUW) in einem Dialog-Workprozess verarbeitet werden sollen. Eine große Paketgröße hält die Anzahl der notwendigen Prozesse klein, verlangt aber auch nach einem großen Rollbereich. Der Datenbank-Commit erfolgt stets entweder für das gesamte Paket, oder es gibt einen Datenbank-Rollback, und es werden keine Daten des Pakets abgespeichert.

- **Registerkarte »Parallelverarb.«**
  - **Parallelver. aktiv**: Mit diesem Schalter aktivieren Sie die Parallelverarbeitung. Wird dieses Ankreuzfeld markiert, wird auf dem Applikationsserver ein freier Dialogprozess pro IDoc-Paket für die Eingangsverarbeitung der Anwendung eingesetzt. Das bedeutet, dass die Pakete parallel verarbeitet werden. Wenn viele Pakete ausgewählt wurden, werden alle Dialogprozesse des Servers durch die IDoc-Verarbeitung belegt. Sie sollten daher zusätzlich eine Servergruppe angeben, die die Belegung der Workprozesse steuert (z. B. parallel_generators), um eine Überlast des Systems zu vermeiden. Wird das Kennzeichen nicht gesetzt, erfolgt keine parallele Verarbeitung der IDocs. Das heißt, jedes Paket wird sequenziell an die Anwendung übergeben. Insgesamt wird dann nur ein Workprozess auf dem Applikationsserver belegt.
  - **Server-Gruppe**: Die Servergruppe bestimmt, wie die Ressourcen auf die vorhandenen Workprozesse des Applikationsservers oder der Applikationsserver verteilt werden, d. h., wie viele Workprozesse jeweils zur Verfügung gestellt werden. Die Einstellungen dazu nehmen Sie in der Transaktion RZ12 vor (siehe Abbildung 11.39).

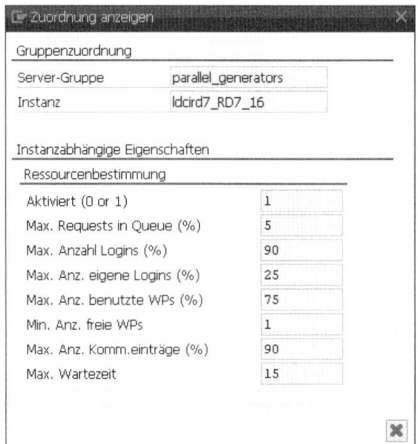

Abbildung 11.39 Servergruppenpflege in der Transaktion RZ12

11 Neuimplementierung eines Einzelsystems

Paketgröße und Anzahl der Workprozesse testen

Es gibt keine generelle Empfehlung für Paketgröße und Anzahl der Workprozesse in einer Servergruppe für die Parallelverarbeitung. Sie sollten daher in jedem Fall versuchen, mithilfe von Testdaten den für Ihren Fall besten Wert zu ermitteln. Beeinflusst wird dieser Wert von unterschiedlichen IDoc-Typen, IDoc-Größen (Anzahl der Segmente) sowie Datenbank- und Serverleistungen. Eine Anzahl von 50 IDocs pro Paket bei großen IDocs und 100 pro Paket bei eher wenigen Segmenten ist dabei aber sicherlich kein schlechter Startwert.

Tipps

Für eine zusätzliche Performanceoptimierung und als Hilfestellung im Migrationsprojekt sind die folgenden Einstellungen des Programms RBDAPP01 wichtig:

- Registerkarte »IDoc Selektion«
  - **Ausgabeliste**: Das Kennzeichen **Ausgabeliste** steuert, ob am Ende der IDoc-Verarbeitung eine detaillierte Liste als Protokoll ausgegeben wird. Im Allgemeinen ist diese Ausgabe nicht notwendig, da sämtliche Informationen über die IDoc-Monitor-Transaktionen und auch über das Zurückmelden des IDoc-Status an Data Services abrufbar sind und somit separat zur Verfügung stehen. Vielmehr kann ein Auslassen dieses Schritts abhängig von der selektierten Datenmenge zu einem entsprechenden Performancegewinn führen.

- Registerkarte »Parallelverarb.«
  - **Zahl maximaler Versuche**: Hier wird die Zeitspanne (in Sekunden) definiert, in der versucht wird, einen parallelen Prozess mit einem Paket von zu verarbeitenden IDocs zu belegen. Dieser Versuch erfolgt sekündlich. Ist der Versuch nicht erfolgreich, werden nach dieser Zeitspanne sämtliche IDocs des Pakets in einen Fehlerstatus gesetzt. Wenn Sie massive Parallelisierung einsetzen und die Paketgröße noch nicht optimiert haben, sollten Sie diesen Wert so groß wie möglich wählen (z. B. 99999), um einen Abbruch der Verarbeitung zu vermeiden.
  - **Warten auf Verarbeitungsende:** Mit dieser Einstellung legen Sie fest, ob der Lauf des Programms RBDAPP01 endet, sobald alle IDocs verarbeitet sind (*synchron*), oder ob er bereits endet, nachdem alle Pakete der Anwendung übergeben wurden (*asynchron*). Das Setzen dieses Kennzeichens ist im Hintergrundmodus sinnvoll, um die gesamte Verarbeitungszeit zu protokollieren. Das Protokoll erleichtert Ihnen den Optimierungsprozess, da Sie mit unterschiedlichen Einstellungen testen und anschließend die Verarbeitungszeiten vergleichen können. Für den produktiven Lauf sollte es jedoch wieder entfernt werden, damit die Performance nicht durch diesen wartenden Prozess negativ beeinflusst wird.

Sie sind nun in der Lage, auch für eine Massenübernahme, wie sie für einige Business-Objekte immer wieder notwendig ist, geeignete Einstellungen zur Performanceoptimierung auf der SAP-Zielseite vorzunehmen. Ihrer erfolgreichen Datenmigration nach SAP S/4HANA mit SAP Data Services und dem Rapid-Data-Migration-Content steht damit nichts mehr im Wege.

> **Demovideo zur Rapid Data Migration**
>
> Eine Demo der Datenmigration nach SAP S/4HANA, On-Premise-Version mittels Rapid Data Migration und mehr Informationen finden Sie im SAP-YouTube-Kanal *SAP Digital Business Services* unter den folgenden Links:
> - http://s-prs.de/v6316100
> - http://s-prs.de/v6316101
> - http://s-prs.de/v429764

11.4 SAP S/4HANA Migration Cockpit

Das SAP S/4HANA Migration Cockpit (im Folgenden einfach Migration Cockpit genannt) ist die einzige Möglichkeit, Daten in die SAP S/4HANA Cloud zu migrieren, wie in Abschnitt 7.3 beschrieben. Für die On-Premise-Version ist das Migration Cockpit eine Alternative neben weiteren Möglichkeiten, wie z. B. der Rapid-Data-Migration-Lösung, die wir im vorangegangenen Abschnitt beschrieben haben.

Seit SAP S/4HANA 1610 ist das Migration Cockpit auch für die On-Premise-Lösung über die Transaktion LTMC verfügbar. Wie in Abschnitt 7.3 erläutert, basiert es technisch auf der Migration Workbench (MWB), und die verfügbaren Migrationsobjekte, Mappings und Umschlüsselungsregeln sind auf Basis der MWB modelliert. Die Migrationsobjekte können aber nur über das Migration Cockpit verwendet werden. Die vom Migration Cockpit unterstützten Migrationsobjekte finden Sie in Tabelle 11.1 (Spalte MC) in Abschnitt 11.2, »Unterstützte Migrationsobjekte«. [Transaktion LTMC]

Die Funktionalität und die Handhabung des Migration Cockpits für die On-Premise-Lösung entspricht weitestgehend dem, was wir in Abschnitt 7.3, »Datenmigration in die SAP S/4HANA Cloud«, für die SAP S/4HANA Cloud beschrieben haben. [Funktionalität wie in der Cloud]

Nachfolgend werden wir die Unterschiede zwischen den einzelnen Übertragungsoptionen beschreiben:

- Daten aus Datei übertragen
- Daten aus Staging-Tabellen übertragen (neu in SAP S/4HANA 1709 FPS01)

11 Neuimplementierung eines Einzelsystems

[»] **Sprachmix**

Da zum Zeitpunkt der Fertigstellung dieses Buches die deutsche Übersetzung der App noch nicht abgeschlossen war, werden Sie unter Umständen in den Abbildungen und den Beschreibungen einen Mix aus englischen und deutschen Texten sehen.

[»] **Sammelhinweis zum SAP S/4HANA Migration Cockpit**

Weitere Informationen, Fehlerkorrekturen, FAQs zum Migration Cockpit finden Sie in SAP-Hinweis 2537549 (Sammelhinweis und FAQ zum SAP-S/4HANA-Migrationscockpit [On-Premise]), den Sie unter dem folgenden Link erreichen: *http://s-prs.de/v6316102*

11.4.1 Übertragungsoption: Daten aus Datei übertragen

Große Unterschiede zur Cloud-Version gibt es keine mehr. Die Übertragungsoption **Daten aus Datei übertragen** ist standardmäßig vorausgewählt, wie Sie in Abbildung 11.40 sehen können.

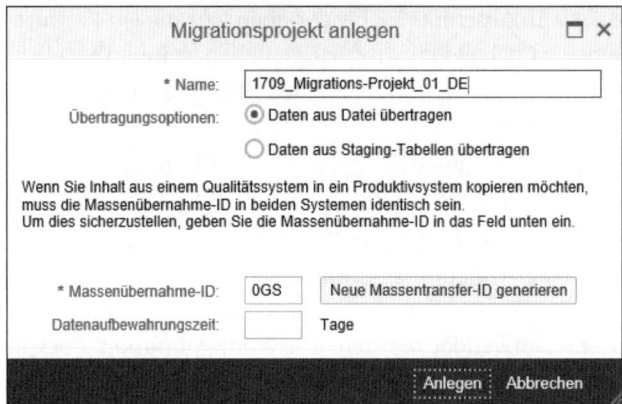

Abbildung 11.40 Projekt anlegen mit Übertragungsoption »Daten aus Datei übertragen«

Wie schon in Abschnitt 7.3.1, »Verfügbare Migrationsobjekte«, erwähnt, gibt es seit SAP S/4HANA Cloud 1705 nur noch eine Cloud-Lösung. Damit wurde das Feld, mit dem man im Dialogfenster die Sicht zum Anlegen eines Projekts vorauswählen konnte, überflüssig und ist seit SAP S/4HANA 1709 deshalb auch nicht mehr sichtbar. Standardmäßig wird in der On-Premise-Version nur die Sicht **On-Premise – Enterprise Management – Umfang** von

SAP ausgeliefert. Nach dem Anlegen des Projekts sehen Sie den Namen der Sicht im Feld **Standardsicht**. Abbildung 11.41 zeigt Ihnen einen Überblick über die Migrationsobjekte eines Dateiprojekts nach der Anlage.

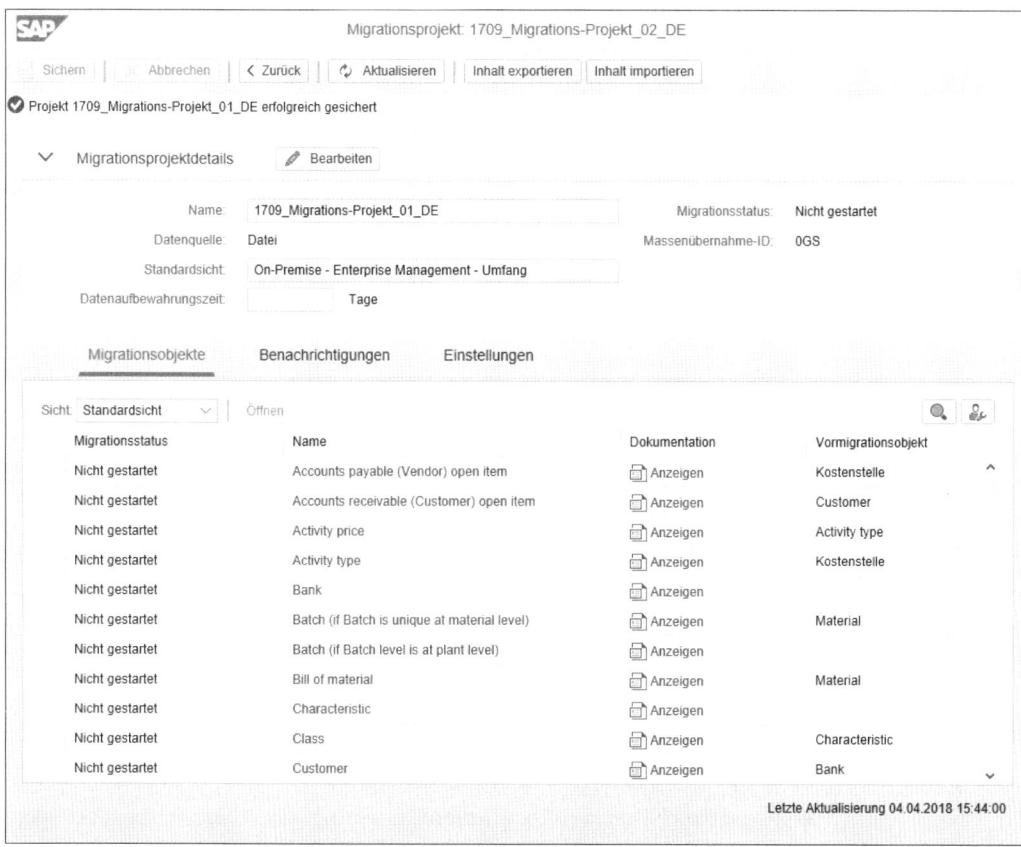

Abbildung 11.41 Migrationsobjektübersicht: Übertragungsoption Datei

Ferner hat sich die Editierbarkeit von Daten innerhalb des Migration Cockpits geändert. In SAP S/4HANA 1610 ohne Service- oder Feature-Pack-Installation konnten Sie – abweichend von SAP S/4HANA Cloud – die Daten nach dem Hochladen in das Migration Cockpit dort noch bearbeiten. Diese Funktionalität musste wegen datenschutzrechtlicher Vorgaben wieder deaktiviert werden und wird deshalb an dieser Stelle auch nicht mehr erläutert.

Keine Bearbeitung der Quelldaten im Migration Cockpit möglich

Abschnitt 7.3.2, »Datenmigration mit dem SAP S/4HANA Migration Cockpit«, beschreibt die weiteren Funktionen des Migration Cockpits. Hier finden Sie Hinweise dazu, wie Sie die Hilfeseiten für das Migration Cockpit aufrufen. Am Ende des Abschnitts verweisen wir außerdem auf ein Demovideo des Migration Cockpits.

Hochladen von Migrationsdateien

Maximale Dateigröße anpassen

Im Gegensatz zu SAP S/4HANA Cloud lässt sich in der On-Premise-Version von SAP S/4HANA die maximal hochladbare Dateigröße anpassen. Die maximale Dateigröße, die über einen HTTP-Request geladen werden kann, wird über den Systemparameter `icm/HTTP/max_request_size_KB` gesteuert. Der Standardwert beträgt 102400 kB (100 MB). Ihr Systemadministrator kann diesen Wert anpassen.

ZIP-Datei verwenden

Wie in der SAP S/4HANA Cloud 1805 gibt es in SAP S/4HANA 1709 FPS02 auch die Möglichkeit, mehrere Dateien über eine ZIP-Datei hochzuladen. Auch hier darf die Summe der entpackten Dateigrößen aller in der ZIP-Datei vorhandenen Migrationsdateien nicht größer als 160 MB sein.

11.4.2 Übertragungsoption: Daten aus Staging-Tabellen übertragen

Staging-Funktionalität

Seit SAP S/4HANA 1709 FPS01 wird in der On-Premise-Lösung die Übertragungsoption **Daten aus Staging-Tabellen übertragen** angeboten. Dadurch ist es möglich, die Daten direkt in sogenannte Staging-Tabellen zu laden. Diese Tabellen werden dann wie die Migrationsvorlagedateien zur Datenübernahme genutzt.

Staging-Tabelle entspricht einem Arbeitsblatt

Ein Arbeitsblatt einer Migrationsdatei entspricht einer Staging-Tabelle. Im Gegensatz zu den Migrationsvorlagen ersparen Sie sich hier das Aufteilen der Daten in mehrere Dateien und das Hochladen dieser Dateien ins Migration Cockpit. Sie können also mit etwas Programmier-Know-how die Daten aus Ihrem Quellsystem direkt in die Staging-Tabellen einer SAP-HANA-Datenbank laden. Das erspart Ihnen bei sehr großen Datenmengen eine Menge Zeit, und Sie können den Datenmigrationsprozess im Ganzen beschleunigen.

Beim Anlegen eines Migrationsprojekts wählen Sie die Datenbankverbindung aus ❶, über die auf die Staging-Tabellen zugegriffen werden soll. Wenn Sie dann ein Migrationsobjekt auswählen, werden die Staging-Tabellen dieses Objekts auf einer SAP-HANA-Datenbank angelegt ❷.

Die Daten können Sie dann über eigene Programme oder Werkzeuge von SAP oder Drittanbietern aus Ihrem Quellsystem extrahieren und in diese Staging-Tabellen schreiben ❸. Das Migration Cockpit liest diese Daten aus den Staging-Tabellen ❹, konvertiert die Daten und gibt sie an die Datenmigrations-API ❺ zur Verbuchung ins System weiter ❻. Nach der Verarbeitung durch die Datenmigrations-API wird der Verarbeitungsstatus in die Staging-Tabellen geschrieben ❼. Abbildung 11.42 gibt Ihnen einen Überblick über die technischen Details zu dieser Übertragungsoption in der On-Premise-Version von SAP S/4HANA.

11.4 SAP S/4HANA Migration Cockpit

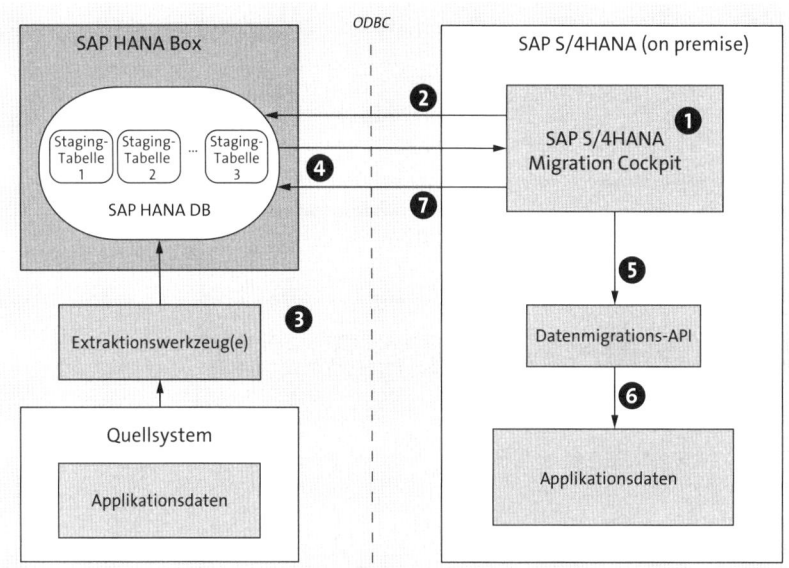

Abbildung 11.42 Technische Details der Staging-Tabellen

Darüber hinaus bietet Ihnen die Staging-Funktionalität die Möglichkeit, Datensätze von bestimmten Migrationsobjekten parallel zu verarbeiten. Dies beschleunigt die Datenübernahme zusätzlich.

Parallelisierung

Während in SAP S/4HANA Cloud das Scope Item *2Q2* aktiviert sein muss, damit die neue Übertragungsoption ausgewählt werden kann, ist diese in der On-Premise-Lösung immer sichtbar. Während in der Cloud-Lösung die SAP-HANA-Datenbank für die Staging-Tabellen über *Database as a Service* (*DBaaS*) auf der SAP Cloud Platform eingerichtet werden muss, lässt sich die SAP-HANA-Datenbank für die On-Premise-Version überall einrichten.

Nachdem Sie auf der Projektübersicht des Migration Cockpits die Schaltfläche **Anlegen** gedrückt haben, erscheint nach der Auswahl der Übertragungsoption **Daten aus Staging-Tabellen übertragen** ein weiteres Feld zur Auswahl der Datenbankverbindung (siehe Abbildung 11.43). Diese Datenbankverbindung zu einer SAP-HANA-Datenbank muss vorher eingerichtet worden sein.

In Abbildung 11.44 sehen Sie die Migrationsobjektübersicht eines Staging-Projekts. Als **Datenquelle** ist hier **Staging-Tabellen** und unter **Datenbankverbindung** die gewählte Datenbankverbindung **RNT** sichtbar.

11 Neuimplementierung eines Einzelsystems

Abbildung 11.43 Projekt anlegen mit Übertragungsoption »Daten aus Staging-Tabellen übertragen«

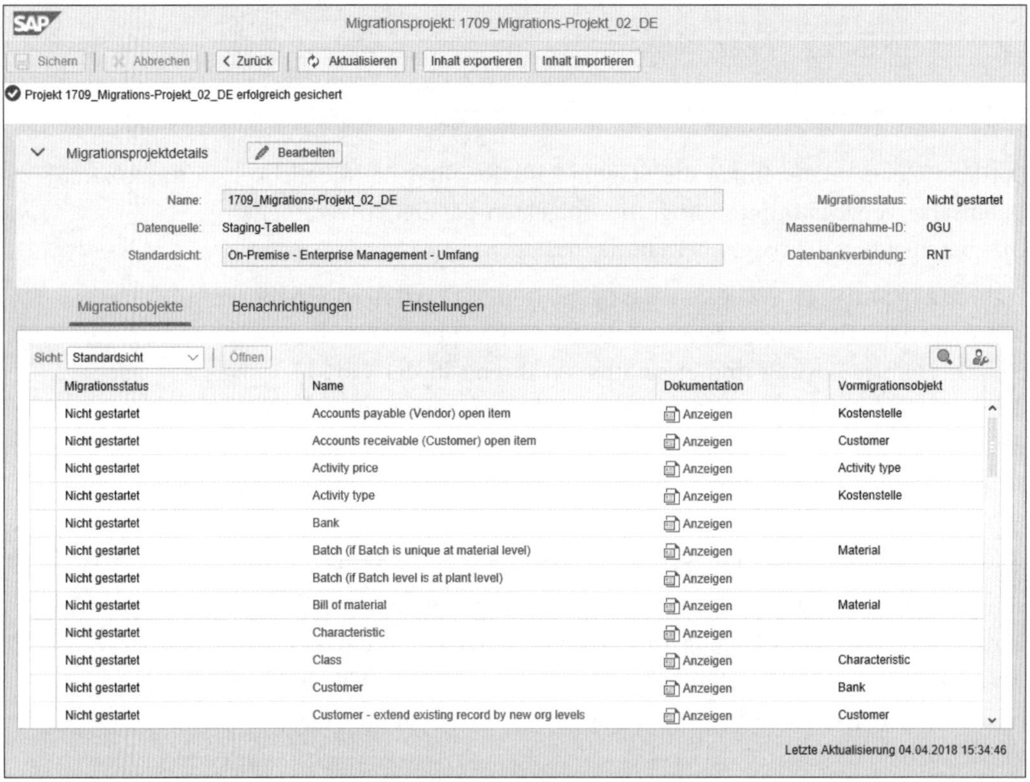

Abbildung 11.44 Migrationsobjektübersicht: Übertragungsoption Staging Tabellen

Ein Projekt unterstützt nur eine Datenquelle

In der Projektübersicht in Abbildung 11.45 werden die Projekte mit ihrer jeweiligen Datenquelle aufgelistet. Eine Vermischung der verschiedenen

Datenquellen innerhalb eines Projekts ist nicht möglich. Sie können also innerhalb eines Projekts nicht ein Objekt über Datei und ein anderes Objekt über Staging-Tabellen laden.

Abbildung 11.45 Migration Cockpit: Projektübersicht

Weitere Details und Informationen finden Sie in Abschnitt 7.3.4, »Die neue Übertragungsoption Staging-Tabellen«. Hier werden die Funktionen der neuen Übertragungsoption beschrieben.

Hilfe und weitere wichtige Informationen zum Migration Cockpit und zur Übertragungsoption Staging-Tabellen

Eine Hilfe zum Migration Cockpit finden Sie unter:
http://help.sap.com/s4hana

Wählen Sie Ihr Release (z. B. **SAP S/4HANA 1709 FPS01**) aus und navigieren Sie zu **Product Assistance**. Dort wählen Sie die Sprache aus, in der Sie die Informationen lesen wollen. Für die On-Premise-Lösung finden Sie die Hilfe über diesen Menüpfad: **SAP S/4HANA • Übergreifende Komponenten • Implementierung basierend auf SAP Activate und SAP Best Practices • SAP S/4HANA Migration Cockpit**.

Bezüglich der Übertragungsoption Staging-Tabellen wählen Sie den Menüeintrag **Transferring data to SAP S/4HANA Using Staging Tables**.

Einige vorausgelieferte Migrationsobjekte, deren Design für die Übertragungsoption Datei entwickelt wurde, sind in SAP S/4HANA 1709 FPS01 noch nicht kompatibel mit der Übertragungsfunktion Staging-Tabellen. Details und Lösungen dazu finden Sie in SAP-Hinweis 2608495 (SAP-S/4HANA-Migrationscockpit: Fehler beim Verwenden der Staging-Funktion mit vorausgelieferten Datenmigrationsobjekten im On-Premise-Release 1709 FPS01), *den Sie unter dem folgenden Link erreichen:*
http://s-prs.de/v6316103

11.5 SAP S/4HANA Migration Object Modeler

Ein mächtiges Migrationswerkzeug

Der *SAP S/4HANA Migration Object Modeler* bzw. Migrationsobjektmodellierer, im Folgenden kurz *Migration Object Modeler* genannt, ist nur in der On-Premise-Version von SAP S/4HANA verfügbar. Er wird über die Transaktion LTMOM aufgerufen und ist in der SAP S/4HANA Version 1709 mittlerweile zu einem sehr mächtigen Migrationswerkzeug herangewachsen. Mit jedem Release werden neue Funktionalitäten hinzugefügt. Die aktuelle Funktionalität ist mittlerweile mit der der Legacy System Migration Workbench (LSMW) vergleichbar und in Teilbereichen (Feld- und Struktur-Mapping) sogar höher. Lediglich bei der Flexibilität hinkt der Migration Object Modeler der LSMW noch hinterher, da er als Migrationsschnittstelle aktuell nur Funktionsbausteine verwenden kann.

Die Beschreibung der kompletten Funktionalität des Migration Object Modelers würde den Rahmen dieses Kapitels sprengen, wir konzentrieren uns daher auf die Darstellung der gängigen Anwendungsfälle:

- Ausgelieferte Migrationsobjekte anpassen (siehe Abschnitt 11.5.4)
  Sie können die Geschäftsprozesse in einer On-Premise-Version von SAP S/4HANA stärker an Ihre eigenen Bedürfnissen anpassen als in der SAP S/4HANA Cloud. Sollten die vordefinierten Migrationsobjekte des SAP S/4HANA Migration Cockpits nicht Ihren fachlichen Anforderungen entsprechen, können Sie sie mithilfe des Migration Object Modelers anpassen. Die maximale Funktionalität eines Migrationsobjekts wird jedoch durch die Migrations-API vorgegeben. Funktionalitäten, die die verwendete Migrations-API nicht unterstützt, können Sie dann natürlich auch nicht hinzufügen.

- Neue Migrationsobjekte selbst bauen (siehe Abschnitt 11.5.5)
  Wenn die verwendete Migrations-API eine fehlende Funktionalität hat oder Sie ein Migrationsobjekt komplett vermissen, können Sie ein neues kundeneigenes Migrationsobjekt anlegen. Dazu verwenden Sie entweder selbst geschriebene oder von SAP freigegebene Funktionsbausteine. Diese Bausteine müssen mit dem Migration Object Modeler kompatibel sein, damit sie verwendet werden können.

Einschränkungen beim Support

> **Wichtig: Einschränkungen bei modifizierten Migrationsobjekten**
>
> Bevor Sie ein ausgeliefertes Migrationsobjekt anpassen, beachten Sie bitte Folgendes: Für Fehler in und durch angepasste oder eigenentwickelte Migrationsobjekte bietet SAP keinen Entwicklungs-Support. Diese Migrationsobjekte werden als Kundenmodifikation bzw. Eigenentwicklung betrachtet, für die es seit jeher keinen Support gibt. Details hierzu finden Sie in SAP-Hinweis

2481235 (SAP-S/4HANA-Migrationscockpit [On-Premise] – Einschränkungen und Erweiterbarkeit von vorab ausgelieferten Migrationsobjekten), den Sie unter folgendem Link aufrufen können: *http://s-prs.de/v6316104*

11.5.1 Die verwendeten Migrations-APIs

Zur Datenübernahme mithilfe des Migration Cockpits werden die von SAP für SAP S/4HANA freigegebenen Standard-APIs (BAPIs bzw. Funktionsbausteine) genutzt.

Einige dieser APIs, insbesondere die BAPIs, haben eine sogenannte *Funktionsbausteindokumentation*. Diese Dokumentation können Sie über den **Function Builder** (Transaktionscode SE37) aufrufen. Sie enthält oft nützliche Informationen über die Importstrukturen und deren Felder.

Funktionsbausteindokumentation

In Anhang B dieses Buches finden Sie eine Tabelle, die Ihnen eine Übersicht über die APIs gibt, die das Migration Cockpit pro Migrationsobjekt verwendet.

Standardschnittstellen

11.5.2 Bearbeitungsfunktionen des Migration Object Modelers

Beim Aufruf des Migration Object Modelers haben Sie folgende Bearbeitungsfunktionen über den Menüeintrag **Migration Object Modeler** (siehe Abbildung 11.46):

- Anlegen eines Projekts (**Create Project**)
- Anlegen eines Migrationsobjekts (**Create Migration Object**) entweder **Benutzerdefiniert** oder **Aus Vorlage**
- ein **Migrationsobjekt kopieren**

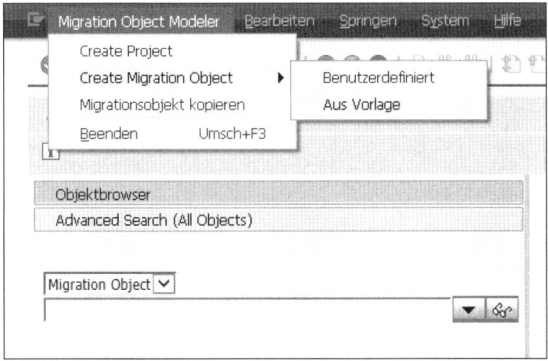

Abbildung 11.46 Menüeintrag »Migration Object Modeler«

Des Weiteren können Sie mit dem Migration Cockpit angelegte Migrationsobjekte anpassen.

Anlegen eines Projekts

Beim Anlegen eines Projekts erscheint das in Abbildung 11.47 gezeigte Dialogfenster. Hier geben Sie den technischen **Projektnamen** ein und die **Beschreibung**. Der Projektname muss immer mit Z_ beginnen.

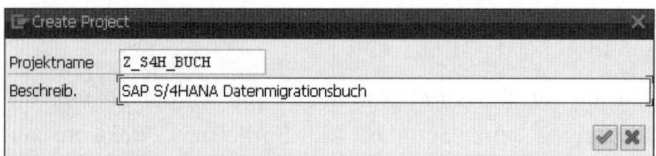

Abbildung 11.47 Projekt anlegen: Namen vergeben

Danach erscheint das Projekt im Migration Object Modeler, wie in Abbildung 11.48 zu sehen ist, und kann weiterbearbeitet werden. Der Name des Menüeintrags **Migration Object Modeler** ändert sich in **Migration Object**

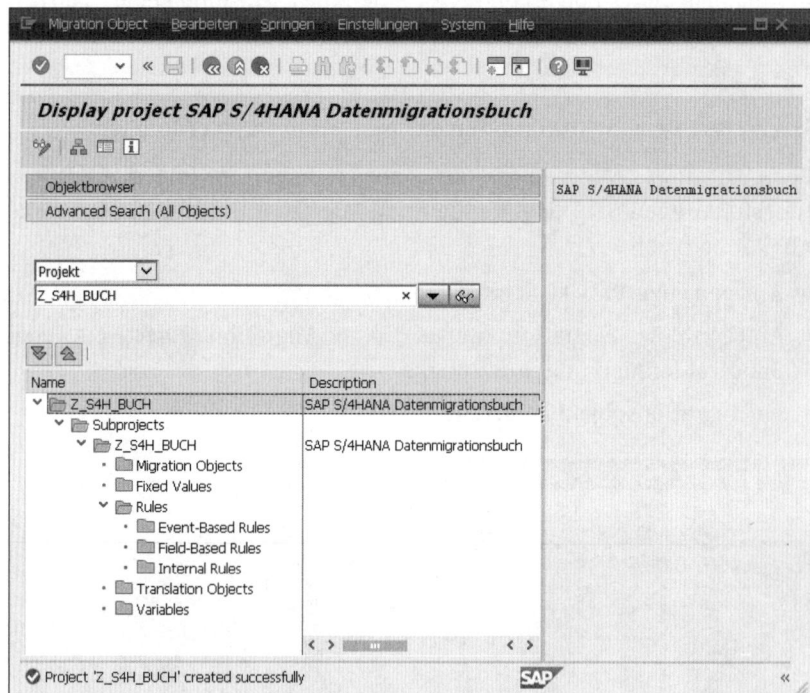

Abbildung 11.48 Über den Migration Object Modeler angelegtes Projekt

Anlegen eines Migrationsobjekts

Wenn Sie ein Migrationsobjekt einem bestehenden Migrationsprojekt, das zuvor über das Migration Cockpit angelegt wurde, hinzufügen wollen, dann können Sie eins der von SAP vorausgelieferten Objekte als Vorlage in dieses Projekt kopieren. Nach Auswahl des Menüpfades **Migration Object Modeler**

- **Create Migration Object • Vorlage** erscheint ein sogenannter Kopierassistent (Copy Wizard). Hier geben Sie auf dem ersten Bild den Projektnamen ein. Wichtig ist hierbei, dass das Projekt nicht leer ist und schon ein Objekt enthält. Um ein Vorlageobjekt hinzuzufügen, geben Sie entweder den technischen Projektnamen oder die Beschreibung ein und rufen dann die Suchhilfe auf. Anschließend wählen Sie das entsprechende Projekt aus (siehe Abbildung 11.49) und drücken die Schaltfläche **Next**, um zur nächsten Ansicht zu gelangen.

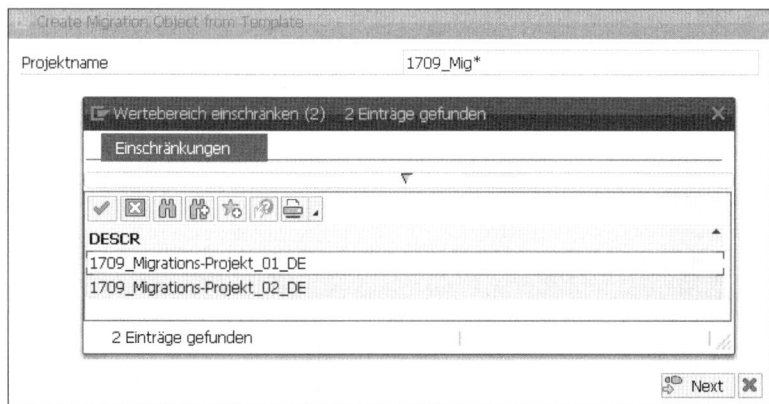

Abbildung 11.49 Migrationsprojekt als Ziel auswählen

Hier wählen Sie das zu kopierende Migrationsobjekt aus, in unserem Beispiel in Abbildung 11.50 das Objekt **Supplier**.

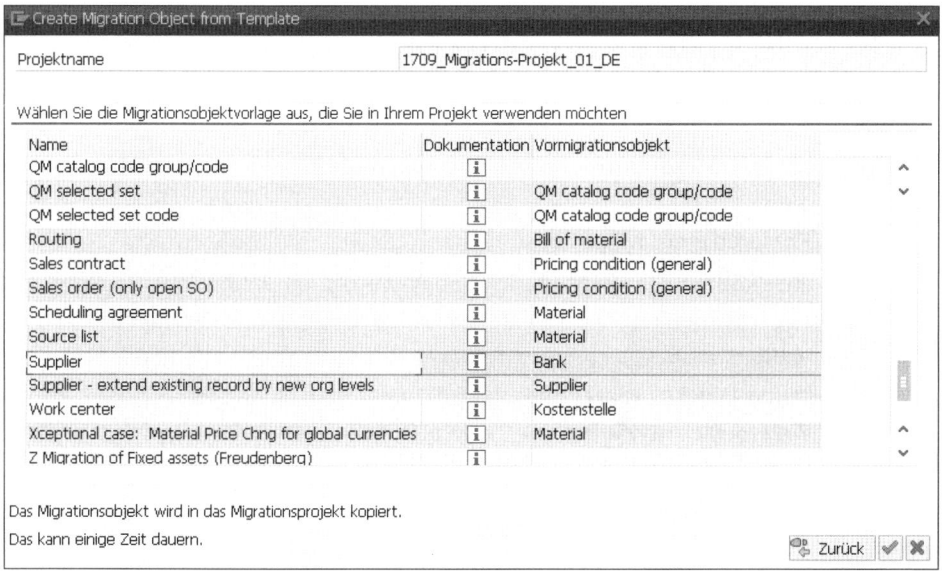

Abbildung 11.50 Vorlage-Migrationsobjekt auswählen

Danach bestätigen Sie das Ganze mit ✓. Es erscheint das neue Migrationsobjekt im Migration Object Modeler, wie Sie es in Abbildung 11.51 sehen.

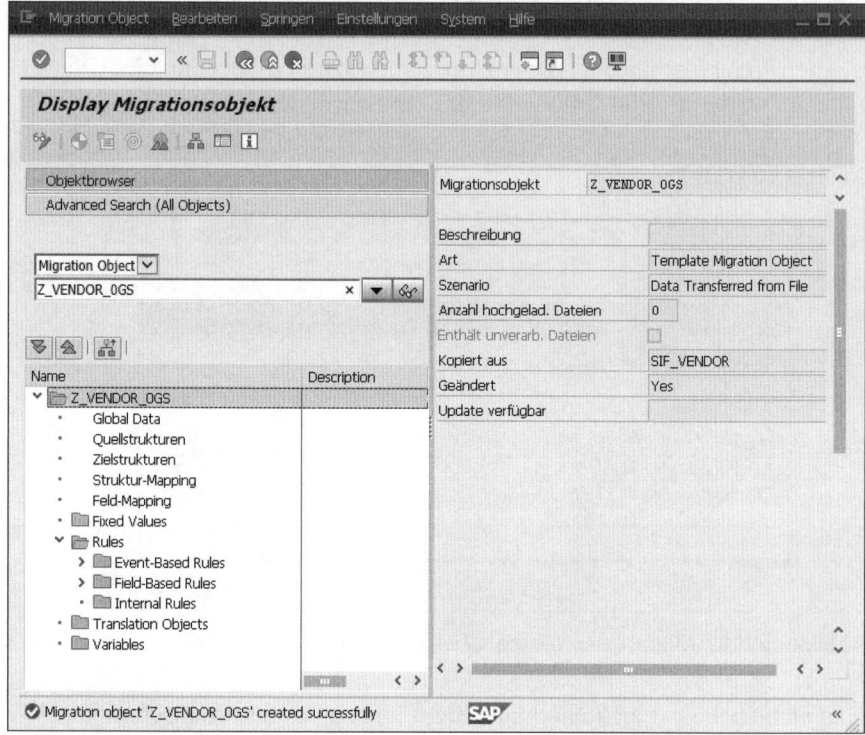

Abbildung 11.51 Aus Vorlage kopiertes Migrationsobjekt

Wenn Sie das Objekt im Navigationsbaum markieren, können Sie über die Schaltfläche eine Ebene höher navigieren, und es wird Ihnen die Projektebene angezeigt. Wie Sie eigene benutzerdefinierte Migrationsobjekte anlegen, zeigen wir Ihnen in Abschnitt 11.5.5.

Kopieren eines Migrationsobjekts

Hier können Sie ein Migrationsobjekt von einem Migrationsprojekt in ein anderes kopieren. Dazu wählen Sie zunächst im Bereich **Vorlageobjekt auswählen** das Vorlageprojekt (**Projektname**) und anschließend das zu kopierende Objekt (**Migrationsobjekt-ID**) aus. Danach wählen Sie im Bereich **Zielprojekt auswählen und Objekt-ID definieren** das Zielprojekt aus (**Projektname**) und definieren die **Migrationsobjekt-ID** und die **Migrationsob-**

jektbeschreibung. Eine Migrationsobjekt-ID beginnt immer mit »Z_«, danach folgen ein frei wählbarer Objektname und, getrennt durch einen Unterstrich, eine dreistellige eindeutige ID. In unserem Beispiel in Abbildung 11.52 haben wir die ID S4H gewählt.

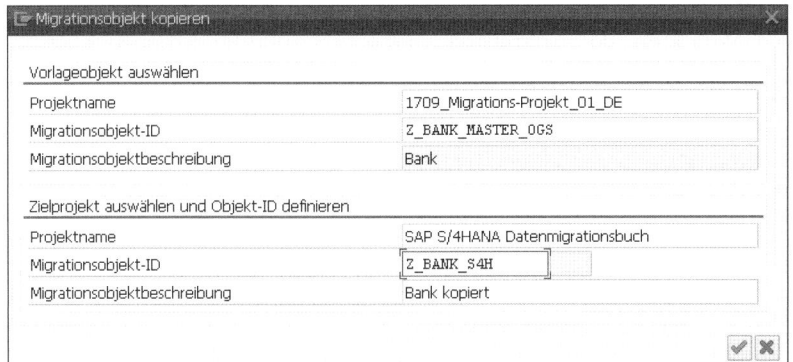

Abbildung 11.52 Migrationsobjekt kopieren

Durch Drücken von ✓ wird das Objekt kopiert und erscheint, wie in Abbildung 11.53 zu sehen, im Migration Object Modeler.

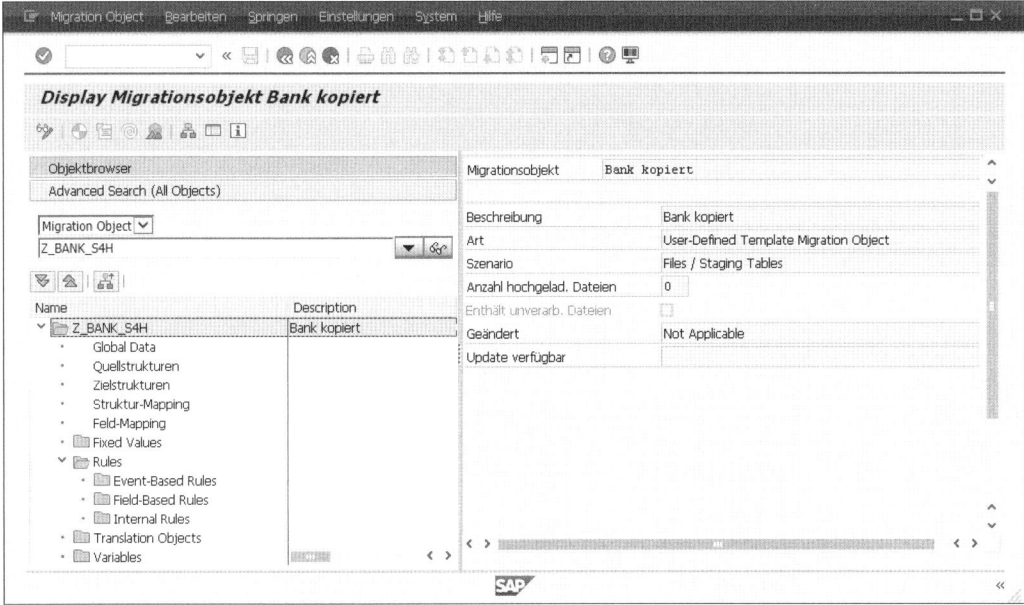

Abbildung 11.53 Kopiertes Migrationsobjekt

11 Neuimplementierung eines Einzelsystems

Auswählen eines bestehenden Migrationsobjekts

Wenn Sie ein bestehendes Migrationsobjekt anpassen wollen, gehen Sie wie folgt vor (siehe Abbildung 11.54): Zunächst drücken Sie rechts neben dem Eingabefeld für das Migrationsobjekt auf die Schaltfläche ▼ ❶. Es erscheint das Suchfenster **Migrationsobjekt suchen**. Hier geben Sie im Feld **PRJCT_DESCR** den Suchbegriff für das Projekt ein und bestätigen mit ✓ ❷. Anschließend wählen Sie das anzupassende Migrationsobjekt aus und bestätigen ebenfalls mit ✓ ❸.

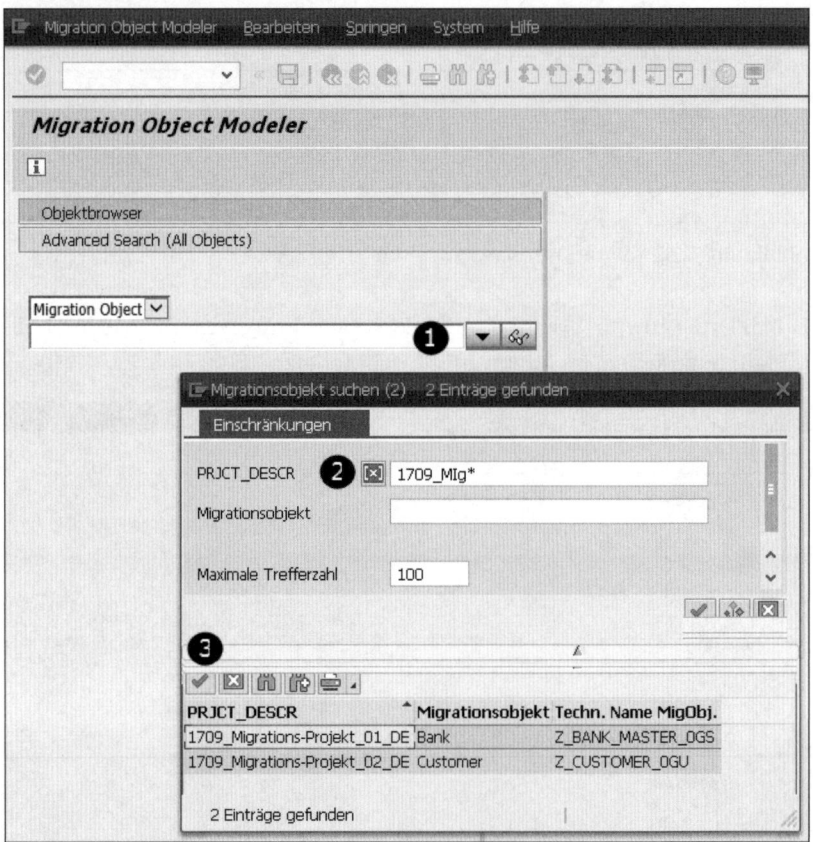

Abbildung 11.54 Projekt im Migration Object Modeler auswählen

Danach steht Ihnen der volle Funktionsumfang des Migration Object Modelers für dieses Migrationsobjekt zur Verfügung (siehe Abbildung 11.55).

11.5 SAP S/4HANA Migration Object Modeler

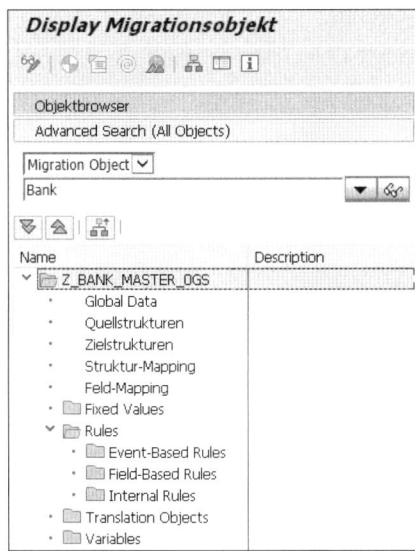

Abbildung 11.55 Vorhandenes Objekt anzeigen

11.5.3 Der Aufbau des Migration Object Modelers

Wie Sie in Abbildung 11.56 sehen, zeigt der Migration Object Modeler standardmäßig den **Objektbrowser** beim Öffnen. Dieser ist in einen Auswahlbereich mit einem Navigationsbaum auf der linken Seite und einen Arbeitsbereich auf der rechten Seite aufgeteilt.

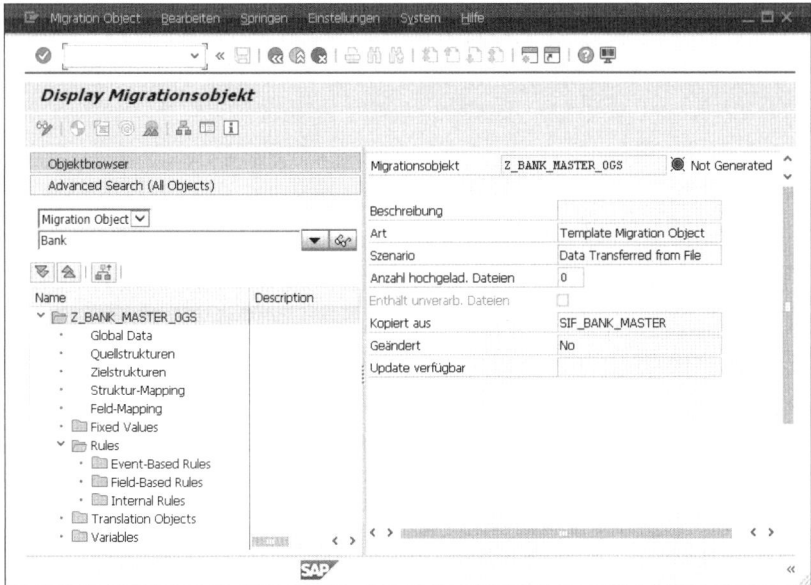

Abbildung 11.56 Aufbau des Migration Object Modelers

11 Neuimplementierung eines Einzelsystems

Über **Vollbild ein/aus** (▭) können Sie den linken Auswahlbereich ein- und ausblenden und somit den Arbeitsbereich als Vollbild darstellen.

Die zweite Ansicht ist die erweiterte Suche **Advanced Search (All Objects)**. Über die Auswahlschaltfläche im linken Auswahlbereich, die Sie in Abbildung 11.57 sehen, schalten Sie zwischen dem **Objektbrowser** und der erweiterten Suche hin und her.

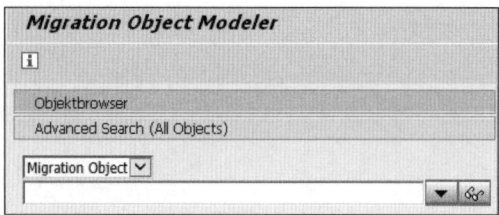

Abbildung 11.57 Auswahlschaltfläche des Migration Object Modelers (Transaktion LTMOM)

Dokumentation

Über die Schaltfläche [i] rufen Sie die Dokumentation zum Migration Object Modeler auf, deren Einstiegsbild Sie in Abbildung 11.58 sehen.

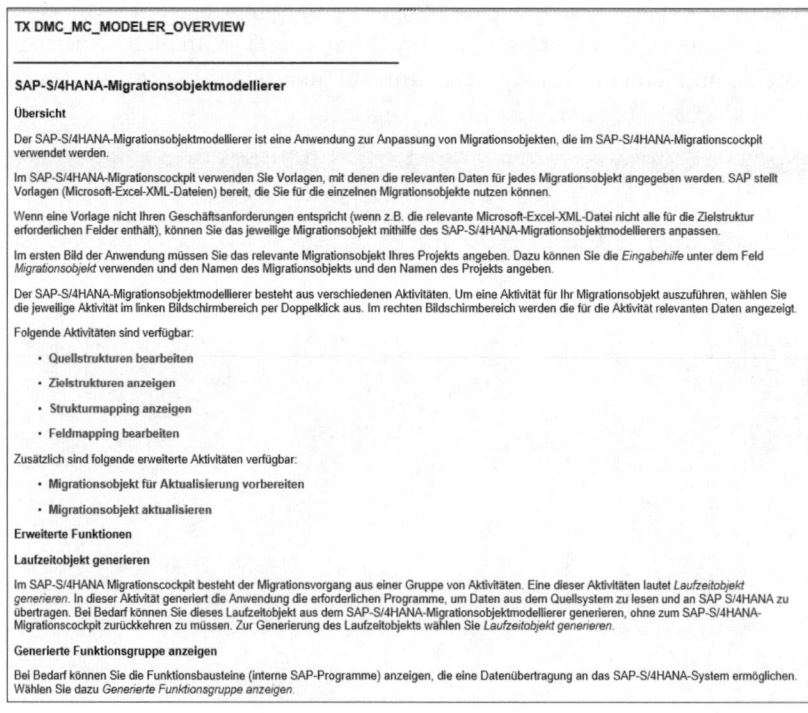

Abbildung 11.58 Einstiegsbild der Dokumentation zum Migration Object Modeler

11.5 SAP S/4HANA Migration Object Modeler

Erweiterte Suche

In der erweiterten Suche können Sie nach Projekten (**Projects**), Teilprojekten (**Subprojects**) und Migrationsobjekten (**Migration Objects**) suchen. Wählen Sie die gewünschte Suchmaske aus, und grenzen Sie dann diese Suche über die Suchfelder der Suchmaske ein. Abbildung 11.59 zeigt Ihnen ein Beispiel für eine Suche nach allen Migrationsobjekten, die in Projekten angelegt sind, die mit 1709_MIG* beginnen.

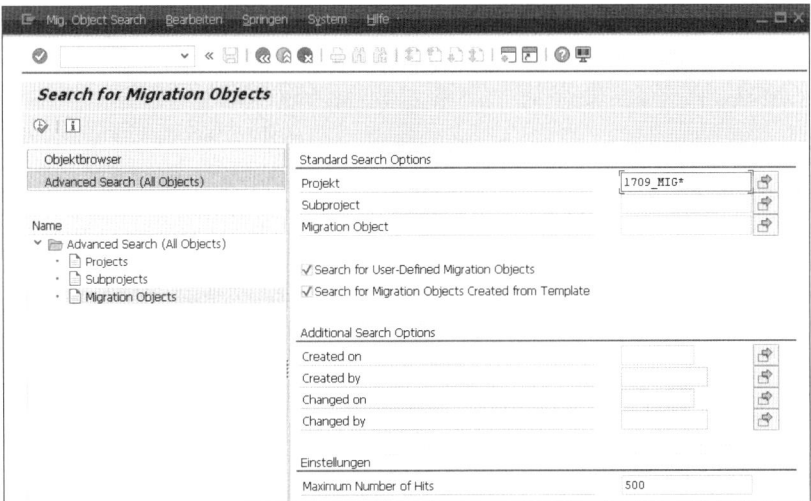

Abbildung 11.59 Auswahlmaske der erweiterten Suche

In die Suche werden auch alle selbst erstellten Migrationsobjekte (**Search for User-Defined Migration Objects**) und Migrationsobjekte, die über eine Migrationsvorlage erstellt wurden (**Search for Migration Objects Created from Template**) mit einbezogen. Ein Beispiel für das Ergebnis einer solchen Suche sehen Sie in Abbildung 11.60.

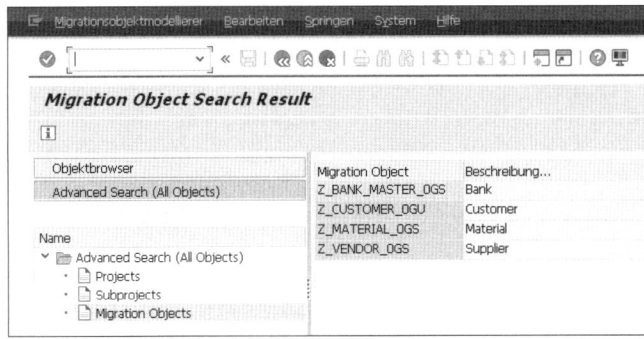

Abbildung 11.60 Ergebnis einer erweiterten Suche

Objektbrowser

Nachdem Sie eine der Bearbeitungsfunktionen aus Abschnitt 11.5.2, »Bearbeitungsfunktionen des Migration Object Modelers«, ausgewählt haben, können Sie sich dieses Migrationsobjekt im Objektbrowser ansehen und es bearbeiten. In Abbildung 11.61 sehen Sie den Objektbrowser für ein ausgewähltes Migrationsobjekt im Änderungsmodus.

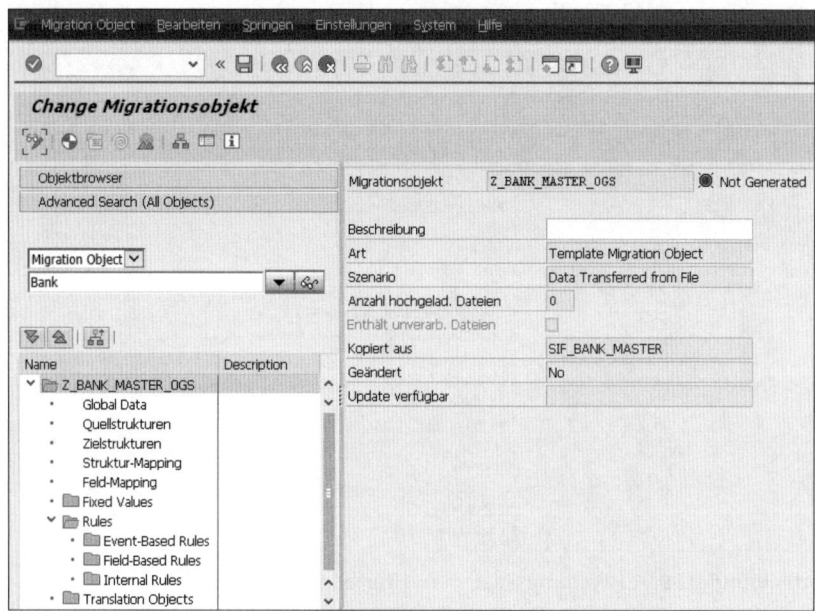

Abbildung 11.61 Objektbrowser mit ausgewähltem Migrationsobjekt

Technische Funktionen

Über die Schaltfläche schalten Sie zwischen Anzeige- und Änderungsmodus um. Ferner stehen Ihnen über den Menüeintrag **Migration Object** weitere Funktionen zur Verfügung, die auch teilweise über die Anwendungsleiste aufgerufen werden können und nachfolgend beschrieben werden.

Der Navigationsbaum

Zuerst erläutern wir Ihnen den Navigationsbaum auf der linken Seite. Der Navigationsbaum hat einen Wurzelknoten, der entweder ein Migrationsobjekt oder ein Migrationsprojekt darstellt. Wenn Sie z. B. ein Migrationsobjekt im Baum markieren, können Sie über eine Ebene höher zum Migrationsprojekt navigieren. Der Navigationsbaum ist wie folgt aufgebaut:

- Als oberster Knoten ist das Migrationsprojekt aufgeführt. Direkt darunter erscheinen die Teilprojekte (**Subprojects**).
- Unterhalb der Teilprojekte sind die Migrationsobjekte (**Migration Objects**) und Konvertierungsregeln des Migrationsteilprojekts angeordnet.

11.5 SAP S/4HANA Migration Object Modeler

Konvertierungsregeln können auf allen Ebenen erstellt werden und sind dann auf den darunterliegenden Ebenen verfügbar. Die Konvertierungsregeln der von SAP ausgelieferten Migrationsobjekte sind größtenteils auf Teilprojektebene erstellt worden und damit für alle darunterliegenden Migrationsobjekte verfügbar.

- Ein Migrationsobjekt hat folgende Navigationsknoten:
  - **Global Data**: Hier definieren Sie globale Datentypen und Variablen.
  - **Quellstrukturen**: Hier definieren Sie die Quellstrukturen.
  - **Zielstrukturen**: Hier finden Sie die Zielstrukturen Ihrer Migrations-API und definieren wichtige Einstellungen.
  - **Struktur-Mapping**: Hier verknüpfen Sie die Quell- mit den Zielstrukturen.
  - **Feld-Mapping**: Hier werden die Quellfelder den Zielfeldern zugeordnet und bei Bedarf mit einer Konvertierungsregel verknüpft. Sie können den jeweiligen Verarbeitungszeitpunkten auch Ereignisregeln zuordnen.
  - ~~Danach~~ Darunter werden die Regeln dieser Ebene in Ordnen angezeigt.

In Abbildung 11.62 sehen Sie einen Teil des Navigationsbaumes für eines unserer Beispielprojekte.

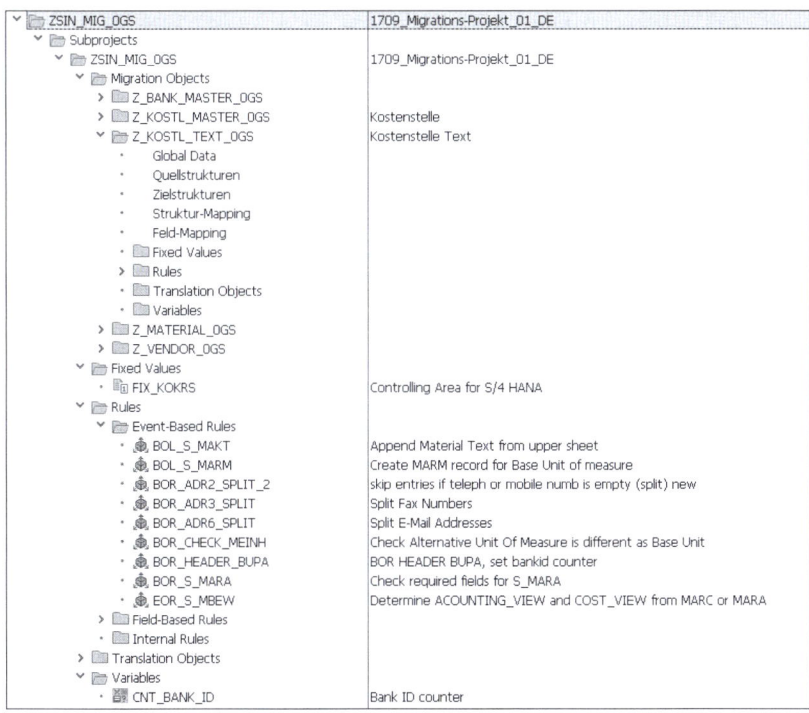

Abbildung 11.62 Der Navigationsbaum im Objektbrowser

Umsetzlogiken

Im Objektbrowser werden vier Haupttypen von Übertragungsregeln unterschieden:

- **Fixed Values** (Festwerte)

  Ein Festwert ist ein konstanter Wert, wie z. B. ein fester Kostenrechnungskreis, den Sie mehreren Feldern bzw. Regeln zuweisen können. Änderungen am Festwert sind dann automatisch bei allen Zuweisungen wirksam.

- **Rules** (Regeln)
    - **Event-Based Rules** (Ereignisregeln):
      Ereignisregeln beinhalten eigenes ABAP-Coding, das zu vordefinieren Ereigniszeitpunkten (Events), wie z. B. Start of Loop, End of Record, After Loop etc., ausgeführt wird.

    - **Field-Based Rules** (Feldregeln):
      Feldregeln beinhalten ABAP-Coding und werden Feldern einer Zielstruktur zugeordnet. Sie können dadurch den Zielwert über komplexere Algorithmen ermitteln als über ein Umschlüsselobjekt.

    - **Internal Rules** (interne Regeln):
      Im Gegensatz zu Ereignis- oder Feldregeln werden interne Regeln nicht Ereignissen oder Feldern zugewiesen, sondern von diesen Regeln aufgerufen. Sie sind gewissermaßen lokal definierte wiederverwendbare Unterroutinen.

- **Translation Objects** (Umschlüsselobjekte):

  Umschlüselobjekte definieren, wie Werte aus dem Quellsystem auf die Werte des Zielsystems umgeschlüsselt werden. Hierbei lassen sich sowohl 1:1-Umschlüsselungen als auch Wertebereichsumschlüsselungen definieren.

- **Variables** (Variablen)

  Hier können Sie globale Variablen definieren, die Sie z. B. in einer Ereignisregel am Anfang befüllen und dann in anderen Regeln auslesen oder verändern.

Für weitere Details zu den Konvertierungsregeln empfehlen wir Ihnen, die oben im Abschnitt »Dokumentation« aufgeführte Dokumentation zu lesen. Falls dort eine deutschsprachige Beschreibung der Konvertierungsregeln (noch) fehlen sollte, können Sie sich in Englisch anmelden und die englische Dokumentation ansehen.

Laufzeitobjekt generieren und anzeigen

Über die technische Funktion **Laufzeitobjekt generieren** ( ) in der Anwendungsleiste kann die lokale Funktionsgruppe, die die Migration Workbench (MWB) im Hintergrund für das Migration Cockpit verwendet, neu generiert werden. Diese Neugenerierung ist nach der Änderung der Quellstruktur bzw. dem Feld-Mapping erforderlich, da die Felder sonst nicht verarbeitet werden.

Die komplette Funktionsgruppe können Sie sich über die Funktion **Generierte Funktionsgruppe anzeigen** ( ) in der Anwendungsleiste ansehen. Die Funktionsgruppe wird dann im ABAP Editor angezeigt. Abbildung 11.63 zeigt ein Beispiel dafür.

Generierte Funktionsgruppe anzeigen

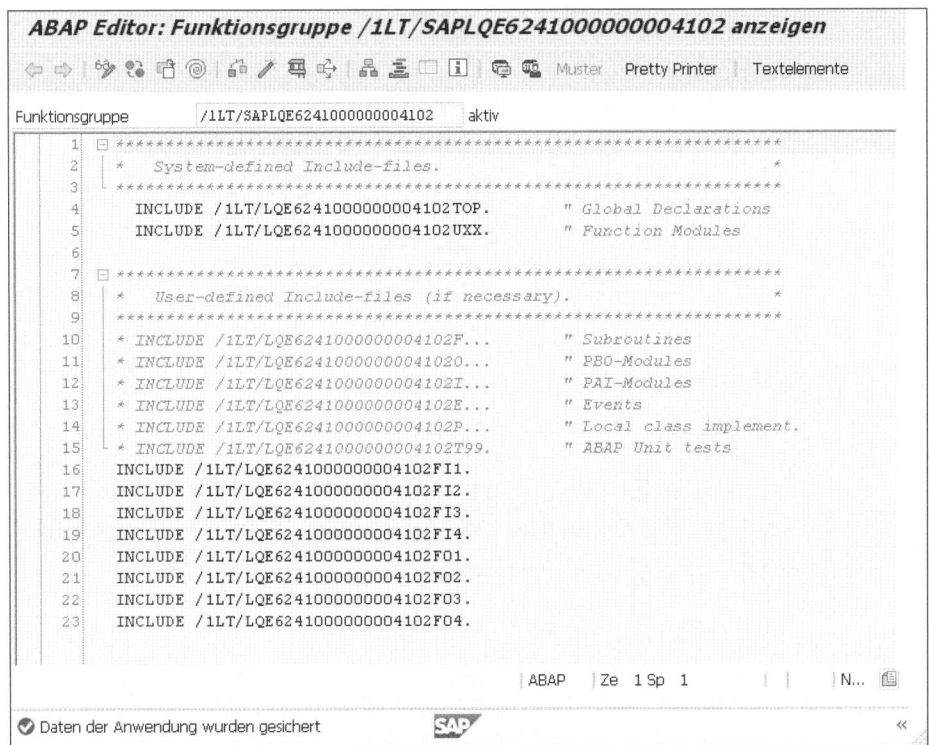

Abbildung 11.63 Generierte Funktionsgruppe anzeigen

Strukturen synchronisieren

Die Funktion **Migration Object • Strukturen synchronisieren** ist notwendig, wenn sich z. B. die Strukturen des Funktionsbausteins zum Einbuchen der Daten geändert haben. Sie erhalten dann z. B. beim Versuch, das Migrationsobjekt zu generieren, eine Fehlermeldung wie diese: »Migrationsobjekt Z_BANK_MASTER_OGS kann wegen DDIC-Abweichungen nicht generiert werden.« Die Strukturen des ABAP Dictionarys (auch bekannt als Data Dictionary bzw. DDIC) entsprechen in Bezug auf den Funktionsbaustein nicht mehr den Zielstrukturen, die beim Erstellen des Objekts angelegt wurden. Sie müssen dann die Zielstrukturen über einen DDIC-Abgleich mit den ABAP-Dictionary-Strukturen synchronisieren. In Abbildung 11.64 sehen Sie ein Beispiel für eine solche Fehlermeldung.

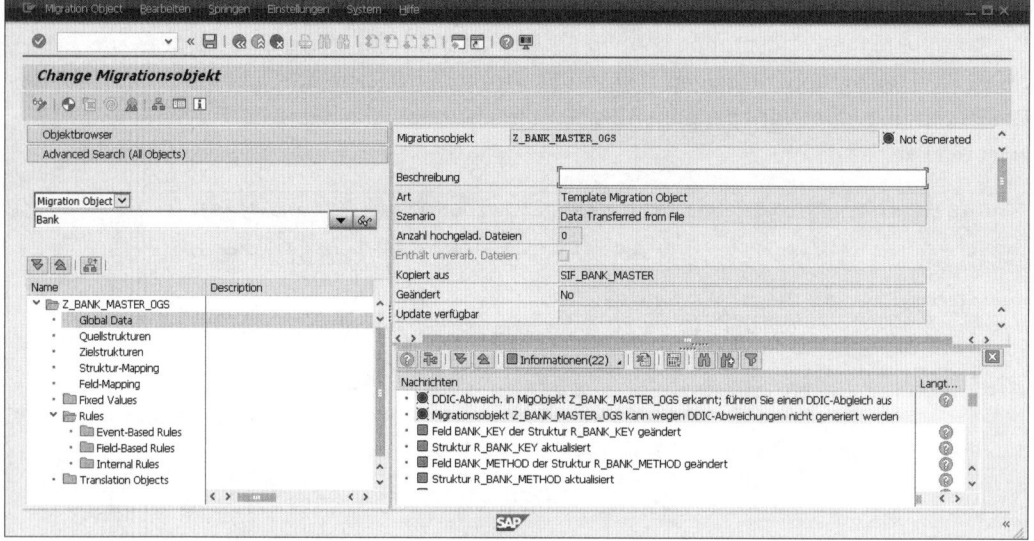

Abbildung 11.64 Notwendiger DDIC-Abgleich

Nach dem DDIC-Abgleich erscheint ein Protokollfenster, in dem alle Strukturen als »aktualisiert« ausgewiesen sein sollten. Im Anschluss können Sie das **Laufzeitobjekt generieren** (   ) und es sich über **Generierte Funktionsgruppe anzeigen** (   ) ansehen.

Migrationsobjekt aktualisieren

Wenn Sie ein ausgeliefertes Migrationsobjekt angepasst haben, dann kann es passieren, dass Sie beim Öffnen dieses Objekts im Migration Cockpit eine Nachricht erhalten, wie Sie sie in Abbildung 11.65 sehen.

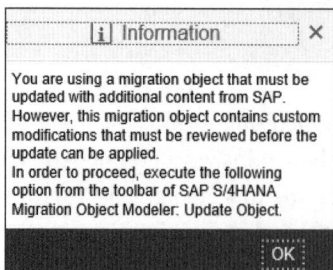

Abbildung 11.65 Aktualisierungsnachricht im Migration Cockpit

In diesem Fall müssen Sie das Objekt im Migration Object Modeler öffnen. In den Kopfdaten des Migrationsobjekts sind die beiden Felder **Geändert** und **Update verfügbar** jeweils mit dem Wert Yes versehen (siehe Abbildung 11.66).

Geändert	Yes
Update verfügbar	Yes

Abbildung 11.66 Update verfügbar

Wenn Sie nun im Änderungsmodus die Aktualisierung über die Schaltfläche vornehmen, erscheint ein Bestätigungsfenster.

Wenn Sie dieses Fenster bestätigen, werden alle kundenspezifischen Modifikationen an diesem Objekt gelöscht und das Objekt wieder auf den Stand der aktuellen SAP-Auslieferung gesetzt.

11.5.4 Vorhandene Migrationsobjekte erweitern

Im Folgenden erweitern wir ein bestehendes Migrationsobjekt um ein Feld und wählen dazu das Objekt aus, wie im Abschnitt »Auswählen eines bestehenden Migrationsobjekts« in Abschnitt 11.5.2 beschrieben.

Im Objektbrowser können Sie anschließend die nachfolgenden Aktivitäten über den Navigationsbaum vornehmen.

Globale Daten bearbeiten

Jedes Migrationsobjekt besitzt einen **Gobal-Data**-Bereich, in dem Sie globale Datendefinitionen ablegen können. Die globalen Daten eines vorausgelieferten Migrationsobjekts enthalten die Kopfdokumentation des Migrationsobjekts mit folgenden wichtigen Informationen:

- Migrationsobjektname des Vorlageobjekts
- Erzeugungsdatum und Release der ersten Auslieferung
- verwendete Migrations-API (Funktionsbaustein) mit eventuell vorhandenem Wrapper-Funktionsbaustein
- eine grobe Änderungshistorie

Abbildung 11.67 zeigt Ihnen die globalen Daten zum Migrationsobjekt *Bank*.

11 Neuimplementierung eines Einzelsystems

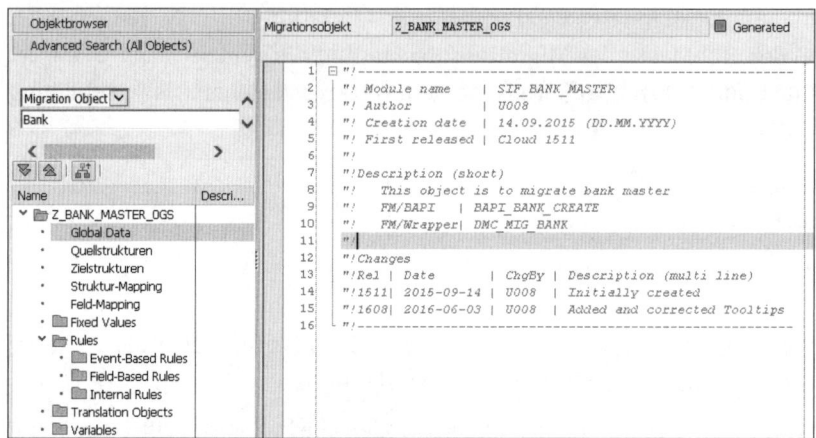

Abbildung 11.67 Globaler Datenbereich eines Migrationsobjekts

Quellstrukturen bearbeiten

Felder der Migrationsvorlage hinzufügen

Die Migrations-API, die zur Übernahme eines Migrationsobjekts herangezogen wird, enthält in der Regel mehr Strukturen und Felder, als über die SAP Best Practices abgedeckt sind. Über den Navigationsknoten **Quellstrukturen** können Sie diese Quellstruktur bearbeiten. Sie können dann beispielsweise fehlende Felder der Migrationsvorlage eines Objekts hinzufügen. Wechseln Sie dazu in den Änderungsmodus über die Schaltfläche **Anzeigen<>Ändern** ( ) in der Anwendungsleiste. Wählen Sie dann den Navigationsknoten **Quellstrukturen**. Sie gelangen zu der Sicht aus Abbildung 11.68, die hier im Vollbildmodus angezeigt wird.

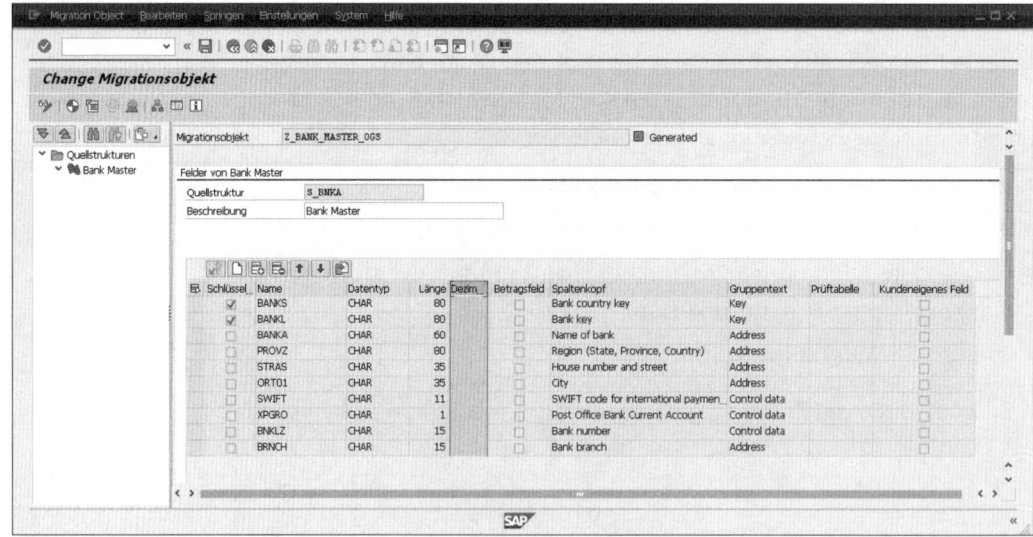

Abbildung 11.68 Quellstrukturen bearbeiten

Sie bearbeiten die Felder einer Struktur, indem Sie die Struktur im Quellstrukturbaum per Doppelklick auswählen. Über den Menüpfad **Einstellungen • Technische Namen ein/aus** können Sie die technischen Namen der Felder im Strukturbaum ausblenden.

Oberhalb der Feldliste im rechten Fenster des Modellierers finden Sie mehrere Funktionen:

- **Feld hinzufügen** (□) am Ende der Liste
- **Feld einfügen** (□) oberhalb des markierten Feldes
- alle markierten **Feld(er) löschen** (□)
- Feld eine Position nach oben verschieben/**Move up** (↑)
- Feld eine Position nach unten verschieben/**Move down** (↓)
- Strukturfeldliste hochladen/**Upload Structure field list** (□). Hier haben Sie die Möglichkeit, die Struktur über eine CSV-Datei um Felder zu erweitern oder die Struktur komplett zu überschreiben.

Wir fügen nun als Beispiel ein neues Feld `Postcheckkontonummer` in die Quellstruktur der Bankdaten ein. Dazu wählen Sie die Funktion **Feld hinzufügen** (□) und tragen die gewünschten Werte für Feldnamen, **Datentyp**, Feldlänge etc., so wie in Abbildung 11.69 zu sehen, in die neue Zeile ein.

Feld hinzufügen

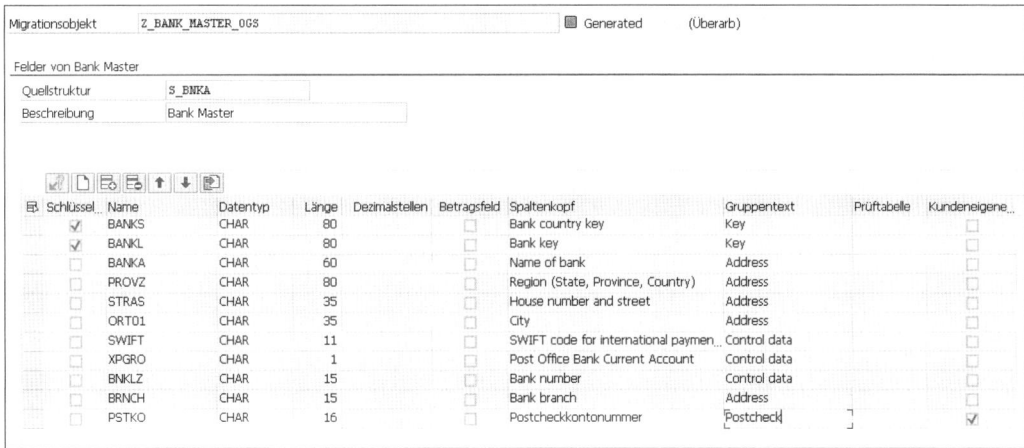

Abbildung 11.69 Der Quellstruktur ein Feld hinzufügen

Das Feld wird automatisch in der letzten Spalte als **Kundeneigenes Feld** vermerkt. Anschließend speichern Sie Ihre Änderungen mit **Sichern** (□). Ihre Quellstruktur enthält nun das neue Feld.

Danach können Sie auch die Migrationsvorlagensicht anpassen. Dazu wählen Sie im Kontextmenü zur Quellstruktur die Funktion **View anzeigen** aus.

Migrationsvorlagensicht anpassen

11 Neuimplementierung eines Einzelsystems

Abbildung 11.70 zeigt als Beispiel die Sicht der Quellstruktur **Bank Master** (S_BNKA) des Migrationsobjekts für den Bankenstamm.

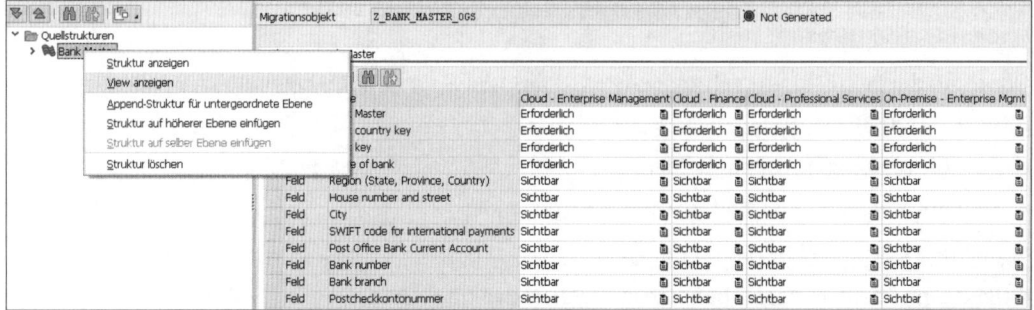

Abbildung 11.70 Migrationsvorlagensicht anpassen

Wählen Sie dann, wie in Abbildung 11.71 gezeigt, die Funktion **Sicht zuordnen** ( ) aus. Dadurch wird eine neue »Kundensicht 1« eingefügt. Die Sichtbarkeit von Strukturen und Feldern kann über folgende Werte angepasst werden:

- **Nicht sichtbar**: Das Feld oder die Struktur ist nicht in der Migrationsvorlage sichtbar. Das Ausblenden von Strukturen und auch Feldern kann unter Umständen dazu führen, dass der Import der Daten fehlerhaft beendet wird.

- **Sichtbar**: Das Feld oder die Struktur ist in der Migrationsvorlage sichtbar und kann gefüllt werden.

- **Erforderlich**: Die Struktur oder das Feld sind zwingend erforderlich und müssen gefüllt werden.

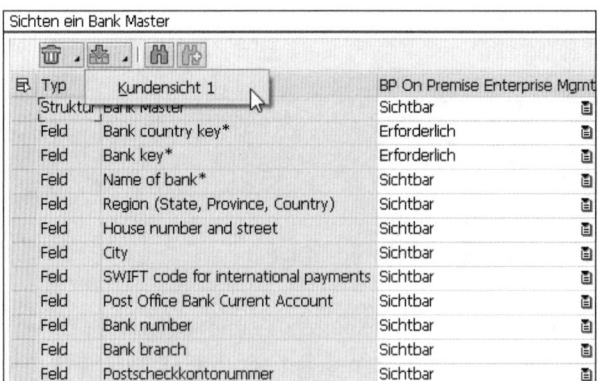

Abbildung 11.71 Zu ändernde Sicht auswählen

Anschließend drücken Sie die Schaltfläche **Sichern** (🖫) in der Systemfunktionsleiste, um Ihre Änderungen zu speichern.

Zielstrukturen bearbeiten

Im Strukturknoten **Zielstrukturen** sehen Sie alle Felder und Strukturen des Funktionsbausteins, der zur Datenübernahme des Migrationsobjekts genutzt wird. Im rechten Arbeitsbereich, den Sie in Abbildung 11.72 sehen, können Sie sich die Felder der Zielstrukturen anzeigen lassen, indem Sie entweder auf die gewünschte Struktur oder auf das Feld doppelklicken. Alternativ können Sie auch das Kontextmenü und dort den Eintrag **Struktur anzeigen** nutzen.

Felder und Strukturen des Funktionsbausteins

Den Namen des Funktionsbausteins, der zur Datenübernahme genutzt wird, finden Sie im Wurzelknoten. In Abbildung 11.72 ist dies der Funktionsbaustein `DMC_MIG_BANK`. Hierbei handelt es sich um einen Wrapper-Funktionsbaustein, der den Funktionsbaustein `BAPI_BANK_CREATE` (siehe Tabelle in Anhang B dieses Buches) verschalt aufruft.

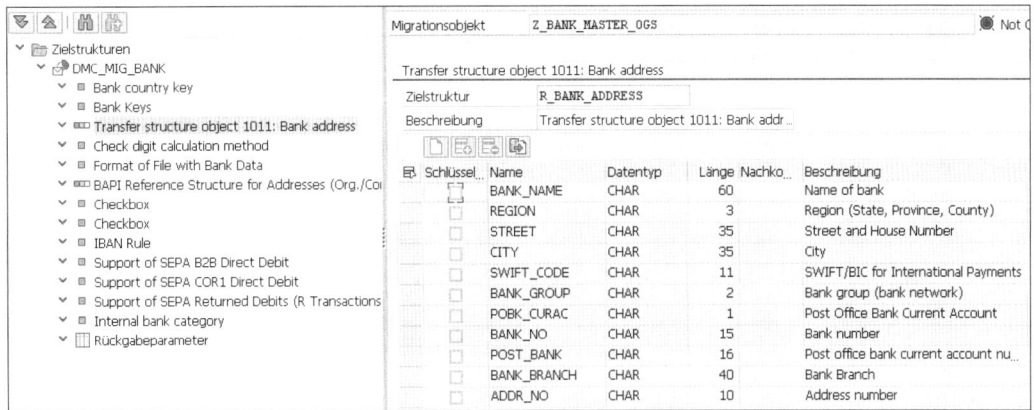

Abbildung 11.72 Zielstruktur anzeigen

Wenn Sie auf den Funktionsbaustein im obersten Knoten doppelt klicken, dann werden Ihnen die Einstellungen des Funktionsbausteins angezeigt (siehe Abbildung 11.73).

Die folgenden Einstellungen sind wichtig für die Verarbeitung:

- **Parameter, der Ergebnis zurückgibt**: Hier wird der Parameter des Funktionsbausteins eingetragen, der die Meldungen zurückgibt.
- **Parameter für Simulation**: Dieser Funktionsbausteinparameter steuert die Simulation der Datenübernahme.

- **Wert für Simulation**: Hier wird der Wert des **Parameters für Simulation** eingetragen, der die Simulation ausführt.
- **Wert für das Schreiben von Daten**: Bei einigen Funktionsbausteinen wird das Simulieren der Daten über die Commit-Steuerung ausgelöst. Der Wert X im Simulationsparameter würde bedeuten, dass die Daten geschrieben werden. Dementsprechend wäre der **Wert für die Simulation** ein Leerwert.

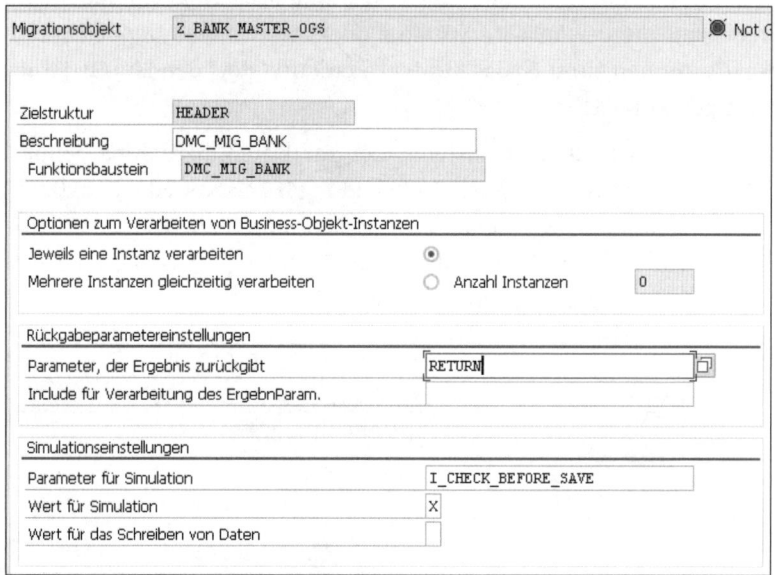

Abbildung 11.73 Kopfstruktur – Einstellungen des Funktionsbausteins

Bei Objekterweiterungen sollten Sie hier normalerweise keine Änderungen vornehmen.

Struktur-Mapping anzeigen

Mapping der Quellstrukturen auf Zielstrukturen

Eine sichtbare Änderung gibt es auch im Arbeitsbereich des **Struktur-Mappings**. Im Gegensatz zur Vorgängerversionen des Migration Object Modelers in SAP S/4HANA 1610 werden nun die Quellstrukturen im linken Bildschirmbereich und die Zielstrukturen auf der rechten Seite angezeigt. Die zugewiesenen Quellstrukturen sind rechts neben der Zielstruktur sichtbar. Nach dem Namen der Zielstruktur erscheinen, durch << getrennt, alle Quellstrukturen, die dieser Struktur zugewiesen sind. Ein Beispiel für das Migrationsobjekt *Bank* (**Bank Master**) sehen Sie in Abbildung 11.74.

11.5 SAP S/4HANA Migration Object Modeler

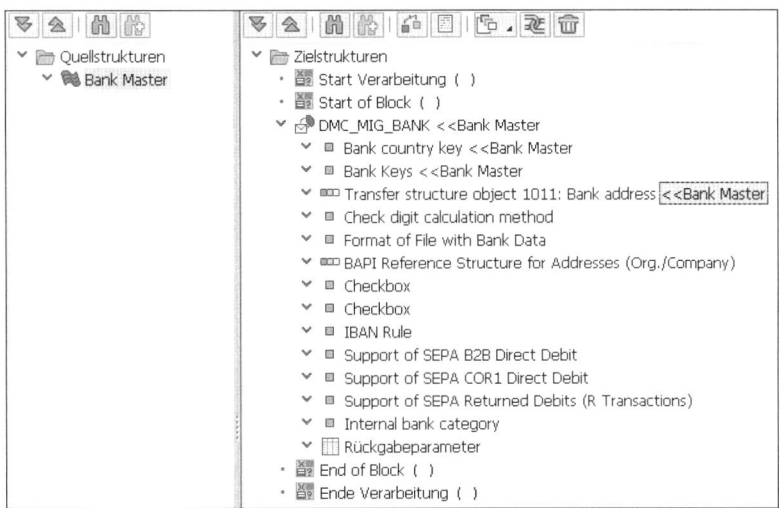

Abbildung 11.74 Struktur-Mapping anzeigen

Sie ordnen eine Quellstruktur einer Zielstruktur zu, indem Sie die Quellstruktur im linken Arbeitsbereich markieren und per Drag & Drop auf die gewünschte Zielstruktur ziehen. Im Struktur-Mapping können Sie folgende weitere Funktionen auswählen:

- einen Strukturknoten **Aufklappen** (▼) bzw. **Zuklappen** (▲)
- **Suchen** einer Struktur (🔍)
- **Struktur-Mapping prüfen** (🔒)
- **Struktur-Mapping Vorschau anzeigen** (📄): Hier wird Ihnen der ABAP-Quelltext angezeigt, der aufgrund des vorgenommenen Struktur-Mappings generiert werden wird. Fehler im Struktur-Mapping lassen sich dadurch frühzeitig für Experten erkennen.
- **Regel zuordnen** bzw. **Regel entfernen** (📋): Den Verarbeitungszeitpunkten **Start Verarbeitung()**, **Start of Block()**, **End of Block()** und **Ende der Verarbeitung()** lassen sich Ereignisregeln zuordnen. In diesen Regeln wird ABAP-Code hinterlegt, der dann zu den Zeitpunkten, wenn bei der Datenübernahme diese Quelltextstellen durchlaufen werden, verarbeitet wird.
- **Struktur-Mapping bearbeiten** (🔄): Wenn Sie in der Zielstruktur eine Strukturzuordnung bearbeiten wollen, dann markieren Sie diese Zuordnung und drücken diese Schaltfläche.
- **Struktur-Mapping löschen** (🗑): Wenn Sie eine Strukturzuordnung löschen wollen, markieren Sie die Zuordnung und drücken den Löschknopf.

11 Neuimplementierung eines Einzelsystems

Feld-Mapping bearbeiten

Kundenfelder zuordnen

Unter **Feld-Mapping** können Sie sogenannte *Kundenfelder*, die Sie vorher, wie in Abschnitt »Quellstrukturen bearbeiten« beschrieben, der Quellstruktur zugeordnet haben, per Drag & Drop einem nicht zugeordneten Feld der Zielstruktur auf der rechten Seite zuweisen. (Nicht zugeordnete Felder sind durch einen roten Kreis mit weißem Kreuz gekennzeichnet.)

In unserem Beispiel markieren Sie das Feld **Postcheckkontonummer** in der Quellstruktur und ziehen es auf das Feld **Post office bank current account number**.

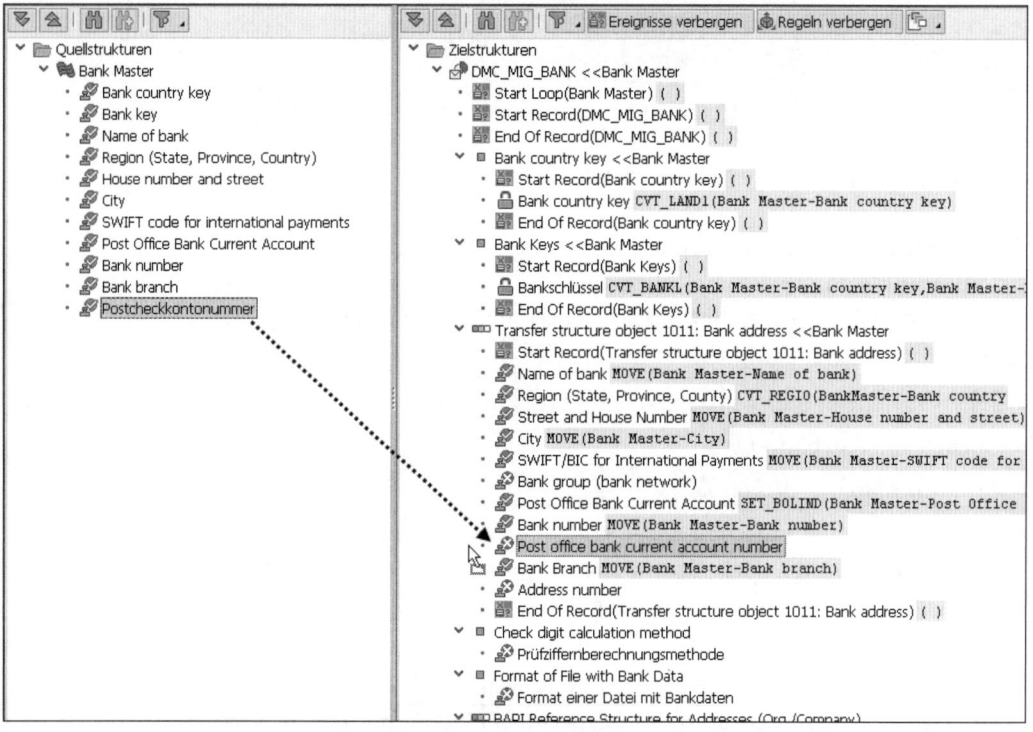

Abbildung 11.75 Feld-Mapping bearbeiten

Typkonflikt

Wenn die Felddefinitionen des Kundenfeldes und des Zielstrukturfeldes unterschiedlich sind, erscheint ein Dialogfenster, das auf diesen Konflikt hinweist. Sie werden dabei gefragt, ob Sie diese Feldzuordnung wirklich vornehmen wollen. Bei der Zuordnung wird eine *MOVE-Regel* hinterlegt, die ein 1:1-Mapping festlegt. Bei einer MOVE-Regel müssen die zu migrierenden Werte für dieses neue Feld schon im richtigen Zielformat in die Migrationsvorlagendatei geschrieben werden. Im neuen Migration Object Modeler können Sie jetzt auch Regeln hinterlegen, über die die Werte umgeschlüsselt werden. Das Ergebnis einer solchen Zuordnung sehen Sie in Abbildung 11.76.

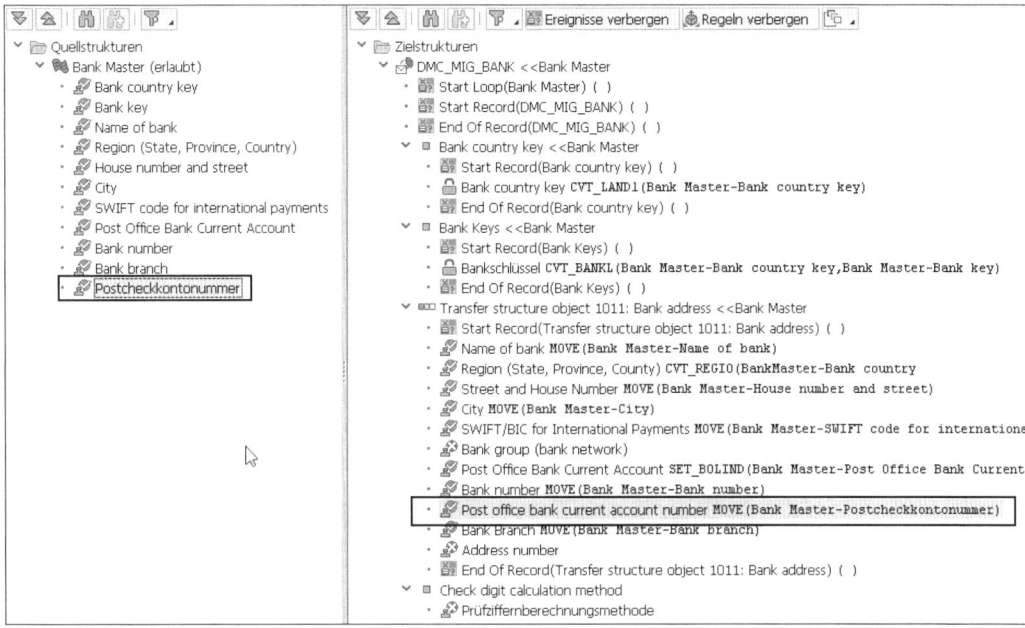

Abbildung 11.76 Modellierer – Kundenfeld zugeordnet

Im Feld-Mapping gibt es analog zum Struktur-Mapping weitere Funktionen, die Sie auswählen können:

- einen Strukturknoten **Aufklappen** (▼) bzw. **Zuklappen** (▲)
- **Suchen** einer Struktur oder eines Feldes (🔍)
- **Filtern** der Anzeige der Felder in der Zielstruktur (▽) nach folgenden Kriterien:
  - Alle Felder anzeigen (Standard)
  - Felder mit Mapping anzeigen
  - Felder ohne Mapping anzeigen
  - Felder mit unvollständigem Mapping anzeigen
  - Felder mit Konflikten anzeigen
  - Felder ohne Standard-Mapping anzeigen
- **Filtern** der Anzeige der Felder in der Quellstruktur (▽) nach folgenden Kriterien:

- Alle Felder anzeigen (Standard)
- Zugeordnete Felder anzeigen
- Nicht zugeordnete Felder anzeigen

- **Ereignisse verbergen/anzeigen** (Ereignisse verbergen) blendet die Verarbeitungszeitpunkte **Start Loop()**, **Start Record()**, **End of Record()**, **After Loop()** aus bzw. ein.

- **Regeln verbergen/anzeigen** (Regeln verbergen) blendet die zugewiesenen Regeln aus bzw. ein.

- **Regel zuordnen** bzw. **Regel entfernen** ( ): Hiermit können den Feldern und den Verarbeitungszeitpunkten Regeln zugeordnet bzw. deren Zuordnung bearbeitet werden.

Abbildung 11.77 zeigt Ihnen das Eingabefenster **Regel zuordnen** für das Feld **Postcheckkontonummer** aus unserem Beispiel. Über die Wertehilfe im Feld **Name** können Sie bestehende Regeln auswählen oder mit ☐ eine neue **Regel anlegen** und über ✎ die **Regel ändern**.

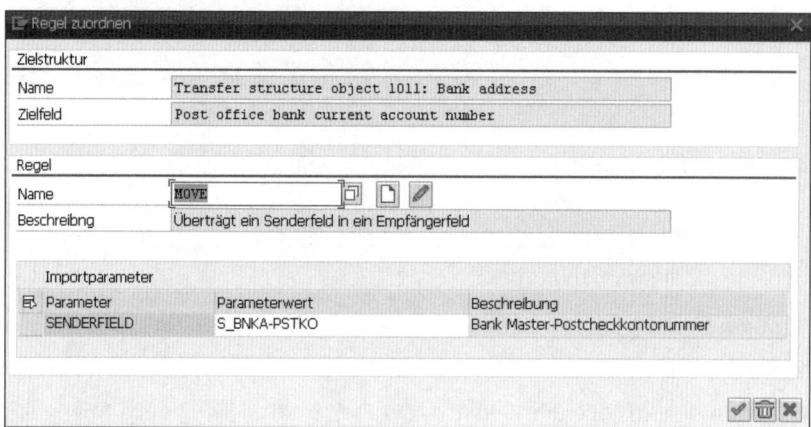

Abbildung 11.77 Regel zuordnen

Speichern, Generieren, Loslegen

Speichern Sie Ihre Änderungen über die Schaltfläche **Sichern** (💾) in der Systemfunktionsleiste. Anschließend drücken Sie **Laufzeitobjekt generieren** (🔄) in der Anwendungsleiste, damit das Laufzeitobjekt (Funktionsgruppe) neu generiert wird. Öffnen Sie das Objekt nun im Migration Cockpit, laden Sie die neue Migrationsvorlagedatei herunter, und migrieren Sie Ihre Bankdaten inklusive des neuen Feldes.

Im folgenden Abschnitt werden wir ein neues Migrationsobjekt anlegen.

11.5.5 Eigene Migrationsobjekte anlegen

Mit dem Migration Object Modeler haben Sie jetzt auch die Möglichkeit, eigene Migrationsobjekte anzulegen. Als Beispiel haben wir einen gängigen Anwendungsfall ausgewählt. Mit dem ausgelieferten Migrationsobjekt für Kostenstellen ist es leider nur möglich, den Namen und die Beschreibung einer Kostenstelle in einer Sprache anzulegen, da der verwendete Funktionsbaustein BAPI_COSTCENTER_CREATEMULTIPLE nur eine Sprache unterstützt. Wir werden in unserem Beispiel ein neues Migrationsobjekt auf Basis des Änderungsbausteins BAPI_COSTCENTER_CHANGEMULTIPLE anlegen, um den Namen und die Beschreibung einer vorhandenen Kostenstelle in weiteren Sprachen hinzuzufügen.

Sprachabhängige Beschreibungen für Kostenstellen

Anforderungen an Migrations-APIs

Damit ein Funktionsbaustein als Migrations-API verwendet werden kann, muss er mit den Anforderungen des Migration Cockpits kompatibel sein. Die Anforderungen an eine Migrations-API sind folgende:

- Der Funktionsbaustein darf keinen *expliziten COMMIT* werfen, die Verbuchung muss von außen steuerbar sein.
- Der Funktionsbaustein darf keinen *impliziten COMMIT* auslösen (Popup-Fenster, Nachrichten etc.).
- Alle Meldungen (Fehler, Warnung, Abbruch, Info, Erfolg) müssen in einer Rückgabestruktur vom Typ BAPIRET2 zurückgegeben werden.
- Der Funktionsbaustein darf keine Ausnahmen (*Exceptions*) werfen, da dies zu unkontrollierten Zuständen und zur Sperrung des Datensatzes führen kann.
- Bei interner Nummernvergabe müssen die neuen Schlüssel zurückgegeben werden.
- Der Funktionsbaustein sollte einen Parameter zur Simulation haben.

BAPI-Funktionsbausteine, die SAP für die Nutzung durch Kunden freigegeben hat, erfüllen normalerweise diese Kriterien. Sollte Ihr Funktionsbaustein diese Kriterien nicht erfüllen oder sollte es sich um eine Methode einer ABAP-OO-Klasse handeln, können Sie sich auch einen sogenannten Wrapper-Funktionsbaustein bauen. Sie rufen die zu verwendende Migrations-API dann über diesen Wrapper-Funktionsbaustein auf. Der Wrapper-Funktionsbaustein verschalt den Aufruf der gewünschten Migrations-API und sollte auch die oben genannten Kriterien erfüllen. Die Rückgabe der Meldungen im richtigen Format und die Rückgabe von Exceptions als Meldungen lassen sich dann in den Wrapper-Funktionsbaustein einbauen. Ein Simulations-

Wrapper-Funktionsbaustein

parameter lässt sich auch manchmal »nachrüsten«. Dann wird bei gesetztem Parameter ein *Rollback* nach dem Aufruf der Migrations-API eingebaut.

Anlegen eines Migrationsobjekts

In unserem Beispiel nehmen wir das im Abschnitt »Anlegen eines Migrationsobjekts« in Abschnitt 11.5.2 verwendete Migrationsprojekt 1709_Migrations-Projekt_01_DE und fügen das neue Migrationsobjekt hinzu. Der Vorteil ist hierbei, dass die Umschlüsselungsregeln des Standardmigrationsobjekts für Kostenstellen übernommen werden können.

Wählen Sie im Menü **Migration Object Modeler • Create Migration Object • Benutzerdefiniert**. Es erscheint ein sogenannter geführter Eingabedialog. Im ersten Eingabefenster vergeben Sie die **Migrationsobjekt-ID**. Fügen Sie hinter dem schon vorhandenen Z_ Ihren eigenen Text für Ihr Objekt ein. In unserem Fall nennen wir das Migrationsobjekt Z_KOSTL_TEXT. Die Massenübernahme-ID des Migrationsprojekts wird auch vorgegeben, sodass die **Migrationsobjekt-ID** im Ganzen Z_KOSTL_TEXT_OGS lautet. Fügen Sie noch eine sinnvolle Beschreibung Kostenstelle Text im Feld **Beschreib.** ein. Sie finden am Schluss das Migrationsobjekt im Migration Cockpit unter dieser Beschreibung. Abbildung 11.78 zeigt Ihnen das erste Eingabefenster.

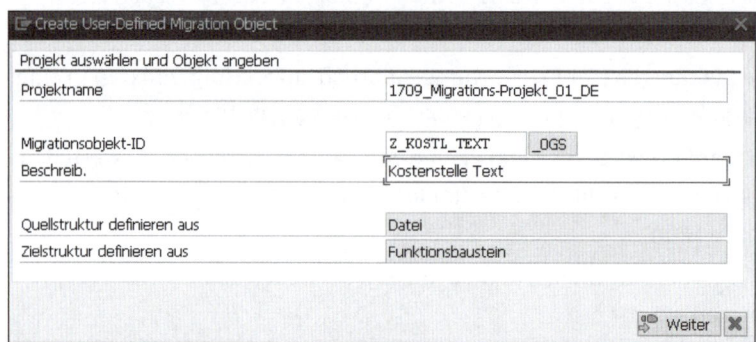

Abbildung 11.78 Erstes Eingabedialogfenster zum Anlegen eines benutzerdefinierten Objekts

Drücken Sie die Schaltfläche **Weiter**, um das zweite Eingabefenster aufzurufen. Hier geben Sie unter **Zielstruktur definieren** im Feld **Name Funktionsbaustein** BAPI_COSTCENTER_CHANGEMULTIPLE ein. Im Bereich **Rückgabeparametereinstellungen** wählen Sie im Feld **Param., der Ergeb. zurückgibt** den Funktionsbausteinparameter aus, der die Meldungen zurückgibt. In unserem Fall ist das der Funktionsbausteinparameter RETURN. Unter den **Simulationseinstellungen** wählen Sie im Feld **Parameter für Simulation** den Parameter TESTRUN aus und als **Wert für Simulation** den Wert X. Einen Überblick über die Eingaben sehen Sie in Abbildung 11.79.

11.5 SAP S/4HANA Migration Object Modeler

Abbildung 11.79 Zweites Eingabedialogfenster zum Anlegen eines benutzerdefinierten Objekts

Danach drücken Sie die Bestätigungstaste (✓), und das neue Migrationsobjekt erscheint im Migration Object Modeler, wie in Abbildung 11.80 zu sehen ist.

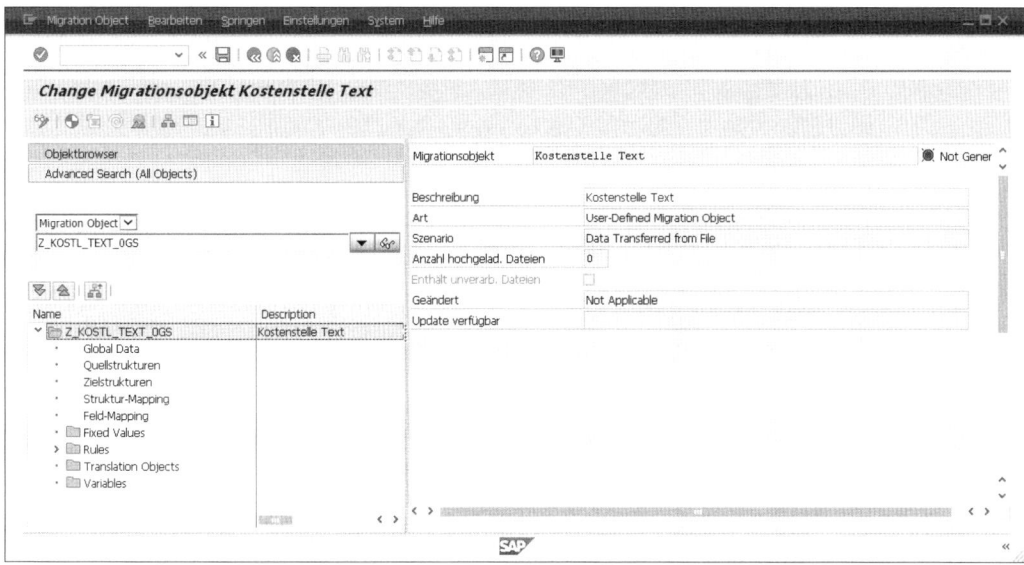

Abbildung 11.80 Neues Migrationsobjekt und seine Kopfdaten

Quellstruktur einfügen

Als Nächstes legen wir eine Quellstruktur an. Dazu klicken Sie doppelt auf den Knoten **Quellstrukturen** im linken Navigationsbaum. Es öffnet sich der Bearbeitungsbereich für die Quellstrukturen auf der rechten Seite. Für eine bessere Bearbeitung sollten Sie den Vollbildmodus über [ ] einschalten. Hier wählen Sie, wie in Abbildung 11.81 zu sehen ist, im Kontextmenü **Append-Struktur für untergeordnete Ebene** aus, um eine Quellstruktur einzufügen.

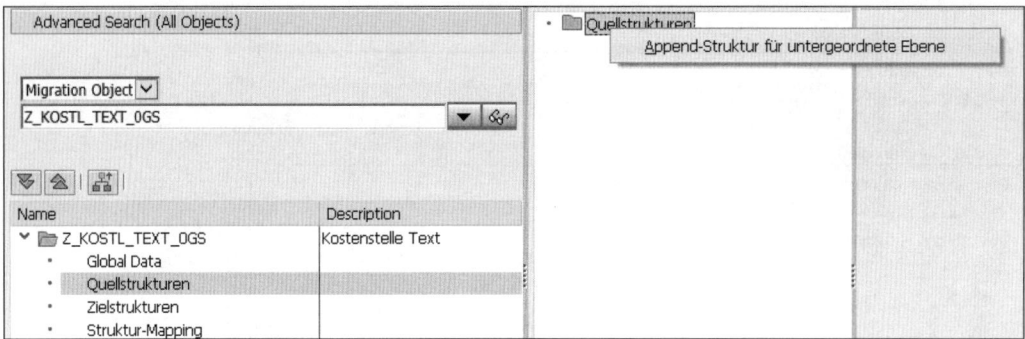

Abbildung 11.81 Quellstruktur einfügen

Im erscheinenden Eingabefenster geben Sie den technischen Namen der Struktur im Feld **Name** (S_CSKT) und die **Beschreibung** Texte ein. Danach sehen Sie eine leere Tabelle im rechten Arbeitsbereich und fügen über [ ] die folgenden Felder aus Tabelle 11.5 ein.

Schlüssel	Name	Datentyp	Länge	Spaltenkopf	Gruppentext
X	KOKRS	CHAR	10	Kostenrechnungskreis	Key
X	KOSTL	CHAR	80	Kostenstelle	Key
X	DATAB	DATS	8	Gueltig ab	Key
X	DATBI	DATS	8	Gueltig bis	Key
X	LANGU	CHAR	10	Textsprache	Key
	KTEXT	CHAR	20	Name	Text
	LTEXT	CHAR	40	Beschreibung	Text

Tabelle 11.5 Felder der neuen Quellstruktur

Ihre Quellstruktur sollte dann wie in Abbildung 11.82 aussehen.

Sichern Sie die neue Quellstruktur mit [ ].

11.5 SAP S/4HANA Migration Object Modeler

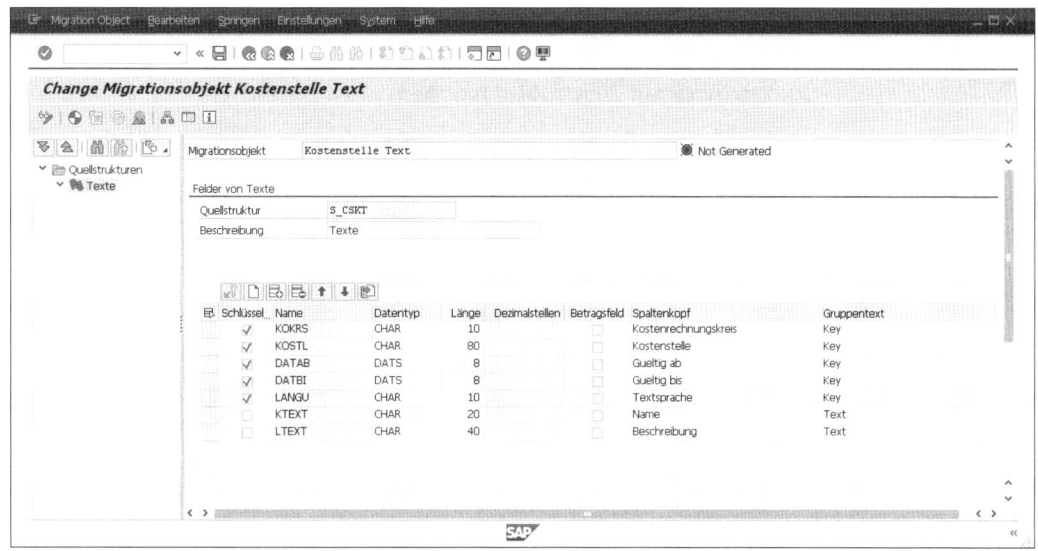

Abbildung 11.82 Quellstruktur mit Feldern

Wichtig: Maximale Schlüssellänge

Die Summe aller Feldlängen des Schlüssels auf dem obersten Quellstrukturknoten darf nicht größer als 200 Zeichen sein. Sie sollten deshalb die Länge der Schlüsselfelder nicht zu lang wählen. Ansonsten erhalten Sie beim Sichern der Quellstruktur eine Fehlermeldung, dass die maximale Schlüsselfeldlänge überschritten wurde.

View definieren

Als letzten Schritt sollten Sie noch die Sicht über [Symbol] oder das Kontextmenü **View anzeigen** definieren. Neuen Migrationsobjekten wird automatisch die Kundensicht 1 zugeordnet, und alle Schlüsselfelder sind als Erforderlich gekennzeichnet, wie Sie in Abbildung 11.83 sehen können.

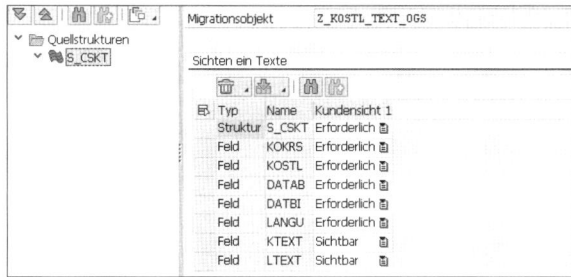

Abbildung 11.83 Quellstruktur: View-Pflege

481

Anschließend speichern Sie das Ganze noch einmal über 💾.

Quellstruktur auf Zielstruktur mappen

Anzeige auf technische Namen umstellen

Da wir die Zielstruktur ja schon im Eingabedialog definiert haben, wechseln wir direkt zum **Struktur-Mapping**. Hier sollten Sie über **Einstellungen • Technische Namen ein/aus** auf die Anzeige der technischen Namen umstellen. Das vereinfacht die Zuordnung der Strukturen, da die Strukturbeschreibungen manchmal etwas verwirrend sein können.

Ziehen Sie, wie in Abbildung 11.84 zu sehen, die Quellstruktur S_CSKT nacheinander auf die folgenden Zielstrukturen:

- HEADER (Kopfdaten)
- R_CONTROLLINGAREA (Kostenrechnungskreis)
- R_LANGUAGE (Sprache der Texte)
- R_COSTCENTERLIST (Kostenstellendaten)

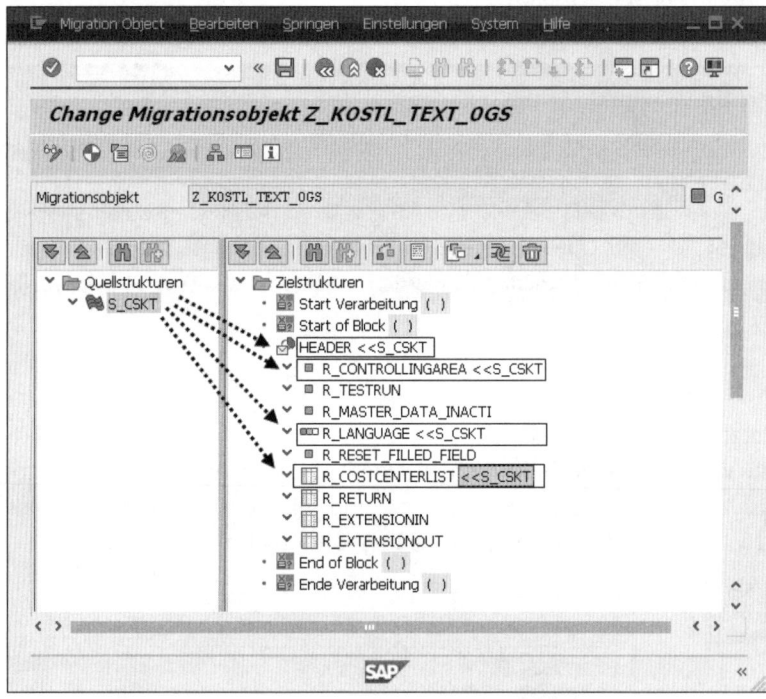

Abbildung 11.84 Quellstruktur auf Zielstrukturen mappen

Wichtig ist hierbei, dass Sie die HEADER-Struktur nicht vergessen. Nur, wenn Sie diese Zielstruktur mappen, werden die Datensätze nachher verarbeitet. Wenn Sie auf Strukturzuweisungen, wie z. B. die HEADER-Struktur, doppelt

11.5 SAP S/4HANA Migration Object Modeler

klicken, dann sehen Sie das Bearbeitungsfenster **Struktur-Mapping bearbeiten** wie in Abbildung 11.85 und können das Struktur-Mapping im Detail bearbeiten.

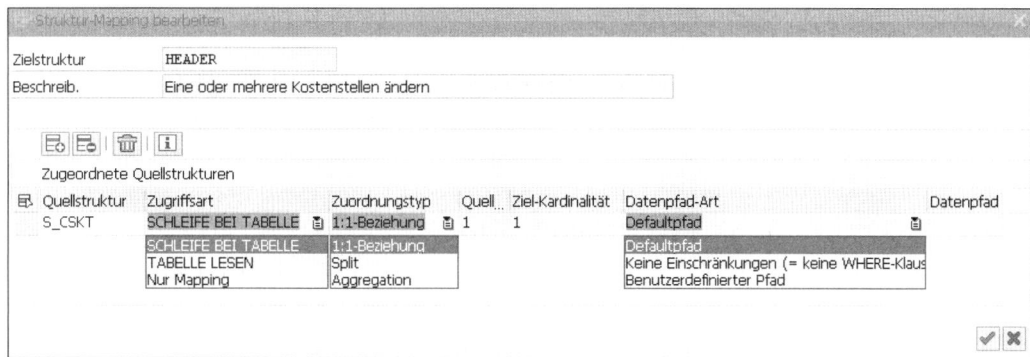

Abbildung 11.85 Struktur-Mapping bearbeiten

Sichern Sie dann das Struktur-Mapping über 💾. Anschließend können Sie sich über **Struktur-Mapping-Vorschau anzeigen** (📋) die Vorschau des ABAP-Quelltextes anzeigen lassen, der entsprechend Ihren Zuordnungen generiert werden wird. Abbildung 11.86 zeigt Ihnen diese Vorschau.

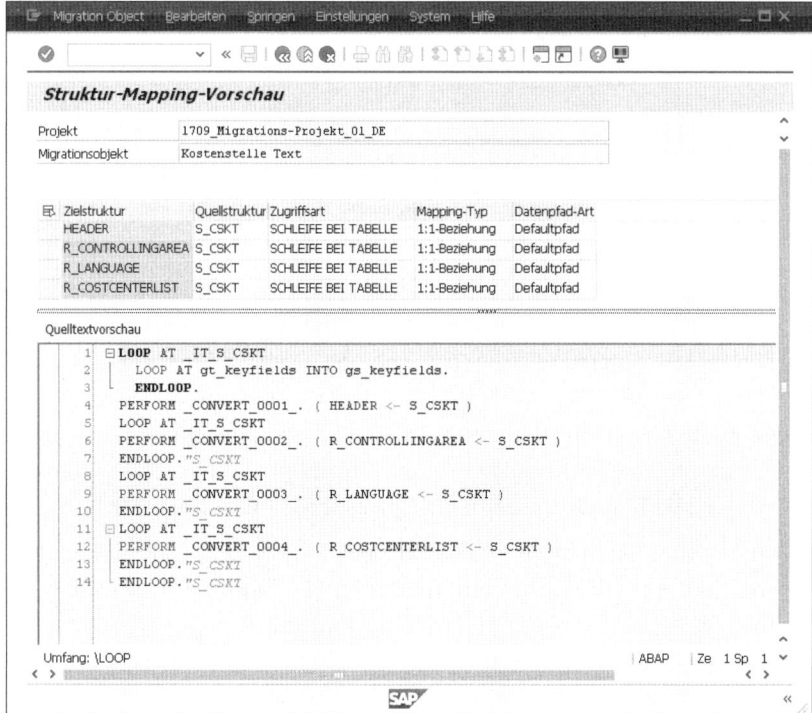

Abbildung 11.86 Struktur-Mapping-Vorschau

483

Quellfelder auf Zielfelder mappen

Als nächsten Schritt werden wir die Quellfelder auf die Zielfelder mappen. Klicken Sie hierzu im Navigationsbaum doppelt auf **Feld-Mapping**. Im rechten Arbeitsbereich öffnet sich dann das geteilte Arbeitsfenster für das Feld-Mapping. Schalten Sie auch hier am besten wieder auf den Vollbildmodus (⌸) um. Auf der linken Seite sind die Quellstrukturen und Felder und auf der rechten Seite alle Zielstrukturen, Felder und die jeweiligen Verarbeitungszeitpunkte sichtbar. Sie können hier Quellstrukturfelder auf Zielstrukturfelder ziehen. Wenn dabei ein Unterschied in den Feldlängen des Quell- und des Zielfeldes festgestellt wird, erscheint ein Dialogfenster, wie es in Abbildung 11.87 zu sehen ist. Sie können mit **Ja** oder **Nein** entscheiden, ob Sie das Mapping durchführen wollen oder nicht.

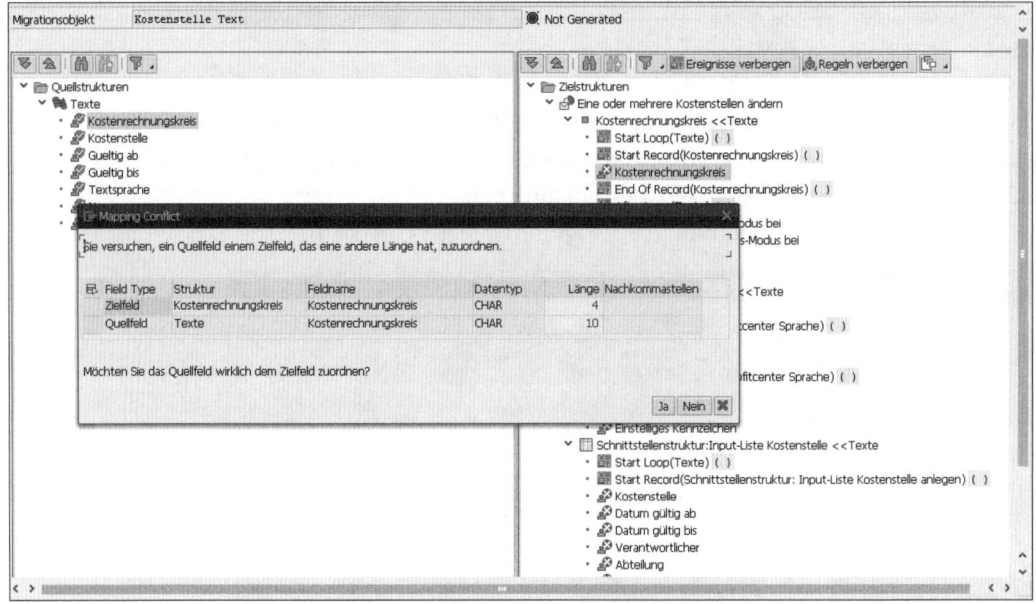

Abbildung 11.87 Unterschiedliche Feldlängen des Quell- und Zielfeldes

Längere Quellfelder sind kein Problem, wenn Sie sie anschließend mit einer Konvertierungsregel (**Rules**) bzw. einem Umschlüsselungsobjekt (**Translation Object**) verbinden, die dann die Umschlüsselung vornehmen.

Drag & Drop erzeugt eine MOVE-Regel

Wenn Sie ein Quellfeld einem Zielfeld per Drag & Drop zuordnen, wird automatisch eine MOVE-Regel hinterlegt. Der Quellwert wird somit 1:1 als Zielwert übernommen. Das ist sinnvoll bei Datums-, Betrags- oder Mengenangaben und allgemeinen Beschreibungen, wie z. B. Textfeldern, für die Sie keine Umschlüsselung benötigen und die in der Regel ohne Abweichungen übernommen werden sollen.

Für Felder, die umgeschlüsselt werden müssen, sollten Sie das Zielfeld auswählen und dann über das Kontextmenü oder [Symbol] eine **Regel zuordnen**. In unserem Anwendungsfall, den wir in Abbildung 11.88 zeigen, ordnen wir dem Zielfeld R_CONTROLLINGAREA-CONTROLLINGAREA (Kostenrechnungskreis) das Quellfeld S_CSKT-KOKRS (Kostenrechnungskreis) über die vorhandene Konvertierungsregel CVT_KOKRS wie folgt zu: Wählen Sie das Feld Kostenrechnungskreis (KOKRS) in der Zielstruktur Kostenrechnungskreis (R_CONTROLLINGAREA) aus, und wählen Sie **Regel zuordnen** über die Schaltfläche [Symbol] ❶. Im erscheinenden Eingabefenster **Regel zuordnen** wählen Sie die Wertehilfe im Feld **Name** aus ❷. Alternativ können Sie hier auch eine neue Regel über [Symbol] anlegen bzw. eine bestehende Regeln über [Symbol] ändern. Es erscheint ein Fenster mit allen verfügbaren **Übertragungsregeln**. Hier wählen Sie nun die Regeln CVT_KOKRS aus und bestätigen dies über [Symbol] ❸. Danach erscheint die Zuordnungsregel CVT_KOKRS im Feld Name, und dem **Importparameter** IV_KOKRS der Regel wurde das Quellfeld S_CSKT-KOKRS als **Parameterwert** zugeordnet. Zum Schluss bestätigen Sie das Ganze mit [Symbol] ❹. Die Regel ist nun zugewiesen, und Sie sichern das Mapping über [Symbol].

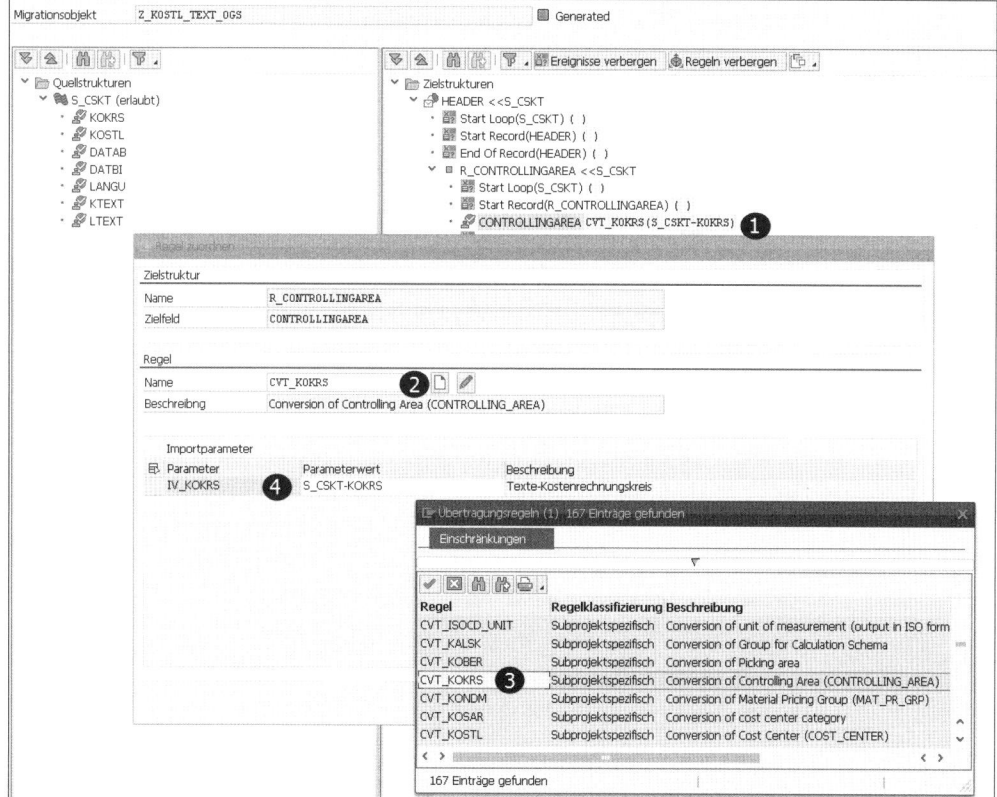

Abbildung 11.88 Konvertierungsregel zuordnen

11 Neuimplementierung eines Einzelsystems

Für manche Feld-Mappings müssen Sie, wie im Fall der Kostenstelle, mehr als ein Feld zuordnen. Da die Kostenstelle abhängig vom Kostenrechnungskreis ist, müssen Sie hier die Quellfelder KOKRS (Kostenrechnungskreis) und KOSTL (Kostenstelle) dem Zielfeld COSTCENTER (Kostenstelle) zuordnen. Das Ergebnis sehen Sie in Abbildung 11.89.

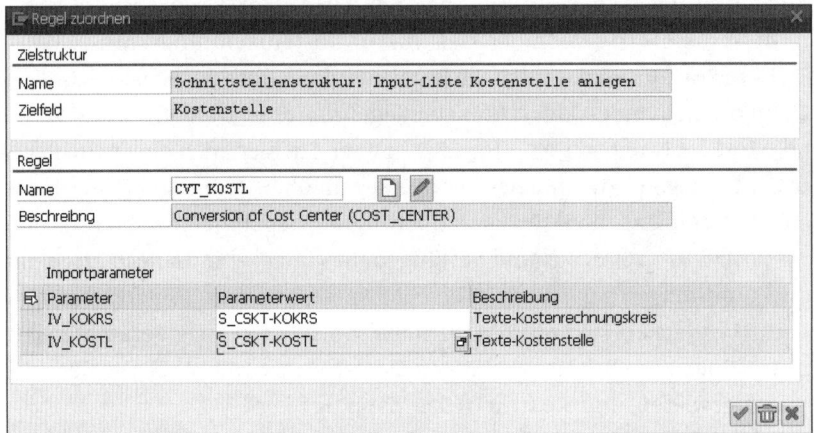

Abbildung 11.89 Regel mit zwei Importparametern

Mappen Sie nun alle weiteren Felder, und fügen Sie, falls notwendig, Regeln hinzu. In unserem Anwendungsfall verwenden Sie das in Tabelle 11.6 hinterlegte Feld-Mapping.

Quellfeld (technisch)	Zielstruktur (technisch)	Zielfeld (technisch)	Regel (technisch)
KOKRS	R_CONTROLLINGAREA	CONTROLLINGAREA	CVT_KOKRS
LANGU	R_LANGUAGE	LANGU	CVT_SPRAS
• KOKRS • KOSTL	R_COSTCENTERLIST	COSTCENTER	CVT_KOSTL
DATAB	R_COSTCENTERLIST	VALID_FROM	MOVE
DATBI	R_COSTCENTERLIST	VALID_TO	MOVE
KTEXT	R_COSTCENTERLIST	NAME	MOVE
LTEXT	R_COSTCENTERLIST	DESCRIPT	MOVE

Tabelle 11.6 Anwendungsfall 2: Feld-Mapping-Tabelle

Das endgültige Feld-Mapping mit aktiviertem Filter ( ) (**Felder mit Mapping anzeigen**) sehen Sie in Abbildung 11.90.

11.5 SAP S/4HANA Migration Object Modeler

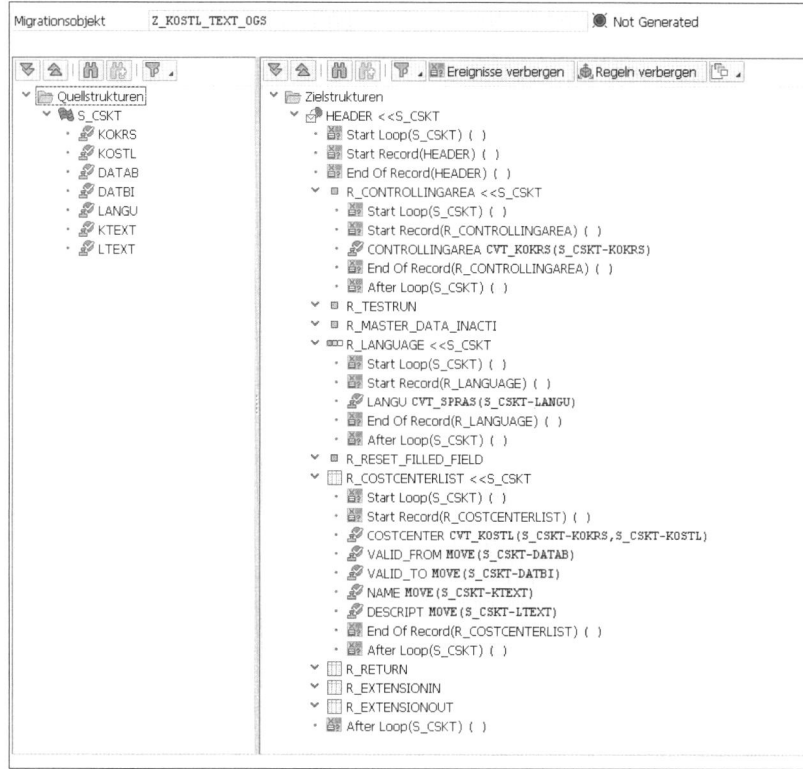

Abbildung 11.90 Zugeordnete Felder und Regeln

Als vorletzten Schritt sichern Sie das Mapping wieder über 💾.

Funktionsgruppe generieren

Als letzten Schritt vor der eigentlichen Datenübernahme generieren Sie nun das Migrationsobjekt über **Laufzeitobjekt generieren** (🔄). Wenn Sie keinen Fehler gemacht haben, sollte das nachfolgende Fenster aus Abbildung 11.91 unterhalb des rechten Arbeitsbereichs eingeblendet werden.

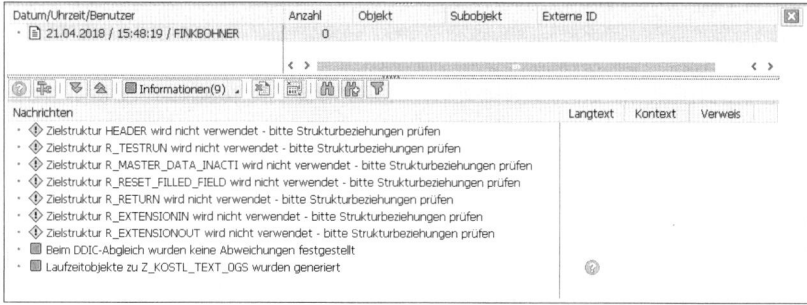

Abbildung 11.91 Erfolgreiche Laufzeitgenerierung

Sie können nun das Laufzeitobjekt über die Funktion **Generierte Funktionsgruppe anzeigen** (📄) aufrufen. Die Funktionsbausteine der Migrationsverarbeitung finden Sie in der zweiten INCLUDE-Zeile, die auf UXX endet. In unserem Beispiel ist das /1LT/LQEX241000000004155UXX (siehe Abbildung 11.92).

```
Funktionsgruppe    /1LT/SAPLQEX241000000004155    aktiv
 1  ***************************************************************
 2  *    System-defined Include-files.                             *
 3  ***************************************************************
 4       INCLUDE /1LT/LQEX241000000004155TOP.      " Global Declarations
 5       INCLUDE /1LT/LQEX241000000004155UXX.      " Function Modules
 6
 7  ***************************************************************
 8  *    User-defined Include-files (if necessary).                *
 9  ***************************************************************
10  *    INCLUDE /1LT/LQEX241000000004155F...      " Subroutines
11  *    INCLUDE /1LT/LQEX241000000004155O...      " PBO-Modules
12  *    INCLUDE /1LT/LQEX241000000004155I...      " PAI-Modules
13  *    INCLUDE /1LT/LQEX241000000004155E...      " Events
14  *    INCLUDE /1LT/LQEX241000000004155P...      " Local class implement.
15  *    INCLUDE /1LT/LQEX241000000004155T99.      " ABAP Unit tests
16       INCLUDE /1LT/LQEX241000000004155FI1.
17       INCLUDE /1LT/LQEX241000000004155FI2.
18       INCLUDE /1LT/LQEX241000000004155FI3.
19       INCLUDE /1LT/LQEX241000000004155FI4.
20       INCLUDE /1LT/LQEX241000000004155F01.
21       INCLUDE /1LT/LQEX241000000004155F02.
22       INCLUDE /1LT/LQEX241000000004155F03.
23       INCLUDE /1LT/LQEX241000000004155F04.
```

Abbildung 11.92 Generierte Funktionsgruppe

In Abbildung 11.93 sehen Sie die einzelnen Funktionsbausteine der Funktionsgruppe. Der sogenannte OLO-Include INCLDUE /1LT/LQEX241000000004155U03 enthält den Funktionsbaustein, der die Migrations-API aufruft.

```
 1  ***************************************************************
 2  *    THIS FILE IS GENERATED BY THE FUNCTION LIBRARY.           *
 3  *    NEVER CHANGE IT MANUALLY, PLEASE!                         *
 4  ***************************************************************
 5       INCLUDE /1LT/LQEX241000000004155U01.
 6                  "/1LT/QEXIL_241000000004155
 7       INCLUDE /1LT/LQEX241000000004155U02.
 8                  "/1LT/QEXOLC_241000000004155
 9       INCLUDE /1LT/LQEX241000000004155U03.
10                  "/1LT/QEXOLO_241000000004155
11       INCLUDE /1LT/LQEX241000000004155U04.
12                  "/1LT/QEXACS_241000000004155
```

Abbildung 11.93 OLO-Gruppe mit dem Migrations-API-Aufruf

Datenmigration über das Migration Cockpit ausführen

Anschließend starten Sie das Migration Cockpit und rufen das Migrationsprojekt auf. Sie sollten nun das neue Migrationsobjekt »Kostenstelle Text« sehen, wie es in Abbildung 11.94 gezeigt wird.

11.5 SAP S/4HANA Migration Object Modeler

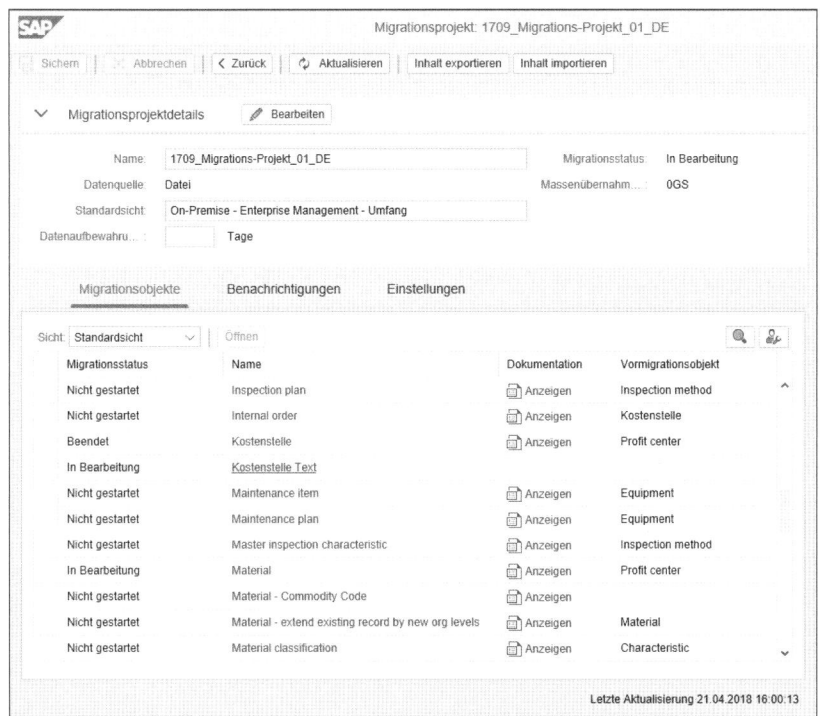

Abbildung 11.94 Neues Migrationsobjekt im Migration Cockpit

Öffnen Sie das neue Migrationsobjekt wie gewohnt, und laden Sie die Migrationsvorlage über **Vorlage herunterladen** herunter. Die Vorlage füllen Sie mit Ihren Daten aus (siehe Abbildung 11.95).

Abbildung 11.95 Migrationsdatei für das neue Migrationsobjekt

Dann laden Sie die Migrationsdatei über **Datei hochladen** wieder in die Staging Area. Wie Sie in Abbildung 11.96 sehen, ist die **Aktive Sicht** die Kundensicht 1, die Sie im Migration Object Modeler definiert und zugewiesen hatten.

489

11 Neuimplementierung eines Einzelsystems

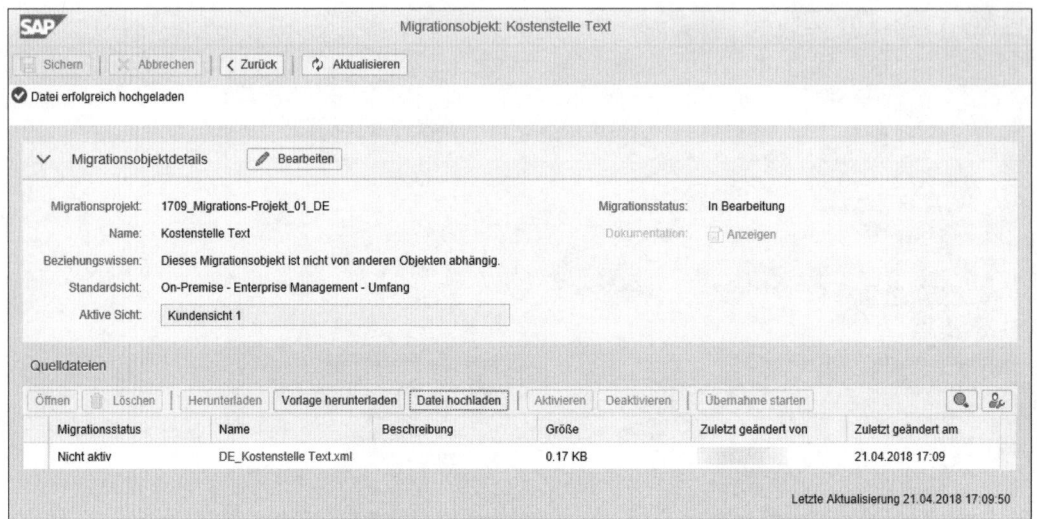

Abbildung 11.96 Hochgeladene und noch nicht aktivierte Migrationsdatei

Aktivieren und **Öffnen** Sie die Datei zum Prüfen der Feldwerte. Die Werte sollten so aussehen, wie es Abbildung 11.97 zeigt.

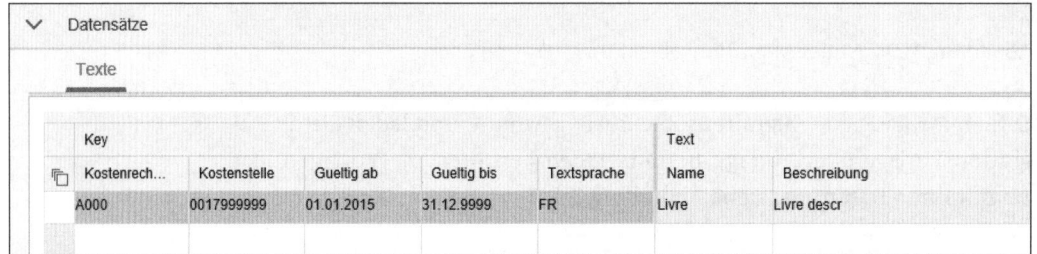

Abbildung 11.97 Hochgeladene Datensätze in der Staging Area

Danach starten Sie den Datenimport wie gewohnt über **Übernahme starten**. Wenn Sie die Werte-Konvertierung vorgenommen haben und die Schritte **Import simulieren** und **Import ausführen** erfolgreich durchlaufen wurden, erhalten Sie eine Erfolgsmeldung, wie sie in Abbildung 11.98 zu sehen ist. Sie können sich dann die importierten Werte über die jeweilige Pflegetransaktion des Geschäftsobjekts (Business-Objekt) ansehen oder über den **Data Browser** (SE16) wie in Abbildung 11.99.

11.5 SAP S/4HANA Migration Object Modeler

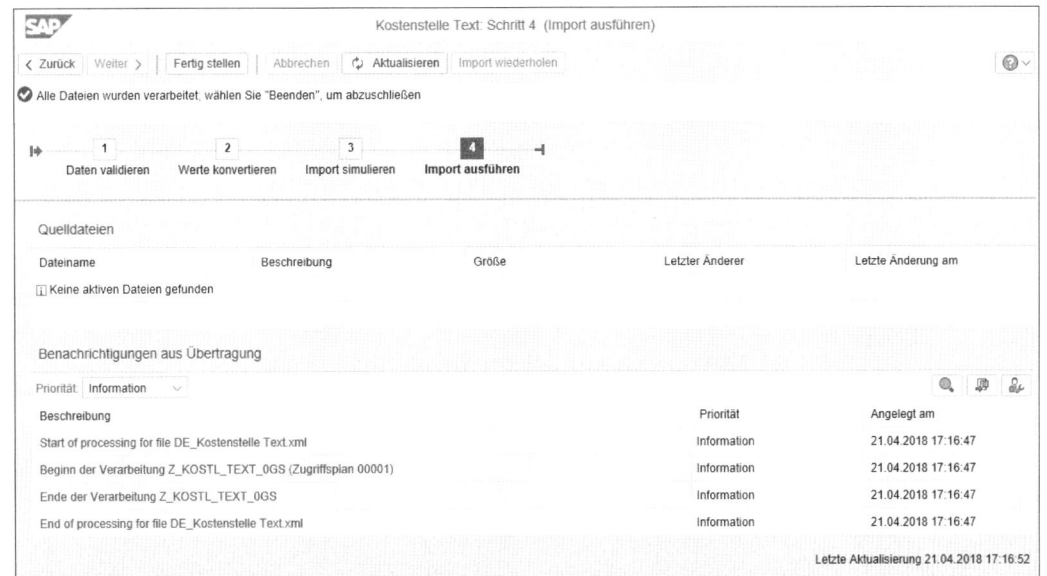

Abbildung 11.98 Erfolgreiche Datenmigration

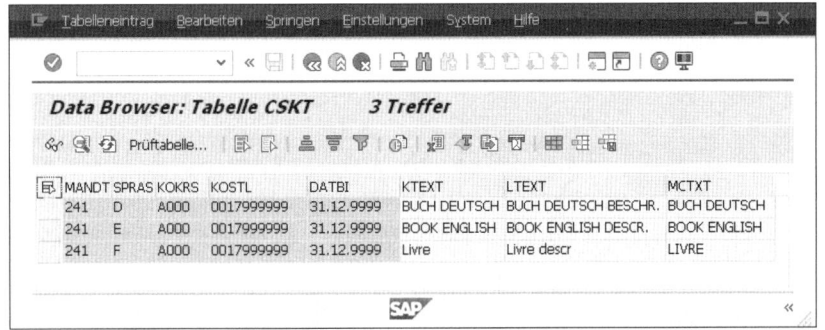

Abbildung 11.99 Hochgeladener Datensatz auf der Zieltabelle

Report zum Testen und Debuggen

SAP liefert mit SAP S/4HANA 1709 SP3 den Report DMC_MC_SIMULATE_IMPORT_FILE aus, mit dem Sie für ein Migrationsobjekt einen Simulationslauf ausführen können. Sie rufen dazu den Report über den **ABAP Editor** (SE38) oder die **ABAP-Programmausführung** (SA38) auf. Dann wählen Sie Ihr Migrationsobjekt und die Migrationsdatei auf Ihrem Rechner aus. Den Report können Sie auch für das Debugging Ihres Migrationsobjekts nutzen. Wichtig ist, dass Sie vorher alle Konvertierungen im Migration Cockpit gepflegt haben.

> Der SAP-Hinweis mit dem Report ist über folgenden Link erreichbar:
> http://s-prs.de/v6316105

Wie Sie gesehen haben, ist der Migration Object Modeler ein sehr mächtiges Migrationswerkzeug. Sie sollten nun in der Lage sein, die hier angesprochenen Anwendungsfälle umzusetzen und das Wissen gegebenenfalls auf ihre speziellen Anwendungsfälle zu übertragen.

11.6 Vergleich der Migrationswerkzeuge

Welches Werkzeug für welchen Zweck? Sie haben nun einen Überblick über die vorhandenen und speziell für SAP S/4HANA bereitgestellten Migrationswerkzeuge erhalten. Allerdings stellt sich nun die Frage, wann Sie welches dieser Werkzeuge idealerweise verwenden.

Darauf gibt es nicht immer eine klare Antwort, vielmehr können mehrere Lösungen häufig gleichzeitig nebeneinander genutzt werden. Wir möchten trotzdem versuchen, Ihnen in diesem Abschnitt eine Orientierung zu geben, wann Sie welches Tool optimal einsetzen können. Tabelle 11.7 vergleicht die verschiedenen Migrationswerkzeuge, die in diesem Kapitel vorgestellt wurden.

Vergleichs-kriterium	SAP S/4HANA Migration Cockpit	SAP S/4HANA Migration Object Modeler	Rapid Data Migration mit SAP Data Services
Verfügbarkeit	in jedem SAP- S/4HANA-System, Cloud- oder On-Premise-Version	in jedem SAP- S/4HANA-On-Premise-System ab Version 1610	separat zu installierendes ETL-Tool, nicht verfügbar für SAP S/4HANA in der Public Cloud (Software as a Service, SaaS)
Abdeckung	einziges Werkzeug für SAP S/4HANA Cloud (SaaS) mit kompletter Best-Practices-Abdeckung; für On-Premise-Version Basiswerkzeug mit Datei-Upload, Staging-Tabellen und Erweiterungsmöglichkeit über den Migration Object Modeler	Ergänzung zum Migration Cockpit in SAP-S/4HANA-On-Premise-Systemen zur Erweiterung von Strukturen, Feldern und Regeln, die über den Content der SAP Best Practices hinausgehen und von den Migrations-APIs abgedeckt sind	nur für die On-Premise-Version von SAP S/4HANA einsetzbar, große Objektabdeckung und uneingeschränkte Erweiterbarkeit

Tabelle 11.7 Vergleich der Migrationswerkzeuge

Vergleichs-kriterium	SAP S/4HANA Migration Cockpit	SAP S/4HANA Migration Object Modeler	Rapid Data Migration mit SAP Data Services
Vorteile	genaue Abdeckung des Lösungsumfangs der SAP Best Practices; einfach zu bedienen; über Migration Object Modeler erweiterbare Migrationsvorlagen; Staging-Tabellen ab SAP S/4HANA 1709 FPS01 nutzbar	Erweiterung von Strukturen und Feldern möglich, die nicht Teil der SAP Best Practices sind, sofern sie über die Migrations-API abgedeckt sind; Erstellung von neuen Migrationsobjekten auf Basis von kompatiblen Migrations-APIs	direkte Anbindung an Quellsysteme; Datenbereinigung
Nachteile	feste Migrationsvorlage in SAP S/4HANA Cloud (SaaS); keine Datenextraktion; keine Datenbereinigung; eingeschränkte maximale Dateigröße in SAP S/4HANA Cloud (SaaS)	nicht für SAP S/4HANA Cloud (SaaS) verfügbar	separate Hardware; Datenbereinigung benötigt zusätzliche Lizenz.

Tabelle 11.7 Vergleich der Migrationswerkzeuge (Forts.)

Vielleicht kennen Sie noch andere SAP-Migrationswerkzeuge? Da SAP S/4HANA genau wie die SAP Business Suite auf ABAP basiert, beinhaltet es als Basiskomponente auch SAP NetWeaver. Ein Bestandteil von SAP NetWeaver ist die *Legacy System Migration Workbench* (LSMW), ein Datenmigrationswerkzeug für die klassische SAP Business Suite.

LSMW

Obwohl dieses Migrationswerkzeug weiterhin über den Transaktionscode LSMW in Ihrem SAP-S/4HANA-On-Premise-System verfügbar ist (aber nicht in SAP S/4HANA Cloud), sollten Sie – wenn überhaupt – die LSMW nur als unterstützendes Werkzeug neben den speziell für SAP S/4HANA konzipierten Migrationswerkzeugen einsetzen, die wir in diesem Kapitel beschrieben haben. Die LSMW ist in der *Simplification List* aufgeführt (siehe Abschnitt 10.2.2), d. h., die LSMW sollte eigentlich nicht mehr genutzt werden. Stattdessen nennt SAP-Hinweis 2287723 die in diesem Buch beschriebenen Ansätze als Alternativen.

Empfehlung der Simplification List

Für SAP S/4HANA freigegebene BAPI- oder IDoc-Schnittstellen können Sie normalerweise weiterhin auch in der LSMW verwenden. Wenn Sie Migrations-Reports oder Transaktionsaufzeichnungen verwenden wollen, sollten Sie sich vergewissern, dass diese Reports und die Transaktionen, die Sie aufzeichnen wollen, auch für SAP S/4HANA freigegeben sind.

Sorgfältig testen — Generell sollten Sie Ihre LSMW-Projekte stets sorgfältig testen, da aufgrund der Änderungen und Simplifizierungen in SAP S/4HANA nicht mehr unbedingt sichergestellt ist, dass LSMW-Projekte noch korrekt funktionieren. Nach einem erfolgreichen Test können Sie (auf Ihre eigene Verantwortung und Gefahr hin) die LSMW zur Migration auf Ihr produktives SAP-S/4HANA-System nutzen – ergänzend zu den hier genannten SAP-S/4HANA-Standardmigrationslösungen.

[»] **Weiterführende Literatur zur LSMW und SAP Data Services**

Weitere vertiefende Informationen zur Datenmigration mit SAP Data Services oder der LSWM im SAP-ERP-Umfeld finden Sie in dem Buch »Datenmigration in SAP« von Michael Willinger, Hans Gradl, Frank Densborn, Michael Roth und Frank Finkbohner (4. Auflage, SAP PRESS 2015) und in »Data Migration with SAP« von Frank Densborn, Frank Finkbohner, Hans Gradl, Michael Roth und Michael Willinger (3. Auflage, SAP PRESS 2016).

[»] **Weitere Informationen zu SAP S/4HANA und den SAP Best Practices**

Weitere Detailinformationen zu den SAP S/4HANA Best Practices inklusive des Migrations-Contents erhalten Sie in der SAP S/4HANA Community und in dem SAP Best Practices Explorer unter den folgenden Links:

- SAP S/4HANA Community: *http://s-prs.de/v6316106*
- SAP Best Practices for SAP S/4HANA (on premise): *http://s-prs.de/v6316107*
- SAP Best Practices for SAP S/4HANA Cloud: *http://s-prs.de/v6316108*

# Kapitel 12
Transformation einer Systemlandschaft

In diesem Kapitel beschreiben wir die Landschaftstransformation und deren Besonderheiten. Der Begriff bezeichnet eigentlich mehrere verschiedene Szenarien, auf die wir hier im Detail eingehen.

In diesem Kapitel erläutern wir das dritte und letzte Übergangsszenario, und zwar die Landschaftstransformation. Dieses Szenario ist das einzige der drei Umstiegsszenarien, das mehrere alternative Ausprägungen aufweist: Es kann sich um eine Systemkonsolidierung, um die Übernahme einer Organisationseinheit oder um die Übernahme eines spezifischen Applikationsbereichs (wie der Finanzdaten) handeln.

Bevor wir die technischen Details erklären, beschäftigen wir uns zunächst mit der Frage, warum sich SAP-Kunden überhaupt für eines der Szenarien zur Landschaftstransformation entscheiden. Betrachtet man im Vergleich dazu die Systemkonvertierung, bei der ein gesamtes System umgestellt wird, sowie die Neuimplementierung, bei der ein Kunde mit einem gänzlich neuen System startet (Greenfield-Ansatz), dann bewegt sich die Landschaftstransformation zwischen diesen beiden Szenarien. Abhängig von den Anforderungen, werden hier z. B. nur verschiedene Teile eines bestehenden SAP-Systems nach SAP S/4HANA überführt. Wie lange eine solche Datenmigration jeweils dauern wird, hängt von vielen Faktoren ab und wird im Rahmen eines Planungsservice abgeklärt. Die eigentliche Umstellung erfolgt während einer Systemausfallzeit (in der Regel an einem Wochenende).

Unterstützt werden alle diese Szenarien durch die Software *SAP Landscape Transformation* (SAP LT). Diese Software verfügt über eine Vielzahl qualitätsgeprüfter und global zertifizierter Werkzeuge zur sicheren Anpassung und Umstellung laufender SAP-Systeme im Hinblick auf sich verändernde Anforderungen eines Unternehmens. Speziell für SAP S/4HANA werden entsprechende Übergangsszenarien unterstützt. Hier ermöglicht die Software schnelle und effiziente Geschäfts- und IT-Transformationen, indem sie einen standardisierten Satz vorkonfigurierter Transformationslösungen bereitstellt. SAP LT stellt alle Werkzeuge zur Verfügung, um die notwendigen Transformationsprojekte zu planen, zu analysieren und

SAP Landscape Transformation

durchzuführen. Alle Szenarien folgen dabei einer klar vorgegebenen Struktur und werden in einem durchgängigen Prozess-Journal sauber dokumentiert. Allerdings ist es wichtig zu erwähnen, dass die komplexeren Szenarien, wie z. B. die Systemkonsolidierung, von SAP ausschließlich im Rahmen der SAP Value Assurance Service Packages unterstützt werden. Daher ist es zweckmäßig, Experten aus der SAP-Beratung einzubinden.

12.1 Die drei Transformationsszenarien

Systemkonsolidierung

Das erste der drei Szenarien für die Landschaftstransformation, die im Rahmen der SAP Value Assurance Service Packages mithilfe der SAP-Landscape-Transformation-Technologie unterstützt werden, ist die Konsolidierung von zwei oder mehr Systemen in ein zentrales SAP-S/4HANA-System. Das Prinzip ist in Abbildung 12.1 dargestellt.

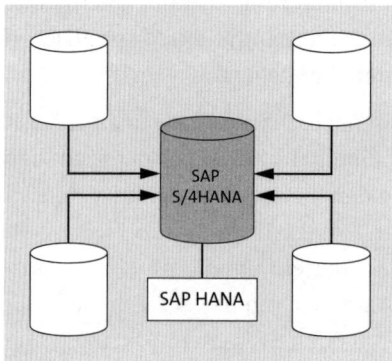

Abbildung 12.1 Konsolidierung mehrerer Systeme in ein SAP-S/4HANA-System

Buchungskreistransfer

Das zweite unterstützte Szenario ermöglicht die Übertragung eines einzelnen Buchungskreises nach SAP S/4HANA. Zu diesem Zweck trennt SAP LT konsistent alle für diesen Buchungskreis relevanten Daten von einem Quellsystem und überträgt diese nach SAP S/4HANA, wie in Abbildung 12.2 dargestellt.

Umstellung ausgewählter Applikationen

Das letzte Szenario aus dem Bereich der Landschaftstransformation ermöglicht eine Umstellung ausgewählter Applikationen. Im Falle des Umstiegs auf SAP S/4HANA kann dies die ausschließliche Übertragung der Finanzdaten aus einem Altsystem in ein neu implementiertes SAP-S/4HANA-Central-Finance-System sein (siehe Abbildung 12.3).

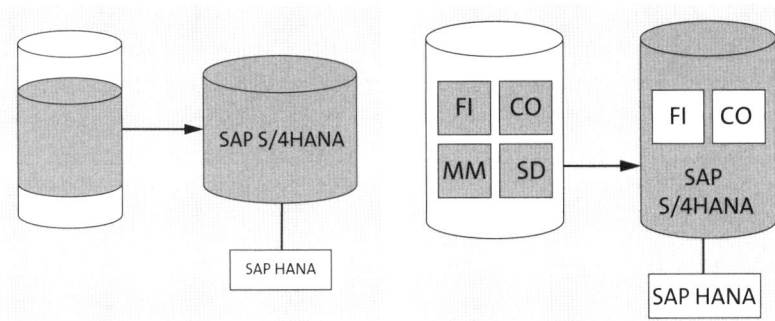

Abbildung 12.2 Einen Buchungskreis nach SAP S/4HANA migrieren

Abbildung 12.3 Ausgewählte Anwendungen nach SAP S/4HANA migrieren

Technisch besteht SAP LT aus zwei Add-ons, die auf den beteiligten SAP-Systemen (Quell- und Zielsystem) und dem SAP Solution Manager (als zentralem System) installiert werden. Das Add-on enthält einerseits das gesammelte Wissen und Know-how, das mit dem SAP-Consulting-Dienst *System Landscape Optimization* (SLO) verfügbar war (Best Practices, Roadmaps), und andererseits die Software für die Analyse und Transformation Ihrer Systeme.

Weitere Informationen zu SAP Landscape Transformation

Weitere Informationen zu SAP LT sind im SAP Help Portal verfügbar unter *http://help.sap.com/saplt20* oder in der Broschüre zu SAP LT unter: *http://s-prs.de/v429765*

12.2 Ein Transformationsprojekt durchführen

Wie wir bereits in Kapitel 5, »SAP Activate«, erläutert haben, wird jedes SAP-S/4HANA-Projekt in verschiedene Projektphasen unterteilt. Dies trifft auch auf die Transformation einer Systemlandschaft zu, wobei es zu Abweichungen innerhalb der verschiedenen Transformationsszenarien kommen kann. Üblicherweise werden bei diesen Transformationsszenarien die folgenden Phasen durchlaufen:

Projektphasen

1. Voranalyse und Planung
2. Blueprint-Dokument und Projektteamfindung
3. Testläufe
4. Produktivumstellung
5. Support nach dem Go-live

| Laufzeiten der Phasen | Die Laufzeiten der einzelnen Phasen können recht unterschiedlich ausfallen. Sie sind auch abhängig von der Komplexität der individuellen Projekte. Eine ungefähre Orientierung bietet Abbildung 12.4. Generell können Sie davon ausgehen, dass vor allem mehrere Testläufe der Systemumstellung den größten zeitlichen Anteil am Gesamtprojekt haben, gefolgt von einer detaillierten Voranalyse.

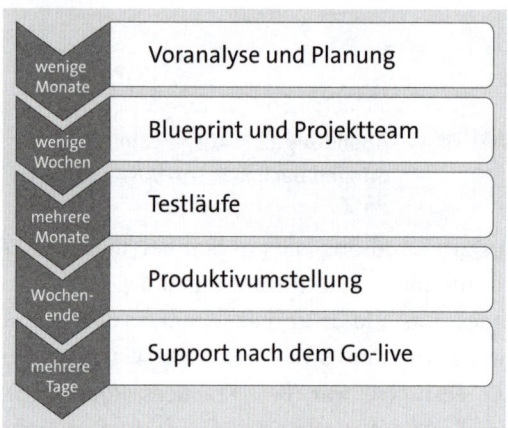

Abbildung 12.4 Dauer der einzelnen Projektphasen

| Übersicht der Aktivitäten | In der folgenden Übersicht haben wir typische Aktivitäten innerhalb der einzelnen Projektphasen aufgelistet:

- Voranalyse und Planung:
  - Analyse der aktuellen Ist-Situation und Entwurf der Zielsituation mit klarer Definition der gewünschten Transformation
  - technische Analyse der Systeme, z. B. des Delta-Customizings, bei einer Systemkonsolidierung
  - Definition der benötigten Rollen im Projekt und ihrer Verantwortlichkeiten
  - Erstellen eines Business Case
  - Entscheidung für einen Realisierungsweg
  - Bereitstellen des Projektbudgets
  - bei Bedarf Zukauf von Beratungswissen
- Blueprint und Projektteam
  - Konzepterstellung durch einen Blueprint
  - Aufbau der Projektteams und initialer Kick-off
  - Bereitstellung der nötigen Infrastruktur, z. B. der Testsysteme
  - Planung der Testzyklen und Testfälle
  - Installation der benötigten Werkzeuge

- Testläufe
  - mehrfache Testumstellung der zu transformierenden Systeme (Es kann dabei zwischen rein technischen Tests unterschieden werden, die meist zu Anfang eines Projekts durchgeführt werden, und mindestens einem kompletten Durchlauf, um die Produktivumstellung zu simulieren.)
  - dynamische Anpassung der Umstellung basierend auf den Ergebnissen aus den Testläufen
- Produktivmigration
  - die bestehende Systemlandschaft darauf vorbereiten, dass die Umstellung auf die neuen Systeme erfolgt
  - Sperren der beteiligten Systeme für die eigentliche Umstellung
  - die eigentliche Produktivumstellung (Sie erfolgt typischerweise an einem Wochenende, an dem alle Aktivitäten im 24-Stunden-Betrieb durchgeführt werden.)
  - finale Abnahme des migrierten Systems durch die Endanwender
- Support nach dem Go-live
  - Unterstützung der Endanwender bei der Arbeit mit der neuen Systemlandschaft durch das Projektteam nach der produktiven Umstellung
  - Einbindung des SAP-Supports für die neu eingeführten SAP-S/4HANA-Standardkomponenten

In den folgenden Abschnitten gehen wir nun umfassender auf die Aktivitäten in den einzelnen Phasen ein.

12.2.1 Voranalyse und Planung

Das Ziel der Voranalyse ist es, die bevorstehenden Aufgaben zu evaluieren und mögliche Lösungsansätze zu finden und zu diskutieren. Neben den eher technisch getriebenen Fragen (wie z. B. der Frage nach dem Bereitstellen der Infrastruktur für die Transformation) geht es hier auch um eine Kosten-Nutzen-Analyse. Als Ergebnis des Prozesses sollte eine möglichst klare Handlungsempfehlung entstehen, die die Richtung für die folgenden Phasen des Projekts vorgibt.

Voranalyse

SAP LT bietet hier zahlreiche Möglichkeiten zur technischen Unterstützung solcher Voranalysen. Dabei ist es wichtig zu erwähnen, dass diese Analysen sich auf Transformationsszenarien im SAP-ERP-Kontext beziehen und für SAP S/4HANA zusätzliche Analysen erfolgen müssen. Die Ergebnisse sind abhängig von dem gewählten Szenario sehr relevant, um den Aufwand für die notwendigen Umstellungen einschätzen zu können. Erst auf dieser

Basis lässt sich ein umfassender Business Case erstellen und so die Machbarkeit eines Projekts überprüfen.

Kein klassisches Tagesgeschäft — Gerade bei neu auf dem Markt eingeführten Produkten wie SAP S/4HANA ist das notwendige Detailwissen unumgänglich, um einen erfolgreichen Projektabschluss sicherzustellen. Gerade Projekte zur Transformation von Systemlandschaften fallen nicht in das klassische Tagesgeschäft von IT-Abteilungen, weshalb oft auf die Expertise externer Berater zurückgegriffen wird. Anhand der Voranalyse können die Anforderungen an diese spezialisierten Rollen der Projektteilnehmer definiert werden und die richtigen Experten und Berater verpflichtet werden.

Projektplan — Die Erstellung eines Projektplans ist zu diesem Zeitpunkt ebenfalls notwendig, um ein realistisches Verständnis des Projekts zu erreichen. In ihm können erste Meilensteine gesetzt werden, um die Gesamtprojektdauer besser einschätzen zu können. Bestenfalls erfolgt bei der Zeitplanung eine Rückwärtsterminierung, die von dem geplanten Go-live-Termin ausgeht. Gerade in international agierenden Organisationen stehen während eines Kalenderjahres nur begrenzt Wartungsfenster zur Verfügung, um ein Transformationsszenario durchzuführen. Anhand des Projektplans kann frühzeitig erkannt werden, ob die geplante Terminierung realistisch ist und wann man bei auftretenden Verzögerungen im Projekt einen Ausweichtermin vorbereiten sollte.

12.2.2 Blueprint und Projektteam

Das zentrale Dokument in jedem Projekt ist der Blueprint. Dieser bezieht sich allerdings nicht auf die Konfiguration des zukünftigen SAP-S/4HANA-Systems, sondern beschreibt genau die durchzuführende Transformation sowie deren Auswirkungen auf die Systemlandschaft und die Geschäftsprozesse. Je nach Transformationsszenario wird der Blueprint auch als eines der Dokumente verwendet, die für den Wirtschaftsprüfer relevant sind.

Inhalt des Blueprints — Solch ein Dokument sollte eine lückenlose Dokumentation aller Umsetzungen enthalten, um jegliche Auswirkungen auf die IT-Landschaft abschätzen zu können. Ein Blueprint kann je nach Szenario unterschiedlich gestaltet sein. Im Allgemeinen sollten jedoch die folgenden Punkte enthalten sein:

- **Alle Änderungen und betroffenen Objekte und Prozesse**
  Alle Business-Objekte, die von einer Umsetzung betroffen sind, müssen aufgeführt werden, und Sie müssen Angaben dazu machen, in welcher Form diese Umsetzung stattfindet. (Dazu lesen Sie mehr in den folgenden Abschnitten, z. B. in Abschnitt 12.3, »Systemkonsolidierung«.)

Diese Aufstellung beinhaltet auch alle Prozessänderungen und technischen Anpassungen, wie z. B. die Anpassung von Nummernkreisen, sowie Regeln, wie diese Anpassung vorgenommen werden soll.

- **Gesamtprojektplan**
  Der Gesamtprojektplan beinhaltet alle Projektphasen sowie die Zeitplanung für jeden einzelnen Schritt und für die Produktivumstellung.
- **Auswirkungen auf die Gesamtlandschaft**
  Alle Auswirkungen, die sich nicht nur auf die umzustellende Landschaft beziehen, sondern eventuell vorhandene Satellitensysteme betreffen (z. B. durch vorhandene Schnittstellen), müssen geprüft werden. Dies beinhaltet auch von Kunden selbst erstellte Programme und Lösungen.
- **Testkonzept**
  Ganz zentral ist auch das Testkonzept mit einer Übersicht aller eingeplanten Testzyklen inklusive der durchzuführenden Testfälle. Das betrifft sowohl die regulären Testumstellungen als auch den Abnahmetest nach der produktiven Umstellung.
- **Projektteam**
  Schließlich ist auch eine Übersicht aller Teams und Teammitglieder notwendig, um jederzeit die richtigen Themenverantwortlichen kontaktieren zu können. Dazu gehört auch ein Eskalationspfad durch alle Ebenen, der bei eventuell auftretenden Komplikationen beschritten werden kann.

Um solch einen Blueprint erstellen zu können, müssen also zahlreiche Mitarbeiter aus allen betroffenen Unternehmensbereichen eng zusammenarbeiten, vor allem mit den Beratern, die den SAP-Service liefern. Dazu werden auch oft, wie bereits erwähnt, externe Experten hinzugezogen, die regelmäßig in Transformationsprojekte eingebunden sind und daher über das nötige Projekt-Know-how verfügen. Am Ende der Erstellung des Blueprints findet eine Abnahme des Dokuments mit allen Beteiligten statt. Dies soll zum einen sicherstellen, dass alle Beteiligten umfänglich über alle geplanten Änderungen informiert werden, und zum anderen, dass die einzelnen Bereiche des Blueprints keine Lücken aufweisen, die im späteren Projekt zu Problemen führen könnten. *Projektteam*

In dieser Phase finden auch die Bereitstellung der Infrastruktur und das Installieren der Werkzeuge statt. Die Anzahl der benötigten Testsysteme variiert von Szenario zu Szenario und abhängig von der Menge der betroffenen Systeme in der IT-Landschaft. Da SAP LT als SAP-Add-on ausgeliefert wird, gestaltet sich die Installation relativ einfach. Zusätzlich benötigte Werkzeuge sollten ebenfalls frühzeitig in die Landschaft eingebracht werden, damit sie in den später aufgebauten Testsystemen direkt verfügbar sind. Das verringert die Aufwände bei den Basisaktivitäten. *Infrastruktur bereitstellen*

12.2.3 Testläufe

In dieser Phase werden alle Transformationstests durchgeführt. Auch wenn die Anforderungen in den verschiedenen Testläufen abhängig vom Projektfortschritt unterschiedlich sein können, sollten deren Bedingungen doch immer so exakt wie möglich den Bedingungen der geplanten Produktivumstellung entsprechen. Nur so lassen sich alle Probleme frühzeitig identifizieren und aussagekräftige Schätzungen zum Cut-over machen. Die Anzahl der Testläufe schwankt ebenfalls von Szenario zu Szenario. Allerdings werden mindestens zwei komplette Tests als Minimum empfohlen. Bei einer komplexen Konsolidierung können schon mal vier oder mehr Testumstellungen notwendig werden.

Qualität und Konsistenz

Bei diesen Tests geht es primär darum, die Qualität und Konsistenz sicherzustellen. Die Umsetzungsregeln werden erstellt und durch die folgenden Endanwendertests validiert. Je nach Umfang der Anpassungen müssen mehrwöchige Testzyklen eingeplant werden.

Einzelne Testläufe

Die Anforderungen der einzelnen Testläufe können sich wie folgt unterscheiden, um alle Faktoren abzudecken:

- **Technische Validierung**
  Der erste Test dient meist einer technischen Validierung: Sind alle Werkzeuge vorhanden? Sind Benutzer und Berechtigungen korrekt eingerichtet? Funktionieren die Verbindungen im Netzwerk? Ist die Performance der Testsysteme ausreichend?

- **Prüfung der Transformationsumstellung**
  Weitere Tests dienen nun der Prüfung der Transformation: Wurden alle Umsetzungsregeln eingepflegt? Können alle Geschäftsprozesse ohne Einschränkungen ausgeführt werden? Finden sich alle Endanwender zurecht? Gerade für diese Benutzergruppe ist es wichtig, alle Testfälle sauber durchzutesten.

- **Generalprobe**
  Der letzte Testlauf vor dem Cut-over wird im Sinne einer Generalprobe durchgeführt. Er soll die Produktivumstellung simulieren. Idealerweise werden hier auch alle Schritte der Produktivumstellung in direkter Reihenfolge durchgeführt, selbst wenn das rund um die Uhr passieren muss. Hierbei sollten Sie beachten, dass Testsysteme meist auf schwächerer Hardware mit schlechterer Performance aufgebaut werden. Sollte Ihnen keine Hardware, die nah an der Performance des Produktivsystems ist, für eine Generalprobe zur Verfügung stehen, müssen Sie diesen Umstand bei Aussagen zur Systemausfallzeit berücksichtigen.

Das eigentliche Ziel der zahlreichen Tests ist die schrittweise Anpassung und Verbesserung der Transformation. Während der Tests kann sich z. B. herausstellen, dass Umschlüsselungstabellen und Regeln noch nachgeschärft werden müssen. Manche Änderungen (z. B. Änderungen im Rahmen des Customizings) zeigen ihre Auswirkungen auch erst in Gänze, wenn durch die Tests eine erste Zusammenführung stattgefunden hat. So können nachträglich weitere Änderungen erforderlich werden.

Testschritte

Das Gleiche trifft auf die Auswirkungen zu, die kundeneigene Entwicklungen auf das neue System haben. Daher ist es wichtig, die Testsysteme gerade bei längeren Testphasen immer wieder mit einem aktuellen Datenbestand aus dem bestehenden Produktivsystem zu versorgen.

Es ist wichtig, die Zeiten und Aufwände für die Tests einzuplanen, sodass die geforderten Mitarbeiter auch zum richtigen Zeitpunkt zur Verfügung stehen. Änderungen an Umsetzungsregeln oder gefundene Fehler müssen oft mit den Fachabteilungen besprochen werden. Das kann ein zeitaufwendiger Prozess innerhalb der Testphase sein. Wie zeitaufwendig er wird, hängt von der Komplexität des Szenarios und der Organisation innerhalb der Firma ab.

Personal und Zeit einplanen

Ebenso müssen die Mitarbeiter aus der Basisadministration entsprechend eingebunden werden, sodass die Testsysteme nach jedem Testlauf immer zeitnah bereitgestellt und neu aufgebaut werden können. Je nachdem, mit welcher Technik die Testsysteme bereitgestellt werden, kann dieser Prozess mehrere Tage in Anspruch nehmen. Gerade dann, wenn sehr große und/oder hoch integrierte Systeme Teil einer Transformation sind, kann das eine sehr zeitaufwendige Aufgabe sein, die in der Planung unbedingt berücksichtigt werden muss.

12.2.4 Produktivmigration

Wurden alle Tests inklusive der Generalprobe erfolgreich abgeschlossen, erfolgt als Nächstes die Migration des produktiven Systems. Auch wenn dies technisch an einem Wochenende passiert, beginnen die Vorbereitungen dafür schon Wochen vorher. Generell müssen alle Anwender eines betroffenen Systems über die Ausfallzeit informiert werden. Denn auch wenn einige Mitarbeiter in die Transformationsvorbereitungen eingebunden waren, stellen sie in der Regel nie die gesamte Anwendergruppe eines Systems dar. Gerade bei einem hoch verfügbaren System oder bei einem Zugriff aus mehreren Zeitzonen kann es am terminierten Wochenende zu Überschneidungen kommen, die jedem Betroffenen bekannt sein müssen.

Information aller Betroffenen

Letzte Vorbereitungen	Einige Tage vor dem Cut-over werden finale Vorbereitungen getroffen, z. B. letzte Anpassungen an den Transformationsregeln und die technische Vorbereitung des Produktivsystems. Zu diesem Zeitpunkt werden keine Änderungen am Customizing oder an Programmen bzw. ABAP-Änderungen mehr in das System transportiert.
Migrationswochenende	Die eigentliche Migration am Wochenende beginnt mit der Sperrung des Systems für sämtliche Benutzer außer für die Benutzer aus dem Projektteam und die Personen, die den technischen Betrieb aufrechterhalten müssen. Jobs im SAP-System werden nun ausgeplant, Hintergrundprogramme gestoppt und Schnittstellen stillgelegt. Nachdem das System so isoliert wurde, wird ein komplettes Backup erstellt, um im Ernstfall den Zustand vor der Transformation wiederherstellen zu können.
	Danach besteht die Möglichkeit, das System so zu optimieren, dass möglichst viel Leistung für die Transformation zur Verfügung steht. Bei vielen Datenbanken kann man z. B. die Datenbankprotokollierung ausschalten und so einen enormen Leistungszuwachs erzielen. Das würde zwar die Möglichkeit einer Datenbankwiederherstellung unterbinden, aber es wurde ja vor der Umstellung extra ein Gesamt-Backup angefertigt. Nach Abschluss der Transformation sollten diese Einstellungen für den Normalbetrieb wieder zurückgesetzt werden.
Monitoring	Zentrale Punkte sind zu diesem Zeitpunkt das Monitoring und der personelle Ablauf. Zum einen ist es wichtig, den aktuellen Fortschritt zu kontrollieren, um die noch ausstehende Systemausfallzeit kontinuierlich einschätzen zu können und Probleme frühzeitig zu erkennen. Zum anderen muss ein reibungsloser Ablauf zwischen den involvierten Parteien gewährleistet sein. Eine saubere Übergabe zwischen den Projektteams und deren Aufgaben ohne Zeitverlust ist essenziell, um den Cut-over-Plan einzuhalten.
Zwischen Transformation und Go-live	Nach dem erfolgreichen Abschluss der Transformation stehen die Validierung und ein finaler Abnahmetest durch die Endanwender an. Dazu werden Transaktionen gestartet und Geschäftsprozesse im System durchgespielt, die Systeminhalte anhand von Listen überprüft sowie Testbuchungen auf dem umgestellten System durchgeführt. Sollten keine Fehler gefunden werden, kann das System wieder für alle Anwender freigegeben werden. Es empfiehlt sich, davor noch einmal ein komplettes Backup zu erstellen, um auch nach der Umstellung einen Aufsetzpunkt zur Verfügung zu haben.

12.2.5 Support nach dem Go-live

Transformation des Systemverbunds	In dieser Phase wird das Produktivsystem je nach Szenario noch mehrere Wochen nach der Umstellung intensiv überwacht, um eventuell vorhandene Fehlerquellen auszuschließen und bei Bedarf sofort zu adressieren.

Des Weiteren können nun die Entwicklungs- und Qualitätssicherungssysteme umgestellt werden. Je nach Bedarf kann analog zum Produktivsystem eine Transformation des Testsystems durchgeführt werden. Alternativ kann das Testsystem auch durch eine Kopie des Produktivsystems aufgebaut werden. Das ist vom Szenario und von den individuellen Gegebenheiten abhängig.

12.3 Systemkonsolidierung

Eine Entscheidung für eine Systemkonsolidierung kann viele Gründe haben, allerdings sprechen die zahlreichen positiven Effekte für sich. Ganz allgemein lassen sich diese Vorteile unter den Gesichtspunkten »Reduzierung der IT-Betriebskosten (*Total Cost of Ownership*, TCO)« und »Realisierung betriebswirtschaftlicher Ziele auf Basis einer Konzernstrategie« zusammenfassen. Vor allem mit Blick auf SAP S/4HANA als zukünftigem Zentralsystem ergeben sich zahlreiche Vorteile durch eine Konsolidierung.

Motive für die Konsolidierung

Im Folgenden führen wir einige Bereiche auf, in denen sich Kostenreduzierungen durch solch eine Konsolidierung ergeben:

- Hardware
  Ein einzelnes System stellt nach einer Konsolidierung geringere Anforderungen an die Hardware als die kombinierten Quellsysteme. Gerade durch die neue für SAP HANA zertifizierte Hardware ergeben sich große Einsparungsmöglichkeiten.

- Wartung, Patches und Backups
  Nach der Konsolidierung reduzieren sich die Aufwände für Wartungsaktivitäten, die Implementierung von Patches und die regelmäßige Durchführung von Backups teils drastisch. Dies ist abhängig von der Anzahl der abgelösten Systeme.

- Updates
  Zum einen wird der Aufwand für Projekte zum Update mehrerer Systeme eingespart, wie z. B. die Aufwände für das Testen. Zum anderen profitieren alle Endanwender zeitgleich von dem aktualisierten Zentralsystem.

- Transporte
  Eine vereinheitlichte Transportlandschaft vereinfacht die Transportlogistik und verringert die Gesamtzahl der benötigten Transporte.

- Eigenentwicklungen
  Eigenentwicklungen müssen für das neue System nur einmalig erstellt und getestet werden. Danach stehen sie direkt allen Anwendern zur Verfügung.

- **Support**
  Da alle Anwender mit einem System arbeiten, das sich dadurch bei allen Anwendern auf dem gleichen Releasestand befindet, wird der Support für die Anwender enorm erleichtert.
- **Reporting**
  Berichte und Auswertungen können nach einer Konsolidierung auf Basis eines einheitlichen und zentralen Datenbestands erstellt werden.
- **Schnittstellen**
  Die Anzahl an Schnittstellen kann signifikant reduziert werden, da nun statt verteilter Systeme ein zentrales System zur Verfügung steht. Das reduziert zum einen die Wartungsaufwände für die Schnittstellen und vereinfacht zum anderen die Entwicklung neuer Schnittstellen.

Geschäftsprozesse standardisieren

Parallel zu den eher technischen Einsparungen bietet die Prozess- und Datenharmonisierung, die mit SAP S/4HANA angestrebt wird, die Möglichkeit, bestehende Geschäftsprozesse zu standardisieren, zu vereinfachen und dadurch auch zu beschleunigen. Unter anderem ergeben sich durch eine Harmonisierung Vorteile in den folgenden Bereichen:

- **Benutzer und Berechtigungen**
  Gerade für Benutzer, die sich für ihre Arbeit in einer verteilten Systemlandschaft an verschiedenen Systemen anmelden mussten, verkürzt ein zentrales System erheblich die Zeit, die sie für administrative Tätigkeiten benötigen. Auch Berechtigungen können nun einheitlich gestaltet werden und vereinfachen das Monitoring.
- **Finanzwesen**
  Hier gibt es verschiedene Ansatzpunkte. Ein Beispiel wäre die Harmonisierung hin zu einem einheitlichen Kontenplan. Dadurch könnte eine Grundlage für ein konzernweites Berichtswesen geschaffen werden.
- **Organisationseinheiten**
  In verteilten Landschaften werden einige technische Bezeichner bevorzugt verwendet, z. B. »Buchungskreis 1000«. Diese Bezeichner müssen in den verschiedenen Systemen aber nicht der gleichen betriebswirtschaftlichen Organisationseinheit entsprechen. Hier bietet eine Systemkonsolidierung die Möglichkeit, legale Einheiten zu trennen. Auf diese Weise wird auch ein sauberes Reporting ermöglicht.
- **Stammdaten**
  Ein großer Vorteil ergibt sich durch die Harmonisierung von Stammdaten. Zum Beispiel kann erst eine einheitliche Darstellung eines Kreditors ein eindeutiges Reporting und Controlling ermöglichen und damit dabei helfen, Geschäftsbeziehungen klar zu analysieren. Dadurch können sich wiederum Verbesserungen der Einkaufskonditionen ergeben.

Dies sind nur einige der möglichen Vorteile durch eine vollständige Systemkonsolidierung. Die kundenindividuellen Vorteile müssen aber im Einzelnen bestimmt werden.

Betrachten wir nun die technischen Aspekte der Durchführung einer Systemkonsolidierung. Eine Konsolidierung mehrerer Systeme kann auf zwei Arten realisiert werden: zum einen per Mandantentransfer und zum anderen per Mandanten- bzw. Systemzusammenführung. Bei einem technisch einfach zu realisierenden Mandantentransfer entsteht ein Mehrmandantensystem wie in Abbildung 12.5.

Konsolisierung mehrerer Systeme

Eine Mandantenzusammenführung konsolidiert im Gegensatz dazu auch die einzelnen Mandanten zu einem Einmandantensystem, wie in Abbildung 12.6 dargestellt.

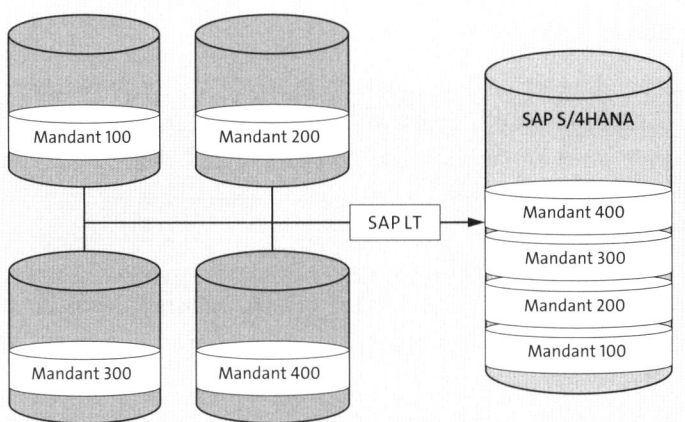

Abbildung 12.5 Beispiel für einen Mandantentransfer

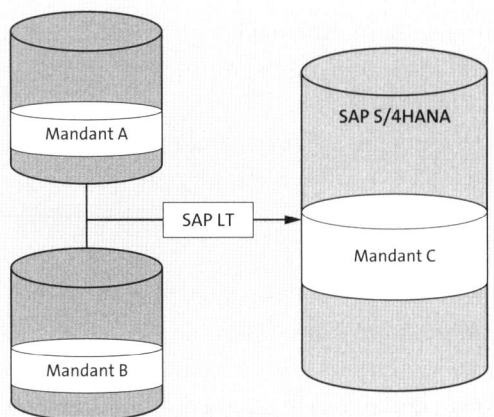

Abbildung 12.6 Beispiel für eine Mandantenzusammenführung

Schritte der Systemkonsolidierung

Eine Systemkonsolidierung wird aus Projektsicht in drei Schritten durchgeführt:

1. Zuerst muss die generelle Zielsetzung festgelegt werden. Das heißt, Sie müssen definieren, ob ein Mandantentransfer oder eine Mandantenzusammenführung durchgeführt werden soll. Ebenso ist relevant, wie viele Systeme und Mandanten konsolidiert werden sollen.
2. Der zweite Schritt ist eine gründliche Analyse aller beteiligten Systeme, um anhand der Unterschiede die Projektanforderungen hinsichtlich Umfang und Dauer zu bestimmen.
3. Im letzten Schritt wird die eigentliche Konsolidierung durchgeführt. Diese besteht aus mehreren Testzyklen und wird mit der eigentlichen Produktivumstellung abgeschlossen. Während der Testphase müssen die aus den unterschiedlichen Systemen stammenden Daten harmonisiert werden.

Mandantenkonzept

Für die Entscheidung, ob ein Einmandaten- oder ein Mehrmandantensystem das Ziel sein soll, ist ein Grundverständnis des Mandantenkonzepts innerhalb eines SAP-Systems von zentraler Bedeutung. Auf der Ebene eines Mandanten loggen sich die Benutzer in die Systeme ein. Ein eigener Mandant entspricht generell einer eigenen Firma. Innerhalb eines Mandanten sind die Benutzer isoliert und können sich daher keine Daten aus einem anderen Mandanten anzeigen lassen oder ändern. Dadurch können mehrere logisch voneinander getrennte Firmen technisch in einem System betrieben werden.

Mandantentransfer

Unter diesen Gesichtspunkten wird schnell klar, dass der Aufbau eines Mehrmandantensystems sich wesentlich einfacher gestaltet als eine Zusammenführung von Mandanten. Bei einem Mandantentransfer müssen nur die übergreifenden Einstellungen sowie das Customizing angepasst und harmonisiert werden, sofern diese miteinander in Konflikt stehen. Beispiele für einen solchen Konflikt wären die Definition von Ergebnisbereichen, kundendefinierte Konditionsarten bzw. Konditionstabellen, kundendefinierte Text-IDs oder Dezimalstellen von Währungen, die in unterschiedlichen Systemen verwendet werden. Allerdings müssen die Vor- und Nachteile der beiden Möglichkeiten sehr genau abgewogen werden, basierend auf den individuellen Anforderungen.

Mandantenzusammenführung

Für eine vollständige Zusammenführung hingegen müssen auch alle mandantenabhängigen Daten angepasst und harmonisiert werden, sofern hier Konflikte vorliegen. Je ähnlicher sich die zu konsolidierenden Systeme und Mandanten sind, desto einfacher gestaltet sich solch eine Zusammenführung.

Allerdings müssen zentrale Bereiche (wie z. B. die verschiedenen Nummernkreise) in nahezu jedem Projekt angepasst werden. Analog zu dem Beispiel mit den gleichen Mandantennummern gilt es hier, z. B. auch gleiche Nummerierungen für Organisationseinheiten wie die Buchungskreise bei Bedarf zu harmonisieren.

Bei solch einer Verschmelzung der einzelnen Systeme und Mandaten sind auch weitere Bereiche betroffen, wie z. B. Benutzer und deren Berechtigungen.

Aufgrund der Komplexität dieses Transformationsszenarios ist eine gründliche Analyse der beteiligten Systeme notwendig, um Konflikte zwischen Einstellungen, Daten und den Programmen zu identifizieren. Tabelle 12.1 gibt Ihnen eine Übersicht darüber, welche Bereiche bei einem Transfer oder bei einer Zusammenführung analysiert werden müssen.

Analyse der Ausgangssysteme

Zu analysierender Bereich	Mandantentransfer	Mandantenzusammenführung
ABAP Dictionary (Datentypen und Tabellen)	X	X
kundeneigene Programme (wie Z-Programme)	X	X
Modifikationen (am SAP-Standard) und User-Exits	X	X
mandantenunabhängiges Customizing	X	X
mandantenabhängiges Customizing		X
Anwendungsdaten (Stamm- und Bewegungsdaten)		X
Nummernkreise		X
Benutzer und Berechtigungen		X
Programmvarianten		X
Archive (erstellt mit der Transaktion SARA)		X

Tabelle 12.1 Erforderliche Analysen für Mandantentransfer und Mandantenzusammenführung

Diese Gegenüberstellung zeigt noch einmal deutlich den Komplexitätsunterschied zwischen den beiden Varianten der Systemkonsolidierung.

Harmonisierung der verschiedenen Systembereiche

Die Harmonisierung der unterschiedlichen Bereiche bedarf verschiedener Ansätze. Wie Tabelle 12.1 zu entnehmen ist, sind die folgenden Bereiche sowohl für den Mandantentransfer als auch für die Mandantenzusammenführung relevant:

- **ABAP Dictionary**
  Als Gegenstand der Konsolidierung wäre hier gemeinhin das ABAP Repository zu nennen. Es umfasst neben den SAP-Standardprogrammen und den Datentypen auch das ABAP Dictionary. Das ABAP Dictionary enthält alle Strukturinformationen zu den SAP-Tabellen. Mögliche Konflikte müssen auch hier vorab identifiziert werden. Durch Verwendung der Simplification List werden hier Konflikte identifiziert, die auf dem Unterschied zwischen einem klassischen SAP-ERP-System und SAP S/4HANA beruhen. Diese Konflikte werden technisch durch die Konvertierungsprogramme adressiert, die auch innerhalb des Szenarios der Systemkonvertierung (siehe Kapitel 10, »Systemkonvertierung eines Einzelsystems«) verwendet werden. Diese Konvertierungsprogramme sind aktuell noch nicht in SAP LT integriert und müssen z. B. nach einer Konsolidierung separat ausgeführt werden.

- **Kundeneigene Programme**
  Sofern technische Konflikte vorliegen, müssen bei einer Konsolidierung auch die kundeneigenen Programme harmonisiert werden. Dies betrifft sowohl Entwicklungen in den individuellen Kundennamensräumen als auch solche im klassischen Z-Namensraum. Ein einfaches Beispiel für so einen Harmonisierungsbedarf wäre hier eine Namensgleichheit von Programmen, die allerdings in Struktur oder Inhalt Unterschiede aufweisen. Sollte sich der Quelltext dieser Programme unterscheiden, kann die Harmonisierung recht einfach durch die Umbenennung eines der beiden Programme realisiert werden. Allerdings ist dies nur eine Möglichkeit. Eine genaue Untersuchung der kundeneigenen Entwicklungen und deren Harmonisierung müssen mit entsprechendem Aufwand eingeplant werden. Bei der Analyse hilft Ihnen SAP LT mit entsprechenden Funktionen, oder Sie verwenden SAP-Bordmittel wie die Analyse des kundeneigenen Codes über die Transaktion /SDF/CD_CCA. Ebenso bietet der aus Kapitel 10, »Systemkonvertierung eines Einzelsystems«, bekannte SAP Readiness Check eine gute Übersicht über notwendige Anpassungen in Bezug auf SAP S/4HANA.

- **Modifikationen und User-Exits**
  User-Exits stellen insofern einen Sonderfall dar, als diese in aktuellen SAP-Lösungen nicht mehr angelegt werden. Sie wurden weitestgehend durch Business Add-ins (BAdIs) ersetzt, sind allerdings bei vielen SAP-Kunden weiterhin im Einsatz. Eben diese bestehenden User-Exits müs-

sen Sie bei einer Konsolidierung betrachten. Der ABAP-Code eines User-Exits selbst ist mandantenunabhängig. Bei einer Harmonisierung muss daher sichergestellt werden, dass die Erweiterungen ihren entsprechenden Mandanten zugewiesen werden. Das gilt auch analog für Modifikationen, die am SAP-Standard vorgenommen wurden.

- **Mandantenunabhängiges Customizing**
  Das mandantenunabhängige Customizing umfasst hauptsächlich sehr technische Einstellungen und verursacht daher meist nur wenig Harmonisierungsaufwand. Ein häufig verwendetes Beispiel für ein solches Customizing sind die Einstellungen des Fabrikkalenders, der in den verschiedenen zu konsolidierenden Systemen unterschiedliche Gültigkeiten aufweisen kann. Um solch einen Konflikt zu beheben, muss eine einheitliche Gültigkeitsdauer der Kalender festgelegt werden. Technisch betrachtet ist solch eine Umsetzung aber ein sehr kleiner Aufwand.

Die folgenden Bereiche sind dagegen speziell bei der Mandantenzusammenführung in ein Einmandantensystem relevant. Der Harmonisierungsbedarf ist hier umfangreicher und entsprechend komplexer:

Harmonisierungsbereiche

- **Mandantenabhängiges Customizing**
  Verglichen mit der Harmonisierung des mandantenunabhängigen Customizings ist die Harmonisierung des mandantenabhängigen Customizings wesentlich komplexer und aufwendiger. Diese Customizing-Einstellungen abzugleichen, stellt schon aufgrund ihrer viel höheren Anzahl eine Herausforderung dar. Daher ist eine frühe Analyse unerlässlich, um das weitere Vorgehen einschätzen zu können. Eine empfohlene Methode wäre hier ein Transfer des Delta-Customizings aus dem oder den Quellsystem(en) in das Zielsystem. Bei dem Zielsystem handelt es sich idealerweise um eine Kopie des bestehenden Entwicklungssystems. So können die Unterschiede ohne Einschränkungen analysiert und die Harmonisierungen vorgenommen werden.

  Der Aufwand, der durch die manuelle Aufarbeitung der Konflikte entsteht, ist auch durch die Abstimmung der Änderungen innerhalb des Unternehmens bedingt. Betroffen sind nämlich ganz zentrale Customizing-Einstellungen, z. B.:
  - Organisationseinheiten
  - Mengeneinheiten
  - Währungen
  - Belegarten
  - Materialarten
  - Warengruppen
  - Kontengruppen

Mapping-Regeln sind eine einfache Möglichkeit der Harmonisierung, z. B. wenn Organisationseinheiten gleich benannt sind. Sie weisen den verschiedenen Quellwerten neue Werte zu, die im Zielsystem noch nicht verwendet werden. Ist eine einfache Umbenennung nicht möglich, müssen auch hier Entscheidungen getroffen werden, wie mit einer komplexen Umstellung umgegangen werden soll.

- **Anwendungsdaten und Nummernkreise**
  Bei den Anwendungsdaten handelt es sich um die eigentlichen Daten eines Systems bzw. eines Mandaten in Form von Stamm- und Bewegungsdaten. Von der Notwendigkeit der Harmonisierung betroffen sind vor allem die klassischen Stammdaten, wie Materialien, Debitoren und Kreditoren. Bei zuvor intern im Mandaten vergebenen Nummern können sich Überschneidungen in den Nummernkreisen ergeben. Oder es wurden zwar extern Nummern vergeben, die in allen Systemen vorkommen, aber nicht für das gleiche Stammdatum.

Auch in diesen Fällen können Sie mit einer Umschlüsselung arbeiten. Es müsste aber jeder Datensatz einzeln umgeschlüsselt werden. Bei einem hohen Datenvolumen ist das aber unpraktikabel. Alternativen stellen dann die Verwendung eines *Präfixes* oder eines *Offsets* dar.

> **Präfix und Offset**
>
> Bei einem Präfix wird einem gesamten Nummernbereich eines Stammdatums im einfachsten Fall ein Buchstabe oder eine Buchstabenkombination vorangestellt. Dadurch entsteht ein komplett neuer Nummernbereich.
>
> Bei einem Offset wird ein fester Zahlenwert auf eine bestehende Nummer aufgeschlagen. Dadurch wird der Nummernbereich konsistent verschoben und behält die bisherigen Abstände und Verhältnisse.

Diese drei Methoden entsprechen – einfach gesagt – aber wieder einer Umbenennung und fügen den gesamten Datenbestand aus der Quelle dem Ziel hinzu. Gerade bei Debitoren und Kreditoren wird aber häufig über das Thema *Datenqualität* nachgedacht, um eine inhaltliche Verschmelzung der Datensätze zu erwägen, die zwischen den Systemen zwar unterschiedlich nummeriert, inhaltlich aber vielleicht identisch sind. Diese inhaltliche Bereinigung kann einen großen Mehrwert für die Organisation haben. Sie sollten aber auch den erheblichen Mehraufwand für solch eine Datenbereinigung innerhalb einer Systemkonsolidierung nicht aus den Augen verlieren.

- Benutzer und Berechtigungen

  Benutzer und deren Berechtigungen sind mandantenspezifisch und können je nach Zielsetzung eine umfangreiche oder einfache Harmonisierung erfordern. Oft findet man innerhalb der verschiedenen Systeme eines Unternehmens ähnlich ausgeprägte Berechtigungskonzepte. Bei signifikant unterschiedlichen Ausprägungen von Rollen und Berechtigungen kann sogar ein Neuanlegen der Benutzer sinnvoller sein als eine aufwendige Harmonisierung. Sollte eine Anpassung der Berechtigungen vorgenommen werden, müssen Sie beachten, dass innerhalb dieser Berechtigungen Festwerte hinterlegt sein können, die z. B. die Rechte für einen bestimmen Buchungskreis prüfen. Diese Werte müssen dann entsprechend angepasst werden.

- Programmvarianten

  Bei einer Harmonisierung von Programmvarianten sind nicht zwingend die Varianten selbst ein Problem, sondern die Daten, die im Zuge der Konsolidierung geändert wurden. Dadurch kann es sein, dass die Variante nicht mehr korrekt funktioniert oder auf falsche Werte zugreift. Wenn z. B. Selektionsfelder mit Werten vorbelegt wurden, die sich geändert haben, oder wenn Wildcards eingesetzt wurden, die nun auf einen größeren Datenbestand zugreifen, dann kann das zu Problemen führen. Obwohl es Analysewerkzeuge (z. B. in der ABAP Workbench) gibt, die Varianten zu diesem Zweck untersuchen können, ist doch in den meisten Fällen eine nachträgliche manuelle Anpassung nötig, falls Probleme identifiziert wurden.

- Archive

  Sollten Daten Ihres SAP-ERP-Systems bereits archiviert worden sein, sind diese für eine Harmonisierung ebenfalls relevant, da diese Archive Daten enthalten, die sich auf Informationen beziehen, die nach einer Konsolidierung in anderer Form vorliegen können. Um Daten eines Archivs ebenfalls im Zuge der Harmonisierung anzupassen, gibt es zwei Möglichkeiten:

  – Zum einen können diese Archive wieder zurück auf die Datenbank des Systems geladen werden, wodurch sie wie andere Daten während der Konsolidierung mit umgestellt werden.

  – Alternativ gibt es die Möglichkeit der Archivkonvertierung, bei der die Archive zuerst ausgelesen werden. An den gelesenen Daten werden dann die Umsetzungen vorgenommen, die für die Harmonisierung erforderlich sind, und anschließend werden die Daten wieder als neue Archivdatei weggeschrieben. Hier können sich Unterschiede im Vorgehen ergeben, je nachdem, welches Ablagesystem für die Archive verwendet wird.

Transformationsregeln hinterlegen

Sind alle notwendigen Änderungen adressiert worden, die nach den Analysen auf Basis von SAP LT oder SAP-Bordmitteln identifiziert wurden, dann können diese Transformationsregeln in SAP LT hinterlegt werden. Sie können je nach Art des Konflikts der beteiligten Systeme entscheiden, wie Sie diesen Konflikt beheben möchten. Dies umfasst alle Bereiche, z. B. welche Stammdaten erhalten oder überschrieben werden, sofern gleiche Nummern in den Systemen vorhanden sind, oder welche Customizing-Einstellungen nun die führenden sind. Anhand dieser Regeln transformiert SAP LT die einzelnen Daten und überträgt sie aus einem Quellsystem oder aus mehreren Quellsystemen in das dedizierte Zielsystem.

[!] **SAP-Beratung erforderlich**

SAP LT unterstützt das Szenario der Systemkonsolidierung. Es kann aber nicht ausschließlich mit SAP LT durchgeführt werden. Die notwendigen Expertenfunktionen werden aufgrund der Komplexität aktuell nur über das SAP Consulting (durch SAP oder Drittanbieter) angeboten.

12.4 Buchungskreistransfer

Das zweite Szenario innerhalb der Landschaftstransformation beschreibt die Übernahme einer Organisationseinheit, genauer gesagt eines Buchungskreises, nach SAP S/4HANA. Eine stufenweise Einführung von SAP S/4HANA kann durchaus mit einem einzelnen Geschäftsbereich beginnen. Oft werden einzelne Landesgesellschaften in Buchungskreisen abgebildet. Daher ist es möglich, z. B. aus einem »europäischen System«, in dem zahlreiche Länder als Buchungskreis repräsentiert sind, nur eine Landesgesellschaft (z. B. Deutschland) nach SAP S/4HANA zu überführen.

Buchungskreis löschen

Der einfachste Ansatz zur Realisierung solch einer Buchungskreismigration ist die Funktion *Buchungskreis löschen*. Dies ist ein Standardszenario innerhalb von SAP LT und kann von jeder IT-Organisation ohne zusätzlichen Beratungsaufwand selbst durchgeführt werden. Abbildung 12.7 zeigt eine Übersicht des Pakets und der Ausführungsphasen.

Im Anschluss an das Löschen des Buchungskreises wird dann eine Systemkonvertierung des bereinigten Systems durchgeführt.

Projektphasen

SAP LT löscht alle relevanten Daten aus einem oder mehreren ausgewählten Buchungskreisen konsistent aus dem System. Sollten dabei alle Buchungskreise eines zugehörigen Kostenrechnungskreises ausgewählt werden, wird der gesamte Kostenrechnungskreis gelöscht. Solch ein Projekt wird üblicherweise in zwei Phasen durchgeführt und umfasst mehrere Schritte.

Die erste Phase wird als *Löschung* bezeichnet, während die zweite Phase *Gegenlöschung* genannt wird. Die Organisationsstruktur des betroffenen Unternehmens ist daher nach beiden Phasen sauber getrennt.

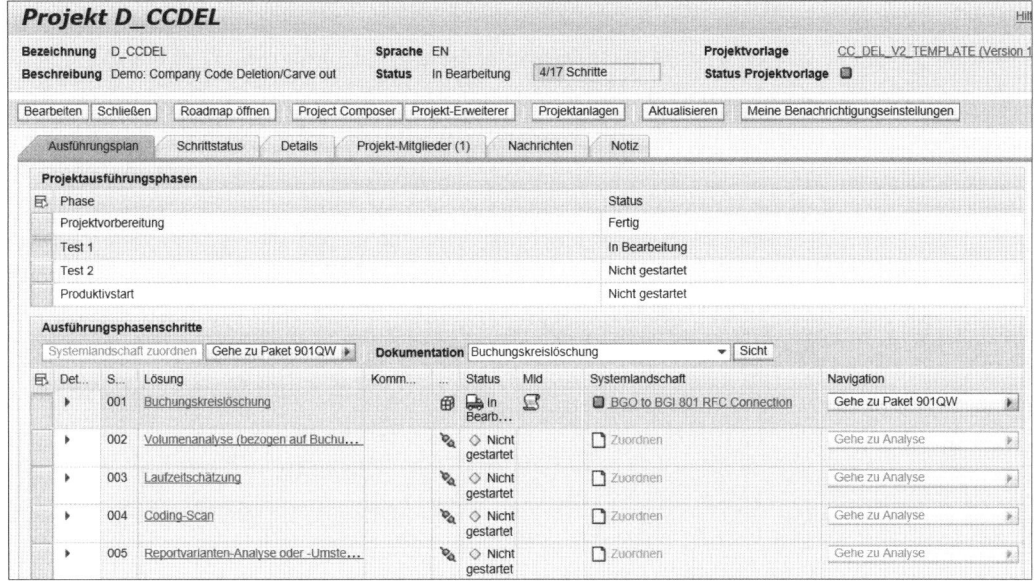

Abbildung 12.7 Übersicht des Pakets »Buchungskreislöschung« in SAP LT

In der ersten Phase werden folgende Schritte durchgeführt:

Phase »Löschung«

1. Es wird eine volle Systemkopie des Systems erstellt, aus dem der Buchungskreis herausgelöst werden soll.
2. Wählen Sie die Funktion des Löschens in SAP LT aus, und bereiten Sie sie technisch vor, wie im Folgenden beschrieben.
3. Das Löschverfahren wird durchgeführt.
4. Es schließt sich ein Testzyklus an, in dem das neu erstellte System nach der Löschung geprüft wird.
5. Je nach Ergebnis der Tests werden die Schritte 1 bis 4 noch einmal wiederholt, um bei Bedarf Anpassungen vorzunehmen.

Im Anschluss erfolgt die Gegenlöschung:

Phase »Gegenlöschung«

1. Bereiten Sie die Gegenlöschung im produktiven Quellsystem vor, aus dem der Buchungskreis herausgelöst wurde. Da es sich hier um Ihr produktives SAP-ERP-System handelt, müssen Sie eine entsprechende Ausfallzeit einplanen und die Endanwender informieren.
2. Eine finale Systemkopie wird erstellt. Die relevanten Echtdaten werden zum einen aus der Kopie und zum anderen aus dem Quellsystem

gelöscht. Das Ergebnis ist ein zusätzliches Produktivsystem, das lediglich den ausgewählten Buchungskreis enthält.

3. Bauen Sie nun das Entwicklungs- und Qualitätssicherungssystem für das neu aufgebaute Produktivsystem auf.

Das ganze Verfahren wird üblicherweise in mindestens zwei Zyklen vollständig durchgeführt, mit einer jeweils aktuellen Kopie des bisherigen Produktivsystems. Auf dieser Systemkopie wird die Löschung durchgeführt, was erst einmal keinerlei Auswirkungen auf die bestehende Systemlandschaft hat. Wichtige Erkenntnisse aus diesem Testlauf sind zum einen die gesamte Laufzeit der Löschung sowie die Identifikation potenzieller Fehler.

Organisationsableitung

Bei der Ermittlung der zu löschenden Daten wird auf die *Organisationsableitung* in SAP LT zurückgegriffen. Diese ermittelt für alle SAP-Anwendungen die relevanten Daten zur Löschung. Technisch wird hier die SAP-Organisationsstruktur über das Customizing analysiert, und alle vom Buchungskreis abhängigen Organisationseinheiten werden identifiziert. Abbildung 12.8 zeigt eine Detailansicht der einzelnen Phasenschritte.

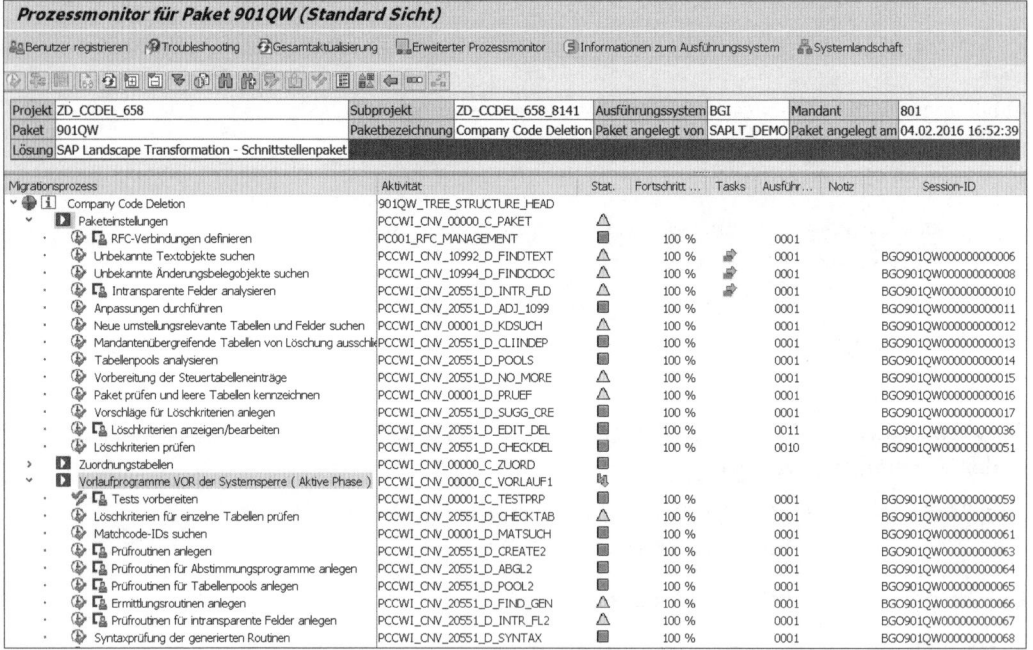

Abbildung 12.8 Einzelne Ablaufschritte des Buchungskreis-Löschverfahrens

SAP LT erstellt daraus einen Arbeitsvorrat mit den zu löschenden Stamm- bzw. Bewegungsdaten und Belegen. Diese werden bei der eigentlichen Löschung dann aus den SAP-Anwendungstabellen entfernt. Auch Daten im Bereich Controlling (CO) und Ergebnis- und Marktsegmentrechnung (CO-

PA) können durch diese Technik konsistent gelöscht werden, auch wenn Sie bei der Ermittlung erst bei einem Buchungskreis starten. In Abbildung 12.9 sehen Sie eine komplette Organisation mit dem zur Übertragung ausgewählten Buchungskreis.

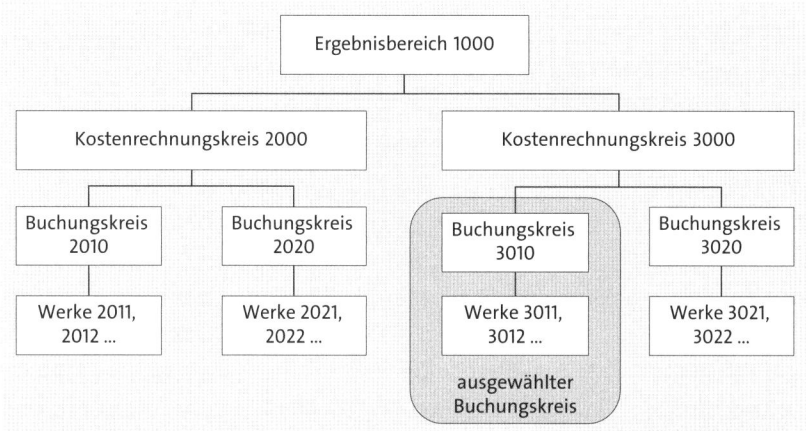

Abbildung 12.9 Beispiel einer Organisation mit ausgewähltem Buchungskreis

In den Testzyklen geht es primär um die Fehlerbehandlung für den Fall, dass zu viele oder zu wenige Daten gelöscht wurden. Sollten Prozesse vorhanden sein, die buchungskreisübergreifend abgewickelt werden, kann auch beides der Fall sein. Mögliche Beispiele sind hier Prozesse, die sowohl vom Vertrieb als auch vom Einkauf verwendet werden.

Testzyklen nach der Löschung

Um solch eine Löschung vorzubereiten, wird in der Regel eine Woche eingeplant. Das umfasst aber noch nicht die Aufwände für eine anschließende Systemkonvertierung, sondern lediglich das SAP-LT-Szenario »Buchungskreis löschen«. In diese erste Vorbereitungswoche fallen die Konfiguration von SAP LT sowie die Vorbereitung von Testfällen. Je nach Anforderung umfassen diese Testfälle zwei Bereiche:

Testfälle

- zum einen einfache Listen des Datenbestands vor der Löschung, um anschließend einen Mengenvergleich durchzuführen
- zum anderen separate Buchungen, die ermitteln sollen, ob nach der Löschung auch noch alle Geschäftsprozesse uneingeschränkt funktionieren

Da das Quellsystem ja weiterhin produktiv genutzt wird, erfolgt die Gegenlöschung normalerweise an einem Wochenende. Dies ist auch technisch begründet, da die üblicherweise eingesetzte Hardware günstiger, aber auch leistungsärmer ist. Dadurch dauern die Vorgänge im Vergleich einfach länger. Allerdings ist es wichtig, dass das Testsystem ausschließlich für diesen

Systeme für Gegenlöschung

Zweck bereitgestellt wird und dass keine anderen Projekte parallel darauf laufen. Auch ist es wichtig, dass die Kopie vollständig ist, um auf dem gesamten Datenbestand zu arbeiten und kein schon reduziertes System zu verwenden. So können die Löschungen der komplementären Buchungskreise sauber durchgeführt werden. Sollte z. B. der Buchungskreis 1000 nach SAP S/4HANA migriert werden, wird nach der Systemkopie und der Löschung nur dieser Buchungskreis im neu aufgebauten System übrig bleiben. Alle anderen werden unter Verwendung von SAP LT konsistent entfernt, wie in Abbildung 12.10 dargestellt.

Das neue Produktivsystem

Wenn das neue Produktivsystem fertig aufgebaut wurde, wird normalerweise eine einfache Systemkopie durchgeführt, um ein neues Entwicklungs- und Qualitätssicherungssystem zu erstellen. So erhält man wieder eine dreistufige Systemlandschaft, allerdings nur mit den relevanten Daten des einzelnen Buchungskreises. Hier kommt es darauf an, wann und wie die Systemkonvertierung durchgeführt wird. Je nach Anforderung können Sie das neue System zuerst auf dem bestehenden Release live setzen und einige Zeit betreiben, bevor Sie anschließend eine Systemkonvertierung durchführen. Durch die hohe Standardisierung des Löschverfahrens und die verhältnismäßig geringe Laufzeit kann aber beides durchaus in einem einzigen Projekt kombiniert werden.

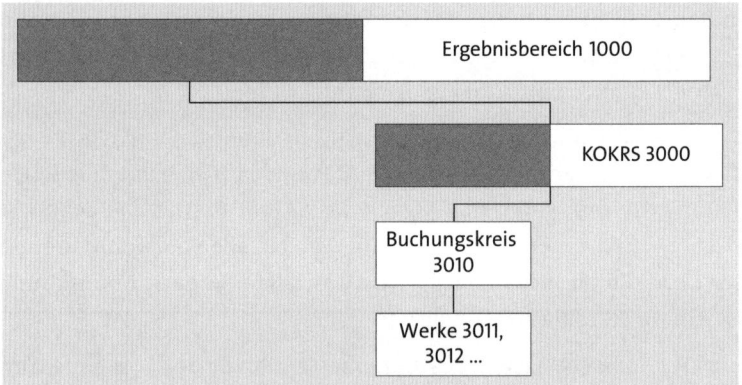

Abbildung 12.10 Das neue System mit isoliertem Buchungskreis

Gegenlöschung im Quellsystem

Ist dies abgeschlossen, wird in der zweiten Phase nun genau dieser Buchungskreis im bisherigen Quellsystem gelöscht. Sie könnten diesen Buchungskreis auch einfach für Buchungen sperren, allerdings sprechen oft Gründe für ein Löschen, wie z. B. ein geringeres Datenvolumen, das das System weniger belastet. So ist auch eine saubere Trennung von alter und neuer Welt gegeben. In Abbildung 12.11 sehen Sie den Aufbau des alten Systems nach der Gegenlöschung.

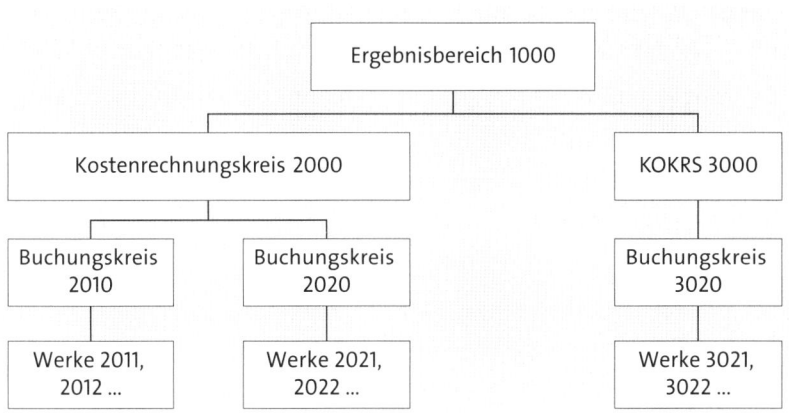

Abbildung 12.11 Das alte System nach der Bereinigung durch die Gegenlöschung

Auch in dieser zweiten Phase werden üblicherweise zwei Testzyklen durchgeführt. Nach der produktiven Gegenlöschung an einem Wochenende erfolgt die Bereinigung der weiteren Systemlandschaft, wie der Test- und Qualitätssicherungssysteme. Dies ist zeitunkritisch und kann auch zu normalen Geschäftszeiten erfolgen. Es kann auch erwogen werden, analog zu dem Vorgehen bei dem neuen System, zumindest die Qualitätssicherungssysteme über eine volle Systemkopie neu aufzubauen.

Testzyklen nach der Gegenlöschung

Hier wird in der Regel aber auch eine Löschung durchgeführt, da der Löschvorgang so einfach ist und möglicherweise parallele Projekte in der alten Systemlandschaft laufen. Ein weiterer Grund für das Löschen kann sein, dass man daran zweifelt, dass der Datenbestand in nichtproduktiven Systemen vollständig ist. Sind alle Löschvorgänge abgeschlossen, können Sie auf dem neu erstellten System mit dem isolierten Buchungskreis damit beginnen, das System zu konvertieren. Dadurch erhalten Sie einen separierten, aber voll funktionsfähigen Buchungskreis auf SAP S/4HANA.

12.5 Transformation nach SAP S/4HANA for Central Finance Foundation

In Abschnitt 3.2.1, »On-Premise-Editionen von SAP S/4HANA«, haben wir Ihnen SAP S/4HANA Central Finance (im Folgenden kurz *Central Finance*) vorgestellt. In diesem Abschnitt konzentrieren wir uns auf die technischen Komponenten und die wichtigen Punkte, die bei der Einführung der Lösung beachtet werden müssen. Die Einführung von Central Finance ist ebenfalls eine Variante der Landschaftstransformation. Hier spielt aller-

Architektur der Central-Finance-Transformation

dings der SAP LT Replication Server als Werkzeug eine zentrale Rolle. Abbildung 12.12 zeigt noch einmal eine umfassendere Übersicht dieses Szenarios.

Um Central Finance zu betreiben, müssen Sie – stark vereinfacht gesagt – zwei Schritte durchführen:

- den SAP Landscape Transformation Replication Server (SAP LT Replication Server) einrichten
- das Central-Finance-System einrichten

SAP Landscape Transformation Replication Server

Der SAP LT Replication Server wird eingesetzt, um die Verbindung zwischen den lokalen Systemen herzustellen. Da der SAP LT Replication Server auf Datenbankebene arbeitet, ist es auch möglich, Nicht-SAP-Systeme einzubinden. Durch den Datenbankzugriff sind keine Anpassungen auf der Ebene der SAP-Anwendungsserver nötig. Der SAP LT Replication Server selbst kann hierbei entweder als separates System aufgesetzt werden oder auf einem der Quellsysteme oder dem Central-Finance-System installiert werden.

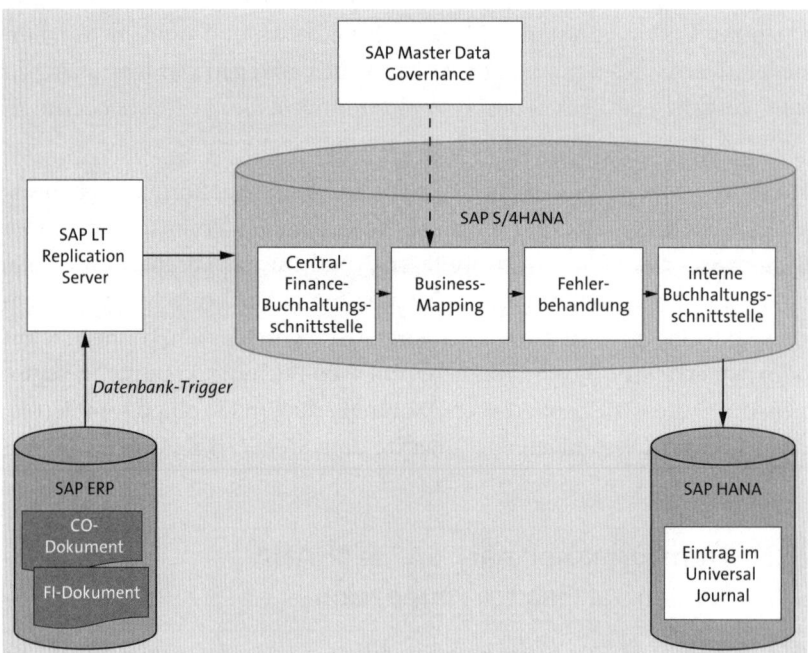

Abbildung 12.12 Central Finance: Architektur und Systemlandschaft

Diese Entscheidung hängt meist von der bisherigen Auslastung der beteiligten Systeme und von dem zu erwartenden Datendurchsatz ab. Je komplexer die Landschaft ist, desto eher sollte eine separate Instanz für den SAP LT Replication Server gewählt werden.

Das Central-Finance-System wird auf Basis von SAP S/4HANA als zentrales Finanz-Reporting-System betrieben. Daten aus den angeschlossenen Systemen werden in Central Finance geladen, und unter anderem werden die Stammdaten harmonisiert, um eine einheitliche Sicht zu gewährleisten. Diese Harmonisierung kann entweder manuell vorgenommen werden oder, falls SAP Master Data Governance (SAP MDG) in der Landschaft vorhanden ist, aus dem SAP-MDG-Werkzeug abgerufen werden. Der Einsatz von SAP MDG ist hierbei optional.

SAP Master Data Governance

Es ist auch möglich, die neue Central-Finance-Instanz und den erforderlichen SAP LT Replication Server in der SAP HANA Enterprise Cloud zu installieren. Wenn Sie keine neue Instanz in Ihre bestehende Landschaft integrieren möchten, ist dies als eine sehr valide Alternative zu berücksichtigen.

SAP HANA Enterprise Cloud

12.5.1 Implementierung von SAP S/4HANA Central Finance

In diesem Abschnitt werfen wir einen Blick auf die wichtigsten Schritte bei einer Central-Finance-Implementierung. Zuerst werden wir uns die technischen Einstellungen ansehen, die Sie für die Einrichtung der Systemverbindungen benötigen. Wir werden auch die Geschäftslogik untersuchen, mit der Sie Hauptbucheinträge umwandeln können. Dies ist ein wichtiger Schritt hin zu Central Finance, denn es ist wichtig zu wissen, wie Sie diese Buchungen dem ordnungsgemäßen Sachkonto und den Kontierungen (Kostenstelle, Auftrag etc.) zuordnen und andere Berichtsdimensionen wie Profitcenter, Funktionsbereiche etc. über diese Kontierungen ableiten. Diese Einstellungen sowie die Einstellungen für die Erstdatenübernahme mit dem SAP LT Replication Server werden zentral über einen für Central Finance spezifischen Einführungsleitfaden (*Implementation Guide*) abgedeckt, den wir im Folgenden kurz *IMG* nennen.

Der IMG, den Sie in Abbildung 12.13 sehen, stammt aus einem aktuellen Entwicklungssystem. Daher kann es je nach Releasestand, den Sie einsetzen, zu kleineren Abweichungen kommen.

Ein zentraler Schritt ist der Aufbau von Systemverbindungen zwischen allen beteiligten Systemen. Obwohl solche Verbindungen für ein ganzes System angelegt werden, können Sie mit ein paar ausgewählten Buchungskreisen beginnen. So bekommen Sie ein Gefühl für das Potenzial des neuen Systems, ohne sich um Ihre gesamte komplexe Unternehmenslandschaft kümmern zu müssen.

Systemverbindungen

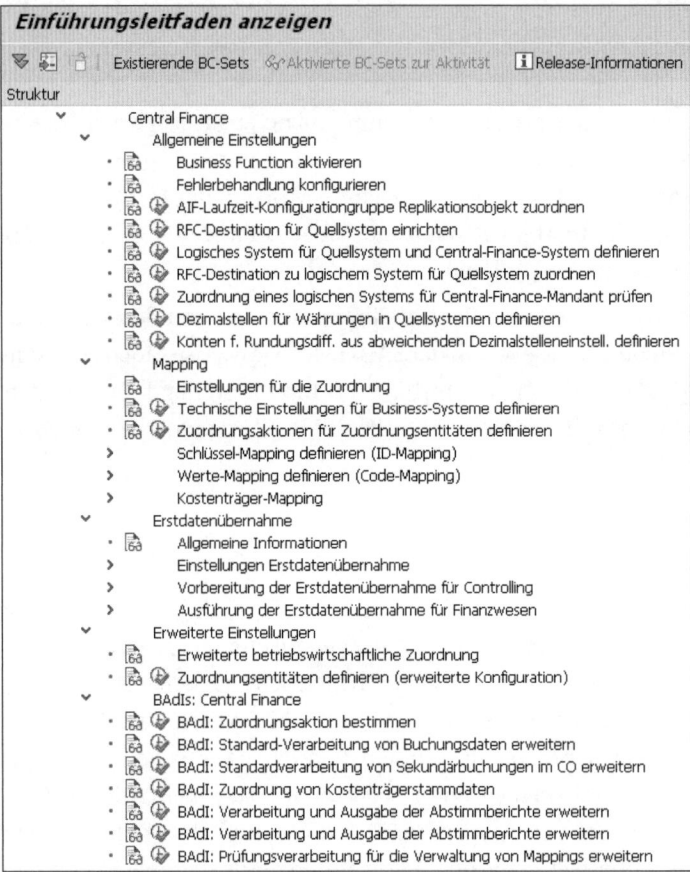

Abbildung 12.13 IMG für Central Finance

Central Finance aktivieren
Der erste Schritt im Central-Finance-System ist die Aktivierung der Business Function FINS_CFIN (Central Finance). Parallel dazu aktivieren Sie noch zwei weitere Business Functions, FIN_GL_ERR_CORR und FIN_GL_ERR_CORR_SUSP, um später die Vorabkontierung und Fehlerkorrektur verwenden zu können. Diese werden sicherstellen, dass alle Hauptbucheinträge, die aus den lokalen Systemen stammen, mit Sachkonten und Kontierungen, die noch nicht im Zentralsystem angelegt sind, als Arbeitsvorrat in einer Fehlerliste geparkt werden.

RFC-Verbindungen
Die technische Definition der Systemlandschaft beginnt mit dem Anlegen einer RFC-Verbindung (Remote Function Call). So werden die Einträge im Universal Journal in Central Finance technisch mit den Belegen in den lokalen Systemen verknüpft und synchron verbucht. Außerdem benötigen Sie die RFC-Verbindungen, um während der ersten Datenmigration Daten aus

den lokalen Systemen auszuwählen und die Stammdatenzuordnungen zu Central Finance zu erstellen.

Da diese beiden Aufgaben mit großer Wahrscheinlichkeit von unterschiedlichen Anwendern ausgeführt werden (die initiale und eher technische Datenmigration liegt oft in den Händen eines Systemadministrators, und für die funktionalen Dokumentverknüpfungen ist ein Buchhalter oder Analytiker verantwortlich), sollten Sie möglicherweise unterschiedliche RFC-Verbindungen erstellen, um sie nach Benutzertypen zu differenzieren.

Sie werden auch alle angeschlossenen Systeme als *logisches System* definieren müssen. Die Idee hinter einem logischen System ist es, jede System-Mandanten-Kombination innerhalb Ihrer Systemlandschaft eindeutig definieren zu können, sodass, wenn wir auf den Belegkopf schauen, klar ist, welche Kombination aus System und Mandant die Quelle des gesendeten Dokuments war.

Logische Systemnamen

Schließlich weisen Sie das logische System dem Central-Finance-Mandanten und die RFC-Destination Ihrem logischen System zu. Dazu wählen Sie den IMG-Eintrag **RFC-Destination für Quellsystem** und pflegen die logischen Verbindungen so, wie in Abbildung 12.14 gezeigt.

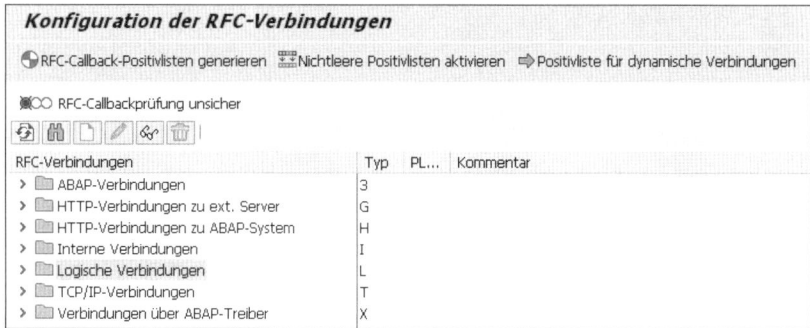

Abbildung 12.14 Konfiguration der RFC-Verbindungen

Auch auf den lokalen Systemen müssen Vorbereitungen getroffen werden. Vergewissern Sie sich, dass das Add-on *Data Migration Server* (DMIS) mit Release 2011_1_700 oder höher auf jedem Quellsystem installiert ist (Support Package 8, SP08, wird empfohlen) und dass Sie darauf den SAP-Hinweis 2124481 (SAP LT SP08, Korrektur 3) implementiert haben. Im SAP-S/4HANA-Zielsystem ist DMIS bereits im Standard vorhanden.

Lokale Systeme

Sollte Ihre Organisation noch nicht auf einem aktuellen Support-Package-Stand sein, müssen Sie einige Codeänderungen in Ihren lokalen Systemen implementieren, um sicherzustellen, dass Sie die Hauptbucheinträge für die Übertragung an Central Finance vorbereiten können.

Weitere Informationen und Sammelhinweis

Da sich diese Systeme kontinuierlich weiterentwickeln, bietet der SAP-Sammelhinweis 2148893 einen guten Einstiegspunkt für aktuelle Informationen. Dieser Hinweis wird regelmäßig aktualisiert, sodass Sie informiert werden, wenn weitere Verbesserungen hinzugefügt werden.

Replikationsserver
Wie schon angesprochen, ist der SAP LT Replication Server ein zentraler Bestandteil dieses Central-Finance-Szenarios, der die verschiedenen Systeme verbindet. SAP LT Replication Server ist im Wesentlichen ein Server, der die Buchungs- und Belegdaten aus dem lokalen System sammelt und an das zentrale System sendet. Den kompletten SAP LT Replikation Server auch für andere Szenarien einzustellen, kann sich als sehr umfangreiche Aufgabe erweisen.

Weitere Informationen zum SAP LT Replication Server

Weitere Informationen zum SAP LT Replication Server finden Sie im SAP Help Portal unter *http://s-prs.de/v631641*. Außerdem empfehlen wir SAP-Hinweis 2154420 für weitere Informationen in Zusammenhang mit einem Central-Finance-System.

Der SAP LT Replication Server arbeitet auf Tabellenebene und verwendet ein initiales Load-Objekt und ein Replikationsobjekt für jede Tabelle, die übertragen werden soll. In den Quellsystemen werden daher automatisch Trigger für die relevanten Tabellen gesetzt, um Dokumente aus dem SAP-ERP-Finanzwesen (FI) zu übertragen. Sie müssen diese Trigger jedoch nicht von Hand einrichten, weil sie als Content mit der neuesten Version des SAP LT Replication Servers geliefert werden.

Bevor allerdings die eigentliche Datenübertragung beginnen kann, ist es im Zuge der Transformation der Geschäftsprozesse wichtig, sich Gedanken über die einzelnen Organisationseinheiten und die Stammdaten zu machen. Wir beginnen im folgenden Abschnitt mit der Betrachtung der Organisationseinheiten.

Weitere Informationen zur Implementierung von Central Finance

Zur vollständigen Beschreibung aller Schritte – sowohl technischer Art als auch auf Applikationsseite – finden Sie Dokumente unter:
http://s-prs.de/v6316112

12.5.2 Globale Parameter

Die globalen Parameter (wie Länder und Buchungskreise) werden Ihnen bekannt vorkommen, da Sie diese in Ihren bestehenden Systemen bereits verwenden. In den meisten Fällen werden Sie eine 1:1-Übertragung dieser Parameter nach Central Finance vornehmen, und in anderen Fällen müssen Sie eine Transformation durchführen. Da diese Parameter im Wesentlichen stabil sind, können Sie auch ein Werte-Mapping in SAP Master Data Governance erstellen. Dieser Ansatz umfasst auch Customizing-Einstellungen, wie z. B. im Bereich der Mahnungen und Zahlungsbedingungen, denen ein Kunde zugeordnet werden kann. Die folgenden Einstellungen werden daher auf der Central-Finance-Seite vorgenommen.

Beginnen wir mit den Ländern, die Sie in Central Finance abbilden möchten. Um diese zu pflegen, wählen Sie den Menüpfad **SAP NetWeaver • Allgemeine Einstellungen • Länder einstellen • Länder definieren in mySAP Systemen** im IMG, wie in Abbildung 12.15 zu sehen ist.

Teilnehmende Länder

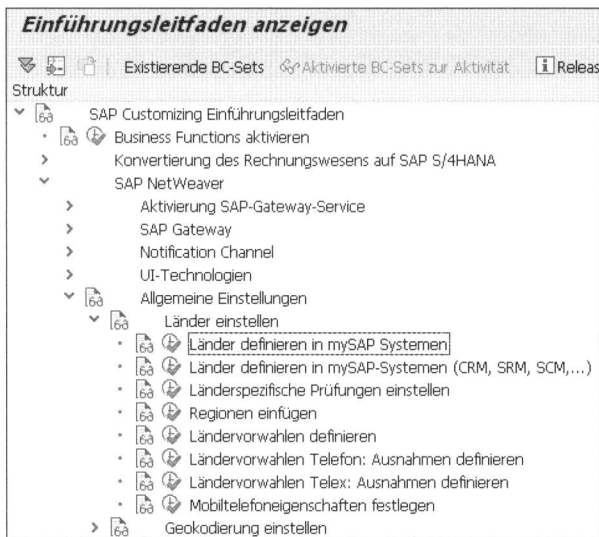

Abbildung 12.15 Länder in Central Finance definieren

Diese Einstellungen werden Sie sicherlich von Ihren lokalen Systemen kopieren können, es sei denn, Sie wollen in Central Finance zusätzliche Länder zu Auswertungszwecken anlegen, wenn z. B. Daten aus Nicht-SAP-Quellen dazukommen. Stellen Sie sicher, dass Sie über spezifische rechtliche Anforderungen für diese Länder informiert sind, um bei einem zentralisierten Reporting keine länderspezifischen Informationen zu verlieren. Solche Informationen sollten eher in einer lokalen Berichterstattung abgebildet werden.

Teilnehmende Gesellschaften

Als Nächstes legen Sie fest, welche Ihrer Gesellschaften in Central Finance abgebildet werden sollen. Das ist vor allem wichtig, wenn es Geschäftsvorfälle zwischen diesen Gesellschaften gibt, falls z. B. innerhalb Ihres Konzerns eine Gesellschaft Waren an eine andere liefert. Diese geschäftlichen Beziehungen werden auch in Central Finance abgebildet, und Sie müssen diese pflegen. Sollten Sie eine Gesellschaft nicht anlegen, die aber in übergreifenden Transaktionen involviert ist, würden Daten aus der Quelle nicht übertragen, und der Prozess würde vollständig dargestellt.

Gesellschaften definieren Sie über den IMG-Pfad **Unternehmensstruktur • Definition • Finanzwesen • Gesellschaft definieren**. Darüber hinaus müssen Sie die Gesellschaften noch mit den entsprechenden Buchungskreisen über **Unternehmensstruktur • Zuordnung • Finanzwesen • Buchungskreis – Gesellschaft zuordnen** verbinden, wie es in Abbildung 12.16 dargestellt ist.

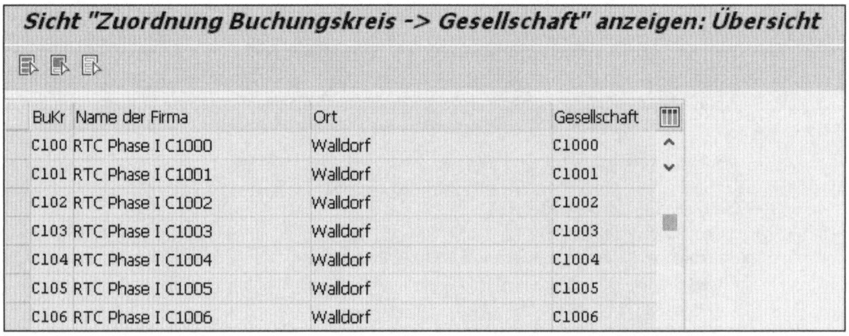
Sicht "Zuordnung Buchungskreis -> Gesellschaft" anzeigen: Übersicht
BuKr Name der Firma Ort Gesellschaft
C100 RTC Phase I C1000 Walldorf C1000
C101 RTC Phase I C1001 Walldorf C1001
C102 RTC Phase I C1002 Walldorf C1002
C103 RTC Phase I C1003 Walldorf C1003
C104 RTC Phase I C1004 Walldorf C1004
C105 RTC Phase I C1005 Walldorf C1005
C106 RTC Phase I C1006 Walldorf C1006

Abbildung 12.16 Eine Gesellschaft einem Buchungskreis zuordnen

Beteiligte Buchungskreise

Wenn wir uns nun die Buchungskreise anschauen, übernehmen Sie nicht nur die Art von Attributen, die von einer Berichtslösung benötigt werden, sondern auch Einstellungen, die die Aktualisierung der Einträge im Universal Journal beeinflussen. Die folgenden Einstellungen sind im Kontext von Central Finance zu bedenken:

- **Kontenplan**: Wenn Sie einen zentralen Kontenplan verwenden wollen, sollten Sie diesen Kontenplan hier eingeben. Stellen Sie sich außerdem die Frage, ob Sie zusätzlich einen lokalen Kontenplan für lokale Berichtszwecke benötigen oder ob Sie diese Art der Berichterstattung nur in Ihrem lokalen System fortsetzen.
- **Geschäftsjahresvariante**: Die Geschäftsjahresvariante legt die Anzahl der Geschäftsjahrperioden und der Sonderperioden fest, mit denen Sie arbeiten werden. Denken Sie daran, dass Sie, wenn Sie zu einem einzigen Kostenrechnungskreis hin konsolidieren, auch eine Geschäftsjahresvariante für alle Entitäten abrechnen müssen, die Teil dieses Kostenrechnungskreises sein werden. Wenn Sie Länder mit unterschiedlichen

12.5 Transformation nach SAP S/4HANA for Central Finance Foundation

Geschäftsjahresstrukturen haben, müssen Sie zusätzliche Ledger mit den entsprechenden Geschäftsjahresvarianten für diese Länder anlegen.

Diese globalen Parameter für den entsprechenden Buchungskreis finden Sie im IMG unter dem Menüpfad **Finanzwesen (neu) • Grundeinstellungen Finanzwesen (neu) • Globale Parameter zum Buchungskreis • Globale Parameter prüfen und ergänzen**. In Abbildung 12.17 sehen Sie ein Beispiel mit dem Kontenplan INT, der Möglichkeit, einen Landeskontenplan anzugeben, und der Geschäftsjahresvariante K4.

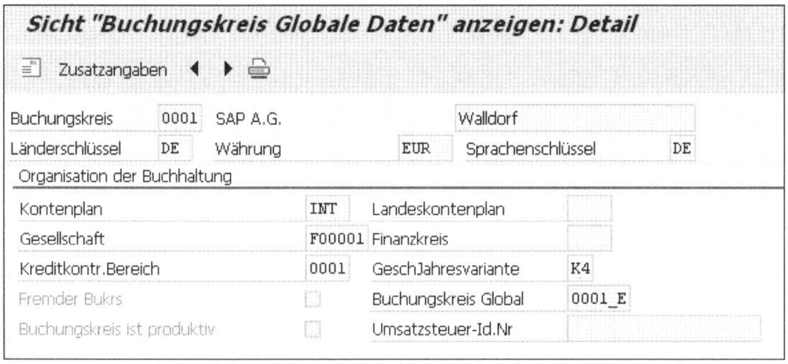

Abbildung 12.17 Beispiel für globale Daten eines Buchungskreises

Innerhalb der einzelnen Buchungskreise können Sie *Ledger* definieren. Wenn Sie das neue Hauptbuch bereits verwenden, sind Sie mit dem Konzept der Ledger vertraut, um Buchungen zu trennen, die sich auf unterschiedliche Rechnungslegungsgrundsätze, wie z. B. IFRS und GAAP, beziehen. In diesem Zusammenhang werden Sie feststellen, dass keine Einstellungen vorhanden sind, um die Aktualisierung von Profitcentern, Segmenten, Geschäftspartnern, Funktionsbereichen usw. in den Hauptbucheinstellungen zu aktivieren. Diese Einstellungen sind in Central Finance veraltet, da das Universal Journal alle diese Felder standardmäßig enthält. In Abbildung 12.18 sehen Sie die Übersicht zur Pflege der Ledger.

Ledger definieren

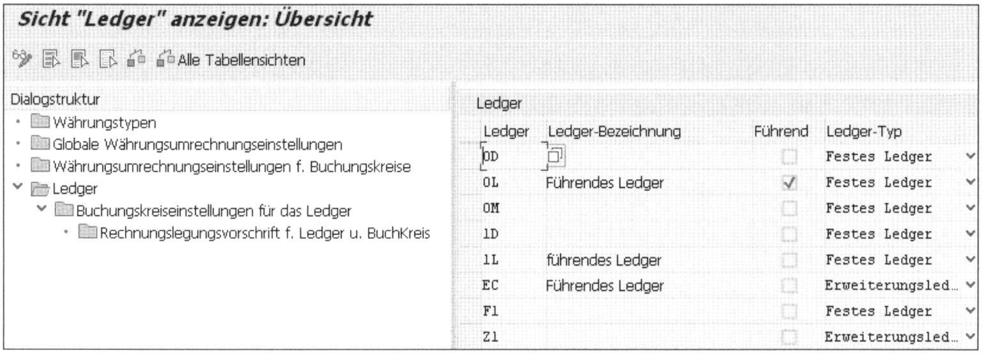

Abbildung 12.18 Übersicht zur Pflege der Ledger

Währungen	Wenn Sie Ihre Ledger definieren, ist es wichtig, die Währungen zu beachten, die Sie jeweils verwenden. Die lokale Währung für Ihren Buchungskreis ist sehr wahrscheinlich diejenige, die Sie bereits im lokalen System für diesen Buchungskreis verwenden. Aber Sie werden sicherlich über die Einführung einer globalen Währung oder Konzernwährung nachdenken wollen, wenn Sie dies noch nicht getan haben.

Außerdem können Sie einige Änderungen an Ihren nichtlokalen Währungen vornehmen, wenn Sie international operieren. Um die Währungen zu den Ledgern einzurichten, folgen Sie dem gleichen Menüpfad wie für die Einrichtung der Ledger selbst, und zwar **Finanzwesen (neu)** • **Grundeinstellungen Finanzwesen (neu)** • **Ledger** • **Einstellungen für Ledger und Währungstypen definieren**. Standardmäßig werden eine Buchungskreiswährung und eine Konzernwährung zu Kontrollzwecken einbezogen. Abbildung 12.19 zeigt hier die möglichen Währungstypen.

Sicht "Währungstypen" anzeigen: Übersicht

Währungstyp	Beschreibung	Kurzbeschreibung
00	Belegwährung	Belegwähr.
10	Buchungskreiswährung	BukrsWähr.
20	Kostenrechnungskreiswährung	KoKrsWähr.
30	Konzernwährung	KonzWährng
32	Konzernwährung, Profitcenter-Bewer...	Konz., PC
40	Hartwährung	Hartwähr.
50	Indexwährung	Indexwähr.
60	Gesellschaftswährung	GesellWähr
70	Währung des Controlling-Objekts	CO-OWähr

Dialogstruktur:
- Währungstypen
- Globale Währungsumrechnungseinstellungen
- Währungsumrechnungseinstellungen f. Buchungskreise
- Ledger
  - Buchungskreiseinstellungen für das Ledger
    - Rechnungslegungsvorschrift f. Ledger u. BuchKreis

Abbildung 12.19 Übersicht der möglichen Währungstypen

Kostenrechnungskreis definieren	Als Nächstes müssen Sie Ihren Kostenrechnungskreis definieren. Wir haben bewusst »Kostenrechnungskreis« im Singular geschrieben, da sich Ihr Leben viel einfacher gestalten wird, wenn Sie alle Ihre Daten in einen Kostenrechnungskreis in Central Finance zusammenführen können. Ähnlich wie beim Buchungskreis sind dies die kritischen Einstellungen:

- Währung (Beachten Sie, dass die Währungsart für die Konzernwährung nun Bestandteil der Einstellungen ist.)
- Kontenplan (wiederum mit den Konten und Kostenarten)
- Geschäftsjahresvariante

Es ist auch wichtig, die buchungskreisübergreifende Kostenrechnung auszuwählen, da Ihr Kostenrechnungskreis normalerweise mehrere Buchungskreise umfasst. Um Ihren Kostenrechnungskreis zu definieren, wählen Sie

12.5 Transformation nach SAP S/4HANA for Central Finance Foundation

im IMG den Menüpfad **Unternehmensstruktur • Definition • Controlling • Kostenrechnungskreis pflegen**. Abbildung 12.20 zeigt hierzu Beispieldaten.

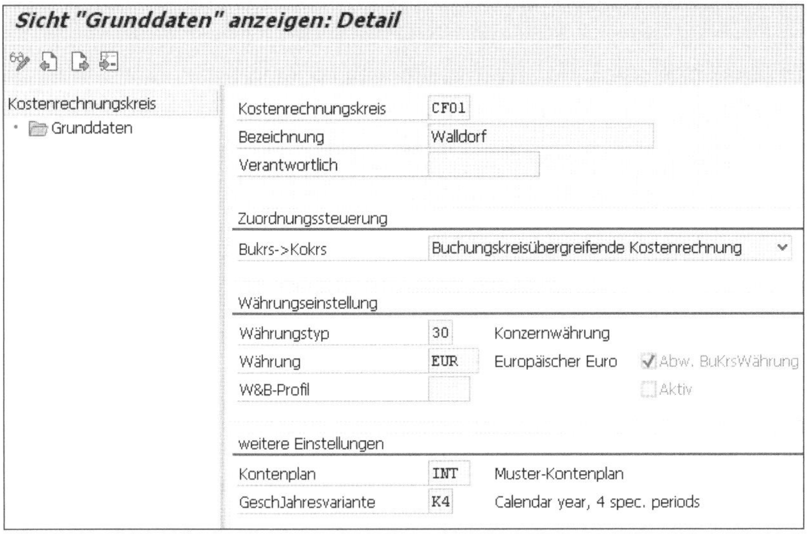

Abbildung 12.20 Beispieldaten zur Pflege des Kostenrechnungskreises

Zusätzlich zu diesen grundlegenden finanziellen Einstellungen bestimmt der Kostenrechnungskreis, über welche Entitäten Sie in Central Finance berichten können. Hier legen Sie fest, welche *Kontierungen* in Ihrem Universal Journal aktiv sind (Kostenstelle, Auftrag usw.). Häufig werden dazu die Komponenten Kostenstellen, Auftragsverwaltung, Prozesskostenrechnung und Wirtschaftlichkeitsanalyse ausgewählt. Die Profitcenter-Rechnung wird nicht als separate Kontierung aktiviert, da sie innerhalb des Universal Journals abgedeckt wird.

Kontierungen

Nun folgt die Definition Ihres Ergebnisbereichs. Wenn Sie das volle Potenzial des Universal Journals nutzen möchten, sollten Sie die *kontenbezogene Ergebnisrechnung* aktivieren. Für primäre Kosten und Erlöse wird dadurch sichergestellt, dass alle in den Buchhaltungsbelegen enthaltenen Umsatzbuchungen, Umsatzabschläge und Kosten der Warenverkäufe automatisch zu einer Kombination von CO-PA-Merkmalen wie Produkt, Kunden und Region gebucht werden können. Diese Einstellungen zur Pflege des Ergebnisbereichs und der Merkmale finden Sie unter den bekannten Controlling-Menüeinträgen und nicht unter **Finanzwesen (neu)**.

Ergebnisbereich definieren

Abschließend müssen noch die Organisationseinheiten abgebildet werden. Die bisher vorgestellten globalen Parameter für Ländergesellschaften, Buchungskreise etc. werden üblicherweise mithilfe von Wertzuordnungen abgewickelt, die Sie, wie zuvor beschrieben, angelegt haben. Wenn Sie sich

Organisationseinheiten abbilden

im SAP-Standard bewegen, müssen Sie diese Einstellungen der Zuordnungsentitäten, die Sie in Abbildung 12.21 sehen, normalerweise nicht anpassen. Allerdings müssen Sie Entitäten hinzufügen, wenn Sie Ihre eigenen Felder oder Felder aus einem externen System in Central Finance abbilden wollen. Wenn Sie diese Einstellungen abgeschlossen haben, sind die Hauptorganisationsstrukturen für Central Finance vorhanden.

Abbildung 12.21 Übersicht der Zuordnungsentitäten

Als Nächstes werden wir uns anschauen, wie Sie die Stammdaten pflegen, die in den Finanzdokumenten verwendet werden.

12.5.3 Stammdaten

In diesem Abschnitt betrachten wir die benötigten Stammdaten. Bei Central Finance müssen Sie zwischen langlebigen Stammdaten (wie Konten und Profitcentern, für die in der Regel ein etablierter Master-Data-Governance-Prozess vorhanden ist) und dynamischeren Stammdaten unterscheiden (z. B. Aufträgen und Projekten, die nach Bedarf erstellt werden). Für Stammdaten wie Kunden, Lieferanten, Materialien und Konten, die in regelmäßigen Abständen immer wieder nach Central Finance geladen bzw. aktualisiert werden, führen Sie ein Mapping durch, das auf den Schlüsselfeldern basiert.

Bereinigung von Stammdaten

Eine Central-Finance-Einführung kann ebenfalls den Anstoß zu einer Bereinigung von Stammdaten liefern. Wenn Sie bereits SAP Master Data Governance (SAP MDG) einsetzen, haben Sie eine solche Bereinigung schon durchgeführt und dadurch einen Vorteil, denn Central Finance kann diese Zuordnungen auslesen. Central Finance verwendet einige Mapping-Tabellen aus SAP MDG.

Auch wenn Sie noch nicht mit SAP MDG arbeiten, können Sie den Weg für eine spätere Implementierung vorbereiten, denn Sie können die Stammdatenzuordnungstabellen in Central Finance ohne separate Lizenzierung von SAP MDG verwenden.

Alternativ können Sie sich bei der Vorbereitung Ihrer Stammdaten auch an Ihrem Data Warehouse orientieren, da Ihre Organisation dort möglicherweise ihre Stammdaten bereits harmonisiert hat. Das ist der Fall, wenn Sie Transformationen vordefiniert haben, während Sie Daten in das Data Warehouse übertragen. Die im Folgenden aufgeführten Entitäten stellen hier den Schwerpunkt der Berichterstattung dar. Wichtig ist, dass alle im Reporting verwendeten Feldinhalte auch als Stammdaten in Central Finance zur Verfügung stehen. Das beinhaltet auch Stammdaten für Steuerverfahren, Zahlungsbedingungen etc.

Data Warehouse

Beginnen wir mit der Anlage von Konten im Hauptbuch. In diesem Abschnitt wollen wir nicht in die spezifischen Funktionen der Hauptbuchhaltung abtauchen oder alle Kontenarten im Detail betrachten. Essenziell wichtig ist allerdings, dass alle lokal verwendeten Konten auch in Central Finance existieren. Sollte das nicht der Fall sein, werden entsprechende Datensätze in einer Fehlerliste geparkt.

Konten im Hauptbuch

Eine Besonderheit betrifft die primären Kostenarten. In Central Finance wurden die beiden Stammdatenarten »Konten« und »Kostenarten« zu einer verschmolzen. Das bedeutet, dass es einen eigenen Datensatz gibt, allerdings nicht für die Kostenart, sondern nur für das Konto. Im Folgenden sind die wichtigsten Kostenartentypen aufgelistet (siehe auch Abbildung 12.22), für die Sie Konten in Central Finance benötigen. Sie erfahren außerdem, wie Sie die relevanten Daten bestimmen:

Primäre Kostenarten

- **01: Primärkosten/kostenmindernde Erlöse**
  Überprüfen Sie Ihre Kontenbilanz und die Einstellungen für den Kostenrechnungskreis, um alle Konten/Kostenarten für Löhne und Gehälter, Abschreibungen für Anlagen, Materialbewegungen etc. zu identifizieren.

- **11: Erlöse**
  Schauen Sie wieder auf die Kontenbilanz, um alle Konten/Kostenarten für Umsätze sowohl mit externen Kunden als auch mit internen Geschäftspartnern zu identifizieren.

- **12: Erlösschmälerung**
  Hier ist es sinnvoll, Ihre Kontenbilanz mit den Verkaufsbedingungen zu vergleichen, die verwendet werden, wenn Sie Ihren Kunden Rechnungen stellen.

- **22: Abrechnung extern**
  Hier wollen Sie wissen, wo Sie Investitionskosten haben, die mit Anlagen im Bau abgerechnet werden, oder wo Fertigungsaufträge vorliegen, die zum Fertigwarenlager abgerechnet werden.

KATyp	Kurzbeschreibung
✓ 1	Primärkosten / kostenmindernde Erlöse
3	Abgrenzung per Zuschlag
4	Abgrenzung per Soll = Ist
✓ 11	Erlöse
✓ 12	Erlösschmälerung
21	Abrechnung intern
✓ 22	Abrechnung extern
31	Auftrags-/Projektabgrenzung
41	Gemeinkostenzuschläge
42	Umlage
43	Verrechnung Leistungen/Prozesse
90	Statistische Kostenart für Bilanzkonto
50	Projektbez. Auftragseingang: Umsatzerlöse
51	Projektbez. Auftragseingang: Sonstige Erträge
52	Projektbez. Auftragseingang: Kosten
61	Fortschrittswert
66	Berichtskostenart CO-PA

Abbildung 12.22 Relevante primäre Kostenarten für Central Finance

Sekundäre Kostenarten

Auch *sekundäre Kostenarten* werden als Konten angelegt. Erfahrenen SAP-Anwendern kommt es sicher seltsam vor, hierfür Konten anzulegen, aber es ist hilfreich, sich die verschiedenen Kostenartentypen genauer anzuschauen, die Sie in Central Finance benötigen. Beginnen Sie, indem Sie eine Liste der Kostenelemente erstellen, die Sie zurzeit verwenden (mithilfe der Transaktion KA23, Kostenarten: Stammdatenbericht). Entwickeln Sie ein Verständnis für den Prozess, durch den jedes Kostenelement aktualisiert wird. Anschließend können Sie entscheiden, ob Sie die gleiche Granularität der Kostenarten für den Prozess in Central Finance behalten möchten oder ob Sie eine andere Abbildung bevorzugen.

Buchungen für folgende Kostenartentypen (ebenso zu sehen in Abbildung 12.22) können zurzeit nach Central Finance übernommen werden:

- **21: Abrechnung intern**
  Überprüfen Sie die Abrechnungsstrukturen in Ihrem lokalen System, um zu bestimmen, welche Kostenarten verwendet werden, und um die

Kosten von Aufträgen und Projekten an andere Empfänger im Controlling zu senden.

- **41: Gemeinkostenzuschläge**
  Überprüfen Sie die Kalkulationsschemata in Ihrem lokalen System, um zu bestimmen, welche Kostenarten verwendet werden, und um die Kosten von Kostenstellen an Aufträge und Projekte im Controlling zu senden.

- **42: Umlage**
  Überprüfen Sie die Bewertungszyklen in Ihrem lokalen System, um zu bestimmen, welche Kostenarten verwendet werden, und um die Kosten von Kostenstellen an andere Kostenstellen im Controlling zu senden.

- **43: Verrechnung Leistungen/Prozesse**
  Sie müssen eine Liste von Leistungsarten und Geschäftsprozessen aus Ihrem lokalen System vorbereiten, um zu bestimmen, welche Kostenarten verwendet werden, um die Kosten von Kostenstellen an Aufträge und Projekte im Controlling zu senden.

Des Weiteren müssen Sie Profitcenter und Kostenstellen definieren. Bei Profitcentern gibt es keine größeren Besonderheiten, außer dass in Central Finance das Profitcenter mit Segmenten existiert, bevor eine Profitcenter-Rechnung durchgeführt werden kann. Die Kostenstelle wiederum ist neben einem Konto das eine Stammdatum, das nahezu sicher nach Central Finance übernommen wird.

Profitcenter und Kostenstellen

Wenn Sie zu einem einzelnen Kostenrechnungskreis für eine vereinfachte Berichterstattung wechseln, kann es eine Herausforderung sein, zu erkennen, welche Kostenstellen zu welchem Buchungskreis gehören. Daher sollten Sie eine entsprechende und eindeutige Nummerierung verwenden. Es ist auch wichtig, zu identifizieren, ob der gleiche Kostenstellenschlüssel in mehreren Systemen existieren kann, um Konflikte zu vermeiden, wenn verschiedene lokale Systeme angeschlossen werden. Da die Attribute in der Kostenstelle auch die Zuordnung der Kostenstellen zu Funktionsbereich, Profitcenter und Geschäftsbereich bestimmen, sollten Sie dies sorgfältig abwägen.

> **Attribute der Kostenstellen**
>
> Achten Sie darauf, wie Sie die Attribute der Kostenstelle pflegen. Das Profitcenter oder der Funktionsbereich, das bzw. der von der Kostenstelle abgeleitet wird, überschreibt jede Zuordnung, die in den Mapping-Tabellen gepflegt wurde (siehe auch Abbildung 12.21).

Materialstämme Die Idee, die gesamten Materialstämme zu zentralisieren und zu harmonisieren, kann ein aufwendiges Unterfangen sein. Im Fall von Central Finance sind Sie allerdings nur an einer kleineren Teilmenge interessiert. Alle Einstellungen, die Bedarfsplanung, Produktion, Beschaffung, Lagerverwaltung etc. steuern, können in den lokalen Systemen verbleiben. Die wichtigsten Elemente, die es zu berücksichtigen gilt, sind folgende:

- **Namens-/Nummerierungskonventionen**
  Diese Konventionen werden kein Problem sein, wenn Sie Daten aus dem ersten lokalen System übernehmen. Es kann dann allerdings bei jedem weiteren System zu Problemen kommen, sofern Sie nicht bereits Ihre Materialstämme bereinigt haben. Denken Sie daran, möglicherweise den Weg für eine durchgängige Bestandsberichterstattung und ein zentrales Material Ledger vorzubereiten, auch wenn Sie diese Funktion in Central Finance nicht direkt nutzen.

- **Zuordnung zu Produkthierarchien**
  Da die Produkthierarchien eine der wichtigsten Möglichkeiten darstellen, wie sich Familien ähnlicher Produkte in CO-PA aggregieren, lohnt es sich, einige Zeit in dieses Thema zu investieren. Ob Sie sich dann bewusst für »unordentliche« Produkthierarchien im lokalen System entscheiden und eine andere Struktur in Central Finance verwenden oder ob Sie Ihre Produkthierarchien doch harmonisieren, ist eine komplexe Frage, die nicht allein von der Finanzabteilung entschieden werden kann.

- **Zuordnung zu Materialgruppen**
  Die Bedenken gegenüber den Produkthierarchien gelten analog für Materialgruppen. Sie sollten auch hier wissen, ob Sie Materialattribute in Ihren Materialstämmen haben, die Sie für die zentrale Berichterstattung benötigen, wie z. B. Ausgabenkategorien.

Die Stammdaten für Kunden und Lieferanten können ziemlich minimalistisch gehalten sein, weil man erst einmal keine der Einstellungen benötigt, die Verfahren wie Zahlungen oder Ausfuhren regeln. Sofern Kunden betroffen sind, sind Sie in erster Linie an Attributen wie der Kundengruppe interessiert, die Sie für das strategische Reporting in der Ergebnisrechnung benötigen, sowie an Lieferanten und an den Einstellungen für die unternehmensübergreifende Abstimmung. Wenn Sie die Reihenfolge erarbeiten, in der die Daten aus den Systemen übernommen werden, müssen Sie vorsichtig sein bei übergreifend verwendeten Kunden- und Lieferantendaten, falls ein involvierter Geschäftsbereich nicht in Central Finance einbezogen wird.

12.5.4 Mapping, Fehlerbehandlung und das initiale Datenladen

Nun, da wir die wichtigsten Stammdaten für Central Finance identifiziert haben, ist es an der Zeit, darüber nachzudenken, ob es eine 1:1-Beziehung zwischen dem Sender- und dem Empfängersystem gibt oder ob eine Umstellung stattfinden muss. Wenn Sie nichts weiter tun, wird das System davon ausgehen, dass es eine 1:1-Beziehung zwischen den Entitäten im Sender- und im Empfängersystem gibt, und die Buchungen werden ausgeführt, wenn die entsprechenden Stammdaten vorhanden sind. Beachten Sie dabei, dass Sie auch sicherstellen müssen, dass die entsprechenden Dokumentarten, Buchungsschlüssel usw. in dem zentralen System vorhanden sind, da diese alle Teil eines Universal-Journal-Eintrags sind. Wenn Sie dies für einen der Einträge außer Kraft setzen wollen, müssen Sie eine entsprechende Aktion zuordnen.

Key-Mapping für Stammdaten

Für jede Entität (siehe Abbildung 12.21) haben Sie folgende Mapping-Optionen in Central Finance zur Verfügung (siehe Abbildung 12.23):

Mapping-Optionen

- **Daten erhalten**: Dies ist die Standardeinstellung. Feldwerte dieser Art werden überhaupt nicht umgeschlüsselt, und die Einheiten, die aus dem Sendersystem übertragen werden, werden beibehalten.
- **Zuordnen obligatorisch**: Die Feldwerte für alle gefüllten Felder müssen gemappt werden. Wenn keine Zuordnungsdaten für die Daten in den FI-Belegen vorhanden sind, wird ein Fehler ausgegeben, der durch das Fehlerkorrektursystem (Error Correction and Suspense Accounting, ECS) korrigiert werden kann.
- **Zuordnen wenn möglich**: Das System versucht, alle gefüllten Felder zu mappen. Wenn keine Umschlüsselung gepflegt ist, wird kein Fehler ausgegeben, sondern es werden die Originaldaten verwendet, die aus dem Sendersystem übertragen werden.
- **Daten löschen**: Nur gelegentlich wird das Sendersystem ein Feld übertragen, für das Sie keine Verwendung in Central Finance haben. Wenn Sie Felder haben, die Sie nicht übertragen wollen, müssen Sie diese Einstellung verwenden, um sicherzustellen, dass diese Felder gelöscht oder aus dem Dokument entfernt werden.

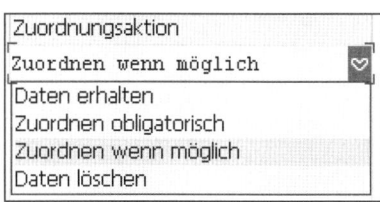

Abbildung 12.23 Zuordnungsaktionen im Mapping-Schritt

Das häufigste Mapping ist ein *Paar-Mapping*, bei dem Konto A aus dem lokalen System auf Konto B in Central Finance umgeschlüsselt wird. Um das Mapping vorzubereiten, verwenden Sie die Web-Dynpro-Anwendung `MDG_BS_WD_ID_MATCH_SERVICE`. Denken Sie auch daran, dass alle neuen Dokumente, die Sie erstellen, durch die normalen Schnittstellen im Rechnungswesen laufen, sodass Sie alle üblichen Optionen für Umsetzungen und die Implementierung von User-Exits haben.

Fehlerkorrektur und Verwahrkonten

Wenn Sie die Umschlüsselung Ihrer Stammdaten planen, ist es auch wichtig zu wissen, was passieren wird, wenn mal Dinge schiefgehen sollten. Die Fehler können sich auf alle ankommenden Dokumente beziehen (wenn z. B. eine Periode in Central Finance noch nicht geöffnet wurde) oder auf bestimmte Stammdaten, wie z. B. auf eine gesperrte Kostenstelle.

Wenn Sie die Business Functions zur Vorabkontierung und Fehlerkorrektur aktiviert haben, erhalten Sie eine Liste der Dokumente, die nicht gebucht werden konnten und als Fehler in der Arbeitsliste erfasst wurden. Sie können entweder ein einzelnes Element auswählen und eine manuelle Korrektur an den Stammdaten vornehmen oder die Regeln der Umschlüsselung anpassen und die Liste aktualisieren. Beachten Sie, dass zum Zeitpunkt der Buchungen nur Fehler in den FI-Belegen über diese Funktion abdeckt werden. Wenn Fehler z. B. in den CO-Dokumenten auftreten, weil ein Aktivitätstyp nicht in Central Finance existiert, wird Ihnen ein Fehler direkt im SAP LT Replication Server angezeigt.

Erstdatenübernahme

Konsistenz ist das Schlüsselwort für die initiale Datenübernahme nach Central Finance. Sie wollen sicherstellen, dass alle Daten, die aus dem lokalen System übertragen werden, bereinigt sind, und Sie wollen nicht, dass Benutzer während des Ladevorgangs neue Buchungen vornehmen oder Jobs einplanen. Daher sollten Sie die Buchungsperioden für die Zeit der Übertragung gegen Buchungen sperren, um versehentliche Updates zu verhindern.

Reports für die Datenqualität

Um sicherzustellen, dass die Daten in Ihrem Sendersystem sauber sind, gibt es verschiedene Reports, die Sie vor der Migration ausführen sollten:

- Zur Vorbereitung der Übertragung Ihrer Anlagenbuchungen schließen Sie die periodische Anlagenbuchung mit dem Programm `RAPERB2000` und führen dann den periodischen Abschreibungslauf mit dem Programm `RAPOST2000` durch.

- Stellen Sie sicher, dass die Indextabellen und Transaktionszahlen im neuen Hauptbuch im Einklang sind, indem Sie den Report `RFINDEX` für alle Geschäftsjahre laufen lassen. Beschränken Sie die Auswahl im lokalen System auf die Buchungskreise, die Sie nach Central Finance übertragen wollen.

- Stellen Sie durch den Report `TFC_COMPARE_VZ` oder die Transaktion FAG-LFO3 sicher, dass die Zahlen im neuen Hauptbuch denen in den Nebenbüchern entsprechen.
- Wenn Sie das neue Hauptbuch in Ihrem lokalen System verwenden, müssen Sie sicherstellen, dass die Zahlen in Ihren verschiedenen Ledgern zusammenpassen. Verwenden Sie den Report `RGUCOMP4` oder die Transaktion GCAC für die ausgewählten Buchungskreise.
- Stellen Sie auch sicher, dass die Werte in der SAP-ERP-Materialwirtschaft im Einklang sind mit den Zahlen im neuen Hauptbuch, indem Sie die Reports `RM07MBST` und `RM07MMFI` für die relevanten Buchungskreise ausführen.
- Bereiten Sie Ihre Saldenvorträge für alle Währungen und Ledger vor. Für Kreditoren und Debitoren führen Sie den Report `SAPF010` und für die SAP-Hauptbuchhaltung den Report `SAPFGLBCF` aus.
- Bereiten Sie einen Auszug Ihrer Abschlüsse vor (Programm `RFBILA00`), der die Summen pro Kostenstelle (Transaktion `S_ALR_87013611`), die Sachkontensalden für die entsprechenden Buchungskreise (Report `RFSSLD00`) und das Belegjournal (Report `RFBELJ00`) enthält.

Sie sind nun bereit für die eigentliche, initiale Datenübernahme. Hier folgen Sie dem Ablauf im IMG (siehe Abbildung 12.24) und wählen als Erstes das logische System aus, von dem Sie die Daten übernehmen möchten.

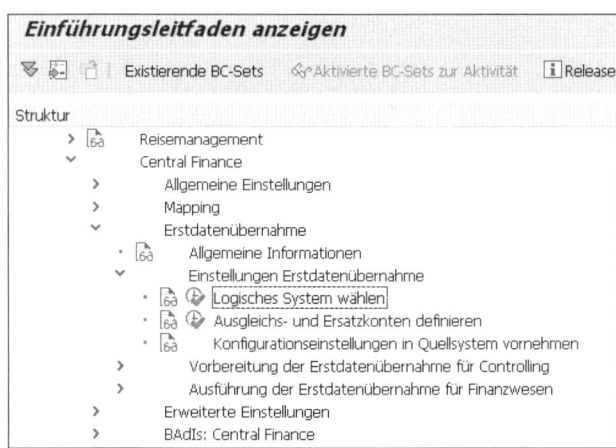

Abbildung 12.24 Die Wahl des logischen Systems

Bestimmen Sie auch entsprechende Konten für alle Buchungskreise, die während der Migration für Gegenbuchungen verwendet werden. Sobald die Datenübernahme abgeschlossen ist, sollte das Guthaben auf diesen Konten null sein. Wenn die Extraktion gestartet wurde, werden die Daten in

Central Finance erst in einer vorläufigen Tabelle gespeichert. Die Buchung wird dabei nur simuliert.

Buchung in Central Finance

Wenn Sie mit dem Ergebnis bzw. den Inhalten zufrieden sind, bestätigen Sie sie im nächsten Schritt **Daten der Erstdatenübernahme buchen** (siehe Abbildung 12.25), und lösen Sie dadurch die eigentliche Buchung in Central Finance aus.

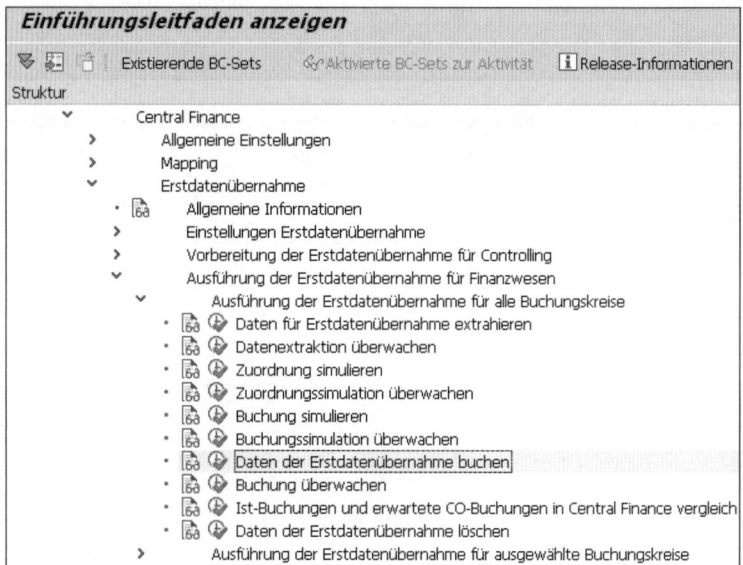

Abbildung 12.25 Produktive Datenübernahme bestätigen

Sobald Sie fertig sind, führen Sie den Report RFINS_CFIN_MATCH_FI_TO_CO aus, um die Konsistenz der CO-Buchungen zu überprüfen. Außerdem können Sie den letzten Vorbereitungsschritt zu den Abschlüssen, den Sie auf den lokalen Systemen durchgeführt haben, nun auch auf Central Finance durchführen, um die Konsistenz sicherzustellen.

Jetzt haben Sie das initiale Setup von Central Finance technisch abgeschlossen. Sie haben alle FI-relevanten Belege übernommen und Ihr Central-Finance-System mit ersten Daten bestückt. Die erste Datenübernahme ist hiermit beendet, und Sie können mit den CO-Dokumenten fortfahren, was aber einen separaten Ladeprozess darstellt.

Die komplette Konfiguration eines Central-Finance-Systems bzw. der SAP-S/4HANA-Finance-Plattform beinhaltet natürlich noch viele weitere Schritte. Weitere Informationen zu SAP S/4HANA Finance erhalten Sie z. B. in dem Buch »SAP S/4HANA Finance – Prozesse, Funktionen, Migration« von Janet Salmon, Thomas Kunze, Daniela Reinelt, Petra Kuhn und Christian Giera (SAP PRESS 2016).

Kapitel 13
SAP S/4HANA, On-Premise-Version in die Systemlandschaft integrieren

In diesem Kapitel erläutern wir die Integration eines SAP-S/4HANA-Systems mit SAP Ariba, SAP SuccessFactors und weiteren in der Landschaft vorhandenen SAP-Systemen.

SAP S/4HANA basiert, wie auch die SAP Business Suite, auf SAP NetWeaver. Eine Integration in eine bestehende Systemlandschaft der SAP Business Suite sollte deshalb in der Regel ohne Schwierigkeiten möglich sein oder nur sehr wenige Probleme bereiten. In diesem Kapitel gehen wir näher auf die Integration des Geschäftsnetzwerkes SAP Ariba und die Integration mit SAP SuccessFactors ein. Im letzten Abschnitt geben wir noch einige Hinweise zur Integration mit vorhandenen SAP-Systemen.

13.1 Integration mit SAP Ariba

SAP S/4HANA bietet einfach zu implementierende Direktverbindungen mit SAP-Ariba-Lösungen. Weder Add-ons noch Middleware werden dafür benötigt. Verbindungen über Middleware werden aber grundsätzlich ebenfalls unterstützt.

Unterstützte Technologien

Vorsicht ist bei der Nutzung älterer Technologien geboten, wie IDoc, Business Application Programming Interfaces (BAPIs) und Remote Function Calls (RFCs).

Im Folgenden erläutern wir, was bei der Integration eines On-Premise-Systems von SAP S/4HANA mit SAP-Ariba-Lösungen zu beachten ist.

13.1.1 Integrierte Geschäftsprozesse mit SAP-Ariba-Lösungen und SAP S/4HANA

Die Geschäftsprozesse in der Beschaffung und Buchhaltung, die von der Digitalisierung und der Integration zwischen SAP S/4HANA und SAP-Ariba-Lösungen profitieren können, sowie ihre Implementierung haben wir in

Unterschiede zwischen Cloud und on premise

Abschnitt 8.1, »Integration mit SAP-Ariba-Lösungen«, besprochen. In diesem Abschnitt zeigen wir lediglich die Unterschiede zwischen der Integration der SAP S/4HANA Cloud und der Integration der On-Premise-Version von SAP S/4HANA mit den SAP-Ariba-Lösungen. Diese Unterschiede lassen sich differenzieren nach dem jeweiligen Umfang der unterstützten Geschäftsprozesse, nach den technischen Szenarien der Implementierung und nach der physischen Umsetzung dieser Implementierungen im System (siehe Tabelle 13.1).

Integration mit SAP-Ariba-Lösungen	Geschäftsprozesse und Scope Items	Middleware	Umsetzung im System
SAP S/4HANA Cloud 1805	<ul><li>1AO SAP Ariba Sourcing</li><li>1L2 SAP Ariba Quote Automation</li><li>J82 SAP Ariba Commerce Automation</li><li>19O SAP Ariba Payables</li><li>2NV SAP Ariba Guided Buying</li></ul>	keine Middleware erforderlich, aber unterstützt	SAP-Fiori-Kachel für die Konfiguration
SAP S/4HANA 1709	Native SAP-S/4HANA-Integration:<ul><li>1AO SAP Ariba Sourcing</li><li>1L2 SAP Ariba Quote Automation</li><li>J82 SAP Ariba Commerce Automation</li><li>19O SAP Ariba Payables</li></ul>	keine Middleware erforderlich; SAP Process Orchestration (SAP PO) sowie SAP Cloud Platform Integration unterstützt	SAP-Einführungsleitfaden (IMG)
	Alte Technologien basierend auf IDoc, BAPI, RFC und Ariba Cloud Integration (CI):<ul><li>SAP Ariba Sourcing</li><li>SAP Ariba Quote Automation*</li><li>SAP Ariba Commerce Automation</li><li>SAP Ariba Payables</li><li>SAP Ariba Contract Management*</li><li>SAP Ariba Supplier Management*</li><li>AribaPay*</li><li>SAP Ariba Buying and Invoicing*</li><li>SAP Ariba Supply Chain Collaboration*</li></ul>	SAP Process Orchestration (SAP PO) oder SAP Cloud Platform Integration erforderlich	SAP-Einführungsleitfaden (IMG)

* Technisch freigegeben für SAP Ariba Cloud Integration CI-8 auf SAP Process Orchestration 7.5 in Verbindung mit SAP S/4HANA 1511; technisch freigegeben für CI-9 mit PI 7.5 und SAP S/4HANA 1605; wenn technisch freigegeben, können Kunden ihre Implementierung von SAP Ariba zertifizieren lassen. Weitere Informationen erhalten Sie direkt von SAP Ariba. Diese Szenarien sind von SAP nicht als SAP Best Practices mit SAP S/4HANA getestet.

Tabelle 13.1 Vergleich der Integrationsvarianten von SAP S/4HANA Cloud 1805 und SAP S/4HANA 1709 mit SAP-Ariba-Lösungen

Gegenüber SAP S/4HANA Cloud fällt auf, dass weitgehend dieselben Prozesse unterstützt werden, wenn die für SAP S/4HANA neu entwickelte Direktintegration mit SAP Ariba verwendet wird. Eine Ausnahme bildet das Szenario SAP Ariba Guided Buying, das zurzeit nur in der Cloud direkt unterstützt wird.

Unterstützung derselben Prozesse

> **Alte Integrationstechnologien mit SAP S/4HANA**
>
> Wenn Sie von der SAP Business Suite bereits mit SAP Ariba Integration vertraut sind, dann erinnern Sie sich an die zwei Wege, die hier zur Verfügung standen:
>
> - entweder ein SAP-Add-on für die SAP Business Suite, das modifikationsfrei implementiert werden kann und dann keiner weiteren Middleware bedarf (siehe *http://s-prs.de/v631644*)
> - oder ein Ansatz, der sich wesentlich auf Middleware stützt, aber auch Transporte in das SAP-ERP-System erfordert, bekannt als SAP Ariba Cloud Integration (siehe *http://s-prs.de/v631645*)
>
> Für SAP S/4HANA ist das aus der SAP Business Suite bekannte Add-on ausdrücklich nicht freigegeben. Neuere Versionen von SAP Ariba Cloud Integration unterstützen bestimmte Releases von SAP S/4HANA.
>
> Verbindungen, die auf SAP Ariba Cloud Integration basieren, haben jedoch den Nachteil, dass der Kunde Transporte implementieren muss und dass die Wartung sehr aufwendig ist. SAP Ariba hat daher ein neues Konzept entwickelt, um Kunden von SAP ERP und SAP S/4HANA eine stark vereinfachte, wartungsarme Integration zu ermöglichen: das *SAP Ariba Cloud Integration Gateway*. Es wird modifikationsfrei als Add-on auf dem SAP-ERP-System installiert und bedarf keiner Transporte. Bei der Fertigstellung dieses Buches war SAP Ariba Cloud Integration Gateway in limitiertem Release. Wann es allgemein freigegeben wird, erfahren Sie unter folgendem Link: *http://s-prs.de/v631646*

13.1.2 Technische Integration von SAP S/4HANA mit SAP Ariba

Abhängig von den gewählten Geschäftsprozessen für die Integration mit den SAP-Ariba-Lösungen muss die Implementierung mit oder kann ohne Middleware erfolgen. Die Direktintegration basierend auf den SAP Best Practices benötigt keinerlei Middleware. Wer dennoch auf Middleware zwischen seinem On-Premise-implementierten SAP-S/4HANA-System und seiner SAP-Ariba-Instanz in der Cloud nicht verzichten möchte, kann diese Middleware entweder on premise (*SAP Process Orchestration*, SAP PO) oder in der Cloud (*SAP Cloud Platform Integration*, früher SAP HANA Cloud Integration) verwenden.

Mit oder ohne Middleware

SAP Best Practices

Die SAP Best Practices für die Integration von SAP S/4HANA mit SAP-Ariba-Lösungen unterstützen Sie bei diesem Projekt und geben Ihnen eine schrittweise Anleitung sowohl für die direkte als auch für die indirekte Integration. Weitere Informationen hierzu finden Sie unter: *http://s-prs.de/v631647*

Direktintegration für digitale Transformation

Bei der indirekten Integration über Middleware werden die Nachrichten lediglich durchgereicht. Es findet keine Transformation in SAP PO oder SAP Cloud Platform Integration statt.

Weitere Informationen zu SAP Best Practices und SAP Activate

In SAP S/4HANA wird zur Implementierung der herkömmliche SAP-Einführungsleitfaden (Implementation Guide, IMG) genutzt. Außerdem empfiehlt SAP die Verwendung des SAP Solution Managers. Welche Einstellungen im Einführungsleitfaden oder im SAP Solution Manager vorzunehmen sind, erfahren Sie im SAP-Best-Practices-Paket für SAP S/4HANA (*http://s-prs.de/v631648*). Navigieren Sie zu **Accelerators** • **General Documents** • **Software and Delivery requirements**. Auch die Implementierungsmethode SAP Activate kommt bei der Integration von SAP S/4HANA wieder zum Einsatz.

Technische Einstellungen

Aufseiten des Ariba Networks wird die Integration mit SAP S/4HANA genauso gehandhabt wie die mit SAP S/4HANA Cloud (siehe Abschnitt 8.1). Im Folgenden behandeln wir daher die spezifischen Einstellungen im Einführungsleitfaden von SAP S/4HANA. Dabei konzentrieren wir uns auf die Integration der Scope Items für Ausschreibungen (*SAP Ariba Sourcing*, 1AO), die Automatisierung des Belegflusses von der Bestellung bis zu Rechnung (*SAP Ariba Commerce Automation Integration*, J82 und 1L2) und das Zahlungs- und Skonto-Management (*SAP Ariba Payables Integration*, 19O). Wir gehen auch auf die besonderen Einstellungen für die vermittelte Integration mit SAP PO oder SAP Cloud Platform Integration ein, wenn sie von den Einstellungen für die direkte Integration abweichen.

Networkeinstellungen

Die grundsätzlichen Einstellungen umfassen das Festlegen der Infrastruktur (etwa eine sichere Verbindung mit Zertifikat oder Shared Secret), eine Nachrichtensteuerung, Schnittstellenverbindungen, das Einplanen von Jobs, die Definition und das Einrichten der Dienste für eingehende Nachrichten sowie der Konsumenten für ausgehende Nachrichten.

Anwendungsspezifisch in SAP S/4HANA müssen Sie außerdem die Ariba-Network-ID den Buchungskreisen zuordnen, die Ausgabesteuerung in zwei Varianten einrichten (*Nachrichtensteuerung*, NAST, oder *erweitertes Business Rule Framework*, BRFplus) und das *SAP Application Integration Framework* (AIF) einrichten.

Anwendungsspezifische Einstellungen

Bei der vermittelten Integration mithilfe von SAP Cloud Platform Integration müssen Sie außerdem die verschlüsselte Kommunikation und SSL einrichten sowie die In- und Outbound-Szenarien. Bei Verwendung von SAP Process Orchestration sind außerdem der Adapter für SAP Ariba Cloud Integration einzurichten und die Kommunikationskanäle zu konfigurieren.

Alle Einstellungen sind in den Best-Practice-Konfigurationsleitfäden nachzulesen, die Sie für die verschiedenen Integrationsszenarien unter den folgenden URLs finden:

Konfigurationsleitfäden

- Ausschreibungen mit SAP Ariba Sourcing Integration (1AO): *http://s-prs.de/v631649*
- Automatisierung von der Bestellung bis zur Lieferantenrechnung mit SAP Ariba Commerce Automation Integration (J82): *http://s-prs.de/v631650*
- automatisierte Preisabfrage mit SAP Ariba Quote Automation (1L2): *http://s-prs.de/v631651*
- Zahlungs- und Skontoverarbeitung mit SAP Ariba Payables Integration (19O): *http://s-prs.de/v631652*

Die SAP Best Practices beschränken sich derzeit auf die technische Integration und die unmittelbar damit unterstützten Geschäftsprozesse. Was sie noch nicht abbilden, was aber unbedingt in Betracht gezogen werden sollte, sind weitere Prozessoptimierungen und -automatisierungen, wo immer sie sinnvoll erscheinen.

BAdIs zur Prozessoptimierung

Beispielsweise stellt sich die Frage, welchen Effekt vom Lieferanten zurückgewiesene Bestellungen haben sollen: Soll SAP S/4HANA selbstständig den nächsten Lieferanten anschreiben? Soll eine Ausschreibung erfolgen? Soll die Ablehnung die Beurteilung dieses Lieferanten beeinflussen? In der On-Premise-Version von SAP S/4HANA sind Business Add-ins (BAdIs) zugänglich, die solche weiteren Optimierungen ermöglichen. Sie finden diese ebenfalls über den IMG.

In SAP Ariba sind weitere Prozessoptimierungen möglich über die Aussteuerung der Konfiguration unter **Administration**. Die Dokumentation hierzu finden Sie auf den SAP-Ariba-Support-Seiten unter: *https://connect.ariba.com/AC*

13 SAP S/4HANA, On-Premise-Version in die Systemlandschaft integrieren

> **Weitere Informationen**
>
> Unter den folgenden Links finden Sie weitere Informationen zur Integration von SAP S/4HANA und SAP Ariba:
>
> - SAP S/4HANA Sourcing and Procurement Flipbook (auf Englisch): *http://s-prs.de/v631653*
> - SAP S/4HANA Produktdokumentation für die Integration auf help.sap.com: *http://s-prs.de/v631654*
>   Rufen Sie über die Option Feature Scope Description, Chapter 6, Integration auf.
> - SAP Ariba Cloud Integration auf help.sap.com: *http://s-prs.de/v631655*
> - SAP Ariba Cloud Integration auf SAP Ariba Support: *https://connect.ariba.com/AC*
>   Suchen Sie dort nach Ihrem SAP S/4HANA Release wie SAP S/4HANA 1709
> - SAP Ariba and SAP S/4HANA, Video auf YouTube: *http://s-prs.de/v631656*
> - SAP S/4HANA Finance und SAP Ariba Discount Professional (Video auf Englisch): *http://s-prs.de/v631657*

13.2 Integration mit SAP ERP HCM und SAP SuccessFactors

Integrationsszenarien

Um die Prozesse im Bereich des Personalwesens in einer Landschaft zusammen mit SAP S/4HANA zu betreiben, bietet SAP verschiedene Möglichkeiten an. Es werden drei Hauptszenarien unterschieden:

- SAP S/4HANA wird mit einem SAP-ERP-HCM-System verbunden (Human Capital Management).
- SAP ERP HCM wird innerhalb der SAP-S/4HANA-Instanz betrieben.
- SAP S/4HANA wird mit SAP SuccessFactors Employee Central verbunden.

Diese drei Szenarien erläutern wir in den folgenden Abschnitten.

13.2.1 ALE-Integration mit SAP ERP HCM

Integration mit ALE

Der erste Fall unterscheidet sich nicht von dem Betrieb eines klassischen SAP-ERP-Systems mit einem verbunden SAP-ERP-HCM-System. Auch die Einrichtung der Integration mithilfe einer ALE-Verbindung (Application Link Enabling) unterscheidet sich nicht. Sie ist im »SAP S/4HANA Installation and Administration Guide« ausführlich beschrieben.

ALE-Integration einrichten

Die wesentlichen Schritte zur Konfiguration dieser Integration beschreiben wir im Folgenden. Voraussetzung dafür ist das Anlegen eines Benutzers in beiden Systemen (SAP S/4HANA und SAP ERP HCM), der für die Kommunikation benutzt wird. Dieser Benutzer sollte denselben Namen haben und benötigt Berechtigungen, um IDoc-Übertragungen durchführen zu können.

Das SAP-ERP-HCM-System muss anschließend als das System aktiviert werden, das HR-Stammdaten (Human Resources) in andere Systeme verteilen kann. Dies geschieht in der Transaktion SALE. Navigieren Sie hier zu **IDoc-Schnittstelle/Application Link Enabling (ALE)** • **Geschäftsprozesse modellieren und implementieren** • **Vordefinierte ALE-Geschäftsprozesse konfigurieren** • **Personalwirtschaft** • **Stammdatenverteilung** • **Verteilte HR-Stammdaten**. Wählen Sie dort den Systemschalter **ALE: Originalsystem für Personendaten aktiv**, und tragen Sie in die Spalte **sm. Kürzel** den Wert »REPPA« ein (siehe Abbildung 13.1).

Stammdatenverteilung aktivieren

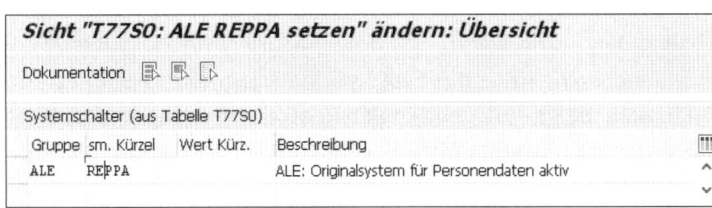

Abbildung 13.1 SAP-ERP-HCM-System für die Verteilung von Stammdaten aktivieren

Nun müssen Sie für beide Systeme jeweils logische Systeme in der Transaktion SALE erstellen. Dies geschieht in den Grundeinstellungen unter **IDoc-Schnittstelle/Application Link Enabling (ALE)**. Folgen Sie dabei der Namenskonvention »Systemname + CLNT + Mandantennummer«. Nennen Sie Ihr System also z. B. SYSCLNT100. Als Nächstes ordnen Sie die logischen Systeme jeweils einem Mandanten zu. Dies muss ebenfalls für beide Systeme geschehen.

Logische Systeme

Nun können Sie die RFC-Verbindungen zwischen den Systemen anlegen. Dazu rufen Sie die Transaktion SM59 des SAP-ERP-HCM-Systems und des SAP-S/4HANA-Systems auf. Nutzen Sie dazu wieder den im ersten Schritt angelegten Benutzer.

RFC-Verbindungen

Als Nächstes legen Sie das Verteilungsmodell in der Transaktion BD64 an. Wählen Sie hier auch die Nachrichtentypen aus, und definieren Sie jeweils das SAP-ERP-HCM-System als sendendes und das SAP-S/4HANA-System als empfangendes System.

Verteilungsmodell

Zurück in der Transaktion SALE aktivieren Sie für diesen Nachrichtentyp den Änderungsanzeiger pro Nachrichtentyp.

Anschließend pflegen Sie in der Transaktion WE21 im SAP-ERP-HCM-System den Port für die IDoc-Verarbeitung und das Partnerprofil in der Transaktion WE20.

Nun kann die initiale Verteilung der Mitarbeiterstammdaten gestartet werden. Es empfiehlt sich, für die Verteilung von Änderungen in den Stammdaten einen Hintergrundjob anzulegen.

13.2.2 Integration von SAP ERP HCM innerhalb der SAP-S/4HANA-Instanz

Compatibility Packages

Das zweite Integrationsszenario für SAP ERP HCM wird durch eine spezielle Lizenzvereinbarung für SAP S/4HANA ermöglicht, die es den Kunden erlaubt, im Rahmen der SAP S/4HANA Compatibility Packages (siehe Abschnitt 3.2.1, »On-Premise-Editionen von SAP S/4HANA«) unter anderem klassische Funktionen aus SAP ERP HCM innerhalb der SAP-S/4HANA-Instanz zu betreiben.

In diesem Fall gibt es besondere Integrationsszenarien mit *SAP SuccessFactors Talent Management Suite*, die eine hybride Integration ermöglichen. Dies bedeutet, dass die grundlegenden Personalverwaltungsprozesse zwar in SAP ERP HCM innerhalb von SAP S/4HANA stattfinden, dass für einzelne Prozesse aber Module aus der SAP SuccessFactors Talent Management Suite genutzt werden. Diese Integration kann mithilfe von SAP Cloud Platform Integration oder mit SAP Process Orchestration als Middleware eingerichtet werden.

Datenaustausch

Neben dem Transfer von Mitarbeiterdaten können so folgende Daten integriert werden (siehe Abbildung 13.2):

- Personalbeschaffungsdaten
- Onboarding-Daten
- Offboarding-Daten
- Mitarbeiterdaten und organisatorische Daten
- Vergütungsdaten
- Daten der variablen Bezahlung
- Auswertungsdaten
- Qualifikationsdaten

Diese Daten werden von folgenden Modulen in der SAP SuccessFactors Talent Management Suite genutzt:

- Vergütungsplanung
- Personalbeschaffung
- Learning-Management-System
- Onboarding
- Workforce Analytics

13.2 Integration mit SAP ERP HCM und SAP SuccessFactors

Diese Integration wird mithilfe des SAP-Integrations-Add-ons für SAP ERP HCM und SAP SuccessFactors realisiert. Eine ausführliche Dokumentation dazu finden Sie im SAP Help Portal unter dem Link *https://help.sap.com/cloud4hr*. Die Einrichtung dieser speziellen Integrationsszenarien beinhaltet keinerlei Schritte, die spezifisch für SAP S/4HANA sind. Sie entspricht der Integration eines SAP-ERP-HCM-Systems mit der SAP SuccessFactors Talent Management Suite.

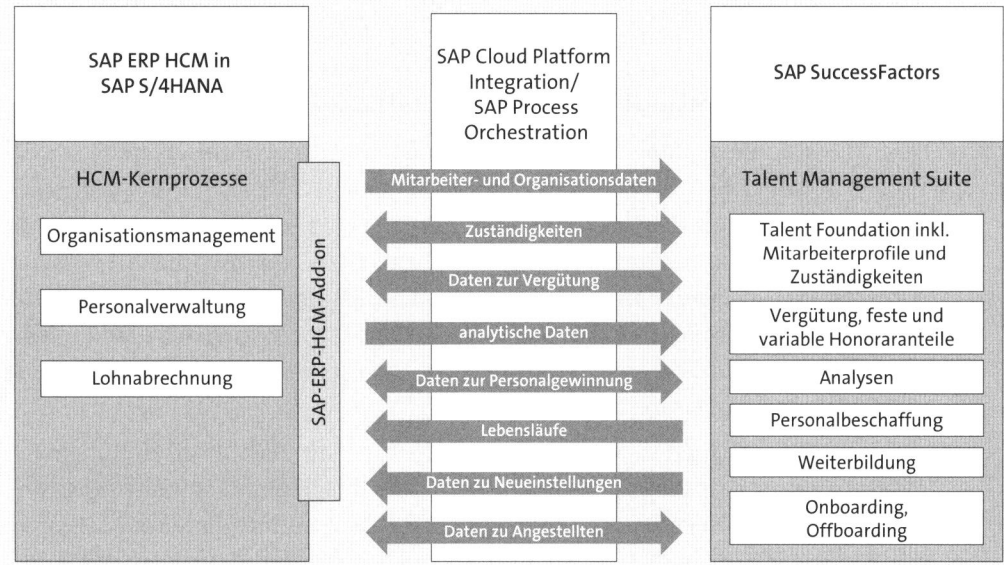

Abbildung 13.2 Umfang der Integration in die SAP SuccessFactors Talent Management Suite

Anders als für die Integration mit SAP SuccessFactors Employee Central, die wir im folgenden Abschnitt beschreiben, wird für diese Integration auch vordefinierter Integrations-Content für die On-Premise-Middleware SAP Process Orchestration (SAP PO) angeboten. Allerdings empfiehlt SAP, für eine Integration mit SAP S/4HANA bevorzugt SAP Cloud Platform Integration zu verwenden, unabhängig davon, ob es ein Cloud- oder ein On-Premise-System ist.

Integrations-Content

> **Side-by-Side-Betrieb von SAP ERP HCM und SAP SuccessFactors**
>
> Ein Spezialfall des Betriebs von SAP ERP HCM innerhalb der SAP-S/4HANA-Instanz ist der sogenannte *Side-by-Side-Betrieb*. Hierbei werden SAP ERP HCM und SAP SuccessFactors Employee Central als gleichberechtigte Systeme zur Personalverwaltung betrieben. Mitarbeiterdaten werden in beide

13   SAP S/4HANA, On-Premise-Version in die Systemlandschaft integrieren

Richtungen zwischen den Systemen übertragen. Allerdings sollte ein System als das führende definiert werden. In ihm sind dann Analysen zur gesamten Mitarbeiterschaft möglich.

Technisch ähnelt die Umsetzung dieser Integration sehr der kompletten Integration von SAP S/4HANA und SAP SuccessFactors Employee Central, die wir im folgenden Abschnitt beschreiben. Es müssen lediglich zusätzliche Informationsflüsse (IFlows) in SAP Cloud Platform Integration verwendet werden.

13.2.3   Integration mit SAP SuccessFactors Employee Central

Das dritte Integrationsszenario im Bereich des Personalwesens beschreibt den Gebrauch von SAP SuccessFactors Employee Central (im Folgenden kurz als *Employee Central* bezeichnet) als zentrales und einziges System für das Personalwesen. Das heißt, alle Mitarbeiter- und mitarbeiterbezogenen Daten werden in Employee Central erfasst und von dort aus an das SAP-S/4HANA-System übertragen. In SAP S/4HANA werden diese Daten in den vorhandenen Tabellen aus SAP ERP HCM gespeichert und stehen weiteren Geschäftsprozessen zur Verfügung.

SAP Cloud Platform Integration

Die Integration wird mit der Middleware SAP Cloud Platform Integration realisiert. Diese Middleware wird zur Integration webbasierter Anwendungsszenarien eingesetzt. Sie können solche Integrationsszenarien auf der *SAP Cloud Platform* aufsetzen und laufen lassen. Diese Plattform wird in der SAP Cloud gehostet. Die Anbindung über SAP Cloud Platform Integration sollten Sie für SAP S/4HANA bevorzugt einsetzen.

> **Weitere Informationen zu SAP Cloud Platform Integration**
>
> Weitere Informationen zu SAP Cloud Platform Integration finden Sie unter: *https://help.sap.com/cloudintegration*

Komponenten der Integration

Diese Integration mit Employee Central beinhaltet die folgenden Komponenten (siehe Abbildung 13.3):

- die Replikation von Mitarbeiterstammdaten aus Employee Central nach SAP S/4HANA
- die Replikation von Organisationsdaten aus Employee Central nach SAP S/4HANA
- die Replikation von Kostenstellen aus SAP S/4HANA nach Employee Central (dort werden die aktuellen Kostenstellen in den Mitarbeiterdaten gepflegt)

Da wir die Einrichtung dieser Integration im Rahmen dieses Buches nicht vollständig erklären können, beschränken wir uns im Folgenden exemplarisch auf die Replikation der Mitarbeiterstammdaten. An dieser Integration sind drei Systeme beteiligt: SAP S/4HANA, Employee Central und SAP Cloud Platform Integration.

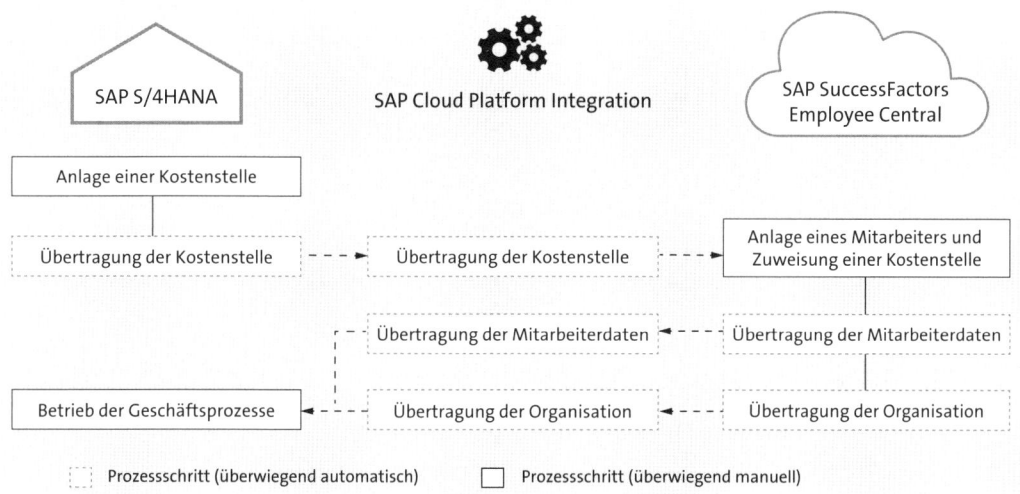

Abbildung 13.3 Integration mit SAP SuccessFactors Employee Central

> **Weitere Informationen zur Integration von SAP SuccessFactors Employee Central**
>
> Die vollständige Dokumentation der Konfigurationsschritte finden Sie in drei Anleitungen im SAP Help Portal unter *https://help.sap.com/s4hana*. Wählen Sie hier den Menüpfad **Additional Information • Integration Information**.

Vorbereitung des Employee-Central-Systems

Im ersten Schritt müssen Sie das SAP-S/4HANA-System in Employee Central als Zielsystem für die Replikation definieren. Dazu gehen Sie in das **Admin-Center** in Employee Central und geben in der Toolsuche das Stichwort »Daten verwalten« ein. In der gleichnamigen Anwendung wählen Sie dann rechts oben unter **Neu erstellen** das **Replikationszielsystem**. Pflegen Sie hier nun die relevanten Felder, wie in Abbildung 13.4 gezeigt. Im Feld **externalCode** tragen Sie den logischen Systemnamen des SAP-S/4HANA-Systems ein. Wenn Sie SAP S/4HANA auch als System für die Lohnabwicklung nutzen, schalten Sie in den Personaldaten auch das Feld **Relevant für Integration der Gehaltsabrechnung** aktiv.

SAP S/4HANA als Zielsystem

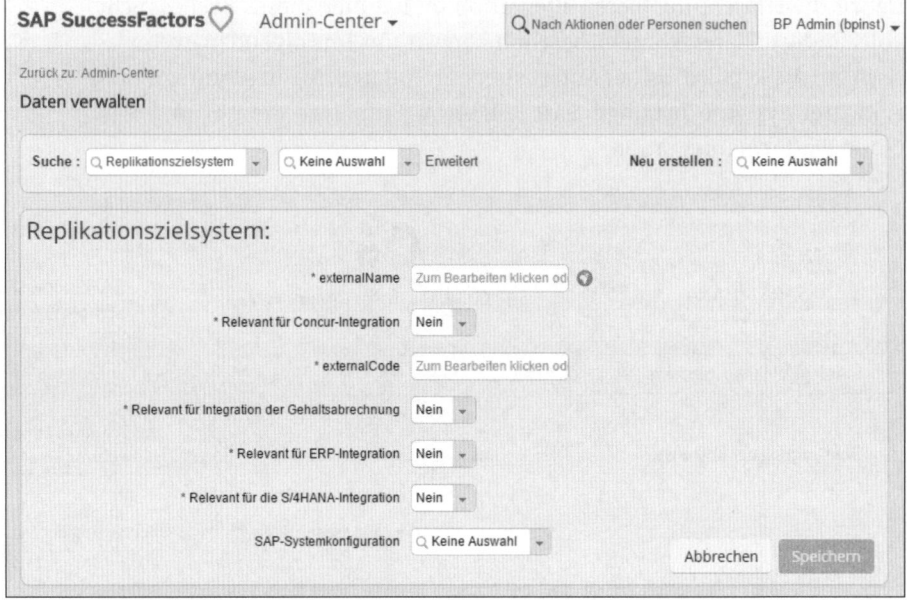

Abbildung 13.4 Replikationszielsystem anlegen

Wichtig ist außerdem, dass Sie dem technischen Benutzer, der für die Replikation genutzt wird, die notwendigen Berechtigungen zuweisen. Rufen Sie dazu über die Toolsuche im Admin-Center das Werkzeug **Berechtigungsrollen verwalten** auf, und pflegen Sie dort den SFAPI-Benutzer (siehe Abbildung 13.5).

Abbildung 13.5 Die Berechtigungsrollen pflegen

Im sogenannten *Provisioning Framework* Ihres Employee-Central-Systems muss nun noch die **ERP-Integration** konfiguriert und aktiviert werden. Dies geschieht durch SAP-Berater oder zertifizierte Partner von SAP.

Provisioning Framework

Bei Fehlern in der Datenreplikation wiederholt das System diese automatisch, abhängig von der Fehlerart. Ist z. B. ein Mitarbeiterdatensatz gesperrt, wird die Replikation dieses Datensatzes direkt wiederholt. Es ist auch möglich, die Replikation einzelner Datensätze manuell anzustoßen. Dies geschieht in der **Datenreplikationsüberwachung**. Dort können Sie die Replikation der Mitarbeiterstammdaten überwachen, wenn die Integration vollständig konfiguriert wurde.

Fehler in der Datenreplikation

Sie finden die Datenreplikationsüberwachung im Admin-Center in Employee Central unter **Admin-Meldungen**. Klicken Sie hier z. B. doppelt auf **Mitarbeiter-Stammdaten** (siehe Abbildung 13.6).

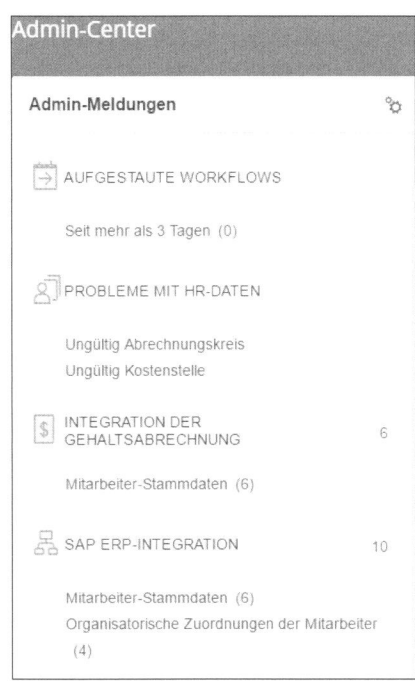

Abbildung 13.6 Admin-Meldungen

Konfiguration in SAP S/4HANA

Um Daten aus Employee Central empfangen zu können, muss in SAP S/4HANA ein Webservice aktiviert werden. Dieser heißt `EmployeeMasterDataBundleReplicationRequest_In`. Die Aktivierung erfolgt im SOA Manager.

Datenempfang

Außerdem muss das Verteilen von HR-Daten aus anderen Systemen erlaubt werden. Dies geschieht in der Konfiguration der Infotypen im Einführungsleitfaden (IMG). Hier wird auch definiert, welche Aktionen für diese verteilten Daten erlaubt sind, z. B. die Einstellung eines Mitarbeiters oder ein Wiedereintritt in das Unternehmen. In SAP S/4HANA muss ebenfalls in IMG definiert werden, wie sich das System im Fehlerfall verhalten soll.

Werte-Mapping Da Employee Central und SAP S/4HANA im Organisationsmanagement unterschiedliche Bezeichnungen verwenden, müssen diese für die Integration aufeinander abgebildet werden (Mapping). Diese Beziehungen müssen z. B. für Kostenstellenwerte oder Arbeitsplätze im IMG gepflegt werden. Als Beispiel zeigt Tabelle 13.2 unterschiedliche Codes für den Familienstand in Employee Central und SAP S/4HANA. Ähnlich ist es bei vielen Adressfeldern oder Daten.

Code in Employee Central	Technischer Wert in SAP S/4HANA
S = alleinstehend	0 = alleinstehend
M = verheiratet	1 = verheiratet
W = verwitwet	2 = verwitwet
D = geschieden	3 = geschieden
	4 = getrennt

Tabelle 13.2 Beispiele für unterschiedliche Wertecodes

Konfiguration in der Middleware

Ablauf des Datenaustauschs Der Datenaustausch zwischen SAP S/4HANA und Employee Central hat den folgenden Ablauf:

1. Die Middleware, d. h. SAP Cloud Platform Integration, fragt über die sogenannte *Combound-Employee-API* bei Employee Central nach, ob es geänderte Mitarbeiterdaten gibt.
2. SAP Cloud Platform Integration schiebt diese geänderten Daten nun nach SAP S/4HANA, wo sie verarbeitet werden können.
3. Die Daten werden in den entsprechenden Tabellen in SAP S/4HANA abgelegt.
4. SAP S/4HANA schickt anschließend eine Bestätigungsmeldung an SAP Cloud Platform Integration.
5. Mithilfe einer OData-Schnittstelle werden die Daten von SAP Cloud Platform Integration in die Datenreplikationsüberwachung in Employee Central geschoben. Dort wird der Status der Datenreplikation angezeigt.

Die Kommunikation zwischen SAP S/4HANA und SAP Cloud Platform Integration wird durch Zertifikate und Berechtigungen gesichert. Sie wird als HTTPS-Kommunikation umgesetzt. Für die Kommunikation zwischen SAP Cloud Platform Integration und Employee Central wird ein technischer Integrationsbenutzer benötigt. In SAP Cloud Platform Integration können Sie die von SAP angebotenen Integrationspakete mit den darin gebündelten IFlows in Ihren kundeneigenen Workspace kopieren und sie dort konfigurieren und bereitstellen.

> **Zugriff auf die Integrationspakete**
>
> Die Integrationspakete zur Verteilung der Mitarbeiterdaten und den zugehörigen Konfigurationsleitfaden finden Sie im SAP Content Hub unter *https://cloudintegration.hana.ondemand.com*. Grenzen Sie die Suche beispielsweise mit dem Suchbegriff »employee« ein.
>
> Um auf den SAP Content Hub zugreifen zu können, müssen Sie ein Benutzerkonto für die SAP Community (*http://www.sap.com/community*) angelegt haben.

13.2.4 Synchronisation der Mitarbeiterdaten mit dem Geschäftspartner

Für das neuartige Datenmodell in SAP S/4HANA werden Mitarbeiterdaten zusätzlich als Geschäftspartner mit der Rolle **Employee** (Mitarbeiter) benötigt. Bei allen zuvor geschilderten Integrationsszenarien werden die Mitarbeiterdaten in den Tabellen von SAP ERP HCM abgelegt. Änderungen müssen mit den Geschäftspartnerdaten synchronisiert werden. Dies ermöglicht auch den Gebrauch von sogenannten *CDS Views* (Core Data Services) in SAP S/4HANA.

Rolle »Employee«

> **CDS View**
>
> Ein CDS View ist ein Datenbank-View des ABAP Dictionarys. Auf einen CDS View kann lesend mit Open SQL (ABAP) zugegriffen werden. Damit werden in SAP S/4HANA die Daten angezeigt.

Für diese Synchronisation stellt SAP einen Report zur Verfügung. Der technische Name dieses Reports ist /SHCM/RHSYNC_BUPA_FROM_EMPL.

Report zur Synchronisation

Überprüfen Sie als Voraussetzung für die Verwendung dieses Reports im Einführungsleitfaden (IMG) unter **Integration mit anderen SAP-Komponenten • Integration mit SAP SuccessFactors (Employee Central) • Define Recon-**

ciliation Accounts for Employees in Role FI Supplier, ob in der Hauptbuchhaltung Abstimmungskonten für Unternehmen (Suppliers) definiert wurden, die durch die Synchronisation mit Mitarbeiterdaten entstanden sind (siehe Abbildung 13.7). Diese müssen für alle relevanten Buchungskreise vorhanden sein.

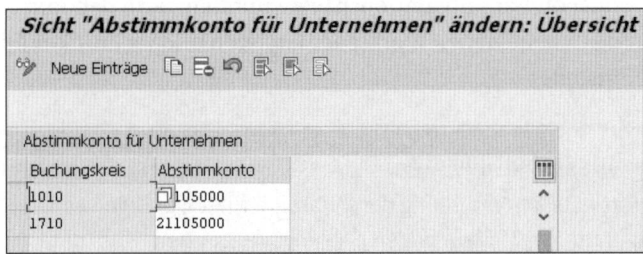

Abbildung 13.7 Anlegen und Pflegen von Abstimmungskonten für Unternehmen mit der Rolle »Employee«

Eine weitere Voraussetzung für den Gebrauch des Synchronisations-Reports ist die Deaktivierung des Schalters HRALX PBPON in der Tabelle T77S0 in der Transaktion OO_CENTRAL_PERSON, wie in Abbildung 13.8 gezeigt.

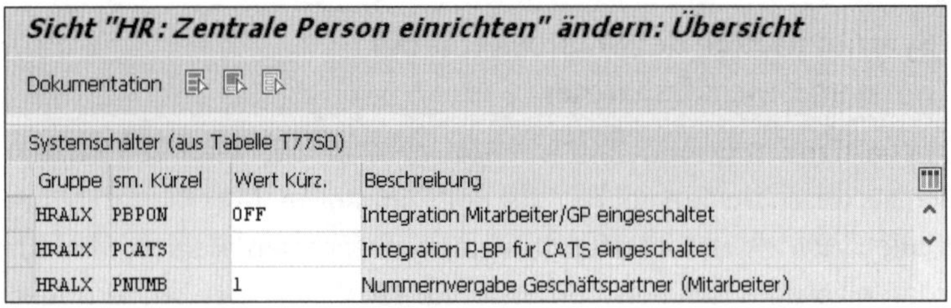

Abbildung 13.8 Schalter PBPON deaktivieren

Synchronisation auslösen

Der Report selbst kann dann auf drei Wegen ausgelöst werden:

- Durch das Anlegen eines Mitarbeiters im integrierten Employee-Central-System. Hierbei wird der Report durch folgende BAdI-Implementierungen ausgelöst:
  - HRPAD00INFTYDB: /SHCM/TRIGGER_BUPA_SYNC
  - HRPAD00INFTY: /SHCM/TRIG_BUPA_SYNC

- Durch das Verarbeiten neuer Mitarbeiterdaten aus einem System, das mit ALE angebunden ist (siehe Abschnitt 13.2.1, »ALE-Integration mit SAP ERP HCM«). Auch hier benötigt man einen BAdI, der den Report anstößt: HRALE00INBOUND_IDOC: /SHCM/BUPA_SYNC_TRIG.

- Der dritte Fall wäre die Pflege von Mitarbeitern direkt in den HCM-Transaktionen in SAP S/4HANA. Hier werden zwei BAdIs genutzt:
  - HRPAD00INFTYDB: /SHCM/TRIGGER_BUPA_SYNC
  - HRPAD00INFTY: /SHCM/TRIG_BUPA_SYNC

> **[!] Synchronisations-Report täglich einplanen**
> Einige Mitarbeiterdaten sind zeitabhängig, Geschäftspartnerdaten sind dies nicht. Richten Sie das System deshalb so ein, dass der Synchronisations-Report täglich läuft. Nur so stellen Sie sicher, dass alle Geschäftspartnerdaten aktualisiert werden und den Mitarbeiterdaten entsprechen. Sollte die Synchronisation aus irgendeinem Grund nicht erfolgreich verlaufen, werden alle Mitarbeiterdaten beim nächsten Lauf erneut synchronisiert.

13.3 Integration mit vorhandenen SAP-Systemen

Die Integration eines SAP-S/4HANA-Systems in eine vorhandene SAP-Systemlandschaft verläuft weitestgehend identisch mit der Integration von Systemen der SAP Business Suite. Die bekannten synchronen und asynchronen Schnittstellentechniken, wie *ALE/EDI-Geschäftsprozesse* (Application Link Enabling bzw. Electronic Data Interchange) und die bekannten Integrationswerkzeuge wie *SAP Process Integration* bzw. *SAP Process Orchestration* (SAP PO) können weiterhin genutzt werden. Des Weiteren können auch die folgenden SAP-NetWeaver-Technologien und Frameworks genutzt werden:

Verwendung von Standardwerkzeugen

- **Enterprise Services**
  Das sind Webservices, die Geschäftsprozesse oder Geschäftsprozessschritte mit Bezug auf eine Enterprise-Service-Definition bereitstellen.

- **SAP Application Interface Framework (SAP AIF)**
  SAP AIF ist ein Framework zur Verwaltung von Schnittstellen unterschiedlichster SAP-Technologien, wie z. B. IDocs, Webservices, Core Interfaces (CIF), Queued Remote Function Calls (qRFC), transaktionale Remote Function Calls (tRFC), Dateien, Batch-Input etc. Die Entwicklung, das Monitoring und die Fehlerbehandlung werden über SAP AIF im SAP-Backend erledigt. SAP AIF wird als Add-on für SAP NetWeaver ab Version 7.0 bereitgestellt. Zur Nutzung des Frameworks ist gegebenenfalls eine separate Lizenz notwendig.

Simplification List Weitere Informationen und vor allem Ausnahmen bei der Nutzung bestimmter Schnittstellen und/oder Technologien finden Sie in der Simplification List. Bevor Sie ein SAP-S/4HANA-On-Premise-System in Ihre bestehende Systemlandschaft integrieren, sollten Sie sich diese Liste für Ihr jeweiliges Release ansehen.

In der Simplification List finden Sie Hinweise darauf, was sich mit SAP S/4HANA geändert hat und was Sie beachten müssen. Durch die geänderte Datenhaltung und die angepassten Standardfunktionsbausteine müssen eventuell vorhandene Standard-SAP-Schnittstellen und vor allem selbst gebaute Schnittstellen angepasst werden.

Insbesondere bei der Nutzung von Funktionsbausteinen für das Einbuchen von Daten ist darauf zu achten, dass diese noch in SAP S/4HANA genutzt werden können. Viele bisher genutzte Funktionsbausteine wurden entweder für den Gebrauch unter SAP S/4HANA erweitert oder durch andere ersetzt. Wie Sie die Simplification List aufrufen, haben wir in Abschnitt 10.2.2 beschrieben.

> **Weitere Links und Hilfe zur Integration**
>
> Die Erläuterung der genannten langjährig erprobten und bekannten Techniken und Frameworks würde den Rahmen dieses Buches sprengen. Deshalb weisen wir hier auf weiterführende Links und Literatur hin. Informationen hierzu finden Sie im SAP Help Portal unter: *http://s-prs.de/v6316113*
>
> 1. Wählen Sie hier Ihr Release aus, z. B. **SAP S/4HANA 1709 FPS01**.
> 2. Auf der nächsten Seite wählen Sie **Product Assistance** und Ihre Sprache aus.
>
> Im Menübaum unter **Unternehmenstechnologie** finden Sie detaillierte Informationen zur Integration mithilfe der folgenden Technologien:
>
> - ALE/EDI-Geschäftsprozesse
> - Enterprise Services
>
> Im Menübaum unter **Integration** finden Sie Informationen zur:
>
> - Geschäftsnetzwerkintegration
> - Stammdatenintegration für:
>   – Geschäftspartner
>   – Produktstamm
>   – Beschaffung
> - Integration mit SAP SuccessFactors Employee Central
>
> Viele weitere nützliche Tipps, Präsentationen und Hilfen zu Enterprise Services finden Sie im *SAP Community Wiki* unter diesen Links:

- *http://s-prs.de/v429780*
- *http://s-prs.de/v429781*

Zum SAP Application Interface Framework (AIF) finden Sie hier weitere Informationen:

- SAP Help Portal: *http://help.sap.com/aif*
- SAP Community: *http://s-prs.de/v6316110*
  Suchen Sie hier nach »SAP Application Interface Framework«.
- das E-Bite »Serializing Interfaces in SAP AIF« von Michal Krawczyk, Krzysztof Łuka und Michal Michalski (*www.sap-press.de/3943*)

TEIL IV
Beurteilung der Umstiegsszenarien

Im letzten Teil dieses Buches wollen wir die Szenarien, die wir in diesem Buch behandelt haben, noch einmal in der Rückschau betrachten. Uns ist es wichtig, dass Sie das für Sie relevante Szenario und die Schritte zu dessen Umsetzung erarbeiten können. Dabei ist die richtige Strategie entscheidend, und diese hängt von Ihrer derzeitigen Ausgangslage ab. Daher zeigen wir Ihnen im folgenden Kapitel Entscheidungswege auf und helfen Ihnen anhand von Beispielen dabei, die verschiedenen zur Option stehenden Vorgehensweisen sowie deren Vor- und Nachteile übersichtlich darzustellen.

Kapitel 14
Auswahl Ihres Übergangsszenarios

Um den Umstieg auf SAP S/4HANA erfolgreich durchführen zu können, ist die richtige Strategie entscheidend. Dieses Kapitel stellt Ihnen Entscheidungshilfen für die einzelnen Übergangsszenarien nach SAP S/4HANA vor.

In diesem letzten Kapitel wollen wir noch einmal die Vor- und Nachteile der einzelnen Szenarien zusammenfassen und gegenüberstellen, um Ihnen eine Entscheidungshilfe zu bieten. Vorab sei gesagt, dass es auf diese Frage keine eindeutige Antwort geben kann. Jede Kundensituation ist unterschiedlich, und dementsprechend spielen viele Faktoren eine Rolle bei der Entscheidungsfindung. Generell stehen einem SAP-Kunden alle drei Wege nach SAP S/4HANA offen, sofern bereits ein SAP-ERP-System vorhanden ist. Daher ist eine gründliche Vorbereitung und Analyse Ihrer aktuellen Situation von essenzieller Bedeutung.

Die größte Entscheidung fällt im Prinzip zwischen einer Neuimplementierung oder einer Systemkonvertierung. Die Landschaftstransformation nimmt insofern eine Sonderrolle ein, als sie mit den beiden anderen Szenarien kombiniert werden kann. In jedem Fall sollte die Entscheidung für ein Szenario wirtschaftlich sinnvoll und von den fachlichen Anforderungen geleitet sein.

Neuimplementierung oder Konvertierung

Wir beginnen mit einer Zusammenfassung der verschiedenen, von SAP vorgesehenen Optionen für den Umstieg auf SAP S/4HANA. Nach dieser Übersicht gehen wir anhand von Beispielen und mit Blick auf eine mögliche Ziellandschaft noch einmal auf die spezifischen Details ein.

14.1 Die Verfahren und die Auswahlhilfen im Überblick

Beginnen wir mit einer Gesamtübersicht in Abbildung 14.1. Ein wesentliches Unterscheidungskriterium der Szenarien ist die Ausgangssituation. Ist der Ausgangszustand SAP ERP 6.0 (oder höher) oder ein anderes System?

Ausgangssituation

Im Fall eines nicht unterstützten SAP-Systems oder eines Nicht-SAP-Systems ist ein Neuimplementierungsszenario erforderlich. Je nach Umfang und Qualität der (Stamm-)Daten, die im Rahmen dieser Neuimplementierung übertragen werden müssen, kämen im Standardfall das SAP S/4HANA Migration Cockpit und bei komplexen Datenübernahmen SAP Data Services zum Einsatz.

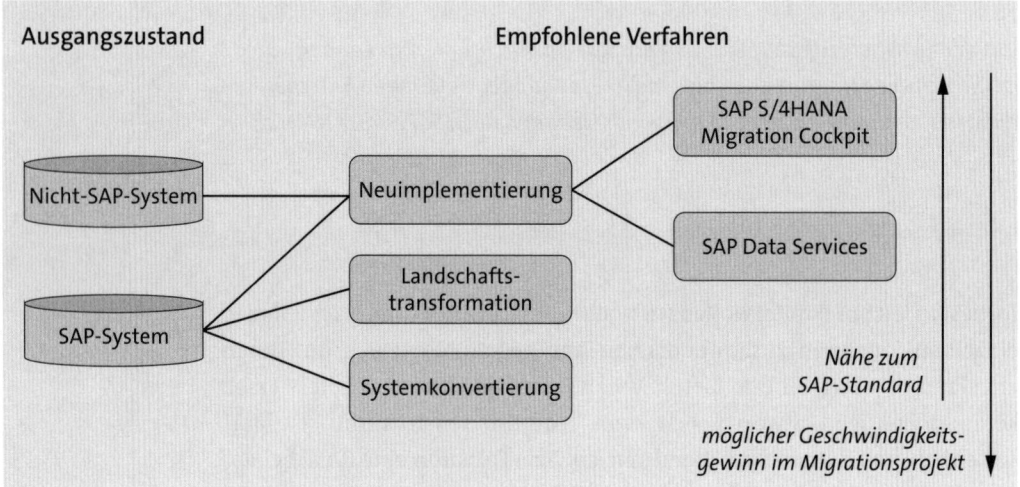

Abbildung 14.1 Entscheidungsbaum für die unterschiedlichen Migrationsszenarien nach SAP S/4HANA

Analysen im Vorfeld

Nur bei SAP ERP 6.0 oder höher als Ausgangssystem sind alle drei vorgestellten Umstiegsszenarien möglich. In jedem Fall lautet unsere Empfehlung, in einem frühen Schritt die folgenden Kriterien in eine Analyse der Ausgangssituation einzubeziehen:

- Welche Ergebnisse geben die von SAP bereitgestellten Pre-Checks aus?
- Welche Aufwände würde eine Anpassung Ihrer kundeneigenen Programme nach den Empfehlungen der Custom-Code-Analyse erfordern?
- Analysieren Sie, welche neuen Funktionen von SAP S/4HANA genutzt werden sollen. Inwiefern bietet es sich in diesem Zusammenhang an, existierende betriebswirtschaftliche Prozesse mit anzupassen bzw. zu hinterfragen? Berücksichtigen Sie ebenfalls die Simplification List.
- Welche Anteile der existierenden Landschaft sollen in welchem Zeitrahmen auf SAP S/4HANA umgestellt werden?

An die Einholung dieser Informationen kann sich eine detailliertere Untersuchung anschließen. Grundsätzlich empfehlen wir die Szenarien im oberen Bereich von Abbildung 14.1 eher, wenn umfangreiche Anpassungen erwartet werden. Die im unteren Bereich gelisteten Verfahren kommen überwiegend dann in Betracht, wenn das Ausgangssystem bereits eine gute

Vorlage für die Zielsituation darstellt und möglichst unverändert übernommen werden soll. Auch hier sollten auf jeden Fall langfristige Betrachtungen mit einbezogen werden, beispielsweise inwiefern bestehende Geschäftsprozesse (Konfigurationen und bestehende individuelle Erweiterungen) in der aktuellen Form bestehen bleiben müssen.

Als Hilfestellung zur individuellen Planung werden verschiedene Werkzeuge bereitgestellt, die wiederum unterschiedliche Zielsetzungen abdecken. Zum einen wäre da der *SAP Innovation and Optimization Pathfinder*, oft auch nur Pathfinder genannt, dann der *SAP Transformation Navigator* und schließlich der *SAP Readiness Check*. Diese Hilfewerkzeuge wollen wir hier in einer Übersicht vorstellen.

Planungswerkzeuge

14.1.1 SAP Innovation and Optimization Pathfinder

Beginnen wollen wir mit dem SAP Innovation and Optimization Pathfinder, da dieser nicht spezifisch auf SAP S/4HANA als neue Zielumgebung ausgerichtet ist, sondern immer ein bestehendes SAP-ERP-System und dessen potenziellen Mehrwert analysiert. Wenn Sie also herauszufinden möchten, ob Ihr vorhandenes SAP-ERP-System wirklich den vollen Mehrwert ausschöpft, den es bieten könnte, ob es noch weiteres Optimierungspotenzial in sich birgt oder einfach auf die digitale Transformation vorbereitet werden soll, dann liefert der SAP Innovation and Optimization Pathfinder die passenden Antworten. Auf Basis des aktuellen Profils eines bestehenden ERP-Systems werden folgende Aspekte betrachtet:

- Wenn Sie sich SAP-Innovationen, wie z. B. SAP-Fiori-Apps, Erweiterungen der SAP Business Suite, SAP-S/4HANA-Szenarien oder Erweiterungen per Cloud, vor Augen halten, welche sind dann die wichtigsten für Ihr Tagesgeschäft?
- Gibt es Potenzial zur Leistungsverbesserung Ihrer bestehenden Geschäftsprozesse? Wie schneiden Sie im Vergleich zu anderen Kunden in Ihrem Bereich bzw. Ihrer Industrie ab?
- Gibt es Potenzial für IT-Optimierungen, auch wieder im Vergleich zu anderen Kunden in Ihrem Bereich bzw. in Ihrer Industrie?
- Gibt es Hinweise von SAP, die zu einer weiteren Reduzierung der Total Cost of Ownership (TCO, Gesamtkosten des Betriebs) und Verbesserung des Betriebsergebnisses führen?

Der Pathfinder Report ist für Kunden und Partner gleichermaßen verfügbar, betrachtet immer ein kundenspezifisches System und ist kostenfrei erhältlich.

Pathfinder Report

Pathfinder – Übersicht und Report
- Eine komplette Übersicht über die Inhalte des Pathfinder Reports finden Sie in diesem Video: *https://youtu.be/Gj3pQOatNi4*
- Der Report selbst kann über folgende Adresse angefordert werden: *http://www.sap.com/Pathfinder*

Als Voraussetzung und Basis der Analyse werden folgende Informationen benötigt:

1. Eine Liste der SAP-Transaktionen aus dem produktiven SAP-ERP-System per *Workload Monitor*. Dieser ist über die Transaktion ST03N erreichbar und muss mindestens einen repräsentativen Monat aufgezeichnet haben.
2. Daten des *Enhanced SAP EarlyWatch Alerts* inklusive der Betriebskennzahlen.

Enhanced SAP Early-Watch Alert

Die meisten Basis- oder Technologieexperten sind mit dem Workload Monitor (ST03N) und dem normalen SAP EarlyWatch Alert vertraut. Die Erfassung von Unternehmenskennzahlen aus dem SAP EarlyWatch Alert, die optional im SAP Solution Manager aktiviert werden können, sind allerdings nicht immer bekannt. Diese werden unter dem Begriff »Enhanced« zusammengefasst und sind im Standard zunächst nicht aktiviert. Die technische Voraussetzung für diese Funktionalität ist SAP Solution Manager 7.1 SP 12 und höher, oder SAP Solution Manager 7.2.

Enhanced SAP EarlyWatch Alert aktivieren
Um diese relevanten Funktionen zu aktivieren, wurde eine entsprechende Schritt-für-Schritt-Anleitung erstellt, die unter diesem Link verfügbar ist: *https://d.dam.sap.com/a/UmxJnN*

Die notwendigen Anpassungen und Einstellungen lassen sich normalerweise in weniger als einer Stunde durchführen. Es kann allerdings zwei bis drei Wochen dauern, bis alle Kennzahlen nach der erstmaligen Aktivierung im SAP EarlyWatch Alert erscheinen.

Für einen ersten Einblick und ein besseres Verständnis, welche Fragen durch den SAP Innovation and Optimization Pathfinder beantwortet werden, sehen Sie in Abbildung 14.2 den Screenshot eines Beispiel-Reports, den Sie auch unter folgendem Link selbst einsehen können: *http://s-prs.de/v631642*

14.1 Die Verfahren und die Auswahlhilfen im Überblick

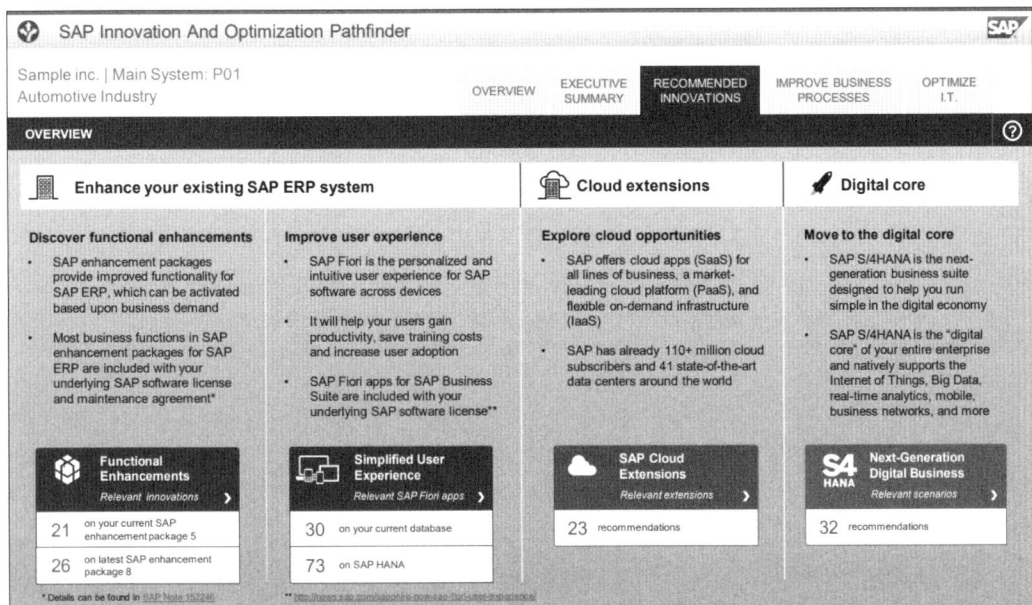

Abbildung 14.2 SAP Innovation and Optimization Pathfinder

14.1.2 SAP Transformation Navigator

Nach der Nutzungsanalyse eines bestehenden Systems und der Identifikation relevanter Innovationen wollen wir uns nun mit folgender Frage beschäftigen: Was ist Ihr Weg zu einer SAP-Landschaft, die auf SAP S/4HANA basiert? Der SAP Transformation Navigator ist ein kostenloser Self-Service für Kunden und Partner, mit dem sich ein individueller Leitfaden für eine SAP-S/4HANA-zentrierte Produktlandschaft erstellen lässt. Ein Übersichtsvideo können Sie über folgenden Link aufrufen:

https://youtu.be/uHbfvOyR-8Y

Der SAP Transformation Navigator betrachtet eine gesamte Systemlandschaft und identifiziert für jedes gewählte Ausgansprodukt die passende Zielumgebung anhand einer Roadmap. Hierzu werden klare Empfehlungen gegeben und folgende Bereiche adressiert:

- Die Herausforderung:
  - Welche Produkte brauchen Sie?
  - Was ist der Mehrwert?
  - Wie funktioniert die Integration?
  - Was ist mit den Lizenzen?
  - Welche Services gibt es?

14 Auswahl Ihres Übergangsszenarios

- Die Vorgehensweise:
  - Ihre aktuelle Produktlandschaft als Startpunkt
  - Bereit für Veränderung? Definieren Sie neue Geschäftsmodelle.
  - greifbarer Mehrwert für Ihre Transformation
- Die Lösung:
  - kostenloser Self-Service, verfügbar für alle Kunden und Partner
  - Empfehlung als Startpunkt für weiterführenden Dialog
  - kombinierter Leitfaden mit detaillierten Informationen zu Produkten, Lizenzen, Integration, Dienstleistungen und Geschäftsfunktionen

Einen ersten Einblick in die verschiedenen Bereiche des SAP Transformation Navigators sehen Sie in Abbildung 14.3.

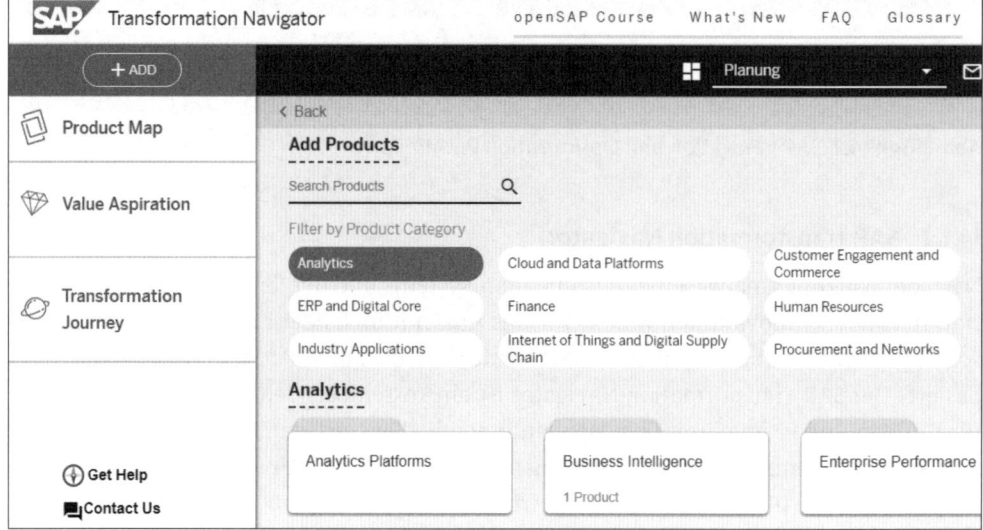

Abbildung 14.3 SAP Transformation Navigator

Kunden können entweder selbst durch das SAP-Produkt-Portfolio navigieren oder direkt Daten aus der eigenen Systemlandschaft als Ausgangsbasis in den SAP Transformation Navigator laden. Dazu werden Informationen aus dem Maintenance Planner verwendet, der in Kapitel 10, »Systemkonvertierung eines Einzelsystems«, bereits vorgestellt wurde.

openSAP-Kurs

Für detaillierte Einblicke und weiteres Training wird auch ein openSAP-Kurs angeboten, der über folgenden Link zu erreichen ist:

https://open.sap.com/courses/tn1

14.1.3 SAP Readiness Check

Das dritte Werkzeug, das Sie zur Planung verwenden können, ist der SAP Readiness Check. Im Grunde ist er sehr eng mit dem Szenario der Systemkonvertierung verbunden und daher in Kapitel 10 bereits vorgestellt worden. Zur allgemeinen Planung ermöglicht die Analyse durch den Readiness Check einen sehr detaillierten Einblick, wie aufwendig solche Vorbereitungen ausfallen können. Diese Informationen können wiederum die Entscheidung zugunsten eines anderen Szenarios wie der Neuimplementierung beeinflussen. Daher ist das Werkzeug auch Teil der generellen Empfehlung und nicht nur Bestandteil der Beschreibung zur Systemkonvertierung. Der Check ist kostenfrei, solange eine SAP-Wartungsvereinbarung besteht bzw. ein S-User-Konto vorhanden ist. Die zentrale Informationsseite zum SAP Readiness Check finden Sie über den folgenden Link: *http://s-prs.de/v631643*

Dort gibt es auch Informationen, wie das Tool eingerichtet wird.

Nachdem die Daten eines bestehenden ERP-Systems geladen wurden, wird automatisch ein entsprechendes Dashboard erstellt, wie es Abbildung 14.4 zeigt.

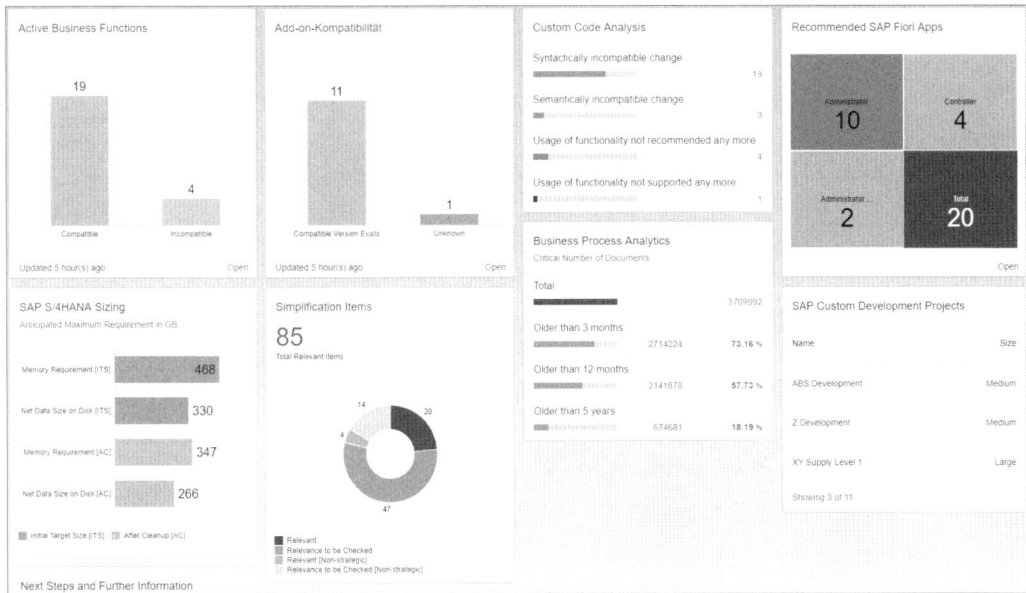

Abbildung 14.4 Dashboard des SAP Readiness Checks

Das Dashboard zeigt eine Übersicht aller Bereiche, z. B. von **SAP S/4HANA Sizing** über eine Analyse des kundenspezifischen Codings bis hin zu empfohlenen SAP-Fiori-Applikationen. Ein wichtiger Aspekt sind dabei auch die

Simplification Items, die Sie bereits in Kapitel 10, »Systemkonvertierung eines Einzelsystems«, kennengelernt haben und die die kritischen Unterschiede zwischen Ihrem aktuellen SAP-ERP-System und dem zukünftigen SAP-S/4HANA-System aufzeigen. Jeder dieser Bereiche bietet wiederum eine Detailansicht mit wesentlich mehr Informationen. Abbildung 14.5 zeigt Ihnen beispielhaft die Detailansicht des SAP HANA Sizings.

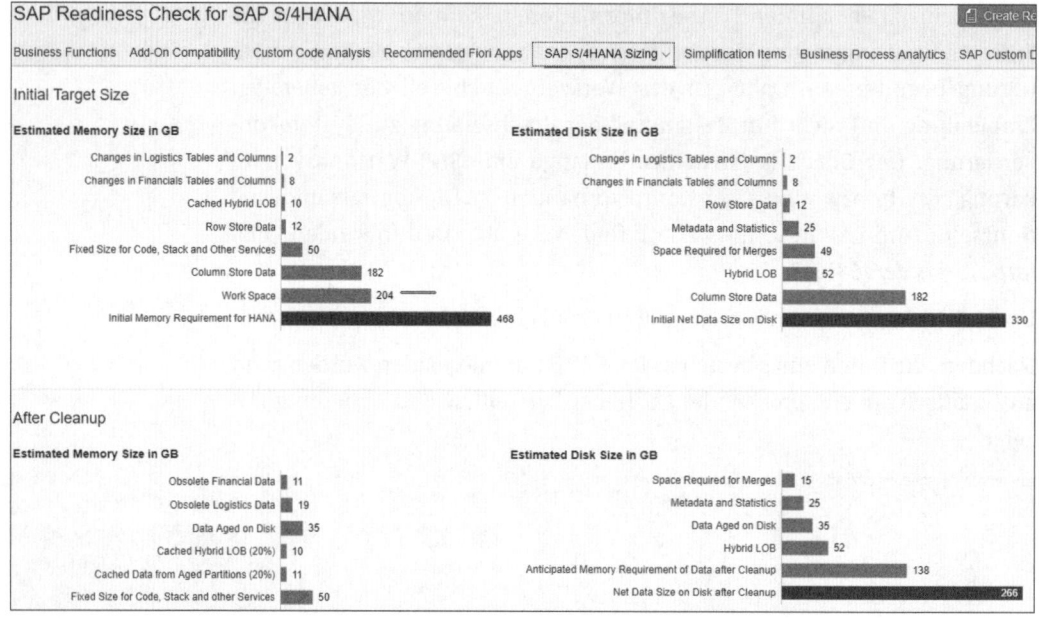

Abbildung 14.5 Sizing-Analyse des SAP Readiness Checks

Falls Sie also Unterstützung bei Ihrer Planung brauchen oder noch unsicher bezüglich Ihres Umstiegs auf SAP S/4HANA sind, bieten Ihnen diese Werkzeuge wertvolle Informationen.

Überprüfung des gewählten Szenarios
Die Planung des Umstiegsprojekts sollte von vornherein eine bewusste Überprüfung des gewählten Übergangsszenarios vorsehen. Erst auf Basis aller technischen Informationen aus Pre-Checks, Custom-Code-Analyse, der gewünschten Ausprägung neuer Prozesse und weiteren Informationen können Sie sicher auf das am besten geeignete Verfahren schließen.

SAP-Services
Da die endgültige Entscheidung für ein Umstiegsszenario von vielen individuellen Faktoren abhängt, bietet SAP verschiedene Services an, die Sie dabei unterstützen. Wir empfehlen insbesondere, den Service *Innovation Strategy & Roadmap* zu nutzen, um eine individuell angepasste Empfehlung zu erhalten. Abbildung 14.6 zeigt eine grobe Übersicht der Services, die in den verschiedenen Phasen verfügbar sind.

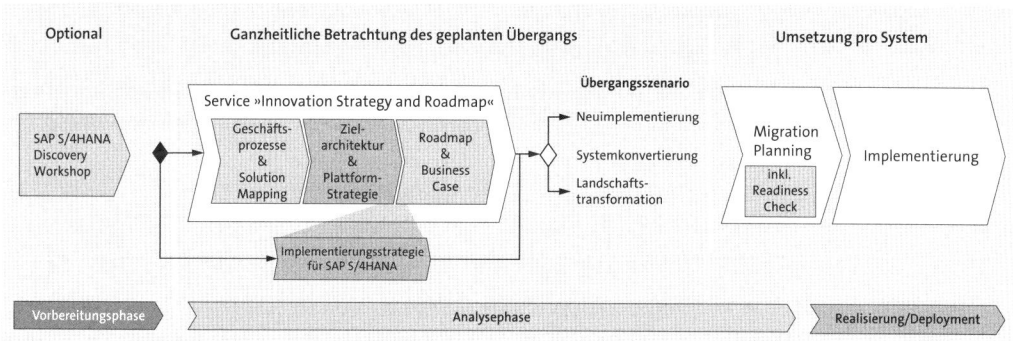

Abbildung 14.6 SAP-Services für den Übergang nach SAP S/4HANA

Mit dem SAP Roadmap Viewer bietet SAP Ihnen eine detaillierte Checkliste für die konkrete Planung und Durchführung Ihres SAP-S/4HANA-Transformationsprozesses an. Sie finden den Viewer unter *https://go.support.sap.com/roadmapviewer*. Sie können die Planung natürlich auch eigenständig durchführen, ohne auf SAP-Services zurückzugreifen.

SAP Roadmap Viewer

14.2 Ihre eigene Roadmap erstellen

Um Sie bei der Erstellung Ihrer eigenen Roadmap zu unterstützen, erläutern wir nun verschiedene Ausgangssituationen anhand von Beispielen. Wir beschreiben, auf welche Details Sie jeweils achten müssen, und geben Ihnen passende Empfehlungen. Dabei verfolgen wir den Ansatz, zunächst die neue Ziellandschaft festzulegen, um anschließend den besten Weg dahin zu identifizieren. Allerdings können wir nicht jede einzelne Kundensituation berücksichtigen. Daher kann Ihre individuelle Roadmap aus ganz unterschiedlichen Gründen signifikant von den hier dargestellten Wegen abweichen.

Für Neukunden, die bisher noch kein SAP-Produkt eingesetzt haben, ist – wie bereits erwähnt – die Einführung von SAP S/4HANA über eine Neuimplementierung der richtige Weg. Für Kunden, die im Speziellen SAP ERP im Einsatz haben, wäre der erste Schritt die Definition bzw. die Überprüfung der aktuellen Ziellandschaft. Dies ist mehr oder weniger aufwendig, je nachdem, wann die Systemlandschaft aufgebaut wurde und wie gut die aktuelle Architektur noch zu den heutigen Geschäfts- und IT-Anforderungen passt. Ein erstes Ergebnis sollte z. B. Antworten auf folgende Fragen liefern:

Ziellandschaft

- Welche Applikationen sollten eingesetzt werden, um die zukünftigen Geschäftsanforderungen bestmöglich zu bedienen?

- Wie viele SAP-S/4HANA-Produktivsysteme sollen zum Einsatz kommen (z. B. regionale oder globale Produktivsysteme)?
- Soll die aktuell verwendete Architektur für andere Applikationen bestehen bleiben, oder sollen bestimmte Funktionen nun über SAP S/4HANA abgedeckt werden?

Dieser erste Schritt in Ihrer Planung und die Antworten auf diese Fragen geben noch keinen direkten Hinweis darauf, ob nun eine Neuimplementierung oder eine Systemkonvertierung der bessere Weg wäre.

Allerdings kann so z. B. im Falle einer dezentralen Systemlandschaft identifiziert werden, ob eine Landschaftstransformation in Form einer Systemkonsolidierung erforderlich ist. Generell bietet der Wechsel auf SAP S/4HANA die Gelegenheit, die Landschaftsstrategie noch einmal zu überdenken.

> **Weitere Informationen zur Produktivsystem-Strategie**
>
> Die Kriterien zur Definition der besten Produktivsystem-Strategie haben auch mit SAP S/4HANA weiterhin Bestand. Sie sind als SAP Whitepaper unter folgendem Link verfügbar: *http://s-prs.de/v6316111* (Sie brauchen dafür Zugang zur SAP Enterprise Support Academy).

Konsolidierungen von Systemlandschaften

Konsolidierungen von Systemlandschaften sind bei den SAP-Kunden schon seit weit über zehn Jahren ein Thema. Viele Kunden haben bereits eine solche Konsolidierung von SAP-ERP-Systemen und eine Harmonisierung von Geschäftsprozessen durchgeführt. Hierbei müssen Sie verschiedene Kriterien beachten und bewerten.

Das wichtigste Kriterium sind die Geschäftsanforderungen an eine globale Prozessharmonisierung und globale Abwicklung von Geschäftsprozessen. Dies sollte der Haupttreiber der gewählten Strategie sein. Zu prüfen ist, ob eine globale Harmonisierung sinnvoll ist oder ob lediglich eine Anpassung auf regionaler Ebene oder nur innerhalb der Geschäftsbereiche machbar ist. Dies hat auch Auswirkungen auf die technische Seite. Bei einem global konsolidierten System gibt es eine einzige definierte Systemkonfiguration sowie effektive Änderungsprozesse und eine effektive Fehlerbehandlung. Außerdem ist ein einheitlicher Releasekalender mit entsprechenden Testzeiträumen und Ausfallzeiten umsetzbar. Ein weiteres Kriterium ist die Adressierbarkeit von Risiken bezüglich der Systemleistung, der Skalierbarkeit und in Fragen des Betriebs. Die relevanten Überlegungen, die Sie anstellen müssen, um zu einer Landschaftsstrategie zu gelangen, sind in Abbildung 14.7 grafisch dargestellt.

14.2 Ihre eigene Roadmap erstellen

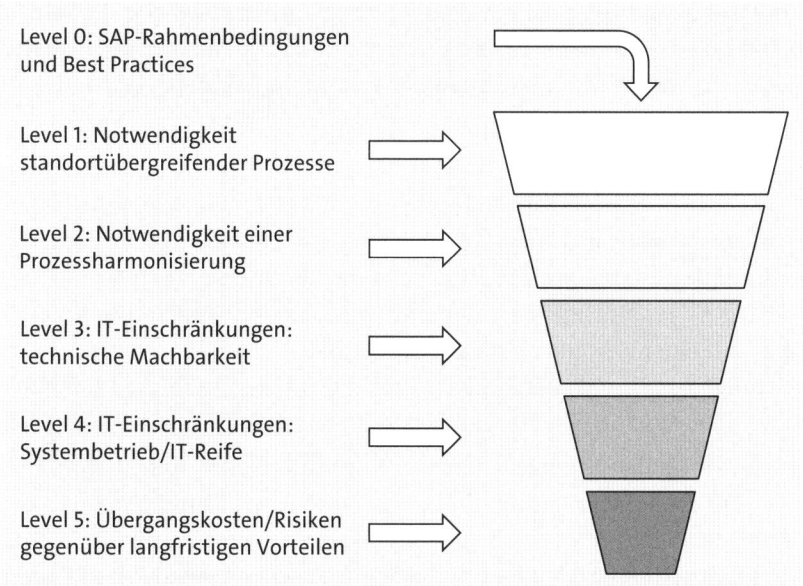

Abbildung 14.7 Entscheidungsprozess für eine Landschaftsstrategie

Nehmen wir als Beispiel ein klassisches SAP-ERP-System, das Finanz- und Logistikfunktionen abdeckt. Das Ergebnis solch einer Systemstrategie ist typischerweise eine der folgenden Konfigurationen:

- **Ein einzelnes globales Produktivsystem**
  Ein einzelnes globales Produktivsystem sieht man häufig im Fall von kleineren, regionalen Kunden oder bei globalen Kunden, die global harmonisierte Prozesse und eine globale Beschaffungskette nutzen.
- **Globale Produktivsysteme nach Geschäftsbereich**
  Im Fall von sehr unterschiedlichen oder organisatorisch unabhängigen Geschäftsbereichen bietet sich eine Strategie nach Geschäftsbereich an.
- **Regionale Produktivsysteme unter Verwendung eines globalen Templates und eines einheitlichen Stammdatensystems**
  Eine Konfiguration regionaler Produktivsysteme unter Verwendung eines globalen Templates und eines einheitlichen Stammdatensystems wird oft bei großen Firmen verwendet, die allerdings regionale Beschaffungsketten aufweisen, wie z. B. in der Konsumgüterindustrie.

Produktivsystem-Strategien

Der Hauptunterschied bei der Bestimmung einer Landschaftsstrategie für SAP S/4HANA im Vergleich zu einem klassischen SAP-ERP-System besteht vor allem darin, dass SAP ERP primär ein transaktionales System ist. Bei den meisten Firmen würde eine Aufteilung in regionale SAP-ERP-Systeme, aufbauend auf einem globalen Template, den betriebswirtschaftlichen Wert im

Landschaftsstrategie für SAP S/4HANA

Vergleich zu einem globalen SAP-ERP-System nicht mindern. SAP S/4HANA bietet nun die Möglichkeit, umfangreiche Analysen und Planungsaktivitäten innerhalb des transaktionalen Systems durchzuführen.

Ein globales SAP-S/4HANA-System ermöglicht es daher, operatives Reporting und die Finanzplanung in Echtzeit auf globaler Ebene durchzuführen. Dagegen würde eine regional aufgestellte SAP-S/4HANA-Konfiguration eine separate Installation von SAP Business Warehouse (SAP BW) benötigen. Folglich ist der betriebswirtschaftliche Mehrwert eines globalen SAP-S/4HANA-Systems höher als der eines globalen SAP-ERP-Systems, verglichen mit einem jeweiligen regionalen Aufbau. Technisch sind die Systemleistung und die Skalierbarkeit durch die Leistungsfähigkeit und den Durchsatz von SAP S/4HANA keine Hinderungsgründe mehr.

Globale Konfigurationen einer Landschaft

So werden globale Konfigurationen durch SAP S/4HANA wesentlich attraktiver. Für die meisten Firmen, die bereits eine zentralisierte Landschaft einsetzen, sollte sich durch SAP S/4HANA keine Änderung in Bezug auf die Produktivsystem-Strategie im Vergleich zum bisherigen SAP-ERP-System ergeben.

Für Firmen, die noch eine dezentralisierte, nicht konsolidierte und/oder nicht harmonisierte SAP-ERP-Landschaft einsetzen, können folgende Punkte relevant sein:

- Langfristig sollen Mehrwerte durch die Innovationen von SAP S/4HANA realisiert werden.
- Selbst bei einer rein technisch getriebenen Systemkonvertierung nach SAP S/4HANA sind einige applikationsspezifische Anpassungen im Vergleich zur vorherigen Lösung notwendig.
- Anstatt alle dezentralen Systeme einzeln zu konvertieren, wäre eine Kombination mit einer Landschaftskonsolidierung wirtschaftlich sinnvoll – vorausgesetzt, dass eine konsolidierte Landschaft infrage kommt.
- Dadurch würden langfristig ein betriebswirtschaftlicher Mehrwert und reduzierte Betriebskosten entstehen.

Daher ergibt sich für Firmen mit dezentralen Landschaften im Zuge eines Wechsels nach SAP S/4HANA ein sehr guter Zeitpunkt und eine gute Möglichkeit zur Konsolidierung.

Zusammenführung von Funktionen

Mit SAP S/4HANA ergibt sich die Möglichkeit, Funktionen innerhalb des Systems zu verwenden, die vorher Teil einer separaten und daher zusätzlichen Applikation waren. Beispiele wären die Produktionsplanung und detaillierte Ablaufplanung, die früher nur über SAP Advanced Planning and Optimization (SAP APO) verfügbar waren.

Vorab sei gesagt, dass alle bestehenden Deployment-Szenarien für SAP ERP auch weiterhin mit SAP S/4HANA möglich sind. Es gibt keine technischen Anforderungen, die umgebende Landschaft zu ändern. Mögliche Anpassungen sollten immer auf Basis eines fundierten Business Case erfolgen. Die folgenden Hinweise sollen Ihnen helfen, eine Ziellandschaft für Komponenten zu definieren, die direkt als Teil des SAP-S/4HANA-Systems eingesetzt werden können:

Einzelsystem versus Co-Deployment

- Globale Sichten als Einzelsysteme
  Sollten immer noch mehrere regionale SAP-S/4HANA-Systeme Teil der geplanten Ziellandschaft sein, müssen alle Applikationen, die eine »globale Sicht« benötigen, auch als globale Einzelsysteme aufgesetzt werden. Beispiele wären ein SAP-BW-System oder SAP BusinessObjects für globales Reporting, Planung und Konsolidierung. Bei entsprechendem Bedarf können Sie auch SAP APO oder SAP Integrated Business Planning (SAP IBP) und/oder SAP Transportation Management (SAP TM) einsetzen, falls eine globale Transportplanung erforderlich wird. Dies wäre kein Unterschied zu einer Landschaft, die auf SAP ERP basiert.

- Geschäftskritische Systeme als Einzelsysteme
  Alle Systeme, die sehr geschäftskritisch sind, z. B. Systeme, die Fertigungsprozesse automatisieren oder Prozesse der Lagerverwaltung steuern, sollten als Einzelsysteme geplant werden. Ein prominentes Beispiel ist SAP Extended Warehouse Management (SAP EWM). Falls SAP EWM in der aktuellen Landschaft als einzelnes, von SAP ERP unabhängiges System aufgesetzt ist, wäre das nach dem Umstieg auf SAP S/4HANA sehr wahrscheinlich auch weiterhin der Fall, weil SAP EWM für das Unternehmen eine kritische Rolle spielt.

  Die Vorteile eines separaten Systems sind die Unabhängigkeit bei Softwareänderungen und ein verringertes Risiko von Kollateralschäden. Sollte das SAP-EWM-System allerdings eher unkritische Prozesse abdecken (etwa mehr in Richtung des klassischen SAP Warehouse Managements in SAP ERP), dann sollten Sie über ein Co-Deployment von SAP EWM zusammen mit SAP S/4HANA nachdenken.

Abschließend sollten Sie den betriebswirtschaftlichen Mehrwert der neuen integrierten Prozesse prüfen, die nur über ein Co-Deployment bestimmter Funktionen mit SAP S/4HANA verfügbar sind. Wägen Sie ihn gegen die potenziellen Nachteile und die Kosten einer solchen Umstellung ab.

Mehrwert und Nachteile abwägen

Ein Beispiel wäre der Einsatz des operativen Reportings mit SAP S/4HANA Embedded Analytics statt des operativen Reportings mit SAP BW. Ein anderes Beispiel wäre die detaillierte Produktionsplanung, integriert in das neue

Material Requirements Planning (MRP) innerhalb von SAP S/4HANA, im Vergleich zu einem separaten SAP-APO-System.

Potenzielle Nachteile, die Sie dabei beachten müssen, sind unter anderem die nun einheitlichen Wartungs- und Releasezyklen, gemeinsame Systemausfallzeiten und möglicherweise auch längere Ausfallzeiten für kleinere Funktionen, da Software-Updates für alle Komponenten zeitgleich erfolgen.

Szenario und Sequenz

Wenn Sie die neue Ziellandschaft festgelegt haben, können Sie das passende Szenario für einen Wechsel und die Sequenz der notwendigen Maßnahmen definieren. Abhängig von der Zielsituation stellen sich dabei beispielsweise die folgenden Fragen:

- Ist die Systemkonvertierung das angemessene Szenario für einen Wechsel nach SAP S/4HANA, oder sollte über eine Neuimplementierung nachgedacht werden?
- Was wäre der richtige Ansatz bei einer Systemkonvertierung, wenn mehrere SAP-ERP-Systeme in wenige SAP-S/4HANA-Systeme konsolidiert werden sollen?
- Wie könnte eine sinnvolle Abfolge der notwendigen Schritte aussehen, und welche Abhängigkeiten müssen beachtet werden?

Anhand von Beispielen verschiedener Kundensituationen stellen wir Ihnen im Folgenden mögliche Antworten auf die einzelnen Fragestellungen vor.

14.2.1 Ausgangsszenario: Ein Einzelsystem

Mögliche Szenarien

Im ersten Fall gehen wir von einer Firma mit einem einzelnen zentralen SAP-ERP-System aus. Da sich hier die Frage einer Systemkonsolidierung nicht stellt, müssen Sie sich nur noch zwischen einer Systemkonvertierung und einer Neuimplementierung entscheiden. Folgenden Möglichkeiten bestehen:

- **Standard: Systemkonvertierung**

    Annahme:
    – Die aktuelle Lösung passt größtenteils zu den aktuellen Geschäftsanforderungen.
    – Es gibt keine Anforderungen, die eine komplette Neuimplementierung verlangen.

    Vorteil:
    – Ein Ein-Schritt-Verfahren nach SAP S/4HANA ohne Re-Implementierung ist möglich.

- **Neuimplementierung nach dem Greenfield-Ansatz mithilfe der Modellfirma**

    Annahme:
    - Die aktuelle Lösung ist zu komplex und/oder passt nicht mehr zu den aktuellen Geschäftsanforderungen.
    - Es besteht die Anforderung, eine Neuimplementierung vorzunehmen und zum Standard zurückzukehren (unabhängig von SAP S/4HANA).

- **Neuimplementierung unter Wiederverwendung eines bestehenden Templates**

    Annahme:
    - Die aktuelle Lösung passt noch zu den Geschäftsanforderungen, aber im System befindet sich eine große Menge (ungenutzter) Altdaten.

Für viele SAP-Kunden stellt auf den ersten Blick die Systemkonvertierung die Standardmethode dar, um ein bestehendes SAP-ERP-System in ein SAP-S/4HANA-System zu konvertieren. Der große Vorteil dieses Szenarios besteht darin, dass die bestehende Konfiguration und alle Daten beibehalten werden. Solch eine Konvertierung kann potenziell auch in einem einzelnen Schritt durchgeführt werden – je nach aktueller Situation des Kunden.

Systemkonvertierung

Solch einer Empfehlung liegt die Annahme zugrunde, dass die bisher eingesetzte Lösung die aktuellen betriebswirtschaftlichen Anforderungen erfüllt und kein Bedarf an einer kompletten Neuimplementierung besteht. Kleinere Änderungen (wie z. B. die Aufgabe, kundenspezifische Anpassungen in isolierten Bereichen zurück in den Standard zu überführen, kundeneigenes Coding aufzuräumen und neue Funktionen zu implementieren) können auch bei einer Systemkonvertierung durchgeführt werden.

Sollte die aktuell eingesetzte Lösung übermäßig komplex gestaltet sein oder nicht mehr die heutigen Anforderungen erfüllen und/oder sollte ein genereller Wunsch nach einer Neuimplementierung bestehen (unabhängig von SAP S/4HANA), dann bietet sich eben dieser Weg an. Systeme, bei denen solch ein Neuanfang sinnvoll scheint, können durchaus schon 20 Jahre im Einsatz sein. Die Anforderungen haben sich seitdem häufig grundlegend geändert.

Neuimplementierung

In diesem Fall bietet sich mit dem Wechsel nach SAP S/4HANA ein sehr guter Zeitpunkt für eine Neuimplementierung. Hierbei können Sie auf SAP Best Practices und die vorkonfigurierte Modellfirma zurückgreifen, um die Kosten und Implementierungsdauer drastisch zu reduzieren (siehe Kapitel 6, »Testsysteme und Modellfirma«). Sie übernehmen bei einer Neuimple-

14 Auswahl Ihres Übergangsszenarios

mentierung nur Ihre Stammdaten und die offenen Posten aus einem bestehenden SAP-ERP-System. Historisch abgeschlossene Daten werden generell nicht übernommen. In besonderen Fällen kann ein SAP-S/4HANA-System auf Basis des bisherigen Templates aufgesetzt werden, was bedeutet, dass die Konfiguration und das kundeneigene Coding aus dem bestehenden SAP-ERP-System verwendet werden.

Mehrere SAP-ERP-Systeme

Auch wenn dieses Beispiel sich auf einen Kunden mit einem Einzelsystem bezieht, wäre das Vorgehen identisch, wenn mehrere SAP-ERP-Systeme vorhanden sind – sofern diese Landschaft auf SAP S/4HANA so weiter bestehen bleibt und kein Bedarf an einer Konsolidierung besteht.

Ein- oder Mehr-Schritt-Verfahren

Kunden, die sich für die Systemkonvertierung eines SAP-ERP-Systems nach SAP S/4HANA entschieden haben, stellen sich in der Folge die Frage, ob dies in einem oder mehreren Schritten erfolgen soll. Wie Ihnen aus Kapitel 10, »Systemkonvertierung eines Einzelsystems«, bekannt ist, gibt es mehrere Wege, die Konvertierung durchzuführen. Abbildung 14.8 zeigt noch einmal eine Übersicht.

In den meisten Fällen ist das Verfahren, in einem Schritt von SAP ERP direkt nach SAP S/4HANA zu wechseln, technisch möglich und sinnvoll. Nichtsdestotrotz fragen Kunden, ob dies generell die einfachste Möglichkeit ist oder ob eher zwei oder gar mehrere Projekte geplant und durchgeführt werden sollen, vor allem wenn als Zwischenschritt nur eine Migration auf die SAP-HANA-Datenbank erfolgen soll. Tabelle 14.1 fasst die Unterschiede noch einmal zusammen.

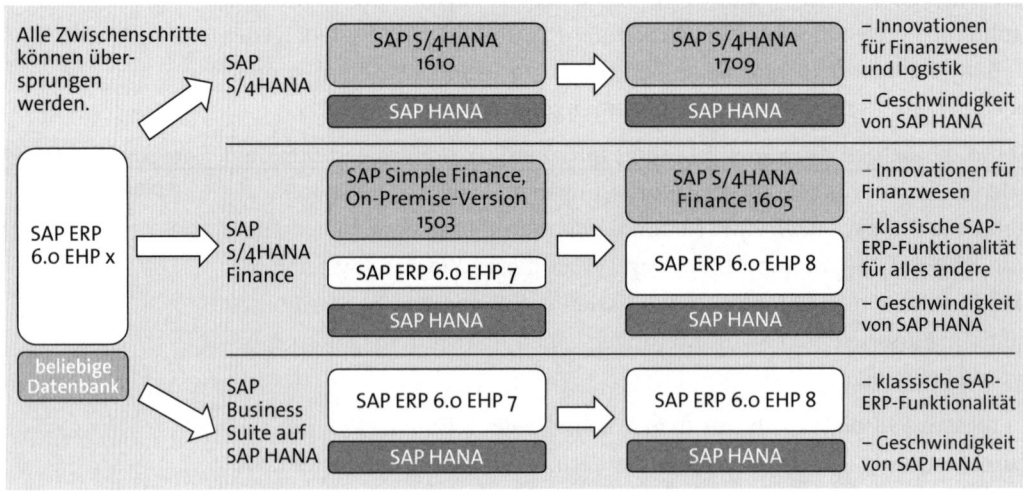

Abbildung 14.8 SAP-S/4HANA-Einführungspfade

Kriterium	1. Option	2. Option
	Ein-Schritt-Konvertierung nach SAP S/4HANA	Erstes Projekt: Datenbankmigration nach SAP HANA Zweites Projekt: Systemkonvertierung nach SAP S/4HANA
Time-to-Value	schneller zur Zielumgebung SAP S/4HANA (Analytics, neues Finanzwesen, neuer MRP-Lauf, SAP Fiori etc.)	▪ schnell auf der ersten Stufe mit SAP HANA (höhere Performance, SAP HANA Live etc.) ▪ längere Zeit bis zur Ziellösung SAP S/4HANA
Kosten für den Umstieg	insgesamt niedrigere Kosten, da nur ein großes Projekt mit einer Testphase durchgeführt wird	▪ höhere Kosten durch zwei separate Projekte mit eigenen Testphasen ▪ Sich überschneidende Aufwände erzeugen unnötige Kosten.
Risiken und Konsequenzen des Umstiegs	▪ höhere Projektkomplexität ▪ potenziell längere Downtime	▪ niedrigere Projektkomplexität ▪ zwei potenziell lange Ausfallzeiten ▪ potenziell höheres Risiko durch reduzierten Fokus auf die einzelnen Testphasen

Tabelle 14.1 Vergleich von Ein-Schritt- und Mehr-Schritt-Verfahren

Beim Evaluieren der verschiedenen Möglichkeiten müssen immer die Umsetzungsdauer, die Gesamtkosten und die Projektrisiken in Betracht gezogen und gegeneinander abgewogen werden:

Dauer, Kosten und Risiken

- Das *Ein-Schritt-Verfahren* hat den klaren Vorteil, dass es sich nur um ein einzelnes Projekt handelt. Es handelt sich daher um den schnellsten Weg nach SAP S/4HANA. Auch die Kosten sind im Vergleich niedriger, da z. B. Aufwände für die Testzyklen oder im Projektmanagement nur einmal anfallen.

- Beim *Zwei-Schritt-Verfahren* sind zwei große Projekte erforderlich, bei denen sich erfahrungsgemäß das zweite Projekt durch andere Prioritäten (wie weitere Roll-outs oder funktionale Projekte) zeitlich weiter verschieben kann. Je nachdem, wie lange auf dem ersten Stand verblieben wird (was in diesem Fall die SAP Business Suite powered by SAP HANA wäre), können sich unnötig redundante Aufwände ergeben. Wenn z. B. SAP HANA Live oder SAP Fiori schon nach dem ersten Schritt eingeführt werden sollen, können weitere Aufwände für später notwendige Anpassungen entstehen, da viele dieser Themen direkter Bestandteil von SAP S/4HANA sind.

Andererseits liegt die individuelle Projektkomplexität bei einem Ein-Schritt-Verfahren höher als bei zwei aufeinanderfolgenden Projekten. Daher werden auch die generellen Projektrisiken in diesem Fall höher bewertet. Allerdings können diese Risiken durch gründliche Voranalyse und Planung sowie durch ausreichende Ressourcen und Zeit für Testzyklen minimiert werden. Umgekehrt können Unternehmen die Testaufwände bei zwei separaten Projekten auch deutlich unterschätzen, was wiederum zu höheren Risiken führt. Basierend auf den bisherigen Erfahrungen sind die Projektrisiken bei beiden Ansätzen aber nahezu identisch.

Grundlegende Abwägungen

Im Endeffekt basiert die kundenindividuelle Entscheidung auf einigen grundlegenden Abwägungen:

- Abwägung der identifizierten geschäftlichen Anforderungen und der neuen Möglichkeiten durch SAP S/4HANA, abhängig vom gewünschten Zeitplan, um diese Mehrwerte zu realisieren
- systemspezifische Übergangsrisiken und die Optionen zur Risikominimierung
- weitere Abhängigkeiten des Projekts, wie z. B. die kalkulierte Projektdauer, wie das Projekt im Zusammenspiel mit weiteren Projekten in den Releasekalender passt und die Verfügbarkeit notwendiger Ressourcen
- der aktuelle Zustand des bestehenden Systems mit Blick auf die notwendigen technischen Voraussetzungen

Zwischenschritt SAP S/4HANA Finance

Analog zu diesen Entscheidungen stellt sich auch die Frage – wenn auch wesentlich seltener –, ob ein weiterer Zwischenschritt nach SAP S/4HANA Finance sinnvoll ist, anstatt direkt auf SAP S/4HANA umzusteigen.

Auch in diesem Fall hilft eine Betrachtung von Projektdauer, Kosten und Risiken, um zu einer ähnlichen Abwägung zu kommen. Im Einzelfall kann dieser Zwischenschritt sinnvoll sein, wenn die Geschäftsbereiche durch die neuen Funktionen im Finanzbereich von SAP S/4HANA einen signifikanten Mehrwert erwarten und diesen schnell realisieren wollen. Dies kann relevant sein, wenn sich die gesamte Einführung von SAP S/4HANA aufgrund von kundenspezifischer Komplexität im Bereich der Logistik verzögern kann oder wenn die Unterstützung notwendiger Drittanbieteranwendungen noch aussteht.

14.2.2 Ausgangsszenario: Eine dezentrale Systemlandschaft

Ansätze zur Systemkonsolidierung

Wie vorab beschrieben, bietet der Wechsel nach SAP S/4HANA im Fall einer dezentralen Systemlandschaft eine gute Möglichkeit, diese Landschaft zu konsolidieren. Auch hier gibt es mehrere Möglichkeiten, ein SAP-S/4HANA-Projekt mit so einer Systemkonsolidierung zu verbinden. Generell sind diese Ansätze sinnvoll:

- Eine *Neuimplementierung*, entweder basierend auf einem bestehenden Template oder unter Verwendung von SAP Best Practices und der entsprechenden Vorkonfiguration mit anschließender Datenmigration; die

Daten werden dabei aus allen bestehenden SAP-ERP-Systemen entnommen und umfassen typischerweise Stammdaten und offene Posten. Unter bestimmten Voraussetzungen können auch weitere, historische Daten übernommen werden – was allerdings zusätzlichen Aufwand bedeutet.

- Eine *Systemkonvertierung* eines bestehenden SAP-ERP-Systems mit anschließender Migration der Daten aus allen anderen existierenden SAP-ERP-Systemen; meist wird hier zur Konvertierung eines der zentraleren Systeme gewählt, das sich aufgrund der aktuellen Konfiguration oder der Systemgröße am besten als neues Zentralsystem eignet. Analog zum ersten Fall werden bei der Datenmigration wiederum nur Stammdaten und offene Posten übernommen.

- Eine vollständige *Konsolidierung* aller SAP-ERP-Systeme in ein zentrales SAP-ERP-System, wie in Kapitel 12, »Transformation einer Systemlandschaft«, beschrieben, unter Beibehaltung aller historischen Daten; dies kann über einen Einmandanten- oder Mehrmandantenansatz realisiert werden, und anschließend wird das daraus resultierende SAP-ERP-System nach SAP S/4HANA konvertiert.

Um auch in diesem Beispiel den besten Weg zu ermitteln, helfen wiederum die im vorangehenden Abschnitt erläuterten Kriterien. Wie gut passt die Lösung, die aktuell eingesetzt wird, zu den bestehenden und auch zu zukünftigen Geschäftsanforderungen? Gibt es einen generellen Bedarf an einer Neuimplementierung der aktuellen Landschaft, und müssen historische Daten übernommen werden? Diese Punkte genauer zu beleuchten, hilft bei der Entscheidungsfindung.

Folgende Beispiele können Ihnen hier eine Orientierung geben:

Beispiele für Anforderungen und Lösungen

- **Konsolidierung bei gleichbleibenden Geschäftsanforderungen**
  Die Lösung passt in allen SAP-ERP-Systemen weiterhin zu den Geschäftsanforderungen, aber die Systeme sollen konsolidiert werden. Eines der Systeme kann als Startpunkt für SAP S/4HANA verwendet werden. Weitere Anpassungen (wie Rückführungen in den Standard, Codeanpassungen und die Aktivierung von weiteren SAP-S/4HANA-Funktionen) sind eingeplant. Möglicherweise wurde eine Lösung auf Basis eines einheitlichen Templates erstellt und daraufhin in mehreren Systemen implementiert. Diese Systeme könnten dann in wenige regionale oder in ein globales System konsolidiert werden.

- **Konsolidierung auf Basis einer führenden Konfiguration**
  Ein einzelnes SAP-ERP-System passt von der Konfiguration her sehr gut und könnte als Vorlage für alle anderen Geschäftsbereiche oder Regionen dienen, die aktuell in anderen Systemen und mit anderen Konfigu-

rationen abgebildet sind. Beispielsweise passt die Lösung, die in einer der größeren Regionen verwendet wird, zu kleineren, abweichenden Implementierungen in Satellitenregionen. Hier wäre das Ziel eine Konsolidierung mit grundlegender Harmonisierung auf Basis der Konfiguration der führenden Region.

- **Grundlegende Anpassungen erforderlich**
  Die aktuelle Lösung passt zwar in größeren Bereichen in mindestens einem System, aber es sind grundlegende Anpassungen nötig, um zukunftsfähig zu bleiben, auch unabhängig von einem Wechsel nach SAP S/4HANA. Hier wäre eine Neuimplementierung auf Basis eines Templates von mindestens einem bestehenden und größtenteils passenden System möglich.

- **Kein SAP-System als Ausgangsbasis**
  Die aktuelle Lösung passt nicht mehr zu den Geschäftsanforderungen, und es gibt auch kein bestehendes SAP-ERP-System, das als Vorlage oder Startpunkt für SAP S/4HANA verwendet werden kann. In diesem Fall würde eine komplette Neuimplementierung anstehen, idealerweise unter Verwendung der SAP Best Practices.

Historische Daten

Bei der Frage nach den zu übertragenden historischen Daten geht es generell um die Menge. Normalerweise werden bei einer Neuimplementierung nur Stammdaten übernommen sowie Bewegungsdaten in Form von offenen Posten. Sollten aus wichtigen Gründen historische Daten eine Rolle in der neuen Systemlandschaft spielen, kann sich die Komplexität eines Projekts drastisch erhöhen. Aufwand und Kosten steigen durch zusätzlich notwendige Datentransformationen. Solch eine Anforderung sollte daher immer gründlich diskutiert werden. Alternativen wie eine Archivierung sollten immer zuerst betrachtet werden. Je nach der vorliegenden Situation ergeben sich verschiedene Möglichkeiten, die in Abbildung 14.9 dargestellt sind.

Entscheidungsmatrix

Diese Matrix zeigt die jeweils bevorzugten Übergangsszenarien, abhängig von den gegebenen Antworten. Beachten Sie, dass es sich hier nur um grobe Vorschläge handelt und diese eine grundlegende und kundenspezifische Analyse und Evaluierung nicht ersetzen. In jedem Fall müssen die Realisierungszeit (aufgrund der Projektdauer), Kosten, Mehrwerte und Risiken abgewogen werden. Faktoren, die betrachtet werden müssen, sind der aktuelle Systemzustand, der Bedarf an historischen Daten, die Anzahl der bei Bedarf zu konsolidierenden Systeme und daraus folgend die Unterschiede zwischen den betroffenen Systemen. Die technische Machbarkeit des dann ausgewählten Szenarios muss detailgenau geprüft werden, besonders bei speziellen Anforderungen an die Datenmigration.

14.2 Ihre eigene Roadmap erstellen

		Wie gut passt die bestehende Lösung zu den Geschäftsanforderungen?			
		Lösung passt in allen Systemen, keine Änderungen notwendig.	Lösung passt in einem System, minimale Anpassungen nötig.	Lösung passt größtenteils, Änderungen notwendig.	Lösung passt nicht mehr zu den bestehenden Systemen.
Wie viele historische Daten sollen übernommen werden?	Offene Posten/ Bestände sind ausreichend.	Neuimplementierung basierend auf existierendem Template möglich			Neuimplementierung, Modellfirma
	selektive Migration historischer Daten			Zusätzliche Daten können migriert werden, was den Aufwand erhöht.	Zusätzliche Daten können migriert werden, was den Aufwand erhöht.
	komplette Historie für ein System	Systemkonvertierung eines Systems, gefolgt von einer Datenmigration aus den anderen Systemen			nicht sinnvoll und technisch fragwürdig
	komplette Historie für alle Systeme	Systemkonsolidierung, dann Systemkonvertierung	Zusätzliche Daten können migriert werden, was den Aufwand erhöht.		

Abbildung 14.9 Entscheidungsmatrix je nach Anforderungen

Bedeutung der Systemkonsolidierung im Zuge der Umstellung auf SAP S/4HANA

Konsolidierungsaktivitäten sind keine Voraussetzung für einen Wechsel hin zu SAP S/4HANA und sollten auch nicht als notwendige Vorbereitung betrachtet werden, wenn die Notwendigkeit nicht schon vorher festgestellt wurde. Man kann generell davon ausgehen, dass eine Systemkonvertierung eines einzelnen Systems oder eine Neuimplementierung von SAP S/4HANA, gefolgt von einer Datenmigration aus den anderen SAP-ERP-Quellsystemen, immer einfacher zu realisieren ist als eine komplette Harmonisierung der Systeme vorab.

Durch SAP S/4HANA bieten sich komplett neue Deployment-Optionen für Ihre Systemlandschaft an. Funktionen, die zuvor eigenständige Systeme benötigten, sind nun als Teil von SAP S/4HANA verfügbar. Oft stellen sich Kunden die Frage, wie diese neuen Funktionen sich bei einem Umstieg auf SAP S/4HANA auswirken und wie sie die Definition einer Roadmap und die darin enthaltenen Abhängigkeiten der einzelnen Schritte beeinflussen.

Co-Deployment

Vorab sei erwähnt, dass es keine technische Anforderung gibt, die aktuelle Landschaft anzupassen. Sie können ein bestehendes SAP-ERP-System nach SAP S/4HANA konvertieren und weiterhin alle umgebenden Systeme behalten und weiterbetreiben, wie z. B. SAP BW, SAP APO oder SAP Supplier Relationship Management (SAP SRM). Sollte der Bedarf nach weiteren Einzelsystemen bestehen, können diese der Landschaft hinzugefügt werden, auch unabhängig vom Umstieg auf SAP S/4HANA.

Mit anderen Worten: Diese Systeme funktionieren sowohl mit SAP ERP als auch mit SAP S/4HANA. Beispielsweise könnte eine Einführung von SAP EWM gestartet oder weitergeführt werden, unabhängig von anderen notwendigen Schritten des Umstiegs. Sollen allerdings eine oder mehrere der neuen Co-Deployment-Optionen von SAP S/4HANA eingesetzt werden und entsprechende Funktionalität aus den umgebenden Einzelsystemen ersetzen, dann kann solch ein Projekt nur entweder zeitgleich zur Ersetzung des SAP-ERP-Systems durch SAP S/4HANA oder nach erfolgter Umstellung gestartet werden.

Auch für solche Projekte gibt es zahlreiche Beispiele, wie etwa die Implementierung der Materialwirtschaftsfunktion *Advanced Available-to-Promise* (AATP) in SAP S/4HANA, die die Funktion *Global Available-to-Promise* (GATP) aus SAP APO ersetzen kann. Ein anderes Beispiel wäre die Einführung der Funktion *Self-Service Procurement* in der Beschaffung in SAP S/4HANA, die die gleiche Funktionalität abdeckt wie die entsprechende Funktion innerhalb von SAP SRM.

14.2.3 Beispiele für eine Roadmap

In diesem Abschnitt stellen wir einige Beispiele für Roadmaps für den Übergang nach SAP S/4HANA vor, um die Diskussionspunkte besser zu veranschaulichen, die wir in den vorangegangenen Abschnitten behandelt haben. Auch wenn die hier dargestellten Situationen nicht genau auf Ihre Systemlandschaft zutreffen, können Sie ihnen doch einige hilfreiche Teile für Ihre Roadmap entnehmen.

Vom Einzelsystem zum SAP-S/4HANA-Einzelsystem

Aktuelle Lösung

Im ersten Beispiel geht es um eine globale SAP-Umgebung mit regionalen SAP-EWM-Systemen. Die aktuelle Lösung besteht aus den folgenden Komponenten:

- einem einzelnen globalen SAP-ERP-System
- einem einzelnen globalen SAP-APO-System, das unter anderem für die Funktion GATP verwendet wird
- einem einzelnen SAP-SRM-System für die Funktion Self-Service Procurement
- einem einzelnen SAP-BW-System für das operative und strategische Reporting sowie aus SAP Business Planning and Consolidation (SAP BPC) für die Finanzplanung und -konsolidierung
- Es wurde gerade eine SAP-EWM-Einführung gestartet mit dem Ziel, aus Gründen der Risikominimierung drei regionale Systeme zu erstellen.

Die langfristige Ziellandschaft unter Verwendung von SAP S/4HANA sieht folgendermaßen aus:

Langfristige Ziellandschaft

- Es wird ein einzelnes globales SAP-S/4HANA-System eingeführt. Zusätzlich zu den heute in SAP ERP verwendeten Funktionen ist geplant, die folgenden Funktionalitäten über SAP S/4HANA abzubilden:
    - Echtzeit-Reporting mit SAP S/4HANA Embedded Analytics
    - Finanzplanung und -konsolidierung als Teil von SAP S/4HANA
    - Advanced ATP und Self-Service Procurement
- Dazu soll ein globales SAP-IBP-System (SAP Integrated Business Planning) in der Cloud für Vertrieb, Planung und Beschaffungsmanagement betrieben werden.
- Ein globales SAP-BW-System soll für das strategische Reporting genutzt werden, auch unter Verwendung historischer Daten.
- Drei regionale SAP-EWM-Systeme sollen das Ausfallrisiko verteilen.

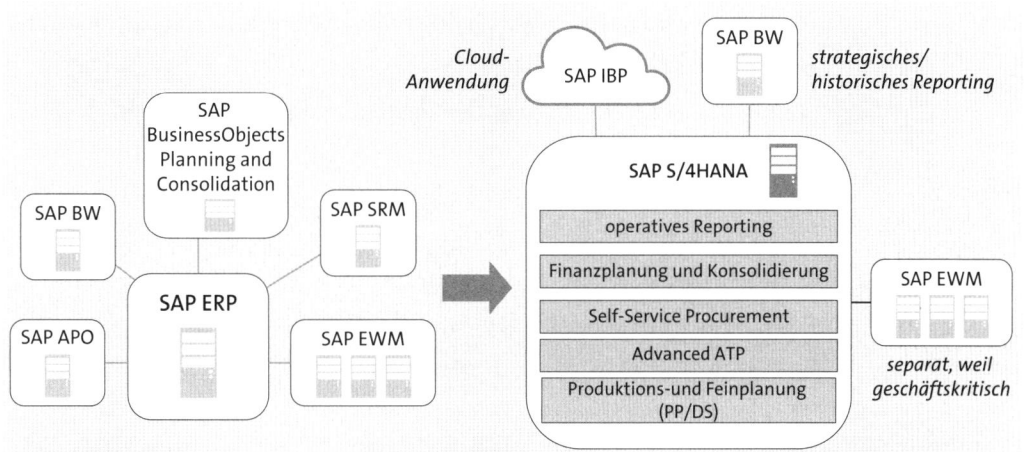

Abbildung 14.10 Von einem einzelnen SAP-ERP-System hin zu einem einzelnen SAP-S/4HANA-System

Abbildung 14.10 zeigt diese Umstellungen noch einmal grafisch. Eine wertgetriebene Roadmap für den Übergang zu dieser neuen Ziellandschaft könnte folgendermaßen aussehen:

Roadmap

- Die Einführung der SAP-EWM-Systeme kann weitergehen, wie geplant, denn es gibt keine Anforderungen für Änderungen.
- SAP IBP in der Cloud wird zuerst für neue Funktionalitäten wie das *SAP IBP for Response and Supply* verwendet und komplettiert somit die existierende SAP-APO-Implementierung. Diese cloudbasierte Implementie-

rung ist eine Neuimplementierung und kann unabhängig von dem Umstieg auf SAP S/4HANA durchgeführt werden.

- SAP IBP wird dann um die Planungsfunktionen zur Nachfrage (*SAP IBP for Demand*) erweitert und ersetzt so diese Funktionalität der SAP-APO-Implementierung. Auch diese ist unabhängig vom Umstieg von SAP ERP nach SAP S/4HANA.
- Das SAP-ERP-System wird per Systemkonvertierung in einem Schritt in ein SAP-S/4HANA-System überführt, da die bisher eingesetzte Lösung zu großen Teilen noch die Geschäftsanforderungen abdeckt.
- Während der SAP-S/4HANA-Konvertierung und in nachgelagerten Projekten wird die Funktionalität des neuen Systems um neue Funktionen erweitert (z. B. um das operative Reporting und Advanced ATP), die die entsprechenden Funktionen aus SAP BW und SAP APO ersetzen.
- Nach erfolgter SAP-S/4HANA-Konvertierung soll dann die Finanzplanung und -konsolidierung aus dem separaten SAP-BPC-System in die entsprechende eingebettete Funktion in SAP S/4HANA migriert werden. Ebenso wird das bisherige Self-Service Procurement aus dem separaten SAP-SRM-System migriert.

Abbildung 14.11 zeigt die gesamte Roadmap für dieses Beispiel noch einmal grafisch.

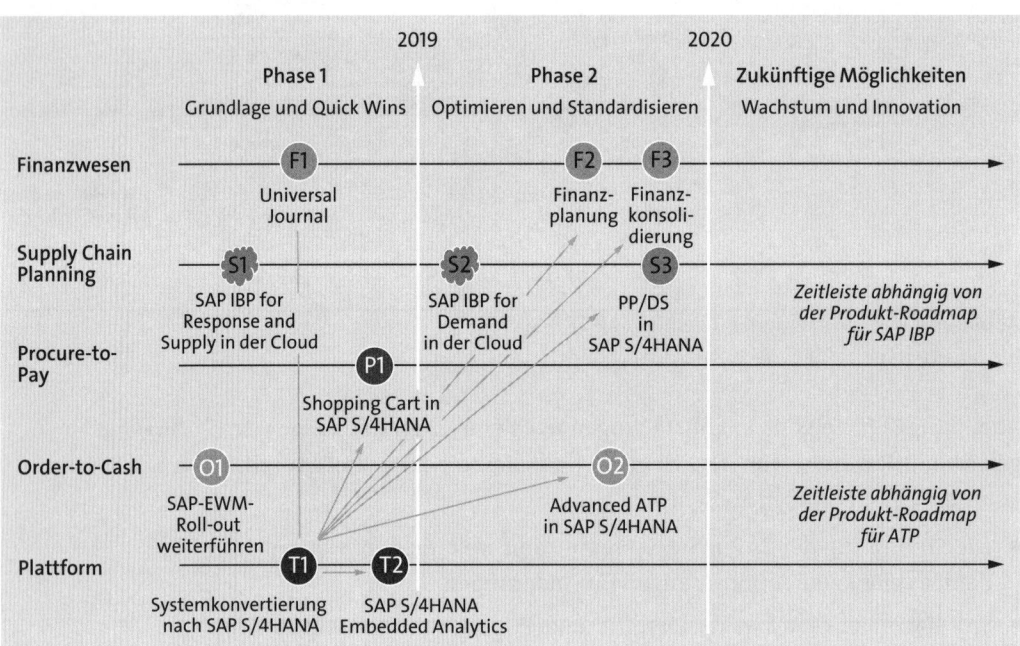

Abbildung 14.11 Beispiel-Roadmap für den Wechsel zu einem einzelnen SAP-S/4HANA-System mit angeschlossenen Systemen

Von einer regional verteilten SAP-ERP-Landschaft zu einer globalen SAP-S/4HANA-Landschaft

Im zweiten Beispiel beginnen wir mit einer regional verteilten Systemlandschaft, die in eine globale Systemlandschaft überführt werden soll. Die Ausgangssituation der regional verteilten Landschaft ist folgende:

Aktuelle Lösung

- Es gibt drei regionale SAP-ERP-Systeme mit einem harmonisierten globalen Template. Eines der SAP-ERP-Systeme für die führende Region ist signifikant umfangreicher, und es gibt zwei kleinere, regionale Satellitensysteme.
- Es werden drei regionale SAP-BW-Systeme eingesetzt für regionales, operatives und strategisches Reporting.
- Ein weiteres globales SAP-BW-System inklusive SAP BPC wird für das unternehmensweite Reporting sowie zur Finanzplanung und -konsolidierung eingesetzt.

Eine langfristige Planung zur SAP-S/4HANA-Ziellandschaft könnte daher wie folgt aussehen:

Langfristige Ziellandschaft

- Ein einzelnes globales SAP-S/4HANA-System wird eingeführt, da sich das Tagesgeschäft mehr und mehr globalisiert hat. Zusätzlich zu den bisher verwendeten Funktionen von SAP ERP sollten die folgenden Funktionen verwendet werden:
  – Echtzeit-Reporting über SAP S/4HANA Embedded Analytics
  – eine replikationsfreie Finanzplanung und -konsolidierung mit der in SAP S/4HANA enthaltenen Funktion SAP BPC
- Ein globales SAP-BW-System wird für das strategische Reporting auch auf Basis historischer Daten eingesetzt.

Abbildung 14.12 zeigt noch einmal die gesamte Landschaft vor und nach der Umstellung. Eine passende Roadmap für solch einen Übergang zur Ziellandschaft könnte folgendermaßen aussehen:

Roadmap

- Das größte SAP-ERP-System der führenden Region wird per Systemkonvertierung in einem Schritt in ein SAP-S/4HANA-System überführt.
- Anschließend werden selektiv Daten aus den regionalen Satellitensystemen in das neue SAP-S/4HANA-System migriert. Diese Daten umfassen relevante Stammdaten und Bewegungsdaten in Form von offenen Posten.
- Die neue SAP-S/4HANA-Lösung wird um das ebenfalls neue Echtzeit-Reporting erweitert. Dies kann bereits während der Systemkonvertierung geschehen. Andernfalls kann dies vor oder nach der Migration der

Daten aus den weiteren, regionalen Systemen erfolgen. Nach und nach können weitere Berichte hinzugefügt werden, um das Reporting aus den regional aufgesetzten SAP-BW-Systemen zu ersetzen.

- Aus dem separaten SAP-BPC-System kann die Finanzplanung und -konsolidierung in die entsprechende Funktion in SAP S/4HANA migriert werden. Dieser Schritt kann allerdings erst erfolgen, nachdem alle Regionen in die neue SAP-S/4HANA-Ziellandschaft eingezogen sind. Denn nur dann ist der Datenbestand der Finanzdaten komplett, der für die Finanzplanung und -konsolidierung in SAP S/4HANA benötigt wird.
- Das globale SAP-BW-System bleibt bestehen und wird um die für das strategische Reporting relevanten und historischen Daten aus den regionalen SAP-BW-Systemen angereichert, um diese Systeme danach aus der Landschaft zu entfernen. Dieser Schritt ist größtenteils unabhängig von dem Umstieg auf SAP S/4HANA.

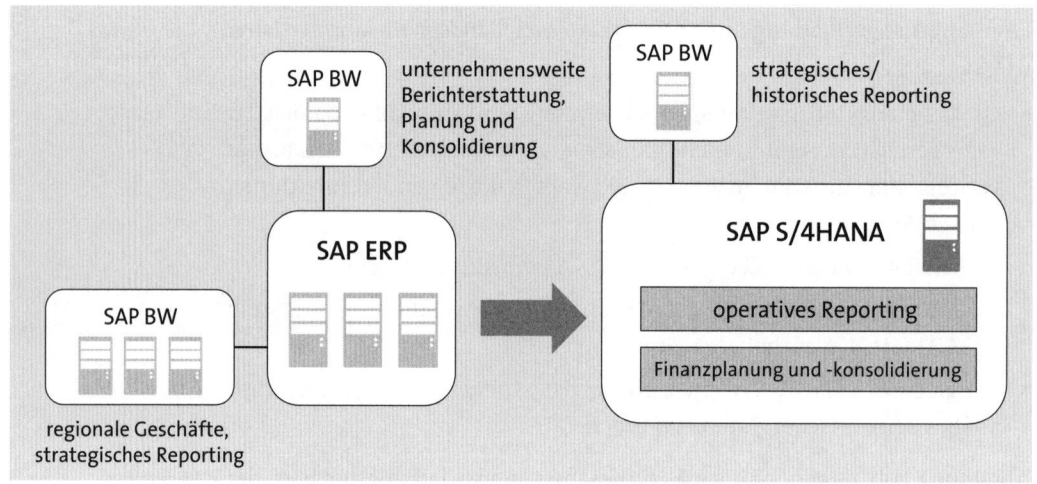

Abbildung 14.12 Von der regionalen SAP-ERP-Landschaft hin zu einer globalen SAP-S/4HANA-Landschaft

14.3 Die wichtigsten Kriterien für Ihre Entscheidung

Anhand der in diesem Kapitel vorgestellten Beispiele wollen wir noch einmal die wichtigen Entscheidungsthemen zusammenfassen. Die folgenden vier Abbildungen betrachten jeweils zwei Fragestellungen. Die Zeiger in den Abbildungen sprechen eine Empfehlung aus, abhängig davon, wie Sie diese Fragen beantworten würden. Diese Empfehlungen sind auch wieder als Beispiele aufzufassen und hängen ganz individuell von Ihrer aktuellen Situation ab.

14.3 Die wichtigsten Kriterien für Ihre Entscheidung

Die erste, Abbildung 14.13, bezieht sich auf Ihre Systemanforderungen.

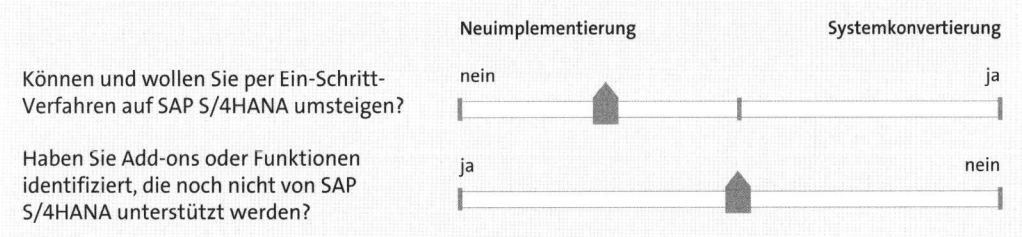

Abbildung 14.13 Fragen und Bewertungen zu den Systemanforderungen

Für den Fall, dass sich das aktuelle System der Business Suite auf einem sehr alten Releasestand befindet (kleiner als SAP ERP 6.0), müssen Sie auf dem Weg nach SAP S/4HANA mehrere Schritte durchführen. Sie müssten zuerst zu einem Release wechseln, das eine Systemkonvertierung nach SAP S/4HANA technisch ermöglicht. Bei einem sehr alten Release bietet sich eine Neuimplementierung an, bei der Zeit und Aufwände für diesen Zwischenschritt gespart werden. Eine Neuimplementierung ist in diesem Fall damit höchstwahrscheinlich sogar schneller zu realisieren.

Bestimmte Add-ons und Geschäftsfunktionen sind auf der Roadmap für SAP S/4HANA aber zum aktuellen Zeitpunkt vielleicht noch nicht verfügbar. Hier wären z. B. auch Branchenlösungen zu nennen. Eine Nichtverfügbarkeit solcher Funktionen oder noch nicht freigegebene Add-ons können eine SAP-S/4HANA-Einführung verzögern. Dies gilt aber unabhängig von den Umstiegsszenarien, da dies eine Neuimplementierung ebenso betrifft wie eine Systemkonvertierung. Daher gibt es hier keine dedizierte Empfehlung.

Der zweite Fragenblock in Abbildung 14.14 bezieht sich auf die Geschäftsprozesse.

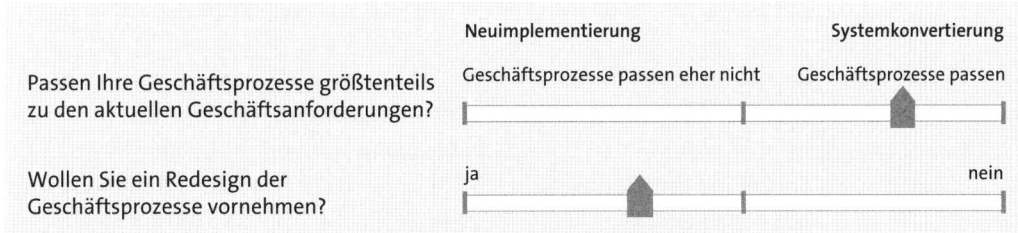

Abbildung 14.14 Fragen und Bewertungen zu den Geschäftsprozessen

Sofern die bisher genutzten Geschäftsprozesse und die Konfiguration des bestehenden Systems zu den aktuellen Geschäftsanforderungen passen, ist eine Systemkonvertierung sehr wahrscheinlich der empfohlene Weg. Bei einer Systemkonvertierung bleiben die bestehende Konfiguration und der aktuelle Datenbestand vorhanden. Für Informationen zu eventuellen Änderungen, die speziell mit SAP S/4HANA relevant sind, können Sie die Simplification List zurate ziehen.

> **Simplification Item Catalog**
>
> Alternativ gibt es die Simplification List nun auch in einem Online-Format zur bequemen Suche nach spezifischen Einträgen und unterteilt in die verschiedenen SAP-S/4HANA-Releases. Der zentrale Zugang zum Simplification Item Catalog erfolgt über diesen Link (Sie benötigen hierzu ein S-User-Konto): *https://launchpad.support.sap.com/#/sic/*

Sollten Sie allerdings eine Anpassung Ihrer Prozesse planen, ist die Neuimplementierung zu empfehlen. In diesem Szenario können Sie die Geschäftsprozesse auf Basis der SAP Best Practices implementieren und so die beste Konfiguration für Ihr System bestimmen. Anwendungsdaten werden dann per Datenmigration in das neue System übernommen, sodass sie zu den neuen Prozessen passen.

Der dritte Bereich bezieht sich auf Ihre kundeneigenen Entwicklungen (siehe Abbildung 14.15).

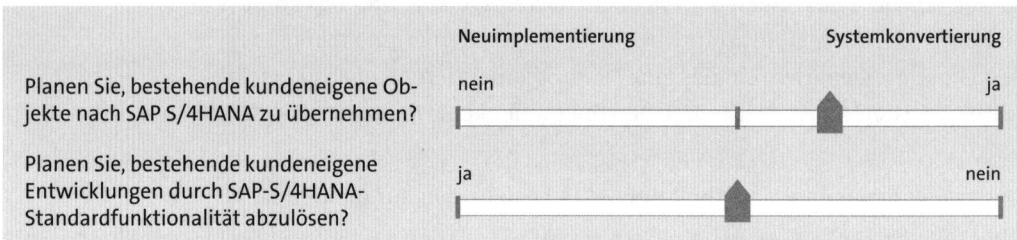

Abbildung 14.15 Fragen und Bewertungen zu den Eigenentwicklungen

Sollten Sie bestehendes Coding bzw. Eigenentwicklungen übernehmen wollen – was durchaus sinnvoll ist, wenn z. B. Ihre individuellen Anforderungen so noch nicht in SAP S/4HANA angeboten werden –, wäre eine Systemkonvertierung sehr wahrscheinlich der bessere Weg. Bei der Systemkonvertierung bleiben existierende kundeneigene Objekte bestehen und können mithilfe der Custom Code Migration Worklist angepasst werden, um z. B. eventuelle Änderungen an den Datenstrukturen in SAP S/4HANA zu berücksichtigen. Der Ausschlag des Zeigers ist hier allerdings nicht ganz so stark, da auch bei einer Neuimplementierung Eigenentwicklungen übernommen werden können. Allerdings gilt das erfahrungsgemäß eher für ein Minimum.

Wenn bestehende kundeneigene Entwicklungen nach Möglichkeit zurück in SAP-Standardfunktionalität überführt werden sollen, würde man vermutlich zuerst an eine Neuimplementierung denken. Allerdings ist dies nicht eine Frage des Übergangsszenarios, denn auch bei einer Systemkonvertierung können Eigenentwicklungen zurück in den Standard überführt werden. Hier geht es eher darum, den bestehenden Code im Detail zu analysieren und entsprechende Schritte bezogen auf die SAP-S/4HANA-Funktionalität einzuplanen.

Der letzte Fragenblock (siehe Abbildung 14.16) bezieht sich auf die Amortisierungszeit (*Time-to-Value*), also auf die Zeit, die vergeht, bis entsprechende Mehrwerte realisiert werden können.

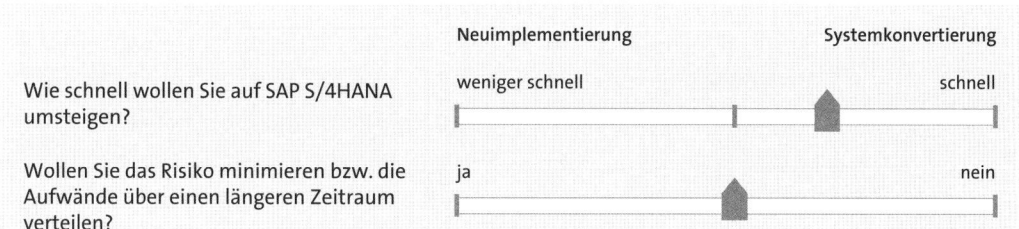

Abbildung 14.16 Fragen und Bewertungen zur Time-to-Value

Die Dauer des Übergangs nach SAP S/4HANA ist sehr individuell. Je nach Größe und Komplexität Ihrer aktuellen Landschaft ist oft die Systemkonvertierung der schnellere Weg, sofern ein Ein-Schritt-Verfahren möglich ist. Da die Einstellungen des Systems erhalten bleiben, ist eine Konvertierung meist schneller als eine Neuimplementierung mit einem kompletten Redesign der Geschäftsprozesse.

Allerdings wird die Neuimplementierung durch die Verfügbarkeit der SAP Best Practices, die speziell für SAP S/4HANA erstellt wurden, stark beschleunigt. Vor allem die umfangreich vorkonfigurierten Cloud-Lösungen sind in wenigen Wochen einsatzbereit. Dies ist vor allem dann interessant, wenn z. B. Tochterunternehmen schnell auf SAP S/4HANA umgestellt werden sollen. Hierbei ist es irrelevant, ob das Quellsystem ein SAP-ERP- oder ein Nicht-SAP-System ist, da wir in der Cloud immer von einer Neuimplementierung ausgehen.

Bezüglich des Risikos gibt es keine wirkliche Empfehlung. Es ist wahrscheinlich eher eine Frage der geplanten Roadmap als des gewählten Szenarios. Hier ist es möglich, jede Adaptionsgeschwindigkeit zu wählen, die zu

Ihrer aktuellen Situation passt. Wenn Sie erst einen einzelnen Buchungskreis nach SAP S/4HANA übertragen oder mit SAP S/4HANA Finance starten, ist das ganz Ihnen überlassen. Die einzige Anmerkung wäre, wie vorher in diesem Kapitel schon beschrieben, dass eine SAP-S/4HANA-Einführung in möglichst kleinen Schritten normalerweise länger dauert und höhere Aufwände nach sich zieht.

14.4 Schlusswort

Dieses Kapitel schließt unsere Reise nach SAP S/4HANA ab. Es hat Ihnen hoffentlich eine gute Grundlage bereitgestellt, um sich im Übergangsprozess besser zurechtzufinden. Sie haben nun die notwendigen Werkzeuge und Fragen an der Hand, um sich für den Weg zu entscheiden, der für Sie der richtige ist. Neuimplementierung oder Systemkonvertierung, on premise oder Cloud: Für alle Bereiche sind Sie gut gewappnet, um die richtigen Entscheidungen zu treffen.

Ob Sie nun ein Mitglied des Umstiegsprojektteams oder ein Entscheidungsfinder sind, der die richtige Strategie identifizieren muss – wir hoffen, dass dieses Buch Ihnen als Leitfaden die nötigen Antworten auf Ihre Fragen gegeben hat und Sie auch weiterhin als Nachschlagewerk in Ihrem Übergangsprozess begleiten wird. Wir wünschen Ihnen viel Erfolg und einen erfolgreichen Umstieg auf SAP S/4HANA!

Anhang

A Anwendungsrollen für das SAP S/4HANA Migration Cockpit   593

B Im Migration Cockpit zur Migration verwendete APIs   597

C Die Autoren   605

Anhang A
Anwendungsrollen für das SAP S/4HANA Migration Cockpit

Im Folgenden ist die in Abschnitt 7.3.2, »Datenmigration mit dem SAP S/4HANA Migration Cockpit«, genannte Tabelle »Notwendige Anwendungsrollen für das SAP S/4HANA Migration Cockpit« dargestellt. In der Tabelle finden Sie die erforderlichen Rollen, um die einzelnen Migrationsobjekte zu laden bzw. zu validieren. Diese Cloud-Rollen (Stand: SAP S/4HANA Cloud 1805) sind für jedes Migrationsobjekt aufgeführt. In der Tabelle sind die englischen Bezeichnungen angegeben, da die Namen der meisten Migrationsobjekte noch nicht in alle verfügbaren Sprachen übersetzt sind. Die Migrationsobjekte sind nach der Anwendungsrolle gruppiert.

Migrationsobjekt (engl.)	Anwendungsrollen-ID
- Activity Price (restricted) - Activity Type - Cost Center - Internal Order - Profit Center	SAP_BR_OVERHEAD_ACCOUNTANT
- Batch	SAP_BR_QUALITY_TECHNICIAN
- Bank - Bank Account Balance - Cash Memo Record	SAP_BR_CASH_MANAGER
- Characteristic - Class	SAP_BR_BOM_ENGINEER
Commercial Project Management (CPM)	SAP_BR_PROJ_MANAGE_COMM
- Customer - Customer – Extend - Supplier - Supplier – Extend - FI-CA Contract Partner	SAP_BR_BUPA_MASTER_SPECIALIST

Tabelle A.1 Notwendige Anwendungsrollen für das SAP S/4HANA Migration Cockpit

Migrationsobjekt (engl.)	Anwendungsrollen-ID
Enterprise Project	SAP_BR_PROJ_FIN_CONTROLLER
■ Equipment ■ Equipment Task List ■ Functional Location ■ Functional Location Task List ■ General Task List ■ Maintenance Plan ■ Maintenance Item	SAP_BR_MAINTENANCE_PLANNER
FI – AR Open Item (Customer)	SAP_BR_AR_ACCOUNTANT
FI – AP Open Item (Vendor)	SAP_BR_AP_ACCOUNTANT
Fixed Asset (incl. Balances and Transactions)	SAP_BR_AA_ACCOUNTANT
■ FI – G/L Account Balance ■ FI – G/L Account Open/Line Item (deprecated) ■ Exchange Rate	SAP_BR_GL_ACCOUNTANT
■ FI-CA Contract Account ■ FI-CA Open Item	■ SAP_BR_APR_ACCOUNTANT_FICA ■ SAP_BR_APR_MANAGER_FICA
■ SEPA Mandate	■ SAP_BR_APR_ACCOUNTANT_FICA ■ SAP_BR_AR_ACCOUNTANT
■ Inspection Method ■ Inspection Plan ■ Master Inspection Characteristic ■ QM/PM Catalog Code Group/Code ■ QM Selected Set ■ QM Selected Set Code	■ SAP_BR_QUALITY_TECHNICIAN (only Display) ■ SAP_BR_QUALITY_PLANNER (create)
■ Material ■ Material Classification ■ Material Consumption ■ Material – extend existing record by new organizational levels ■ Material Inspection Setting ■ Material Long Text	SAP_BR_PRODMASTER_SPECIALIST

Tabelle A.1 Notwendige Anwendungsrollen für das SAP S/4HANA Migration Cockpit (Forts.)

Migrationsobjekt (engl.)	Anwendungsrollen-ID
Material – Commodity Code	- SAP_BR_TRD_CLS_SPECIALIST - SAP_BR_PRODMASTER_SPECIALIST
Material inventory balance	SAP_BR_INVENTORY_MANAGER
Material Price Change for Global Currencies (exceptional case)	SAP_BR_INVENTORY_ACCOUNTANT
- Material BOM - Routing - Work Center	SAP_BR_PRODN_ENG_DISC
- Price Condition (General) - Price Condition (Purchasing) - Price Condition (Sales)	- SAP_BR_PRICING_SPECIALIST - SAP_BR_PRICING_SPECIALIST_PRSV
Price Condition (Cost Accounting)	SAP_BR_OVERHEAD_ACCOUNTANT
- Purchase Order (only open PO) - Purchase Scheduling Agreement - Purchasing Contract - Purchasing Info Record (with conditions/extend existing record) - Source List	SAP_BR_PURCHASER
- Sales Contract - Sales Order (only open SO)	- SAP_BR_INTERNAL_SALES_REP (create) - SAP_BR_SALES_MANAGER (only display) - SAP_BR_INTERNAL_SALES_REP_PRSV
Software/Hardware Constraint	SAP_BR_SYSTEMS_ENGINEER
- TRM – Bank Guarantee - TRM – Commercial Paper - TRM – Deposit at Notice - TRM – Foreign Exchange Spot/Forward Transaction – Contract - TRM – Foreign Exchange Swap – Contract - TRM – FX Option - TRM – Interest Rate Instrument - TRM – Interest Rate Swap - TRM – Position Value	SAP_BR_TREASURY_SPECIALIST_FOE

Tabelle A.1 Notwendige Anwendungsrollen für das SAP S/4HANA Migration Cockpit (Forts.)

Migrationsobjekt (engl.)	Anwendungsrollen-ID
• VC – Dependency Net • VC – Object Dependency • VC – Variant Configuration Profile • VC – Variant Constraint • VC – Variant Table Entry • VC – Variant Table Structure	SAP_BR_PRODUCT_CONFIG_MODELER

Tabelle A.1 Notwendige Anwendungsrollen für das SAP S/4HANA Migration Cockpit (Forts.)

Anhang B
Im Migration Cockpit zur Migration verwendete APIs

Im Folgenden ist die in Abschnitt 11.5.1, »Die verwendeten Migrations-APIs«, genannte Tabelle dargestellt. In dieser Tabelle finden Sie eine Übersicht der Migrations-APIs, die das Migration Cockpit pro Migrationsobjekt verwendet. Einige dieser APIs benötigen für die Verbuchung der Daten eine Kette von Funktionsbausteinaufrufen und werden deshalb über einen sogenannten Wrapper-Funktionsbaustein aufgerufen. Diese Wrapper-Funktionsbausteine werden in Klammern hinter der Verbuchungs-API in der Spalte »Verwendete APIs (Wrapper- Funktionsbaustein)« aufgeführt. In der Spalte »API-Komponente« ist die für die API verantwortliche Komponente aufgeführt. Die Komponente ist oft hilfreich, wenn es um die Suche nach Hinweisen zu bestimmten Fehlern oder weiteren Informationen zur API geht. Die Spalte »Cloud-Release« bzw. »On-Premise-Release« gibt das SAP-S/4HANA-Release an, zu dem das Migrationsobjekt erstmals verfügbar war bzw. wahrscheinlich sein wird. Für die zum Zeitpunkt der Erstellung des Buches noch nicht verfügbaren Releases sind alle Angaben ohne Gewähr.

Migrationsobjekt (dt./engl.)	Verwendete APIs (Wrapper-Funktionsbaustein)	API-Komponente	Cloud-Release	On-Premise-Release
Leistungsart/ Activity type	BAPI_ACTTYPE_CREATEMULTIPLE	CO-OM	1511	1610
Tarif (eingeschränkt)/ Activity price (restricted)	BAPI_ACT_PRICE_CHECK_AND_POST	CO-OM-ACT-B	1605	1610
Kostenstellen/ Cost Center	BAPI_COSTCENTER_CREATEMULTIPLE	CO-OM-CCA-A	1511	1610
Profitcenter/ Profit Center	BAPI_PROFITCENTER_CREATE (DMC_MIG_PROFITCENTER)	EC-PCA-MD	1511	1610

Tabelle B.1 Im Migration Cockpit zur Migration verwendete APIs

Migrationsobjekt (dt./engl.)	Verwendete APIs (Wrapper-Funktionsbaustein)	API-Komponente	Cloud-Release	On-Premise-Release
Bank/Bank	BAPI_BANK_CREATE (DMC_MIG_BANK)	CA-BK	1511	1610
Kunde/Customer	RFC_CVI_EI_INBOUND_MAIN	LO-MD-BP	1511	1610
Kunde/Customer	CMD_MIG_BP_CVI_CREATE	LO-MD-BP	~1808	~1809
Lieferant/Supplier	RFC_CVI_EI_INBOUND_MAIN	LO-MD-BP	1511	1610
Lieferant/Supplier	CMD_MIG_BP_CVI_CREATE	LO-MD-BP	~1808	~1809
FI – Offener Posten der Debitorenbuchhaltung (Kunde)/FI – AR open item (Customer)	BAPI_ACC_DOCUMENT_POST (DMC_MIG_ACC_DOCUMENT_POST)	AC-INT	1511	1610
FI – Offener Posten der Kreditorenbuchhaltung (Lieferant)/FI – AP open item (Vendor)	BAPI_ACC_DOCUMENT_POST (DMC_MIG_ACC_DOCUMENT_POST)	AC-INT	1511	1610
Anlagevermögen einschließlich Bestände/Fixed asset incl. balances and transactions	BAPI_FIXEDASSET_OVRTAKE_CREATE	FI-AA	1511	1610
Material/Material	BAPI_MATERIAL_SAVEREPLICA	LO-MD-MM	1511	1610
Bestellung (nur offene)/Purchase order (only open PO)	BAPI_PO_CREATE1	MM-PUR-PO-BAPI	1511	1610
Preiskondition (allgemein)/Pricing condition (general)	COND_GEN_MIGRATION_CREATE	SD-MD-CM	1605	1709 FPS1

Tabelle B.1 Im Migration Cockpit zur Migration verwendete APIs (Forts.)

Migrationsobjekt (dt./engl.)	Verwendete APIs (Wrapper-Funktionsbaustein)	API-Komponente	Cloud-Release	On-Premise-Release
Kundenauftrag (nur offene)/ Sales order (only open SO)	BAPI_SALESORDER_CREATEFROMDAT2	SD-SLS-GF-IF	1511	1610
FI – Offener Hauptbuchposten (veraltet)/ FI – G/L account open/ line item (deprecated)	BAPI_ACC_DOCUMENT_POST (DMC_MIG_ACC_DOCUMENT_POST)	AC-INT	1511	1610
FI – Offener Hauptbuchposten (veraltet)/ FI – G/L account open/ line item (deprecated)	BAPI_ACC_DOCUMENT_POST (DMC_MIG_ACC_DOCUMENT_POST)	AC-INT	1511	1610
Innenauftrag/ Internal order	BAPI_INTERNALORDER_CREATE (DMC_MIG_INTERNAL_ORDER)	CO-OM-OPA-A	1605	1610
Umrechnungskurs/ Exchange rate	BAPI_EXCHRATE_CREATEMULTIPLE (DMC_MIG_EXCHANGE_RATE)	BC-SRV-BSF-CUR	1603	1610
Merkmal/ Characteristic	BAPI_CHARACT_CREATE (DMC_MIG_CHARACTERISTIC)	CA-CL-CHR	1605	1610
Klasse/Class	BAPI_CLASS_CREATE (DMC_MIG_CLASS)	CA-CL-CLS	1605	1610
Materialklassifizierung/Material classification	BAPI_OBJCL_CREATE (DMC_MIG_CLASSIFICATION)	CA-CL-CL	1705	1709
Orderbuch/ Source list	1. ME_INITIALIZE_SOURCE_LIST 2. ME_DIRECT_INPUT_SOURCE_LIST 3. ME_POST_SOURCE_LIST_NEW 4. BAPI_TRANSACTION_COMMIT (DMC_MIG_SOURCE_LIST)"	MM-PUR	1605	1610
Einkaufskontrakt/ Purchasing contract	BAPI_CONTRACT_CREATE	MM-PUR-OA-BAPI	1603	1610

Tabelle B.1 Im Migration Cockpit zur Migration verwendete APIs (Forts.)

Migrationsobjekt (dt./engl.)	Verwendete APIs (Wrapper-Funktionsbaustein)	API-Komponente	Cloud-Release	On-Premise-Release
Einkaufslieferplan/ Purchase scheduling agreement	BAPI_SAG_CREATE	MM-PUR-OA-BAPI	1702	1709
Verkaufskontrakt/ Sales contract	BAPI_CONTRACT_CREATEFROMDATA	SD-SLS-GF-IF	1702	1709
Charge/Batch	BAPI_BATCH_SAVE_REPLICA (DMC_MIG_BATCHES_MATLEVEL)	LO-BM-BF	1702	1709
Materialstückliste/ Material BOM	CSAP_MAT_BOM_MAINTAIN (DMC_MIG_MAT_BOM)	LO-MD-BOM	1603	1610
Arbeitsplatz/ Work Center	CRAP_WORKCENTER_CREATE (DMC_MIG_WORKCENTER)	PP-BD-WKC	1603	1610
Arbeitsplan/ Routing	BAPI_ROUTING_CREATE	PP-BD-RTG	1605	1610
Prüfmethode/ Inspection method	BAPI_QMTB_SAVEREPLICA (DMC_MIG_INSP_METHOD)	QM-PT-BD-ICH	1702	1709
Material Prüfarten/ Material inspection setting	BAPI_MATINSPCTRL_SAVEREPLICA (DMC_MIG_INSP_TYPE)	QM-PT-BP	1705	1709
Stammprüfmerkmal/ Master inspection characteristic	BAPI_QPMK_SAVEREPLICA (DMC_MIG_MASTER_INSPECT_CHARACT)	QM-PT-BD-ICH	1702	1709
Prüfplan/ Inspection plan	BAPI_INSPECTIONPLAN_CREATE	QM-PT-BP	1702	1709
Equipment	BAPI_EQUI_CREATE (DMC_MIG_EQUIPMENT)	PM-EQM-EQ	1603	1610
Equipmentplan/ Equipment task list	EAM_TASKLIST_POST (DMC_MIG_EAM_TASKLIST)	PM-PRM-TL	1705	1709
Plan zum technischen Platz/ Functional location task list	EAM_TASKLIST_POST (DMC_MIG_EAM_TASKLIST)	PM-PRM-TL	1705	1709

Tabelle B.1 Im Migration Cockpit zur Migration verwendete APIs (Forts.)

Migrationsobjekt (dt./engl.)	Verwendete APIs (Wrapper-Funktionsbaustein)	API-Komponente	Cloud-Release	On-Premise-Release
Instandhaltungsanleitung/ General task list	EAM_TASKLIST_POST (DMC_MIG_EAM_TASKLIST)	PM-PRM-TL	1705	1709
Technischer Platz/ Functional Location	BAPI_FUNCLOC_CREATE (DMC_MIG_FUNCTIONAL_LOCATION)	PM-EQM-FL	1603	1610
Wartungsplan/ Maintenance plan	MPLAN_CREATE (DMC_MIG_MAINT_PLAN)	PM-PRM-MP	1705	1709
QM/PM Katalog Codegruppe/ QM/PM catalog code group/code	BAPI_QPGR_SAVEREPLICA	QM-PT-BD-CAT	1702	1709
QM Auswahlmenge/ QM selected set	QPAM_SELECTED_SET_CREATE (DMC_MIG_SELECTED_SET)	QM-PT-BD-CAT	1702	1709
QM Auswahlmengencode/ selected set code	QPAM_SELSET_CODE_CREATE (DMC_MIG_SELSET_CODE)	QM-PT-BD-CAT	1702	1709
Materiallangtext/ Material long text	BAPI_MATERIAL_SAVEREPLICA	LO-MD-MM	1608	1610
Ausnahmebedingung: Materialpreis-Änd. für übergreifende Währungen/ Exceptional case: Material price chng for global currencies	BAPI_MATVAL_PRICE_CHANGE (DMC_MIG_MATPRICE_CHG)	CO-PC-ACT	1702	1709
Wartungsposition/ Maintenance item	MPLAN_ITEM_CREATE (DMC_MIG_MAINT_ITEM)	PM-PRM-MP	n/a	1709
CPM-Project/ Commercial Project Management (CPM)	/CPD/ENGMTPROJECT_MIGRATION	CA-CPD-SS (CPM part) SD-SLS (SD part)	1605	n/a
Einkaufsinfosatz mit Konditionen/ Purchasing info record with conditions	ME_INFORECORD_MAINTAIN_MULTI	MM-PUR-VM-REC	1708	1709

Tabelle B.1 Im Migration Cockpit zur Migration verwendete APIs (Forts.)

Migrationsobjekt (dt./engl.)	Verwendete APIs (Wrapper-Funktionsbaustein)	API-Komponente	Cloud-Release	On-Premise-Release
Materialverbrauch/ Material consumption	BAPI_MATERIAL_SAVEREPLICA	LO-MD-MM	1708	1610
Material – Statistische Warennummer/ Material – Commodity code	/SAPSLL/COMCO_CLS_MIGR_BAPI	SLL-LEG	1705	1709
TRM – Devisenkassa-/ Termingeschäft Kontrakt/ TRM – Foreign exchange spot/forward transaction	BAPI_FTR_FXT_DEALCREATE	FIN-FSCM-TRM-TM-TR	1708	n/a
TRM – Devisen-Swap – Kontrakt/ TRM – Foreign exchange swap – contract	BAPI_FTR_FXT_CREATSWAP	FIN-FSCM-TRM-TM-TR	1708	n/a
TRM – Zinsgeschäft/ TRM – Interest rate instrument	BAPI_FTR_IRATE_DEALCREATE	FIN-FSCM-TRM-TM-TR	1708	n/a
TRM – Zins-Swap/ TRM – Interest rate swap	BAPI_FTR_SWAP_CREATE	FIN-FSCM-TRM-TM-TR	1708	n/a
TRM – Kündigungsgeld/ TRM – Deposit at notice	BAPI_FTR_DAN_CREATE	FIN-FSCM-TRM-TM-TR	1711	n/a
TRM – Commercial paper	BAPI_FTR_CP_CREATE	FIN-FSCM-TRM-TM-TR	1711	n/a
TRM – Devisenoption/ TRM – FX option	BAPI_FTR_CREATE_FXOPTIONS	FIN-FSCM-TRM-TM-TR	1711	n/a
Bankkontostand/ Bank account balance	FQM_INITIAL_BALANCE_UPLOAD	FIN-FSCM-FQM	1711	n/a
FI-CA – Vertragspartner/ FI-CA Contract partner	RFC_CVI_EI_INBOUND_MAIN	LO-MD-BP-SYN	1711	n/a

Tabelle B.1 Im Migration Cockpit zur Migration verwendete APIs (Forts.)

Migrationsobjekt (dt./engl.)	Verwendete APIs (Wrapper-Funktionsbaustein)	API-Komponente	Cloud-Release	On-Premise-Release
FI-CA – Vertragskonto/ FI-CA Contract account	FKC_MIG_CONTRACT_ACCOUNT	FI-CA	1711	n/a
FI-CA – Offener Posten/ FI-CA Open item	FKC_MIG_DOCUMENT	FI-CA	1711	n/a
Materialbestandswert/ Material inventory balances	BAPI_GOODSMVT_CREATE	MM-IM	1511	1511
VC – Variantentabellenstruktur/ VC – Variant table structure	VCH_TABLE_MAINTAIN_STRUCTURE	LO-VC	1802	n/a
VC – Variantentabelleneintrag/ VC – Variant table entry	VCH_TABLE_MAINTAIN_ENTRIES	LO-VC	1802	n/a
VC – Konfigurationsprofil/VC – Configuration profile	VCH_CON_PROFILE_MAINTAIN	LO-VC	1802	~1809
VC – Beziehungswissen/VC – Object dependency	VCH_DEPENDENCY_MAINTAIN	LO-VC	1802	n/a
Preiskondition (Kostenrechnung)/Pricing condition (cost accounting)	COND_GEN_MIGRATION_CREATE	SD-MD-CM	1802	n/a
Preiskondition (Einkauf)/Pricing condition (purchasing)	COND_GEN_MIGRATION_CREATE	SD-MD-CM	1802	~1809
Preiskondition (Verkauf)/ Pricing condition (sales)	COND_GEN_MIGRATION_CREATE	SD-MM-CM	1802	~1809

Tabelle B.1 Im Migration Cockpit zur Migration verwendete APIs (Forts.)

B   Im Migration Cockpit zur Migration verwendete APIs

Migrationsobjekt (dt./engl.)	Verwendete APIs (Wrapper-Funktionsbaustein)	API-Komponente	Cloud-Release	On-Premise-Release
Einzelsatz/ Cash memo record	FCLM_CASH_MEMO_RECORD_UPLOAD	FIN-FSCM-CLM	1802	~1809
Software/Hardware-abhängigkeit/ Software/Hardware constraint	/PLMI/MIG_SW_CSTRT	PLM-ESD-ESC	1805	~1809
TRM – Bankbürgschaft/ TRM – Bank guarantee	BAPI_FTR_BG_DEALCREATE	FIN-FSCM-TRM-TM-TR	1802	n/a
Unternehmensprojekt/ Enterprise project	/S4PPM/FM_MIG_PROJECT	PPM-CF	1805	n/a
SEPA-Mandat/ SEPA mandate	SEPA_MANDATES_API_MIG_CREATE	CA-BK	1805	n/a
TRM – Bestandswerte/ TRM – Position value	TPM_TRDT_DATA_IMPORT	FIN-FSCM-TRM-TM	1805	n/a
VC – Constraint/ VC – Variant constraint	VCH_CONSTRAINT_NET_MAINTAIN	LO-VC	1805	n/a
VC – Beziehungsnetz/ VC – Dependency net	VCH_CNET_CONSTRAINT_MAINTAIN	LO-VC	1805	n/a
Immobilienvertrag/ Real estate contract	BAPI_RE_CN_CREATE	RE-FX-CN	1805	n/a

Tabelle B.1 Im Migration Cockpit zur Migration verwendete APIs (Forts.)

Anhang C
Die Autoren

Frank Densborn arbeitet seit 2004 bei SAP, heute als Produktmanager für SAP S/4HANA Cloud im kalifornischen Palo Alto. Seine Schwerpunktgebiete sind die Datenmigration für Neuimplementierungen und die Migration in die Cloud. Er arbeitete vorher im Bereich Enterprise Information Management (EIM) und brachte die Rapid-Data-Migration-Lösungen ins Portfolio. Zuvor entwickelte er als Projektleiter SAP-Best-Practices-Pakete für BusinessObjects und war maßgeblich an der Entwicklung der Datenmigrationslösung mit SAP Data Services beteiligt. Außerdem arbeitete er mehrere Jahre in der Entwicklung und dem Support für die Legacy System Migration Workbench (LSMW) und betreute Datenmigrationsprojekte bei Kunden. Frank Densborn studierte Mathematik, Physik und Informatik an der Johannes-Gutenberg-Universität Mainz.

Frank Finkbohner ist bei SAP Product Owner für die Entwicklung des vordefinierten SAP-S/4HANA-Cloud-Datenmigrations-Contents für das SAP S/4HANA Migration Cockpit. Er arbeitet seit 1999 für die SAP, davon 13 Jahre in der SAP-Beratung, wo er Kunden u. a. bei der Entwicklung und Erweiterung von ABAP-Anwendungen unterstützte. Dabei konzentrierte er sich schon frühzeitig auf den Bereich der Datenmigration. Im Rahmen zahlreicher Kundenprojekte setzte er die gesamte Bandbreite an Werkzeugen und Techniken der SAP-Datenmigration ein (z. B. LSMW, Batch Input, BAPI, IDoc, Rapid Data Migration). Als Projektmanager von Datenübernahmeprojekten hat er seine eigene Methode der Strukturierung von Migrationsprojekten in Arbeitspakete (SEAMAP) entwickelt und auch erfolgreich in seinen Kundenprojekten angewendet. Nach seinem Wechsel 2012 in die SAP-Entwicklung war er bis 2016 Projektleiter und Delivery Manager für die Rapid-Deployment-Lösung rapid data load for SAP Hybris Marketing. Seit 2015 ist er für die Entwicklung des SAP-S/4HANA-Cloud-Datenmigrations-Contents zuständig. Frank Finkbohner hat einen Abschluss als Diplom-Informatiker von der Fachhochschule Fulda und einen Abschluss als Diplom-Wirtschaftsingenieur von der Hochschule Esslingen.

Dr. **Jochen Freudenberg** ist Leiter der Abteilung »Development Landscape Management – Architecture«, die sich mit der Definition von Systemlandschaften für die SAP-Softwareentwicklung beschäftigt. Das Team kümmert sich ebenfalls um die Vorbereitung der technischen Auslieferung von SAP-Anwendungen. Im Zentrum der Betrachtungen stehen insbesondere die SAP ERP Enhancement Packages, SAP S/4HANA, SAP Fiori und Erweiterungen auf Basis der SAP Cloud Platform. Der promovierte Physiker hat 16 Jahre SAP-Erfahrung, unter anderem in den Bereichen ABAP-Entwicklung, Prozessstandards in der Softwareentwicklung und Release- und Wartungsstrategie von SAP-Produkten.

Kim Mathäß ist Produktmanager für Datenmanagement und Migration für SAP S/4HANA bei SAP. Er verantwortet die Weiterentwicklung von Werkzeugen und Lösungen für den Übergang zu SAP S/4HANA. Auf nationalen und internationalen Kongressen und Messen hält er regelmäßig Vorträge zu den Übergangszenarien und der Migration. Kim Mathäß arbeitet seit 2006 bei SAP in verschiedenen Bereichen und Positionen. Als Senior Consultant und Business Development Manager hat er zahlreiche Projekte bei internationalen Konzernen und europäischen, mittelständischen Unternehmen durchgeführt. Seine Erfahrungen reichen von SAP-Neueinführungen bis hin zu nachträglichen Anpassungen von Systemen und Systemlandschaften. Diese Projekte umfassten unter anderem die Bereiche Systemkonsolidierung, Mergers & Acquisitions, Veräußerungen sowie klassische Datenübernahmen von SAP- und Nicht-SAP-Systemen.

Frank Wagner ist bei SAP als Produktexperte in der SAP-S/4HANA-Produktentwicklung für das Thema »Übergang zu SAP S/4HANA« zuständig. Hier stellt er Kunden Methodiken und Tools für die Übergangsphase bereit. Unter anderem ist er in diesem Rahmen für die Simplification List für SAP S/4HANA zuständig. Zuvor arbeitete er in unterschiedlichen Bereichen der Beratung, des Services und der Entwicklung bei SAP. Er unterstützte Kunden bei der Einführung und Nutzung von SAP Retail und SAP Apparel and Footwear (SAP AFS) und arbeitete als Eskalationsmanager im SAP-Backoffice. In der SAP-Entwicklung war er langjährig als Produktexperte für die Implementierungsmethodik und die betriebswirtschaftliche Konfiguration von SAP Business ByDesign zuständig. Frank Wagner machte seinen Abschluss als Diplom-Volkswirt an der Universität des Saarlandes.

C.1 Beiträger zu diesem Buch

Andreas Muno ist Produktmanager für die SAP S/4HANA Cloud mit Fokus auf der Integration mit dem SAP-Business-Netzwerk. Er ist verantwortlich für die SAP Best Practices für die Integration von SAP-Ariba-Lösungen mit SAP S/4HANA und mit der SAP Business Suite. Andreas Muno hat Abschnitt 8.1, »Integration mit SAP-Ariba-Lösungen« und Abschnitt 13.1, »Integration mit SAP Ariba«, verfasst.

Markus Trapp arbeitet im Produktmanagement für die SAP S/4HANA Cloud und verantwortet die Integrationslösungen im Bereich Personalmanagement, vor allem mit SAP SuccessFactors. Auf nationalen und internationalen Kongressen und Messen hält er regelmäßig Vorträge zu den Integrationsszenarien und den SAP-Cloud-Applikationen. Er studierte Informatik an der Hochschule Heidelberg. Markus Trapp hat Abschnitt 8.2, »Integration mit SAP SuccessFactors«, und Abschnitt 13.2, »Integration mit SAP ERP HCM und SAP SuccessFactors«, verfasst.

Index

2Q2 (Scope Item) 449

A

ABAP Call Monitor 352
ABAP Dictionary 120, 510
ABAP Repository 510
ABAP-Dictionary-Tabelle 82
ABAP-Erweiterungen 125
ABAP-Report 47
AcceleratedSAP 151, 379
Accelerator → Beschleuniger
Access Plans 263
Activate → SAP Activate
Adaptive Server Enterprise 403
Add-on 141
   Partner 345
   SAP 345
Admin Guide 319
Admin-Center 549
Advanced Available-to-Promise 582
Aggregat 78
Aggregatstabelle 80
AIF → SAP Application Integration Framework
ALE → Application Link Enabling
ALWAYS_OFF 345
Amazon Web Services 173
Amortisierungszeit 589
Analyse, Simplifizierung 46
Analysephase 187, 381, 498
analytische App 86
Änderungsanzeiger 545
Anmeldesprache 219
Anpassungsbedarf 328
Anwendungsdaten
   Harmonisierung 512
Anwendungskatalog
   SAP_CORE_BC_EXT 122
   SAP_CORE_BC_SL_EXP 125
   SAP_CORE_BC_SL_IMP 125
API 119
APO → SAP Advanced Planning and Optimization
App
   analytische 86
   transaktionale 85

App Finder 374
Appliance 174
Application Interface Framework 555
Application Link Enabling ... 408, 544, 555
Application Programming Interface → API
Applikationsmanagementservice 107
Arbeitskraft 34
Arbeitsspeicher 79
Archiv
   Konsolidierung 513
Archivierung 140, 580
Ariba Network 54, 67, 69, 265
   Integration 542
ASAP → AcceleratedSAP
ASE → SAP Adaptive Server Enterprise
Ausführungsphase 346
Ausgangssituation 561
Ausschreibung 267
Authentifizierung
   SAP S/4HANA Cloud 191
Automation 31
AWS → Amazon Web Services

B

B2B 53
Backendsystem 87
Backup 504
BAiO → SAP Business All-in-One
Banken verwalten 251
Bankenstamm 408
BAPI 92, 119, 400, 407, 453
   ALE-Schnittstelle 408
   asynchrones 407
BAPIRET2 477
BC Sets 320
Belize 370
Benutzer
   Authentifizierung 191
   Harmonisierung 513
   technischer 188
Benutzererfahrung 35, 44
Benutzeroberfläche 75, 85, 111
   Erweiterung 118
   Vereinfachung 44
Benutzerpflege
   SAP S/4HANA Cloud,
      Starter-System 188

Benutzerrolle 225
Benutzerverwaltung
   Optionen 192
Berechtigung
   Harmonisierung 513
Bereitstellungsphase 199
Beschaffung 67
Beschleuniger 165
Best of Breed 39
Best Practices Explorer 157
Best Practices → SAP Best Practices
Bestandsführung 55
   Simplifizierung 43
Bestellanforderung 267
Bestellung 268
Betrieb 109
Betriebsmodell 96, 128
   Cloud 97
   hybrides 99
   on premise 96
betriebswirtschaftliche
   Kernprozesse 72
Bewegungsdaten 381
Bezugsquellenfindung 267
BI Launchpad 440
Big Data 38
Blueprint 500
Blueprint-Phase 381
Brownfield 95, 115, 327
Browser 87
Buchhaltung 49
Buchungskreis 509, 526
   löschen 514
   Migration 514
   Transfer 496, 514
Building Block 159, 320
Building Block Builder 319
Business All-in-One → SAP Business All-in-One
Business Application Programming Interface → BAPI
Business Case 500
Business Configuration Sets 320
Business Function 345
   FIN_GL_ERR_CORR 522
   FIN_GL_ERR_CORR_SUSP 522
   FINS_CFIN 522
Business Process Document 157
Business Suite 74
Business-Objekt 381
   kundeneigenes 123

C

CAL Subscription 175
Career Site Builder 63
CCLM 352
CDS 93, 120, 353
CDS View 93, 553
Central Finance 51, 102, 105, 519
   Datenübernahme 536
   Datenübertragung 524
   Einführungsleitfaden 521
   Gesellschaften 526
   globale Parameter 525
   Stammdaten 530
   Systemverbindungen 521
Central Hub 324
Central Management Console 401
Checkliste
   SAP S/4HANA Cloud 201
Cloud 95
   Bereitstellungsmodell 98
   Betriebsmodell 97
   Servicemodelle 97
   Sicherheit 36, 97
Cloud Appliance Library 172
Cloud Connector → SAP Cloud Platform Cloud Connector
Cloud Identity 191
Cloud-Computing 35
Cloud-Edition 100
CMC 401
Code Inspector 353
Code Pushdown 82, 353
Co-Deployment 313, 581
Combound-Employee-API 552
COMMIT
   expliziter 477
   impliziter 477
Commit-Steuerung 472
Compatibility Packages 104
Configuration Expert
   Business Network Integration 257
   Data Migration 257
Consistency Check 142
Content 427
Content-Aktivierung 320
Controlling 52
Core Data Services → CDS
Credit Risk Analyzer 53
Crowdfunding 30
Crowdsourcing 30
CSV 242
Custom Code Analysis 329

Index

Custom Code Check 126, 144
Custom Code Lifecycle Management
    Tool-Set 352
Custom Code Migration
    Worklist 144, 351
Customer Vendor Integration 397, 404
Customizing
    Datenmigration 404
    mandantenabhängiges 511
    mandantenunabhängiges 511
    SAP S/4HANA Cloud 201
    Transfer 511
Cut-over 335, 502, 504
CVI 404
Cyber-Sicherheit 37

D

Data Aging 140
Data Footprint 132, 140
Data Governance 404
Data Lineage 399
Data Migration Server 523
Data Services Designer 406, 409, 433
Data Services → SAP Data Services
Database as a Service 256
Database Migration
    Option 145, 364, 368
Database Migration Option
    Migration Control Center 368
Datastore 413, 437
Datei 451
Dateiformat
    .atl 405
Dateischnittstelle 414
Daten
    historische 580
Daten aus Datei übertragen 220
Datenabgleich 404
Datenablage
    Architektur 82
Datenanalyse 381
Datenaufkommen 73
Datenbank
    Anbindung 413
    klassische 77
    Migration 368
    Migration, kundeneigene
        Entwicklungen 353
    Server 401
    Sizing 363
    View 81

Datenbereinigung 383, 403, 512
Datenfluss 410
Datenharmonisierung 506
Datenimport 437
    Simulation 243
Datenmigration
    Content 401, 404
    Feld-Mapping 420
    Festwerte 242
    Implementierungsphase 386
    Monitoring 439
    Performance 441
    Phasen 379
    Plattform 402
    Rapid Data Migration 398
    SAP S/4HANA Migration Cockpit .. 445
    Starter-System 195
    Template 419
    Validierungsfunktion 435
    Werte konvertieren 240
Datenmigration Status 248
Datenmodell
    Simplifizierung 80
Datenqualität 512
Datenreplikation 148
Datenreplikationsüberwachung 551
Datensatzübersicht 250
Datensicherheit 97
Datenstruktur
    Vereinfachung 42
Datenübernahme 263
Datenübernahmejobs 237
Datenumsetzung 83, 366
Datenvalidierung 389, 433
Datenwert prüfen 390
DBaaS → Database as a Service
DDIC-Abgleich 466
Debitorenbuchhaltung 53
Debitorendaten 512
Decommissioning Cockpit 352
Deduplikation 399
Delta-Abgleich 404
Deployment-Option → Betriebsmodell
Deploy-Phase 199
Dialogprozess 443
Digital Core → digitaler Kern
Digital Farming 32
Digital Native 75
digitaler Kern 37, 74, 103
digitaler Wandel 26
Digitalisierung 27

Index

Digitalisierungsgrad 29
Discover-Phase 133
Diskontierungsmanagement 271
disruptiver Wandel 30
DMO → Database Migration Option
Dokumentenaustausch 268
Download Basket 313
Downtime 334, 366
downtime-optimiertes Verfahren ... 369–370
Drei-System-Landschaft 333
Dual-Stack-System 337

E

eCATT 320
Eigenentwicklung 350
 automatische Prüfung 144
EIM → Enterprise Information Management
Einführungsleitfaden
 Central Finance 521
Einkauf
 operativer 67
 strategischer 68
Einmandantensystem 507
Ein-Schritt-Verfahren 331, 337, 577
E-Learning 35, 65
Electronic Data Interchange 555
Embedded Analytics 92
Emergency Patch 110
Employee Central 63
Employee Self-Service (ESS) 63, 273
End User Extensibility 90, 120
Endanwender, Schulungen 337
End-to-End-Prozess 74
Enterprise Information Management 399
Enterprise Services 555
Entwicklung
 kundeneigene 350, 510, 588
Entwicklungssystem
 Konvertierung 334
 Systemkonfiguration 319
Environment, Health, and Safety (EHS) 59
Ereignisregel 463, 473
Ergebnisbereich 529
Ergebnisrechnung, kontenbezogene 529
ERP → SAP ERP

Erweiterbarkeit
 Benutzeroberflächen 118
 Berechnungslogik 123
 Business-Objekte 123
 durch Anwender 120
 Felder 122
 Geschäftsprozesse 119
 In-App-Ansatz 117, 119
 Key-User 120
 klassische 125
 Side-by-Side-Ansatz 117
 Tabellen 123
Erweiterung
 beigestellte 118
 kundeneigene 115
Erweiterungsmöglichkeit 113
ETL 399
Execution of Class After Import 83
Execution of Program After Import 83
expliziter COMMIT 477
Explore-Phase → Analysephase

F

F1-Hilfe 163
FaaS 325
Fact Sheet 85
Fehlerbehebung 436
Feld, kundeneigenes 122
Feld-Mapping 384, 411, 419, 474, 484
Fertigung 57
Fertigungsmanagementsystem 57
FES → Frontendserver
Festplatte 79
Festwert 241–242
Fieldglass → SAP Fieldglass
Finanzabschluss 49
Finanzplanung 51
Fiori as a Service 325
Fiori Cloud → SAP Fiori Cloud
Fiori Launchpad → SAP Fiori Launchpad
Fit-Gap-Workshop 182, 322, 384
Fit-Standard-Analyse 182
flache Datei 413
Flat File 413
Forschung und Entwicklung 57
Frontendserver 86
 Add-on-Deployment 323
 Central-Hub-Deployment 323
 Deployment-Optionen 323
 Installation 325
 SAP Fiori Cloud 323

Funktionsbaustein 406, 453, 471
   Wrapper 597

G

Gateway → SAP Gateway
GDPR → General Data Protection
   Regulation
geführter Prozess 237
Gegenlöschung 515
General Data Protection
   Regulation 221
Generalprobe 391, 502
Geschäftsjahresvariante 526
Geschäftsmodell
   Änderung 29
Geschäftspartner 302, 553
Geschäftsprozess 587
   Erweiterung 119
   harmonisieren 570
Global Available-to-Promise 582
globale Variable 420, 428, 437
globale Verfügbarkeitsprüfung 55
globales System 572, 585
Golden Record 400
Go-live 504
Greenfield 95, 115, 327, 377
Guided Buying 69
Guided Configuration 106, 159
Guided Process → geführter Prozess

H

HANA → SAP HANA
Hardware 79, 109, 505
Hardware, Anforderung 313
Harmonisierung 570
Hauptspeicher
   Sizing 84
Hauptsystem 148
HCM → Human Capital Management
HCP → SAP Cloud Platform
HEC → SAP HANA Enterprise Cloud
Hotfix 110
HR 60
HTML5 118
HTTP-Request 235, 448
Human Capital Management 544
Hybrid Cloud 99
hybrides Betriebsmodell 99
hybrides Szenario 95

I

IaaS → Infrastructure as a Service
Identity Provider 191
IDoc 119, 400, 406
   Basistyp 407
   Eingang 439
   Erweiterung 407
   HCM-Anbindung 545
   Hintergrundverarbeitung 442
   Import 437
   Kontrollsatz 438
   Monitoring 441
   Nachrichtentyp 407
   Parallelverarbeitung 443
   Performance 441
   Status 406, 441
   Typ 407
   Übertragung 437
IDP → Identity Provider
IFlow 305, 548
IFRS 50
Implementierung
   Methode 151, 165
   prozessorientierte 129
   technische 129
impliziter COMMIT 477
Individualisierung 116
Industrie 4.0 25
industrielle Revolution 26
Infoblatt 85
Information Steward 399
Infrastructure
   as a Service 98, 107, 172, 311
Infrastrukturservice 34
In-Memory-Datenbank 72, 79
Innovation Strategy & Roadmap 568
In-Place-Migration 368
Installation 313
Installation Guide 315
Instandhaltung 32
Integration 92
Integration Flow 305, 548
Integration mit SAP-Ariba-
   Lösungen 540
Integrationspaket
   SAP Success-Factors 553
Intermediate Document → IDoc
Internet der Dinge 25, 31, 38, 73
ISO-Code 431
Ist-Daten 52

613

J

Jam 168
Job 409
   Protokoll 429
   Validierung 434

K

Kachel, Live-Kachel 88
KBA → Knowledge Base Article
Kernprozess, betriebswirtschaftlicher   72
Key User Extensibility 90, 120
Key-User 197
   Benutzer einrichten 188, 202
Kleine Preisanfrage 270
Knowledge Base Article 232
Kommunikationsbenutzer 303
Kommunikationssystem 304
Kommunikationsszenario 303
Kommunikationsvereinbarung ... 304
Konfiguration
   Self-Service 161
   testen 161
Konsolidierung 43
Konsolidierung, Systeme 496
Kontenbilanz 531
Kontenplan 526
Konto
   Central Finance 531
Konvertierung → Systemkonvertierung
Konvertierungsregel 484
Kostenart
   primäre 531
   sekundäre 532
Kosten-Nutzen-Analyse 499
Kostenrechnung 528
Kostenrechnungskreis 514, 528
Kostenstelle 533
   Attribute 533
Kreditmanagement 328, 342
Kreditorenbuchhaltung 53
Kreditorendaten 512
Kundenauftragserfüllung 57
Kundenfeld 474
Kundenstamm 404

L

Laden
   produktives 391

Ladetest
   produktiver 387
Lagerverwaltung 342
Landscape Management Database 344
Landschaftsstrategie 571
Landschafts-
transformation 134, 148, 495,
                              561, 579
   Projektphasen 497
   Systemverbund 505
   Szenarien 496
   testen 502
   Voranalyse 499
Launchpad → SAP Fiori Launchpad
Learning Hub → SAP Learning Hub
Ledger 527
Legacy System
   Migration Workbench 137, 452,
                              493–494
Lieferantenrechnung 268
Lieferanten-Schnellaktivierung ... 284
Lines of Business 103
Live-Kachel 88
Lizenz 114, 177
LMDB 344
Local Object Library 409
Logical Unit of Work 443
logisches System 523, 545
Lohn- und Gehaltsabrechnung 63
Lookup-Feld 428
Lookup-Tabelle 427
Losgröße eins 33
LSMW → Legacy System Migration
   Workbench
LTMOM
   Ereignisregeln 464
   erweiterte Suche 460
   Feldregeln 464
   Festwerte 464
   Gobal Data 467
   interne Regeln 464
   Kopierassistent 455
   Objektbrowser 459
   Umschlüsselobjekte 464
   Variablen 464
LUW → Logical Unit of Work

M

Maintenance Optimizer 313
Maintenance Planner ... 144, 313, 329, 343
   Landschaftsdaten 344
   SAP Fiori 371

Index

Managed Cloud 107
Manager-Self-Service 63
Mandant 179
   000 318
   klassischer 318
   Konzept 508
   Kopie 318
   Profil 318
   SAP Best Practices 318
   Transfer 507
   Zusammenführung 507
Manufacturing-Execution-System 57
Mapping 241
   auf Papier 411, 420
   Regeln 512
   SAP Data Services Designer 421
   Template 411
Market Risk Analyzer 53
Massenübernahme-ID 220
Massive Open Online Course 35, 163
Master Data Governance → SAP Master Data Governance (SAP MDG)
Mastersystem → Hauptsystem
Materialgruppe 534
Materialnummernfeld 341
Materialstamm 534
MDG → SAP Master Data Governance (SAP MDG)
Mehrmandantensystem 507
Mehrsystemlandschaft 195
MES → Manufacturing-Execution-System
Metadaten 401, 413
Methodik 165
Microsoft Azure 173
Microsoft Excel XML
   Spreadsheet 2003 .... 216, 228
Middleware 541
Migration 18
   Content 404
   Landschaftstransformation 134
   Neuimplementierung 134
   Systemkonvertierung 134
   Szenarien 133
Migration Cockpit
   Anwendungsrollen 593
   Datenmigration 488
Migration Cockpit → SAP S/4HANA Migration Cockpit
Migration Object Modeler
   Dokumentation 460
   erweiterte Suche 461
   Navigationsbaum 462

Migration Object Modeler (Forts.)
   Navigationsknoten 463
   Objektbrowser 462
Migration Object Modeler → SAP S/4HANA Migration Object Modeler
Migration Services 427, 431
Migration Workbench 209, 216, 263, 465
Migrations-API 477, 493
Migrations-Content 386
Migrationsobjekt 135, 210, 381, 392
   Dokumentation 224
   eigenes 477
   ermitteln 382
   kopieren 227
Migrationsobjektdokumentation 215
Migrationsobjekte 397
Migrationsobjektmodellierer → SAP S/4HANA Migration Object Modeler
Migrationsvorlage 229
   Dateiendung 228
   Felder hinzufügen 468
   Release 230
   Sicht 469
Migrationswerkzeug 209
Minimized Downtime Service 369
Mitarbeiterdaten 302
   importieren 196, 298
   Synchronisierung 553
Modellfirma 171
   Mandanten 179
   Struktur 181
Modifikation 116, 350, 511
Modifikationsabgleich 317
MOOC → Massive Open Online Course
MOVE-Regel 474, 484
Multi-Core-Prozessor 79
Mussfeld 420
Muss-Struktur 231
MWB → Migration Workbench

N

Nachrichtenart 254
Nachrichtentyp 268, 545
Namenskonvention 534
Near-Zero Downtime 145
Neuimplemen-
   tierung 134, 377, 561, 575, 578
   Rapid Data Migration 398
   SAP S/4HANA Cloud 185
   SAP S/4HANA Migration
      Cockpit 445

Index

Neuinstallation ... 313
Nicht-SAP-System ... 561
Nuller-Mandant ... 179, 318
Nummernkreis ... 509
Nutzungsanalyse ... 372

O

Objekt
   semantisches ... 252
OData ... 119, 552
OData-Service ... 323
ODBC → Open Database Connectivity
Offset ... 512
OLAP → Online Analytical Processing
OLO-Include ... 488
OLTP → Online Transaction Processing
on premise ... 95
Onboarding ... 63
Online Analytical Processing ... 78
Online Transaction Processing ... 78
Online-Kurs ... 164
On-Premise-Edition ... 100, 102
Open Data Protocol → OData
Open Database Connectivity ... 413
openSAP ... 163
ORDER-BY-Anweisung ... 353
Organisationsableitung ... 516
Organisationseinheit ... 524, 529
   Transfer ... 514

P

PaaS → Platform as a Service
parallele Rechnungslegung ... 50
Pathfinder → SAP Innovation and Optimization Pathfinder
Payroll ... 63
Personalisierungsfunktion ... 219
Personalwesen ... 60
   Integration ... 544
Pflichtfeld ... 420
Phased Roll-out ... 226, 243
PI → SAP Process Integration
Plan-Daten ... 52
Planung ... 51
Planungsphase ... 498
Platform as a Service ... 98, 118
Plattform, digitale ... 33
Plausibilitätsprüfung ... 436
PLT → Ladetest
PoC → Proof-of-Concept

Portal ... 85
Portfolio Analyzer ... 53
PP/DS ... 40
Präfix ... 512
Pre-Check
   Ergebnisprotokoll ... 346
Pre-Check → SAP Readiness Check für SAP S/4HANA
Predictive Analytics ... 32
Preisanfrage, kleine ... 270
Principle of One ... 39, 41
Private Cloud ... 99, 311
Private-Managed-Cloud-Lösung ... 101
Process Orchestration → SAP Process Orchestration
Produkthierarchie ... 534
Produktions- und Feinplanung ... 40
produktives Laden ... 391
Produktivmigration ... 499, 503
Produktivsystem ... 195, 320
   globales ... 571
   regionales ... 571
   Strategie ... 570
   Transformation ... 503
Produktivumstellung
   Monitoring ... 504
   Simulation ... 502
Profiling ... 399, 403
   Relationen ... 417
   Spalten ... 416
Profitcenter ... 533
Profitcenter-Rechnung ... 529
Programmvariante ... 513
Projektplan ... 500
Projektplanung ... 127
Projektteam ... 498
Proof of Concept ... 177
Proof-of-Concept ... 174
Provisioning Framework ... 551
Prozess
   standardisieren ... 506
   testen ... 161
Prozessdiagramm ... 157, 277
Prüfroutine
   AP Data Services ... 434
Prüfvariante ... 353
Public Cloud ... 98, 109, 185, 311

Q

Qualitätssicherungssystem ... 320
   Konvertierung ... 334

Index

Quellsystem
   Anbindung an SAP Data Services ... 413
Quick Sizer ... 363

R

RAM ... 84
Random-Access Memory ... 84
Rapid Data Migration ... 392, 398, 445
   API ... 390
   Content ... 435
Rapid Deployment Solution
   Paket ... 401
Rapid Deployment Solution (RDS) ... 155
RDM → Rapid Data Migration
Realisierungsphase ... 196, 386
Realize-Phase ... 196
Rechnungsabwicklung ... 68
Rechnungslegung
   parallele ... 50
Rechnungswesen ... 49
   Simplifizierung ... 43
Referenzsystem ... 171
regionales System ... 572, 585
Relationship Profile Request ... 418
Relevanzanalyse ... 372
Relevanzprüfung ... 142
Remote Function Call → RFC
Replication Server ... 106, 520
Reporting ... 46
Repository ... 401
Representational State Transfer
   (REST) ... 119
RFC ... 437, 442
RFC-Verbindung ... 522
Roadmap ... 569, 583
Roadmap Viewer ... 167, 318
Roadmap Viewer → SAP Roadmap Viewer
Rollback ... 478
Rolle ... 89, 197
   Key-User ... 190
   SAP S/4HANA Cloud,
      Starter-System ... 190
   SAP_BR_ADMINISTRATOR ... 190
   SAP_BR_BPC_EXPERT ... 193
   *SAP_BR_CONF_EXPERT_BUS_NET_*
      INT ... 257
   *SAP_BR_CONFIG_EXPERT_DATA_*
      MIG ... 217, 257

S

S/4HANA → SAP S/4HANA
S4CORE ... 364
SaaS → Software as a Service
Sandbox-System ... 174, 176, 313
SAP Activate ... 151, 186, 379
   Bausteine ... 153
   Inhalte ... 151
   Integration ... 275
   Methodik ... 165
   Modellfirma ... 171
   Phasen ... 166
SAP Adaptive Server Enterprise ... 403
SAP Add-on Installation Tool ... 317
SAP Advanced Planning and
   Optimization ... 40, 57
SAP Application Interface
   Framework ... 557
SAP Ariba ... 40, 49, 265, 539
   Integration ... 265
   Nachrichtentyp ... 268
   Schnittstellen ... 539
   Scope Items ... 281
   Subskription ... 275
   Transaktionsregel ... 293
SAP Ariba Cloud Integration ... 541
SAP Ariba Cloud Integration
   Gateway ... 541
SAP Ariba Collaborative
   Commerce ... 269
SAP Ariba Commerce Automation ... 266
SAP Ariba Discovery ... 270
SAP Ariba Geschäftsbeziehung ... 295
SAP Ariba Network
   Lieferanten einladen ... 284
SAP Ariba Payables ... 271
SAP Ariba Quote Automation ... 270
SAP Ariba Sourcing ... 267, 543
SAP Best Practices ... 154, 177, 401, 542
   Aktivierung ... 319
   Baseline ... 156
   Building Blocks ... 159
   Explorer ... 157
   Lokalisierung ... 156
   Modellfirma ... 171
   Rapid Data Migration ... 398
   Scope Items ... 159
   Systemkonfiguration ... 318

Index

SAP Best Practices Explorer 215
SAP Business All-in-One 155
SAP Business ByDesign 102
SAP Business Client 322
SAP Business One 102
SAP Business Planning and Consolidation
  (SAP BPC) 51, 582
SAP Business Suite 74
SAP Business Suite 4 SAP HANA → SAP
  S/4HANA
SAP Business Warehouse (SAP BW) ... 572
SAP BusinessObjects BI 399, 439
SAP BusinessObjects
  Web Intelligence 399, 441
  Berichte 439
SAP Cash Management 53
SAP Cloud Appliance
  Library (SAP CAL) 172
SAP Cloud for Real Estate 45
SAP Cloud Identity 191
SAP Cloud Platform 46, 98, 113,
                                118, 220, 256,
                         323, 325, 449, 548
SAP Cloud Platform
  Cloud Connector 119, 323, 326
SAP Cloud Platform
  Integration 299, 305, 541, 548
SAP Cloud Platform OData
  Provisioning 326
SAP Cloud Platform Smart Data
  Integration 258
SAP Community 305
SAP Concur 49
SAP Consumer Insight 365 44
SAP Content Hub 305
SAP Credit Management 39, 41, 54
SAP Customer Relationship
  Management (SAP CRM) 74
SAP Data Services 137, 258, 391, 398
  Datenfluss 410
  Designer 406, 409
  Import 405
  Jobs 404
  Lizenz 406
  Profiler 416
SAP Discrete Industries and Mill
  Products (DIMP) 40
SAP Download Manager 313
SAP EarlyWatch Alert 564
SAP Engineering Control Center 57
SAP Enterprise Architecture
  Explorer 324

SAP ERP 71
SAP ERP 6.0 561
SAP ERP HCM 544
  Side-by-Side-Betrieb 547
SAP Extended Warehouse
  Management 342
SAP Extended Warehouse Management
  (SAP EWM) 56, 104
SAP Fieldglass 49, 67, 70
SAP Fiori 2.0 .... 44, 75, 85, 370
  App Finder 374
  App Reference Library 372
  App-Typen 85
  Bedienkonzept 88
  Dokumentation 90
  Erweiterungen 90
  Frontendserver 322
  Hilfe 90
  Installation 371
  Library 326
  Relevanzanalyse 370
  Rolle 89
  Rollenkonzept 374
  Suche 89
  Technologie 86
  Übergangsphase 372
  X-Ray 90
SAP Fiori Apps Reference
  Library 45, 86, 252
SAP Fiori Cloud 323, 325
  Demo 325
  Deployment-Optionen 326
SAP Fiori Cloud Edition 87
SAP Fiori Launchpad 48, 88, 216, 322, 373
  Gruppe 89, 189
  Navigation 189
  Provider 323
SAP for Retail 40
SAP Gateway 87, 119, 322–323
SAP GUI 85, 111, 322, 373
SAP HANA 79
  kundeneigene Entwicklungen 353
SAP HANA Cloud Platform → SAP Cloud
  Platform
SAP HANA
  Enterprise Cloud 101, 107, 311
  Central Finance 521
SAP Information Steward 399
SAP Innovation and Optimization
  Pathfinder 563
SAP Jam 168

SAP Landscape Transformation ... 149, 495
  Buchungskreis löschen 514
SAP Landscape Transformation Replication Server 106, 520
  Trigger 524
SAP Launch 152
SAP Learning Hub 163, 165
SAP LT → SAP Landscape Transformation
SAP Manufacturing Execution 57
SAP Master Data
  Governance (SAP MDG) ... 106, 521, 531
SAP NetWeaver Application Sever 115
SAP Portfolio and
  Project Management 58
SAP Process Integration 92, 555
SAP Process Orchestration 92, 541, 555
SAP Product Lifecycle Management 57
SAP Projektsystem 57
SAP Query 391
SAP Readiness Check für
  SAP S/4HANA 139, 141, 567
SAP Roadmap Viewer 569
SAP S/4HANA 16, 72, 103
  Admin Guide 319
  Anforderungen 72
  Architektur 87
  Asset Management 58
  Beschaffung 67
  Betrieb 109
  Betriebsmodelle 96
  betriebswirtschaftliche
    Funktionen 48
  Compatibility Packages 62, 104
  digitale Transformation 37
  Erweiterbarkeit 115
  Frontendserver 322
  globales System 572
  Guided Configuration 106
  Implementierung 151
  Installation 313
  Integration mit SAP Ariba 539
  Komponenten 48
  Konfiguration 159
  Logistik 54
  Migration 18
  on premise 102, 313, 539
  Personalwesen 60–61
  Produktfamilie 100
  Public Cloud 106
  Rechnungswesen 49
  regionales System 572

SAP S/4HANA (Forts.)
  Sizing 313
  Systemkonfiguration 318
  Trial-System 154, 171
SAP S/4HANA 1709 FPS01 255
SAP S/4HANA Central Finance → Central Finance
SAP S/4HANA Cloud ... 106, 228, 256, 397
  Benutzeroberfläche 91
  Betrieb 109
  Checkliste zur Einrichtung 201
  Customizing 201
  Datenmigration 195, 209
  Hardware 109
  Konfiguration 193, 201
  Personalwesen 298
  Starter-System 187–188
  Trial-System 172, 186
  Wartungszyklen 110
SAP S/4HANA Community 318, 494
SAP S/4HANA
  Embedded Analytics 47, 92
SAP S/4HANA Enterprise
  Management 103
SAP S/4HANA Enterprise
  Management Cloud 101
SAP S/4HANA Enterprise Management
  Cloud, Private Option 108
SAP S/4HANA Finance 54, 102, 578
  Pre-Checks 350
SAP S/4HANA Fully-Activated
  Appliance 173
SAP S/4HANA für
  Kundenmanagement 40, 57
SAP S/4HANA Installation Guide 315
SAP S/4HANA
  Migration Cockpit 107, 135, 163, 195, 209, 392, 445
  Anwendungsrollen 593
SAP S/4HANA
  Migration Object Modeler 378, 384, 398, 452
SAP S/4HANA Roadmap Viewer 318
SAP Simple Finance → SAP S/4HANA Finance
SAP Software Update Manager
  (SUM) 84
SAP Solution Manager 167
  Guided Configuration 159
  LMDB 344
  Release 7.2 319

619

SAP SuccessFactors 49, 60
    Compensation Management 64
    Integration 544
    Learning 65
    Mitarbeiterstammdaten 193
    Performance-&-Goal-Funktionen 64
    Recruiting 63
    Side-by-Side-Betrieb 547
    Succession & Development 64
    Talent Management Suite 546
    Workforce Analytics 65
SAP SuccessFactors
    Employee Central 61–62, 298, 547
    Admin-Center 549
    Integrationspakete 553
    Kommunikationsszenario 304
SAP Supplier Relationship Management
    (SAP SRM) 40, 74
SAP Supply Chain Management
    (SAP SCM) 55, 74
SAP Support Portal 244, 344
SAP Transformation Navigator 565
SAP Transportation Management
    (SAP TM) 104
SAP Treasury and Risk Management ... 53
SAP Web Dispatcher 86, 323
SAP Web IDE 46, 90, 325
SAP_APPL 364
SAP_CUST 318
SAP_UCUS 318
SAP-Ariba-Integration
    BAdI 543
SAP-Fiori-App
    Banken verwalten 251
    Datenmigration Status 248
SAP-HANA-Datenbank 233
SAP-Hinweis
    einspielen 317
SAP-S/4HANA-Datenbank 256
SAPUI5 118
Schatteninstanz 365
Schlüsselbeziehung 423
Schlüsselfeld 231
Schnittstelle 119
Schulung 65
SCM → SAP Supply Chain Management
Scope Item 159, 267, 276, 320, 449
Segment 406
SELECT-Anweisung 353
Self-Service-Konfiguration 161, 389
Sensordaten 32

Service 34
Servicemodell 97
Serviceprozess
    intelligenter 32
Shared Secret 290
SI-Checks → Simplification Item Checks
Simple Finance → SAP S/4HANA Finance
Simple Object Access Protocol 119
Simplification Database 355
Simplification Item 568
Simplification Item Catalog 340, 588
Simplification Item Catalog for SAP
    S/4HANA 76
Simplification Item Checks 329, 345
Simplification List 62, 140, 329,
                                    340, 556, 588
    Items 340
    Kategorien 341
Simplifizierung 38, 75
    Analysen 46
    Datenstruktur 42
    Funktionalität 38
Sizing 84, 140, 313, 363
Sizing-Report 84, 363
SL Toolset 329
SLD → System Landscape Directory
SLO → System Landscape Optimization
SLT → SAP Landscape Transformation
Smart Product 31
Smart Services 31
SOA Manager 551
SOAP 119
Software as a Service 97, 109,
                                    128, 185, 311
Software Download Center 316
Software Logistics Toolset 329
Software Provisioning Manager 134, 317
Software
    Update Manager 145, 317, 329, 332
    Analysedatei 368
    Downtime 367
    Downtime-Optimierung 369
    Standardverfahren 368
    Systemkonvertierung 363, 368
Softwarekomponente 364
Solution Builder 159, 319
Solution Manager → SAP Solution
    Manager
Solution-Scope-Datei 319
Spaltenorientierung 79
SPAU-Abgleich 317
SQL 353

SQL-Monitor 354
SQLScript 353
SSC-UI 389
Stack-XML 344, 364
Staging Area 220, 233, 256, 403, 427, 489
Staging-Tabelle 220, 448
Staging-Tabellen 220, 255–257, 451
Stammdaten 381
  Bereinigung 530
  Central Finance 530
  Harmonisierung 512
  Mitarbeiter 188
  Personalwesen 545
Standardisierung 506
Standardsoftware 182
Starter-System 188
Steuerungsparameter 241
Stilllegungs-Cockpit 352
Struktur-Mapping 472, 482
Subskription 176
Subskriptionsmodell 114
SuccessFactors → SAP SuccessFactors
SUM → Software Update Manager
Supply Chain Management 55
Support 504
Support Package Manager 316
S-User 344
SWPM → Software Provisioning Manager
Synchronisierung 263
System
  globales 572, 585
  logisches 523, 545
  regionales 572, 585
  transaktionales 571
System Landscape Directory 344
System Landscape Optimization 497
Systemanforderung 587
Systemkonfiguration 318
Systemkonsolidierung 149, 496, 505, 570, 578
Systemkonvertierung 134, 139, 327, 337, 561, 575, 579
  Downtime 334
  Ein-Schritt-Verfahren 331, 337
  Monitoring 368
  nach Buchungskreislöschung 518
  Projektphasen 331
  Systemlandschaft 333
  Systemverbund 333
  technische 145
  Voraussetzungen 331

Systemkopie 516
Systemlandschaft 333, 518
  Daten 344
  Deployment-Optionen 581
  dezentrale 572
  Strategie 571
  Vereinfachung 39
System-Switch-Upgrade-Verfahren ... 365
Systemverbund 333
  Landschaftstransformation 505
Systemvoraussetzung 331

T

Tabelle
  ACTDOCA 43
  kundeneigene 123
  MATDOC 43
TCO → Total Cost of Ownership
Template, globales 571, 585
Test 161
Test Script 157
Testfall 517
Testkonzept 501
Testlauf 499, 502
Testsystem 199
  Bereitstellung 503
  Transformation 505
Theming 90
Time-to-Value 589
TLS → Transport Layer Security
Total Cost of Ownership 132, 505
Transaction Manager 53
Transaktion
  ATC 356
  BD64 545
  BD87 441
  BDBG 402, 407
  FAGLF03 537
  GCAC 537
  KA23 532
  LSMW 493
  LTMC 445
  LTMOM 452
  MIGO 357
  Nutzungsanalyse 372
  OO_CENTRAL_PERSON 554
  SA38 491
  SAINT 317
  SALE 545
  SCI 353

Index

Transaktion (Forts.)
SCMON 352
SE37 453
SE38 491
SM59 545
SNOTE 317
SPAM 316–317
SPAU 317, 362
SPDD 362
STO3 372
SYCM 355
WE02 441
WE05 441
WE20 .... 442, 545
WE21 545
transaktionale App 85
Transaktionsdaten 381
Transaktionsregel 293
Transformation → Landschafts-
 transformation
Transport Layer Security 106
Transportweg 320
Transportwesen 320
Trial-System 154, 171
 Mandanten 179
 on premise 172
 SAP S/4HANA Cloud 172
Typkonvertierung 425

U

Übergangsszenario → Umstiegsszenario
Übernahmestruktur 229
Übertragungsoption Datei 256
UI → Benutzeroberfläche
UI-Technologie 111
Umschlüsselung 226, 240, 426, 512
Umschlüsselungsobjekt 484
Umschlüsselungstabelle 239, 427
Umschlüsselungswert 239
Umstiegsprojekt 127
Umstiegsszenario 133, 561
Unicode 337
Unit of One 33
Universal Journal 43, 50, 527
 Kontierung 529
Update Manager → Software Update
 Manager
Upgrade 77, 110
Usage Procedure Logging (UPL) 352

User Experience 35, 44
User Interface → Benutzeroberfläche
User-Exit 510
US-GAAP 50
UX 44

V

Validierung 433
 Datenvalidierung 433
 interne 423
 technische 502
Validierungsfunktion 435
Validierungsregeln 391
Variable, globale → globale Variable
VDM 93
Vereinfachung → Simplifizierung
Verfügbarkeitsprüfung, globale 55
Verteilungsmodell 545
Vertrieb 56
Virtual Data Model 93
Vorbereitungsphase 381
 Pre-Checks 346
Vorgängerobjekt 225

W

Wartung 114, 505
Wartungsplan 343
Wartungszyklus 110
Web Dispatcher 86, 323
Web Intelligence → SAP BusinessObjects
 Web Intelligence
Webserver 323, 401
Weiterbildung 65
Werte-Mapping 426, 432, 512
 Central Finance 525
Wertumschlüsselung 241
Workload Monitor 372, 564
Workprozess 442
World Template 171
Wrapper-
 Funktionsbaustein 467, 477, 597

X

XCLA → Execution of Class After Import
XPRA → Execution of Program After
 Import
X-Ray 90

Z

Zahlungsavis 271
Zeiterfassung 61
Zielarchitektur 104
Zielkonflikt 131
Ziellandschaft 569
ZIP-Datei 448
Zugriffspläne 263
Zwei-Schritt-Verfahren 577
Zwei-System-Landschaft 195